青年创新基金
BEAF YOUTH INNOVATION FUND

思想會
MIND TALK

圣神爱的欢

性、神话与女性肉体的政治学

Sex, Myth,
and the Politics of the Body

〔美〕 理安·艾斯勒
（Riane Eisler）
著

黄觉 黄棣光 译

社会科学文献出版社
SOCIAL SCIENCES ACADEMIC PRESS (CHINA)

彼得·保罗·鲁本斯 (Peter Paul Rubens) 的画作《亚当和夏娃》

英国伦敦的皮卡迪利广场的厄洛斯（Eros）雕像

美索不达米亚史诗《吉尔伽美什》中的一块泥板

公元前 2500 年的苏美尔石碑，出土自伊拉克的考古遗址拉格什

献 给 戴 维

To David

目 录

下编　我们在哪里，我们向何处去？

前　言

我们在 1993 年翻译出版了美国文化人类学家理安·艾斯勒的著作《圣杯与剑——我们的历史，我们的未来》（*The Chalice and the Blade*：*Our history*，*Our future*，下文简称《圣杯与剑》）。随后，我们又组织了中国伙伴关系研究小组，做中国两性关系史同印欧语系国家两性关系史的对比研究，出版了《阳刚与阴柔的变奏——两性关系和社会模式》，于 1995 年 6 月第四届世界妇女大会在北京开幕之前，中文版和英文版同时在北京出版，作为中国学术界对那届妇女大会的献礼。这两本书在中国受到了欢迎和重视，产生了影响，书中阐释的两个基本概念"文化转型理论"和"男女伙伴关系"也逐渐为学术界接受。

我本以为这项工作到此就结束了，可是，还在第四届世界妇女大会在北京开幕之前的 1995 年 2 月 15 日，艾斯勒就寄来了她的新作——《神圣的欢爱》（*Sacred Pleasure*）——还是谈两性问题的，书的分量比《圣杯与剑》大一倍以上！当时真有点出乎我的预料。后来我从通信中得知，作为一位女学者，艾斯勒有自己独特的视角：她认为人类的历史围绕三样东西旋转和进化——权（power）、性（sex）和钱（money）。《圣杯与剑》是谈"权"，这本《神圣的欢爱》才是谈"性"，底下她还要写一本书谈"钱"。

这样一来，我们的工作就不是结束了，而是刚刚开始。我们决定继续翻译出版这本书和她接下去要写的第三本书，让这三本书构成一个单独的系列。

这本书部头大，牵扯的知识面广，冷僻词句多，相当难译。我们组织的翻译工作几经周折，历时八年才完成。在通读和校订完全部译稿之后，应出版社的建议，我在此写一个"中文版前言"，对这本书的学术价值和思想意义做些探讨。

首先，这是一本非常严肃的高水平的性学学术著作。纵然全书详细谈及从古到今，从动物到人，从西到东，从北到南，全球和全人类性事的各个方面，直至细枝末节，但绝无任何一点以低级趣味取悦读者的迹象，也没有任何插图。作者立意高远，她要说明的是：人类两性的性—肉体关系同他们的家庭关系、社会人际关系、经济关系和政治关系是同构的，性学是社会学、经济学和政治学的基础。这就是为什么本书的副标题用了这么一句话——"性、神话与女性肉体的政治学"——的原因。进一步说，人类只有首先完成性—肉体关系上从统治关系向伙伴关系的复归，才能进而实现家庭关系、社会人际关系、经济关系和政治关系从统治关系向伙伴关系的文化转型。

其次，这本书资料极其丰富，信息渠道之多，征引之广博令人惊叹，可以说是一部百科全书式的性学著作。艾斯勒说她"阅读了所能找到的全部资料"，而这些资料有十几箱之多！作者以律师的实证精神和雄辩的口才，运用这"全部资料"为人类的另一半辩护，要翻五千年来妇女在性事上被统治、被蒙蔽、被压抑、被扭曲、被买卖、被戕害致死的冤案，论证人类超出动物的非生育目的的性、性欲、性爱和爱情不是肉体的、低贱的、肮脏的和痛苦的，而是精神的、高贵的、纯洁的和快乐的。在艾斯勒看来，只要破除男性在性事上对女性的统治关系模式，重建男女平等的伙伴关系模式，妇女就能同男人一样公开地、大胆地、全身心地享受性爱带来的激情和神圣的快乐。因为性不是毁灭生命，而是创造生命；不是制造痛苦，而是带来欢乐。

再次，这本书展示了西方意识革命、女权运动和性解放的全景画卷。结合大量考古新发现，作者对希腊神话、《圣经》里的宗教神话、保存下来的欧洲古代艺术作品，以及在诸多宗教中，举凡颂扬男性上帝、男神对女神和女性施暴的内容，以及宣扬男性气质—贬抑女性气质的内容进行解构，还其本来面目；对基督教传统，特别是梵蒂冈教廷代表的天主教传统，步步加重对女性、女性性欲和性爱的歪曲、污蔑和压制做了无情的揭露；对当代宗教原教旨主义死灰复燃和疯狂反扑进行了有力的回击；详细介绍了西方意识革命、女权运动和性解放各个阶段的主流、支流、逆流和暗流，号召抵制当代西方文学、美术、音乐、电影、电视、新闻和电子游戏中有损女性的淫秽内容和性暴力内容，为女权运动和性解放指明了正确的方向。

需要说明的是，本书副标题中"女性肉体的政治学"，按我的理解，艾斯勒的原意很可能是这样的，"政治学是对权力的阐释：谁拥有权力，如何定义权力，又如何行使权力"。至今"全世界大多数地方在意识形态上、法律上和经济上仍然固守着传统的观念：权力应该由男人来掌握；选择应该由男人来做；女人的肉体应该由男人来控制"（本书第十九章）。艾斯勒写这本书就是要全面彻底地考察这件事，为妇女重新争得她们本应拥有的对自己的肉体、性欲、性爱和性事快乐的权利——同男人一样的权利，并重新建立在性关系中的男女伙伴关系。

最后，这本书还给中国的妇女解放运动提供了一个难得的、良好的参照系。正如我们在《阳刚与阴柔的变奏——两性关系和社会模式》一书中详细考察过的，几千年以来中国妇女走过的道路，同西方妇女走过的道路大体上是相似的，但也有许多不同之处。西方从20世纪60年代中期开始的性解放运动，自20世纪80年代中国改革开放以来也涌了进来，并且同中国原有的妇女解放运动合流了。艾斯勒在1995年写的这本书中讲了这样一句话："过去30年所发生的性革命，不是男子性行为的革命，而是女子性行为的革命。"这对过去20年中国发生的"性革命"（如果你如实地承认有的话）大体上也是合用的。艾斯勒在这本书中对西方性解放运动的成败、利弊、得失和未来的正确走向均有很好的述评，这对瞠乎其后的中国妇女解放运动当然会有参考价值。

总之，这是一本使你在"性"，特别是女性的"性"方面增长见闻、拓宽眼界、丰富学识、改变观念、提高境界和明辨方向的好书。它注定要成为两性关系和性学领域传世的经典著作。

这本书的翻译出版工作，始终得到社会科学文献出版社谢寿光社长的高度重视和大力支持。我们的翻译工作，先是由中国社会科学院院刊《中国社会科学》英文版专职翻译黄觉，花了两年多时间翻译出正文约40万字的初稿；虽然留下了一些难啃的硬骨头，但这个初稿是译得流畅通达的。后来我又请西北建筑工程学院已退休的英文教授黄棣光先生承担校改和补译工作，特别是他不辞辛劳译出七八万字的书后注（中文版已改为页末注）。到2003年，同谢社长商量后，我又约请北京第二外国语学院跨文化研究所杨富斌教授做本书的特邀编辑，他做了大量统编、校改和电脑录入的工作。后来，由我对全部译稿作了审校改定。虽然时间拖得长了点，但敢说中译本的质量是可靠的，是对得起读者的。

中国社会科学院哲学所　闵家胤

2003年9月20日

引 言
我们的性选择和社会选择

撰写《神圣的欢爱》一书纯属意外。我在《圣杯与剑》的书末曾经提到过还要写一本书。① 可实际的创作过程不仅沿着我盘算的计划进展，而且还受更深层的冲动引导。我也曾为此而犹像徘徊了一些时日，然而最终还是放弃了我原先的计划，转而开始撰写现在这本书。

我为早先打算写的那本书搜集资料和做笔记时，发现其中有一章内容越来越多。这一章的标题是"从混沌到爱神：统治式性关系还是伙伴式性关系"。材料先是装满了一个又一个文件夹，足足装满了五个；随后又很快装满了一箱，继而是两箱、三箱、四箱。

这时我感到这已经不是一章所能说清的问题了，我需要写的是一本书。之后，我又深入一步，这本书便写成了上下两编。这部著作不仅对我们关于性的许多基本看法提出了挑战，还对我们历来所接受的关于爱、灵性、政治，乃至痛苦和快乐的教育提出了异议。

《神圣的欢爱》探求的是性的过去、现在和未来，它从文化和

---

① 这就是《开创自由》（Breaking Free），以及随后写的《突现》（Emergence）。为这两本书所准备的某些材料被用于《伙伴关系方式：生活与学习的新工具》（The Partnership Way: New Tools for Living and Learning, 1990）一书，该书是与我的伙伴——社会心理学家和未来学家戴维·洛耶（David Loye）——合著的。其他一些材料成为本书的一部分。

生物进化的大视角看待性及其神圣性，破除我们的性史中那些令人
迷惑不解的神话，重新认识迄今仍为宗教教条或科学术语所掩盖的
真相。它表明争夺未来的斗争不仅是传统意义上的政治，而且还围
绕着痛苦和快乐这些根本问题而展开。更重要的是，它使我们更清
楚地看到了——因此能够摆脱——我们在追求美好生活和爱情的道
路上长期承受的苦痛。

　　对我来说，《神圣的欢爱》的写作过程宛如一次不断有惊人发
现的旅行。有时，它是令人烦恼之旅，它使我必须直面我们的文化
中迄今仍然将性与野蛮的暴力相连的一切；有时，我的发现荒诞、
有趣，令我捧腹。凡是能够得到的关于性的资料，我都读过了，最
终所得出的结论不仅包含着性的演化，而且还包含着快乐、政治、
意识和爱情的演化。

性、快乐与痛苦

　　首先要说明，我认为，我所探讨的现象大多带有普遍性，然
而我探讨的重点是西方社会。重中之重是异性之间的性关系——
虽然也会涉及同性之间的性关系，以及它们如何影响不同的社会
形式，又反过来受不同社会形式的影响——这已经是个很大的话
题了。

　　我还要说明，我的目标不单是知识的累积。人们越来越迫切地
需要具有转变力的知识，这也强烈地激励了我。在我们这个时代，
生态危机、政治危机和经济危机纷呈，倘若我们希冀有个美好的未
来，或者只要还能有未来，那就必须拥有进行个人和社会变革的新
工具。因此，我想通过研究来回答一些问题。这些问题对我们大多
数人来说，已绝不仅仅是求知欲的问题了。

　　逃避痛苦和追求快乐是人最基本的取向，可长期以来，我们所接受的教育为什么却说性快乐是罪恶的呢？如今，性已经不再被当作邪恶而横遭谴责（如在现代色情作品中），可为什么与之相联的却不是性爱，而是买卖妇女的肉体、施虐与受虐、统治或被统治呢？难道自古以来就是这样吗？抑或曾经有一个时代，在那时，性、女人和人的肉体还没有被侮辱、被践踏，从而沦为商品？

　　强奸、乱伦和其他形式的性暴力背后实际上隐藏着什么？这些行为是如何产生的，又为什么会产生？最要紧的是，怎样的个人变化和社会变化能使我们以更健康、更有效、更无害的方式，去建构美好的性关系（以及更广泛的人际关系）？

2

　　对以上诸多问题的求解过程，将我带入广泛的领域，从生物学、心理学、性学和社会学，到经济学、考古学、艺术史、文学和神话学。我一次次体会到人类深切渴望联结、爱的纽带和通过性与灵建立的信任，因而我对迷醉体验以及东西方宗教传统中乍看上去似乎与之格格不入的色情形象，产生了特别的兴趣。

　　后来，我渐渐明白，灵性与性的这种联系绝非偶然，其根源可以追溯到远古时代。我也开始明白，缘何"爱情"始终是浪漫文学和神话文学中的主角，缘何神秘主义诗歌常常像情歌一样蕴含着浓厚的色情意味。

　　问题越究越深。最终，我对灵性与性乃至对痛苦与快乐的看法完全变了，于是就有了《神圣的欢爱》——这个书名在一些人眼里可能属于异端之列。我开始认识到，社会可以用不同的方式使痛苦或快乐成为人类行为的动机。倘若不考虑这一点，就无法真正了解人类社会及其历史。我甚至开始认识到，痛苦和快乐在文化的进化中，甚至在生命的进化中，发挥着核心的然而奇怪地被人忽视的作用。我还看到，人类进化出高度发达的感受性快乐和爱的巨大快乐的能力，这正是这个星球上非凡历史的转折点。

这时，我豁然开朗。因为我开始明白，我们这个时代所发生的一切，简言之，就是我所说的从痛苦向快乐的转变：向支持而不是长期阻碍人类的高度愉悦能力的社会制度的转变。

这又使我认识到，我们的传统宗教历来是崇拜痛苦而非快乐，我们的史诗和经典作品历来是推崇忍受痛苦而不是享受快乐，这些都绝非偶然。于是，我看到了一些观念为何以及如何毒害了我们的生活，比如"苦乐不分家""灵与肉截然不同"，以及"两性之争，在所难免"。至关重要的是，我意识到，要克服痛苦和负疚、剥削和异化，以及使妇女和男人都活得苦不堪言的那些可悲乃至可笑的障碍，就必须从根本上转变我们对灵与肉及其与社会的关系，乃至对人的肉体、力量、快乐和神圣的种种看法。

统治式性关系与伙伴式性关系

没有什么话题比性更能激发人的好奇心。我们愈往下读，愈会发现人们的性态度和性行为千差万别，令人触目惊心。然而，本书并非是为了汇集数千年来各种文化中关于性的奇闻轶事，而是要将这些看似零散的材料组织起来，以构成一幅完整的图画。

性是人的一种最基本的欲望。而且，性关系比其他人际关系更为"切身"，使人的感受更深刻。因此，性关系的构成影响着社会的其他所有关系。但是，这并非是一个单向的过程，对性和性关系的界定，同样深受社会的经济、宗教和政治结构的影响。

《神圣的欢爱》试图在人际关系的两种不同构成方式的大框架中，对人类的两种不同的性关系进行比较：一种更多地依赖于痛苦，另一种更多地依赖于快乐。我们将会看到，五花八门的性习俗和性道德全都出自两种基本的选择：我称之为**统治关系模式**和**伙伴关系模式**。①

在统治关系模式——这种模式始于一半人凌驾于另一半人之上——中，最重要的是由恐惧或强力所支撑的等级。因此，倾向于这种模式的社会主要靠痛苦或对痛苦的恐惧来维持。而且，为了维护统治与服从的关系，就得斩断或扭曲男女之间给予和获得性快乐与爱的天然纽带。

因此，倾向于这种统治关系模式的社会——其中历来是男人高于女人，国王高于臣民，人高于自然——在其基本的社会结构中植入了扭曲和压制性爱的种种手段。其一是对性和妇女的污蔑，我们大多数人对这种痛苦都相当熟悉；其二是将同性以及异性之间的性兴奋等同于统治或被统治，这一点只是近年来才引起学者们和公众的注意。

在第一种情况中，最为人熟知的例子当数将性视为肮脏和邪恶的西方宗教教义。依照这种观点，性只有一个目的，那就是传宗接代。倘若违背这种教义——不论是自慰和同性恋，还是获得快乐的异性性关系——就会在有限的此生和无限的永恒中受到上帝的惩罚。

此外，在夏娃导致人类堕落的《圣经》故事，以及基督教的《除恶利器》（*Malleus Maleficarum*，15 世纪时被教会誉为猎巫手册。——译者注）这类书里，女人是罪恶，是"肉体"的生物，只配为男人传宗接代、生儿育女。因此，对女人和人类的性必须严格地甚至严厉地加以控制。

但是必须强调，我在本书中会反复指出，对男女的性关系——

———————————

① 更为详细的讨论，见《圣杯与剑》［艾斯勒（Eisler），1987a］。

没有这种性关系，人就无法生存——如此横加干涉，并非西方宗教传统所独有。许多严格的男性统治社会都带有这种色彩。例如，在信奉伊斯兰教的伊朗，"有德之士"，如已故的阿亚托拉·霍梅尼（Ayatollah Khomeini）及其手下的毛拉（mullah，对伊斯兰教学者的尊称。——译者注），竟把"性犯罪"定为死罪——甚至在德黑兰大学的课程表中，竟然设置了"为妇女着想"这门"必修课"，借以对她们实行统治。①

将不信任和统治的种子撒入男女之间的性关系之中，这已经成为一种极为有效的手段，它使男女之间这种最亲密的关系，以及其他一切关系，都处于普遍的紧张和不信任之中。因为如果在上帝创造的这个世界里，男人连女人——通过性和生育，在肉体上与男人关系最亲密的人——都信不过，那他们还能信任谁呢？如果女人生来就这么不可靠，那她们如何能相互信任，甚至如何能信任自己呢？而且，如果上帝命令男人控制和统治女人，那他们怎么就不能统治其他男人和其他国家呢——就像我们所熟悉的那些以上帝的意志为名进行大肆屠杀和掠夺的"圣战"？

这一切均直接导致了利用性使男男女女适应暴力和恐惧支持下的等级社会的第二种主要手段，这就让男女都认为，性兴奋就是男人统治女人——在同性性关系中，这个被统治者则是扮演女性角色的那个人。当然，即使在最严格的统治关系社会里，也有一些男女打破了这种格局。我们将会看到，近几十年来，男性和女性已经对

① 伊斯兰教教义不同于更为极端的基督教观点，表现在（正如在希伯来传统中一样）穆斯林对婚姻中的性没有偏见——据说先知穆罕默德对婚姻中的性非常欣赏，并尽情享受之，特别是与他最钟爱的妻子更是如此［参见莫尼西（Mernissi），1987，第54～61页］。但是这些教义通常也以怀疑的眼光看待人的肉体，认为妇女——尤其是妇女的性——是危险的，除非它们受到男人的严格控制。

这些性别定势以及其他性别定势发起了正面进攻。许多男人日益认识到，在统治式的"两性战争"中他们同样是失败者，这种战争只能使他们的希望化为泡影。但我们的社会仍然盛行性别统治，这多少使男性以统治和控制，而不是以相亲相爱的眼光来看待性，似乎只有统治和控制才符合他们的"阳刚之气"或自我意识。要使女子在不知不觉中就范，还有什么办法比在性问题上使女性驯服更好呢？

　　如今，"时髦"的色情产业为这种影响提供了最生动的范例。因为它所出售的东西虽然也有一些性爱作品——描绘给予和接受性快乐的材料，但从总体上说，它将男女都非人化了，并将性快乐与施虐—受虐或痛苦体验混为一谈。然而，这种维护和强化统治关系的方式并不新鲜，或许这可以追溯到史前时期，我们发现，那时文化发展的主流曾发生过一次巨变——所有关系都从伙伴关系模式转向了统治关系模式。①

　　我们会看到，早期史前时期对妇女和性的看法与现在大不一样。因为考古发掘中越来越多的资料表明，曾有数千年时间，在男女生活的社会中，性关系及所有关系——从亲子关系到人与自然的关系——并不以统治和剥削为规范。

　　然而，即使是史前社会已发生巨变，我仍要强调，我们这里对性关系模式所讨论的一切，只是一个程度上的问题，没有任何社会在性关系上是完全的伙伴关系模式或统治关系模式。

　　其实，无论统治等级如何森严，一个社会若丝毫没有伙伴关系的因素，就根本无法存在。但正如历史学家玛丽·伊丽莎白·佩里（Mary Elizabeth Perry）所说，在以统治关系模式为主的社会

　　① 对这一转换的讨论，见《圣杯与剑》第4、6、7~8章。

里，这些因素被"篡改"了。① 它们被扭曲、被压制，同时也被利用，而关爱和非暴力行为者则被划归于"劣等"人群，比如妇女和"女性化"的男子——换句话说，就被划归于被统治者而不是统治者。

我还要强调，伙伴关系模式也并非全然是和平、合作和相爱，毫无暴力、痛苦、冲突或恐惧，但这种社会组织不必将长期的暴力、痛苦和恐惧置入基本的或制度化的社会结构之中。因此，以伙伴关系而不是统治关系为主的社会，可以更多地依靠快乐而不是惩罚（或对痛苦的恐惧）保持社会的凝聚力。因为——又得从我们这个物种中男女的根本差别谈起——在这种伙伴关系模式的社会组织中，差别并不自动地等同于低级或高级、内群或外群、统治或被统治。

因此，这种社会组织不要求仇视女性，因为那不过是为一半人服从另一半人所找的借口而已；这种社会组织也用不着诋毁女性，说她们是危险的肉体诱惑，在精神上远比男性低贱，因而绝不能让她们担任神职（或者直接参与圣事）；这种社会组织在文化上也无须说男子一定高于女子，精神一定高于自然，或利用宗教里"肉体罪恶"的教条，阻隔男女之间的性关系；这种社会组织也不必采用性别统治，以无限延长"两性战争"。恰恰相反，人类乐于给予和接受性快乐的天性，在伙伴式性关系中得到满足——人们之间的联系纽带也在使双方得到满足的给予和接受的温情中得以维系和巩固。

在以伙伴关系为主的社会里，性可以是圣事，也可以是最高的体验，因为两个人的性结合可以体现一切生命的融合，再次证实了

---

① 佩里（Perry），1989。

男女之间以及我们和所有生命形式之间的神圣纽带。当然，这也不是说伙伴式性关系永远是爱情或我们称之为高级意识的行为，或者在伙伴关系模式中就没有任何形式的等级存在。^①但是，以伙伴关系而不是统治关系为主的社会，在结构上并不要求某些特定的态度和行为，以维系那些以强力和对痛苦的恐惧支撑的等级为基础的制度。于是，性就可以是给予和获得快乐的方式，可以既是精神的，也是自然的。

性、灵性与社会

性有精神的一面，这种说法与我们所接受的所有教育都相去甚远，大多数人会闻之色变。然而实际上，这种观点源于远古的传统，在那些早先使学者们手足无措，甚至不敢正视的史前艺术中已有生动的表达。这些传统不仅是了解过去的重要资料，而且深刻地暗示了我们的现在和未来。对于这些传统，我们其实早已有所了解。

例如，西方神学中常常提到神圣的性结合，学者们称之为圣婚（hieros gamos）。这或许是一种古老的伙伴关系仪式，后来被篡改为国王与代表古代女神的高级女祭司的结合，作为使国王的统治合法化的一种手段。19世纪学者们所说的"圣娼"也是一例。美索不达米亚的文献中记载了这种行为，女祭司在色情仪式中挑逗男人，使其进入神魂颠倒状态，这时，给予和获得快

---

① 在《圣杯与剑》一书中，我区分了事实上的等级制与统治关系的等级制，并讨论了前者如何更多地表现为伙伴关系模式的特征，而后者如何更多地表现为统治关系模式的特征。见艾斯勒（Eisler）与洛耶（Loye），1990，尤其是第179～190页的图表。

乐——而不是像许多统治式宗教里那样忍受痛苦——成为一种重要的精神体验。①在被学者们称为西方第一部史诗的苏美尔传说《吉尔伽美什》（*Gilgamesh*）中，一位女子（有时称为女神的"爱情祭司"，有时称为"圣娼"或"圣妓"）与"恩基度"（Enkidu）性交，将他由兽变为人——使他"变得睿智，像神一样"。②

在东方宗教传统中，也有将性作为宗教仪式的明显迹象——比如，印度教的色情造型和密宗瑜伽。然而，这时——正如美索不达米亚的故事中爱情祭司被贬为"妓女"——以性快乐作为双方意识升华或达到更高精神境界的手段，已被以男性为中心的统治关系模式观念所扭曲和篡改了。

下面我们还将看到许多有趣的例子，比如"五月节"庆典，其前身很可能是远古时期的性仪式，在这种仪式上做爱的传统一直延续到 20 世纪。我们还将看到，历史上一直有人努力使我们重新延续史前的这种伙伴关系传统。

男女行吟诗人就是这样的例子。他们的诗歌赞美女性和爱情，在 12 世纪法国南部的宫廷中流传甚广（千百万年前神化女子性力量的旧石器时代岩画，也是在这里发现的）。他们歌唱的那种优雅浪漫的爱情，从某种角度上再现了伙伴式性关系，以及既满足感官又满足精神享受的性爱。那个时期还盛行圣母论（Mariology）。对圣母的这种神化，从这个角度看，是对史前女神仁慈母性之膜拜的回归。基督教在这一时期也涌现出大量的特殊教派，如清洁派，这些教派与罗马教会截然相反，在宗教事务中给女性以很高

① 亨肖（Henshaw），1994。
② 加德纳（Gardner）与梅尔（Maier），1984，第 77～78 页。

的地位。①

　　但是，清洁派也和其他反对将妇女视为没有灵魂的低级动物的"异端分子"一样，遭到教会当局的无情迫害。受迫害的还有那些被称为女巫的女子，以及其他想保持史前女神、圣子和公牛神（在当时的基督教形象中已成为有角有蹄的怪物）崇拜的女性。更发人深省的是，这些遭受严酷折磨、在火刑柱上被活活烧死的女人，大多是一些懂得古代节育术并加以传播的治疗者。

　　重新理解过去的这些真相，使今天对新的性关系和精神的探求显现出崭新的意义。因为这种伙伴关系模式和统治关系模式在概念上并非风马牛不相及，相反，它们都是当今朝向以伙伴关系而不是统治关系为主的社会——以及人与人和人与自然之间更健康、更美满、更持久的关系——奔流不息的洪流之中的一部分。

机遇与挑战

　　弗洛伊德正确地评价了性在全部人类关系中的重要性——只可惜，他把统治式性关系与人的性关系混为一谈了。他说，"人"（man）必须时刻警惕和控制自然，包括自己的天性。② 然而，在我

---

① 关于清洁派的记载大多津津乐道于该教派中有一部分人摒弃一切世俗的东西。尽管许多清洁派教徒抬高灵性，把它视为高于世俗的东西，然而这必须在一个特定的时代背景中去理解，那时人们的世俗行动——包括教会中的"大人物"的行为——通常是极为残忍的。事实上，清洁派教徒以他们的贞节和富于激情而著称——换言之，以他们努力改善人们的现世生活而著称。清洁派教徒给予妇女很高的地位，而妇女在传统上被认为体现着更加"软弱"或"女人气"的价值观。正如 G. R. 泰勒（G. Rattray Taylor）在《历史上的性》（*Sex in History*）一书中所指出的那样，她们有时也把神想象成女性形象。

② 我有意识地使用弗洛伊德的术语"man"，因为在他的著作中男性中心论非常突出。

们这个时代，"'人'（man）对自然的征服"已经威胁到地球上的所有生命，统治式倾向加上先进技术可能等于灭亡，而我们身边的那些维护统治与剥削的制度，已经对它们所制造的社会、经济和生态方面的诸多问题束手无策。

这是一个空前危险的时代，然而也是一个机遇最多的时代——在这个时代，我们要为自己以及我们的子孙后代创造新的思维方式和生活方式，于是全世界的男女对许多基本观念提出了挑战。

我们要在本书中仔细考察这些观念——并且考察我们在性、社会和灵性上的选择。在"我们从哪里来？"（本书上编）中，我们会看到与今日大相径庭的远古时代的灵性、性和社会的线索，这些线索有时相当明显，令人吃惊，这时，我们就需要把当代的性形象（以及它们所反映的粗暴行为）与古代的性形象进行对比。在概括性的叙述之后，我们要回到一个更为久远的时代，即人类学家所说的原始时期，重新考察人类在那时的进化过程：人类与人类的性最初是如何产生的——这个过程非同凡响，然而往往被人们所忽视和误解。随后，我们行进到史前时期，那个时代的性态度——以及男女生活的各方面——与我们被灌输的那种亘古不变的观念迥然不同。我们将会看到性和灵性如何在动荡中发生巨变。在上编最后几章——这时我们已从史前时期行进到了西方历史的早期阶段，也就是到了古代的希腊、巴比伦、巴勒斯坦和罗马，到了基督教中世纪——我们将会看到，那些恐怖故事和一出出悲喜剧有声有色地你方唱罢我登场，肉与灵在这种统治关系占主导地位的社会里遭到扭曲。但是我们也将看到，尽管如此，那种古代的伙伴关系传统，比如古代的圣婚，依然存在——虽然常常变形走样。

在"我们在哪里，我们向何处去？"（本书下编）中，我们回到今天，看看现代的性革命和精神革命，这是更广大的意识革命中的一部分，而意识革命又是为建立更少痛苦和更少暴力的世界而进行的现代斗争的组成部分。我们从最基本的开始：人的肉体、痛苦、快乐、力量、爱情和神圣。我们要探索可以称为"爱的生物学"［借用智利生物学家亨伯托·马图拉纳（Humberto Maturana）的用语］的领域——以及统治关系占主导地位的社会组织和性组织，探索它们如何一步步地扭曲和封闭人类对联姻、爱情和信任而非对恐惧和暴力纽带的深切渴望。我们还将从一个包括亲密关系——亲子关系和男女关系——的新视角审视政治，深入探讨统治式性关系为何迄今仍然是个人和社会健康的最大障碍。至关重要的是，我们将会看到，只要我们抛弃那种从根本上说就是不平等的制度，以及这种制度中所包含的全部阻碍人类实现自己愿望的因素，我们所渴望的那种更圆满、更快乐、更有激情，同时在精神上也能使人得到更大满足的关系就能够实现。

　　总之，沿着人类的文化发展之路，我们在上编中从原始时期走到中世纪末，在下编中则从中世纪末走到今天——重点在于考察当今空前强劲的伙伴关系运动，以及这个运动所遭受的强烈抵制。但是，我们所考察的时间和主题并非沿着一条直线前行，因为《神圣的欢爱》首先是一本论述联系的书，一本像我们的生命一样的书，它不断地在不同的背景下，以不同的方式，连接一些基本因素。

　　从这个意义上说，这本书不像那些用当代科学思想的条条框框对有关材料分门别类进行考察的书，一本书只讲一件事，或者一次只讲一件事。我所选择的是一种更加注重整体的考察方式，因为只有尽量放眼全局，才能调准我们据以判断"现实"的焦距。另一个原因是，这种方式源于我在《圣杯与剑》中提出的**文化转型理论**，这个理论是贯穿于本书之中的理论框架。

　　简言之，借用非线性动力学的术语说来，**文化转型理论**提出，统治关系模式和伙伴关系模式是整个文化进化中相对于社会和意识形态组织的两个基本"吸引子"。这个理论借鉴了混沌理论和其他表明生命系统在远离平衡状态下可能在相对短暂的时间内完成转化的当代科学理论，实践证明这些理论也同样适用于社会系统。这个理论还特别指出，那些在今天看上去已经过时和非人道的信念和行为，产生于史前时期的剧烈动荡时代，那时发生了从伙伴关系模式滑向统治关系模式的根本转向。这个理论还提出，今天我们又处在一个越来越不平衡的动荡年代，我们可能再次经历一场文化大转型：这回要转向伙伴关系模式而不是统治关系模式了。①

本书以身体的经验和身体的政治作为文化转型理论的基础，由此拓展了这一理论，并且回溯到远古时代，探求性和意识的发展，尤其是重视那些最根本的痛苦和快乐，把它们视为调节人类动机的杠杆，由此扩大了这一理论的范畴。这一理论证明，一个社会越是倾向于统治关系模式而非伙伴关系模式，就越需要以痛苦而不是快乐来维持。本书考察了统治关系制度如何通过各种手段，包括神化痛苦而不是快乐，宣扬痛苦的制度化，并说明我们这个时代的许多事件，都可以当作向一个将快乐——不是暂时的逃离或回避，而是健康永久的满足——制度化乃至神化的制度转移的努力。

本书还集中探讨了对性与灵性的不同态度之间的内在联系，并研究了社会究竟是以专制好战为主好，还是以和平民主为主好，从而进一步扩大了伙伴关系模式和统治关系模式的内容。同时，本书

①　《圣杯与剑》对"文化转型理论"做了总体论述（见《圣杯与剑》第 xvii 页和第 xx 页）。我发表在学术期刊和论文集中的一些论文也曾简要提及这一理论，如：《世界未来》（1987b）、《进化理论的新范式》（1991）、《认知图像的进化：21 世纪的新范式》（1993a）、《战争与和平中的沟通与文化》（1993b）以及《组织变化管理杂志》（1994）等。

还表明，我们要有效地遏制和取代关于性与灵性的种种不健康观念，就必须了解它们是如何交织在一个更大的包括经济、政治、家庭、文学、音乐和社会文化生活等所有方面所构成的整体之中的。因为只有同时考虑所有这些因素之间的联系，我们才能看清隐藏在它们背后的结构——也才能走向更美满、更平衡的新天地。　　11

我希望《神圣的欢爱》一书，通过对性选择和社会选择的深入探讨，能成为今日女性和男性的得力工具，帮助她们和他们为最终摆脱根本抵制快乐和爱情的制度而斗争。我坚信，我们能够找回我们所失去的对性关系、至上快乐和爱的奇迹的美妙感觉；我坚信，当今时代方兴未艾的性革命在推翻陈规陋习的同时，也能为我们提供前所未有的机遇。我们不仅能有更美满的性关系，个人和社会也将发生根本性的变化。

早期的性革命使我们能够公开谈论性，把它当作人类快乐的正当源泉。从这方面说，这场革命已经取得一些成功，我们的生活和爱情更健康，我们更快乐了。① 但是，它并没有使性同暴力和统治截然分开，也没有提出任何切实可行的选择，因此，它并没有使我

---

① 米歇尔·福柯（Michel Foucault）指出，大多数关于性的现代话语都是由那些有权者为维护那种权力而设计的［福柯（Foucault），1980］。虽然福柯的著作做出了重要贡献，他所描述的仍然是一个静止的、本质上不可改变的社会，在这个社会里，我们永远注定要采取某种统治关系模式。福柯所忽视的事实是，在现时代一直存在着根本的政治变革和社会变革，比如从君主政体向共和制的转变、奴隶制的废除，以及朝向更为平等的家庭的渐进运动。除此之外，他还忽视了下述事实：谈论一度被禁止的主题对于康复来说是最基本的，在心理学中已有丰富的记录。只有把负载着恐惧、虚假的负疚和扭曲之类的事说出来，我们才有可能开始从不同的视角来审视这些事情。最近吉登斯（Giddens, 1992）从另一个角度对福柯关于性的论述提出了批评。吉登斯指出了福柯著作中所存在的一个基本问题：在他关于性的话语中，他采用了一种关于性的非常传统的态度（对此我们将要进行探讨，它在传统上称为"男性气质"），既忽视了性别，也忽视了亲密行为——而这些方面，正如吉登斯所说，对性来说是最基本的。

们接近目标。

现在我们能够进入第二阶段，开始**名副其实地**进行性革命了。这使我们能够进一步接近我们所面临的关于性、灵性和社会的各种选择，使我们终于能够砸碎长期扭曲我们的基本关系——我们彼此之间的关系，我们与自然环境的关系，乃至我们与自身、与自己的肉体的关系——的枷锁。至关重要的是，这既是机遇也是挑战；对女人来说，这也是对男人的挑战，她们要为自己、为子孙建设一个重快乐而轻痛苦的世界——一个更自由、更亲密的世界，一个在更好地理解和崇敬生命与爱的奇迹中使灵性与性合而为一的世界。

上　编

我们从哪里来?

第一章　从仪式到爱情：
　　　　　性、灵性与社会

　　烛光、音乐、鲜花、美酒——众所周知，这些东西象征着浪漫、性和爱情。但是，烛光、鲜花、音乐、美酒代表着宗教仪式，也代表着我们最神圣的仪式。

　　为什么它们之间——虽说鲜有人注意——会有如此突出的共性？我们通常用同一个词即"激情"来描写性体验和神秘体验，难道这仅仅是出于巧合？抑或，这其中有什么虽然久已被人遗忘却仍然牢不可破的联系？这么多男女把性当成美妙神奇的东西深深渴望，莫非这正是我们长期受到压抑的冲动——向往一种更有精神意味、更热烈的性和爱的表达方式？

　　我们所受的教育使我们认为，性是罪恶的、肮脏的，富有挑逗性或者是荒淫的。且不用说性是神圣的，仅仅说它居然可以富有灵性，就足以使我们大吃一惊。在一个不时把女性生殖器叫作"屄"（"cunts"——英语里最下流的一句骂人话）的世界里，说女人的肉体——尤其是女人的阴部——可以是神圣的，那就更是奇谈怪论了。

　　可是铁证如山，数千年来——比我们称为有记载的历史的三五十个世纪长得多——就是这样。在文明初现之时，女性的阴门被当作奇妙的生命之门受到膜拜，它具有繁殖肉体与精神启蒙和转化的双重力量。

女性的阴部三角不是"臭尿",而是创造生命的性力量的神圣体现。它不是低下的、卑贱的或肉欲的,而是一个巨人,即西方历史上后来称作伟大女神的主要象征:生命、快乐和爱的神圣源泉。①

古代性符号

在法国南部发现了欧洲最早的艺术,其中有许多被神圣化的阴门形象。在多尔多涅(Dordogne)地区雷塞希(Les Eyzies)附近的祭祀岩洞里,有些图案可追溯到 30000 年前。② 考古学家指出,岩洞象征着伟大母亲的子宫,而其入口则象征着圣门或生殖器入口。

圣阴门和子宫与生死和繁殖的这种联系,是史前艺术中重要的神话主题。这一主题也许可以追溯到旧石器时代(即早期石器时代),而到了新石器时代(那时出现了农业),这一主题已经非常清晰了,它以各种形式一直流传到青铜时代甚至更晚。

考古学家称为维纳斯或女神像的许多雕像,以及古代世界各地出土的庆典用品,都有高度突出的阴门。既然史前艺术以神话和仪式为主,这些阴门无疑具有宗教色彩。例如,在南斯拉夫北部铁门地区的新石器时期遗址莱潘斯基维尔(Lepenski Vir),人们发现 54 件由椭圆形巨石刻成的雕像,摆放在圣殿阴门—子宫状的祭坛四周,而圣殿则像整个阴部三角。这些雕像已有 8000 年的历史,有些刻着女神的脸,V 形装饰物指向圣阴道。③ 罗马尼亚东北部的摩

---

① 我将在本书第 3 章论述,我所说的"女神"并不是今天被称为"上帝"的女性镜像。我们并不知道史前人类祖先是否使用"女神"这个词。但从依然存在的语言中可以看到人类祖先对这个词的理解:具有创造性的女性力量,驱动整个宇宙生命力量的象征。

② 金布塔斯(Gimbutas),1989,第 99 页。

③ 金布塔斯(Gimbutas),1989,第 260 页;戈登(Gadon),1989,第 43 页。

尔多瓦也发现了一组约 7000 年前的女神像，雕像上的阴部三角非常夸张，装饰着 V 形符号。①

保加利亚出土的一尊 6000 年前的女神像，戴皇冠的"帕扎尔吉克夫人"，双臂弯曲置于刻画得非常突出的阴门之上。她那神圣的三角区上装饰着古时象征繁殖的双旋纹。同一时期的一尊日本绳纹陶像与之惊人地相似，身体上也有双旋纹装饰，反转的阴部三角也被极大地夸张了。②

4500 年前的一个基克拉迪文化（Cycladic）的大盘上，一个高度夸张的阴门两边是树枝，树枝上方有许多螺旋纹，如同布满漩涡的海洋。③ 在另一些地方，阴门则由一些自然物来代表，比如花蕾或贝壳。其实，两万多年前的人体骨架旁常发现贝壳，这说明在远古时期人们就用贝壳做陪葬品，它们象征着女性的生殖能力。古埃及人常用贝壳装饰他们的石棺。直至罗马帝国时期，贝壳仍被认为是生殖和启蒙的象征。

在古印度的宗教里，女性的阴部三角被视为神力的中心。直至今日，印度密宗瑜伽里还有一种称为昂达里尼（kundalini）的能量，这种能量一旦在性快乐中被唤醒，将通过躯体升华，使人产生一种难以名状的快感。对圣阴门的这种崇拜在印度一些地区延续至今，年代不算太久远的一件印度雕塑作品形象地说明了这种崇拜：这件浮雕刻在印度南部一座女神庙的墙上，作于 12 世纪，两位男性圣人坐在一个巨大的阴门下，双手上举，做祈祷状。④

男性生殖器在古代也是崇拜对象。虽说这种证据在青铜时代最

---

① 金布塔斯（Gimbutas），1989，图 9。
② 约翰逊（Johnson），1988，第 130～131 页。
③ 金布塔斯（Gimbutas），1989，第 102 页。
④ 戈登（Gadon），1989，第 18～19 页。

丰富，但早在旧石器时代就有男性生殖器，尤其是男性生殖器与阴道结合的描绘，与印度至今可见的圣林伽约尼像（lingam yoni）（所谓"林伽"，即男性生殖器，象征湿婆；约尼，即女性生殖器，象征湿婆的配偶女神萨克蒂。——译者注）极为相似。在法国的勒布拉卡尔（Le Placard），考古学家发现了一件雕刻品，他们起先认为这是一根权杖，但经仔细研究后才发现，这是一个经过夸张的男性生殖器，下部是一个阴道。在这件古物上最有趣的发现，是它与旧石器时代的其他艺术品一样，带有一些刻痕，人们发现这些刻痕是用来标记月亮周期的——亚历山大·马沙克（Alexander Marshack）据此认为，这种雕刻可能与"月经或怀孕"的神话，"或与这两种现象中的一种相关的仪式"有关。①

在意大利北部萨维尼亚诺（Savignano）和特拉西梅诺湖（Lake Trasimeno）的发掘中，考古学家发现了一些雕刻。其中，马里亚·金布塔斯（Marija Gimbutas）写道，这些雕刻品表现了"男性生殖器与女神的圣体交融在一起"②。在意大利特伦托附近的伽班（Gaban）岩洞中发现的一件雕塑，是一个男性生殖器和变形的女神形象。这件雕像上也有一处镌刻的图案，好像是要强调男女之间神圣的性爱；一对弯角代表男性特征，阴门则由一朵花来表示。③

在这类将性事当作圣事来描写的艺术作品中，最漂亮的一件出自美索不达米亚。有人称这块赤陶匾为"相拥而卧的恋人"，大约是表现女神伊南娜（Inanna）和她天上的情人正要享受神圣的结合。④

---

① 马沙克（Marshack），1991，第 293 页。

② 金布塔斯（Gimbutas），1989，第 231 页。

③ 金布塔斯（Gimbutas），1989，第 103 页。

④ 戈登（Gadon），1989，第 129 页。我有时用"圣婚"一词，因为这个词常用来指祭祀仪式中的性事。不过我更喜欢的说法是"神圣的结合"。

这是大约 4000 年前的作品，与许多新石器早期的女神像具有共同的特点，即突出甚至夸张了神圣的阴部三角。

性现实今昔

古代这些性形象显然与我们今天所说的淫秽（"pornography"——这个英文词来自希腊语，原意为"娼妓"）毫无联系。事实上，这两种性形象的差别如此之大，以至于它们竟然像来自两个星球。虽然今天充斥于书本、杂志、电影和录像之中的淫秽形象突出的也是阴道、男性生殖器和性交，但女性生殖器在这里没有得到敬重或神圣化，反而被当作下流货。淫秽的性与女神无关，倒是常常表现男性的压制和暴力，以及女性的顺从和被贬低。

其实，淫秽作品里对性的描写，甚至连情色（性爱之神厄洛斯所代表的那种）都谈不上。因为在淫秽作品里，性没有爱，甚至没有关心。[①] 淫秽形象和淫秽故事总是用一种轻蔑的口吻谈论女人，有时甚至带着一种置之死地而后快的仇恨情感。

比如发行量颇大的淫秽杂志《皮条客》（Hustler）有一期封面上登着一张照片，一个男人正把一只汽锤往一个女人的阴道里塞，旁边还"幽默"地写着"前戏"。[②]《阁楼》（Penthouse）杂志有一

---

① 关于淫秽电影制作过程的描述揭示出其中完全没有关心。女星们说她们在拍电影时常常十分痛苦，她们有时对演出中受益的男子感到恐惧（如著名影星琳达·洛夫莱斯）。见巴里（Barry），1979；格里芬（Griffin），1981；洛夫莱斯（Lovelace），1987；斯泰纳姆（Steinem），1983。

② 《皮条客》还刊出女人的裸体或袒胸露怀的下流照片，例如把女人的头按到马桶中。几年前，《皮条客》实际用这张图做广告，来增加订阅量（《皮条客》，1992年6月）。在后来的一期《皮条客》（1994年1月）中还有这样一张照片：一个戴狗项圈的女人趴在地上，尽情地闻一摊尿液，一个男人踏在她身上——旁边还附着一则说明，鼓励读者踊跃投寄贬损女性的照片。

期的"艺术"插页上是一些裸体女人，用钩子挂在树上，就像一块块死肉。另一期《皮条客》的封面现在已经成了"经典"，可谓与之异曲同工，画的是一个裸体女人头朝下从一台绞肉机里出来，已经成了肉饼，只剩下下半身和腿。①

当然，淫秽形象只是社会如何看待男女身体以及如何定义性的一种表达方式。我们在下编还会看到这方面的许多表达方式——从试图在行为乃至思想上控制性的宗教教规，到电影、电视、书籍和文章中对男女在性关系中的行为描写，它们制造了更为普遍的错觉。不过淫秽作品表达得最为赤裸直白，它们不仅描绘裸体，也描绘别处都避而不谈的交媾。它也最明确地表现了一些文化信仰和习惯，性交更像是作战，而不是做爱。因为我们在这里不仅能看到女人（有时是小女孩）不过是男人的性工具；还能看到被捆绑、被侮辱、被糟蹋、被殴打、被折磨甚至被杀害的女子。

此外，将我们社会里的性与糟蹋、侮辱、统治、折磨甚至杀害相联系的，不只是男人和男孩们看的那些淫秽杂志、电影和录像——臭名昭著的真实虐杀题材电影就是个例子，在这些电影中我们经常看到一些女人被杀害。我们大多数人不愿面对这样的事实，但这些事不仅发生在杂志里、银幕上和录像带里，也常常发生在现实生活中。

只要看看媒体关于连环性谋杀的可怕报道，就知道对女人的性谋杀并非凭空想象。最近报纸上披露一位妇女在商场的停车场上被一个男子绑架，在木箱子里锁了两年多，当这名男子的"性奴隶"。如果说这个案例有些特别，那全世界的妓院里和部队妓院里有成千上万的女孩和妇女受到蹂躏，这总不是什么特别案例吧。国际刑警组织和联合国教科文组织的许多报告中都记录了这一事实

---

① 《阁楼》，1984 年 12 月；《皮条客》，1978 年 6 月。

（1949 年联合国还召开了禁止贩卖人口及剥削妓女大会），但总的说来没有人因为这些行为受到惩罚。[1] 男人在性交过程中殴打女人，也绝非偶然事件——美国成千上万的女人有过这种悲惨遭遇，但是她们不敢离开殴打她们的男人，因为害怕男人真的杀死她们——对这种殴打通常没什么惩罚，即使判刑，也比殴打陌生人轻得多。[2]

至于其他形式的性暴力和性统治，据美国联邦调查局估计，美国每 6 分钟就有一位妇女被强奸，美国统计局最近进行的一次调查表明，有的州半数以上的受害者是 18 岁以下的少女。每年大约 25 万美国儿童，大部分是女童，在自己家里受到性骚扰——通常来自家庭里的男性成员。[3]

---

[1]　巴里（Barry），1979，特别是第 4 章。

[2]　美国橄榄球球星 O. J. 辛普森被控告残忍地杀害他的前妻而受逮捕，就充分说明了这一点。她屡次告诉警察她害怕他杀害她，乞求他们采取某些措施而不只是与他谈谈话就算了事。有一次，他对妻子拳打脚踢，使对方严重受伤以致入院治疗，他因此被捕，却也只受到缓期两年的判决。他所在城市的控方律师称这种判决简直是"开玩笑"。与此相反，在加利福尼亚圣地亚哥，警察当局组成一个家庭暴力特遣队，谋杀案便减少了［哈斯廷斯（Hastings），1994］。最近一篇关于打人者的精神变态的心理学文章警告说，短期的处理可能给同他们在一起生活的妇女造成一种虚假的安全感。见瓦萨尔 - 霍纳和厄利克（Vaselle-Horner and Ehrlich），1992。

[3]　霍夫曼（Hoffman），1994；《儿童性虐待治疗项目》的估计数字见斯塔克（Stark），1984。已有许多书籍评论了美国针对妇女的暴力问题。例如，布莱克曼（Blackman，1989）在《亲密的暴力：对不公正的研究》一书中讨论了受害人的责任，并指出这样就不会过于同情受害者，尽量减少观察者的压力。戈尔登（Gordon）和利加（Riger）的《女人的恐惧：强奸的社会成本》（1975）搜集证据以支持布朗米勒（Brownmiller）的论点。该论点称，所有男人都从强奸行为中获益，因为这导致女人相信，她们必须有男人来保护她们免受其他男人的伤害。人类学家佩吉·里夫·桑迪（Peggy Reeves Sanday）的《团伙强奸：校园中的性、团伙和特权》（1990），通过对团伙强奸（团伙成员称之为"火车头"）的研究认为，这些仅限男性参加的俱乐部把青春期男孩领进未来的男性等级社会，以这种方式强化男性特权。他们让男人认为女人的行为出于自愿，因而不感到内疚，甚至为自己的行为骄傲。

其他有类似统计记录（妇女开始更公开地举报性犯罪）的国家，其情形同样是一片灰暗。比如马来西亚，1985 年举报的强奸案中，大约49%涉及 15 岁以下的少女，在大部分案件中（67.8%），犯罪人是受害者的生父、继父或兄弟。① 在有些地方，对人们生活中的这一基本方面几乎没有任何统计——比如非洲、亚洲和拉丁美洲的大部分地区——但是，其他证据表明，对成年妇女和女童的性虐待普遍存在。实际上，这些地区许多方面的情形可能比西方更糟糕。

亚洲、非洲和中东地区有一种可怕的习惯，估计殃及一亿多妇女和女童，这就是割礼。② 有时，人们把它和男子的割礼相提并论，其实两者根本不可同日而语，因为女子割礼绝不仅仅是象征性地割掉一点表皮，而是将阴蒂全部或部分割除（使妇女无法享受性快感，也就避免了女子"越轨"的可能），甚或割除阴唇，缝合阴道口（这样就无法性交，直到婚前再将开口扩大）。③ 这种导致

---

① 《妇女国际网络新闻》，第 16 期，1990 年夏季号，第 40 页。

② 这方面的第一批著作中的一部最近出了新版，见霍斯坎（Hosken）：《霍斯坎报告：女性割礼》，第 4 版，1994。也可见伊尔·戴利（EL Daree），1980（《苏丹：对女性割礼流行病的全国性研究》）；勃蒂（Botti），《非洲人的反割礼斗争：三个西非国家的行动概观》，1985；苏丹卫生部，沙拉·阿布·贝克尔（Salah Abu Bakr）：《割毁阴门对神经系统的影响：解剖学研究》（这本专著确认了这些手术使妇女丧失获得性快感的能力）。此外，还有大量资料，包括每期的《妇女国际网络新闻》中关于割礼的专栏。阿利斯·沃尔克于 1992 年出版的小说《获得快乐的秘密》，以一个非洲裔美国女人的视角论及这个问题。割毁阴门绝不限于非洲、中东和亚洲。在西方，许多文件证明 19 世纪医生将割阴作为一种"治疗少妇淫狂"的手段（见本书第 14 章）。

③ 1993 年，"立刻平等"（Eguality Now）通过"生活在穆斯林教义下的妇女"网络发布了一封公开信（妇女行动 5.1，1993 年 11 月），指出女童的教养使之自幼就盼望行割礼，视之为长成女人的仪式，但她们即使不因此而丧命，也会留下终生痼疾，包括性交疼痛和极严重的生产并发症。这封信里还有一首由斯维多－爱多斯写的一首诗，此诗获得贝纳迪尔女诗人诗歌比赛一等奖。诗中呼吁"所有爱好和平的人们"去"保护、支持、援助无助的女孩子们"，还呼吁人们写信给联合国儿童基金会（UNICEF），教促它设立基金，资助草根活动人士为消灭割礼而斗争。

巨大痛苦——不仅是肉体上的严重伤害（从严重感染到死亡），还有不可估量的心理创伤——的性暴力，至今仍被当作民族传统得到认可。甚至有人为此而高唱赞歌，说这是宗教仪式，对于控制妇女的性欲具有道德上的必要性。

在伊朗和其他伊斯兰国家，宗教最关心妇女的"性纯洁"。年轻妇女如果被判处死刑，在处死之前照例要被强奸。人们认为这是一种道德行为，伊斯兰法律禁止处死处女，可这实际上是一种经济上的考虑：处女是男人的宝贵财产，因此不能毁坏。①

但是，我要在这里说出一个最基本的观点。我们如果想要理解和改变野蛮的性神话和现实——不论是在中东、非洲和亚洲，还是在美国——就必须超越地理、种族和宗教差别。一种文化属于东方或西方、工业或前工业、世俗或宗教、北半球或南半球，这并不是关键，关键在于一种文化或这种文化在什么程度上倾向于本书引言中提到的那两种社会和性组织中的一种：统治关系模式，还是伙伴关系模式。

由此看来，在本书第五章和第六章所描述的严格的男性统治、明显的专制和长期好战的古代社会里，一个男人确认或怀疑他妻子（有时可能是他女儿、姊妹，甚至母亲）企图在性问题上追求独立，就对她实行"名誉处死"，并得到社会承认，这绝非巧合——至今在中东和拉美一些专制、残暴和严格地维持男性统治的文化里仍然如此，因为这些文化都是统治关系模式占主导地位的文化。

今天，在我们目睹了最强大的伙伴关系运动——人们与家庭和国家的男性统治、战争和专制进行面对面的斗争——的地方，也是

20

---

① 　见本书第5章和第6章。

性暴力开始公开遭到反抗和谴责的地方，这也不是巧合。史前女子的身体图案，特别是女子性能力的图案，向我们传达的是对生命和快乐的崇敬，而不是对统治和痛苦的迷恋，这同样不是巧合。性曾经是神圣的，丝毫没有污秽、野蛮和猥亵，这一切绝非凭空产生。我们会看到，它逐步形成于男女双方较为平等的伙伴关系的社会：总体上更平等、更和平的社会，在这个社会里，给予、养育和启迪生命的力量，而不是统治和摧毁的力量，被视为宇宙的最高力量。

当然，这并不是说在这些社会中完全没有暴力、痛苦和毁灭——也不是说我们只要进入以伙伴关系为主的社会，性暴力或其他暴力就荡然无存。但是，认识到自然和我们自己有破坏性的一面，以及人们有时会施暴和虐待他人，并不等于在组织社会时——为了维护严格的统治等级——一定会将暴力和虐待制度化，并使其密切地与男女有别的社会化过程（比如，在战争和两性战争中，男子的暴力从来不受惩罚）连在一起。

于是，这就涉及一个非常重要的观点，我在本书开篇第一章中就要强调：我们在这里所讨论的，不是与生俱来的性格或行为上的"阳刚"或"阴柔"，也不是男性对抗女性或女性对抗男性。很显然，男女在史前社会共同创造了那些表现女子和男子性能力的神圣形象。如今，有些男子已拒绝接受阳刚定式，不将阳刚之气等同于欺压"另一性别"，同样，也有女子奋力摆脱在性交中被动受虐的阴柔定式。但同时也有一些男子念念不忘在性关系中"得分"（或非赢即输的比赛式性交），也有些女子觉得将自己的身体视为神圣与平时所受的教育相去太远，认为那是对神的亵渎。

女子和男子的性态度和性行为存在如此巨大的差别，这显然不符合仍在流行的观念，即男女在性爱中的方式是固定的，一成不变

的。不过，这些区别倒是表现出两种建构社会和性关系的不同方式
中的男性和女性角色：一种强调统治、恐惧和痛苦，另一种强调相
互信任、伙伴关系和快乐。

性的社会建构

性是人类与生俱来的而且是不可或缺的活动。但是，性态度和
性习惯是后天可得的。我们身边这样的证据俯拾即是，在不到一代
人的时间里，成千上万男女的性态度和性行为发生了巨大变化。在
科学试验中也能找到证据，人们曾经认为猴子的行为全是本能，可
实验证明，猴子也得学习性行为——在心理学家哈里和马格雷特·
哈洛夫妇（Harry and Magaret Harlow）的著名实验中，猴子们被隔
离开来，从来没有爱抚甚至没有触摸，结果这些猴子不会交配。[①]

简单地说，性并不像从前一支流行歌曲中所唱的那样"天生
就会"。史前和当代的性符号和性形象有天壤之别，这说明性在很
大程度上是由社会建构的。

贾马克·海沃特（Jamake Highwater）在《神话与性》（*Myth
and Sexuality*）一书中写道，社会在特定时间和地点如何建构性关
系（包括同性性关系和异性性关系），与这个社会的神话息息相
关。海沃特使用"神话"这个词，和其他学者一样，并不是在用
它"表示不真实"的通常意义，而是指通过形象和故事，对人们
认为不可更改的事实或神圣的真理所做的表达。他反复指出，性态
度和性行为一直在随着不同的价值观而改变，这些价值观则由向我
们解释世界的"真理"的神话来承载，甚至连人的身体形象也随

---

① 布朗（Brown），1965，第38~40页。

着不同的神话幻象因社会和时代的不同而相异。① 用米歇尔·福柯（Michel Foucault）的话来说，它们随着对"真理的政治学"的周期性改写而涨落。②

虽然欧洲历史上早在古希腊和古罗马时期，就有人，尤其是斯多葛学派的哲学家，指出，人的身体作为自然的一部分低于大脑和灵魂。但只是到了圣保罗以后，尤其是奥古斯丁时期，人的身体尤其是女人的身体是邪恶的——甚至是魔障——这种基督教观念，才开始流行。

宗教史学家伊莱恩·帕格尔斯（Elaine Pagels）指出，奥古斯丁用神话来支持这种观点，但他对《圣经》中亚当、夏娃和人类堕落故事的解读，在那个时代简直是耸人听闻的说法。③ 因为奥古斯丁说，人类从天堂堕落——这是女人的过错——使性和人的身体不可逆转地腐败了。他还说，每时每刻对所有人来说，正常的性和生育都是上帝因为这一"原罪"对每一位男女施加永恒的惩罚的工具。

奥古斯丁认为，所有通过性交而出生到这个世界的人，都因亚当和夏娃不服从的罪孽而背上诅咒，直至他们死去的那一天。教会最终也接受了这种看法。在基督教经典《上帝之城》（*The City of God*）中，奥古斯丁宣布，男女通过性结合生下的每一个孩子生来就带着罪孽——这种罪孽是通过男性的精子传播的。他写道：

---

① 海沃特（Highwater），1990。

② 福柯（Foucault），1980。具有讽刺意味的是，无论福柯怎样大谈政治并认为统治者利用性来维持统治，他却认为对妇女的性统治是理所当然的，也就是他无视性政治的最基本方面。有一些著作论及社会如何建构性的象征和人的身体时，则考虑了这个方面，例如，巴特勒（Butler），1993；吉登斯（Giddens），1992；拉克尔（Laqueur），1990；以及尼德（Nead），1992。

③ 帕格尔斯（Pagels），1988。

上帝是本性的创造者，而肯定不是邪恶的创造者，他把人造得正直。然而，人由于拥有自己的自由意志而堕落，受到公正的谴责，生下有缺陷的、受谴责的子女。我们所有人都在那一个人中，因为我们全都是那个人的后代，而那个人受到女人的诱惑而堕落犯罪，这个女人是在他们犯罪前从这个男人中造出来的。我们作为个人生活的具体形式还没有造出来分配给我们，但已经有某种能遗传给我们的精液的本性存在。当这种本性受到罪恶的污染，被死亡的锁链束缚，受到公义的谴责时，人就不能在其他任何境况下出生了。①

具体地说，就是由于这种原罪，才使女人受男人统治，而男人又受专制的国王、皇帝和教皇统治。因为奥古斯丁认为，亚当和夏娃的罪孽不仅永远诅咒了性，使我们不得永恒，将我们所有人推向死亡，而且从根本上——为了维系统治关系制度中依靠恐惧和暴力支持的严格的等级——将我们置于"受命于神"的国王、皇帝和教皇的控制之下。

海沃特尖锐地指出，自奥古斯丁之后，人的身体和性成了"一种神罚"——一种只有真正神圣的男子通过折磨自己的身体才能部分逃脱的肉体负担。至于妇女，她们在基督教神话中的罪孽比男人更深重。中世纪教会的《除恶利器》就说："一切巫术皆生自肉体的欲望，女人的欲望永无止境。"②

有了这一切，当然也就使没有任何快乐可言的生育成为基督徒的责任——用海沃特的话说，"担子可不轻呢"。这一切还意味着

23

---

① 奥古斯丁：《上帝之城》，王晓朝译，第 13 卷，第 14 章，人民出版社，2006.12（2007.5 重印），第 552 页。

② 克雷默（Kramer）和斯普林格（Sprenger），1971。

人类永远失去了自治权利，因为他们滥用自己的意志，不服从上帝，奥古斯丁和其后的一些基督教领袖，如安布罗斯主教，都这样认为。因此，集权统治以及随之而来的暴政，就成为对付"我们全面堕落的本性的绝对必要"①。

亚当和夏娃的罪孽导致了人类的普遍腐败——因此，永远需要社会上和政治上的铁腕控制。这种观点产生之时，基督教运动正从宣扬和实行非暴力、怜悯和同情（符合耶稣关于伙伴关系的教诲）的受迫害教派，转变为罗马皇帝本人也信奉的宗教，**从文化转型理论**的角度看，这也绝非偶然。②帕格尔斯指出，奥古斯丁先后对多尼蒂斯和贝拉基派（他们反对天主教与罗马政权的"邪恶的联合"）实行迫害时，都与皇帝的官僚结为盟友。正如帕格尔斯所说，这个人，教会将之奉为圣人，最终还是觉得武力"不可或缺"。

但是，我又要强调，奥古斯丁关于人在性上和政治上的宿命论虽是基督教传统所特有的，但人们普遍认为自然界——包括人的身体——低于大脑和灵魂。在东方和西方，在以建立和维持统治与被统治的政治关系和性关系为目的的宗教神话中，或多或少都能看到这样的观念。

比如波斯哲学家琐罗亚斯德（Zoroaster）就认为，宇宙有两极，善为明，恶为暗，自然和物质（暗或世俗）天生就是腐败的。据说琐罗亚斯德生活在基督诞生前 628～551 年——现在的宗教学

---

① 帕格尔斯（Pagels），1988，第 113 页。
② 《圣杯与剑》第八章详述了早期的或称为"原始的"基督教——由耶稣领导——是一种重要的伙伴关系运动。但也有资料证明"正统"的教会如何以其严格的全部为男性僧侣的等级结构，它的专制主义和它的系统暴力，通过宗教裁判所、政治迫害和十字军的宗教战争，重新变为某种统治制度。

者喜欢用公元前。① 尽管琐罗亚斯德与基督徒奥古斯丁生活的时代和地点都不相同，但他的哲学与奥古斯丁的哲学如出一辙。他认为"男人的"灵魂受物质的局限，女人（她们没有灵魂）则是一切恶魔之母。中世纪基督教认为邪恶生自女人的肉体，更早的中东哲学则认为，宇宙中的黑暗和邪恶是由一种雌性生物——若把那个波斯文词汇译成英文，就是"月经"——唤起的。②

在印度教的许多神话里，女子的地位也在男子之下。最可怕（然而至今仍被津津乐道）的例子，就是关于印度教的最高神毗湿奴的著名故事，他在襁褓中免于一死——人们调换了一名女婴，替他受死。

在佛教神话中，佛陀在菩提树下修行时必须抵御的诱惑之一，就是欲望和感官享乐。因此，在佛教的某些宗派中，僧人不仅要独身，而且不允许和女人有任何接触——连握手也不行。

关于女人尤其是女人的性会危害男人的观点，同人的肉体会败坏人的灵魂的观点一样，也不是凭空产生的。它是统治关系模式取代伙伴关系模式成为社会的主要"吸引子"这种根本转变的产物，我们将会看到，这种转变又会导致社会建构痛苦和快乐的方式发生根本的转变。凡是经历过这种转变的地方——不论是印度还是爱尔兰，波斯还是日本，欧洲还是小亚细亚——都经历了男尊女卑，所谓灵魂或来世高于包括我们的肉体在内的此生的转变。这种转变中的最大变化，就是彻底颠覆和诋毁过去受到尊崇的自然、性和快乐，以及——尤其是——妇女繁衍和养育生命的性力量。

---

① 哈里斯（Harris）和利维（Levey），1975。
② 海沃特（Highwater），1990，第95页。

妇女、性和宗教

旧石器时代和新石器时代早期的祖先们认为，妇女的身体是一个神奇的容器。他们一定看到了女性的身体随着月亮的运行周期出血，女人魔术般地生出人来。他们一定对女性身体产生乳汁哺育后代赞叹不已。加之女性似乎有一种魔力，能使男性的性器官勃起，女性的身体则对性快乐有一种超凡的力量——既能享受快乐，也能给予快乐——难怪我们的老祖宗要对妇女的性力量敬畏有加；也难怪他们对男性生殖器，以及象征男性性能力的公牛和其他有角有蹄的动物，也充满崇敬和敬畏；难怪男女的性结合，即生命、爱和快乐的源泉，成为旧石器时代和新石器时代的祖先们所推崇的神秘宗教的重要主题。

奇怪的倒是古代性与灵的这种联系居然被遗忘了——或者说，从来就没有人自觉地回忆过。因为只要仔细研究东西方的神话，我们就会清楚地看到，今天的大多数世界性宗教里依然留存着对那种联系的不自觉的记忆。

在印度，林伽和约尼即男女两性的生殖器迄今仍被视为神圣之物。在西藏，家喻户晓的咒语"唵嘛呢叭咪吽"（莲花宝物）的意思，就是指我们如今认为对立的事物在更大的整体中合而为一：明暗、破立、水火、男女。

中国有一个类似的形象，是一朵金花里包含着一个菱形物体。中世纪西方神秘主义中类似于莲花宝物的图形，是带露的玫瑰。在基督教里，修女被形容为基督的新娘，耶稣则是圣母堂①的新郎，

---

① 见马丁·路德（Martin Luther）：《1537 年的布道》，转引自威尔（Wehr），1990，第 73 页；还可见威尔（Wehr），1990，第 32 页，引用了路德谈论"上帝为圣子选定一个教堂，以为他自己的新娘"。

这些一定能够追溯到远古认为性结合是与神相结合的观点。

喀巴拉集中世纪希伯来神秘主义之大成，我们会看到一个词在其中出现过无数次，这个词就是"舍金纳"（Shekinah）——为神提供智慧的女性，以及对圣人们的指示，指示他们在精神上与她相结合。基督教的一些形象也能追溯至远古对妇女、生育和性的偶像崇拜。比如中世纪基督教崇拜"可打开的圣母像"，描绘圣母马利亚怀孕的身体时，其姿势酷似旧石器时代怀孕的维纳斯雕像。[①]

中世纪大量的偶像和文艺复兴时期圣母马利亚和圣婴耶稣的雕塑，都直接继承了古代女神和圣婴的风格。与旧石器时代和新石器时代的艺术传统一脉相承且最突出，也最显而易见的例子，是文艺复兴时期的女神阿芙洛狄忒画像（约瑟夫·坎贝尔在他的《神话形象》中复制了这幅画），我们能看到她的阴门光芒四射，照亮一群男子。[②]

如前所述，印度 12 世纪的宗教雕塑中也有男子崇拜圣阴门的形象。印度著名的庙堂檐壁色情艺术也产生于这一时期，近几十年西方美术书籍也有以此为题材的（如旧金山艺术博物馆出版的《感官之神》）。这些印度雕塑与我们前面谈到的新石器时期和青铜时代的雕塑相似，即将性结合作为宗教仪式加以描述。这些印度庙宇修建的时间已在雅利安人或印欧人入侵之后，尽管雅利安人把许多统治关系的价值观强加于本地的女神崇拜文化，但这些庙宇仍旧突出地体现了伙伴关系的色情：给予和获得如痴如狂的性快乐。

鉴于现在的宣传，我在这里需要说明一下，这些雕塑所描绘

---

① 例如，参见坎贝尔（Campbell），1974，第 59 页。但是，阿特金森（Atkinson）论述了那一时期在男尊女卑的社会语境下，在中世纪末期伴随着对圣母马利亚的崇拜而兴起的基督母权理想化如何又变成男子控制妇女的性，因而控制妇女的生命选择的另一种手段。

② 坎贝尔（Campbell），1974，第 66 页。

的，与今天经常报道的那种地下性邪教完全是两码事。这样的有组织邪教是否存在（人们正在激烈地争论）并不是问题的关键，关键是印度檐壁色情艺术的场面里没有任何虐待的、粗鲁的性行为——更没有超自然的或地下的魔鬼崇拜。首先，这些神庙雕塑注重的是相互给予和接受快乐，而不是单方面地制造痛苦。它们是作为那个时代和那个地区的宗教的一部分，创造出来给所有人看的。它们描绘大家崇拜的神灵之间的性结合，不是要使女子和男子着魔或腐败，而是要指导他们，鼓舞他们。

这些神圣色情仪式中的印度雕像很可能与前面提到的印度密宗传统同出一源，其主要仪式是"密荼那"（maithuna），即性结合。这种仪式的目的是唤醒昂达里尼，即神力，这种神力通常被认为就是沙克蒂（shakti），即女神的创造力。

现存的密宗典籍由于已被后来的（印度和西藏）统治关系文化层层遮盖，因而它们所注重的是男性。密宗说，男子通过"密荼那"与伟大的母神创造生命的力量或第一力量结合。可是如果"密荼那"是男子与神结合的途径，它显然对女子也一样。因为正是通过女人的身体——她的性激动和性快感——女神才具有性力。在密宗的实践中，男子通过给予女子性快感得以与神合一，于是两人都得到持久的幸福体验。而女人的身体则是神的容器——在西方的符号系统中，就是圣杯。

密宗瑜伽中还有一个非常有趣然而经常被人忽视的方面，即避孕。虽然妇女给予生命的力量受到崇敬，也许正是**因为**这种崇敬，在密宗实践中，是男女共同避免意外受孕。因为密宗的性事显然绝不是以使女子怀孕为目的。它唯一的目的是使女子和男子通过尽可能延长的、近乎完美的爱情感受，体验精神上的最大幸福。

由此看来，有一件事很有趣，印度符号中最早表示无限的符号

（∞）显然代表性结合：合二为一。这个符号由并列的两个圆圈组成——一个顺时针，一个逆时针，没有上下的区别，它象征着男女 27 之间的平等能带来圆满或无限。而这也是揭示史前历史的一个重要线索，后来印度的符号完全变为以男性为重：现在，人们将无限的符号解释为两位男神——然而很说明问题的是，他们仍然是最高女神萨朗尤（Saranyu）的双生子。①

我们在后面还会一次又一次地看到对古代宗教符号的颠覆和篡改。我们还会看到这是一次大量改写神话过程中的一部分，具有深远的政治影响，许多古老的性神话和社会神话——以及现实——被整个颠倒了。再往下看，我们就会发现这次改写最惊人的线索，不在东方宗教中，而是在我们自己的西方传统中。

我只想举一个例子，《旧约》中有一段，换了任何一个别的地方，一看就能知道它是什么：一首表现性爱的诗。在《雅歌》（或按照钦定本或詹姆斯译本《圣经》中的说法，叫《所罗门之歌》）中，我们读到美丽的舒拉密（Shulamite），也就是沙仑（Sharon）的玫瑰花，她的新郎向她歌唱时，她的"唇好像一条朱红线"，她"两乳好像百合花中吃草的一对小鹿"。② 她自己的爱情表白更明确

---

① 沃尔克（Walker），1988，第 9 页。

② 《所罗门之歌》4：3，5，詹姆斯译本。（中文采用 2010 年和合本修订版。若无特别说明，此后《圣经》译文皆用此译本。）当代学者对詹姆斯译本的某些抒情诗的准确性提出疑问。但是，由于它忠实于犹太经文的基本主题（性爱的欢乐和大自然的恩惠），并由于它的语言明白易懂，所以我宁愿选择它，以便少费翻译工夫。福尔克（Falk）1990 年的译本对原文更为忠实。她在注释中认为《雅歌》"提供了一个完全没有大男子主义的异性爱的观点"［福尔克（Falk），1990，第 134 页］。她写道，在这首诗里，"妇女像男子一样，常常果断地说了就做，雷厉风行；同样，男子也可以随处表现为温柔的、脆弱的，甚至是害羞的"［福尔克（Falk），1990］。她还指出，《雅歌》中的许多片段都源于赞美大自然的所谓"春之歌"［福尔克（Falk），第 154 页］。

地说到性："愿他用口与我亲吻。你的爱情比酒更美"。她向爱人唱道。"我属于我的爱人，我的爱人属于我……我的良人好像一袋没药，在我胸怀中。"①

我们不禁要问，这首情诗在《圣经》这部西方最神圣的宗教著作中起什么作用？宗教学家们常常试图把《雅歌》解释为一种象征，雅和威（Yahweh，通常误译为耶和华 Jehovah）将以色列比作自己的新娘，以此表示上帝对其子民的爱。但是这首诗通篇只字未提雅和威或上帝。倒是有些诗句，比如"你的肚子如一堆麦子，周围有百合花""你的肚脐如圆杯"，都是赞叹女性的胴体。其中最有名的一节（"地上百花开放；歌唱的时候到了，斑鸠的声音在我们境内也听见了"②），赞美春归大地——这正是旧石器和新石器时代宗教的重要主题。

圣经学者告诉我们，《旧约》曾在数百年中被各种教派反复修改，当然都是为了使之适应他们当时的神权统治。③ 我们也看到，这部文集虽然有许多重要的道德规范，却也常把妇女视为邪恶的诱惑者甚或男人牢牢控制的性财产。那么，为什么那些把《旧约》改了又改的男人，竟在里面收入了这么一首赞颂妇女神圣喜乐的性能力的诗歌呢？

我认为《雅歌》并非像《圣经》中其他三世露了远古宗教形式线索的段落（如耶利米对人们崇拜"天后"的"倒退"痛加斥责，直接反映了女神崇拜）那样，只因一时疏忽才被收入

① 《所罗门之歌》1：2，13，詹姆斯译本。其中，"没药"（myrrh）是一种香料，是耶稣诞生时三博士带给他的礼物之一，因此被视为圣物，在《圣经》中经常出现。——译者注

② 《所罗门之歌》2：12，詹姆斯译本。（"麦堆"和"圆杯"句出自7：2）

③ 达特茅斯版《圣经》。该版《圣经》第512~513页汇总了对《雅歌》的各种解读。

《圣经》。① 我认为这首情诗（更确切地说，是组诗）之所以收入《圣经》，正是因为圣歌中历来就有歌颂性、爱情和春归的传统（我们下面将会看到苏美尔人赞美女神伊南娜的圣歌），而这种传统那时在人们心目中仍然根深蒂固。② 换言之，我认为那些决定在《圣经》中收入《雅歌》的男人，有意地，更可能是无意地，使用了篡改这种古老的政治手腕。③

他们成功地篡改了这些段落，或将它们移花接木——把那些业已模糊破碎的原始女神崇拜和性崇拜的段落，放进他们自己的文字中，写一位超越一切的男神像丈夫统治妻子一样，统治他的世俗的臣民——比如，将女神和她的圣新郎改写为王室新郎和他后宫里的某位女子。希伯来和后来基督教一代又一代的宗教当局不断重新解释《雅歌》，好让它更符合他们竭力建构的神话和现实，篡改的过程就更为明显了。

① 据考古资料，史前女神崇拜产生于较为和平与平等（伙伴关系模式）的社会。《耶利米书》44：17 里有一段说，人们向他解释为什么他们不会留心他的主张去阻止自己的妻子向天后焚香、祭酒、烘面包，因为在这些做法盛行的年代，日子和平而富足。人们告诉他："……因为那时我们有大量的粮食储备，世态良好，无人犯罪，但由于我们停止了给天后焚香、祭酒，我们就变得需要一切东西了，并挣扎于战乱和饥荒之中。"（达特茅斯版《圣经·耶利米书》44：17。）关于希伯来传统中女神重要性的讨论，见佩泰（Patai），1978。
② 苏美尔学考古学家塞缪尔·诺亚·克雷默（Samuel Noah Kramer）在其《圣婚仪式》一书中，把《雅歌》与早期的伊南娜赞美诗联系起来。这些旧传统有助于解释最具代表性的女神舒拉密为何是黑色的。这一观点是由伯恩鲍姆（Birnbaum）1993 年提出的。据伯恩鲍姆的解释，现存的"黑圣母"肖像（已知全世界现存450帧）使人回想起一个女神被崇拜为"地球之母"的时代。据她解释，这些肖像的暗色象征着黑地地。
③ 篡改，或将威胁统治的因素或/和个人吸纳进统治结构并加以歪曲，并不一定是有意识的行为。尽管有时是有意识的，但更多的则是无意识的。不论有意还是无意，其目的都是化解对现有秩序的威胁——比如将前反对派领导人吸收到权力结构中。

性、教会和行吟诗人

我们在后面还要更详细地探讨这个篡改的过程，以及西方宗教著作中关于把性视为神圣的时代的线索。为了结束本章，也为了快速地从仪式讲到浪漫故事，我想简明扼要地叙述另一个同样有力然而同样被普遍忽视的证据，这个证据可以证明曾经存在过一个把性快乐视为神圣而不是罪孽的时代：这个证据就是，基督教教会对性快乐的竭力污蔑。

我们在前面已经看到，奥古斯丁认为，性从来是而且永远是罪孽，这一教条成为基督教与罗马皇帝建立政治联盟的基础。但是，教士们有什么必要采取如此极端的立场呢？他们为什么非要说性是邪恶的呢？他们为什么要诅咒这种最自然的行为——以及最自然的快乐呢？——比如说，亚历山大的克雷芒（Clement of Alexandria）宣布，即使在婚姻中，不以生育为目的的性也会"损伤性情"。①

宗教学家们对此也做了几种解释。有人说，这些人强制禁欲，而且常常粗暴地摧残他们的肉体，因此他们的性压抑程度非常严重，久而久之就导致了感情和心理的不平衡。那好，就算他们都实行禁欲（有证据表明，他们中许多人并没有真正地禁欲），那么仍有一个问题：这一切是如何开始的？这当然无法解释教士们为什么一定要用此生的酷刑，再加上最痛苦的永恒的惩罚——说什么在地狱中永远要受火和硫黄的折磨——来吓唬那些在性事上不服从他们管教的人。

倘若要更好地理解教会为何歇斯底里地对性加以扼制，并进行

---

① 帕格尔斯（Pagels），1989，第29页。

暴力压制，我们就需要新的更大的背景。所谓更大的背景，不仅是指当时的政治，那时耶稣关于爱、宽容与和平的教导，被男性统治、等级森严并通常是通过暴力才得以确立的"正统"教会篡改了；西方远古宗教残存的遗迹证明，这种宗教经过许多残暴迫害，终于被犹太教、基督教和伊斯兰教消灭并被它们取而代之了。

G. 拉特雷·泰勒（G. Rattray Taylor）在其已成经典的著作《历史上的性》一书中，记录了教会对异端的迫害——包括对数以千计、有些统计中达到百万的被指控为女巫的妇女施以折磨和火刑，这并非不是随意的。教会最在意那些尊重妇女、使她们处于领导地位，甚或崇拜女性神的"异端"教派，因此经常宣布这些教派有不道德的性行为。①

我的意思是，教会对性的"道德"谴责远不止于心理怪癖。教会政治性极强的策略的一部分是，要在那些还依稀记得并坚持远古宗教传统的人群中树立并维持其统治。教会要强化自己的力量，使自己成为唯一的信仰，就不能容忍远古根深蒂固的宗教体系中的神话和仪式继续流传，在那样的神话和仪式中女神和她的儿子或爱人受到崇拜，妇女做祭司，男女之间的性结合带有强烈的精神意义。因此，必须不惜一切代价铲除这些残余，篡改也好，镇压也罢，教会无所不用其极。

于是，教会就采取了这样的立场：除了被男子完全用作繁殖所必需的手段以外，性都沾满了罪孽。这样一来，远古宗教中女神的儿子或配偶公牛神，在基督教中就变成了有角有蹄的魔鬼。曾是女神神圣天赋的性——连同女人——就成为一切肉体邪恶的源头。

所有这些并不是说基督教会要为我们所有病态的性事承担责

30

———————

① 见《圣杯与剑》第 10 章。

任。早在基督教成为西方正统宗教之前数千年，性就与男性统治连在一起了。其实，基督教斥责性为"不道德"，至少有时是因为那时已经流行将性与暴力和统治联系起来了。

但是，教会那时**没有**——现在也没有——谴责性与暴力和统治的联系，或性与虐待的痛苦之间的联系。相反，它却谴责性的快乐。这种彻底不自然的谴责，以及它所导致的可怕的和血腥的极端行为，只有从一个更大的视角来考察，才能解释得通。因为这时我们就能看到一个重要因素，即中世纪教会把远古宗教传统遗留的一切统统镇压，那种传统是把性——以及妇女，而不仅仅是男性——与灵性和神圣联系在一起的。

我们一旦站在这个角度重新考察欧洲社会史和性史的发展，也就能解开另一个谜团：为什么教会觉得一定要如此污蔑妇女，甚至教皇也对《除恶利器》（教会的猎巫手册）上的话大加赞赏，说女性天生罪孽深重，因为她的肉体比男性的肉体更感官化。① 从这个角度看，我们甚至更加明白，为什么教皇赞成以莫须有的性犯罪——包括"与魔鬼通奸"——折磨和烧死妇女。因为尽管猎巫的背后还有其他原因，包括用教会培养的男医生替代传统的女治疗

---

① 焚烧女巫的历史是理解西方历史的关键。见克里斯特（Christ），1987；斯塔霍克（Starhawk），1982，附录A："焚烧的时代"；也可见阿特金森（Atkinson），1991。阿特金森提出，由于女人的数量远远超过男人，于是有大量未婚或"无主"妇女的危机，这是中世纪后期妇女被大规模屠杀和折磨背后的一个因素。社会上有大量关于多少妇女被屠杀的争论，有些估计认为有几百万之多。在最近由安妮·卢埃林·巴斯托（Anne Llewellyn Barstow）写的一本新书《巫狂：欧洲猎巫的新历史》（1994）中，她估计数字在10万左右——考虑到那时欧洲的人口，这仍然是一个很大的数目。在这本书中，巴斯托以大量证据支持自己的论点："在那个最狂热的年代，西欧大部分地区的任何一个妇女都有一种被当作猎物的感觉。"（《巫狂：欧洲猎巫的新历史》，第148页。）

者，① 可远古宗教所崇尚和神化的正是妇女的性力量。

　　但是，尽管教会不遗余力地谴责性，残酷地迫害妇女——猎巫就是这样②——古老崇拜的种子在欧洲文化的土壤中根深蒂固，不可能完全铲除。比如中世纪欧洲在教会资助下兴建大教堂，这些宏伟的大厦，如巴黎圣母院，无一不是献给圣母——欧洲人因此至少能以某种方式，公开保持某种古老的女神崇拜。③ 中世纪，在法国南部，那里妇女的性力量曾在旧石器时代的祭祀岩洞里得到神化，男女行吟诗人盛行一时，他们在爱情歌谣里把女性作为男子的精神鼓舞加以赞颂，并歌颂男女的性爱。④

　　行吟诗人在情歌中歌唱女子和男子的婚外恋情——那时，教会对婚姻已经有了严格的规定，并且禁止离婚，而这种恋情却不受教会的控制。某些歌曲，尤其是其晚期作品中，这种浪漫爱情非常纯洁——就是说，是一种没有性关系的爱情。但是，男女行吟诗人的许多诗歌，尤其是那些作于教会对法国南部阿尔比派发动圣战（唯一的一次基督徒对基督徒的圣战）之前的诗歌，带有明显的性色彩，一点儿也没有晚期诗人做作出来的那种纯洁。

　　女行吟诗人的诗歌在这方面尤其有趣。邦尼·安德森（Bonnie

31

---

① 例如，参见福克纳（Faulkner），1985。

② 如巴斯托所写的那样，毫无疑问，这是一种残酷虐待妇女的暴力，一种故意迫害妇女的政治行径。她指出，如果不这样认识猎巫，就如同书写纳粹的种族屠杀，受害者绝大部分是犹太人，"却不提这是对犹太人的残酷迫害"（Barstow，1994，4）。

③ 那时，教会根本不提她的性别，诸神一律被描绘为男性。当人们祈祷圣母时，仍然看见她的神性，尽管这不是宗教权威者们的观点。

④ 某些学者如芭芭拉·韦尔特（Barbara welter）提出，男人把女人理想化，仍然是维持其男性统治的手段［韦尔特（Welter），1976，第21～24页］。韦尔特以维多利亚时代对女性"贞德"的推崇作为她论述的基础。我将在第14章中加以讨论。但是，行吟文学中显然存在一股逆流，这些情歌中的女性与维多利亚时代的理想女人不同。这些情歌强调的是女权而不是男权。

Anderson）和朱迪思·津瑟（Judith Zinsser）写道，她们常在诗歌中呼唤直言示爱，追悔失去的机会，欣喜于将来的激情。① 而男诗人诗歌中最有意思的一点，就是他们所唱的恋情中，做出抉择的是女性，而不是骑士——这与那个时代的风俗完全不同。那时的男子，包括骑士，强奸妇女是常事，女孩子被父亲"打发出去"嫁人是常事，她们自己就算有点发言权也少得可怜。

男女行吟诗人的情歌通常充满哀怨，结局常常很悲惨。这既是那个时代的特征，也由故事情节（通常是一位骑士与一位有夫之妇的爱情）所决定。但这些故事主要是为了歌颂妇女和爱情——以及贵族妇女和她的意中人之间仪式化的求爱经过。

从古老的宗教角度看，这是远古女神和她神圣的性伙伴神圣结合的神话的一种弱化翻版。但是，从中世纪生活的角度看，这是对流行的常规所进行的一种强烈反叛。

的确，行吟诗人理想中更温和的男性气质——现在的"绅士"这个词就是由此而来的——本身就违背了流行的规范。② 正是对女性的温柔，甚至尊敬，以及男女间既有强烈色情的因素，又有浓重精神因素的高度仪式化的浪漫爱情，使人们至今念念不忘这些行吟诗人。

32

---

① 安德森（Anderson）和津瑟（Zinsser），1988。早在 11 世纪，普罗旺斯的隆河谷贵族妇女就已开始创作叙事歌和叙事诗。在 400 位有名的歌者、诗人或行吟诗人中，就有 20 位女性，普罗旺斯语称之为"trobaritzes"。这些作品的主人公通常是封地贵族家的妻子和女儿，有时也歌唱宫中的爱情故事。但安德森和津瑟指出，她们的诗常常无视男诗人作品中的矫饰，而直抒胸臆，不拔高爱人或爱情，以直接、实际、感性和独特的笔法，表达快乐、愤怒、哀伤和激情（Anderson and Zinsser, 1988, 307）。

② 女诗人的歌尤其着重表达男子的气质和品行，他大方、正直、睿智，精明而世事练达；或如一首诗歌所指出的那样，直率、谦和，不与他人争斗，待人彬彬有礼……高尚，有爱意并且低调……［安德森（Anderson）和津瑟（Zinsser），1988，第 307 ~ 308 页］。

中世纪的男女行吟诗人冲破教会对性快乐的诅咒，为我们留下了这份爱情和仪式的遗产，这是一份充满力量的遗产。这份遗产，我们已经看到，从更久远的根源生发出来：它来自一个把性与神圣而不是亵渎神和猥亵联系在一起的时代。

但是，在对这些史前的根源进一步做更深入的探索之前，我们将在下一章里回到更早的年代，回到人类在地球上探险的起点。因为如果我们要达到主要基于伙伴关系和给予以及接受快乐而不是基于负疚、统治和痛苦的性与灵性，就必须更好地了解我们这个物种最早的历史——也必须了解性本身的发展史。　33

第二章　动物仪式与人类的选择：统治式性关系和伙伴式性关系溯源

或许我们没有意识到，我们对性的种种看法实际上深受我们所接受的关于性起源的种种教育的影响。就拿我们所熟悉的卡通来说吧，里面有手持大棒的原始人，他拽着一个女子的头发，把她拖来拖去。只消"有趣"的寥寥几笔就会告诉我们，在我们记忆所不及的时代，男人已经把性等同于暴力，女人已经是被动的性工具了。也就是说，它告诉我们，性、男性统治和暴力实际上是一回事——揭去文明的伪装，事实就是这样。

某些社会生物学家为我们描述的性也是这样。他们大量使用资本主义经济学词汇，说男性要保护其"父母的投资"，就得与他们的性"竞争对手"搏斗，或者主动出击，在"再生产"上获得更大的"成功"。[①] 在这里，男性依然占主动地位，女性则处于被动地位，[②] 大量的讨论都是以男性为中心展开的。[③] 通俗作品的重点

[①]　例如，特里伐斯（Trivers），1985。

[②]　最近不少社会生物学著作论及女性的选择。但总的说来，在这些讨论中还是男性向女性主动提出性要求，或是让女性选择接受或是拒绝。而使许多物种的雌性（尤其是在灵长类中）常常向雄性"提出"性要求，主动开展性交。

[③]　幸好这种情况开始改变。有的社会生物学著作偏重女性，抑或在两性之间比较平衡，如费希尔［（Fisher），1992］、赫迪［（Hrdy），1981］、凯夫列斯［（Kevles），1986］以及莫贝克、齐尔曼和加洛韦（Morbeck, Zihlman, and Galloway）。事实上，近十年来人们争论的一个问题是，男性繁殖特征的进化是否1）与女性特别偏爱某些特征有关，或2）因为"吸引力"常与功能性特质相关。

更是性、暴力和男性统治。①

　　这些文献所讲的大多数是动物而不是人。其论点大致是，我们可以通过对动物的观察，来推论人的交配和性的基本模式，因为他们假定我们人类的行为也是由类似因素所决定的。②

　　这种方法存在很多问题。③ 首先，尽管我们人类有许多特征与动物相同，但我们毕竟与动物具有重要区别，我们是独一无二的。④ 我只谈几个最主要的差别：学习在人类的行为中具有更大的

34

---

① 其中某些书籍非常流行，例如，阿德利（Ardrey）的《领地需求》，该书受到无数传媒的青睐。

② 甚至某些科学家，如 E. O. 威尔逊，有时也得出这些结论。例如，在他的名著《社会生物学》中，他引用了精心挑选的动物和昆虫的数据来支持他的论点：雄性动物从根本上是"一夫多妻"的，因为让"最棒的"雄性动物繁殖更多后代，有利于整个种群的进化［威尔逊（Wilson），1975，第 327 页］。威尔逊认为"强者拥有生殖优先权"的论点可以扩展到我们人类——支持这一观点的唯一例证是巴西雅诺马马的印第安人，一个绝对严格的男性统治、高度好战的部落，实行杀害女性幼儿的习俗。据一则人类学佚闻说，部落酋长（他是一夫多妻的）比其他男人更聪明，他们不是一夫多妻的。［威尔逊（Wilson），第 288 页。］

③ 有些著作，如吉切尔（Kitcher）的《跨越目标：社会生物学与人性的追求》（1985）、罗斯、列万廷和喀米因（Lewontin, Rose, and Kamin）合著的《人类基因之外》（1984）、蒙塔古（Montagu）的《社会生物学审视》（1980）和托巴奇与罗索夫（Tobach and Rosoff）合编的《基因与性别》（1978），详细阐述了那些试图如此"解释"人类行为的种种谬误。

④ 有人，特别是灵长类动物学家指出，由于其他灵长类动物在许多方面预示了人类的能力和行为，因而我们人类并不算"独一无二"。当然，我们与其他灵长类有许多共同特性［比如，麦克格鲁（McGrew, 1992），有证据表明非洲黑猩猩会使用初级的劳动工具］。它们与我们人类共同拥有 99% 的相同的遗传基因，以及 1% 的差异。但是，假如我们着眼于人类文化——不仅是人类的技术，人类还有巨大的思想宝库，包括哲学、科学、诗歌等，还有艺术（包括绘画、雕刻、电影、音乐等）以及其他创造——即使与人类最亲近的灵长类黑猩猩相比，我们人类也是独一无二的。尽管人类与黑猩猩之间百分之一的基因差异看似不大，但它反映在最重要的进化过程中，比如人类的基因使得人类的头盖骨结构在降生后仍然保留着敞开状态，从而使得人脑进一步发育成为可能。随着大脑进一步完善，智力容量大大扩展——这一特征也可作为人类的标志。

作用；符号交流（从语言到艺术和书写）具有不可替代的重要性；人类具有制造工具和利用技术改造环境乃至自身的无限能力；最重要的是，文化和社会组织在人类的特征和行为，包括人类的性和交配行为的形成中具有很大的重要性。

此外，方法论也存在严重的问题，尤其是在灵长类和人类社会生物学中。比如，重竞争而无视合作，重攻击而无视友谊，尽管在大多数物种中这两种方式都相当明显。弗兰斯·德·瓦尔（Frans de Waal）在《灵长类的和亲》（*Peacemaking among Primates*）中写道："自达尔文以来，生物研究主要集中于竞争的结果——谁赢了，谁输了。"[①] 但是，他说："对于社会性动物来说，这是一种可怕的过度简化"，因为合作也同样重要，有时甚至更重要。[②] 由此看来，一个根本问题是研究和关注什么样的行为。

另一个根本问题是研究什么动物。比如，对猩猩的强奸研究很多，而对鞍背塔马林猴的研究却很少，这种动物雌雄之间几乎没有攻击行为，交配既采取一夫一妻制，也采取一妻多夫制（即一只成年雌猴与多只雄猴交配），成年雄猴在照料幼猴方面发挥着很大作用。[③]

我绝不是说研究动物不重要或没有用。动物研究提供的信息令人吃惊，使我们了解了五花八门的动物行为和社会组织，包括它们异常多样的性习惯和交配方式。我认为，对动物行为和社会组织的

① 德·瓦尔（de Waal），1989，第 269 页。其他学者，如珍妮·阿特曼（Jeanne Altmann）、蒂姆·兰塞姆（Tim Ransom）、塞尔玛·罗威尔（Thelma Rowell）、芭芭拉·斯马茨（Barbara Smuts）、南希·坦纳（Nancy Tanner）和阿德里安娜·齐尔曼（Adrienne Zihlman），也强调在研究灵长类的社会行为方面加强协作。
② 德·瓦尔在注释中说，即使有争论的对手，"所争夺的资源往往不值得把难得的关系搞僵。如果真出现侵略行为，双方也会赶快重修关系"。
③ 见哥迪赞（Goldizen），1989。

观察，在某些方面能使我们更好地了解我们身处何处，我们能往何处去。然而，我认为研究这些动物的理由，与人们通常所列举的理由很不一样。

我认为，用某一种动物的行为甚或社会组织形式来"解释"（说到底，是为之辩护）人类的某些行为或组织人类社会的方式，说这一切是自然的——因而言下之意也是不可避免的，这既**没有**什么好处，也不科学。① 但是，我在本章将会阐明，动物研究有助于我们探究我们正在谈论的两种社会组织形式——伙伴关系模式和统治关系模式——的起源，还能使我们更好地理解痛苦和快乐在生物进化和文化进化中的地位——我们将会看到，这与性的进化具有至关重要的关联。

我要在这里说明，我所说的**进化**与生物学家解释某一物种的发展和进化时所使用的"进化"意义有所不同，我在一个更加广泛的意义上使用这个词，指我们这个星球的进化或历史。因此，我用**进化**一词指各种层次的事物在时间中的变化，从原子一直到宇宙。换言之，我是从系统角度使用进化一词的：这一角度遵循着来自多种学科的系统科学家们〔例如，生物学家维尔莫斯·克萨尼（Vilmos Csanyi）和伊丽莎白·萨托利斯（Elisabeth Sahtouris）、社会心理学家戴维·洛耶、天体物理学家埃里克·蔡森（Eric Chaisson）、物理学家弗里约夫·卡普拉（Fritjof Capra），以及哲学家欧文·拉兹洛（Ervin Laszlo）〕的传统。②

---

① 有意思的是，这一观点也是由 E. O. 威尔逊提出的，尽管他的论述有时不幸与此相勃。

② 克萨尼（Csanyi），1989；萨托利斯（Sahtouris），1989；洛耶（Loye），1990，及其未出版的某著作；蔡森（Chaisson），1987；卡普拉（Capra），1982；拉兹洛（Laszlo），1987。这些学者中有许多是广义进化论研究小组成员，我和洛耶是其中的两个创办人。

35

　　我和这些学者中的许多人一样，关注着那种朝向差异更多、结构更复杂、功能更趋于整合和行为更自由的进化。但是，我的兴趣更集中于这个进化活动中的两个关键方面：性的发展和意识的发展。

　　纵观我们这个星球上的生命进化，我们会看到，最早的生命形式是无性的。繁殖只是简单的分裂和增加：先是一个细胞分裂为两个，然后同样的机械过程呈指数形式增殖。后来才发展出雌雄两性的交配，父母双方的不同基因才得以重新组合。这为后代提供了机会，使他们的差异更大。而差异又增加了适应环境的可能性——也就是说，增加了进化的创造力，为进化的创造、多元化和变化提供了更大的可能性。①

　　如果把进化看作一次场面巨大的创造实验——我们人类是这次实验中最新、最令人惊羡的结果——我们眼前就会出现一幅壮丽雄伟的画面，性和意识的进化在其中发挥着极其重要的作用。因为从35亿年前简单的单细胞生物出现，到6500万年前出现包括人类在内的灵长类动物，② 我们看到，生命在这个时期从一团团静止的物质，变得越来越复杂，成为能够爬行、飞行、行走，后来又能够制造工具、交谈并具有精确的自我意识的生物——这些生命形式不仅能改变自己的物理环境以参与自然，而且还通过人类特有的学习能

36

———————————

　　① 虽然对此有争议，但人们普遍认为这就是为什么我们发现有性繁殖在如此多的物种中存在，如 J. M. 洛温斯坦写道："有性繁殖有这么多优点，因此已经以不同模式完成了许多次进化。"他在1992年的研究中（Lowenstain, 1992）对不同的物种，从爬行动物（后代的性别有时取决于气候）到鱼类（个体有时可在雄、雌之间转换），各自经历的自然试验做了幽默的考察。

　　② 放射性碳测定年代只精确到5万年前，因而对更早期的进化年代一直有许多争论。我从近年的一些研究中选择了6500万年这个数字［例如，参见豪厄尔（Howells），1993，第61页］。

力，从根本上改变我们自身以及我们的社会结构。

此外，如果我们把这种朝向复杂、整体和灵活的运动当作这个星球上生命进化的一个重要方面，那么我们就会发现，通常人们对"适者生存"（而"适者"在一般文献中总是被解读为在性以及其他方面最具攻击性和竞争力者）的强调，其实所说的只是现行的价值观和社会组织，而不是进化。① 我们也会看到，在地球生命进化所代表的全球大实验中有许多巨大的飞跃。

生命和性的出现就是这样的飞跃，是我们这个星球的历史上所发生的奇特而巨大的变化。另一个巨变，是大约 25 万年前出现了人类这么一个无比复杂和灵活的物种②——它所带来的重大变化不仅包括生命的进化，也包括性的进化和意识的进化。③

---

① 现在大多数进化生物学者认为不是由自然淘汰这条途径实现进化。他们所谓的"适者生存"这条术语不等于"自然的血盆大口"。它意味着在既定的环境中具有成功地生存和繁殖的天生能力的个体会变成更普遍存在的种类。也就是说，用社会生物学的术语，"适者"仅仅是指那些在以后的繁殖中留下最多基因的某些个体。从这个观点看，"自然淘汰"也寻求解释这样的事物：母爱、雌雄结合、庇护能力、光合作用、鲸鸣叫、蝙蝠声呐等方面的进化。

② 虽然对此有些争论，但是 25 万年前大体上可视为"智人"（也就是我们这个物种）出现的年代。同属中已经消失的成员，可溯至能人（homohabilis），通常认为生活在约两百万年之前。

③ 像大多数进化中的变化一样，人类性特征是作为常年高度的欢娱而不是作为生殖的生理现象。在灵长类动物中就已经预示着这种进化。正如弗雷泽所指出的那样，灵长类动物从事非生殖目的的性活动远远超过其他大多数哺乳动物，而且，在人类以及多数灵长类动物中，雌性对性的兴趣不亚于雄性，部分是因为阴蒂在灵长类动物中几乎普遍存在［弗雷泽（Frayser），1985］。灵长类动物和人及其他哺乳动物一样，有时会触摸和刺激自己的生殖器。因此，弗雷泽指出，尽管社会生物学往往只提生殖（成功的繁殖），"灵长类动物的性行为可能并不仅仅是为了生殖，因为它本身也带来享受"。人也是这样。不过，不以生殖为目的的常年的性行为虽说在灵长类动物身上已显露端倪，但我们将会看到，质的突破首先出现在倭黑猩猩和黑猩猩身上，而人类在进化上有了更大突破。

我们人类的起源

学者们试图重构他们称为人科动物的起源。对于我们这个物种的进化飞跃是如何发生的，大家众说纷纭。[1] 由于导致我们这一物种产生的进化曲线中有些"失落的环节"，这些环节的代表已经不复存在，因而那些研究人科社会组织的社会生物学家们便主要在我们的动物界近亲——猴子和猿——的社会结构中寻找模式。

当然，与众人的错误观念正好相反，猴子和猿**并不是**我们的祖先，而这些模式也只不过是一些想象而已。但是，现在的猴子和猿似乎与人类的前身即灵长类动物同出一祖，因而观察这些动物当然比观察进化顺序更早、与人离得更远的动物更有用。

我们也许永远无法确切地知道人科的祖先是如何建立他们的社会（包括性）关系的。人科动物的社会模式顶多只能提供一些材料，让我们想象我们自己可能源于灵长类动物的几种情形。但这些模式能够确切地提供给我们的，只是一些思考的材料：对人的天性和人的性的流行观点的反思——或许，最重要的是对这些观点现在如何开始变化的反思。

恒河猕猴——这种等级森严、生性好斗的猴子，常被用来"解释"人的类似行为。另一种常被当作人科和人类进化原型的灵长类动物是萨凡纳狒狒（savannah baboon）。[2] 或者说，人科进化的这种原型是以早先宣传的狒狒社会为基础的，后来珍妮·阿尔特

---

[1]　虽然"人科动物"（hominid）这个词在含义上包括我们这个物种，但我用它专指早期的而现在已经不复存在的南方古猿（Australopithecus）。

[2]　之所以把狒狒当作原型，是因为它们群居在热带草原，我们的祖先一度被认为就是这样生活的。最近的研究发现已经对这个假设提出了质疑。

曼（Jeanne Altmann）、赛尔马·罗厄尔（Thelma Rowell）、罗伯特·赛法斯（Robert Seyfarth）、芭芭拉·斯马茨（Barbara Smuts）和雪莉·斯特拉姆（Shirley Strum）等科学家在其最新研究中发现，狒狒社会中的男性统治和军事结构的倾向，并不像人们原来认为的那样严重。①

人类学家琳达·玛利·费迪甘（Linda Marie Fedigan）在这方面做了大量研究，她写道："早期人类模式的好几种版本是模拟狒狒建立的。但这几种版本有一个共同的基本公式：狒狒的一种典型社会形态，加上打猎及打猎的结果，等于早期人类社会生活。"②

在从狒狒推导出来的这些原始人模式中，最著名的模式当数几十年前由罗伯特·阿德里（Robert Ardrey）、罗宾·福克斯（Robin Fox）、莱昂内尔·泰格尔（Lionel Tiger）和舍伍德·沃什伯恩（Sherwood Washburn）等人所提出的"猎人"理论。③他们的基本论点是，原始人和早期人类社会中突出的恐惧和强力所形成的大量攻击性竞争，使男性统治与高度等级化的社会结构走到了一起。也就是说，根据这一理论，统治关系社会的发展就是原始人——以及人类——的社会发展。

"猎人"理论的一个突出特点是，认为最初将人组成社会的纽带，是男性之间为了获得更多猎物而建立的。然而，现在许多科学家指出，在非人类灵长类动物中，狩猎算不上主要活动。④在早期

① 见罗厄尔（Rowell），1966；斯马茨（Smuts），1985。
② 费迪甘（Fedigan），1982，第 309 页。
③ 见阿德里（Ardrey），1961；泰格尔（Tiger）和福克斯（Fox），1971；以及沃什伯恩（Washburn）和兰卡斯特 1968。对这些理论的某些优秀评论，见费迪甘（Fedigan），1982。
④ 最近对普通黑猩猩和侏儒黑猩猩的观察表明，它们是狩猎的。但是，它们的大部分食物不是靠狩猎获得的。

人科动物中也一样；遗留的化石说明他们（与猿和猴一样）主要以植物为生。事实上，即使在当代的人类觅食社会里，大部分的卡路里也是来自采集所得的食物——其比例非常之大，人类学家阿什利·蒙塔古（Ashley Montagu）甚至认为称之为采集—狩猎比称之为狩猎—采集更为恰当。不消说，从大猎物身上所得到的肉食非常珍贵，而人们的主要食物则是蔬菜和水果，以及很少的动物蛋白，如蜗牛或青蛙。因此，关于原始人和早期人类社会组织的"猎人"理论，其最基本的前提就站不住脚。

古人类学家阿德里安娜·齐尔曼和人类学家南希·坦纳提出了另一种说法，她们以一种不同的解释，来说明作为人类社会之基础的关系。她们的理论更倾向于用普通黑猩猩作为前人科的原型，认为作为人类社会基础的社会关系，产生于母子分享采集食物的关系，而不是男性狩猎关系。[①]

坦纳和齐尔曼还指出，人类最早使用的工具，是妇女用来采集、加工和搬运她们与其后代分享的食物的工具，这与"猎人"理论恰恰相反——后者认为，人类最早使用的工具是用以捕杀其他动物和人的棍子与石块。为了证明这种理论，坦纳和齐尔曼引用了一些资料，表明雌性黑猩猩是人以外最会使用工具的动物，会用棍子挖掘植物的根以及捕获小动物，而她们也像人类母亲那样与后代分享食物。[②] 她们指出，人科母亲也是这样与后代分享食物的（因此需要采集额外的食物）。也许正是她们发明了容器，用来搬运和储存食物，并以石为臼，为没牙的婴儿捣烂植物纤维。

此外，她们对原始时期的性关系的观点，也与关于人类起源的

---

① 齐尔曼（Zihlman）和坦纳（Tanner），1974；坦纳（Tanner），1981。

② 费迪甘（Fedigan），1982，第319页；麦克格鲁（McGrew），1992。

"猎人"模式所提出的观点不同。"猎人"模式认为，人科女性依靠男性获得食物并保护她们不受其他男性的侵害。因此，他们得出结论说，女性选择与攻击性最强的男性交配。但是，坦纳和齐尔曼指出，黑猩猩（其实狒狒也是如此）中的雌性不仅自己采集食物，并且更喜欢与攻击性较弱的雄性交配，因为它们更为友好，不会吓唬或威胁雌性。[①] 坦纳和齐尔曼因此认为，原始人女性的交配，也更多地与攻击性较弱、更为随和的男性进行。也就是说，她们认为，原始人和早期人类的性关系，是以相互信任而不是恐惧和强力为基础的——或者说，她们和他们更倾向于伙伴式性关系而不是统治式性关系和统治式社会关系模式。

撇开其中的技术细节不说，关于原始人和人类起源的这些理论，显然各自都指出了某一种社会组织和性组织对我们这个物种来说是"自然"的。但是，我们还可以换一种方式来看这个问题。

我们这个物种差异巨大，不仅有个体差异，也有群体差异。环顾四周，女子和男子的行为可能千差万别，从最自我中心的争斗，到最体贴的关怀。我们人类能够建立主要依靠恐惧和强力来支撑的等级关系，我们也确实建立了这样的关系，也能建立主要以相互信任为纽带的关系。因此可以说，建立人类关系的这**两种**方式，都是自然的，因为它们都是我们人类的创造性的组成部分——因此，以统治关系模式或伙伴关系模式为主的**两种**社会，都可能是人类的未来。

因此，我提出一种原始人和早期人类文化进化的新理论，作为

39

[①]　见斯马茨（Smuts），1985 有关狒狒的内容。她观察了热带草原狒狒，发现她所观察的雌性狒狒常常不与有支配力的雄性狒狒为伴，而与一般雄性为伴，并形成一种友谊。也就是说，它们宁可不选择最大的和攻击力最强的雄性（如某些社会生物学家认为这类雄性有"更好的"基因），而更喜欢它们不必惧怕的雄性。

对**文化转型理论**的补充：这种理论不赞同社会组织的天下一统，整齐划一，而是允许多种社会组织的进化。我要特别指出，人类的以及此前原始人的社会组织并不是沿着一条直线发展的，而是有各种各样的发展途径——有些社会组织以统治关系模式为主，有些社会组织则以伙伴关系模式为主。

这一理论更符合社会生物学和人类学的基本规律，（在生物体适应或不适应的限度内）行为随着特定环境的变化而变化，因此我们在动物和人的行为中都会看到差异（我们确实看到了）。关于原始人和人类文化进化的多线而非单线的理论，也更符合我们考察史前历史时所看到的证据。最近，有人公布了新近研究出来的关于一种叫作侏儒黑猩猩的灵长类动物的资料，还有一个有趣的证据，能证明这种理论。

非同寻常的黑猩猩

我在侏儒黑猩猩（亦称"倭黑猩猩"。——译者注）前加上"所谓"二字，因为侏儒黑猩猩的身材和体重并不比普通黑猩猩小。分子生物学家估计，侏儒黑猩猩直到约 150 万年前才和黑猩猩分家。[①] 我用"新近研究"这样的字眼，是因为侏儒黑猩猩长期以来一直被当作年轻的普通黑猩猩，没有单算一类。[②] 直到 1928 年，侏儒黑猩猩才被"发现"。1972 年，人们才开始在它们的自然居住

---

① 加纳隆至（Takayoshi Kano），1990，第 62~70 页。

② 一个原因是，成年侏儒黑猩猩在某些重要方面不像成年普通黑猩猩，包括头盖骨和牙齿的外形［齐尔曼（Zihlman），1989］。另一个原因可能是，如黑田末久指出的，侏儒黑猩猩更像人类而不像普通黑猩猩和其他猿类，当它们成熟后，趋向于保留未成年时的身体特征即"幼态持续"（neoteny）［黑田末寿（Suehisa Kuroda），1980，第 195 页］。这就有助于解释为什么长期以来把侏儒黑猩猩误认为年轻普通黑猩猩而不是另一种物种。

地研究它们。①

　　侏儒黑猩猩与普通黑猩猩略有不同，它们的身材比较苗条或者说瘦长，两腿较长，行走时伸直，头部和双耳较小，颈部较细，脸部较大，前额较高，眉骨较小，唇红，毛发细长，从中间分开——也就是说，它们的外形特征更接近于人类。② 雌性侏儒黑猩猩的生殖器官像女人那样前倾，使它们能像人一样面对面地性交，而不是像其他灵长类动物那样由雄性骑在雌性背上。③ 雄性侏儒黑猩猩的性特征也较接近于人类，其阴茎较长，德·瓦尔写道，它们的阴茎不像其他猿类的性器官那样短小，"比男人的阴茎都长"④。

　　20 世纪 80 年代对侏儒黑猩猩的科学考察获得了惊人发现。最有趣的是——也是与我们眼下的话题相关的，侏儒黑猩猩的社会交往，远不如普通黑猩猩那样紧张和充满攻击性。这当然不是说暴力和攻击在那里绝对不存在。但是，在扎伊尔考察侏儒黑猩猩的京都大学灵长类专家黑田末寿（Suehisa Kuroda）在报告中说："它们的攻击性行为并不激烈，普遍表现得比较宽容，在异性间和雌性间尤为如此。"⑤ 黑田的同事加纳隆至（Takayoshi Kano，他自 1974 年起就在研究侏儒黑猩猩）写道，"侏儒黑猩猩与普通黑猩猩不同，从

40

---

① 加纳隆至（Takayoshi Kano），1980，第 243 页。也可见德·瓦尔（de Waal），1989，第 178～179 页。侏儒黑猩猩被捕获后很快就死去，甚至到现在也只有五十只左右生存在各个实验室和动物园中（而捕获的普通黑猩猩则数以千计）。在它们被分类为另一个物种以后很久，人们对它们的社会行为进行观察才开始。

② 德·瓦尔（de Waal），1989，第 199 页。

③ 加纳隆至指出，性交姿势的选择因年龄而异，青少年采取面对面的方式比成年人更常见，尽管有些资料显示雌性更倾向于面对面的姿势（Kano，1992，第 141～142 页）。

④ 德·瓦尔（de Waal），1989，第 175 页。

⑤ 黑田末寿（Suehisa Kuroda），1980，第 181 页。

未发现它们之间发生同类相残的事"①。

侏儒黑猩猩不仅"比较温顺合群"②，而且非常有趣的是，其社会组织并不实行雄性统治。③ 我们将会看到，它们的社会中其实是雌性，尤其是母亲的地位最高。④

这种猿类常常像人一样分享食物，但其他灵长类动物则只在母子之间有这种分享食物的行为。侏儒黑猩猩，尤其是雌性，不仅能够一起和平地进食，而且时常互相要食物吃。虽然尚不能确定最重要的关系是雌雄关系还是雌性之间的关系，但加纳把这种现象称为"雌雄之间的紧密关系"和"雌性的高度群体性"，⑤ 黑田、埃米·帕里什（Amy Parish）、弗朗西斯·怀特（Frances White）和其他观察者也曾强调过这一点。

我们以后还要多次探讨女性或男女两性之间的亲密关系（或曰友谊）。一是因为严格的男性统治社会竭力反对女性之间建立密切关

---

① 加纳（Kano），1990，第64页。

② 加纳（Kano），1990，第65页。

③ 加纳认为，"雌性一般不惧怕雄性"［加纳（Kano），1980，第68页］。实际上，德·瓦尔研究动物园中的侏儒黑猩猩的行为后指出，较小的侏儒黑猩猩甚至逗弄较大的和较老的侏儒黑猩猩［德·瓦尔（de Waal），1989，第195页］。

④ 关于这一点，加纳（Kano）在《最后的猿：侏儒黑猩猩的行为与生态学》（1992）中写得很详细。

⑤ 加纳（Kano），1980，第243页。黑田在扎伊尔的旺巴保护区观察侏儒黑猩猩后也报告说："在侏儒黑猩猩中的亲密关系中，似乎最常见的是雌雄结合。"因此他认为，"侏儒黑猩猩的社会可以说是靠雌雄亲密关系而构成整个社会，在群体和亲密关系中鲜见性别差异，另一个纽带则是个体间的宽容和彼此一致"［黑田末寿（Suehisa Kuroda），1980，第195页］。怀特在洛马柯保护区而不是在旺巴保护区进行观察，他发现侏儒黑猩猩在小群迁徙中（有时只有一只雄性而旺巴观察到的典型情况是有多只雄性的大群），雌性间的关系最为重要［怀特（White），1992］。这也是埃米·帕里什考察的结果，她把囚禁的侏儒黑猩猩分成五六只一个小组，有些小组往往只有一只雄性，在此基础上进行了研究［与埃米·帕里什的私人交流，1993年11月］。

系，只要她们成为男性统治的家庭或组织中的成员。二是因为男女之间的友谊在伙伴关系社会组织中是必不可少的组成部分，但在建立统治式关系模式时，它就成了障碍——一个极端的例子是，在严格的男性统治、等级和专制的伊斯兰宗教激进主义社会里，性别隔离是一个重要因素，它不仅维持男性对女性的统治，也维持整个社会系统。①

41

　　这样一来，雌雄侏儒黑猩猩之间的亲密关系就格外有趣。这种关系常常表现为侏儒黑猩猩母亲与其成年儿子之间的长期关系，但也见于没有血缘关系的，包括有性关系的雌雄侏儒黑猩猩之间。比如德·瓦尔在圣地亚哥动物园观察侏儒黑猩猩时发现，一只叫作弗农的雄性侏儒黑猩猩上下一条两米的壕沟时使用的链子被一个小淘气给拖走了，一只雌侏儒黑猩猩（德·瓦尔给她起名叫洛丽塔）"数次冲过去，抢回链子放下去，'搭救'她的伙伴"——德·瓦尔认为，这种亲密关系是洛丽塔对经常和她发生性关系的雄性的体贴。②

　　这并不是说侏儒黑猩猩实行一夫一妻制。有时一只雌性侏儒黑猩猩只与某一只雄性侏儒黑猩猩交配，但是有证据表明，这种情况并不普遍。加纳写道："有四只雌性侏儒黑猩猩一天之内只与一只雄性侏儒黑猩猩交配至少两次，而不与其他雄性侏儒黑猩猩交配，但另四只雌性侏儒黑猩猩一天之内与两只以上的雄性侏儒黑猩猩交配。另一只雌性侏儒黑猩猩轮流与两只雄性侏儒黑猩猩交配，每只三次。"③

---

① 本书第5章讨论了可资佐证的一本书：里拉·阿布－路德（Lila Abu-Lughod）《戴面纱之感》（1986）。本书第6章将看到在古希腊和希伯来社会中，对妇女实行隔离和严格的男性统治也是主要的因素。

② 德·瓦尔（de Waal），1989，第195页。

③ 加纳（Kano），1980，第255～256页。

但是，加纳、德·瓦尔和其他研究者通过观察野生和圈养的侏儒黑猩猩，发现这些灵长类动物的性关系对建立互利——确切些说，是互悦——的社会关系起着举足轻重的作用。加纳写道："其他大部分动物只将交配当作繁殖行为。"但是，侏儒黑猩猩有不以繁殖为目的的性交，它们"减少了敌对情绪，导致并维持了雌雄间的亲密关系"。①

不以繁殖后代为目的的性关系，当然是侏儒黑猩猩与我们人类的另一个共同点。还有一个共同点，德·瓦尔认为，就是与"普通黑猩猩枯燥、实用的性行为"相比，侏儒黑猩猩的性行为包括了"想象得到的各种花样"——从法式亲吻和口交，到手淫和群交，借用德·瓦尔的话，简直像在"按照《爱经》行房事"。②此外，侏儒黑猩猩有时面对面地性交（而不是像包括普通黑猩猩在内的其他灵长类动物那样，雄性骑在雌性背上性交），这种雌猩猩的性兴奋期比其他动物（包括普通黑猩猩）长，生产后能够较快地再次交配，这是进化过程中的一个重要阶段。其目标是通过性行为加强社会关系，而这种关系的基础是给予和获得共同的感官快乐，而不是强迫和恐惧。

所有这些导致了侏儒黑猩猩的另一个特点，德·瓦尔称之为"火热的性爱"③——对此，许多读者可能会非常吃惊。这就是侏儒黑猩猩社会中的另一个突出特点，看起来就像雌性之间的同性恋。

其实，同性恋在灵长类动物中并非不自然，也不是稀罕事——这也许令那些视同性恋为不自然的道学家们感到不自在。芭芭拉·

---

① 加纳（Kano），1990，第 67 页。
② 德·瓦尔（de Waal），1989，第 199 页。
③ 德·瓦尔（de Waal），1989，第 199 页。

斯马茨（Barbara Smuts）和约翰·瓦塔纳布（John Watanabe）发现雄性侏儒黑猩猩有时通过骑背消除紧张。[①] 有时它们骑背并抚摸臀部，以此缓解冲突。这似乎也是侏儒黑猩猩社会里雌性间性行为的主要功能。[②]

比如，加纳提到雌性侏儒黑猩猩的一种独特行为，即抚摸生殖器。这种行为通常发生在采食的树上，通常是一群黑猩猩刚在一个有食物的地方聚集，准备进餐。但在进食前，雌性侏儒黑猩猩之间常有非常仪式化的性交，好像是为了消除紧张气氛。加纳对此描述如下：

> 雌猩猩 A 走近雌猩猩 B，在她旁边或站或坐，盯着 B 的脸。如果 B 没有回应，A 可能用脚触 B 的膝盖或脚，引起 B 的注意。然后 B 会用一个小动作回应 A，比如与 A 对视。然后，两只猩猩中的一只会仰面躺下，或吊在树枝上，向另一只发出邀请。她们面对面拥抱，然后一起快速有节奏地摩擦对方的生殖器（可能是阴蒂）。[③]

性、友谊和分享的仪式

我们总是从宗教的角度看待仪式。但是，从人类学而不是宗教的角度看，仪式是形式化的行为，它所传达的是一般人能够理解的

---

① 斯马茨（Smuts）和瓦塔纳布（Watanabe），1990。
② 雌性间的性行为似乎起着某种联结和纽带作用，这种联结导致的结果就是，尽管雄性的躯体较大，但不存在雄性统治的社会组织。
③ 加纳（Kano），1980，第253页。他还写道："参与者大部分是发情的雌猩猩，生殖器肿胀（明确表示已做好交配准备的性信号）。"但也不排除不发情的雌猩猩。在少数情况下，两只猩猩都没发情。黑田和德·瓦尔也提到过这类性交往。

象征意义。由于仪式常伴随着情绪的高度亢奋，几乎每一种人类社会都有某种仪式掌管出生、择偶和死亡。又由于仪式常用来缓解紧张、加强联系，我们人类还发明了握手这种仪式化的动作，人们相遇时以此表示友善（而非敌意）。

同样，狼和侏儒黑猩猩这些动物也有仪式性的动作和声音，以防相遇时发生流血事件。狗、熊和其他哺乳动物舔舐对方，在我们看来这是表达喜爱之情。拥抱在许多猴子和猿中非常普遍，因为这些灵长类动物和人一样，似乎非常需要触摸和被触摸。而且两种黑猩猩都像人一样接吻。但最有趣的是在灵长类动物中，也有不以生育为目的的性行为，这是为了缓解暴力冲突而发生的进化。

以性行为缓解冲突，促进和平共处，在侏儒黑猩猩中表现得最为突出，它们常采取这种方式缓解群体内和群体间的紧张局势。我们刚才已经看到当一大群侏儒黑猩猩到达取食地点时，雌猩猩如何通过性行为使大家分享食物。个别雌性侏儒黑猩猩与雄性侏儒黑猩猩分食时，有时也采取这种方式。加纳曾观察到一只雌性侏儒黑猩猩对一只雄性侏儒黑猩猩投怀送抱，目的似乎是想让他把食物分一些给她——这和人类在交欢前后一起吃饭的习惯何其相似，雄猩猩真把食物分给她了。加纳的报告中还提到两群侏儒黑猩猩在进食点相遇，先是两群中的一雌一雄发生性行为，接着一只雌黑猩猩开始和另一群的数只雌黑猩猩一起抚摸生殖器，于是相遇时的紧张气氛烟消云散。①

①　萨维奇－伦鲍在实验室对侏儒黑猩猩做了大量研究，也指出与性行为相伴的分食行为［萨维奇－伦鲍（Savage-Rumbaugh）和维尔克逊（Wilkerson），1978］。据帕里什在圣地亚哥、法兰克福和斯图加特动物园的观察，以性行为交换食物的情况主要在雌性与雌性之间进行。但是有一点不明确，即是否在野生情况下也是如此（本人与帕里什的信息交流，1993年10月）。

德·瓦尔把侏儒黑猩猩中这种非生育的性关系称为"和亲仪式"①，这种新发现对灵长类（包括原始人和人）的进化提出了一个有趣的问题。这显然不符合认为社会关系源于狩猎的"猎人"理论，以及由此所得出的灵长类（包括人类）社会组织中雄性占据主要地位的观点。侏儒黑猩猩（它们和其他猿类及猴子一样，很少狩猎）如此普遍地分享食物，②也与"猎人"理论的另一基本前提相矛盾，即直到我们的人科祖先出现，而且是在男性开始狩猎以后，分享食物才开始出现。

黑田指出："侏儒黑猩猩这种纯粹的林居动物分食植物，这说明居住在森林里的早期原始人可能早已具备了这种社会行为，似乎也就推翻了分食始于分享肉食的假说。"③ 他提出，"也许森林中的早期原始人已经有了这种人道的社会行为，因此才可能迁徙到需要每日分食才能生存的开阔地去"④。

加纳也对这种"人道的社会行为"的产生原因进行过有趣的思考。首先是性关系。我们已经看到，分食在很大程度上依靠侏儒黑猩猩——用他的话说——"为友好和睦而采取的各种性手段"。44其次是家庭和社会组织。在侏儒黑猩猩中——与我们马上要讲到的

---

① 加納（Kano），1990，第70页。

② 德·瓦尔（de Waal），1989，第261页。

③ 一些新的田野观察表明，侏儒黑猩猩的狩猎活动比先前想象的要多。然而，与"猎人"假设相反，雌雄两性都狩猎。在多数情况下，侏儒黑猩猩与其他成员分享肉类食物［霍曼（Hohmann）和弗鲁斯（Fruth），1993］。

④ 黑田（Kuroda），1980，第195～196页。斯马茨也指出，在非人类的灵长类动物中，雌性和雄性可能通过互相分享社会（而不是物质）利益而建立紧密的关系。她在侏儒黑猩猩中观察到这种情况。她认为，原始人类早在产生劳动分工以前，就已经发展了这种关系，并认为这种关系可能促使原始人和早期人类产生了分享食物的行为。［芭芭拉·斯马茨给作者的信件，1994年2月1日；斯马茨（Smuts），1985。］

更和平的史前社会的社会组织惊人地相似——母亲扮演着重要的社会角色。

加纳、齐尔曼和坦纳都认为，母子的密切联系很可能是导致原始人和人类分食的主要原因。加纳还指出，人类双亲加孩子的家庭模式很可能就是从母子关系紧密而长期的社会组织发展而来的，比如像侏儒黑猩猩这样的母子关系。雄性不仅在婴儿期，而且一直到成年，都体验着这种关系，于是也能与其他雌性建立友好的亲密关系。① 我认为，这些关系还可能是早期人类各种家庭模式的基础——不仅有父母分食并共同抚养后代的家庭，还有以母亲为中心，所有成员（包括男性）参与基本劳动的家庭。

当然，如加纳所说，侏儒黑猩猩中雄性对幼仔照料较多（以及侏儒黑猩猩社会中雄性攻击性普遍较低），是由于"它们与家庭的长期联系，这使它们与弟弟妹妹及其伙伴非常亲密"。他指出，"普通黑猩猩在少年时代与成年雄猩猩联系渐多，最终完全成为其中的一员，与母亲的联系却日渐淡漠，而侏儒黑猩猩即使成年以后也常与母亲在一起"。他进一步指出，他从未见过"成熟的雄性真正地攻击过幼仔"，倒是常看到雄性"保姆"。②

"我多次看到雄猩猩临时抱着或背着幼仔，"他写道，"有时母亲就在旁边，而有时母亲不在，放心地把孩子托付给保姆。有一次我正在进食点观察一群猩猩，远处传来枪声。一只受惊的幼仔跳到旁边一只老雄猩猩怀里，老猩猩紧紧抱住它，朝枪响的方向张望。"③

---

① 加纳（Kano），1992，尤其是第 6、7、8 章。
② 加纳（Kano），1990，第 69 页。
③ 加纳（Kano），1990，第 69 页。在热带草原侏儒黑猩猩中也可见到这种保护幼仔的行为，成年雄猩猩与它们相好的雌猩猩的幼仔有着密切的关系［斯马茨（Smuts），1985］。

伙伴关系与统治关系

枪声威胁着侏儒黑猩猩幼仔，而且威胁着所有侏儒黑猩猩。在扎伊尔，侏儒黑猩猩常常遭到无情的捕杀。只有蒙甘杜人（Mongandu）不这么做，因为在他们的传说中，侏儒黑猩猩和人类祖先"曾经情同手足"。现在只有几个地区还有大群侏儒黑猩猩，比如洛玛科和瓦姆巴森林。①

侏儒黑猩猩的灭绝将是一个可怕的损失——不仅从它们本身来看是这样，而且还因为对它们的研究为人科和人类文化起源的多元理论做出了贡献。黑猩猩和我们不仅是染色体最接近的亲戚，齐尔曼还指出，对早期原始人化石的测量表明，他们的身体比例比其他任何一种猿都更接近于侏儒黑猩猩。② 这种动物与我们人类如此接近，其社会结构也很有可能在许多重要方面与一些原始人祖先的社会结构相似。③

但是，我仍然认为侏儒黑猩猩的社会结构不是人科进化的唯一模式。我已经说过，我认为古老的原始人和早期人类的社会组织很可能不止一种，某些群体更倾向于伙伴关系，而另一些则更倾向于统治关系。

① 加纳（Kano），1990，第62页。这种没完没了的暴力可能严重改变侏儒黑猩猩的行为和社会组织，使它们变得具有侵略性和暴力——直到侏儒黑猩猩这个物种不再受伤害，或者，这个物种彻底灭绝。类似的事已发生在其他物种中。
② 齐尔曼（Zihlman），引自谢尔（Schell），1991，第41页。
③ 最近一篇综述文章介绍了灵长类和人科的进化，可以使我们现在关于侏儒黑猩猩的知识更全面，见齐尔曼（Zihlman），1989。齐尔曼的理论是，大约500万年以前，人类和黑猩猩是从一种与侏儒黑猩猩相类似的小黑猩猩为共同祖先那里分化出来的，这有分子结构和生理解剖两方面的资料为依据。这也支持了下述观点：在灵长类进化中，多线性的接近比单线性更合适。

　　我还认为理解了这两种对立的模式，就能够看到人类及人类近亲——侏儒黑猩猩和普通黑猩猩——的社会结构的差异不是随机的，而是有规律的。如果我们从这一新视角重新审视侏儒黑猩猩和普通黑猩猩的社会组织，那么，那些看似随机的差异就会呈现出某种特定的和清晰可辨的模式。

　　侏儒黑猩猩的社会组织尽管不是完全没有攻击和紧张，但与普通黑猩猩的社会组织相比，用以维持建立在恐惧和强力之上的等级的制度化暴力较少，而社会柔性和分享行为则较多。这也不是说侏儒黑猩猩的社会中完全没有等级。我已经说过，以伙伴关系模式为主的社会并非完全没有等级。但正如德·瓦尔所说，许多物种似乎主要靠恐惧和强力（即以肉体的痛苦相威胁）维持的统治等级避免经常流血，而侏儒黑猩猩则经常利用身体的快感而不是痛苦来避免紧张和暴力。

　　普通黑猩猩之间当然也有建立在非暴力和相亲相悦的交流之上的关系，但相对而言人们越来越多地观察到它们的社会组织的另一面——强调雄性对另一部分雄性以及对雌性和幼仔的暴力，分食行为较少而攻击性行为较多。它们的社会当然绝不是严格的雄性统治、专制和长期暴力的社会（统治关系模式），但其中的伙伴关系因素较侏儒黑猩猩的社会组织则要少得多。①

　　最重要的是，这两种黑猩猩的两性关系模式相差甚远。普通黑猩猩的社会关系主要是雄性与雄性的关系，雌雄之间或雌性之间的关系要松散得多。而侏儒黑猩猩的社会关系主要是雌性与雄性以及雌性之间的关系，帕里什、斯马茨和理查德·兰厄姆（Richard

---

① 我的意思并不是动物和人类的行为可以用相同的标准来评价。例如，在普通黑猩猩中，雄性控制雌性并没有制度化，而是个别现象，在某些人类社会中也是如此。

Wrangham）都注意到，雌性的团结有效地阻止了雄性统治。[1] 事实上，年幼的雌性侏儒黑猩猩在它们的社会中也并不受雄性的统治，这和普通黑猩猩很不一样。[2]

同样重要的是，这两种黑猩猩的异性间和同性间的性关系也有极不相同的模式，对此，兰厄姆在比较普通黑猩猩和侏儒黑猩猩的性关系时进行了生动的描述。[3] 加纳也不无惊讶地指出，在侏儒黑猩猩中，"统治的因素显然没有进入性行为"[4]。我们也已经看到，异性间和同性间的性关系常与分食和以性快乐取代暴力攻击有关。

这也并不是说侏儒黑猩猩在建立关系时从来不依靠体力或以强

---

① 帕里什（Parish），1994；斯马茨和斯马茨（Smuts & Smuts），1993；兰厄姆（Wrangham），1993。比如斯马茨写道："雌性侏儒黑猩猩和雌性黑猩猩相比大不相同，它们往往互相联合起来对付雄性"，因而"达到防御雄性攻击的目的"。又如斯马茨和帕里什都写道，这一点对当代妇女设法组织起来具有重要意义。我将在本书下编回到这一主题。我在此要讨论帕里什论文中提出的一个问题。帕里什在斯图加特动物园观察了一群圈养的侏儒黑猩猩。有一次，群里唯一一只年轻雄猩猩被一只雌猩猩暴打了一通（其他动物园里相同处境的雄猩猩也有类似遭遇）。帕里什认为这说明雌性对雄性动武的情况在野生侏儒黑猩猩种群中也普遍存在。她或许是对的，不过我认为从圈养动物的侵略性行为模式推导出的结论可能有问题。囚牢中的人会变得非常焦躁、紧张，具有强烈的攻击性，研究圈养动物时也必须考虑这些因素。况且，野生种群的构成不是由外部决定的，这与动物园里不一样。野生动物也跟圈养动物不一样，不会被迫与某个群体共处。此外，有证据表明，野生侏儒黑猩猩群里的年轻雄性有时是权力较大的年长雌猩猩的儿子，这种情况与圈养的全雌性侏儒黑猩猩群中唯一一只雄性成员完全不一样。因此，生长在野外的年长雌猩猩固然会对雄性动武，其目的是阻止雄性侵犯雌性，在圈养环境下，这种情况可能变得更为极端。有证据表明，野生侏儒黑猩猩中存在暴力，但程度和普遍性都不及普通黑猩猩。这一证据似乎支持我的上述观点。

② 加纳（Kano），1990，第68页。例如，他提到一只名叫"哈塔"的壮年雄猩猩，在受到一只名叫"吉库"的雌性黑猩猩的威胁时，采取了避让而不是攻击的方式。吉库"更小、更弱、更年轻，几年前则成为群里的一员"，而且它的"灵活性有限，因为她抱着她的幼崽"。

③ 兰厄姆（Wrangham），1993。

④ 加纳隆至（Takayoshi Kano），1990，第70页。

力相威胁。比如，我已经注意到雌性的团结是挫败雄性进攻的一个重要因素。这也导致雌性对雄性构成威胁（或使用强力）。但是，斯马茨指出，"真正有趣的是"，"侏儒黑猩猩的社会关系并非权力向雄性倾斜的普通黑猩猩社会的镜像"。她说，尤其有趣的是，"雌性侏儒黑猩猩通常并不利用自己的权力使雄性臣服，尤其不控制雄性的性行为。事实上，雌性侏儒黑猩猩对雄性的潜在控制力，倒好像成为相对平等的性关系的基础"。①

　　我力图说明的是，更平等的两性关系是更广泛的社会平等与和平的关键所在。从这个角度看，侏儒黑猩猩较平等的性关系，以及制度化地通过肉体的快乐进行交往，非常值得我们注意。在一个紧张程度较少而较平和的灵长类社会组织中，雄性统治消失了，对性快感和食物有更多的分享，这对我们当然具有启发意义——它在一定程度上预示了西方史前数千年间以伙伴关系为主的人类社会。更引人注目的是，侏儒黑猩猩将性行为演化成缓解和消除潜在冲突的重要的但又并非宗教的仪式，这种实验似乎预示了我们在史前社会中所看到的性与宗教仪式的联系。

　　说了这么多，再来回头看看我最初的论点，即观察灵长类动物的行为和社会有利于把握进化的方向和常见的模式——尤其是具有统治关系或伙伴关系社会组织特征的模式，但是，人与其他灵长类动物毕竟有许多重大区别。在生物、社会、文化和性等诸多方面，我们的确是独一无二的。

---

① 芭芭拉·斯马茨给作者的信件，1994年2月1日。斯马茨也解释道："雌性侏儒黑猩猩想用武力阻挠雄性对他们的侵犯，[见斯马茨和斯马茨（Smuts & Smuts），1993，第34～35页]，有时则为了在争夺珍贵资源时占据优势[帕里什（Parish）]"（斯马茨的同一封信）。

性、进化与选择

我在本章提出了一种观点，即进化是一个实验过程，现行模式和进化主题交织于其中。我还指出，在更加复杂多变的生活方式的进化中，性的进化是一个主要因素。

我在此还要指出，人类的性行为的进化，尤其是我们人类女性杰出的性能力，它在侏儒黑猩猩身上已经显露，是从猿到原始人，再从原始人到人类的伟大飞跃的主要因素。人类的性行为与我们所受的教育相反，这种行为绝不是低下的动物行为——我在后面还要进一步阐述这一观点。正好相反，它是在灵长类（尤其是侏儒黑猩猩）中一点一滴地缓慢积累，而在人类中蓬勃发展起来的自然行为。

我甚至认为，我们特有的高级意识、我们不分季节地享受性快乐的独特能力，以及成熟前所需的长期照料，使我们具有了一种潜力，它有可能会发生突破性的进化，使我们成为真正的更高级的生命形式——这并非一种比喻，而是实实在在的或带有一定价值倾向的观点。

我要强调，我并不是在随便地使用"潜力"这个词，因为人类行为和社会组织显然是千差万别的。我当然**不是像** T. 德·查尔丁（Teilhard de Chardin）那样主张进化是神的安排。① 事实上，一个人会说一个全知全能、仁慈公正、充满爱心的神能够设计一个完 48

---

① 德·查尔丁（de Chardin），1959。达尔文提出进化论，并证明这个星球的生命不是在几千年前突然创造出来的（《圣经》如此宣称），而是经过数百万年的进化，19 世纪某些理论家便试图在这个过程中加入神的意志。不过当代关于进化的理论驳诉了这种将进化视为神的计划的观点。

美的世界，却不去避免自然和生活中所存在的如此之多的痛苦和暴力——我觉得这很奇怪。我倒觉得，更有道理的说法是，进化过程基本上是自我组织和开放的。

但是，如果我们纵观这个星球的整个历史，这似乎是一个在试验—纠错过程中产生动力，向那些在灵魂的语言里更先进的特征——人类所具有的那些在为美、真、爱和公正的奋斗中表现得异常突出的特征——推进的过程。我相信，人类进行这种奋斗的动力，是我们这一物种所具有的独特而又相互联系的两种生物能力：一种是我们高度发达的智力、情感和精神能力，它们掌管着思考、感知和我们所说的高级意识；另一种是我们高度发达的感知能力，它使我们感觉到男女之间（以及女性之间和男性之间）和成人与儿童之间联系的快乐。这两种能力相综合，就构成了人类社会组织的基础。简言之，我在这本书里要逐步说明，我认为人类的性行为与我们所受的教育（比如，有许多故事讲述精神高尚的人如何与自己的性欲搏斗）相反，它不会阻碍反而能促进人类追求高级意识和进步平等的社会文化组织形式。我认为我们人类的性欲不是"下贱的本能"或"低级冲动"，而是属于我们可以称之为高级动机的、使人之所以成为人的一个不可或缺的部分。

在这方面，匈牙利生物学家维尔莫斯·克萨尼（Vilmos Csanyi）关于性和社会的观点非常有趣。他虽然没有使用精神或高级意识这样的词汇，但他指出了人类的性行为提供了某种生物基础，使人可以围绕给予和获得快乐以及互惠建立其社会组织。①

人类的女性与其他灵长类雌性不同，后者每年只有一段时间为

---

① 艾斯勒和克萨尼（Eisler and Csanyi），未完成的草稿，本人与克萨尼1988~1993年的私下交流。

性活跃期（普通黑猩猩的性活跃期为一年的 35%，侏儒黑猩猩则为 75%），人类女性终年处于性活跃期。此外，虽然其他灵长类动物似乎都有性高潮，但人类的性快乐似乎持续的时间更长，感觉更强烈，[①] 人类女性还能多次产生高潮。克萨尼指出，这些特征对于建立长期的愉快关系、激发两性之间的合作具有重要意义[②]——生物学家亨伯托·马图拉纳（Humberto Maturana）和弗朗西斯科·瓦雷拉（Francisco Varela）指出，这种联系经过我们复杂的语言系统这种人类特有的交流工具而得到强化。[③]

　　其实，对人来说，性关系常常超越性的范围，延伸到所有关系——并产生出一些感觉，比如接近对方的欲望，以及互相照顾和照顾后代的亲密行为等，对这个问题我们还将在后面予以详细探讨。因此，克萨尼认为，人类性行为的进化不仅促成了马斯特斯和约翰逊（Masters and Johnson）所说的男女之间的愉快关系，增加了他们的生存机会，而且大大增加了其后代的存活机会，因为人类的幼儿在很长时间里需要依赖成人的照料。因此他指出，在其他条件不变的情况下，更能促进而不是阻碍男女间以伙伴关系为主的性和社会关系的社会组织，更适应早期的人类进化。[④]

　　我基本上同意克萨尼的分析，但是我认为，这种分析会使人觉

---

① 某些雌性灵长类动物（如侏儒黑猩猩）有很大的阴蒂，所以有人认为它们有强烈的性高潮。然而，猴子和猿的性交（更别说性高潮）持续时间都很短。而且，似乎毫无余兴（它们完事后通常若无其事地掉头走开）。某些物种表情冷漠，甚至无聊。所以，很难想象它们也像人类一样能体会那番心醉神迷的感受。

② 萨拉·布莱法·赫迪（Sarah Blaffer Hrdy）对常年性交期和多次性高潮提出了一种不同的理论［赫迪（Hrdy），1988］。

③ 马图拉纳（Maturana）和瓦雷拉（Varela），1987，第 219~220 页。

④ 本人与克萨尼的私下交流；艾斯勒和克萨尼；未完成的草稿。费希尔（Fisher，1992）根据另一理论提出了相似的论点。

得建立在性快乐基础之上的这种关系只会导致由家庭构成的社会组织，一个家庭只要一对父母，照料和保护幼儿只是亲生父母的责任。其实，这种关系可以产生各种家庭形式。中国南方小凉山里的摩梭人就是一个很好的例子。在那里，男女间的性关系完全基于情人相悦（当地人称情人为阿夏），家庭组织以母亲为中心，并实行从母居（儿女都住在母亲家），由老年妇女负责平均分配资源。最有趣的是，深山里的这些部落人，其家庭组织和性风俗据说已延绵了数千年，情人间的愉快关系也在两个家庭间建立起互助，因为在需要时，情人们就到性伙伴父母家的地里干活，平时则帮一把手——这正符合克萨尼的观点，他们帮助自己的后代活下去，也帮助更多的人。① 总之，人类性行为的进化产生了愉快的性关系，而愉快的性关系能产生多种家庭形式，包括摩梭人现在的这种家庭形式，以及另一个深山中的民族，巴斯克人（the Basque），几百年前才消失的家庭形式，他们曾有过以母亲为中心的家庭组织，似乎也可追溯到数千年之前——在他们的家庭中，父母倒是共同生活，共同照料后代，但家里的土地归女性所有（摩梭人也是这样），尽管儿子也可以继承财产。

今天的大多数人认为，只有以男性为主的家庭才算正常，上述格局似乎不切实际。在一个数千年以统治关系模式为主的世界里，人们认为人类女性特有的常年不衰的性能力以及人类性行为所产生的愉快关系，能够促进伙伴式而不是统治式的性关系和社会关系，

---

① 参见斯坦福大学人类学系施传刚（Chuankang Shih）的博士学位论文《永宁摩梭》，1993 年；罗彻斯特大学人类学系翁乃群（音，Naiqun Weng）博士学位论文《家屋》，1993 年。有学者认为母系结构尽管古老，性伴侣仅在夜间同宿，白天则各回各家，这并非古老的习俗［与斯蒂芬·哈莱尔（Steven Harrell）的私人通信，1995 年 1 月 16 日］。感谢哈莱尔教授为我讲述那个地区的多民族风俗和背景。那是一个多种文化交汇融合的地区。

这种想法也是不切实际的。然而，这能解释我们将要考察的考古和神话资料，这些资料表明，在数千年的西方文化发展的主流中，在地球肥沃的土地上发展了我们最早的文明的史前社会，看起来是以伙伴关系而不是统治关系为主要模式。它还能解释，为什么性形象在这些社会的宗教艺术中占有如此重要的地位，为什么它们对妇女的性能力赞不绝口。

当然，这并不是说人类的所有早期社会都是以伙伴关系模式而不是统治关系模式为主，因此伙伴关系模式就是我们人类唯一"自然"的社会组织形态。当代某些最初生活环境较好的采集—狩猎社会，如班布蒂人（BaMbuti）和昆格人（Kung），其伙伴关系因素多于统治关系因素，[①] 而那些生存在恶劣环境下的前农业社会，如澳大利亚土著和因纽特人，对狩猎的依赖高于对采集的依赖，则是统治关系因素多于伙伴关系因素。[②] 此外，我们将要研究的考古发现还说明，生活于史前时期的那些非常好战且由男性统治的游牧部落，从地球的干旱地区入侵，打断了以伙伴关系为主的文明的文化发展。

显然，性关系和社会关系的统治模式是我们的一种选择。但这种模式的确立则要求内外都实行严厉的控制，而维持这种模式则要靠大量的恐惧、强力和痛苦。

于是，我们又回到这样一个事实，即我们这个物种的可塑性极强，差异极大；我们可以有各种各样的性行为和社会行为。而我们表现出何种行为，在很大程度上依赖于文化和社会组织的作用，文

---

① 大多数昆格人现在居住在恶劣的环境中，有证据表明他们是被迫迁徙到那里。不过那里的环境并没有恶劣到让他们只能过觅食的生活。

② 但是有证据表明，即使在这些恶劣环境下，社会也并非必须发展成一个统治式社会组织。

化和社会组织的作用又在很大程度上依赖于几个相关因素的作用，

51 如外部环境和技术，以及生物、社会及环境因素的不断交流。

但是——尤其是在我们这个时代——还有另一个重要的、越来越被认识到的因素的作用，这就是自觉的选择。因为使我们不同于地球上其他生命形式的最重要的特征，或许就是我们这个物种具有自我选择的巨大能力——我们与其他物种的这种区别是巨大的，因而是两者之间一个主要的质的区别。

我相信，正是人类的这种自觉选择的伟大能力，在我们这个经济、生态和社会危机纷呈迭起的时代，带给我们最大的希望，不仅是美好的个人和性生活的希望，而且是物种和地球生存的希望——这就是我们今天大谈意识革命的原因。① 因为有意识、有选择，才能有变化。

但是，只有相信我们还有选择，才能做出选择。根据旧的单线文化进化理论，比如"猎人或战士"理论，② 我们面前只有一条路：统治关系模式。

在这一章我们考察了多线或多元进化论的证据，对人和其他灵长类动物来说，以伙伴关系而不是统治关系模式为主的社会组织，也是一种选择。在以后的章节中，我们将从多线进化的角度，研究西方文化——和性——的进化，继续我们对人类选择的探索。因为只有更清晰地认识和理解我们的选择，才能对未来做出更自觉

52 的——更恰当的——个人、社会和性的选择。

---

① 有意思的是，加纳认为原始人和人类常年的性接受能力是在粮食充足的情况下发展出来的［加纳（Kano），1992，第217页］，而且在侏儒黑猩猩中发现的母亲中心型家庭（母亲与儿子的关系紧密）可能是人类联结两性和共同养育下一代的基础［加纳（Kano），1992］。

② 这一点在下编再详细讨论。

第三章 圣洁的性：神赐的生命、
爱情与快乐

在西方文化中，以性形象为主的宗教艺术可以追溯至两万多年前的旧石器时代。我们发现，那时不仅有许多复杂的石器和骨器，也有大量精美的绘画和雕塑作品。在这些丰富的艺术作品中有一个常见的主题，这就是女性身体的神圣性——确切地说，如我们已经看到的，是女性生殖器、乳房和子宫的神圣性。

我们不禁要问，倘若妇女的性形象在旧石器时代的艺术中果真如此突出，那么，为何没有人告诉我们呢？一是因为19世纪最先研究这些资料的学者们中有许多人具有清教徒的倾向；二是因为学者们以前眼睛里只有一半人——男人，而任何与妇女有关的事情，充其量也只能被当作次一等的问题，不值得广泛地或认真地研究，他们对待原始历史的态度也是如此。① 因此，即使他们辨认出女性阴道的图案也不予理睬，只把它们当作色情作品，认为它们所表达的只不过是，借用某人的妙语来说，"男性不敬的想象"，当然也就不会有人认为它们在文化上有什么重要意义了。

纠正这些偏见的阻力巨大。一旦这些偏见得以纠正，对古代西

---

① 有一本书证明西方科学界基本上是男人的世界，见戴维·诺贝尔（David Noble）的《一个没有女人的世界：西方科学的基督教牧师文化》（1992）。

方艺术就会有一种全新的观点，那些原先认为在我们祖先心目中极

53 其重要乃至神圣的东西，此时便受到了怀疑。

冰川时期艺术新论

欧洲的圣殿岩洞中绘有著名的彩色动物（常常雌雄成对）壁画，考古学家从中还发掘出裸体女像。这些极度夸张、躯体硕大的人像被统称为维纳斯，今天人们一般认为这些形象是古代给予和养育生命的力量的象征，是与妇女的阴门、子宫和乳房的象征意义相同的形象。①

这些史前岩洞可能是举行宗教仪式的圣殿，其入口、四壁和其他地方还镌刻着一些图案，大多数考古学家从前一直没有注意到这些图案——要么是把它们当作毫无意义、不可理解的信手涂鸦。但是，我们一旦不再把旧石器时代的岩画艺术看作男子画给男子使用的"狩猎巫术"，图案的意义就昭然若揭了——绝不会搞错。因为那时的人们就能看懂这些"信手涂鸦"：那就是对女子阴道的描绘。

这些阴道有些非常自然主义，比如，在拉费拉西（La Ferrassie）、佩戈瑟（Pergouset）和拉林德（Lalinde）岩洞里发现的阴门图案。② 有些则比较抽象，或仅以 V 形来表示，比如，马格德林（La Magdelaine）那两个相倚的女裸像上刻画的女阴轮廓。③ 有些阴门微张，如花朵含苞欲放，表示性激动或即将生产。有些则极度夸

---

① 例如，见艾斯勒（Eisler），1987a；金布塔斯（Gimbutas），1991；马沙克（Marshack），1991。

② 马沙克（Marshack），1991，第 297 页。

③ 戈登（Gadon），1989，第 16～17 页；金布塔斯（Gimbutas），1989，第 105 页，图 173。

张，呈倒三角形。有时它与其他形象——比如人或动物（包括生殖器）——一起组成图案，或与表示时间的箭头（早先认为只是一些"间隔符"）刻在一起，组成图案。

在这些旧石器时期的图案中，有一些被拉长的图案特别值得注意。最初，考古学家根据我们文化起源的"猎人"模式，认为这是一些"带齿武器"。这样的误读说明上述模式害人不浅。比如，在19世纪80年代，法国著名史前历史学家阿贝·布勒伊（Abbé Breuil）发现所谓蒙特高狄权杖（Montgaudier，一只14.5英寸、刻有图案的驯鹿角）时，他看到的图案是：一条普通鲃鱼、两只海豹、两个蛇形纹、一串"带刺渔叉"、一些"不明符号"——都是想象中与某种狩猎巫术相联系的图案。可是在半个多世纪后，另一位学者，即亚历山大·马沙克又看了这些图案，这次他用放大镜，能把磨损的地方看得更清楚。他所看到的东西则大不相同，用他的话说，这些东西"突然使这幅图画，使冰川时期的艺术有了新的意义"[1]。

在放大镜下，那条普通鲃鱼原来是一条成年雄鲑鱼，鱼颌呈典型的交配或产子时的样子，时间是春季，吃鲑鱼的海豹追赶着鲑鱼。马沙克意识到，鱼和海豹也是一种"时间标志"，表示"春回大地"。蛇形纹也表示时间，那是无毒的两栖草蛇，冬季休眠，春季复苏。而那些"不明符号"其实是一只两角弯弯的变形巨角塔尔羊头（也是春季复出），"一枝绘制精美的春芽"（有根和子叶或嫩枝），还有一朵花苞（在史前艺术中有时也是阴门符号）。

对于所谓"带刺渔叉"，马沙克的发现更令人惊讶。考古学家曾认为这些刻线是武器，说"安装错误的武器"更准确，因为"渔叉上的刺"不仅方向不对，而且"常有漏画的"。因此，法国

54

---

[1] 马沙克（Marshack），1991，第171页。

考古学家安德烈·勒鲁瓦－古朗（André Leroi-Gourhan）根据那些长而"有力"的线条，对它们进行了重新分类，将它们归入"男性标记"。但是再仔细看，它们又变了：变成了线描植物——又是春天的象征。马沙克写道："在放大镜下看得非常清楚，这些东西绝不可能是渔叉；刺的方向不对，长柄带尖头的一端也不对。然而，这些却是完美的植物或树枝，以适当的角度朝向合适的方向，长在一根长茎的顶端。"[①]

就这样，马沙克不仅解开了这些"安装错误的武器"之谜，而且还揭开了另一个曾经长期使学者们感到困惑的"秘密"：一个主要靠采集而不是狩猎为生的民族，为什么艺术中似乎很少有植物的形象。在这个过程中，他破译了蒙特高狄权杖的意义（这个名称也不对，人们以为它是"头人"用来指挥部下的东西，所以才这么叫的）以及旧石器时代许多艺术品的意义。

正如马沙克写的那样，这件物品上的形象和狩猎巫术几乎毫无关系。它们其实是"随时间的推移而消长的动物形象"，我们旧石器时代的祖先们知道"它们何时来、何时去，以及它们在四季的习惯"。它们反映了先民们对春天到来，或者用马沙克的话，"'新年'诞生"的关心和庆贺。[②]

复活神话与祭春仪式

我们的祖先对出生——或者更确切些说，对再生——的关注，能解释史前岩洞圣殿里频繁出现的阴道图形，并能解释为什么我们

---

① 马沙克（Marshack），1991，第 173 页。
② 马沙克（Marshack），1991，第 173 页。

在这些岩洞里也能看到男性生殖器或勃起的阴茎的图形。 55

这些形象显然与狩猎无关。更可信的解释是，这些是我们的祖先根据他们对自然节奏极为细致的观察而创造出来的故事中的人物——马沙克认为，这些观察在细节上和数学的精确性上极为科学，令人吃惊。从蒙特高狄权杖看，这些形象很可能也是在庆祝一年一度的春回大地——也就是一切植物、动物和人的生命周而复始的更新——的仪式上具有神话意义的人物。

也许我们永远无法知道古代祭春仪式的确切含义。但是旧石器时代艺术中那许多成双成对的动物形象，说明我们的祖先已经对许多物种有雌雄两性非常注意了。勒鲁瓦－古朗指出，他们"肯定知道人的世界和动物世界均分为相对的两半，这两半的结合是生物繁殖的最高原则"[1]。只是他们和我们不一样，在他们眼里，男女两性不是对立的，而更多是神圣的结合。

我认为，史前重要的宗教典礼上很可能有色情仪式，比如，在每年五月初春回归大地时，雌雄结合或男女结合就被当作给予和养育生命的神秘力量显灵而受到庆贺。我得出这一结论的因素有几个：其一，性和春季万物再生在旧石器时代的宗教形象中非常突出，而宗教符号和神话，我们知道，则经常通过宗教仪式来表达；其二，学者们称为圣婚的色情仪式是稍后新石器时代和青铜时代宗教艺术的主题，甚至在更晚的神秘传统中还有残留；其三，欧洲许多著名的民间节日中也有这种传统的遗迹（有些地方一直延续到19世纪，甚至20世纪），比如，在五月节年轻男女一起到野外做爱，庆祝一年一度的春归。[2]

---

① 勒鲁瓦－古朗（Leroi-Gourhan），1971，第120页。

② 不久前在美洲土著文化和其他种族社会中也发现了这类传统。例如，克里克印第安人"绿穗节"的庆祝仪式上曾经包含"合欢之夜"。

在欧洲的许多旧石器和新石器时代遗址发现了神圣的性形象，说明这些风俗很可能可追溯到非常久远的时代，尽管其形式肯定已经发生了巨大变化。它们肯定能追溯到基督教进入欧洲之前，追溯到教会采取反对性快乐的立场之前。因为我们知道那些"上帝的信徒"对这些顽固的"异教"风俗是深恶痛绝的，他们相信救赎要靠身体的痛苦而不是身体的快乐，他们睡钉床，穿麻衣，鞭打自己，以求接近他们那位遭受鞭打并被钉死在十字架上的上帝。

但是，我们的那些史前祖先认为性顺从宇宙秩序，他们认为妇女的身体不像中世纪教会所宣布的那样是肉体的罪恶之源，而是伟大女神的象征，对他们来说，色情仪式一定有着不同的意义。在他们眼里，色情仪式一定是与旧石器时代的艺术常常表现的男女给予生命的宇宙力量合而为一的仪式。因此，对他们来说，享受性的快乐一定不是罪孽，而是接近女神的一种方式。

这里我要强调，我所说的**"女神"**，绝不是把我们所接受的上帝换成女身。我们所研究的史前女神形象与现在仍然流行的神的概念显然不同，现在的这种神象征着国王、主或世界统治者，他必须用可怕的刑罚的痛苦使人臣服。这种女神也不是无形的实体，住在遥远的天界。

我们所理解的**女神**与我们所接受的如何看待神的教育恰恰相反。在我们所理解的神的世界中，万物有灵（有灵魂寓于其中），整个世界充满神圣性——动植物、日月以及我们人类自己的身体，均是如此。鉴于此，有人说史前宗教是泛神论或自然主义的（即认为世界中的一切都有灵魂，或充满神圣性）。但是，史前宗教无疑也是拟人的，因为人的形象，尤其是女人的形象极其重要，而且常常是核心的宗教符号。

另外，由于没有旧石器和新石器时代的文字记录，我们无法知道他们是否使用"**女神**"这个词，但我们在后来青铜时代的文字记录中看到了这个词。"**母亲**"一词在远古时很可能用来泛指女性的创造力量，它无所不在，使整个宇宙充满生命，我们的祖先对此惊叹不已。但史前的拟人形象尽管通常注重妇女的母性，女性形象却既有年轻女子，也有老年女子或干瘪的老太婆（大约是远古的老祖母或原初的创造者）。① 不仅如此，有时女性形象中也有男性生殖器，比如基克拉迪的（Cycladic）女神像就是如此。一些雌雄同体的雕像更是象征着男女的性结合，这时男女特征就在同一个身体上。有时女性形象和动物形象混合在一起，比如，新石器时代众多的鸟神或蛇神——这进一步证明，我们的祖先塑造我们的所谓神圣的方式，与我们所学会的方式的确非常不同。

同样，对我们的祖先来说，神圣的性仪式的意义与我们现在接受的对这些事情的看法也显然不同，他们似乎是以这些仪式在每年的初春庆祝生命的归来。古代性结合的形象和仪式无论如何也不能与我们今天听说的"魔鬼"性仪式相提并论。这些"魔鬼性邪教"本质上是折磨甚至杀害无助的妇孺。但是，在旧石器时代的艺术中，不论是否与性相关，均没有任何性虐待场面，也没有任何杀害妇女儿童的场面。如果像某些学者那样，把这些仪式当作肮脏的史前生育邪教一带而过，那实际上无异于把后来狭隘的解释强加给它们了。将它们等同于现代人的纵欲也是一样。因为这些仪式肯定不是毫无节制和不道德，因而并没有遭到禁止，而是得到当时社会的承认。它们肯定不是个人的放纵，而是为了公共利益——甚至是为

---

① 在这个意义上，我认为，最早期的宗教可能与我们所说的一神论更接近。但这种一神论不是排他性的，在不同文化的不同神祇中，我们看到许多相同的属性和功能。

了重要的宗教目的，包括我们今天所谓通过与神合一而达到高级
意识。

性的神秘与生命和快乐的庆典

我认为，在数千年前，那些居住在欧洲的人每年初春以宗教仪
式庆祝生命回归时的男女性结合是一种圣礼。在我看来，这些庆祝
春天自然复苏的仪式，以及我们在旧石器时代艺术中所看到的性形
象，所反映的生命观和宗教观——与我们自己的宗教形象相反——
是以歌颂快乐而不是推崇痛苦为主的。

我要特别指出，我们的祖先在庆典上不仅把性与生育和繁殖相
联系，而且把它看作快乐和生命的神秘——因而奇妙——的源泉。
换言之，我认为，史前色情神话和仪式不仅表达了我们祖先因女神赐
予生命而感到欢乐和感激，而且表达了他们因女神赐予爱和快乐——
尤其是那种最强烈的身体快乐、性的快乐——而感到欢喜和感激。

这当然不是传统的解释，甚至在那些打破传统、重新诠释史前
艺术的学者中，有些人至今也仅仅强调旧石器时代性形象的生育象
征。例如，马沙克就在《文明的根源》（*The Roots of Civilization*）
中说，旧石器时代的女神像，"并没有现代意义上'性'的"的含
义。他说那些形象并不是以色情为主，甚至与受精和怀孕都丝毫没
有联系。他甚至信誓旦旦地说那些阴门"与性无关"，仅仅是一个
生命周而复始的符号。①

但是，马沙克也指出，旧石器时代的阴门形象，以及维纳斯或
女神雕像，很可能是关于交欢的故事或仪式中的人物。也就是说，

---

① 马沙克（Marshack），1991，第318页。

他承认我们谈论的就是性。因此说到底，他当然还是承认这些形象具有色情意义，只是这个词在此并没有被贬为罪孽或淫秽的同义词。

我当然同意马沙克的观点，我们所接受的对性——和女人——的看法与我们史前祖先的观点大不一样。但我觉得将性——以及性快乐——与生殖过程分离，却在逻辑上毫无道理。要说旧石器时代的性形象与性无关，倒真让我吃惊了。我们所谈论的是男女的性器官，这理所当然地与性有关。如果说先民们已经遵循基督教的教导，或像阿贝·布勒伊（他是个教士）面对旧石器时代艺术时那样，区分寻欢作乐的性和传宗接代的性，这显然是把后人的信仰强加到前人身上去了。

写到这里，我再次感到，人们在讨论古代性形象时居然一直很少提及性快乐，这实在是奇怪之至。可是，如果想到我们的宗教文化传统多么强烈地反对性快乐，想想这种传统如何不遗余力地辱骂甚至否认强烈的，有时是无以言状的性快乐，也许这也就没什么奇怪的了。

因此，我认为，正确的观点应该是，对我们的祖先来说生命和快乐都是神圣的。总之，在我看来，我们的祖先认为快乐，尤其是我们所能感受的最强烈的身体快乐——性高潮的快乐，是神圣的，这与后来不断地将受苦受难神圣化的宗教和教义形成了强烈的反差。

59

我还认为，旧石器时代的性与自然的丰饶——尤其是与每年春季自然复苏使万物得以共享这种丰饶——的联系，或许能追溯到更久远的年代。这或许能以某种形式一直回溯到原始时期，回溯到最早的人类群体，那时他们或许已经通过仪式化的行为，将性快乐与分食联系在一起，这种行为还能缓和冲突，减少攻击，促进友善的社会关系（就像前面提到的侏儒黑猩猩那样）。

我要讲的另外一点，其实已为考古学家、艺术史家和神话学家从不同角度所认同：史前社会并没有像我们现在这样区分自然与精神、宗教（或神圣）与日常生活（包括性生活）。因此，我要进一步说，如果我们把旧石器时代的艺术看作通过神话形象和宗教仪式探索人类生存的秘密的努力，就能发现其意义不止一种。

于是，我们就会发现，旧石器时代的艺术与今天的大多数宗教艺术一样，都是企图探讨全人类的共同问题：我们出生前从哪里来？我们死后到哪里去？我们为什么如此需要美和爱？我们必须忍受的痛苦有什么意义？而最重要、最急迫的问题是，我们所能感受到并能享受的快乐来自何处——我们怎样才能增加快乐、减少痛苦？

但是，旧石器时代的艺术对这些问题的回答，表现了与犹太—基督教截然不同的世界观。旧石器时代的人认为，此世的生命源于圣母而不是圣父，源于妇女的身体所强烈表现的生命力。他们也不像犹太—基督教的《圣经》那样，妄称在人的生命创造过程中，女人只是灵机一动的产物。

对他们来说，女性身上所表现出来的那种具有创造性的性力量，是自然的伟大奇迹。一个突出的例子是，法国一处岩洞圣殿入口（或阴道口）约25000年前的一幅雕刻，考古学家称之为劳塞尔（Laussel）的维纳斯。因为这幅古老的女神像不仅表明妇女具有创造性的性力量受到崇敬，而且说明妇女的月经周期（就像日月和四季的周期一样）同样被视为宇宙生生不息的力量的神奇体现。也就是说，经血在这里（以及在以伙伴关系为主的当代部落社会，如班布蒂）① 不是"诅咒"，而是祝福——是女神的又一个

———————————

① 特恩布尔（Turnbull），1961。

神奇惠赐。[①]

劳塞尔的维纳斯与其他强调妇女性力量的旧石器时期女神像一样，宽臀鼓腹，也许正在孕期。她也像稍后的动物女王或野兽女王，以及希腊神话中的阿尔忒弥斯、罗马神话中的戴安娜一样，和月亮有关。她右手持一弯有 13 道刻痕的新月：这 13 道刻痕代表一年中月亮的周期。另一只手指向她的阴道，似乎在暗示月亮周期与妇女月经周期的联系。

对于劳塞尔古代岩洞圣殿里的仪式，我们可能同样永远无法得知其具体性质。但是，埃莉诺·戈登和其他学者认为，这些史前仪式肯定与妇女的月经周期以及月亮的周期有关。劳塞尔的维纳斯很可能像新石器时代的动物女王、希腊神话中的阿尔忒弥斯及罗马神话中的戴安娜一样，是年轻女子及妇女生产时的守护神。因此，她一定也和那些神一样，是古代神殿中以仪式形式演绎的重要神话中的主角。

也许这些故事专在女孩子的成年仪式或妇女生产前的仪式上讲述。也许这是所有人参加的仪式中的一部分。不管怎样，它们显然都关乎自然的节律与生命的周而复始。它们说明，男女的性在出生、性、死亡的大循环中，都发挥着重要作用，如果考虑到神话形象，这个循环中则还包括了再生。

我在此同时提到男女的性，不仅因为旧石器时代表现春季新生命诞生的画面中常有许多成对的雌雄动物；还因为那时的形象中男女性器官经常同时出现。比如，法国比利牛斯山中伊斯图雷茨地区发现的一幅约为公元前 20000 年的石刻作品，[②] 其中有一个插入阴

---

① 在本书第 15 章讨论当代问题时，我将回到这一话题。

② 如本书第 1 章所说，当代学者爱用 B. C. E（公元前）而不用 B. C.（基督教出现前），因为前者的含意较普遍，文化包容性较高。近年来为美国宗教学院采用。

道的阴茎。① 和我们称为宗教艺术的所有岩画艺术一样，这不仅是性事与宗教的结合，也是人们对性交在生命诞生（或者，用他们的话说，是再生）过程中的作用的理解。

　　旧石器时代艺术中还有一些蚀刻和雕刻作品，描绘有角有蹄的雄性动物站在怀孕的雌性动物身上，或阴茎与阴道的各种组合。而且，旧石器时代的人对繁殖的生理过程的了解，比我们认为的要多，他们独特的依时间顺序而进行的计算方法（考古学家曾经忽视这种计算方法，或认为这是无意义的符号）进一步证明了这一观点。② 最重要的是，其中有一个非常复杂的月亮历，标刻着月亮的许多阶段，似乎和我们在拉瑟尔的维纳斯身上看到的一样，也与妇女的月经周期相关。

圣婚与出生、死亡和再生的循环

　　对性的认识，特别是对女性具有创造力的性力量的认识，是生、死、再生循环的核心，也是此后一个文化发展阶段——在西方史前史中约始于一万年前——的重要主题。这便是新石器时代。那时，我们的祖先开始系统地运用或许算得上人类发明中最重要的技术：农业。其实，正如英国考古学家詹姆斯·梅拉特（James

---

① 戈登（Gadon），1989，第10页。

② 这并不是说他们和我们一样，懂得女性的卵子和男性的精子如何结合产生生命。他们更不知道每一对父母给子女提供等量的染色体。事实上直到最近不久，这些知识才被人们所认识。就连19世纪的科学权威如赫伯特·斯宾塞还误认为女人的子宫只不过是男人的种子生长的土壤——换句话说，只有男人才是生命的给予者。但是旧石器和新石器时代的艺术强烈地表现出那个时代的人们完全意识到性结合与生殖之间的联系，这与我们至今读到的关于旧石器时代和新石器时代的书籍截然相反。

Mellaart）所说，新石器时代与旧石器时代的宗教形象有着明显的传承关系。在新石器时代，我们依然能看到女性形象代表着宇宙生养的力量，也依然有成双配对的男女性特征。

有时这种搭配乍看上去挺奇怪，因为新石器时代与旧石器时代一样，男性特征仍然常常表现为有角动物。例如，加泰土丘（Catal Hüyük，迄今所发现的最大的新石器或早期农业时代遗址）就多处出现女神与公牛角（牛头饰）或公牛画像的搭配。梅拉特认为，这些牛头饰或许表示女神的儿子或情人，他们代表男性的性能力。[1] 他还说，我们在此看到的其实是一种艺术程式，预示着稍后出现的公牛神一直到有记载的历史时期，仍然受到人们的崇拜。我们将在本章结尾处讨论这个问题。

从加泰土丘出土的最有意思的艺术品中有一幅浮雕，一男一女相拥而抱，旁边还有那位女子怀抱婴儿的画面。按梅拉特的说法，"这可能是对'圣婚'的最早描绘"[2]。这是一种神圣的性结合的仪式，前面已经说过，它作为一个重要的神话主题，一直延续到有记载的历史时期。

更有趣的是，这幅新石器时代浮雕的第二部分，可能也是后来有记载的历史时期中一个重要主题的鼻祖，即欧洲基督教艺术中成千上万的圣母与圣婴像。但是，它在这里一定有着非常不同的含义。因为8000年前的这幅雕像中，婴儿显然是母婴旁边那一男一女性结合的产物——而不是什么无性繁殖的神种。

这幅雕像还有点像我们今天的性教育课，它说明祖先在新石器

---

① 考古学家金布塔斯认为，加泰土丘的牛头饰是女人的子宫和输卵管。对此，我不敢苟同。或许，它们不止一种含义，因为符号象征往往如此。

② 梅拉特（Mellaart），1967，第148页。

时代已经懂得性交与生育的联系。① 而且这再次证明新石器时代与
旧石器时代一样，性是一个重要的宗教题材。

　　一件性意味更明显的新石器时代雕塑是在东巴尔干的卡西奥雷
勒（Căscioarele）村发现的，这一地区在考古学家马里亚·金布塔
斯划分的古欧洲文明区之内。这件雕塑被命名为鼓米尼塔情人。和
加泰土丘相拥的情人一样，它们向我们揭示的似乎是地中海沿岸地
区的共同信仰（以及神话和仪式）。这幅雕像与加泰土丘雕像一
样，也描绘了相拥而抱的一男一女。女性雕像（或许是一位女神
或一位女祭司）的阴部三角被夸大了。男性则是考古学家所说的
"菲勒斯状态"（ithyphallic，学者们用以指代阴茎勃起的男子的词
汇）。两个人物都戴着面具，说明他们是仪式戏剧或仪式中的
主角。

　　金布塔斯写道：

> 　　所谓"圣婚"这种仪式戏剧，指男神与女神交媾的仪式。
> 从卡西奥雷勒出土的小雕像上能看出其中心思想……画面中戴
> 面具且处于"菲勒斯状态"的男神也暗示一场婚礼正在进行，
> 它是男神与伟大女神的婚礼。从卡西奥雷勒塑像看，伟大女神
> 并未怀孕，而是妙龄处女。她浑身赤裸，阴部三角很大。

　　新石器时代从事农业的人们有着与旧石器时代采集—狩猎的人
们相类似的艺术，其中充满了自然的形象：鸟、野猪、蛇和植物。
那时的美丽陶器上常常装饰着变形的波浪（水）纹、蛇纹，以及
旧石器时代就有的 V 形纹、人字纹和卵形的宇宙，还有公牛的形

---

① 　不奇怪，因为他们已养殖家畜。

象，有时还有表现自然生生不息之力的其他象征，比如蜜蜂，晚期库库特尼就有这样一幅雕刻作品。① 加泰土丘和古欧洲新石器时代艺术的主题与旧石器时代一样，是妇女创造生命的性能力。

其实加泰土丘最有趣的发现，是坐在王位上生产的女神像，两旁是猫。我们在加泰土丘还发现一些房间看似生育圣殿，其实是人间女子生产时祈求女神保佑的圣地。

加泰土丘的另一些圣殿则是关于我们祖先倍加关注的自然循环的另一面：死亡。我们的祖先或许正是在这些圣殿中举行仪式，表达他们再生的希望（和信念），在这里我们看见女神和秃鹫在一起——直到有记载的历史时期，这仍然象征着死后在女神的子宫里获得再生。这些形象似乎与加泰土丘的仪式有关，"死者放在露天"，让秃鹫啄食，然后将遗骨埋葬在家人睡觉的平台下面——或许是希望他们的灵魂能回到某个孩子身上。

也就是说，死亡对于我们新石器时代的祖先和对于我们一样，是一个重要的宗教题材，他们和今天的大部分人一样，为死者举行宗教仪式。但这里我们再次遇到解读的问题，我们一直在探讨这个问题。大多数学者没有认真地对待妇女，因此不仅抹杀了妇女，而且抹杀了性在史前丧葬风俗和仪式中的重要作用。

英国考古学家露西·古迪森（Lucy Goodison）在《死亡、妇女和太阳》（*Death, Women, and the Sun*）一书中把这一点分析得非常透彻明白，这部著作全面地研究了新石器时代和早期青铜时代爱琴海地区的丧葬风俗。② 这本书广泛地记录了基克拉迪、米诺斯和爱琴海地区的其他古代葬礼。在这些葬礼上，死者葬在圆形坟墓

---

① 金布塔斯（Gimbutas），1982，第 188 页。
② 古迪森（Goodison），1989。

中，向东开有一个小口，面向旭日。但是，坟墓为什么是圆的？上面的开口又为什么开得这么小，这么"不方便"？对这两个"谜"大多数考古文献未能做出圆满的解释。然而，古迪森指出，如果将坟墓看作将来再生的子宫，就能解释它为什么通常呈圆形。如果坟墓上的开口并不是为了方便活人行动，而是供死者灵魂或肉身的再生使用，也就能解释它为什么做得这么小，因为它象征着阴道口。

古迪森写道，这种诠释还能解释那些表明史前丧葬仪式和典礼有时具有性色彩的证据。因为表明史前葬礼仪式中有女祭司的舞蹈（确切地说，就是色情舞蹈）的证据，以及为死者举行性仪式的证据，都符合当时的宗教思想。古迪森指出，那时的宗教思想"与人的交欢有关"，并且符合那时流行的观念，即性不仅与生育而且与再生相连。① 因此，葬入圆形坟墓一定象征着死者重返伟大的母亲之神的子宫——人们希望死者在葬礼之后从那里获得再生，葬礼则是为了帮助达到这一目的而设立的。

古迪森的分析对之前的解释提出了另一个疑问。那就是西方许多考古学和神话文献几乎总是把女神与地球和月亮相联系，而只有男神才和更有力的太阳相联系。然而，古迪森在广泛分析早期青铜时代的艺术（包括从克里特的米诺斯文明出土的上百件印封）之后指出，在这个远古时期，太阳也代表女性。当然，女性象征与太阳的这种联系——尤其是女神与太阳的联系——在后来有记载的历史中也相当明显（虽然这也一直遭到普遍的忽视）。安纳托利亚的太阳女神阿瑞纳、日本的太阳女神日照大神、埃及的努特和哈托尔（后者既是埃及太阳神瑞的母亲，又是他的女儿）都是例子。金布塔斯指出，在日耳曼、波罗的海和凯尔特神话中，太阳女神也相当

---

① 古迪森（Goodison），1989，第45页。

流行，在这里太阳也代表着死亡与复活。①

如果带来生命的太阳如古迪森所说，在史前的信仰体系中与妇女给予生命的力量相联系，那么另一个谜，即爱琴海地区的许多圆形坟墓上开有朝东面向旭日的小口，也就迎刃而解了。而且，根据古迪森的记录，性、妇女和太阳的联系进一步解释了为什么爱琴海地区史前古墓中常常发现太阳和女性的符号——因为二者都象征着复苏或再生。

如果性被视为宇宙生生不息的特征，那么史前艺术中有如此多孕妇的形象，也就不足为奇了。倘若以推崇给予生命的力量而不是惩罚和杀生的宗教为视角，有记载的历史时期的艺术中几乎没有孕妇的形象（唯一的例外是裹得非常严实的圣母马利亚，据说没有经过性交就怀孕了），这倒是显得奇怪了——简直不合常理。这也使我们不得不反思为什么有记载的历史时期的艺术不表现生育——相反，杀生（新石器时代的艺术中从未有过）倒是一个重要主题。这当然也使我们更好地理解为什么在当代复兴伙伴关系的浪潮中，妇女和男子都开始重新视生育为神圣。因为，我们将看到，生育典礼的创造（十分必要，因为大多数宗教中没有这样的典礼，《旧约》中还把刚生育过的妇女视为"不洁"）② 是当代运动的一部分，这个运动要重新树立一种观念，即我们的身体和性不仅是自然的，也是精神的。

我们很难想象一种艺术中没有男人杀戮的场面，在女神的雕塑

65

---

① 金布塔斯写道，史前"对太阳（显然是复活女神本尊）的崇拜在著名的爱尔兰纽格莱奇墓或布列塔尼加夫里尼斯遗址上都很常见"。她指出，"这是对冬天太阳的崇拜，冬天的太阳升起处与遗址成一直线。"因此，她写道，在北欧传统里，不仅有印欧语系的太阳神（与四季相关联的光芒四射的太阳神），太阳也与古欧洲的女神有关（金布塔斯给作者的信，1992 年 11 月 4 日）。

② 钦定版《圣经》利未记 12：6–7。

和绘画中将生育作为圣事来描述，或者，像加泰土丘和鼓米尼塔的"圣婚"雕塑所表现的那样，交欢成为一种宗教仪式。我们也很难想象把经血看作神赐的礼物，因为我们不习惯于把人的肉体、更不习惯于把性看作精神的。要让我们把妇女的性——妇女的阴道、妊娠、生育——和神相联系，而不把它看作羞于启齿的、不适合有礼貌的交谈，更不适合于宗教艺术的事情，就更是难上加难。

但是，我们只要稍稍摆脱对妇女和性的流行看法，我们在史前艺术中所看到的许多东西就会显现出巨大意义。这样我们就会看到，旧石器和新石器时代的艺术核心就是性、生育、死亡和再生的秘密。不过，它们也不是互不相干的——把性和生育当作肉体的事情，而把死亡和轮回当作神圣的赎罪，此世生活中这些最基本的事情在这里是一个整体，**既是**自然的**又是**精神的。而且，一旦我们开始看到史前艺术中的性内容，也就能更好地理解迄今为止我们所知道的西方最古老的作品——献给专司爱情和生殖的苏美尔女神伊南娜的颂歌——的意义（及其远古根源）。

爱情、女神与国王的古老赞歌

划分史前与后来历史的界限是文字，然而这条界线是模糊不清的。因为关于我们已经有文字记载的古代社会的一些最重要的资料，来自考古发掘。

例如，如果我们阅读《旧约》——古巴勒斯坦最重要的文字记录——所能得到的对那时从宗教到其他各方面的印象，与我们从考古发掘中得到的很不一样。《旧约》中只有一位神，即雅和威（Yahweh），这是希伯来唯一的神，但考古资料表明那时还有其他男神也受到崇拜，比如厄勒、巴力和坦木兹。《旧约》很少提及女神——即使提到，也是在斥骂向崇拜天之女王的"倒退"，但巴勒斯坦女神伊什塔尔或阿斯塔特那时可能仍然非常流行，并受到广泛的崇拜（宗教史学家拉斐尔·帕塔伊在《希伯来女神》中反复提到这一点）。[①]而且，性仪式中也仍然庆祝她与坦木兹或巴力的圣婚（有些地方则是她与雅和威本人的圣婚）——《旧约》中对锡安的"婊子"女儿的污蔑可以作为反证。

66

因此，文字记载并非完全真实。但是，如果结合新老考古发现来读，这些文字记录还是有用的。

苏美尔是西方最古老的文明，其文字资料被大量破译。它位于美索不达米亚的肥沃新月地区（即今日伊拉克南部地区），于公元前 3200 年前后开始出现一批强大的城邦国家。由于苏美尔人将文字（称为楔形文字）刻在石碑上，因此有许多记录经受了时间的冲刷，流传至今。

已出土的上千块苏美尔石碑大部分是关于经济、法律和行政事务方面的记载。但是，在过去 50 年中，研究苏美尔的专家将散存于欧美各博物馆的石碑碎片搜集起来，拼合在一起，修复成 30000多行的文献。[②]

这些苏美尔文献中最具说服力的当数献给苏美尔的天地女王伊南娜的赞歌——尤其是那些讲述其圣婚的段落，诗意盎然并且充满了色情意味。[③]1983 年，著名的研究苏美尔的学者塞缪尔·诺亚·克雷默和民俗学家戴安娜·沃克斯坦整理出一组关于伊南娜的叙事诗，一共七首。这组诗开头叙述伊南娜把文明的礼物带给苏美尔。

①　佩泰（Patai），1978。
②　最近有一部学术著作分析了这些论述，以及其他美索不达米亚文本，说明女神、女祭司和其他神殿官员地位同等重要。见亨肖（Henshaw），1994。
③　沃克斯坦（Wolkstein）和克雷默（Kramer），1983，第 125 页。

其高潮部分讲述她与游牧神王杜木兹的神圣结合。在结尾处，伊南娜（和杜木兹及其妹格什蒂南娜）降至下界又从下界返回（死亡和再生）。

克雷默认为伊南娜是最受苏美尔人敬爱的爱情和生殖女神。①在每年时间很长的新年庆典中，都要由代表女神的高级女祭司表演伊南娜与苏美尔统治者的圣婚。

伊南娜赞歌作于公元前 2000 年前后。但是，克雷默指出，它们可追溯至更古老的口头文学传统。从我们研究的考古资料来看，这些传统的主要因素无疑可以追溯到公元前 7500～前 3500 年盛行的新石器文明，甚至可能追溯到旧石器文明（公元前 20000～前 12000 年）。

因此，我们在伊南娜赞歌中看到一种奇怪的混合。其中既有远古神话的因素，男女在养育生命和色情的仪式上作为伙伴相结合。也有后来神话的痕迹，主要是关于男性国王和男神、他们实行统治的"神赋权力"和他们为了征服和统治而发动的战争。

克雷默认为，苏美尔和多数史前社会一样，"政治权力最初掌握在自由市民手中"。但是，"由于蛮族对东西方的压力越来越大，军事领导成为迫切需要，国王——苏美尔人叫作'卢旮勒'，即'大人'——便脱颖而出"。②随着苏美尔向统治关系模式社会秩序

---

① 沃克斯坦（Wolkstein）和克雷默（Kramer），1983，第 xiii、124 页。

② 沃克斯坦（Wolkstein）和克雷默（Kramer），1983，第 116 页。在与约翰·梅尔（John Maier）合著的《狡黠神恩基的故事》里，克雷默借鉴"文化转型理论"的框架，再次探讨了这一转变。他指出，权力从恩西（ensi，早期对政治领袖的称呼）转向卢旮勒，并说"从中可以窥见埃斯勒所说的'文化转型'……从不同角色并无高下之分的'伙伴关系'社会，转向以地位高低划分不同角色——特别是性角色——的'统治关系'社会"［克雷默（Kramer）和梅尔（Maier），1989，第 19 页］。

的过渡，"强人"国王的统治便通过宗教神话合法化了。在宗教神话中，国王的权力正是女神亲自赋予的——通过圣婚这种古老的制度。

因此，伊南娜赞歌就像《圣经》中的《雅歌》一样，包含着远古时代的重要线索，那时妇女不是男性的"性工具"，而是传送印度宗教文献中所谓"昂达里尼"的渠道：是强大的神力，生命和喜悦从中源源流出。但是，这些诗歌也揭示出这种古老的仪式如何受到篡改，以适应男性统治、等级森严的暴力社会秩序。我们将会看到，这种社会秩序随着"强人"游牧酋长和后来的国王地位不断上升，逐渐取代了以伙伴关系为主的史前女神崇拜文化。

从那些苏美尔石碑上，我们读到的正是伊南娜与这样一位国王杜木兹的婚姻，这是与游牧民族神王的婚姻。石碑上还说，伊南娜开头并不想接受他做自己的丈夫。她的意中人是位农夫：

> 牧羊人！我可不嫁牧羊人！
> 他衣衫粗糙羊毛硬。
> 我愿嫁给种地的。
> 他种亚麻为我衣，
> 他种大麦解我饥。①

伊南娜愿意嫁给农夫而不是牧羊人，这很说明问题。这不仅表现了人们尤其是妇女对游牧民族及其粗犷的异族生活方式的抵制，而且说明这首赞歌生动描述的圣婚，发生在游牧民族入侵之前。然而，赞歌里说杜木兹最终还是被伊南娜的哥哥选中做她的新郎，则反映了当时的历史现实。

68

---

① 沃克斯坦（Wolkstein）和克雷默（Kramer），1983，第33页。

　　赞歌里说，尽管伊南娜一开始拒绝嫁给杜木兹，但他们相遇之后就慢慢地相爱了。不过，伊南娜可不是我们所接受的那种"好女人"，那种羞答答、对性一无所知的新娘，她陶醉在杜木兹的爱情中，甚至大肆宣扬，期待着他们的结合，言语中对性丝毫不加掩饰。

　　"我的阴门、兽角、天庭之舟，像新月一样充满渴望"，她说完这些之后就直言不讳地向杜木兹提了一个关于性的问题，用的仍是农业文明的象征："谁来耕种我的阴门？谁来耕种我的高地？谁来耕种我的润土？"[1]"伟大的女神，"杜木兹答道，"国王来耕种你的阴门。我，国王杜木兹，来耕种你的阴门。"

　　这位牧羊人是国王，这当然反映了新的历史现实。但即使这样，伊南娜赞歌也像《雅歌》一样，仍然与旧石器和新石器时代的传统一脉相承，圣婚与植物每年春天从女神子宫里长出是联系在一起的。

　　伊南娜接受了杜木兹之后对他说："来耕种我的阴门吧，我的心上人！来耕种我的阴门！"接着我们就在赞歌里读到，"国王的膝上雪松挺拔。他俩身边草木生长。他俩身边庄稼长高。园子里面欣欣向荣"[2]。

　　伊南娜接着唱，字里行间依然把性形象与大地哺育万物之美结合起来（和旧石器及新石器时代的艺术一样）：

> 他发芽，他长叶，
> 他是莴苣水边立。
> 我的子宫最爱他。

---

①　沃克斯坦（Wolkstein）和克雷默（Kramer），1983，第37页。
②　沃克斯坦（Wolkstein）和克雷默（Kramer），1983，第37页。

摸着我的肚脐他心急，

摸着我的大腿软又滑，

我的子宫最爱他，

他是莴笋水边立。①

　　杜木兹应和的歌词，也毫无疑问地表明这种性仪式可以追溯至农耕文化：

女神，乳房是你的田地。

伊南娜，乳房是你的田地。

你宽阔的田地长满我们的作物。

你宽阔的田地长满我们的庄稼。

水从高处来，为你把地浇。②

　　其他族人也为这个仪式做准备——这种仪式具有象征和公共意义，这由伊南娜叫人铺好"国王的床"和"王后的床"反映出来：　69

铺好令心欢喜的床！

铺好令肉甜蜜的床！

铺好国王的床！

铺好王后的床！

铺好高贵的床！③

---

①　沃克斯坦（Wolkstein）和克雷默（Kramer），1983，第 37 ~ 38 页。

②　沃克斯坦（Wolkstein）和克雷默（Kramer），1983，第 39 页。

③　沃克斯坦（Wolkstein）和克雷默（Kramer），1983，第 42 页。

尽管在这一段里我们再次看到圣婚遭到篡改，以使游牧国王的统治制度化，但这首描述神圣性结合的古代史诗，其色情语言有时还分外温柔。它所描写的性不是心不在焉或无动于衷的，更不是暴力的，而是那种"手牵手""心贴心"的快乐——也就是男女之间性爱的快乐：

> 她的手攥在他的手里，
> 他的手放在她的心上。
> 手牵着手睡得甜，
> 心贴着心睡得香。①

伊南娜和她的旧石器及新石器时代的前任一样，是旧时代的女神：她赐给我们充饥的谷物和解渴的水，甚至生命本身。杜木兹仍然是公牛神——是男子性能力的象征。伊南娜看他"已经做好准备迎接圣生殖器官"，便称他"野牛""大祭司"。②

另外，伊南娜赞歌也像旧石器和新石器时代的艺术一样，不仅描述性，也描述死亡和再生。它特别描写了每年荒芜季节中大自然周期性的死亡，植被凋零，不再生长。在伊南娜的故事中，自然的这种循环是以伊南娜和杜木兹（以及杜木兹的妹妹格什蒂南娜）降至下界又在每年回归并获得再生为象征。

由此我们可以看到，这个美索不达米亚传说与我们在前面看到的旧石器和新石器时代的形象一样，其中男女神圣的性结合与神界男女性力量的结合，并不是孤立的。它们是更大的宇宙循环的一部

① 沃克斯坦（Wolkstein）和克雷默（Kramer），1983，第43页。
② 沃克斯坦（Wolkstein）和克雷默（Kramer），1983，第39、41页。

分，性快乐与之不可分割——这种循环始于性和生育，终于死和再生。

在这个宇宙循环中，性仍然象征着使世界保持运转的神力：女神的性力量。赞歌中也把女神称为"植物之神"和"天地女王""宇宙女王"。女神在这种循环中亲自欢快地爱并且使生命和快乐圣化，使它们——还是用赞歌里的话说吧——从她"甘美"神圣的生殖器官里流出。①

关于这种"神圣的生殖器官"，我在本书第一章里提到的美索不达米亚陶片"床上相拥的恋人"中就曾给予描述，那是大约4000年前的作品。陶片上雕刻着一男一女，或许就是伊南娜和杜木兹，动情地拥抱着。男子手放在女子臀部，阴门上方。女子则一手环绕男子腰部，另一只手托着乳房——犹如女神或女神的代表正交给他自然的丰饶、爱、生命和快乐，她的身体代表了这一切。②

在今天，许多人看到这种雕刻的色情图像时会认为它是淫秽的。但是，从旧石器和新石器时代的艺术以及伊南娜的赞歌中，我们可以看到这些艺术作品是神圣的。对我们许多人来说，这显得颇为奇怪，甚至是对神的亵渎。但是，想一想我们的那些神圣形象，比如许多痛苦、苦难和死亡，它们在我们那些生活在旧石器和新石器时代的祖先眼里，可能也显得奇怪，甚至是对神的亵渎。这样想想能使我们清醒。

再想一想他们会如何看待我们的淫秽作品，这更能使我们清醒。因为在我们的性形象中，男子打着性快乐的旗号侮辱、践踏、残害、奴役甚至杀害妇女，对于那些把性看作与自然以及相互之

①　沃克斯坦（Wolkstein）和克雷默（Kramer），1983，第 47 页。
②　戈登（Gadon），1989，第 129 页。

间结合的圣事的人来说，这是完全无法理解的——这分明是疯了。
他们会奇怪，像我们今天许多人所认为的那样，如此邪恶的观念
怎么能站得住脚——当我们继续踏上重新发现的旅程，更深刻地
了解西方文明中的性文化发展史时，我们会不断地对这个问题加
以探讨。

71

第四章　性与文明：西方文化的萌芽

妇女身体、生育行为和性交的神圣形象产生于什么样的社会？在今天，当我们为摆脱那种从根本上反对快乐和敌视妇女的世界观而奋斗时，我们能从这些延续了数千年的社会中学到些什么？那些与我们所接受的教育如此不同的灵性与性的观念，又是如何产生的？

直到不久前，人们还普遍认为，人类社会生来就是，而且将永远是男性统治和好战的——如果史前时期有什么不一样，那也是非常原始粗俗、不值一提的东西。难怪许多考古学家至今在面对那些说明新石器时代的社会比原先想象的要先进得多的材料时，仍然不知所措，难怪他们常常把不符合他们对史前材料的解释当作"纯粹的臆断"。

科学史学家托马斯·库恩（Thomas Kuhn）在《科学革命的结构》（*The Structure of Scientific Revolutions*）一书中指出，科学"真理"的变化常常是世界观或世界范式的变化。当学者们换一种眼光看世界时，就对他们的所见做出不同的解释。如果新发现不同于旧范式或世界观，那么接踵而至的通常是关于现实的本质的激战——与那些权威人物之间的激战，这些权威人物总是用自己的解释压制尚未统一的新解释。

基督教宗教裁判所的那些人死抱着与其宗教典范相吻合的观点
72 不放，伽利略险些被活活烧死，可见斗争之激烈。如今那些有权规
定现实的人不再有那种生杀予夺的权力了。但这种斗争在我们的时
代仍在继续。而冲突最激烈的，便是那些对史前历史仍然坚持旧看
法的人，与越来越多试图重新解释西方文化进化的考古学家、语言
学家、地理学家、进化论学者、社会学家、系统论学者以及研究宗
教、艺术和神话的历史学家之间的争论。

现代考古学与古代神话

《圣杯与剑》就详尽地探讨了关于我们的过去的新看法——以
及这些新看法对我们的现在和未来的意义。在此，我只想做一个简
要的介绍，主要谈三个重要发现及其对性与灵性的意义。

首先，新的考古发现以及对老材料的新解释证明史前时期有更
和平的社会。经广泛发掘欧洲相互间有密切贸易和其他往来的新石
器时代的聚居地，发现很少有遭受战争破坏或修建堡垒的迹象。①
而且在新石器时代丰富的艺术中，没有男子在"英勇的"战斗中相
互残杀或男子强奸妇女的场面，这（对我们来说）是很不寻常的。

其次，我们听说所有古代文明中都存在普遍的不平等，但这些
史前社会里根本没有这些不平等。房间的面积、室内陈设、坟墓里
的殉葬品，都显示出一种更平均的社会结构。梅拉特指出，虽然在
地位和财富上存在一定差别（有些死者的殉葬品较多也较好），但
差异不是很大。

①　例如，见艾斯勒（Eisler），1987a；金布塔斯（Gimbutas），1982，1989，1991；
梅拉特（Mellaart），1967；普拉东（Platon），1966。

这些西方文明最古老摇篮的第三个基本特征就是没有证明男尊女卑的证据。看得出妇女那时专做那些最重要的手艺活儿：制陶、纺织，生产用于仪式的物品和艺术品。从艺术品、殉葬品和庙宇模型看，妇女可以担任祭司，在宗教中占有重要地位。

诚如金布塔斯所说，古代欧洲的一些葬礼说明妇女在宗教中扮演着比男子更重要的角色。但是，她也指出，妇女在古代欧洲的生活中占有如此重要的地位，并不意味着男性受到压迫。

然而，学者们最近终于承认了这类社会的存在，并称之为母系社会，与父系社会相对。这等于在说，倘若某个社会里男性不统治女性，就必然是女性统治男性。

因此，我在写作时不得不找一些新词，来描写这些古代社会的基本结构。我选择了**伙伴关系**这个词，因为这个词很常用，含有共同的意思。我还用吉兰尼（gylany）来代替有性别区分的父系**和**母系。①

这些新词我只能现造，可见打破统治关系的旧典范有多么难。连我们的语言（有许多是我们在下一章将要讲到的游牧侵略者带来的）也在帮着维持这么一种观点，即统治关系模式的社会组织不可取代——事情"就得是这样"。

奇怪的是，我们最熟悉的西方神话中早就有一些线索，指向一种非常不同的社会组织，我也是在世界观开始改变之后才发现这一点的。比如，我们在《圣经》中读到一个花园，男女和谐共处，

---

① Gylany，是由"gy"（从希腊语的"gyne"，即"妇女"）和"an"（由希腊语的"andros"，即"男人"）合成的复合词。中间的"1"是希腊语中动词"lyos"的第一个字母，这个词有双重意义："释放"〔如在 catalysis（催化反应）中〕和"分解"〔如在 analysis（分解反应）中〕。在英语中，"1"代表连接（linking）。

与自然也协调一致——可后来一位男神命令女子从此要顺从男子。紧接着就是同样著名的该隐和亚伯的故事，我们看到兄弟之间不一定要相互残杀。① 古希腊诗人赫西俄德（Hesiod）在"黄金种族"的故事中讲的是同一个道理，黄金种族"和平宁静地"生活，可是后来一个"低贱的种族"带来了战神。②

从考古学知识看，这些故事的基础肯定是民间对一个以伙伴关系为主的和平时代的记忆。但是，这些故事在代代相传的过程中，肯定越来越被美化和理想化了。《圣经》故事里有失乐园，远古的人被描述为黄金种族，这并不是因为他们纯洁无瑕（古人以金为至纯），而是因为后来的世界太肮脏、太野蛮。

认为远古时代没有暴力或压迫，没有残酷或冷漠，是不现实的。认为那时没有任何等级或层次，也是不现实的。③ 但是在这些社会中，暴力、残酷、统治和压迫不必成为理想和制度，以维护统治和剥削的严格等级，这是最关键的一点。

因此，性事也就不必受到压制，或等同于统治或服从；也就不必割断男女间自然快乐的纽带；男子也就不必有计划地接受调教，直到他们认为阳刚之气就是统治和征服。

史前艺术、生命与性

我们已经看到，在史前以伙伴关系为主的社会里，艺术不颂扬

---

① 本书第 7 章，还有《圣杯与剑》，讨论了该隐（农夫）如何被指控为行凶者。这个故事像许多西方神话一样，是从胜利者的角度描写的（即游牧的入侵者，后面一章将探讨这个问题）。

② 赫西俄德：《工作与日子》。引自鲁滨孙（Robison）1968，第 12～13 页。

③ 诚如前面的注释一样，我对统治性等级制度与现实性等级制度进行了区分。

统治和破坏的力量（以剑为象征）。其实，那时的艺术更重视给予、养育和启迪生命的力量（自远古开始就以圣杯为象征）。说得更确切一些，那是一种不推崇性暴力的艺术。

史前艺术和现代以前的西方艺术一样，主要描写神话或宗教人物，以及重要仪式。但是选择什么样的人物，如何表现他们，以及他们之间的关系，就揭示了我们祖先的价值观和信仰——包括他们对人的身体、女人、男人和性的态度。从这些人物中还能看出人们的日常生活：从当时流行的发式、衣着，他们演奏的乐器，到他们的神灵是男是女，是否携带武器。

当然，我们还需要把艺术和构成史前拼图的其他碎片结合起来看，比如定居点遗址，包括建筑物及其内部陈设、坟墓及墓内物品。这些古代社会的艺术中没有强奸和杀人的画面，联系其他考古发现以及关于更和平、平等的远古时代的神话，就很能说明他们社会中的主导风气。

虽然考古的记录并不连贯（我们所有的资料只限于那些已发现并发掘的遗址），但从这些艺术品、建筑物、坟地以及殉葬品的发掘中，我们至少可以对新石器时代和青铜时代早期的生活有一些认识。

例如，古代欧洲神殿的模型向我们展示了新石器时代的人们对如纺纱、织布、磨面、烤面包等的态度。在当代的前工业社会，这些活儿通常都归妇女们干。从这些庙宇模型中众多的女性人像、火塘、烤箱和纺车可以看出，在新石器时代社会中，这些是充当女祭司的妇女的活动。既然选择烤箱、陶轮和纺车加以描绘，说明这些活动在当时非常重要——正如后来对武器和武士的描绘说明对与战争相关的活动的重视一样。

新石器时代的艺术还充分地说明那时的人们认为重要的东

75

西——不仅是性、生育和死亡，还有全部的自然循环，从日月交替到寒暑交替。那当然是一种赞颂自然创造力的艺术，不论是通过性或生育的形象，通过动植物的形象，还是通过很可能在常见仪式中扮演主角的拟人化的神话人物。

这些神话人物有一个有趣的特点，即他们很少是向统治关系模式社会的转变发生以后我们所见到的那种怪物或魔鬼。那时还没有一心斩除妖怪的暴力英雄，而这种形象在后世则很常见。也没有任何证据表明，有某种信仰系统是建立在认为邪恶、黑暗、肉体、女人和自然必须被征服统治的观念之上。① 那时的艺术并不表现人驯服危险桀骜的自然力量，更多的倒是讲述所有生命内在联系（比如一些半人半兽的奇妙人物）的神话，表述与自然周而复始的节奏相吻合的仪式。

这至关重要，因为在学者们提到史前仪式时，总是把它们与控制联系起来。于是，当他们看到我们的新石器时代和青铜时代的祖先在宗教仪式中对性大加颂扬时，他们一般都认为，这是那些原始迷信、不懂科学的人为了控制自然而举行的仪式。但是，性仪式的中心是宇宙间生成生命的力量（在史前造型中常表现为直白的性），这些仪式的目的完全可以是激发这些力量中善的势力或善的能量，而不是控制它们。根据生物学家鲁珀特·谢尔德雷克（Rupert Sheldrake）和进化论理论家欧文·拉兹洛关于形态发生场或 Ψ 场论的现代思想，这些仪式的目的可能是接通有益的隐能量

---

① 见本书第 7 章对这一问题的讨论。例如，早期美术中那些混合的、荒诞的图像还不是人兽合体［兰伯特（Lambert），1987，第 37 ~ 52 页］。兰伯特指出，蛇发女美杜莎的形象来源于更古老的亨巴巴（Humbaba），亨巴巴甚至早于海洋生物"拉哈马"（Lahama），通常认为非常友好。也可参见克雷默（Kramer）和梅尔（Maier），1989，第 45 页。其中，"拉马哈"温和地对恩基说话。

（用泛神论的话说，就是有益的精灵），或顺应积极的创造能量（精灵），以消除消极的毁灭能量（精灵）。①

这并不是说我们史前的祖先不想感动掌管宇宙的力量，使之庇护和保佑他们——至今仍然有许多人企图通过祷告和宗教仪式达到这一目的。但是，感动和控制是两码事，而考古学家写到史前性仪式时，只提到通过魔术控制作物甚或供猎人捕杀的动物，使之繁荣茂盛或生机勃勃。还有一些轻蔑的说法，比如"原始"和"迷信"，其实性**的确**有魔力，不仅从迷信的角度看是这样，就是从我们现在可以称为科学的角度看，也是这样。这些古人的观察一点都没错，生命要延续就必须有性。因此，我们史前的祖先把性和生育视为宇宙间产生生命和快乐的神秘力量的神圣体现，也不是完全没有道理。

但是，在这里我们又遇上了那个问题：以后世的态度和信仰体系解释前世的意义。首先，我认为我们不能妄下结论，以为那时的人对神圣的定义与我们所受的教育一样；其次，即使性在史前神话和仪式中占有重要位置，我认为我们这里所说的对性的认真，与我们大多数人所接受的对宗教——这是因我们的"罪孽"而遭神罚的恐惧，而不是什么喜悦的事情——的认真，也不一样。那时对性与灵性的看法完全不同：那时不否认快乐——尤其是性快乐——有精神的一面，这是我们与自己、与他人、与宇宙合一的体验。

我在这里要再次强调，正如金布塔斯所说，这种艺术中对女性再生力的注重，并不是"女性取代男性进行强力统治的等级结构"②。尽管女性似乎是宗教仪式和神话中的主角，但并没有证据

① 关于这些概念，见谢尔德雷克（Sheldrake），1988；拉兹洛（Laszlo），1993。
② 金布塔斯（Gimbutas），1991，第324页。

显示男性受到压迫。再次借用金布塔斯的话，这些社会似乎是
"两性多少处于平等地位"——有时金布塔斯在描述时也用我造的
那个词，即"吉兰尼"社会。①

　　在更多的情况下，金布塔斯则用"母性的"（matristic）和
"以母亲为中心的"（matrifocal）这些形容词来形容这些更和平、
更平等的社会中所存在的宗教和家庭组织。确实，我在前面也曾提
到，有证据表明仅仅几个世纪以前，巴斯克人（Basgue，现在欧洲
最后一个不说印欧语言的民族，人们认为，他们的文化发源于欧
洲，可以追溯到一万多年以前）仍由母亲在宗教、经济和政治中
扮演主角，孩子都随母姓。② 但是，即使真像金布塔斯所认为的那

---

①　金布塔斯（Gimbutas），1991，第 324 页；金布塔斯（Gimbutas），1989，第 xx
　　页。金布塔斯写道："20 世纪人类学使用母制的困难是，假定它是父系社会
　　或男性中心社会完全相反的镜像——即是说，以女性统治的结构代替男性统
　　治。这是与古欧洲的真实情况相去甚远的。事实上，我们在古欧洲找不到，在
　　整个古代世界中也根本找不到一个等同于男人高压统治的女人专制统治制度。
　　倒是看到一个两性或多或少处于平等地位的社会结构，可以称之为'gylany'
　　（吉兰尼）社会。这是理安·艾斯勒杜撰的新词。我使用'母性的'
　　（matristic）这个词，仅仅是为了避免用'母系制'（matriarchy）这个词，我的
　　这个词里包含'母系继嗣'（matriliny）的意思。"［金布塔斯（Gimbutas），
　　1991，第 324 页］

②　比如弗兰克等人指出的那样，巴斯克人（他们仍然生活在法国西南部和西班牙
　　北部的比利牛斯山中，但在古罗马时代，他们占据的地区更大）的特色是有本
　　土的宗教信仰系统。"母亲女神"的崇拜以安德里亚·玛丽为突出的角色。在
　　这个家庭中，妻子被称为"家庭女主人"，结婚后，男方迁至妻子家，并随她
　　的姓。虽然关于遗产的法律没有歧视男性的孩子，但结婚后，丈夫不能变卖或
　　疏散任何结婚家当，即使他担负着通过经营和努力来增加家庭财富的责任。为
　　了保证保护好家庭财产，只有妇女才能担任家长。妇女可以作为宗教代表或家
　　庭单元的发言人，也可以作为代表出席政治集会，这种情况一直持续到 16 世
　　纪。自从拿破仑一世立法以后，巴斯克妇女丧失了大部分传统权力（她们竭力
　　反对，但未能成功）。即使现在巴斯克妇女没有了曾经拥有过的权力，但还有
　　一些早期社会组织的痕迹存在。值得一提的是，世界著名的蒙德拉贡合作社，
　　就是一个巴斯克人协会［弗兰克（Frank）等，1990，第 133 ~ 157 页］。

样，史前女神崇拜的社会中母子关系最重要，血统按母亲而不是父亲计算，也不能说孩子就是个别女子的财产（后来孩子却被视为个别男子的财产）。[①]

因此，金布塔斯称之为"具有集体原则的母系中心宗族"[②]，认为孩子是属于整个宗族或部落的。因此，养育孩子也是公共责任，而不是个人责任——这种态度在我们的时代逐渐复苏，尤其是在更多伙伴关系的斯堪的纳维亚福利国家，在那里照顾儿童不完全是个人义务，更是社会义务。

同样，妇女的生育能力在这些史前社会中也不会被当作男性的财产，而是女神的神赐。女神本身就是众生之母，这又与我们的习惯形成了鲜明对比。前面已经说过，这种视生育为神圣的观点，生动地反映在新石器时代关于生育的女神雕刻和绘画中。但是我要强调，史前的孕妇形象与当代原教旨主义者对胎儿或未出生孩子的崇拜，不能相提并论。史前艺术所注重的不是作为育儿机器的妇女，而是妇女的性力量——对我们的史前祖先来说，这种能力既是自然的，也是精神的。

伙伴关系与高度文明

经过千百万年完全不同的教化，我们可能永远也无法完全理解性与灵性如何能浑然一体，更无法想象色情的精神意义如何能既在

---

① 在我们讨论过的暴力较少的史前社会，男性很可能比他们在非常好战的男性统治社会里更多地承担照顾孩子的责任，因为那样的社会对女性和"女人的"行为都比较看重。科尔特兰（Coltrane，1992）最近探讨了男性多承担育儿任务、性别较平等与男性攻击性行为减少的关系。也可参见本书第 12 章。

② 金布塔斯（Gimbutas），1991，第 324 页。

宗教仪式又在日常生活中得到表现。但是，我们能以宽广的胸怀对待这些材料。

就我来说，研究 20 世纪初开始发掘的地中海岛屿克里特的优秀文化，使我看到了最生动的画面：性既可以是玩乐，也可以是圣洁的和精神的。人们一般习惯沿用英国考古学家阿瑟·伊文思（Arthur Evans）爵士的说法，称之为米诺斯文化——尽管米诺斯王显然属于公元前 1450 年以后发展起来的迈锡尼文化，那时印欧的亚该亚人（Achaeans）已经占领了这个岛屿，并吸收了岛上早期文明的诸多特点。不过，现在米诺斯仍被用来指代这种重要的女神崇拜文化。为了避免混乱，在新名称通行之前，我仍然使用旧名称。①

由于米诺斯具有复杂的社会结构和高度发达的技术，文化史学家称之为高级文明。但是，它与那时的其他高级文明有重要差别。

首先，岛上似乎有多个城邦国家和平共处。英国文化史学家 R. F. 威利茨（R. F. Willetts）指出，这"在所有可比的方面，都与后来希腊城邦的内讧和竞争迥然相异"。他说，"虽然克里特人早就有了武器和盔甲，在爱琴海地区又最擅长造剑，但是在克里特没有发现这些武器用于人的格斗（别处比如迈锡尼的竖穴墓里情况就不同）"。他还认为，"迈托斯（Myrtos）的早期米诺斯合作定居点，长期实行公共葬礼，几个宫殿区发展明显平稳，加之虽然不是完全没有但总的说来很少见的堡垒，说明这里的相互宽容至少是非常多的；四散的农舍和稍后的宫殿里不设防的城池，表明内部的和平与对外的信心"②。

①　凯勒最近建议用"地府克里特"来描述克里特岛信奉女神的文明。"地府"是古代用来描述克里特的用语［凯勒（Keller），1992］。

②　威利茨（Willetts），1977，第 112～113 页。

　　这些证据说明，米诺斯社会与其他更知名的古代高级文明相比，不仅更和平而且更平等，可有些学者至今仍不承认这些证据，或者对这些证据不屑一顾。但是，许多资料都说明，米诺斯的城镇生活与那时大多数其他文明很不一样。这里没有金字塔或塔庙在"普通人"的破房子中间鹤立鸡群。最能说明问题的是，米诺斯城镇所表现的生活，经常被学者们形容为普遍的高水平，然而其中却没有我们所知的"发达"文化中的贫富悬殊。[①]

　　这并不是说米诺斯社会没有等级。但是，这里有一个关键的区别。我在别处论述**文化转型理论**时也曾提到过这种区别，即两种等级的区别。一种是通过强力或其他手段建立在惧怕痛苦之上的等级，我称之为统治的等级。另一种是较松散、不专制的等级，我称之为实际的等级，它具有较为复杂的功用和比较高级的性能。[②]这第二种等级，即实际的等级，或许最能说明古代米诺斯遗址中的行政和宗教建筑，比如克诺索斯（Knossos）宫殿，这些建筑显然也是资源再分配的中心。

　　这里需要补充一点，即学术界越来越一致地认为，把克诺索斯、扎克罗斯（Zakros）、菲斯托斯（Phaistos）和克里特岛其他已发掘遗址上美丽而且通常像迷宫一般的建筑称为**宫殿**，是不恰当的。[③]在这些星罗棋布的建筑群中，有花园、庭院、剧场和纵横交错的道路通往城镇和大海，看起来这里好像是集宗教、行政、法律、手工和贸易于一体的中心。重要的宗教仪式在这里举行——比

---

① 普拉东（Platon），1966。

② 艾斯勒（Eisler），1987a，第 105～106 页；艾斯勒（Eisler）和洛耶（Loye），1990。

③ 金布塔斯有时用"寺-殿"作为折中用语（金布塔斯 1992 年 11 月 14 日寄来的函件）。

如米诺斯的公牛舞，（从克诺索斯宫殿的雕刻上可以看出）青年男女在这种仪式上将自己的生命交付给对方，成双结对跳过可能已被驯服（但仍有可能致命）的公牛犄角。① 女祭司在这里意乱神迷地与蛇交流——克诺索斯宫殿里精美的"蛇神"像就是证据。也正是在这里，艺术家创造了优美的米诺斯雕像；手艺人制作了陶器、印章以及其他精致的家用和出口物件；成排的"皮索伊"（pithoi，即大罐）里盛着谷物、食油和其他产品；议会在这里商议要事，比如公共工程（包括米诺斯城中现代化程度令人吃惊的卫生系统、马路和桥梁）。

　　一些学者们，比如，埃米特·L. 贝内特（Emmett L. Bennett）、赫尔格·罗伊斯（Helga Reusch）、亨利·凡·埃芬泰尔（Henri Van Effenterre）、海伦·沃特豪斯（Helen Waterhouse）和 R.F. 威利茨（R.F. Willetts）越来越意识到，原先以为国王或祭司与国王在克诺索斯统治着整个克里特，其实并没有根据。② 事实上，唯一能算得上描绘统治者—神灵的艺术作品，是所谓队列壁画。这幅壁画有一点非常重要，即主要人物（双手高举，作赐福状）**并没有**（像典型的"神王"那样）站在高台上，也并不比带着果子和酒前来进贡的其他人物大。更重要的是，这幅壁画的主要人物是女性，而不是男性。

　　因此，有些学者（例如，罗伊斯、沃特豪斯、威利茨以及杰

---

① 我 1992 年在克里特岛的伊拉克利翁听说墨西哥还专门拍了一部跳牛的电影。我还听说，克里特岛有人试图恢复这种游戏，他们饲养公牛，在牛还是幼崽的时候，就开始训练它们跳牛。

② 威利茨指出，虽然仪式的场面在米诺斯艺术中很普遍，但没有国王参加和主持这些仪式。威利茨还指出："从微型壁画到其他绘画里发现了大量证据，说明在这些场景乃至整个米诺斯文化中，妇女都有着显赫的地位。"［威利茨（Willetts），1977，第 112 页］

奎特·霍克斯和鲁比·罗尔利奇-莱维特）便说，在克诺索斯宫殿著名的"王位屋"代表女神执政的，是一位女王或女王—女祭司。的确，如罗伊斯所说，"王位"两旁的狮身鹰首像几乎总是代表女神。[1] 墙上的百合与旋纹也是女神的典型符号，[2] 而小号的"王位"（其实只是一把精雕细刻的石头椅子，同样没有放置在高处）更说明其主人是女性而不是男性。我认为这或许根本不是什么王位屋，不过是一间高级女祭司主持重要仪式甚或听取司法和其他陈述的屋子（而且是一间不大的屋子）。

　　但是，威利茨进一步指出，很可能"在宫殿女祭司之外还有一些男性统治者，有些掌管贸易和海运，另一些做祭司"[3]。总之，克里特米诺斯的社会结构，更像是伙伴关系模式而非统治关系模式。而这种伙伴关系里的一个重要方面，似乎就是男女之间平等自由的性关系。

性、灵性与社会结构

　　青铜时代的米诺斯人与他们之前的新石器时代的人一样，很崇敬女性的创造特征。他们似乎崇拜一位掌管生育、性、死亡和再生的女神。文化历史学家杰奎特·霍克斯认为，"对一位女神的奉献，也就是赞颂性的意义"。她写道："生殖力和富饶是目的也是欲望，性则是工具。因此，性符号随处可见。"[4]

---

① 威利茨（Willetts），1977，第 111 页。
② 金布塔斯指出，这些主题也常常在圣托里岛和锡拉（Thera）岛上发现［金布塔斯（Gimbutas），1992 年 11 月 14 日给作者的信］。
③ 威利茨（Willetts），1977，第 113 页。
④ 霍克斯（Hawkes），1968，第 131 页。

比如，如霍克斯所说，鸽子是米诺斯的一个重要符号，"因为它总是被看作最多情的鸟"。米诺斯著名的双斧（或"labrys"，"迷宫"一词就是从这里来的）似乎也是一种性符号。霍克斯指出："它状似两个三角形，广泛地用作女性的标志，斧柄从中间的孔里穿过，这是一种明显的性形象。"①

这个蝶形双斧图案是克里特代表女神的一个重要符号。但重要的是，这个符号常出现在同样重要的米诺斯祭献牛角之间，那巨大的公牛角和新石器时代一样，是男性特征的符号。

霍克斯写道，在米诺斯艺术和后来的传说中，确实有迹象说明每年春天都要庆祝女神和公牛神的圣婚，这是节日的一部分，而这个节日，她说，"可能就是人类的性交仪式"②。挪威学者谢尔·阿尔顿（Kjell Aartun）的观点与此基本相同，他最近宣布破译了著名的菲斯托斯圆盘（Phaistos Disc）上的符号。他说，他发现这个圆盘上有"一首情歌，共 30 节，描绘的是一个仪式"。他指出，这首古代赞歌的歌词与古代的同类文学作品比如《雅歌》和伊南娜赞歌极为相似。③

但是，不管米诺斯典礼中是否有色情仪式，只要我们仔细地观察米诺斯的男女肖像，便不难发现，性似乎是女子和男子生活中显而易见的一个极其重要的组成部分。霍克斯写道："男子的服饰主要在窄小的腰部（用大量金属腰带加以强调）和遮阳套或阴茎套上——这种组合的挑逗性至少不亚于女装的欲盖弥彰。"她

81

---

① 霍克斯（Hawkes），1968，第 131 页。
② 霍克斯（Hawkes），1968，第 134 页。
③ 阿尔顿给作者的信，1991 年 2 月 7 日。如果阿尔顿是正确的，则我们又多了一个证据，说明圣婚是米诺斯克里特文明一个重要的仪式。这一资料还为我们的证据链增加了一环，证明从 25000 年前的旧石器时代到距今只有 3500 年的青铜时代米诺斯克里特文明，性是一种宗教仪式，灵与肉是解不开的绳结。

接着说，在某些场合，尤其是在运动时，"男子戴遮阳套，穿着围裙似的短上衣，臀部两侧一直裸露到腰带的部位"。他们还"裸露躯干和四肢，然而却佩戴着极其复杂的项圈、臂圈、手镯和踝镯"[1]。而最能表明米诺斯人对性的看法的，还是裸露胸部的妇女形象。

霍克斯认为，"克里特男女的着装方式特别重要，因为它隐含着对性的公开鼓励，即使米诺斯社会里的上层妇女也允许这样，她们在公共场合可以无拘无束，与男子自由往来"[2]。画面上的那些女子的服装，简直就像是出自法国时装设计师之手（伊文思的确把一幅壁画上的女子称为"巴黎妇人"），她们的发型优美复杂，尤其是她们身上散发出的那种自信、庄重又仪态万方的气质，这一切（以及那些肢体灵活的男青年，身着柔软下垂的束腰短外衣）体现了性方面的自由、欢快，以及妇女的自由、高贵。这些妇女中也包括女祭司，因此，这些图像也很能说明米诺斯人对精神的态度。

霍克斯还发现，"尽管男女服饰平日里泾渭分明，但在仪式上却经常混穿"。比如在参加圣公牛比赛时，"妇女穿短上衣，戴遮阳套"。还有，"在葬礼上，男女穿式样相同的羊皮短裙"。她还说，"在一种男女都参加的庆典上，男子穿一种带荷叶边的长裙"。[3]

米诺斯人的时尚（以及他们的一部分艺术）在许多方面竟然与现代西方文化中所涌现的诸多细节不谋而合，这非常有趣，但我认为这并非巧合。米诺斯人的服装表现的性感、男子的长发，以及

---

[1]　霍克斯（Hawkes），1968，第113页。

[2]　霍克斯（Hawkes），1968，第110页。

[3]　霍克斯（Hawkes），1968，第113页。

在某些场合穿中性服装①的趋势，肯定是西方世界 20 世纪 60 年代某些流行趋势的灵感来源，那时，不少妇女和男子向男性统治、女性服从这种限制人的性别定式发起了针锋相对的挑战。

更有趣而且更能揭示以伙伴关系为主的社会在灵肉方面不同于以统治关系为主的社会的特点的是，米诺斯的社会结构也在一些重要方面有着当代伙伴关系运动的影子。长期以来，人们认为高级文明——具有发达的技术和艺术，中央集权的、富饶的，并且有了文字的社会——必然倾向于统治关系模式，米诺斯文明给了这种神话当头一棒。前面已经看到，米诺斯的生活水平普遍较高，但那里并没有压迫人的统治阶级。他们也用武器保护他们的船队，尤其是在公海抵御海盗的袭击，但在经济生活中起关键作用的，是贸易而不是征服性的战争。② 米诺斯社会与当时更倾向于统治关系模式的古代社会不同，妇女在其中占有极其重要的地位。对公共设施的重视以及政府对人民的安康所承担的责任，也更符合伙伴关系而不是统治关系倾向。而且，那时艺术兴旺发达，生动活泼地赞颂着自然之美，为后来的西方艺术望尘莫及，直到 19 世纪下半叶一直如此（我认为，这也绝非偶然）。

我认为这不是偶然，因为在 19 世纪，许多长期被人当作理所当然的观念在西方受到了强烈挑战。在那个世纪，意识形态发生了最重要的进步：反对奴隶制的运动、妇女运动、社会主义及和平主义，对于这些，我们以后再详细阐述。其中许多改革，如人道地对

---

① 霍克斯认为："至少从晚期开始，男人长发过肩，而且往往像女子一样，将垂发置于耳前。"［霍克斯（Hawkes），1968，第 113 页］她还指出，虽然强调性别上的差异，但在许多方面如女子和男子身体的温软性，个头大小和强调纤腰等方面的审美有点相似。

② 如前所述，米诺斯的各城邦，甚至其海岸线，基本不设防。更详细论述米诺斯克里特文明的伙伴关系要素的论著，见艾斯勒（Eisler），1987a。

待精神失常者，计划生育，通过职业化的社会工作消除贫困和虐待，都是在妇女的影响下开展的，她们越来越多地冲破藩篱，参与到公共生活之中。总之，虽然统治因素仍在所难免，但我们在雷诺阿（Renoir）、莫奈（Monet）、凡·高（Van Gogh）、卡萨特（Cassatt）和马蒂斯（Matisse）的印象派艺术里所看到更大的自由和欢乐，以及他们对自然之美的重视，这些并非与 19 世纪朝向伙伴关系而非统治关系的社会运动毫无关联。

同样，米诺斯社会也不是特例（有些学者认为，一种举世无双的文明根本无法解释），而是一个悠久传统的最后传人，那个传统虽说并不完美，也不是完全没有暴力，但那是一个更加吉兰尼或更倾向于伙伴关系的组织。因此，米诺斯艺术生动地描绘了一种很性感、很色情，既寻欢作乐又与神圣密不可分的生活方式，这也绝非偶然。

其实，我们这个时代的事件，其根源似乎都可追溯到史前的伙伴关系——我们在下编中将回到这个话题。现在，我们还要在过去多停留一些时候，在下一章我们将考察古代的性传统和社会传统如何在史前的某个大动荡和混乱时代被打断。用当代非线性动力学的术语来说，那是一个系统发生关键性分岔的时代。[1]

83

---

[1]　关于"文化转型理论"内容中的这些术语的讨论，见《圣杯与剑》，尤其是其中的第 xvii ~ xxiii、135 ~ 137、173 ~ 203 页。

第五章　从爱神到乱世：性与暴力

厄洛斯（Eros）是西方神话中代表性爱的神，据赫西俄德说，厄洛斯也是最早的神之一。[1] 荷马从未提到过厄洛斯，因为根据古典学者简·埃伦·哈里森（Jane Ellen Harrison）的说法，在荷马所生活的那个时代，"爱神是阿芙洛狄特（Aphrodite）"[2]。哈里森还说，在厄洛斯之前有一位双性神，[3] 与我们所见到的旧石器和新石器时代艺术中兼具男女两性的形象非常相似。但是，到古希腊时期（约 2500 年前），厄洛斯已经固定为男性了。[4]

不过，根据《新哥伦比亚百科全书》记载，他那时"仍是爱情，包括最强烈的肉体激情的化身"。他仍是奥林匹亚神殿中最早的神之一，希腊爱情女神阿芙洛狄特之子。只是此刻他又成了希腊战神阿里斯（Ares）的儿子。于是，性爱在希腊人眼里就成了一个手持弓箭、长着翅膀的男青年，"随手播撒爱的狂热和

---

[1]　赫西俄德（Hesiod）：《爱神》（*Theog*），第 116 页。引自哈里森（Harrison），1962，第 627 页。

[2]　哈里森（Harrison），1962，第 630 页。

[3]　哈里森（Harrison），1962，第 647 页。

[4]　正如哈里森所说，不仅从哲学著述和诗歌作品来看，还是从古典艺术作品来看，这一点很清楚［哈里森（Harrison），第 647 页］。昆斯特曼（Kunstmann，1964）论述了厄洛斯的一再转化，开始在古罗马时代转化成一个小孩子，后来在基督纪元时代又转化成天使形象。

痛苦"①。

到罗马时代，厄洛斯又变成一个长着翅膀的裸体小男孩，叫作丘比特（Cupid）或阿莫尔（Amor）。他仍是维纳斯（罗马爱神）的儿子和伙伴，而且作为神，他仍具有我们今天所谓的精神意义，体现着作为神之特征的爱和性。但这时他不仅任性无常——有时简直坏到了家。而且身边还多了一个兄弟安特罗斯（Anteros），一位"单相思的报复者或爱情的反对者"②。

怎么会是这样呢？作为生命和快乐的神圣源泉的女神到哪里去了？表现妇女性生殖力的形象到哪里去了？从什么时候开始，我们认为性爱就得靠武器获得？我们又是如何从伟大女神与其男伴的圣婚，走进一种婚姻制度，其中妇女的性成了男子的财产，受到男神和男人的控制？在有记载的西方历史上最主要的两种影响，即古希伯来文明和古希腊文明都是这样。

这些问题再次将我们带到本书的一个主题：对性与灵性的理解，都不能脱离其社会和文化背景。为了理解史前艺术中妇女和性的神圣形象，我们在上一章探讨了这些形象产生于何种社会。那么，为了理解古典希腊时期性与爱为何表现为武装的男神，我们在本章要简略地考察一下考古学和神话证据，这些证据表明，西方文明进化的主流在史前发生了巨大的转变。

《圣杯与剑》已经研究了许多证据，在这里，我主要考察一些新发现。我要特别地讲一讲性与灵，以及一系列灾变事件如何改变了性与灵。

84

---

① 哈里森（Harrison）和利威（Levey），1975，第888页。
② 哈里森（Harrison）和利威（Levey），1975，第888页。

相互抵触的证据

读着古希腊神话，有时我不禁会想到，不知是那时的神话作者善于进行悲喜剧式的嘲弄，还是他们也像某些现代艺术家一样，不过是在"依样画葫芦"——根本没有考虑他们所创作的故事或形象的真正意义。比如宙斯（Zeus）强奸欧罗巴（Europa，这个古老的名字既代表女神也代表那片土地）的希腊神话，就具有政治评论的性质，类似于现代卡通揭露那些至今仍将权力等同于暴力统治的男性。

也许在古希腊时期，进行政治讽刺还是比较安全的（我们在阿里斯托芬的戏剧中也看到过这种政治讽刺，他居然敢在《吕西斯特拉特》中拿当时已成家常便饭的战争开玩笑）。不过从考古学证据来看，对史前那些导致西方文明大转弯的人冷嘲热讽，一点不起作用，或许还会带来灭顶之灾。因为对那些人来说，暴力统治——不论是男性对女性、男性对男性、部落对部落，还是国家对国家——不是人类可悲的失败，而是制度化的、光荣的，甚至神圣的，男子汉就应该这样生、这样死。

为了重现这种统治关系的生活方式如何毒害了西方的神话和现实，人们提出了好几种理论。这些理论在主要方面各不相同，但都试图解释那种一向被冠之以"前父系"、母系或仅仅古代"原始"的文明，如何转向建构人类社会的另一种方式，在这种方式中，人们所注重的首要社会组织原则就是恐惧甚或强力支撑的等级制度。这种制度是从人类中的一半即男性被摆在另一半即女性之上开始的。

有一种解释曾经流行一时。这种解释是，当男子发现繁殖生命也有他们的一份功劳时。也就是说，当他们发现性交、妊娠和生育是相连的，他们自己也是亲本时——他们就开始疯狂地践踏妇女。不仅如此，男人们一旦发现了父权，就一把握住了世俗的和精神的权力，从此（仍用我以前作品中用过的形象）他们再也不让这种权力与圣杯给予生命的力量有任何关系，而是将其与导致死亡的剑的力量联系起来。

这一理论暗含着几种观点。一是男人总爱寻衅施暴，总要出去征服和奴役一切体力上的弱者，除非有强力或恐惧约束他们——在男女问题上，这种约束就是男人对妇女神奇的生殖力的恐惧。另一种观点则是，对父权的觉悟没有增加男女间伙伴和爱慕的感觉，反而不可避免地导致了男人在性上践踏妇女，以便保护——用社会生物学家的话来说——男人的"亲本投资"。

按照这种理论，我们就得承认人性（或至少人类中男性这一半的本性）本来就肮脏粗俗。对史前艺术中明显地将女性和男性连在一起的性形象，也只好视而不见。我们甚至还必须无视那些能够证明女神崇拜的农业社会中所存在的许多证据，这些社会——远在向男性统治秩序发生变迁之前——饲养猪牛羊，以补充食物，因此，那时的人们显然懂得男性和女性在生殖中都有重要作用。

如今，关于男性统治的"发现父权"说已经遭到学者们的普遍反对。然而，仍然有一些学者坚持男性统治、战争、专制甚至奴隶制，都是文化和技术进步所不可避免的后果。也就是说，这是我们为了进步所必须付出的代价。这种观点简单地以社会和文化进化的"高级阶段"，来解释社会向统治关系的社会结构——甚至更具体地指雄性或男性统治的社会——的转变。其实，它的起点是靠不住的。这种观点可以追溯到 19 世纪和 20 世纪初在学术界引起激烈争论的所谓社会文化起源的母系学派。

有些著作，比如 J. J. 巴霍芬（J. J. Bachofen）的《神话、宗教和母权》（*Myth*，*Religion and Motherright*），以及路易斯·H. 摩尔根（Louis H. Morgan）的《易洛魁联盟》（*League of the Ho-De-No-Saw-Nee or Iroquois*），之所以至今没有被人忘却，只是因为这些著作早在 19 世纪就指出，神话和考古发现说明曾有一个时代，妇女的性不受男子控制，血缘关系顺着母亲追溯，创造世界的是女神而不是男神——这种观点那时就使、现在仍然使正统科学界的许多人士勃然大怒。但是，这些著作中也有许多认为父权制虽然不总是自然甚或神赋的人类准则，但高级文明的发展要求人类朝着向男性统治的社会形态转变。可笑然而并不奇怪的是，这种观点——而不是关于远古主要以母亲为中心的文明的资料——最终竟然被知识界拿来当作知识教给我们。直到如今，知识界自己也在各种矛盾的"证据"中徘徊，高唱着统治关系社会组织不可避免的高调。

这种观点本质上是结构主义社会学理论所强调的这种理论至今仍在西方许多大学中讲授。这种理论认为，社会制度进化得越复杂、越发达，就越发在结构上需要统治等级。人们普遍认为这就是社会主义观点，并把它当作共产主义原则代代相传。

例如，社会主义者弗里德里希·恩格斯（Friedrich Engels）与卡尔·马克思（Karl Marx）共同创立了科学社会主义。他在《家庭、私有制和国家的起源》（*Origin of the Family*，*Private Property and the State*）（发表于马克思逝世不久）中写道，"在历史上出现的最初的阶级对立，是同个体婚姻制度下的夫妻间的对抗的发展同时发生的，而最初的阶级压迫是同男性对女性的压迫同时发生的"。但是，就连与马克思一道勇敢地反对多重剥削制度的恩格斯，也为他所说的那种不公平、片面性和男性强加于女性的"一夫一妻制"（其实只是对女子而言）婚姻欢呼，认为这是"伟大的历史的进步"。因为照他提出的"进化阶段"历史观，一夫一妻制婚姻标志着从"野蛮"向"文明"的过渡。①

就连女权主义学者也未能摆脱这种矛盾的"解释"。最显著的例子就是法国哲学家西蒙娜·德·波伏瓦（Simone de Beauvoir）。她的《第二性》被公认为是揭示妇女不平等地位的里程碑。然而，就是在这部著作中，波伏瓦在不同的阵营之间摇摆不定。她一会儿说妇女历来对男人百依百顺；一会儿又说历史上确实发生过意识形态和社会的大变迁，即她定义为由母系制度向父系制度的过渡——然而，这是文明进步所必需的。② 不仅如此，她也未能摆脱当时（20世纪40年代）学术界的偏见，认为父系制度优于母系制度，对母系制度及所谓女性行为和价值观不屑一顾，甚至说"女人的贬值是人类历史上的一个必然阶段"③。

我之所以不厌其烦地讲西蒙娜·德·波伏瓦的经典著作中大量的自相矛盾之处（在其他方面又是革命的），就是要指出不仅仅是男子内化了这些偏见。显然，女学者和男学者们都接受了这样一种观念：统治关系社会（男性统治、战争和强人统治的家庭和国家形式）是一种高级秩序——简直就是"文明的标志"。毫不奇怪，这种观念也影响了对考古证据的解释，这些证据本来说明导致史前向统治关系社会组织过渡的，不是不可避免的进步，而是游牧部落从地球干旱的偏远地带一波又一波的进攻。

---

① 恩格斯（Engels），1872（中译文见《马克思恩格斯选集》第四卷，人民出版社，1995年，第63页。——译者注）。
② 德·波伏瓦（de Beauvoir），1949，第5章。
③ 德·波伏瓦（de Beauvoir），1949，第5章。（中译文见［法］西蒙娜·德·波伏瓦《第二性》郑克鲁译，上海译文出版社，2011年，第85页。——译者注）

游牧民族的大举进攻

早在 20 世纪 40 年代，欧洲史前历史学家 V. 戈登·蔡尔德（V. Gordon Childe）就提到有些考古证据说明史前曾发生过巨变。他指出了从母系组织向父系组织转变的迹象，风靡一时的女性雕像逐渐消失，战争的迹象逐渐增加。[①] 他认为这种转变——他称之为"新石器时代晚期的危机"[②] ——与村落的衰败以及以动物为主的游牧或游荡的生产方式的扩大有关。

蔡尔德（Childe）特别将新石器时代晚期的危机与欧洲考古学界出现的一个新发现——史前历史学家和语言学家称为印欧人的民族——联系起来。但是，蔡尔德和希特勒一样，将这些原始印欧人理想化了，认为他们是欧洲文明的开创者，说他们"绝顶聪明"，是"真正推动进步的人"。[③]

现在，已经没有几个印欧学家会如此公然地抬高印欧人，或按他们的另一种叫法是雅利安人。这不仅是因为这个神话曾经被纳粹奉为瑰宝，以此作为灭绝犹太人和其他"低等"民族的理由。最主要的原因是，印欧学家 J. P. 马洛里（J. P. Mallory）指出，因为实在没有什么文化成就能归功于原始印欧人，用马洛里的话说，他们主要是"古代文化的毁灭者"[④]。

马洛里、金布塔斯和其他学者还指出，在欧洲和古代世界的其他地区，印欧语言几乎完全取代了已知的古代前印欧语言，这说明

88

---

① 蔡尔德（Childe），1958，第 109、119、123 页。
② 马洛里（Mallory），1989，第 259~260 页。
③ 马洛里（Mallory），1989，第 266 页。
④ 马洛里（Mallory），1989，第 270 页。

我们现在考察的西方文化的根本改变，并不是社会进化的自然过程。因为这种新语言显然与新人口群的出现有关，他们毁灭或逐渐占领了古代社会，以致存活下来的古代非印欧语言寥寥无几，比如伊特鲁里亚语（Etruscan）（这种语言直到罗马时期仍在意大利的部分地区使用）和巴斯克语（在西班牙和法国交界处的比利牛斯山区及周边地区至今仍在使用）。①

马洛里总结了当前大多数印欧学家的共识，"考古学家发现东南欧在公元前第四个千年期里普遍地发生了一次社会结构重建"。他认为，"一些繁华了数千年的已知住地被放弃；原有文化向西方以外的各个方向流散；人们向偏远地区迁徙，如海岛、岩洞，或迁往切尔纳沃达 1 号遗址所在的那种易于防守的山顶；新石器时代的主要技术，即制瓷业和冶铜业，则全面减少，这些都是证据"。他强调，"这种放弃和迁徙通常会一波一波地殃及相邻文化，这不仅是与乌萨多伏（Usatovo）和切尔纳沃达那样的草原文化相融合的结果，也是流动的游牧民不断入侵的结果"②。

到目前为止，关于这一过程最详细的材料是金布塔斯提供的，这些材料来源于她自己广泛的发掘和她对其他许多印欧学专家和考古学家所做的工作的总结。金布塔斯把原始印欧人侵者称为库尔干人（Kurgans），因为库尔干式墓就是由他们传入的，这原是里海附近草原地区的墓式，在苏联境内的吉尔吉斯草原曾有这方面的考古发现，她认为那里是这些人的故乡。她还认为，库尔干人曾三次大

---

① 证据表明，起初通过强力和恐惧的震慑，后来又通过基本制度和意识形态的变化，新的人口集团逐渐加大力度，从经济、宗教、艺术甚至神话方面（更不用说在军事上）控制了存活下来的欧洲人的各个方面。欧洲人（和印度的情形一样，土生的欧洲人沦为奴隶或低种姓）最初两种语言并用，最终则只说印欧语言了。

② 马洛里（Mallory），1989，第 238 页。

举入侵欧洲：第一次是在公元前 4300～前 4200 年，第二次是在公元前 3400～前 3200 年，第三次（也是破坏性最大的一次）是在公元前 3000～前 2800 年。

库尔干艺术（以及后来的印欧艺术）的一个中心主题，金布塔斯指出，就是在统治和破坏力方面的造神运动，早期的神只是半人，手臂是带柄的戟或斧子，后来则出现了骑在马背上挥舞着兵器的男神。她在最后一部著作《女神文明》（*The Civilization of the Goddess*）中写道，这些武装的男神正符合一个"主权突出、武士阶层掌握战马和武器"的社会结构。①

在古欧洲的符号体系中，创世主是一位女子，而印欧的符号体系正相反，创造生命的是一群男神。而他们在创造生命时，有时依靠的是武器，正如金布塔斯所说，"人们认为斧头的锋刃唤醒了各种自然力，传播了雷神的生殖力"。金布塔斯写道，这里没有将生命收回自己子宫的女神，"死亡和下界之神黑暗恐怖，他的剑锋指向谁，谁就将战死，并作为倒下的英雄而得到荣耀"。②

毫不奇怪，对武器的推崇和对勇士的赞美，当然会导致对死亡的迷恋。由于印欧人不相信死而复生的循环，因而他们自然要给那些生活在阴湿黑暗的阴间里的死者以足够的供给，尤其要给那些倒下的英雄以足够的供给。③ 于是，金布塔斯写道，"人们修建殡仪馆，死者从那里将他们的财物——工具、武器和标志着等级的饰

---

① 金布塔斯（Gimbutas），1991，第 399 页。金布塔斯于 1994 年 2 月去世。
② 金布塔斯（Gimbutas），1991，第 399 页。
③ 印欧人这种关于死后世界的观点在后来的希腊神话中也有所反映。在希腊神话中，"哈迪斯"（Hades，死者的领地）被描绘为潮湿和阴暗的世界，许多孤魂野鬼在其中绝望地游荡。在希腊语中，"哈迪斯"这个词也指希腊神话里掌管地下世界的神，常令人不知所指。

物——带到身后的世界里"①。也正是出于这样的信仰，"酋长的坟墓"常以动物的骨头作为陪葬品，这些动物是用来陪伴主人、为主人服务的。

马骨尤为重要。所有印欧学家都强调了马对这些人的重要性——例如，由于一个奇怪的疏忽，马洛里在其著作的索引中丢掉了妇女这个词条，但关于马在书中出现的索引倒有七行。

与这些酋长埋在一起的常常还有他们的家属（妻子、仆人或孩子）。② 也就是说，我们所看到的这些坟墓，墓主是上层社会男性，墓中有陪葬妇女的骸骨。史前欧洲第一次出现这类坟墓。③

库尔干人还把奴隶制带到了欧洲。考古发现表明，在库尔干人的聚居地，有一部分妇女不是库尔干人，而是古欧洲新石器时代的居民。金布塔斯认为，这说明库尔干人屠杀了当地的大部分男子和儿童，却把一部分女孩和妇女留下来作为妻妾甚或奴隶——《圣经》中也记载着好战的游牧民族的这种习惯，崇拜雅和威（上帝）的游牧民入侵迦南时，雅和威下令杀死被征服城市中所有的居民，只留下童贞女。④

90

不用说，印欧库尔干人出现在史前的欧洲，不仅没有把文明带给欧洲（欧洲的历史课从隶属于印欧人的希腊人开始讲起，一直认为欧洲文明是印欧人带来的），反而标志着一种更趋于伙伴关系的文明的终结。我们现在从考古记录中看到，上千年彩绘和

---

① 金布塔斯（Gimbutas），1991，第400页。

② 金布塔斯借用了印度人所谓的"萨蒂"（sattee）来描绘这些殉葬墓。"萨蒂"在印度指把寡妇（常常是多位未成年的女童）投入亡夫火葬柴堆的习俗。这一习俗沿袭至今，最初是由征服了当地女神信奉者的印欧人或雅利安人带来的。想想看，雅利安人或吠陀-印度人在印度教经书里宣扬"萨蒂"，称之为寡妻为爱做出的神圣"选择"，其心昭然若揭。

③ 关于信奉女神的社会是否实行人牲供奉还存在着争议。这一点将在本书第七章讨论。

④ 例如，见钦定版《圣经》的《民数记》31：9，17，18。

雕刻的陶器、神庙雕像、妇女雕像的传统，以及不欺压和贬低女性（和"女性价值观"）的文化，不是遭受毁灭和征服，就是自行变成以"英雄的"战争和少数男人精英依靠强迫和恐惧（以及战神和雷神）的统治为常规的社会的文化。[①]

统治关系起源之谜

但是，这些成群结队的骑兵到底为什么要向西挺进，有时还有老人、妇女和儿童坐在随后的大车上？这些侵略者来自何方？最关键的是，为什么他们沿着统治关系的方向发展？

金布塔斯没有思考为什么库尔干人会如此发展，但她认为，他们的老家在黑海和里海以北，即今天的俄罗斯平原。大多数印欧学家也认为原印欧人的故乡就是马洛里称为黑海甚或里海的地方——这个地区绵延3000多平方英里（1平方英里≈2.589平方千米），横跨欧洲和亚细亚平原——但是，其具体位置仍不能确定。也有人提出了其他的发源地，有人将其往东推到亚洲，也有人把它放到离西方更远的地方。[②]

不过，大多数印欧学家同意，在公元前4500～前2500年，原始印欧人在一波接一波的移民潮中离开欧亚交界处，将他们那个异族的语言、异族的社会结构和性关系带到了欧洲。另一些学者还指出，也正是在这一时期，中东地区发生了广泛的文化巨变。

例如，梅拉特在其著作中提到，我们在中东考古遗址上看到，大约公元前4500年出现"明显的紧张迹象"。古老的艺术传统开始91 消失，许多地区出现入侵、自然灾害的证据，有时则是两者兼而有之。

---

① 《圣杯与剑》第4、6～7章详细探讨了这种根本的文化转型及其过程已不仅仅是武装占领的过程。

② 马洛里（Mallory），1989，第222页；以及第144页上的地图。

这便提出了一个问题，公元前 4500～前 4000 年开始并延续数百年的时间里，究竟发生了什么事情，导致了如此大规模的人口流动。根据金布塔斯的看法，在公元前 5000 年前后，马的驯化为横扫古欧洲的游牧民族提供了交通工具。她还说，这最终成为武装征服的强大工具：骑兵。他们神出鬼没，行动迅速，可以进行那个时代的闪电战。①

但是，为什么这些游牧民族中的这么多人离开了自己的家园向西挺进——这个问题仍然没有得到解答。而且，他们为什么发展出这么一种好战的和男性统治的社会组织——这个谜也仍旧没有解开。

这些问题也许永远没有确切的答案。但是，另一位学者，詹姆斯·德米欧（James DeMeo），给出一些富有启发性且在许多方面都说得通的解答。他不是考古学家，而是地理学家。

德米欧沿用 G. 拉特雷·泰勒的说法，把统治关系模式或男性统治的社会称为"受父亲控制的"（patrist）社会，他认为这些社会其实有两个发源地。② 一个是今天的阿拉伯沙漠，德米欧认为这是最早的受父亲控制的或男性统治的发祥地。另一个在亚欧交界处，与金布塔斯提出的库尔干人的家乡非常接近。但是德米欧所说的那个区域面积要大得多，从里海东岸一直深入南亚。他把这些地区当作中亚受父亲控制的社会的核心。③

德米欧将这些地区大量向外移民——以及出现受父亲控制的或统治关系的社会组织和性组织——归因于气候的巨变。他认为，这些变化导致了游牧民的入侵，他们的入侵又彻底改变了古代世界。也就是说，按照德米欧的看法，环境的恶化引发了一系列复杂的事

---

① 关于纳粹为什么如此推崇印欧神话，以及他们与库尔干人的相似性，见艾斯勒（Eisler），1987a，第 12 章。

② 泰勒（Taylor），1954。

③ 德米欧（DeMeo），1986，第 425 页地图。

件——饥荒、社会动乱、土地荒废、大规模迁徙，最终导致在人类文化发展的主流中社会组织和性组织发生根本的转变。

德米欧的结论是建立在庞大的电脑数据之上的，这些数据包括数千年的气象变化以及对世界上数百种不同文化的实地考察和考古资料。他利用这些数据，从地理的角度考察了全球的人类行为和社会制度，结果——他写道——发现了一种前人未曾看到的却十分明显的模式。他发现，在前工业部落社会中，那种恶劣的环境、妇女在社会上和性上严格的从属地位、将阳刚之气等同于粗暴和好战，以及压制甚或扭曲性快感①（这些话题我们在后面会一一谈到），都是相互关联的。

而且，这种社会组织本身似乎正是在气候恶化时开始产生的，这就与我们手头的问题有了直接关系。德米欧认为，那时干旱使半森林化的绿色草原变成了干燥的平原甚或沙漠。他说，正是从这些只适于游牧，不适于农耕的地区，掀起了一波又一波移民和入侵浪潮。

德米欧还特别从考古学和古气象学研究中找到了证据。这些证据表明，直到公元前 4000 年前后，广阔的沙漠地带，他称之为撒哈拉细亚（Saharasia，从北部非洲经中东直到中亚）的地带，才变得干旱起来。他还有资料表明，与这片沙漠比邻的地区最剧烈的环境变化，发生在公元前 3500～前 3000 年——正是在那时，游牧民加剧了对邻近的欧洲地区和中东的入侵。

德米欧认为（我们在后面将再次讨论这一点），受父亲控制的或统治关系的社会组织和性组织模式与身体甚或心理的创伤有直接关系。他认为，受父亲控制的或统治关系的社会制度的建立并非随意或偶然的，而是剧烈的气候和环境变化造成的伤害所导致的结果。

他还强调，这一点非常重要，这样的社会组织和性组织模式一

---

① 德米欧（DeMeo），1991。

且确立，就输出到更富足的地区，再通过对伤害的制度化（比如，通过害人的育儿方法，这些方法有效地窒息儿童，扼杀他们表达感情、追求快乐的冲动）得到巩固。他说这些压制人的社会制度能"长期把人的性格和肌肉裹在盔甲里"，它们至今仍在不同程度上阻碍着人们充分地表达自己的心理和感情，也阻碍着人们充分地享受性快乐和性满足。[①] 他多次指出，制度化地扭曲人类的性——尤其是对女子的性实行严格的、残酷的控制——历来是维护统治关系（或者，用他的词汇来说，是受父亲控制的）社会的主要机制。

93

畜牧社会与心理盔甲

我很注意德米欧的理论，因为我认为他的理论道出了统治关系模式的社会根源和性心理根源。但是，他认为公元前 5000 年前根本不存在统治关系社会或受父亲控制的社会，对此我不能苟同。我认为，地球上比较干旱的地区在很久以前就产生了这种社会组织——也许在人科阶段就有了。他笼统地认为性压抑是导致他所说的"心理盔甲"的关键——这个词是他从精神分析学家威廉·赖克（Wilhem Reich）[②] 的著作中借来的，对此我也表示怀疑，因为

---

① 德米欧（DeMeo），1991，第 249 页。

② 德米欧深受性心理学先驱威廉·赖克的著作的影响［比如赖克（Reich），1970b 和 1971］。20 世纪 40 年代，赖克因违反法院禁令——禁止跨州运输其"元气盒"（orgone box）并禁止销售他所有含有"元气"一词的图书，被捕入狱。不过与传言相反，他的罪名并非造假。而且，他认为法庭的指控是不道德的险恶迫害，因此他本人并未出庭。结果他又因技术上违反了之前的禁令而遭到蔑视法庭的指控，并根据相关法律规定，被剥夺了提供证据的权利。他的上诉被驳回，他也锒铛入狱，不久即身亡（詹姆斯·德米欧给笔者的信件，1992 年 12 月 6 日）。20 世纪 40 年代至 50 年代，赖克的研究在一些医学刊物和科学著作中遭到批评。今天虽然仍有争议，但许多研究者和治疗师认为其研究是身体疗法和精神疗法的重要基础。

我觉得他显然没有充分注意到妇女的服从是对女子和男子的性进行扭曲的关键。[①] 但是，性压抑，或者更恰当地说，性扭曲——特别是把男性气质等同于在性事中和社会上的统治，把女性气质等同于在性事中和社会上的服从——无疑是维持统治关系社会组织的关键，尤其是对男性进行统治和暴力的社会化的关键（对这些话题，我们稍后再谈）。

像库尔干这样的游牧民肯定是从根本无法（或再也无法）进行农耕的地方来的——所以他们才会采取畜牧的生活方式。"心理盔甲"（即那些积极的情感死去，最终甚至会产生对痛苦的依恋），如赖克所说，的确是严重伤害的结果；这种伤害的确可能是干旱或其他极端艰苦的环境造成的；天长日久，这种生理和心理上的伤害的确可能通过各种风俗而形成制度（对这些，我们后面都要谈到）。事实上，另外一些研究也证明了德米欧的结论，环境的巨大压力可能会导致统治关系社会组织。比如，人类学家佩吉·里夫·桑迪（Peggy Reeves Sanday）对一百多个部落社会的调查表明，至少在一部分文化中，"男人在食物短缺或迁徙时，就会联合起来，将妇女排斥在以男子为主的权力仪式之外，并把矛头指向妇女，以此来应付压力"[②]。

德米欧认为，所有统治关系社会都具有把痛苦与性相连的特点，这绝非偶然，对此我也持相同观点。大量资料表明，男子去势
94 （我们今天所看到的割礼只是其微不足道的残余）和女子去势（至

---

① 正如德米欧所指出的那样，问题的症结是使用什么程度的语义，如赖克声称的，性压抑深深地影响着"男子气"。他认为唐·璜是个"生物生理学上大伤元气的人物"。（德米欧 1992 年 12 月 6 日的信件。）

② 桑迪（Sanday），1981，第 158 页。桑迪的著作最先提出环境影响性别关系、对男神和女神的选择，以及强奸罪发案率，并将这些与环境的恶劣或宜人相联系。

今仍在中东和非洲许多受父亲控制的或统治关系严重的社会中实行），历来就是把男性统治、战争和专制（统治关系形式的核心）推行到极致的文化所具有的特征。①

但是，我认为，除此之外，也要注意技术因素和经济因素。承认是游牧民最早将统治关系或雄性统治的社会组织带到地球上那些环境较好的地区（在那些地方原本已经发展起来了较为接近伙伴关系的社会组织），我觉得这一点非常重要。也就是说，我认为游牧业比农业更容易导致统治关系组织。

首先，游牧业发展的地区或者从来就没有肥沃过，或者由于气候或其他环境变化已经不再适于发展农业。而游牧业（或作为主要的、有时是唯一食物来源的畜牧业）不仅是恶劣环境的产物，它本身也是导致环境恶化的一个因素。

其原因在于，游牧业（比今天的牧场）更不符合生态原则。这种方式通过放牧耗尽自然资源，却对日益贫瘠的土地毫无补偿，甚至没有留下种子。因此，史前和后来的历史上都曾发生过牧区变为沙漠的情况，这说明即使没有外因导致气候变化，游牧业这种技术也会在一定时间之后导致植被不断破坏，因此就形成了更干旱、更恶劣的环境。②

环境恶化对于已经岌岌可危的地区所造成的后果最为严重，这些地区连牛都不能养，只有骆驼、山羊或绵羊能生存。撒哈拉细亚平原的大部分地区现在就是这种状况。这是因为植被破坏会减少降

---

① 对男孩的割礼还存在争议。有些人，包括德米欧，认为这是一种残酷的伤害行为。另一些人则坚定地为其辩护，指出某些研究表明，它提供了高度的保护，以避免尿道和肾脏感染，也避免了阴茎癌。

② 在非洲，田园诗人的村庄最近鼓励恢复狩猎，因为狩猎对土地的生态破坏没有那么严重，而且对其他物种的生活环境的侵占不那么厉害。

水，并进而导致干旱。我们现在看得很清楚，统治关系系统已经在威胁着我们的雨林。

因此，相对于德米欧所说的环境来说，我要更多地强调技术因素和经济因素。当然有些农业也可能会——而且的确会——使土地严重贫瘠，这也会使植被和降水减少。但是，游牧技术本身就会导致干旱。不断破坏（或统治）自然而毫无再生措施，这在史前极大地加剧了游牧业的另一个问题：相邻的牧人群体争夺水和土地。

总之，游牧业带来的是环境恶化的恶性循环，以及对越来越少的牧场进行越来越多的经济竞争，由此产生了领土边界的激烈争端。正是这些原因，加上史前游牧民与日俱增的好战黩武，在气候变化最剧烈的时候，导致了游牧士兵（从库尔干人到成吉思汗）一次又一次地侵入比较肥沃的地方，以暴力从那些比较幸运的邻人手中抢夺土地和财产。

最后，在探索统治关系起源时，我认为，与畜牧技术相关的另一个因素也值得注意。这就是，畜牧业的基础基本上就是奴役生灵，即那些因其产品（比如奶和经过加工制成的奶酪）而被剥削和压榨且最终被屠杀的生灵。也就是说，在农业社会里，喂养和屠杀动物是种植作物的一种补充，而在大多数畜牧业经济中，其主要的谋生手段就是驯化动物，把它们从小养大，为的是最终杀掉它们以作食物。

这也可以解释心理盔甲（或"柔情"）的死亡，德米欧认为，心理盔甲是受父亲控制或统治关系社会的典型起源。一个人很难放任自己去同情（更不用说爱）那些最终要被杀掉的小动物，不管它们有多么可爱。在这方面，纳粹训练管理大屠杀死亡营的党卫军军官的办法，非常发人深省。据说，这种训练包括喂养小狗。军官们奉命喂养小狗，和它们玩耍，悉心照料它们——然后不动声色地杀死它们。①

而且，人一旦习惯于靠奴役动物（以便获得肉、奶酪、奶和皮革）为生，把它们当作自己唯一的活路，就可能更容易接受奴役他人。因为同情和爱在任何环境里一旦习惯性地受到压抑，就会导致心理学家所说的情感迟钝——除了愤怒、轻蔑和其他"硬性"情绪以外，对其他情感的反应能力下降，并受到极大的限制。

我并**不是**说畜牧业就一定会导致奴隶制。显然，农耕民族同样有奴隶——不论是非洲的"原始"部落，还是古代雅典这样的"文明"国家，或是18世纪和19世纪的美国南方。但是，我们现在正在研究的是这种制度的起源——即为什么人类的一半（女性）会被当作奴隶或财产，受男人的控制和统治。如果把动物当作主要的谋生手段，完全靠喂养、奴役，最终靠屠杀动物而生活，那么就有可能为男人们打下心理基础，使他们把妇女（先是动物，然后就是女子）纯粹当作喂养对象或繁殖的性技术——当作男子的财产，她们的性只有一个用处，即被男"主人"控制，为他们服务。

性爱的"危险"

至今仍有人认为，妇女完全属于"家庭"。从一个更大的角度来审视，这种说法的用心昭然若揭。撒哈拉细亚地区的游牧民中，屠宰（哪怕是杀只鸡）只能由男人来干，女子被明令禁止，其用意也非常明显。② 更能说明问题的是，这些部落明确地（并且准确地，我以为）视男女间的性爱为等级森严的男权的威胁。

① 穆尔（Moore）和吉勒特（Gillette），1991，第89页。
② 阿布－卢格霍德（Abu-Lughod），1986，第131~132页。

　　人类学家里拉·阿布－卢格霍德（Lila Abu-Lughod）在埃及西部的沙漠中生活了近两年，观察一个叫作贝都因的部落。其著作《被遮蔽的情感》（*Veiled Sentimets*）即是对这段生活的报告。她在书中指出，这个严格由男性统治的畜牧部落有一整套体系，禁止男女之间的性爱。她提到"人们极力反对自由恋爱，一旦发现，坚决扼杀"，他们想方设法"减少婚姻关系的意义，以掩盖婚姻是男女间性关系的本质"。① 她还提到，男子如果"屈从于性欲，甚至只是浪漫的爱情"，就会遭人（男人和女人）鄙视，因为这等于依赖，对男人来说，依赖"会损害有关荣誉的最高价值：独立"②。她还提到，那里的女子受到有效的熏陶，以所谓温顺为己任，包括否认对男子的性兴趣，回避家人以外的男性，人们甚至希望妇女不仅压抑而且有效地否认她们自己的性。③

　　阿布－卢格霍德写道："好女人都否认自己对性方面的事情感兴趣，否认她们自己的性。"④ "做不到这一点的女子被人们叫作'荡妇'或'婊子'。"⑤ 而且，"即使是已婚妇女，也必须否认对自己丈夫有任何兴趣，对其他男子更不能有兴趣了"。事实上，妇女经过彻底的社会化，认为自己的性是错误的、危险的，因此，据阿布－卢格霍德说，"女子生气骂人时，往往提到对方生殖器的大小（言下之意是，生殖器越大，欲望也就越强）"⑥。

　　正如性羞耻感和温顺被视为女人的本分一样，"男人的荣耀也

①　阿布－卢格霍德（Abu-Lughod），1986，第149~150页。
②　阿布－卢格霍德（Abu-Lughod），1986，第148页。
③　阿布－卢格霍德（Abu-Lughod），1986，第152、154页。
④　阿布－卢格霍德（Abu-Lughod），1986，第153页。
⑤　阿布－卢格霍德（Abu-Lughod），1986，第152页。
⑥　阿布－卢格霍德（Abu-Lughod），1986，第154页。

体现在他们对'自然'的激情和'自然'功能包括性的控制
上。"① 阿布－卢格霍德强调，性所表达的意义对男女是不一样的。
对男子来说，让人看见自己喜欢或牵挂一个女子（即使是在自己
的家人面前），就会"被视为有依赖感，这会损害他控制那些受其
庇护的人的权利，并会损害他得到他们尊敬的权利"。但是，倘若
女子自由地表达性，则被视为对整个分成等级的男性制度的威胁，
用阿布－卢格霍德的话来说，会说她有"不服从和无礼的行为"②。
因为女子必须服从于男性的统治，这是对绝对男权——建立在严格
的等级之上的社会制度不可或缺的基础——的确认，所有严格的统
治关系社会都是这样。③

阿布－卢格霍德写道："在他人眼里，受庇护者的反叛是犯
上，因为这使人对尊者的道德产生了怀疑，而道德价值正是他的权
威的基础。因此，女子不拒绝性事，就动摇了管辖她的男子的地
位。男子要想恢复其地位，就必须把女人的行为说成是不道德的，
以便重建自己的道德优势，还必须显示他有能力控制她，而最能表
达这种能力的就是暴力的终极形式。"④

也就是说，在这个彻底的男性统治社会里，按照男性制定的规
则，**荣耀**和**耻辱**、**道德高尚**和**道德败坏**、**责任**和**依赖**，这些词都是
为了掩盖男性对妇女，进而对妇女的性能力和生育力，实行你死我

---

① 阿布－卢格霍德（Abu-Lughod），1986，第 155 页。
② 阿布－卢格霍德（Abu-Lughod），1986，第 157 页，和第 158 页。
③ 另一位揭示这些关系的是社会学家法蒂玛·麦妮西。她写道，在北部非洲伊斯
　兰社会中，一个男子在他的妻子、姐妹或未婚女亲戚中的声誉是与他掌管的女
　人的性行为紧密关联的［法蒂玛·麦妮西（Fatima Mernissi），1987，第 161
　页］。甚至一个男人的妻子或姐妹若是出门上班或上学，"他的'荣誉'都极
　有可能受到'玷污'"（Mernissi, 1987）。
④ 阿布－卢格霍德（Abu-Lughod），1986，第 158 页。

活的绝对控制的残酷现实。因此，在阿拉伯世界中的一些地方，男子仍在对女子实行的所谓"荣誉处死"，实际上是在履行男人的"职责"，用杀一儆百的方式来维护男子对女子，尤其是对女子的性统治——并且表达了对男子气概的一种看法，按照这种看法，荣耀等于统治"下等人"，比如妇女。

阿布-卢格霍德说，伊斯兰激进组织至今仍保留着妇女必须戴面纱的风俗，这种风俗维护的正是同一种基本的社会功能。因为面纱不仅使人看不到身为低贱的受庇护者的女子，而且其黑色也象征着女子的性羞耻和天生道德上的卑贱。[①] 她说的一点都没错，面纱之所以采用黑色，正是因为它象征着妇女的耻辱——就像在贝都因社会里，如果谁受到羞辱，就说他脸上被抹了黑。[②] 因此，面纱象征着身为女人的耻辱，尤其是女子的性耻辱——性别歧视者和种族歧视者的态度如出一辙，这也是一个例子。

但是尽管有如此多的社会禁忌，阿布-卢格霍德所研究的贝都因社会里的妇女——有时也包括男人——仍然在生活和诗歌中表达了他们对性爱的渴望。他们有许多吉那瓦（ghinnawa），即诗歌，是关于爱情的。然而，这些诗歌所抒发的常常是爱情的痛苦，这似乎毫不奇怪。其实，许多诗歌，尤其是妇女的歌，都围绕着这个主题，阿布-卢格霍德称之为"爱的伤痕"。[③]

---

① 阿布-卢格霍德（Abu-Lughod），1986，第 159 页。对此并非所有伊斯兰学者都同意。所有伊斯兰妇女也未必同意。她们有时认为戴面纱或独居是一种保护，使她们不用和危险重重的男性世界发生关系。这是一个统治原则的极端变异，即所有妇女都需要一个男人来保护——免遭其他男人伤害。因此，妇女的依赖性和从属性是必然的。具有讽刺意味的是，作为伊斯兰民族独立运动的一部分，一些妇女甚至重新戴上面纱作为对西方价值观的抵制，于是面纱就象征着"解放"。例如，参见里夫斯（Reeves），1989。

② 阿布-卢格霍德（Abu-Lughod），1986，第 138 页。

③ 阿布-卢格霍德（Abu-Lughod），1986，第 183~185、264 页。

性暴力、伤害的制度化和我们的痛苦遗产

"爱的伤痕"把我们带回到男性统治中对性爱的比喻，即手持弓箭的男神。不论在撒哈拉细亚或古希腊和古罗马或我们这个时代，统治关系的世界观对性爱的要求都是男性在持久的"两性之争"中主动出击，而且是公认的胜利者。

因此，从严格的男性统治的古希腊流传下来的性爱象征是一位带武器的男青年，乍看起来似乎很奇怪，其实这非常符合这种社会组织。在这种社会组织中，男人不感到痛苦，而是在制造痛苦——像贝都因妇女的歌中所唱的那样（今天，在流行的妇女歌曲中也有一类歌曲是这样）。在这些社会里，浪漫的关系不仅在诗歌中，而且在事实上，对妇女来说尤其是一种痛苦。

当然，这些关系对男人来说也是一种痛苦，因为女人和男人在一个处处阻碍他们建立相爱的性关系的社会系统里，双方都无法得到满足。但是，这正是保持控制和男子汉等同于统治所要求的，阿布－卢格霍德在她的书中鲜明地指出了这一点。

我再说一遍，这种思维方式和行为方式并非撒哈拉人所独有。但是，请想想看，撒哈拉沙漠可能是史前民族的发源地，他们和北方的库尔干人一样，最早将统治关系或男性统治的生活方式带入他们所征服的富饶地区。尽管有许多进步的阿拉伯妇女和男人在勇敢地斗争着，然而，在这片沙漠的部分地区，至今仍有长期的战争和暴君；至今仍然对坚持性解放的妇女们实行"荣誉处死"。因为这些都是地球上干旱地区非常严格的统治关系社会组织中自古流传下来的。

我们或许永远无法完全地还原统治关系发源地的拼图。但是，我们至少已经在开始搜集一些碎片了——因此，也就对规定男性感

99

情麻木（即男人要抑制感情，只能留下愤怒、轻蔑，以及类似的"硬"感情或"男子汉"感情）的社会化的起源，以及将妇女和"软"感情或"女性"感情（比如仁慈和关心）排斥在社会管理之外的社会结构，有了稍多一些的了解。从我们已知的情况看，在史前——在某些地方也许早到原始时期——造成社会组织和性组织的统治关系形态的条件组合，包含着技术的、社会的和心理的因素，其中环境条件起了主要的作用。

我说也许早到原始时期，是因为从对现代人的一些灵长类表兄弟的研究中，我们已经看到了倾向于伙伴关系或统治关系的社会组织的萌芽，在本书第二章我们已经探讨过。我用了"条件组合"一词，是因为我们在这里所探讨的不是单纯的生物决定论、心理决定论、技术决定论，甚至不是单纯的环境决定论，而是所有这些因素在文化进化的动态过程中的相互联系，在文化进化中（和生物进化一样），适应或生存的需要，随机或机遇的因素，以及一定程度上的选择，都是发挥作用的因素。

因此，我们或许永远不会知道库尔干人的残酷风俗（比如，让妻、妾和儿童为"强人"陪葬）是如何产生的。但是，当他们到达古欧洲时，暴力和统治显然已经是他们的常态了，随着一波又一波游牧民族入侵，这也逐渐成为欧洲和古代世界其他地方的常态。

现在，我们简要地总结一下历史发展的大致进程。在地球上那些比较富饶的地区（在那里，大自然可能是给予生命并维持生命的母亲，农业可能逐渐地取代了采集—狩猎）发展起来的史前社会，最初可能是以伙伴关系模式为主。在这些地区最终流行起对女性生殖功能的神化，并出现了与产生生命的大自然的创造力相结合的神话和仪式，比如神圣的性结合仪式。当然，自然的破坏力——比如，时常降临的暴雨、地震、干旱、洪水，以及疾病、事故和死亡——

也引起这些地区的人们的注意。但是，在这些地区，这些破坏力更是神秘的循环的一部分，而不是充满敌意的宇宙中的有害力量。

相反，在地球上不大适宜人居住的偏远地区，掌管宇宙的力量被看得更严酷。人们不得不长期忍受艰苦和磨难，久而久之便将它们看作惩罚的力量。因此，人们试图与良性的自然力量相结合的仪式较少，而讨好或控制自然中那些不确定的、怒吼的破坏性力量的仪式则较多。在这些地方，尤其在极度艰难的时期，就容易产生建立在恐惧和强迫之上的等级制。

德米欧指出，在这些恶劣的环境中，尤其是在严重的干旱及干旱所造成的营养不良而导致创伤的时期，更容易产生狗咬狗的争夺和暴力统治。而这些行为方式一旦出现，至少在一些群体中显然就会作为制度而融入文化模式中。例如，出现了把对妇女、儿童施暴神圣化的宗教教义，出现了用坚硬的绳索捆绑婴儿的育婴方法（也许最初是游牧民族在被迫迁徙过程中为防止婴儿从马背或骆驼背上坠落而想出的办法，但是直到中世纪甚至更晚，欧洲一些地区的定居民族仍在这样做）。①

总之，自史前以来数千年的动乱年代中，显然发生了伤害的制度化——德米欧这个词用得好极了，不仅是通过对儿童和妇女的残害，而且通过战争和强人暴君的统治。但是，这并不是说这一切必须发生。这只是我们从库尔干人这样的游牧部落留下的考古记录中所看到的。这也是今天我们从长期战乱、严格的男性统治和强人治家治国或部落的社会中所不同程度地看到的。

因为在今天，德米欧指出，哪里的部落文化中的"行为方式

---

① 吉斯和吉斯（Gies & Gies），1987：第198～199页。也可见《心理历史学刊》，第15卷，1987年夏季号，儿童史专辑。还可见本书第10章。

101 和社会制度是贬低妇女、伤害婴幼儿、由于表达性需求而惩罚年轻人……或以男人的钢铁意志限制年轻人和老年妇女的自由"，哪里就会出现"成人施暴率高"，和"代表破坏性攻击的制度"，比如"天赋王权、杀寡仪式（印度自焚殉夫的寡妇）、人牲和性虐待"。① 除此之外，在长期好战的文化中，在性事中将痛苦与快乐混为一谈被视为常态——甚至被理想化。②

我们从传统文化中所继承的，正是对伤害或痛苦的制度化以及对长幼关系、主仆关系、君臣关系、国家关系和男女关系中的暴力和统治的制度化。现在愈来愈行不通的以控制为纽带的家庭，根深蒂固的对妇女儿童的暴力，以及持久的战争，便是这种伤害制度化在制度层面上的反映。我们在下编中将会看到，与男性统治和性别成见的僵化程度成正比的暴君对部落和国家的控制，便是它在政治上的反映。流传至今的推崇男性暴力和统治，将男性气概等同于压抑"低等的"人以及"低等的"感情——只有女人才有的感情，比如关怀、仁慈和同情——的神话，便是它在文化上的反映。至今仍然盛行不衰地将性"快感"等同于统治和残酷，便是它在性上的反映，这也是我们在下编将要探讨的问题。

我们在下编还会看到，令人高兴和颇受鼓舞的是，在今天，世界上成千上万的妇女和男人正在努力甩掉这种痛苦的传统。但是在下一章，我们仍将继续探索西方性心理的历史，我们要用新的眼光，看看通常所说的最古老的西方文明——苏美尔、巴比伦、巴勒

102 斯坦、希腊和罗马——中的性和灵。

---

① 德米欧（DeMeo），1986，第 2 页。

② 赖克（Reich），1971。

第六章　男根统治：战争、经济、道德与性

荷马的《伊利亚特》（*Iliad*）通常被认为是欧洲文学里最早的伟大史诗，是西方文明里许多高贵的和有价值之物的宝库。书里讲述的故事，发生在第一次印欧人入侵欧洲后的几千年里，此时正值亚该亚人进攻小亚细亚的特洛伊城。但是，《伊利亚特》也描述了战绩和掠夺。和库尔干人一样，这里掠夺的对象，也包括妇女和女童。

《伊利亚特》一开场就是希腊英雄阿基里斯与阿伽门农王的一段著名的争论，话题就是掠夺来的一件财物：一个叫作布里塞斯（Briseis）的女孩，阿基里斯气哼哼地说那是他的战利品。

"可是现在，"他朝阿伽门农喊道，"你居然想抢走我的女人，那是我流血流汗挣来的，士兵们把她给了我！"老内斯特（Nestor）向阿伽门农求情："不要夺走他的女人，放弃她吧，军队已经把这女人给了他了。"但是，阿基里斯最终不得不向阿伽门农王让步，向统治关系的等级屈服。[1]

荷马在讲述这个男性英雄战争的故事时，唯一重要的，或者说唯一的话题，就是一位国王或英雄是否应该心安理得地占有这种"战利品"。在《伊利亚特》中（甚至在大部分希腊文学中）没有

---

[1]　荷马（Homer）：《伊利亚特》，菲茨杰拉德英译本，1975，第 17、20 页。

一处提到年轻的女孩子是否有权不做一件财产、一个性奴隶。

就连《伊利亚特》中的各位女神，比如赫拉（Hera）和雅典娜（Athena），对这些事情也漠不关心。因为她们和全能的宙斯一样，在《伊利亚特》里也只顾得上男人之间的纠纷了。

在奥林匹亚众神中最威严的宙斯，其本身就是一位最大的强奸和诱拐妇女者。女神赫拉（在一些传说中，她仍然是众神之母，是她给了众神以永恒的生命）做了宙斯的妻子，因此降低了地位。她仍然保留着一些权利，但是，在《伊利亚特》中我们看到，她不敢不服从她的丈夫，因为害怕她丈夫打她。①

至于雅典娜，虽然她仍然带有古代女神的特点和符号（比如，智慧，以及作为神谕预言符号的蛇），但她的主要活动也都与战争有关。因为像新月沃地（Fertile Crescent——指西亚伊拉克两河流域连接叙利亚与地中海东岸的一片弧形地区，因土地肥沃，形似新月，故名。——译者注）的伊什塔尔（Ishtar）和安纳托利亚（Anatolia）的太阳女神阿瑞纳（Arina）一样，现在她也变成了战争之神——宗教史学家 E. O. 詹姆斯在其著作中指出，这种特点是远古所没有的。②

雅典娜对妇女的命运漠不关心，在另一出著名的希腊戏剧《俄瑞斯忒亚》（Oresteia）里，宣判一个杀死自己母亲的儿子无罪，雅典娜投了具有决定性的关键一票。因为她荒唐地认为，只有父亲与孩子血肉相连——在希腊神话中，她就是从她父亲宙斯头上长出来的。③

---

① 阿布－卢格霍德（Abu-Lughod），1986，第 30～31 页。
② 詹姆斯（James），1959，第 89 页。
③ 《圣杯与剑》第 8 章探讨了《俄瑞斯忒亚》，以及剧中反映的性关系和社会关系从伙伴关系向统治关系的急速转变。

妇女、性与雅典式民主

英国文化史学家琼·罗克韦尔（Joan Rockwell）说："因为不存在母系血统关系，弑母就算不上渎神罪，对生来就只有父亲的人来说，还有什么理由比这更充分呢？"① 当然，如果对于儿子惨无人道地谋杀母亲，连雅典娜这样有权势的女神都不愿惩罚，那男人和女人也就不应该认为男性对妇女施暴的其他行为有什么过错。妇女也别想得到法律的保护，别想免受"罪有应得"的殴打、强奸，甚至谋杀。

因此，毫不奇怪，如果仔细考察一下古雅典的法律，就会发现，妇女从这种法律中得不到任何保护。索伦（Solon，著名的雅典式民主之父）制定了"保护妇女"的法律，常被后人引用。他规定，如果没有兄弟，女儿应有权继承父亲的财产，这样的法律能为妇女提供多少保护，实在值得怀疑。因为女继承人也和所有的雅典妇女一样，被迫接受男人的法律监护，男人因此就能控制她们的人身和财产。根据雅典的法律，妇女（包括女继承人）的财产支配权，不能超出一"麦迪诺斯"（medimnos，古希腊容积单位，大小依地区而异，如斯巴达的麦迪诺斯约为71.16升，而阿提卡仅为51.84升。——译者注）或一蒲式耳大麦。② 再说，那条臭名昭著的法律，即如果女儿在婚前丧失了贞节，父亲有权把她卖为奴隶，也是索伦制定的。③

其实，正如古典史学家伊娃·柯尔斯（Eva Keuls）所说，在

104

---

① 罗克韦尔（Rockwell），1974，第162页。
② 佩拉多图（Peradotto）和沙利文（Sullivan），1984，第33页。
③ 柯尔斯（Keuls），1985，第5页。

雅典社会最兴盛的古典时期，妇女的法律地位和奴隶没什么区别。表示妻子的法律用语"damar"（达玛）就说明了这一点，这个词的词根意为"征服"或"驯服"。柯尔斯指出，"妇女像奴隶一样，根本得不到法律的保护，法律只规定她是男人的财产。在法律上，她其实不是一个人。那时男人对妇女的统治，就和主人对奴隶的统治一样"①。

柯尔斯的奠基之作《男根统治：古雅典的性政治》（*The Reign of the Phallus = Sexual Politics in Ancient Athens*），直接挑战了其他许多古典学家对古雅典的推崇。他们对这个"西方民主的摇篮"中妇女和奴隶的境况，或是含糊其辞，或是视而不见。② 柯尔斯大量地引用了散见于欧美各博物馆里的上千幅希腊花瓶图片，这些图片展示了雅典的日常生活，并且引用了法律、演讲以及关于那一时期的生活的其他记录。因此，她不仅能够再唱一首关于古雅典的颂歌，而且展示了一幅更为真实的图画：告诉我们雅典人关于性的观点和行为。

柯尔斯记录了对妇女的性的严厉束缚与她称之为男性崇拜之间的联系——用她的话说，这是"男性至上与对权力和暴力崇拜的结合"③。她一次又一次地揭示了古雅典对妇女的压制、其军事扩张主义同大多数雅典人的艰难生活之间的关系。

同时，她也看到这个了不起的文化给我们留下了丰富的艺术和哲学遗产，甚至说"抗议的潜流始终存在"，并在公元前415年达到高潮，出现了她所说的"公开反对男性的运动"，这既是反军事主义的运动，也是妇女运动。总之，柯尔斯使我们对古雅典有了更

① 柯尔斯（Keuls），1985，第6页。
② 也有重要的例外，例如孔茨（Coontz）和亨德森（Henderson），1986；佩拉多图（Peradotto）和沙利文（Sullivan），1984；波默罗伊（Pomeroy），1975。
③ 柯尔斯（Keuls），1985，第208~209页。

完整的认识：既看到了它统治关系的一面，也看到了它伙伴关系的一面。

在《圣杯与剑》一书中，我已经联系古希腊的科学、艺术和政治遗产，仔细地考察了雅典社会中这两个极端矛盾的方面。在这里，我们将把注意力放在性上——尤其是，如柯尔斯所生动地指出的那样，放在雅典社会中性的社会结构如何与它的统治关系的强加和维系相关联上。

柯尔斯和其他一些古典学者发现，在雅典人的家庭里，妇女受到隔离。但是，与其他学者所不同的是，柯尔斯认为，这样做是为了严格限制妇女的行动自由，由此严密监视她们的行为，尤其是她们的性行为。柯尔斯甚至有证据表明，雅典正式设有专门针对妇女的警察，叫作吉乃科那莫（gynaikonomoi），他们的职责，据亚里士多德说，在于限制妇女的行动，以"保护她们的贞洁"。她还引用了亚里士多德的同时代人埃斯基涅斯（Aeschines）在"歌颂坚定的贞操"时，说到雅典的一位父亲发现他女儿"腐化"了，便将她活活封死在一间废弃的旧房子里。① 她引用了大量文献，说明雅典社会里"受尊重"妇女境遇悲惨，其他妇女（妓女和奴隶）的生活则更是苦不堪言。

对于雅典是奴隶社会这一令人不愉快的事实，许多作者一带而过。即使谈到这一点，他们也常常将事实粉饰一番，暗示雅典人对他们的奴隶好得不得了。② 柯尔斯的书揭穿了这种说法。她引用狄摩西尼（Demosthenes）的话，证明雅典人有一个公开的施刑室，在法律程序中对奴隶施刑已成惯例，因为只有动用刑罚，奴隶的证

① 柯尔斯（Keuls），1985，第209页。
② 柯尔斯（Keuls），1985，第7页。

词才能被法庭接受。她还举出其他证据，说明"雅典的奴隶制比其他许多古代社会更加赤裸裸"。一个例子便是"使用一种叫作'止咽器'的工具，这是一个夹在下巴上的木项圈，用在那些准备食物的奴隶身上，防止他们偷吃"。[①] 柯尔斯一次又一次地指出，对雅典人似乎习以为常的粗暴（包括当众钉在十字架上以及其他手段，使人们刻骨铭心地牢记服从权威的重要性），或许妇女更有切肤的体验。

在雅典，最无助的阶层是作为奴隶的妇女。显然，有许多女童被贩卖为奴。她们中间还有些人是从"粪堆"里拣出来的，然后成为奴隶。由于雅典那时流行"把女婴弃于户外使其冻饿而死"的习惯，有些女孩子一生下来就被父母扔到"粪堆"里去，让她们活活饿死或冻死。这些小女奴通常还被当作妓女，而且，柯尔斯写道，"自然要忍受那种制度中无法估量的恐怖，要被主人虐待、折磨，甚至随意处死，也可随时卖给出价最高的买主。"[②] 所有的女奴，不管她们的主人是否让她们做妓女以此发财，在性上和其他方面一样当然都由其主人支配。[③]

连那些不是奴隶的妓女也受到严格的控制。亚里士多德指出，雅典的一个重要制度，就是对妓女收费实行控制。法律甚至规定，"演奏笛子、竖琴和西塔拉琴的女子，收费不得超过两德拉克马"[④]。也就是说，在向妇女开放的为数不多的——有时是仅有的——职业中，她们能够独立获取的收入是受到严格限制的。

---

① 柯尔斯（Keuls），1985，第 7 页。
② 柯尔斯（Keuls），1985，第 206 页。
③ 柯尔斯（Keuls），1985，第 7 页。
④ 亚里士多德（Aristotle）：《政治学》（*Politics*）51.2，引自柯尔斯（Keuls），1985，第 208 页。

为了保证在任何情况下妇女的性都受控于男人，他们还制定了法律，对通奸实行严厉的报复。与人通奸的妻子会受到各种虐待，除了不处死之外，可以对她施行任何酷刑。如果她们出现在公共仪式上，任何人都可以剥掉她们的衣服，并用脚踢她们。如果妻子与人通奸，丈夫可以和她离婚（这时妇女将陷入极其困难的经济状况，被赤身裸体地逐出家门，一位作者写道）。如果丈夫继续与犯有通奸罪的女人保持婚姻关系，那是不合法的。[①]

雅典不仅禁止妇女参与公共事务和选举，而且禁止她们接受世俗教育，这就进一步剥夺了妇女的自治能力。显然，这是为了防止妇女改变她们的从属地位和封闭环境。但是，这还带来另一个副作用。研究这一时期的许多著作者指出，这使妇女"配不上"那些受过教育的男人。于是她们就认为（亚里士多德多次指出），妇女天生不如男人，因此（和奴隶一样）天生就应该受男人的统治——更不用说那些实施这种服从的法律和习俗了——这也就难怪古雅典人对妇女的轻视那么出名了。

因此，也就难怪古雅典人歌颂的爱情关系不是男人和女人的爱情，而是男人和男人的爱情。或者，说得更确切些，是男人和男孩之间的爱情。

同性恋、异性恋和自由恋爱

今天，人们常常提起雅典人公开搞同性恋。但是，一个明明记录在案而人们有意回避或轻描淡写的事实是，同样成熟、具有同等能力的男人之间的性关系，并没有得到社会的接受。于是雅典社会

---

① 柯尔斯（Keuls），1985，第 208 ~ 209 页。

就保证男性参与的所有性关系，同性的也好，异性的也罢，都符合
统治关系模式；也就是说，这些性关系都符合一种要求，即：性不
是平等的人之间给予和接受快乐的行为，而是统治和服从的行为。

这一点非常重要。因为如果唯一被接受的同性恋关系是在大男
人和小男孩之间，那么雅典的同性恋关系就并没有偏离统治关系的
规范。事实上，这不过是以另一种方式加强了这种社会关系和性关
系，因为通常由妇女扮演的服从的角色，基本上由男孩子来接替
了。

古典学者 K. J. 多弗（K. J. Dover）说："如果一个希腊人说
他'恋爱'了，而听见这话的人没有多问就认为他爱上了一个男
孩，并且最大的欲望就是在这个男孩身体里射精，他绝不会认为这
是冒犯。"而且，"他一旦得逞"，就会受到嫉妒和羡慕。可是反过
来，如果一个男孩"让人觉得在以什么方式主动地吸引情人，就
会遭到强烈的反对"，因为他应该扮演那种固定的被动、服从的
"女性"角色。① 最能说明问题的是，如果一个男孩被认为扮演了
这种角色，他不仅会受到审查和审判，甚至会像妇女一样，受到最
大的轻视。

显然，大家常说的古代雅典同性恋的"自由"，其实并不怎么
自由。它同样是为了维护性与统治的联系。甚至更糟糕的是，它在
允许（甚至鼓励）男子对男孩鸡奸的同时，也就接受了男人对男
孩的性虐待——正如雅典的法律和习俗通过童婚、童妓以及主人对
小女奴的性使用和性虐待，接受了对女孩的性虐待一样通常是以最
残酷的方式。

但是，最明目张胆地将性与男性的粗暴和统治等同起来的，莫

---

① 多弗（Dover），1984，第149、151页。

过于古代雅典神话和艺术中对强奸的众多描述和描绘。柯尔斯说：
"强奸最终是用行为表现男性崇拜。其目的不是快乐或生育，而是
以性为手段实施统治。"因此，"不足为奇"，她总结道，"古希腊
的雅典人如此沉醉于此"。①

但是，人们有时从一个非常奇怪的角度看待这种沉醉。比如，
有这么一本书，叫作《公元前 5 世纪雅典艺术中的众神之爱》
(*The Love of the Gods in Attic Art of the Fifth Century B. C.*)——其中
罗列的强奸不下 395 起，涉及奥林匹斯所有主要的男神——柯尔斯
发现，对"奥林匹斯山上性暴力的大爆发"，作者唯一的解释竟是
告诉读者，这些强奸故事"微妙地表达了雅典人对神圣的渴望"。②

当然，性暴力不仅是奥林匹斯山上最受欢迎的希腊运动项目；
在有装饰图案的雅典（或雅典式）花瓶上，我们也能看到神话中
的色情狂穷追不舍，占尽便宜，搞得女人心烦意乱。还有男人打艺
妓（妓女或艺人）的场面，将生殖器塞入她们的口中和肛门，柯
尔斯指出，这些在古代雅典"都是对那些接受者的侮辱"③。

这些场景经常绘在一种叫作"基里克斯"（Kylix）的专用酒杯
上，这种酒杯一般用于雅典著名的"会饮"（symposia）上。今天，
这个词的意思是"学术会议"，然而，如果按字面意思翻译，就是
"饮酒会"。这些社会活动一般在私人住宅的男人活动区——又叫
"安德隆"（androns）——举行，那是家里最大、最豪华的房间。
柯尔斯说，这种活动"包括吃喝，玩各种游戏，进行哲学讨论，

108

---

① 柯尔斯（Keuls），1985，第 47 页。
② 肯普弗 - 迪米特里多（Kaempf-Dimitriadou），引自柯尔斯（Keuls），1985，第
　52 页。
③ 肯普弗 - 迪米特里多（Kaempf-Dimitriadou），引自柯尔斯（Keuls），1985，第
　176 页。

与妓女、小妾和其他男人的公开性事，但绝没有妻子参加"①。

于是，人们又大谈特谈雅典的"恋爱自由"，以及这个"异教"社会里众多的婚前和婚外关系。但是，事实上这种恋爱自由只是男人的自由（而且可能只限于自由的男人，不包括作为奴隶的男人）。因为我们已经看到，妇女的性是受到严重压抑和严格控制的。

妓女（通常是奴隶）被迫服侍许多男人，而雅典受到尊敬的妇女只能有一个男人。她们通常在还只是个孩子时就被嫁出去了，而且，柯尔斯指出，有许多证据表明，和丈夫（通常年长许多）的洞房花烛夜对雅典的许多新娘来说，都是一种恐惧。还有证据表明，许多男人与妻子性交只是为了让她怀孕（生育合法的男性继承人），而不是出于性快乐或性爱。②

还有证据表明，雅典的男人为了性快乐而与妇女（而不是男童）行性事时，常常选择奴隶或妓女，而不是他们的妻子（她们不仅被排除在政治之外，而且被排除在社会生活之外），当然不全是这样。③ 男人带去参加会饮的妓女大约通常是艺妓，这些妇女身兼数职，是乐人、艺人，也是男人的性工具。有时这些艺妓伶牙俐齿，才智过人，能够参加男人的妻子和女儿禁止参加的学术讨论。偶然也有男人爱上这样的女子，与她们住在一起从而形成事实婚姻，从花瓶图案和希腊许多文学和语录作品中看，他们与这些女子的关系非常亲密。

但是，柯尔斯指出，"即使这种最可能基于和谐与相爱的关

---

① 柯尔斯（Keuls），1985，第 160 页。

② 这会进一步限制和抑制妇女的性快感能力，也使妇女及其丈夫越发感到她们对男人的性行为并非爱的体现，倒不如说是屈服与应付。

③ 柯尔斯（Keuls），1985，第 7 页。

系，仍然是一种男人的权力绝对高于女人的关系"。除了几个特别走运的女人（个别有特权的，甚至富有的艺妓后来成为这些故事的原型），大多数艺妓不过是伺候人的，事实上许多人是奴隶。和雅典所有的女性一样，她们如果没有男性监护人就没有法律地位。但是和那些受到尊敬的夫人不一样，夫人们一旦为丈夫生了男孩，还能够得到一定保障，而这些艺妓，用柯尔斯的话说，"注定要在悲惨中终其一生"①。

一位古希腊人说得非常明白，"我们（雅典男人）养了艺妓以供娱乐，养了小妾以伺候我们的身体，养了妻子以生合法的孩子并为我们照管房子"②。这种观点认为，妇女唯一的目的就是供男人使用和虐待。柯尔斯指出，雅典人以男性生殖器为男性权力和权威的符号象征，便是这种观点的象征。

男性生殖器崇拜、伙伴关系纪念与赫尔墨斯神像

在大部分雅典人的家门口，都有一座阴茎勃起的赫尔墨斯塑像。长着巨大生殖器的色情狂或男人的图案，经常作为装饰出现在花瓶或酒杯上。雅典人就连描绘婴儿时，也明显地表现出这种对男性生殖器的痴狂。因为在雅典艺术中，婴儿的生殖器通常都看得非常清楚——我们因此知道，在古代雅典，被艺术家看上的婴儿，是清一色的男孩。柯尔斯所说的对男性生殖器的崇拜在雅典人的头脑中根深蒂固，亚里士多德在弗洛伊德之前的两千多年就预示了阴茎妒忌的理论，认为妇女是不完整的或残缺的男性——天生低下或算

---

① 柯尔斯（Keuls），1985，第187、200页。

② 《反对尼厄拉》（Against Neaera）59, 122。一般认为是古希腊雄辩家狄摩西尼所著，尽管有可能不是。引自柯尔斯（Keuls），1985，第99页。

不上完全的人类，因此自然要受男人的统治。

对这种男性统治程度——以及给女孩和妇女带来残酷后果——的最好说明，也许就是允许父亲决定是否将一个新生儿"遗弃"（就是说，把她抛在户外，让她冻饿而死，或被野兽吃掉，因为擅自杀人显然是不合法的），而被遗弃的大多是女婴。提到这一事实的古典学者有时发现，这些婴儿并没有全被野兽吃掉，或慢慢地饿死，因为有些孩子"得救"了，这样他们便把大事化小。但事实上是，柯尔斯写道，法律规定被他人发现的弃婴要沦为奴隶，他们对此则避而不谈——也不提古代雅典因此出现了"大批被奴役的女性童妓"①。他们也从不探讨这些婴儿的母亲是什么感受。她们对这样的行为——或法律——束手无策，怀胎十月生下来的孩子就这样被杀死，唯一的"罪名"是她们是女孩。

但是，柯尔斯指出："男性至上的最高原则，就是男性是人类的本质，女性不过是附属品，不幸的是，女性只是为了繁衍后代才被需要的。这种思想自然会导致在所有社会过程中排除女性。"

在古希腊，这一思想以多种方式得到表达。有效地使女性缄口就是其中之一。在古代雅典，这一点是通过将妇女禁闭在女人区而得以实现的，除非特殊情况，禁止她们在公共场合讲话甚至露面，在法庭上剥夺她们的任何地位，并向她们灌输这样的观念：与男人讲话的女人是"害人的婊子"，这样的观念今天也不是没听说过。柯尔斯认为，将妇女完全逐出公共生活的象征，就是雅典人将女性的身体罩起来，这"与对男性生殖器的展示形成鲜明的对比"。②

甚至有证据表明，古代雅典人使妇女对按以上逻辑推导出的结

---

① 柯尔斯（Keuls），1985，第146页。
② 柯尔斯（Keuls），1985，第86~87页。

论不闻不问：他们丧心病狂地剥夺妇女对重要事情的感受甚至身份感，在出生记录和日常生活的一些场合下，连妇女的姓名也被剥夺。柯尔斯写道："我们觉得那些由父母养活的女孩子（即那些没有被抛弃致死的女孩子）都应该有一个名字，但是我们连这一点也不能肯定。她们的姓名不像男孩子那样登记在氏族或部落的记录本上。"从那些真实描绘了公元前 4 世纪雅典家庭生活的希腊中期和晚期的喜剧来看，丈夫常称他们的妻子为"婆娘"（如果按字面意义翻译，这个希腊词的意思是"生孩子的人"）。①

女孩子在年纪很小时就被嫁出去，这也便于维持男性统治。苏格拉底就曾经问伊斯霍马霍斯（Ischomachus）："你怎么没有尽早把她娶回来，让别人尽可能少地看到她的容貌，听到她的声音呢？"② 禁止妇女受教育，使她们无知，也是出于这一目的。同样为了这一目的，她们还向妇女灌输一种思想，使她们觉得男性统治和女性服从（包括女性的自我牺牲）是天经地义的事。

在《男根统治：古雅典的性政治》一书中，柯尔斯发现，古代雅典人对待女孩和妇女的态度，与地中海其他男女关系更平等的文明有着巨大的差别。但是，她在这本书里没有追溯这种差距更久远的根源，后来她在一篇文章里进行了探讨。她指出，如果作为对仍然以"女性崇拜和性别平等为特征的"那些文化——雅典人认为，这是对他们在地中海的统治的威胁——的一种反应，他们对米

111

---

① 柯尔斯（Keuls），1985，第 90 页。也可见色诺芬（xenophon）的《苏格拉底的对话》（*Conversations of Socractes*），在"财产管理者"中，伊斯霍马霍斯的妻子是他们在对话中谈论的中心（实际上几乎是他的谦逊的独白），关于如何管理他的家产，除了说"我妻子"以外，一直没有提及其他。（中译本参见色诺芬《经济论雅典的收入》张伯健、陆大年译，商务印书馆，1981 年。——译者注）

② 色诺芬（xenophon），引自柯尔斯（Keuls），1985，第 102 页。

诺斯和萨摩斯等岛屿的全力摧毁，以及"歇斯底里地当然更是病态地厌恶女人"，就比较容易理解了。①

对于伊特鲁里亚人，柯尔斯也没有多说什么。这个民族的语言不属于印欧语系，他们住在亚德里亚海的另一边，与希腊遥遥相对。据古典学者 L. 邦范特－沃伦（Larissa Bonfante-Warren）的说法，他们"将艺术和文字带到了意大利和罗马"②。伊特鲁里亚人的文化发达，经济繁荣，他们的艺术与米诺斯的克里特有着惊人的相似之处。在他们中间，血缘也许还是根据母系来计算的。在这个保留了许多前印欧时期特点的文化里，妇女养育所有的孩子，即使不知道谁是孩子的父亲——泰奥彭波斯（Theopompus，公元前4世纪的希腊历史学家）提到此事时曾表示不满。还有让泰奥彭波斯吃惊的事呢，即这里的妻子和丈夫公开在一起同吃同喝，同起同息——在保存下来的伊特鲁里亚人美丽的艺术品上，我们就能看到这样的场面。这里的妇女享有"过于自由的"性生活——人们普遍热爱快乐，这使泰奥彭波斯那样主张男性至上的人大不以为然。③ 在妇女的岩洞墓穴（有些比男性的墓穴还豪华）中发现了许多刻字的青铜镜，这说明当时的妇女是识字的。与希腊和后来的罗马妇女所不同的是，伊特鲁里亚妇女每个人都有自己的名字。

总之，在这里（一些希腊旅游者认为这里道德败坏），在印欧人入侵欧洲数千年之后，妇女在许多重要方面仍然保持着与男子的平等地位。但是，就像克里特受到迈锡尼的印欧人统治一样，这里

---

① 柯尔斯（Keuls），1989。

② 邦范特－沃伦（Bonfante-Warren），1984，第229页。

③ 毫不奇怪，许多史前关于性、妇女、快乐的观点，在一些伊特鲁里亚人至今尚存的艺术中也反映出来。像米诺斯克里特文明的艺术一样，妇女在这种艺术中也并非处于从属地位，这样的艺术呈现出一种生动自然的色彩和流畅的艺术形式。

在罗马征服之后，艺术和生活也逐渐发生了变化。

邦范特－沃伦在其著作中指出："在这个历史阶段上，首次出现了后来常被人们认为是伊特鲁里亚人特点的残暴性。"在塔昆尼亚（Tarquinia）和奥维托（Orvieto），"在伊特鲁里亚的哈迪斯和珀耳塞福涅统治下的奥尔科墓"（Tomba dell'Orco）和戈里尼墓（Tomba Golini），死人的世界代替了活人的世界，整个气氛发生了极大变化，出现了前所未有的阴郁和忧伤。妇女的地位也相应地发生了变化，邦范特－瓦伦也强调了这一点。她在著作中提到，妇女"再也不能躺在丈夫身旁，而是在丈夫休息时以标准的罗马姿势坐在一边"——这是一个明显标志，用邦范特－瓦伦的话说，说明"罗马的父系社会已经占了上风"①。

罗马人在很大程度上继承了他们崇拜的古希腊人的文化和神话，这是很发人深省的。其中包括雅典人对妇女的公然蔑视，以及其他一些统治关系特征，比如军国主义和奴隶制，这更是令人深思。

但是，在这里我要再一次强调，这种远古伙伴关系文化的残余不仅存留在伊特鲁里亚（Etruria，意大利中部的古国。——译者注）和地中海的一些岛屿上。在前面我就已经指出过，古代雅典也有另一面——这个方面直到现在我们仍然可以认为是源于久远的史前时期的东西。即使是印欧化了的奥林匹斯神殿，也有威力巨大的女神（虽然她们现在都归顺了宙斯）。在家庭神殿甚至神庙中，仍然供奉着给予生命的古代女神。在流行的希腊神秘宗教中，仍然有表现圣婚的场面。偶尔也有个别女人在政治生活中扮演重要角色，比如伯里克利（Pericles）著名的同伴阿丝帕齐娅（Aspasia）——但是，这位来自米利都（Miletus）的天才哲学家（她是伯里克利和苏格拉底

① 沃伦（Warren），1984，第236页。

的老师），也只能扮演一个间接的角色，充当男人的顾问。①

此外，尽管雅典的花瓶上画满了色情狂，画满了追逐、调戏并企图强奸妇女的男人，然而也有一些花瓶的装饰与此相反，这些花瓶上的图画描绘了家庭中男女间亲密的伴侣关系。同样，在雅典以及后来的罗马艺术中，也有展现同情和尊敬的妇女画像。在这些画像中，有些妇女的形象表现出强烈的个人尊严，有些甚至颇有威严。这再次说明雅典的妇女尽管被分配了一个无力的角色，她们却努力找回一定的权力，激发了令人尊敬和爱的情怀。

而且，与希腊著作中对妇女的刻骨仇恨相反，一些残存的诗稿对妇女推崇备至，而不是诋毁有加，并且大力歌颂男女之爱。在公元前 4 世纪后期的一出戏剧里，一个年轻男子甚至为了在与他妻子的性关系中采取了"双重标准"而追悔莫及。② 因此，在艺术和文学中，我们都能看到，即使在一个社会里，法律和神话设下了种种不可逾越的障碍，只留下男性统治和女性服从这么一条路，男性和妇女也都渴望建立基于互相尊重和关心的关系。

更有趣也更说明问题的是，在古代雅典也许有一个坚持伙伴关系的"地下组织"。因为我们发现一些定期反抗统治关系社会组织的线索，比如在阿里斯托芬（Aristophanes）的戏剧《吕西斯特拉忒》（*Lysistrata*）中，有一些同当代女权主义与妇女和平运动很相似的东西。③ 最有意思的是，如果柯尔斯没有搞错的话，雅典历史上最伟大的事件之一——公元前 415 年所发生的砸毁赫尔墨斯（守卫全雅典自

---

① 关于爱丝帕齐娅的生活（包括可靠的证据表明，她并非像至今人们仍认为的那样，是一个名妓）及其与伯里克利的关系（包括她在公元前 432 年接受审判中，伯里克利为她辩护），见蒙托里（Montuori），1988，第 201～226 页。

② 多弗（Dover），1984，第 155 页。

③ 阿里斯托芬在某种程度上对此进行嘲笑，但他写了这出戏，这本身就说明这种现象不但存在而且引起了公众的注意。

由人住宅和公共场所的塑像）的阳具的事件——很可能就是这样的一次反抗。

这一起困扰了许多古典学者的"未决犯罪"发生在雅典对斯巴达展开的一声漫长的、最终是灾难性的伯罗奔尼撒战争的又一次军事冒险之前。柯尔斯认为，"砸毁赫尔墨斯的阳具"很可能是以"街头戏剧"的方式，被迫反抗连绵不断的"英雄"的斗争。这个观点很有趣，尤其是她展示了一些证据，说明这次反对这个遍布雅典挺着阳具——男性的性能力等于统治和暴力——的塑像的象征性活动，其参与者很可能是长期受苦的雅典妇女。①

法律、军国主义、父系继嗣与权力

倘若记录历史的人对男性和女性给予同样的重视，那么当我们回首往事时，很可能会看到妇女们所进行的多次（集体的和个体的）反抗，而且这种反抗也不仅发生在古希腊，还发生在更早的时代，发生在苏美尔、巴比伦、巴勒斯坦，发生在男性统治、专制等级以及对暴力的制度化已经成为普遍规范的所有地方。如果我们仔细解读一下这些地方的法律，就会发现妇女早已开始反抗他们的统治了。

因为我们发现，这些法律对妇女的任何不服从，都施以最恐怖、最野蛮的惩罚。例如，研究苏美尔的专家塞缪尔·诺亚·克雷默发现，根据苏美尔法律，如果妻子因为拒绝与丈夫过夫妻生活而没有后代，就可以把她扔到河里淹死。克雷默还提到苏美尔法律的另一

---

① 这种令人信服的证据在《男根统治：古雅典的性政治》第 16 章中有详细阐述。在该书中，柯尔斯指出，妇女有动机，也有机会搞出这样一个事件，而且她们不像自由男性，除此便没有其他任何公开抗议的途径 ［柯尔斯（Keuls），1985，第 392 页］。

文本，其中有这样的一段话："如果一个女人对男人说……（此处不可读），可以用砖头敲掉她的牙齿，"并且将她的罪行刻在砖上，悬于城门示众。① 倘若没有妇女们的不断反抗，男人们就不会制定如此野蛮的法律。因为这样的法律显然是为了镇压妇女的个人反抗或集体反抗——甚至是为了有效地封住大家的嘴，使人们不敢挑战，甚至不敢抱怨男人在家庭和社会里的统治地位。

在有记载的历史上，压制性的统治等级，不论是男性压迫女性，还是女性压迫男性，始终是靠暴力和恐惧来维持的——也就是说，是靠施加痛苦或以施加痛苦为威胁来维持的。因此，在这样一个妇女对过去的自由时代难以忘怀的社会里——在苏美尔的语言里，"ama-gi"一词既表示"自由"，又表示"回到母亲身边"，可以作为证明——有如此野蛮的法律也就不足为怪了。② 但是，令人奇怪的是，即使面对这些野蛮得令人难以置信的法律，历史学家居然还异口同声地称苏美尔（约始于公元前 3200 年）为古代世界第一个真正文明的居住地，直到最近才有考古发现证明新石器时代才是文明的真正摇篮。同样奇怪的是，巴比伦著名的《汉谟拉比法典》（*Code of Hamurabi*）也同样被学者们称赞为文明的一大进步——尽管其中以法律形式确立的对待一半人类的方式，无论如何谈不上进步。因为我们发现这些法律规定"过于粗心、算计不精的妻子"要被淹死，"如果丈夫另娶了妻子，那么原先那个没用的妻子"就可以"被贬为奴隶"。③

法律最能反映在一个特定的时代和地方，什么行为被认可，什么行为不被认可。当然，法律无法告诉我们人们的具体行为，但是，

---

① 克雷默（Kramer），1963，第 322 页。
② 克雷默（Kramer），1981，第 179 页。
③ 伯里（Bury）、库克（Cook）和阿德科克（Adcock），1971，第 154~157 页。

它们比文学和历史记录更清楚地揭示出法律制定者（以及法律的实施者）鼓励和制止的态度和行为。

既然法律的主要功能在于强迫人们顺从，那么根据传统，法律主要就是依靠暴力或暴力威胁（比如，我们今天的警察）来维持。法律也显示出人们认为（或应该认为）何种社会、性和经济关系为常态。

因此，如果我们考察一下苏美尔和巴比伦那些规定男女之间的社会、性和经济关系的法律，就会发现，这三个领域从总体上说都是为了使男性对女性几乎拥有绝对的权力。我们也能看到，更高层次上的制度化的暴力维系着一个更大的社会、性和经济关系系统，从私人生活中对妇女和儿童的暴力，到公共生活中的战争和公开折磨及迫害，而法律不过是其中的一部分。①

这些法律——以及它们所维护的"道德"——在我们所考察的社会和性的巨大变动中，发挥着重要作用。从母系血缘到父系血缘的转变，就是这一过程的一个重要部分。它导致了一夫一妻制的产生，随之而来的是卖淫、通奸和私生子，以及对妇女任何性独立的严厉惩罚。此外，这一过程始于游牧民族对古代欧洲和新月沃土地带的首次入侵，此后战争便成为一种制度和光荣。就我们的探讨而言，最重要的是，性——不仅是妇女的而且也包括男人的性——被彻底地赋予了新的意义。

在这里，我要暂停一下，再次强调，使妇女逐渐地丧失个人力

115

---

① 新月沃土地区法律中的酷刑非常清楚地说明了暴力的制度化。对各种罪行的处罚包括割去鼻子、耳朵和手。亚述的法律尤为严酷。见戈尔达·勒纳（Gerda Lerner）《父权制的确立》（1986）第4章和第5章。我对勒纳的结构主义新马克思主义方法不敢苟同，她把向男性统治的转变归因于广泛复杂的社会原因，并总是忽视史前资料的重要性。但她为我们提供了一条重要的知识，即男性统治不是不可避免，而是由社会建构的。

量和文化地位的性、社会和意识形态的大转型，并不是如有些人所
说的那样，是社会组织向更复杂、更集中的形式过渡的自然产物。
如果比较一下同为高级文明的苏美尔和米诺斯时代的克里特，这一
点就再明显不过了。文化人类学家鲁比·罗尔利奇－莱维特（Ruby
Rohrlich-Leavitt）指出，在米诺斯时代的克里特，"贸易并不是通过
军事征服获取重要资源的主要手段，以血缘为基础的家族结构，并
没有因为国家的出现而发生根本的变化"，在一个复杂的高度集中化
的社会里，妇女仍然享有很高的地位。①　而在苏美尔，"为了迎合日
益以私有财产为基础，权力日益集中在军事领导人手中的那种严格
的等级制度，血缘结构被大大地改变了"，"妇女被排斥于政治决策
之外"。②

　　但是，即使在苏美尔，妇女也并没有完全被剥夺她们以往的地
位和权力。例如，妇女仍然担任神职。这些职位也逐渐地发生了变
化。于是，到乌尔王朝（Ur）的第三代（公元前 2278～前 2170 年），
女祭司就被说成了男性神的嫔妃和圣娼，与乌尔王朝统治者的后宫
相映成趣。"圣娼组织萨尔－密（Sal-Me）的最高领导，"罗尔利
奇－莱维特说，"是神的'正妻'，她可能是在位国王的长女。而最
116　底层的则是众多普通圣娼"。中间等级的妇女，被称为"神的嫔妃"。
这些妇女一般出自皇族，尚能"随意与男性生子"，并能"拥有自己

---

①　罗尔利奇－莱维特（Rohrlich-Leavitt），1977，第 43 页。
②　罗尔利奇－莱维特（Rohrlich-Leavitt），1977，第 57 页。如罗尔利奇－莱维特指
　　出："由于在最初通过的保护高层集团的财富和权力的法律中，妇女没有发言权，
　　她们的教育权利也被剥夺，她们的工作被排斥在有利的热门职业之外。血缘关系
　　的分隔使得她们总是依赖于父系家族中的男性族长"。而且，"妇女可能被配偶随
　　意抛弃。在这种情况下，妇女没有什么选择余地，不是卖淫，便是被卖为奴。最
　　后一点，不论是对初次通奸犯罪，还是寻求独立的些许努力，都会让妇女被
　　处死"。

的财产，以自己的名义做生意"。[①]

　　古代巴勒斯坦（继苏美尔之后约 2000 年进入西方历史）的证据，也表明妇女的地位和权力是逐渐丧失的。[②] 即使在被篡改得一塌糊涂的《旧约全书》里，有的妇女也处于领导地位，比如做法官（《士师记》）的底波拉、米利暗和户勒大（Huldah），户勒大还是一位女先知，这说明那里的老传统改变得比较慢。[③]

　　但是，总的说来，这里和那时所有的古代社会一样，领袖的地位——世俗的和精神的——已经固定地留给了男性。总有一些妇女试图打破这一常规。但是，这只不过是一些例外而已，是对妇女（以及"阴柔"或所谓女性品质，如非暴力、关心和同情心）来说属于禁地的男性角色的强占。

　　男人的性能力到处被颂扬，通过《旧约全书》中他们那满堂儿孙的祷文，或是通过希腊、罗马的那些作为男性象征的挺立的阳具，

----

① 罗尔利奇－莱维特，1977，第 55 页。约翰·梅尔指出，就连吉尔伽美什的传说（其中重点叙述的是吉尔伽美什和他的同伙恩奇都羞辱和打败女神伊什塔尔的故事）也包含着这样的线索。他写道，他与约翰·加德纳（John Gardner）翻译《吉尔伽美什》（1985）时，吃惊地发现故事中一个重要角色是一位被称作莎穆哈图（shamhatu）或哈利姆图（harimtu）的女子（这两个称呼都指伊什塔尔的侍女，她们提供"神圣的欢爱"）。我在前言中说过，她才是这个故事里"把恩奇都从兽变为人的力量"（约翰·梅尔给笔者的信，1993 年 9 月 6 日）。这两位女子从女神独立、强大的代言人变为（女界和神庙）男主人的侍从（其实是财产），在这个过程中出现了许多新神话，女神本人不是被杀就是被奸。我们读到苏美尔男神恩利尔（Enlil）的第一个故事，就是他强奸女神尼恩利尔（Ninlil）。在巴勒斯坦，尽管考古证据说明女神崇拜贯穿了各王朝，直至犹太人大流散，但宗教经文中完全没有女神的记载。

② 比如，见泰贝尔（Teubal），1984。有意思的是，在《撒母耳记》1，28：4～25 中，我们读到扫罗求助于名叫隐多珥的女巫，让她招回撒母耳的灵魂。这表明，在圣经时代人们仍普遍相信身为祭司的女人具有起死回生的能力。另外有意思的是，扫罗所要求的这种似乎源于古代而现在可以称之为灵魂轮回的信仰——大概在新石器时代，葬礼并非装装样子，而是真的灵魂轮回。

③ 普拉斯考（Plaskow），1990，第 38～39 页。

而妇女的性则不断地遭到贬斥。不仅如此，男性对妇女——尤其是对妇女的性——的蛮横控制，变得越来越有理由了：为了保护妇女的贞节、荣誉，最重要的是，为了保护她们以及更大的社团的道德，就必须这么做。

统治关系道德的经济学和政治学

如今，男人们站在教堂、清真寺的讲坛上，并在全世界其他膜拜之地，宣讲着来自上帝的性道德。《旧约全书》中那些严格限制妇女的性的法律，至今还在作为我们的道德规范。但是，若把这些法律撒在一边，我们就会扪心自问：一种"道德"竟然需要如此的残暴来维持——比如，女孩子失去贞节，就要被乱石砸死——那么，这种道德究竟想要达到什么目的？[①]

只有带着这样的问题，我们才能看清，这些法律就是为了维护男女之间统治与被统治的关系——当然，还得通过施加肉体痛苦，或以此为威胁。更进一步说，这些法律是为了规范男人与男人之间的交易，女人的身体不过是男人随意支配或毁灭的性商品罢了。

我们从《圣经》中的法律和故事中看到［比如，大家耳熟能详的故事，雅各（Jacob）从拉班（Laban）那里买到几个妻子，每个妻子可抵七年的劳役］，男人总是在婚姻中出卖女儿。也就是说，婚姻主要是男人之间的商品交易。男人的女儿必须是处女，才能上市。因此，如果一个女人（在更多的情况下是女孩，因为他们有童婚的风俗，这种风俗在中东一些地区流传至今）在婚前就不是处女了，

---

① 比如，见《申命记》22：13～21。

那她就是一件"受损商品"。因此，就可以将这个"失去名誉"的女孩用乱石砸死。这不仅是杀鸡儆猴，让女人知道不守规矩的下场，也是一种实际的举措，销毁丧失了经济价值的财产（做父亲的就不用再花钱养活她了）。①

同样，《圣经》中规定，通奸的男女要被双双处死，这也是一种经济规定。这是对窃贼（"偷"了另一个男人的财产的男人）的惩罚，也是销毁受损财产（使丈夫"蒙羞"的妻子）。②

最明显——细想起来非常可怕——的事情，是《圣经》中没有一种道德（更没有什么法律）针对那些毫无人性地、故意"羞辱"妇女和女孩的男性，他们对女性和女童拥有绝对的控制权。因此，罗得（Lot）将自己的女儿献给要他交出家中两位男客的匪徒们，竟然丝毫不遭惩罚，甚至没有人反对，相反，他却因此而得到奖赏，因为那两位客人碰巧是上帝派来的天使。所多玛（Sodom）和蛾摩拉（Gomorrah）被毁灭，说是因为那里的淫乱惹恼了上帝，偏偏只有罗得一家（除了他妻子）幸免于难。

《士师记》19 中有另一个与此相似的故事，其中也没有提到任何惩罚或反对。在这个故事中，一位父亲将自己年轻的女儿（一个处女）和他家客人的妾献给一伙暴徒，因为他们要他交出这位客人。故事接着说，那位客人（一位利未人，祭司家族中的一员）亲手将自己的妾交给了那伙匪徒（便雅悯人），他们残暴地对她实行群奸，第二天早晨，当"她的主人"出来命令她上路时，发现她已经死了。

这个故事丝毫也不认为这位利未人将自己的妾交给匪徒奸污违

---

① 《申命记》22：13～21 规定了男人怀疑其新娘不是处女时的法则。

② 有两本书记录了传统的通奸禁令的主要原则——通奸是对作为男性财产的女性的侵犯，作者分别是康特里曼（Coltrane），1988（尤其是第 157～159 页）和戴利（Daly），1973。也可见《圣杯与剑》第 7 章。

反了法律规定或道德规范。① 不仅如此，如果继续往下读，从《士师记》19∶29 至《士师记》20 和 21，故事变得更加令人毛骨悚然——它清楚地说明，根据《圣经》的道德、荣誉和法律，就连奸污并杀害了这位不幸的女人的那些男人，也不算对受害者犯罪——他们伤害的是她的男主人和男主人的部族。另一个部落的人夺去了他的性财产，这使这位利未人怒不可遏——尽管是他亲手将自己的妾交给他们——于是，他决定报复。

在《士师记》19∶29 中，我们看到他回家以后"用刀将妾的尸身切成 12 块，使人拿着传送到以色列的四面八方"；他的弟兄和兄弟部落目睹这封"信"后，经过一番祈祷、商议和策划，便决定对便雅悯人宣战；经过几场血战，他们杀死了五万多便雅悯人，摧毁了便雅悯人所有的城市，便雅悯所有的女人和儿童以及大部分男人都被杀死，然后他们做了一个更古怪（虽然同样野蛮）的决定。此时，那些未死的便雅悯人都没有了妻子。为了对此做出补救，利未人便决定屠杀基列雅比的全部居民，只留下 400 个年轻的处女，他们（根据《士师记》21∶14）把这些处女送给那些未死的便雅悯人，作为和平与重归于好的表示。

有着这些内容的《圣经》，居然至今还有人说其中句句出自一位全能的上帝之口，是公正、慈悲的天父的命令，他的每一道命令都是神圣的法律，这简直无法令人相信。可是，如果想一想就在不久以前，基督教的圣人还搞出了欧洲宗教裁判所、十字军，折磨并烧死了成千上万甚至上百万的妇女；近东地区至今战火连绵；在一些地方，"高尚的"穆斯林男人仍旧可以因为女人（他们的女儿、姐妹

---

① 女剧作家兼演员卡罗尔·琳·皮尔森（Carol Lynn Pearson）在其为一位女演员创作的独角剧《乡亲编织早晨》（*Mother Wove the Morning*）中，从利未人女儿的角度讲述了这个故事，非常有力。

和母亲）给他们及他们的族人带来"耻辱"而杀死（有时甚至是乱石砸死）她们，那么，也就没什么不可思议的了。①

我再说一遍，这种残暴不是任何一个民族或宗教群体与生俱来的特性，不论是古代希伯来人、中世纪基督教徒，还是现代阿拉伯人。说到底这些是统治关系或男性统治的习俗。

我还要强调，不能因为犹太—基督教传统中有野蛮的统治因素，就看不到其中关于伙伴关系的重要教导。② 也不应读了几段《旧约全书》，就认为古代希伯来人男女之间就毫无爱情和相互尊重。

但是，这种爱情和尊重，绝不是来自维护男人对妇女及妇女的性的严格控制的"道德"律令和法律，因为这种控制显然不是爱情和相互尊重的基础。这样的控制——以及它们熏陶出来的家庭价值观——不仅阻碍男女之间互相尊重，相亲相爱，而且阻碍我们建设一个更开明的社会，使人类的尊严和权力得到真正的重视。因为从我们研究的这些带有好战、专制性质的古代社会（以及在下编中将要探讨的现代环境）中可以看到，将人类的一半贬低为供男人驱使和糟蹋的家畜，在有记载的历史上历来是没有同情心、非人道而且极端痛苦的建构人际关系、族际关系以及国际关系的那种方式的基石。

119

---

① 越来越明显，不断地贬低女性是为了政治目的。今天，凡有独立精神的女性，或被人认为过于强势的女性，都可能被原教旨主义者指责为娼妓，而遭到残酷对待，以警示其他女性不要试图夺取由男人垄断的角色。例如 1993 年 1 月初，索马里北方小镇上四位女子被指控为妓女，当众乱石砸死。希巴克·I. 奥斯曼（Hibaaq I. Osman）在写给《女士》（*Ms*）杂志的文章中指出，索马里的妇女自内战以来在国家经济生活中扮演了越来越重要的角色，上述处决的行为"无视妇女取得成就，令人发指"（奥斯曼 1993，第 12 页）。

② 女权主义神学家正在极力利用这些因素作为更趋伙伴关系的宗教道德规范的基础。例如，见莫伦科特（Mollencott），1977、1987；普拉斯考（Plaskow），1990。

女人的驯化与男人的非人性化

驯化女人——尤其是驯化女人的性——的历史，在我们这个时代还没人提起。已经有人开始从学术角度重视古代那些"伟大的"奴隶社会，如古希腊和古罗马，对男人的残酷奴役。但是，对于更残酷、更普遍的对女性的奴役，人们却置之不理，只有女权主义的文章是例外。即使间或提到，它们也只是作为性趣事一带而过，而不把它们当作构成历史的重要和严肃的材料。

但是，显而易见，这种局面对妇女来说曾经是——而且现在仍然是——非常严峻的。其实，对几千年来导致并维持着妇女的性和社会驯化的男人来说，也是（而且曾经是）相当严峻的。因为我们已经看到，压制和取缔过去的规范，需要动用法律和神话的最大力量。更为严峻的是，为了防止人们偏离新规范，需要长期使用野蛮和暴力，杀一儆百。

从另一方面说，驯化女人——即利用女人为男人服务，成为男人豢养的家畜，比如牛，或财产（在"十诫"中，女人就是和这些东西并列，这绝非偶然）——也是男人的一件难事。将妇女转变为男人的财产的过程，必然使男人从身心健全的人类，转变为性心理机器人：作为男性统治关系一分子的男人，他能够继承以一方的剥削和压迫而不是双方的利益和关怀为基础的人际关系和性关系，并对之麻木不仁，甚至欣赏备至。

并非所有男人都符合这种男性理想，过去不是，现在也不是。历史上有许多男人拒绝这种角色。但是，统治关系社会不是，也不曾在这些不服从者的统治之下，这些人至今仍被称为"娘娘腔"，受到人们的嘲笑。

于是，在古罗马、亚述和希腊，处死人的常见方式是钉在十字架上示众（最广为人知的例子，就是罗马士兵杀害耶稣）。那些下令行刑的人——就像后来那些以耶稣的名义下令当众折磨、搜捕甚或烧死"女巫"和"异端"的人一样——显然已经习惯于压抑，甚至扼杀所有的怜悯和同情。男人要学会控制，妇女要学会接受这种残酷的性虐待，他们就必须在以我们考察的这些法律、价值观和习俗为准则的家庭中长大。

于是，根据古罗马的法律，男性家长，或曰家庭中的父亲（pater familias），对人、对性都有独断的权力。① 尽管 25 岁是罗马妇女法定的独立年龄，但她们终身生活在父权或夫权之下。而罗马人在结婚时通常有一个叫作"婚礼"（coemptio）的仪式，其实这个仪式就是模拟交易，妻子被交到丈夫手中，成为他的动产。② 从一些文字资料中，我们看到，古罗马的妻子有可能因为饮酒而被丈夫杀死（至少一则宣讲正确的家庭价值观的寓言向读者推荐了这种残暴的行为），这对我们来说简直难以置信。瓦莱雷斯·马克西莫斯（Valerius Maximus）在一篇题为《经典言行》的文章里，记录了一位叫作埃格纳提斯·米特留斯（Egnatius Metellus）的人，"操起棒子打死了他的妻子，因为她喝了一些酒"。他又说："不仅没人指控他犯罪，甚至没人说他做得不对。人人都说这是个好榜样，对违反清醒法的人实行了公正的惩罚。的确，如果女人过量饮酒，那她从

---

① 古罗马许多早期法律据说都是罗慕路斯大帝制定，还据说他是罗马的建造者。为了支持男性在性上控制女性，罗慕路斯制定了法律，女人犯通奸罪可处以死刑。他还强迫罗马的所有市民"养育女性所生的每一个头胎男孩"［莱夫科威茨和范特（Lefkowitz and Fant），1982，第 173 页］。

② 莱夫科威茨（Lefkowitz）和范特（Fant），1982，第 202 页。后来的"改革"使得无夫权婚姻也获得了合法地位，这对妇女是喜忧参半。同时，也基本上剥夺了妇女对丈夫不动产提出要求的权利［哈利特（Hallett），1984，第 244 页］。

此就会与恶习为伍，与德行无缘。"①

　　但是，也有证据表明，尽管有这些法律、习俗和价值观，在古罗马以及我们所考察的其他古代社会，至少有一部分男女在相亲相爱。古罗马作家小普利尼（Pliny）在给他妻子卡普纳（Cappurna）的一封信中写道："你不会相信我有多么想你。我太爱你了，我们过去很少分离。因此我彻夜不眠地思念你，白天到了我平日去看你的时间，我的两腿就把我驮到你的屋里（一点儿不错，就是驮去的）；发现你屋里空空如也，我不得不离开，就像吃了闭门羹的恋人。"②

　　此外，奥维德、卡图卢斯（Catullus）和普洛佩提乌斯（Propertius）用拉丁语写的一些著名情诗，也歌颂了即使以今天的标准来看也堪称自由的爱情（或婚外情）以及妇女的性独立。在这些诗歌中，女主人公在性上独立自主，置双重标准等社会规范于不顾，甚至要求情人对她们感情专一，她们也确实获得了这种专一。J. P.哈利特（Judith P. Hallett）在分析这些诗歌（在当时一定非常流行）时写道，这是一些非常好的材料，其中重要的主题是男女角色对换、反对双重标准，以及主张平等的伙伴关系或颂扬"相互信任"的浪漫爱情。③

　　哈利特说，这些诗有时借用政治联盟来比喻男女关系。作者有

---

① 莱夫科威茨（Lefkowitz）和范特（Fant），1982，第176页。另一条罗马法律规定，"如果媳妇打公公，她将被献身祭祖神"——用通俗的话说，就是杀死她［莱夫科威茨（Lefkowitz）和范特（Fant），1982，第174页］。法律允许丈夫按自己的意愿使妻子同自己离婚，实际上进一步强化了男性控制妇女的法律。所以当我们读到瓦莱雷斯·马克西莫斯的《难忘的言行》中盖勒斯"把妻子休了，因为他捉到她在室外没有戴盖头"，还阅读到另一男人威塔斯"把妻子休了，因为他看见她在公共场所与一个平民自由妇女窃窃私语"［莱夫科威茨（Lefkowitz）和范特（Fant），1982，第176页］。
② 莱夫科威茨（Lefkowitz）和范特（Fant），1982，第239页。
③ 哈利特（Hallett），1984，第248页。

时也将他们的爱情生活描写为"等级和财富的可敬的替代物"——把爱情关系看得如此重要，这是一种执着的女性价值观。他们甚至"表现出对罗马的传统观念的不满，即对视女性为羞涩顺从的动产，以及当时流行的做法，即假意给妇女以更多的自由，实则更多地剥削她们，表示不满"。①

因此，哈利特认为，这些诗"构成了当今社会历史学家所说的'反文化'"，这并不是夸大其词——当然还得补充一点，就是其中也可能有那个时代的纵欲和厌婚的成分。但是，至少它们说明了当时寻找建立更倾向于伙伴关系的新的男女关系的努力。②

公元前1世纪（即那些情诗写作的年代）确实是许多统治关系观点受到挑战的时代——至少受到了一部分人的挑战。在罗马以及罗马帝国以外的地区，比如巴勒斯坦，都是这样。在巴勒斯坦，一位名叫耶稣的年轻犹太人在宣讲伙伴关系的道德：将怜悯、同情和非暴力上升为待人治国之道。③

在罗马，这是一个妇女得到更多个人自由的时代。我们发现的证据表明，至少统治阶级中的妇女有时掌握着不小的权力。但是，她们是在强大的欲将个人和经济权力全部归于男人手中的法律和社会基本结构中——比如，这个社会中有禁止妇女参政或选举的法律——勉强地行使着这些权力。就连罗马历史上那一阶段的上层妇女人所尽知的"不道德"，同那时的男人们的纵欲相比，也显得黯然失色。

与金布塔斯称为库尔干人的史前印欧入侵者相比，古罗马就像古代苏美尔、巴比伦、希腊和《旧约》时代的巴勒斯坦一样，当然

---

① 哈利特（Hallett），1984，第253、246页。

② 哈利特（Hallett），1984，第253、246页。

③ 对耶稣和伙伴关系的讨论，见《圣杯与剑》第9章。

是一个文明得多的社会，在技术和文化上都更为发达。而且，到公元前 1 世纪，它已经远比古巴勒斯坦或雅典更复杂、更具世界性。

但是，罗马仍然是一个彻头彻尾的野蛮残暴社会，是野蛮地征服了一个庞大帝国的奴隶社会，是一个男人统治女人、"上等人"统治"下等人"的统治关系模式统领一切人际关系、国内关系和国际关系的社会。约翰·佩拉多托（John Peradotto）和 J. P. 沙利文（J. P. Sullivan）在他们合著的《古代世界的妇女》（*Women in the Ancient World*）一书中说道："罗马人将所有权力赋予一家之长，正如他们先将所有权力赋予罗马国王，后来在帝国时期又将所有权力赋予恺撒一样。"他们还指出，那是武士的天下，[①] 一个推崇"刚硬"或所谓男性价值，鄙视所有与妇女和"女人味"相关的东西——包括我们称为爱情的那种"女里女气"的感情——的社会。

在那个社会里，同古雅典一样，日常的性生活是既随意又粗暴的［在一些小说里，比如阿普列乌斯（Apuleius）的《金驴》（*The Golden Ass of Apuleius*）中，就能读到这些］。[②] 在这里就如同古雅典一样，主人常常虐待奴隶，并在性上剥削他们，性暴力被视为当权者的特权（苏埃托尼乌斯的《十二位恺撒的生活》（*The Lives of the Twelve Caesars*）一书中就有这样的记录）。[③] 一句话，这里和古雅典一样，阳具是最高统治者（我们至今仍然能够在罗马和其他城市的纪念战争胜利的男性生殖崇拜碑上或曰方尖碑上看到这一点，在被火山灰掩埋的庞贝遗址上，我们也能看到挺立的阴茎雕像，守卫着男人的房屋）。

但是，不管他们如何强化阳具的力量，如果看看罗马人身不由

---

① 佩拉多托（Peradotto）和沙利文（Sullivan），1984，第 3 页。

② 阿普列乌斯：《金驴》，格拉夫英译本，1954。

③ 苏埃托尼乌斯（Suetonius），1986。

己的纵欲过度，我们就会发现它们反映的其实是性无能：在性和感情上无法感受到真正满足。以我们今天对强制性性行为的的了解，它们通常产生于缺乏体验身体感受和全部感情的能力。也就是说，罗马人的性狂欢以及一些罗马皇帝的性虐待行为是举世闻名的[1]，在他们的欲壑难填及残酷的行为背后，是统治关系性心理的盔甲，它有效地抵挡了对身体和情感的完整感受。

123

　　在今天，也是这同一层性心理盔甲驱使男人追求更大的性征服，追求战争的"刺激"，以及其他引起战争和两性之争的狂野的强制行为。正是这层盔甲——以及统治与被统治的人际关系中不可避免的越来越严重的焦虑——仍然在大众传媒中占有一席之地，在电影中的暴力和残酷，不亚于罗马皇帝出钱兴办的"斗兽场"中的虐待狂，欢呼的人群在那里观赏"以命相搏"的"英勇的"角斗士、基督徒和其他"罪犯"被野兽撕碎、吞噬。也正是这样一层盔甲，在现代色情产业中得到了表现和加强，男人对妇女的暴力统治和侮辱（以及男人对妇女的残酷和野蛮，在一幅又一幅丑恶的图像中）被当作刺激和挑逗性的娱乐，展现在我们眼前。

　　因此，在统治关系社会里，妇女的性受到压制和扭曲，至今仍有许多妇女无法表达自己的性欲望，更体验不到什么性高潮。但是，这绝不仅仅限于妇女。在下编中我们将看到，男人的性也被扭曲和僵化。有许多男人一方面迷恋阳具的威力，另一方面却根本得不到最基本的性力量：慷慨给予和充分体验性快乐的能力。

　　这么说来，对阳具的崇拜压根就不是性崇拜，而是将男人的性作为男人暴力、征服和统治的象征加以崇拜。正像阿基里斯和阿伽门农王之间的争斗并非真正地起因于他们对布里塞斯（Briseis）的

---

①　苏埃托尼乌斯（Suetonius），1986。

性爱，而是起因于权力争夺一样。至今甚至在梵蒂冈也能看见的方尖碑（以及美国首都的华盛顿纪念碑），也不是纪念男人给予和接受性快乐的能力，而是纪念他们在战争中的杀戮和征服。

这就是我们从这些古代社会继承的性形象。它与宗教艺术以妇女的阴门为中心的那个时代里的性形象，毫无共同之处。现在，妇女的阴门说不得了——就连"异教的"希腊人和罗马人也和如今的人们一样，只在色情描写中提到它。最有趣同时也最悲哀的是，在这种性形象中，性已经不再是主要的生命力，也不再是人类的创造力和联系的源头，而是男人征服他人、妇女或其他缺乏进取心的男人的工具。

至于灵魂，我们在关于西方史前历史和西方历史的其他章节中会看到，它也大大不如从前了。它与自然、性爱和快乐隔离，其重心也随之转移——痛苦、惩罚和死亡逐渐取代了性、生育和再生，成为神话和生活的主题。

第七章　统治关系世界里的圣婚：
　　　　性变态、死亡和出生

　　最重要的西方神话是从我们刚才所考察过的社会，即从古代的希腊、巴勒斯坦、苏美尔、巴比伦和罗马流传下来的。这些神话出自其早期和晚期的各种充满矛盾的因素的混杂：一个变态世界里的变态神话。

　　这些神话教导我们，勇敢就是奋不顾身地杀人（男人被如此教导），而不是舍生忘死地生育（妇女就是这样做的）。这些神话教导我们，自由是男人最高贵的目标，但对妇女则是最卑贱的侮辱——这等于女人性"自由"或"乱交"的别名。这些神话教导我们，道德、性和精神只能由男人来定义，女人，尤其是女人的性是非常危险的，真正的灵性（就像真正的智慧、力量和公正一样）需要脱离所有与肉体和感情、与真正的人、地球上真正的生命相联系的东西（比如性、爱和女人）。

　　这些神话带来了这么多的惨痛、不公、流血和野蛮，因此，有些人觉得出路即在于彻底抛弃我们的神话——抛弃所有这些违背逻辑的和非理性的东西，并致力于改变我们的现实。但是，要改变我们的现实，就必须改变我们的神话。历史有力地证明，神话与现实并存。①

---

　　①　在下编中再深入讨论。

在这一点上，考古新发现特别有用。它使我们明白，最根本的东西——如何看待我们的肉体、性和生死——可能而且事实上已经被深刻地改变了。不仅如此，它还使我们有可能用新眼光去看待古老的神话——包括关于性关系及身后事的那些神话，使我们看到不同的故事和形象所传达的世界观和生活方式是多么的不同。

在早期神话所反映的世界观中，死亡既不是孤立的事件，也不是天堂或地狱里的终结，它是整个循环中的一环：性、生、死、再生的循环，女神在这个循环中将她所给予的收回，为的是再给予，而性在这个循环中则发挥着神秘的核心作用。我们的祖先了解妇女只有性交之后才能生育，于是他们显然将每年春天植物和动物生命的复苏（甚至太阳每年冬至以后的回归），也归结于某种性结合的作用。于是我们的祖先发明了一些仪式，使人类与掌管宇宙的神秘力量结合，而他们把这种神秘的力量与女性的生殖力联系起来。

因为倘若植物能够一次又一次地从大地（植物的子宫）中出生，那么即使人无法看到整个过程，也可以相信，女神创造了昼夜的循环、大麦和小麦的循环，以及春秋的循环，也会创造人类生命的循环。还可以相信，通过与神秘的性力量合而为一的色情仪式——女神就是通过这种力量创造了生育和再生的奇迹——我们人类不仅能得到庇护，在不可避免的痛苦、悲伤和死亡中寻到安慰，而且有更多的机会世世代代过上快乐富足的日子。

但是，倘若说在一个更倾向于伙伴关系的时代，女神的圣婚象征着男女的结合，以及我们与宇宙中给予生命和快乐的力量合而为一，那么，在一个对女神和她的圣子或情人的崇拜日益被对暴力和好战的男神崇拜所取代的世界里，又能有什么圣婚值得庆祝呢？在欧洲基督教化的同时，性本身被贬斥为一种罪孽，追寻早期性仪式之旧梦的妇女，被打上女巫的标记，这时会发生什么事情呢？

在这样一个世界里，女神崇拜和圣婚——令人迷醉的宗教仪式，都不得不要求完全不同的形式和意义。在下面的篇幅里我们将会看到，现实正是这样——有时其结果荒唐和古怪到了无以复加的地步。

127

英雄、怪物与圣婚

关于忒修斯、阿里阿德涅和人身牛头怪兽米诺陶洛斯的著名故事，是一个绝好的例子。这个家喻户晓的希腊神话意味深长地发生在克里特岛，故事里有一个坏国王，叫米诺斯（Minos），他每年要让雅典人进贡七名少男和七名少女，把他们献给一个半牛半人的怪物，这头怪物名叫米诺陶洛斯。故事就从雅典的少男少女（其中包括雅典国王的儿子忒修斯）抵达克里特讲起。忒修斯用爱诱惑米诺斯的女儿即女祭司阿里阿德涅，骗她说出了只有她一人知道的秘密：如何安全地出入嗜血的米诺陶洛斯居住的地下迷宫。忒修斯带着阿里阿德涅给他的魔线和自己的宝剑，来到迷宫，趁人身牛头怪不备抓住了他，并马上将他打入地府（希腊神话中死人生活的世界）。

这个故事有一个非常有趣的特点，即对迈锡尼国王米诺斯的丑化。在更早的作品里，米诺斯并不坏。荷马在描写辉煌的迈锡尼时代时，将米诺斯说成宙斯的亲生儿子。赫西奥德说他是古代世界里最神圣、最公正的立法者。对米诺斯的丑化，无疑反映着迈锡尼国在地中海统治的结束，以及雅典权力的逐渐上升。①

倘若我们了解了直到迈锡尼时代的克里特妇女的重要地位，再回过头来看这个故事，那么更有趣的是它对阿里阿德涅的描写——也许她和荷马《奥德赛》中的迈锡尼费埃克斯人的女王阿瑞忒一样，仍是女神的代表，受到人民的崇拜。即使在这个雅典神话中，阿里阿德涅也是一位大权在握的女人。她就像苏美尔赞歌中的伊南娜一样，掌握着通往迷宫的秘密，即象征着旅程开始的秘密。这个旅程和伊南娜、杜木兹在死亡者的下界的旅行一样，也只有她才知道如何才能返回。

只是在这时，那种知识和那段旅程已不再与性、死亡和再生的轮回有什么联系。在旅程中，也不再有什么女性神灵扮演着重要角色。它变成了一位男英雄独自上路。目的地不再是阴间或下界女神的王国，如同伊南娜的赞歌那样，在伊南娜的赞歌中，下界的女王是她的姐姐埃列什基伽勒（Ereshkigal）。② 这时，男英雄要去的地方是地下长蹄长角的男怪物（与后来基督教的魔鬼形象颇为接近）的居所，他在那里吞噬人肉。

在伊南娜和杜木兹的故事中，伊南娜从下界返回，重新统治她的人民，而忒修斯和阿里阿德涅的故事结尾却截然不同。对于忒修斯来说，他作为凯旋的英雄，当了国王。而对于阿里阿德涅来说，

---

①　马拉·凯勒（Mara keller）认为，在迈锡尼文明时代，克诺索斯的统治者实际上是一位残暴霸主，他苛求雅典的贡品以处女为和青年形式，用来献祭。按另一种传说，是因为雅典人杀死了米诺斯的儿子。无论哪一种情况，忒修斯的传说反映了古代以女神为中心的神话发生了变异。在以女神为中心的神话中，作为女神的代表，阿里阿德涅从来都不是忒修斯临时使用的工具。当然也反映出雅典的权势超过迈锡尼的权力。（凯勒，未出版的著作。）

②　《伊南娜世家》，沃尔克斯坦（Wolkstein）和克雷默（Kramer），1983，第51～90、156～157页。

她的人民战败了，忒修斯背弃了她的爱情，因而她背井离乡，逃到了遥远的纳克索斯岛上。

希腊诸神如宙斯、阿波罗和阿里斯都是从印欧民族引进的，希腊神话中的英雄也同样是那些全面占领了古代世界的男人们的理想化代表。在这些原始英雄身上所体现的品质，与我们现在的伟大英雄，与兰博或詹姆斯·邦德，没什么不同。他们是彻头彻尾的杀手，他们的力量不能给予生命，只能夺取生命。为了达到目的，他们毫不犹豫地撒谎骗人。在一个妇女逐渐成为男人的财产的世界里（克里特最终也未能免俗），他们对妇女是强奸、诱奸加拐骗。

而且，对古代希腊英雄来说，与女人的性关系不过是逢场作戏，在詹姆斯·邦德和当代其他大英雄历险记的电影里也是如此。性不再是与女神崇拜相关的神圣行为，而是与野心勃勃的征服和统治欲望联系在一起——尤其是与暴力联系在一起的。①

或许是因为王权统治的合法性要通过圣婚来获得这一观念根深蒂固，在忒修斯的时代依然存在，他最终娶了阿里阿德涅的妹妹费德拉（Phaedra）。但是，这位妹妹和她姐姐一样，也不再是女神的代表。我们只知道她是国王米诺斯的另一个女儿。也就是说，古代女神以及作为她的世俗代表的女祭司原型，这时已经走了样。圣婚制度也同样不是原来的面目了，这时它不再按照以母亲及与妻子同住的丈夫追溯血统的方式发生——而在远古女祭司或女王的土地上，所有的圣婚都是那样举行的。这时，圣婚在忒修斯的国家举行，他把年幼的费德拉带到他的国家，小费德拉从此成为他家的一

---

① 宙斯本身就是一个臭名昭著的对凡间和神界妇女都犯有罪行的强奸犯和诱拐者，这反映了（并强化了）从伙伴关系到统治式男女关系的变异。

员：这非常清晰地反映出从母系社会向父系社会的过渡，以及雅典女孩的童婚风俗。

129　但是，在这个围绕一位希腊王子或国王所进行的斗争的故事中，巨变之后的性关系，即忒修斯先是和阿里阿德涅，后又和费德拉之间的性关系，并非篡改和贬低圣婚的唯一手段。对圣婚篡改、扭曲得更厉害，简直就是滑稽地模仿的地方重读这个故事中关于米诺陶洛斯的描写时，我猛然意识到关于米诺陶洛斯出生的描述才是对圣婚更严重的篡改和歪曲，简直就是恶搞。

故事说，米诺陶洛斯是米诺斯国王的妻子帕西法厄（Pasiphae）王后的孩子。但是，他的父亲并不是国王，而是一头漂亮的白牛，希腊海神波赛冬因米诺斯没有祭献公牛而要惩罚他，就让帕西法厄爱上了这头白牛。

早在旧石器时代，公牛就成为男性力量的象征——很可能有一个关于女性生殖神与一头公牛性交的神话，因为否则我们在一个旧石器岩洞发现的图像，一头长角的动物站在一位怀孕的妇女身上，就得不到合理的解释。① 男性生殖器与公牛的这种联系，在伊南娜赞歌中仍然十分明显（伊南娜称杜木兹为她的野牛），甚至一直延续到米诺斯和迈锡尼时期的克里特（在所有与女神崇拜有关的地方，祭神的牛角都是重要的宗教符号）。因此，帕西法厄与白牛的性结合，无疑仍是女神代表的女性特征与古代公牛神代表的男性特征的圣婚。

但是现在，我们所看到的不再是具有重要宗教意义的仪式，而是国王的妻子非法、不自然的风流韵事。而且，这次性结合不是在春天带来新的生命，或象征女神掌管生死和繁殖力量的圣子，而是

---

① 马沙克（Marshack），1991，第 320 页，以及图 189。

产生了一个嗜血无度的怪物。

　　总之，在中世纪基督教教义中，性与罪孽总是连在一起，同样在忒修斯的故事中，帕西法厄（代表女神）与白牛（古代的公牛神）的圣婚成为一位不忠的妻子的通奸行为。最后——与古代神话和原型完全相反——那种一度是神圣的结合，如今其产物竟是一个邪恶嗜血的妖魔，恰巧与后来基督教神话中在地狱里无休止地折磨人类的长角长蹄魔鬼的形象不谋而合。

祭献、妖魔与性

　　希腊人将古代公牛神妖魔化，使之成为一个可怕的怪物，不断地要求人牲即以活人作为献祭品。倘若联系新石器时代艺术中女神本身也常以半人半兽的形象出现，因为鸟女神或蛇女神象征着自然万物的统一，那么，希腊人的做法就显得格外有意思。米诺斯以及后来的迈锡尼时期艺术中仍有许多幻想的杂交生物——比如狮身鹫首的怪兽格里芬（Griffin）与埃及的斯芬克斯相似，是一种半猫科、半鸟类的怪物。但是，在米诺斯时期，格里芬不是怪物，而是美丽优雅的生灵。我们从迈锡尼印章上看到的米诺陶洛斯形象，也不是吞噬童男童女的怪物，而是表现出一种很亲切的姿势，一条腿搭着另一条腿，随意地坐在一把椅子上。

　　历史上丰富的神话图案清楚地记载了对早期神灵和宗教象征的妖魔化。约翰·梅尔（与塞缪尔·诺亚·克雷默合著了《恩基度之谜》（The Myths of Enki），与约翰·加德纳合译了《吉尔伽美什》）写道：“在美索不达米亚，最突出的例子是伊姆杜吉德（Imdugud，即安祖乌——译者注），后来被妖魔化，成为风雨神，由于偷盗《宇宙法典》（me）带来混乱，最终由于对全宇宙犯罪而被杀死。"另一个例子是"保护人类的拉哈玛（lahama），至少在艺术中，后来成为妖魔享巴巴（Humbaba），最后死于吉尔伽美什和恩基度刀下（尽管他是杉树林的看守，并且是恩利尔的手下）。"①

在对早期神话人物的妖魔化中，通常都出现人牲。例如，希腊人把古代蛇神变成可怕的美杜莎，把鸟神变成吓人的鹰身女妖（Harpies），还说提坦（希腊宇宙观中较早的神）吃掉他们自己的孩子。中东地区的妖魔莉莉丝（Lilirb）是另一个例子。在一些希伯来传说中，莉莉丝由于不服从亚当——尤其是拒绝与他以"教士"体位（男上女下）进行性交——而受到雅和威（Yahweh）的惩罚，因此每天要成千上万地杀死她自己的孩子。

在历史上，女人（例如中世纪的"女巫"）和女神［例如伊什塔尔和阿斯塔特（Astarte）］都偶尔与人牲联系起来，但是在史前艺术或其他发现中并没有什么证据，能证明人牲是我们从远古女神崇拜的社会中继承下来的主要遗产。首先，在新石器、旧石器和米诺斯时代的艺术中，根本没有人牲的艺术表现。其实，在米诺斯艺术中，我们所看到的不是用少男少女去喂米诺陶洛斯，而是在看起来非常重要的体育竞技和宗教仪式上，少男少女与公牛共舞。

用我们的眼光看，这种公牛舞是一种非常奇特的仪式，因为我们已经习惯于斗牛，斗牛士（matadors，在西班牙语中就是"杀手"）用伤害肉体的方式激怒一头公牛，然后以象征统治和征服的仪式化动作，用剑将牛杀死。但是，倘若人们在意识中不是要征服自然，而是要与给予生命和带来死亡的自然力量合而为一，那么不持武器的少男少女与这头象征性能力和毁灭力量的强壮动

---

① 约翰·梅尔给作者的信，1993 年 9 月 6 日。

物共舞，当然就完全是另一种含义了。或许，用考古学家尼古拉斯·普拉东（Nicolas Platon）的说法，在米诺斯人"对女神自然持有的强烈信念"中，这种仪式的含义并不深奥：这只是一种保持平衡的行为，这些人对于生命的传奇式的热爱，象征性地受到随时出现的死亡的制衡，因为地震带我们很容易发现生死并存的仪式。

但是，关于克里特史前使用人牲的说法依旧流行，虽然没有确凿的考古发现能够说明米诺斯或新石器时代具有这样的祭献仪式。[①] 梅拉特发现在卡特尔·胡尤克（Catal Hüyük）没有血祭用的祭坛。[②] 金布塔斯指出，那些早先被解释为人牲的考古发现大多数是错误的，其实那只是对死者尸骨的二次埋葬。现在我们知道，在史前崇拜女神的社会里，这是一种流行的做法——而且在地中海某些地区一直延续至今，关于塞萨利（希腊北部地区）的一个仪式的记录表明，死者的女性亲属是仪式中的中心人物。[③] 金布塔斯还提到在意大利南部的一个岩洞里发现了一百多人的遗骨，其中一些人在掩埋前被砍了头，一些人带有刀砍的痕迹，"现在这一切都可以理解了，倘若考虑到古代流行的丧葬习

---

① 例如，有一个盛着两个儿童骨头的大口陶罐，考古学家露西·古迪森认为，它有可能属于迈锡尼文明时代初期，似乎不是祭品而是第二次埋藏。使用大口陶罐是爱琴海的风俗习惯，这种风俗习惯无疑延续到整个迈锡尼时代。另一个作为米诺斯克里特文明的祭献习惯而高度宣扬的考古发现，详细记述于《国家地理》杂志，1981 年 2 月号，第 220 ~ 224 页。但是按照普拉东和其他希腊考古学家的观点，刊中所谓为躲避地震而"中断的祭祀"，其实完全不是那么回事。他们认为，考古学家称为"祭坛"的遗址实际上是在地震时陷落的一堵墙。而且认为在现场发现的两个人，即所谓"牧师"和"祭杀者"实际上只不过是建筑物倒塌时被压死的人而已。（1989 年作者与尼古拉斯·普拉东和阿纳斯塔西娅·普拉东的会见）

② 梅拉特（Mellaart），1967，第 77 页。

③ 金布塔斯（Gimbutas），1991，第 296 页。

俗是将死者头颅取下，进行特殊仪式，然后单独埋葬"，"这并不是人牲"①。

一些研究者，如维基·诺布尔（Vicki Noble）和芭芭拉·沃克（Babara Walker），甚至认为连动物祭祀都可能是统治关系（或用她们的话说是父系）社会的习俗。她们指出，最早的血祭是用"妇女的经血"（比如旧石器和新石器时代葬礼上的赭红色，那是繁殖或再生的象征），只有到了妇女的性力量在神话和宗教仪式中都不再重要的时候，才"需要"通过杀戮获得圣事用血。她们还指出，美索不达米亚伊南娜赞歌中，女神伊南娜和公牛神或国王杜木兹每年都有一段时间（秋季和冬季农闲的时候）双双回到下界，后人对这些故事仅仅做了字面上的理解。她们的意思是，父系社会里仪式上的杀戮，原本只是象征性的神话（犹如死而复生的女神或男神的原型），或象征性的仪式（就像基督教的领圣餐仪式，神父递给教徒的饼，象征着基督的身体，葡萄酒象征着基督的血），而不是真正的人牲。

对于人牲在转向统治关系社会之前的女神崇拜社会中非常流行的说法，我颇感怀疑，不过我相信在一些新石器时代早期社会（或许还有旧石器时代社会）的仪式上，确实要杀动物。但是我还要补充一点，即有证据表明，至少在古代世界的某些地区，血祭只是游牧民族而不是农耕民族的风俗特征。例如，古迪森（Goodison）在谈到关于米诺斯时代的克里特普遍使用人牲的说法

① 金布塔斯（Gimbutas），1991，第292页。这些二次埋藏的仪式似乎经过精心安排。"祖先遗骨回归的日子是欢快的庆典。"金布塔斯描写了奥克尼岛著名陵墓圣所的情况，"盛宴的遗迹是丰富的：绵羊、山羊、牛、猪等骨头在地宫内部随处可见"。在这些时刻大块石头建造的陵墓也是歌舞仪式的场所。金布塔斯指出："舞蹈与撒丁岛地宫和其他纪念碑的葬礼相关，这是已知的事实。"［金布塔斯（Gimbutas），1991，第294页。］

时指出，只是在米诺斯时代向更为好战的迈锡尼时代过渡时，克里特艺术中开始不断出现使用动物祭祀的形象。她写道："早期从来没有一个图案赞颂用动物祭祀。"与之形成鲜明对照的是后来手持武器，"做出指挥的姿态（常站在一个高台上）"的男神"开始取得重要地位"，而且我们看到的不再是"与画面上的生灵相连相伴，尊重认同"，而是统治以及经常出现的"对于驯服的、死亡的、被抬着的动物的描绘"。①

另一条能够说明血祭（不论是用动物的血还是人血）是游牧人而不是农耕人的普遍习俗的证据，居然出现在犹太—基督教《圣经》的前几章里。在这几章里我们读到，耶和华喜欢牧人亚伯的血牲（被杀死的羊）胜于该隐贡献的土地上生长的果实。从历史上看，是游牧民族毁灭甚或占领了早期的农耕社会，而在这里则恰恰相反，代表早期农耕民族的该隐，被指控犯有杀害手足的滔天大罪。②

这并不是说在史前早期的女神崇拜社会中绝对没有用动物甚至人祭祀的例子。但是，倘若这是当时的流行做法，那我们应该能在这些社会众多的艺术作品中看到对它的描述。而事实是，只有到后来倾向于统治关系的社会——比如埃及王朝（那里的法老有时让妻子和奴隶陪葬）和阿兹特克王朝（那里掌权的祭司将俘虏的心脏挖出来，并将处女奉献给他们的那些好战的众神）——我们才看到大量关于人牲的艺术记录。最能证明人牲仪式的考古发现，也

133

---

① 古迪森（Goodison），1989，第113、114~115页。

② 也支持这一论点，即《圣经》中记载预言家耶利米抱怨人们倒退到迷信女神的时代，而男人们则说，当他们的妻子为天后烘糕点、烤面包时，他们就赢得了繁荣与和平（《圣经·耶利米书》44：17）。这也说明新石器时期的农耕民族更喜欢用土地上收获的果实作为祭品而不用血祭。

来自我们这里考察的文化转型之后很久的社会里——例如，好战的迦太基人。①

而且，只有在倾向于统治关系模式的社会里才有每年向某位神王——女神的儿子兼情人——献祭的传说。在伊南娜的赞歌中，最重要的仍是圣婚，性与快乐和自然的再生相连。而下界之旅（死亡）虽说在现实中是残酷可怕的，但是它也与再生（伊南娜、杜木兹及他妹妹的定期返回）联系在一起。据说在巴比伦，国王（或他的代理人）在新年（庆祝女神和当政国王的圣婚）可能被仪式性地杀死，但是在伊南娜赞歌或美索不达米亚的任何文本中却找不到这样的记载。②

可是另一个故事讲述祭司们走出庙堂，在意大利一个小树林里与罗马女神狄安娜（Diana）角斗（詹姆斯·弗雷泽在《金枝》（*The Golden Bough*）中关于史前的人牲仪式，在很大程度上是以此为依据的），却将圣婚与仪式性屠杀联系起来——甚至让前者服从后者。③ 同样，在关于忒修斯和米诺陶洛斯的希腊神话中，圣婚只

---

① 关于这个考古学证据的讨论，见斯塔格（Stager）和沃尔夫（Wolff），1984。

② 比如，达利（Dally）在《美索不达米亚神话》（1989）中没有提到在节日期间仪式性地杀死国王的情况（约翰·梅尔给作者的信件，1993 年 9 月 6 日）。这是重要的美索不达米亚文献英译本。

③ 弗雷泽（Frazer，1922，1969，6）指出，"那些故事一定是从人类有历史记录以前留传下来的一些传说"，如森林之王必须从与女神狄安娜相关的树上折下一枝，然后在内米湖畔寺庙附近的小树林中杀死他的前任，"那时，意大利仍然远非礼仪之邦"。他用 19 世纪人类学关于"原始部落"的描述为对照，支撑自己的论点。但这些"原始部落"事实上与我们一直在考察的新石器时期的社会很少有共同之处。这些部落的特性是具有男性统治的专制性和暴力，首领像走马灯似的周期性轮换，由更年轻、更强大的"男强人"轮流担任。弗雷泽的理论早就为大多数学者所扬弃。如沃尔特·伯克特在《希腊神话和仪式的结构与历史》一书中写道："弗雷泽的'植物之神'是后古典时期的寓言变形为宗教发生理论，它们来自巧言和诗，我们也只当它们是巧言和诗。"［引自古迪森（Goodison），1989，第 45 页］

是偶然事件，而且与快乐无关，它是神的报复以及对米诺斯王和他妻子的惩罚，只因米诺斯王没有杀牛祭献希腊的波赛冬神。

换言之，在更古老的艺术和神话中，中心主题是生命的循环往复，强调性、爱和再生，而在后来的艺术和神话中，中心主题则落在了惩罚、牺牲和死亡之上——有时甚至女神，不论在战争中还是在宗教神话中，也开始要求人牲，比如伊什塔尔。倘若看到这些神话反映的是一个给予和养育生命的力量敌不过夺取生命的力量的社会，那么对于死亡和牺牲的强调，也就不那么奇怪了。或者根据神学家沃尔特·温克（Walter Wink）的观察，倘若这个世界的神话中有这么多代表邪恶的怪物和妖魔，那是因为这个世界上有这么多邪恶。倘若这些神话中的主人公个个凶神恶煞，他说，那是因为"关于神的故事准确地反映了现实的政治发展"①。

134

变化的世界，变化的神话

这里当然也并不是说更倾向于伙伴关系而非统治关系的远古社会里就没有一点儿邪恶或妖魔势力。人类既有慈善（善）的能力，也有残暴（恶）的能力。自然创造生命，也毁灭生命，这些过程对我们所有的生命都有影响。但是我们在倾向于统治关系的社会里（不论是原始的，还是技术相当发达的）所看见的向绝对的善与绝对的恶的两极分化，并不是远古更吉兰尼的（gylanic）社会的主题，我们发现那时并没有善良的神或英雄与一大群邪恶的怪物或魔鬼长期对峙。

但是，在公元前 1100 年前后的巴比伦神话《天之高兮》

---

① 温克（Wink），1992。

（*Enuma Elish*）中，① 创造本身就被描述为一件暴力行为：女神提阿玛特被一位男神马尔杜克（Marduk）谋杀，于是从她支离破碎的残骸中，世界——以及新的世界秩序——形成了。根据这个故事，不仅世界而且全人类都出自暴力。因为马尔杜克杀死圣母创造了世界之后，也杀死了她的配偶金古（Kinggu），并用他的血造出人来为诸神服务。

我要说的是，这些神话对暴力做了如此多的描绘，并通过妖魔化其他民族及其崇拜的神，使自己显得合理，这是有原因的。严格的统治关系社会为了维护自身，需要将残酷、暴力和麻木亦即邪恶理想化、制度化。要不然，建立在严格的统治等级之上的社会关系和性别关系如何得到加强呢？而且，既然在这种统治制度下，邪恶丛生，以维持这种人际关系，却不承担任何责任，那么，恶果就会在别处反映出来——不仅反映在神话中，而且反映在现实中。

这种反映之一，就是将自己的问题和弊病统统归咎于社会上没有权力的群体。基督教徒受到罗马人迫害时，其罪名就是祭献仪式和吃人肉，也许这是因为在领圣餐仪式上人们象征性地喝耶稣的血、吃耶稣的肉。人牲仪式后来又被基督教裁判官们抬出来，成为折磨和烧死那些被指控为女巫的妇女的借口。甚至到 20 世纪，它还成为沙皇屠杀俄国犹太人的借口，说犹太人杀死并吃掉了基督徒的孩子。

另一个典型的反映就是人类发明出妖魔或魔鬼。在许多神话中，这些妖魔或魔鬼就是被征服或受迫害的民族的精神被歪曲以后的形象。邪恶的另一种反映还可以从神的本身看出来——这便是在

① 一般认为，《天之高兮》其实是较晚的作品，成于尼布甲尼撒一世（Nebuchadnnezzar I，公元前 1125 ~ 前 1104）统治时期以后的作品（梅尔给作者的信，1993 年 9 月 6 日）。

所有古代社会，通过祭献仪式，以及通过血牲，安抚那些易怒且报复心强的众神以及他们在这个世界上的代表。

在这里我要再次强调，在新石器时代和米诺斯时代的克里特，在那些倾向于伙伴关系的人民中，同样有邪恶、暴力和死亡（以及对这些现象的恐惧）。在新石器时代，死亡归鸟女神掌管，也许是因为在卡特尔·胡尤克和其他聚居点，剔肉（即在埋葬死者骨头之前剔去上面的皮肉）好像是由秃鹫来完成的，这象征着女神将死者带回自己的子宫。在米诺斯及此前的文化中，蛇女神也是阴间或下界的象征，古人似乎也将这种神与重返女神子宫联系起来。

但是，像这些人一样，发现生与死的自然循环，认为女神给予生命，而且为了再造生命而收回生命，这是一回事。而将鸟女神、蛇女神和其他女神刻画成嗜血成性、要求人牲的妖魔（我们在新石器或米诺斯时代没有发现这样的描绘），这又完全是另一回事了。

前面已经说过，在旧石器和新石器时代，圣婚被当作每年春天唤醒新生命的媒介。它似乎与安抚怪物或妖魔，与暴力或王权的合法化都不搭界。我们在伊南娜赞歌中读到的苏美尔晚期的圣婚，也仍然颂扬妇女的性的神圣，以及由此而产生的创造力。做爱仍旧是男女之间的激情碰撞，女性公开地提出性交要求，并在其中享受到快乐。虽说此时的圣婚已经成为男人把他们的王权合法化的工具，但王权似乎并不是绝对权力。尽管伊南娜把权力转交给杜木兹，请他替她统治，当他忘记了自己的权力来自何处时，还是被罚在下界（他每年从那里返回，也是象征着生命循环不息的古老主题）度过半年。

但是，在另一个关于传奇英雄吉尔伽美什的美索不达米亚神话里，已经出现了另一种很不相同的说法。当女神伊什塔尔（相当

136 于巴比伦的伊南娜）向他求婚时，他粗暴地拒绝了，责备她对以前的情人们不忠，给他们造成了痛苦。然后，在他的一位朋友，山里的野人恩基度的帮助下，他杀死了伊什塔尔的神牛，把牛的大腿（另一种版本说是生殖器）扔到她的脸上。① 这个故事除了从赞美性能力和快乐转向推崇导致死亡和痛苦的力量之外，还说明在某一个时期，至少有一部分国王认为，他们不用再靠和女神的圣婚使统治合法化了。但是，梅尔写道，"《吉尔伽美什》中值得注意的不仅是伊什塔尔遭到拒绝"②。例如，在故事结尾处，伊什塔尔又时来运转了，故事大书特书吉尔伽美什再次产生了对她的崇拜之情。但是，《吉尔伽美什》史诗中关于远古神话和信仰体系的最重要的线索，则见于这本书的引言，野人恩基度通过与伊什塔尔的一位女祭司性交而变成了人。也就是说，在这里我们仍然能看到一种信仰体系的痕迹，其中性与快乐是成就人的力量。③

统治关系与伙伴关系交织的神话

在所谓希腊秘传宗教中，也可见到古代神话里这种新老因素的交织。它们很可能起源于远古的宗教仪式，到后来才转为地下活动，这一点我在后面还要详细论述。古典学家简·哈里森（Jane Harrison）在《希腊宗教研究初探》（*Prolegomena to the Study of Greek Religion*）中写道，虽然圣婚的重要性日渐衰落，但是在最著

---

① 《吉尔伽美什》，英译本，桑达斯（Sandars）译，1960，第88页。
② 约翰·梅尔给作者的信，1993年9月6日。
③ 这段情节在加德纳和梅尔翻译的《吉尔伽美什》（1985）里有较详细的论述。与之前译本不同，这个译本对书中的主题做了评注，说明性曾经被视为神圣。比如，见第23~25、77~80页。

名的三个古代秘传宗教，即厄琉息斯秘仪、狄俄尼索斯秘仪和俄耳甫斯秘仪中，圣婚仍以某种形式继续存在。①

厄琉息斯秘仪（据说自公元前800年前后至公元150年罗马人扩大到依洛西斯的神庙，其信徒数以千计）② 与史前神话有着相同的主题：生、性、死和再生。哲学家马拉·凯勒写道，他们"关注的是生命中三个互相联系的方面：（1）生育力和生育，（2）性和婚姻，以及（3）死亡和再生"③。但是，凯勒的研究发现，厄琉息斯神话的不同版本，也反映了早期女神崇拜的农耕民族与好战的入侵者之间的文化冲突，每一种新版本都融入了更多的统治关系因素。

厄琉息斯秘仪的核心神话，是关于得墨忒耳（Demeter，希腊掌管大地和五谷的女神）和她神界的女儿珀耳塞福涅（Persephone）或戈莱（Kore）的故事。据希腊神话，这位女儿被拐骗到下界，被迫做了下界的统治者哈迪斯的新娘。④ 得墨忒耳（大地一切馈赠的给予者）痛失爱女，于是她让沃土枯瘠，让植物无法生长。为了消灾除难，宙斯下令放回珀耳塞福涅。但是，在她离开之前，哈迪斯给她吃了一颗又红又甜的石榴籽。吃下了这颗象征着性和生育的果

137

---

① 她还指出，尽管"非常不幸，我们关于秘仪圣婚的主要证据都出自基督教神父"，在他们眼里，"那优美的象征只意味着放荡" ［哈里森（Harrison），1962，第534页］。但是就连这些神父也"承认，异教徒婚礼秘仪的参加者认为这些仪式是纯粹精神的"［哈里森（Harrison），1962，第538页］。

② 柯尔斯（Keuls），1985，第351页。

③ 凯勒（Keller），1988，第31页。

④ 得墨忒耳和珀耳塞福涅的神话有多种版本，其中有多处描写神圣的性结合。其中一次是女神得墨忒耳和她的情人伊阿宋。荷马在《奥德赛》里讲述了这对情侣的故事。"美发的得墨忒耳在春天堕入爱河，"他写道，"在新翻耕的田野上与他结合"（荷马：《奥德赛》5：125）。但是后来的神话故事里则说伊阿宋"用强力制服了"得墨忒耳。

实，使珀耳塞福涅不得不每年有三分之一的时间返回下界——以此来解释植物每年的枯荣。

得墨忒耳和珀耳塞福涅的希腊神话与伊南娜的赞歌包含着相同的内容：女神与男神的婚姻，以及往返于地下死亡世界的旅行。但是，在希腊神话中，性结合只是死亡和复活这一主要情节中的插曲。而且，与性结合有关的情节在那时就已经充满了暴力，男神强奸了珀耳塞福涅，并以欺骗手段使她每年返回下界——这明显地反映了男女关系的根本转变。

厄琉息斯神话稍后的版本进一步反映了文化的根本转变。故事中原来的母女变成了母子。在后来的故事里，出现了另一个神界的孩子，名字常有变化，有时是普路托斯，有时又是伊阿科斯、特里普托勒摩斯、布里摩或狄奥尼索斯。最终，这位男神取代珀耳塞福涅，成为故事的主角——在狄奥尼索斯教以及更晚的俄耳甫斯秘仪中，这位男神在他的（以及那些新入教者的）灵魂得到再生之前，必须前往死亡之国。

柯尔斯指出，"阿提卡控制圣事期间，着意削减异教中大地母亲的象征意义，与神话中的'非女性化'如出一辙。产生了新的男性崇拜对象，即男孩伊阿科斯，后来又被称为特里普托勒摩斯。在新版本的厄琉息斯神话中，得墨忒耳把农业的秘密告诉了伊阿科斯或者特里普托勒摩斯，后者又像普罗米修斯一样，将这个秘密传授给男人，于是成为男性生育的象征"。而凯勒则写道，"狄俄尼索斯，掌管葡萄、酒、纵饮、大醉、狂欢、毁灭和复活的年轻男神，是很晚才加到得墨忒耳的仪式中去的，也许最早也不超过公元前4世纪"。[①]

---

① 柯尔斯（Keuls），1985，第351页；凯勒（Keller），1988，第49页。

我们将看到，在狄俄尼索斯秘仪中有很多狂饮后的暴力。就连厄琉息斯秘仪都有杀猪仪式——血牲——尽管有一些学者认为这是后来添加的。① 在雅典的另外一个节日地母节（Thesmophoria）中，也有用猪祭祀的仪式，② 这时雅典那些尊敬的贵夫人们（奴隶是禁止参加这些节日的）就能——非常短暂地——打破生活中的严格限制，用柯尔斯的话说，"玩一回自由"③。但是，与仍旧将妇女与女神的性创造力联系起来的厄琉息斯秘仪所不同的是，狄俄尼索斯神话里就连生育或创造的行为也成为暴力毁灭的行为。

在关于狄俄尼索斯（他的另一个名字是匝格瑞俄斯）诞生的一种传说中，我们读到宙斯想让这个孩子当宇宙的统治者，那些年长一点的神，也就是提坦们，恼羞成怒，竟把这个孩子撕碎吃了下去。女神雅典娜留下了匝格瑞俄斯的心，交给宙斯，宙斯吃下这颗心，又变出了一个狄俄尼索斯或匝格瑞俄斯。接着，宙斯用闪电摧毁了所有的提坦——从他们的灰烬中产生了人类：一半是神圣（狄俄尼索斯），一半是邪恶（提坦）。

---

① 据凯勒说："有几种资料来源说明得墨忒耳仪式在某个时期像毕达哥拉斯派的宗教一样，没有肉类祭品，却以'较温和的'、果品和粮食献祭。"［凯勒（Keller），第 51 页。］

② 柯尔斯指出，有趣的是，在古希腊语中，"猪"（choiros）这个词也表示女性的性器官，特别是指"阴道"，"尤其为滑稽剧作家犹爱"借题发挥。野母猪的希腊文为"capraina"，也表示"喜欢享乐"的女人，在雅典人观念中，即"淫荡的女人"。古代把猪或母猪与女性的性能力和爱情能力相联系，似乎在这些仪式中用猪祭祀具有双关意义。

③ 柯尔斯（Keuls），1985，第 352 页。不奇怪，在他们极端的个人性压抑的生活观念中，这是全社会认可的一种野性，地母节是一种制度化的减压阀。对这些秘仪我们知之不多，只在瓶画或古希腊喜剧的讽到（由男人写作，而男人被这些节庆拒之门外）中瞥见蛛丝马迹。显然，妇女在这些节庆中可以开下流玩笑，或颠倒其性别角色。同时，她们似乎保存了古代的风俗习惯，如跳舞狂欢和给女神祭奉五谷种子，这使她们有可能宣泄一些郁积的愤怒与挫折感。

138

"人性"的这种双重性（狄俄尼索斯和提坦），也是俄耳甫斯秘仪（它最初不过是狄俄尼索斯仪式不那么淫荡的变种）的中心。俄耳甫斯仪式承认，由于灵魂源于神圣（狄俄尼索斯），因此它可以通过信奉俄耳甫斯密教而摆脱邪恶的提坦的流毒——这简直就是后来基督教二元论的前身，神话主题中男神的惨死和复活也如出一辙。

在狄俄尼索斯神话中，象征性地将生命带给人类的是闪电的暴力，而不是性的喜悦。在俄耳甫斯神话中，同样是用死去的神被砍下的头颅象征创造的本源，当身体被肢解，并被投入大海时，那颗头颅却在不断地上升（并且仍在歌唱）。

在美索不达米亚的神话《天之高兮》里，生命是从女神提阿玛特被肢解的身体中产生的。在这些希腊神话中，我们又一次看到男性和暴力篡夺了实际属于女性和爱情的东西：给予生命。但是，在狄俄尼索斯和俄耳甫斯秘仪中，不仅对女神的女性繁殖能力的歌颂没有了，甚至连主要的女性角色也成了毁灭者，而非缔造者。在俄耳甫斯的故事中，将俄耳甫斯的尸体撕成碎片的是女人。[1] 我们在希腊花瓶上的图案中仍能看到，将狄俄尼索斯的尸体撕碎的，是曾经侍奉他的一群妖女（另一些图案描绘了她们与半人半羊的男神的调情"嬉戏"）。

在实际的仪式上，被肢解的不是人，而是山羊——柯尔斯根据花瓶上的图案，认为甚至是用舞台道具代替了真实的动物。[2] 但

---

[1] 一种传说是，因为俄耳甫斯疏忽了她们的性建议而冒犯了色雷斯地区的妇女（大概是，如奥维德明白地说出来的那样，因为他是一个同性恋），所以她们把他撕成碎片。而另一个传说是，实际上是狄俄尼索斯惹起色雷斯地区的妇女谋杀她们的丈夫，并把俄耳甫斯撕成碎片，因为狄俄尼索斯对俄耳甫斯教唆色雷斯男人信奉太阳神（阿波罗）大为气愤。无论哪一种说法，都是女人们把俄耳甫斯撕成碎片。

[2] 柯尔斯（Keuls），1985，第353页。根据传说，俄耳甫斯秘仪修改了酒神节仪式，增加了一个加入仪式，加入者通过禁肉食净化身体，而且像厄琉息斯秘仪一样，手上不应有"杀生"的血腥罪行。

是，在任何情况下，肢解那些死去又复活的男神的人，都是一些妖女（"maenads"这个词在希腊语里是"泼妇"的意思）——于是，强调了希腊人对女性的看法，即女人是毁灭性的、危险的动物，必 .139 须由男性严格控制或"驯化"。只有这样，她们在神话中对男神的作为，才不会在男人身上重演。

性、爱欲和塔纳托斯（Thanatos）

这些神话，当然都是一种严重的变态心理的产物，一种只会在严重变态的社会里才会出现的心理。在这个世界里，给予生命的行为被男神和男祭司霸占了；在这里，身体的诞生（肉体的、女性的）遭到贬低，甚至被否认；在这里，生命和女性都得不到承认（更不会被视为神圣高贵）。在这个世界里，神必须死，王必须死，儿子总要杀死父亲（就像希腊神话中俄狄浦斯的故事那样，弗洛伊德就是根据这个故事，提出了恋母情结的理论），以便获取权力和女人（它们已经和暴力画了等号）。总之，在这个世界里，毁灭的力量（弗洛伊德称之为塔纳托斯，取自希腊人对于死亡的拟人化，尤其带有暴力攻击的意思）是最主要的。

于是，父亲有了在仪式上奉献出子女（如希腊故事中有阿伽门农献出伊菲革涅亚，《圣经》故事中有亚伯拉罕和以撒）的权力和力量。于是，女性在地位上低人一等（如潘多拉的神话，希腊神话中这位第一女性和夏娃一样，成为男人所有罪恶的原因）。于是色情（本身就沾染了暴力的痕迹）必须——和女人一道——控制在男人手里（弗洛伊德在他晚期的理论中也提出要对"危险的"本我和力比多加以控制）。

但是，即使在这个统治关系世界上，神话中和现实里也有那种久远的渴望在不断地苦苦挣扎，对两性关系的渴望，对男女和睦结合的渴望，对宇宙中循环有序而非混乱暴力的渴望——一句话，对厄洛斯即爱欲而不是对塔纳托斯即死亡的渴望。

在一些希腊神话中，俄耳甫斯是阿尔戈英雄（希腊的半神，像忒修斯与赫拉克勒斯一样，与提坦作战，那些代表着旧秩序的提坦最终为新生的奥林匹斯山诸神取代）的一员。但是，俄耳甫斯不是战士、杀手、诱拐者或强奸者，而是诗人和音乐家，他的琴声优美动听，每当他演奏时，野兽温驯，树木跳舞，河流静止。到后来由罗马的奥维德和维吉尔所写的故事里，他仍然与标准的强人英雄截然不同，是位多情的男人，真诚地爱着一个女人。他对妻子欧律狄克爱得如此炽烈，因而当她为逃避强奸而死去时，他也追随她到了冥界。

俄耳甫斯和欧律狄克的故事不是狄俄尼索斯或俄耳甫斯秘仪中的一部分。在这些仪式上，男女的结合已不再是中心部分（虽然根据某些传说，忒修斯在纳克索斯将阿里阿德涅抛弃后，狄俄尼索斯将她从孤独痛苦中解脱出来，并娶她为妻）。① 但是，这个故事极大地激发了欧洲艺术家的想象力，甚至是 17 世纪第一批歌剧的灵感来源。② 社会心理学家戴维·洛耶指出，欧律狄克和俄耳甫斯的故事之所以能长盛不衰，正是由于其中贯穿着浓厚的伙伴关系主题。

洛耶说，俄耳甫斯渴望与欧律狄克的团聚，象征着在一个男女

① 虽然希腊的酒神节和后来罗马的酒神巴克斯礼拜节通过戏剧表现暴力和性对抗，以及"阳具祭仪"（在酒神节上，男人们手持巨大的阳具在街上游行），但也有另外的一面，就像我们看见公元前 5 世纪的花瓶装饰画，雅典人也有时展示狄俄尼索斯的和睦家庭生活场面：妻子阿里阿德涅在他旁边，儿子奥诺皮翁坐在他的膝上。

② 欧洲第一出歌剧是 1600 年由佩里创作的《尤丽狄茜》。关于俄耳甫斯的歌剧在 17 世纪至少有 26 出，在 18 世纪至少有 24 出［亚伯拉罕（Abraham），1994］。

的性关系被视为威胁到男人对女人的统治的社会里，男人对与女人团聚的渴望。他还说，俄耳甫斯作为一位艺术家，一位经常调动他比较有创造力或比较"女性化"的那一部分的男人，代表着男人对走近他们所具有的更人道或更女人气、更有创造性的自我的渴望。总而言之，他认为俄耳甫斯的原型所代表的，是男人企图逃避一种将男子气概等同于统治和暴力强加给他们的文化的渴望。①

男人和女人都渴望与征服和统治不同的男性气概，这大约可以解释至今非常流行的另一个关于敏感和关心他人的男人的神话：基督教中关于耶稣基督的死亡和复活。这个神话中有一点非常有趣，尽管故事的重点已经转移到这位年轻的濒临死亡的神的牺牲和复活，但是耶稣的诞生和（圣母）受孕同样得到重视。只是女神曾是主动和创造性的古代圣婚已经被模仿得走了样，耶稣的母亲不过是个被动的生育机器。男性篡改了古代（并且清晰可见）生育与性和妇女之间的联系，圣婴也就随之变成由天父一个人生出来的，根本没有什么性交，更谈不上什么性快乐了。尽管他的母亲还是被称为圣母，或上帝的母亲，但是她与耶稣及耶稣那位大权在握的父亲不同，她已不是神了。

141

其实，基督的故事也是几经修改。开始他只是一位年轻善良、会施法术的犹太人。接着又同古代希伯来关于弥赛亚降临的预言联系起来。直到保罗（希腊的犹太人，使基督教在早期广为传播）时，才出现上帝派自己唯一的儿子为人类的罪孽而死的说法。保罗受到他那个时代的偏见的影响，没怎么提耶稣的母亲。直到保罗死去数十年后，这个宗教故事中才出现古代神话的这一部分（圣母生下圣婴）。但是这个故事经久不衰，这无疑是个重要原因（在天

---

① 与戴维·洛耶的谈话，1993。

主教国家中非常明显，人们祷告最多的是圣母马利亚）。

　　不过，尽管女神崇拜的痕迹始终残留着，在西方一个又一个神话中，重点还是不断地从爱欲转移到死亡。[1] 神话以及生活里的主题曾经是生育、性、死亡和再生的循环统一，现在这个循环的第一部分——性和生育——越来越得不到重视。统治关系和伙伴关系因素在越来越不平衡的融合中重新组合时，死而复生的男神便越来越走到舞台的中央。

　　但是，对女神的圣婚（以及对性和生育的神话）的记忆依然存在。然而随着时光流逝，在以男性为中心的故事中，这些记忆日渐黯淡，圣婚也就被越来越严重地改变了。我们在后面的章节中会谈到，我们最终看到的神圣结合不是女人与男人的结合，而是人与上帝的结合：在这桩圣婚中，女性角色令人吃惊地完全消失了。

---

① 对厄洛斯和"死的愿望"的讨论，与弗洛伊德在《文明及其不满》中的论点是对立的。见马尔库塞（Marcuse），1955。

第八章　圣婚的最后遗迹：神秘主义、
受虐狂与人类对爱的需求

多年来，尽管我搞的是实用科学，受的是实证训练——不知为什么，也许正因为如此——我特别喜欢神秘主义作品。同其他许多人一样，我从这些作品中感觉到，某种已经失去的古代智慧就蕴藏在这些光怪陆离的语言、抽象的表达和晦涩难懂的象征之中。但是直到现在，经过对考古资料和世界各地神话的多年研究——尤其是把握了史前从伙伴关系向统治关系的文化转型以后——我才知道，这种感觉太对了。

圣婚的象征意义如何在东西方的神秘主义传统中得以保留，数千年以来，其形式和内容为何发生了巨大变化，对这些我们也许永远不可能完全了解。但是，我认为这种象征意义得以保留下来的途径之一，就是那些在内心深处坚守着古代宗教神话和仪式的男男女女不懈的努力。

我越来越相信，神秘主义作品中充满看似不可理喻的象征，其主要原因不仅是如有些人所说的，它们是我们大脑中直觉的而不是理性的那一部分。我认为，神秘主义的许多传统，或许是它们的发明者故意以这种神秘形式来掩盖它们曾与史前宗教相联系的神话和仪式，使之得以保存。

我们已经谈到，统治关系的确立带来了广泛的神话重造以及大量的肉体暴力。希伯来和基督徒对异教徒和不信教者的迫害，当然不是什么新鲜事，它们不过是史前和历史早期就已经形成的宗教迫害传统的延续而已。因此，在一个长期充斥着暴力和宗教迫害的世界上，要保留古代的宗教传统，只能采取后来那些"异端分子"的手段：转入地下，通过"神秘教"的形式延续古代的风俗，其密码只有那些入教者才能知道，而入教者都要发誓（厄琉息斯秘仪），永不泄露他们学到的象征和仪式的意义。

但是，几百年、几千年过去了，古老的意义逐渐改变，或者被遗忘——由于口口相传过程中自然发生的改变，也由于原来掌握着解码钥匙的人早已死去，再加上统治关系因素一层层地对之掩盖，并由此产生了一遍又一遍的重新解释，结果，它们就真的越来越神秘了——于是有了**神秘主义**这个名称。

但是，在东西方神秘主义传统中，至今仍然清楚地显现着早期的性与灵性的水乳交融。这就是为什么在所谓新时期的精神运动中，许多人向神秘主义寻求更好的精神生活和性爱。很多人对东方神秘主义传统尤其感兴趣，因为其中更多地保留着古代的观点，认为男女平衡的结合是世界其他平衡与和谐的基础。

但是，在东西方的神秘主义作品中，伙伴关系和统治关系因素混杂。正因为今天许多人想寻找认为我们的身体（尤其是性）低贱邪恶的宗教之外的东西，因此，厘清这两种完全对立的观点，就显得异常重要。这就是上编最后一章的内容，我们马上要从西方史前时期进入欧洲中世纪——也就是走到了现代史的门口。

神秘的旅行与性的神秘力量

神秘主义的追求——寻找神秘主义者称为"绝对"的东西——

似乎是人类独有的体验。神秘状态或癫狂状态也是这样。据那些有144

过这种体验的人说，这种状态能使人在与他们一直称为神圣的爱合

而为一的感觉中，感到一种无法形容的内心平静、喜悦，甚至有一

种治愈的力量。

通往癫狂或神秘状态的途径有很多。从旧石器、新石器和米诺

斯时代的克里特艺术来看，在西方，舞蹈可能很早就被用来作为达

到神秘的（今天有时也称为黄教的）恍惚状态的工具。人们自古

就使用冥想、呼吸练习、幻觉、① 禁食以及不睡觉来增强意识的敏

感性或改变其状态。我们在前面已经看到，性癫狂也是达到神秘或

癫狂状态的一个重要途径。

古人认为，性可以导致今天所说的意识状态的改变，甚至认为

男女的性结合是通往精神喜悦和启示的阳关大道，这在东方宗教传

统中表现得非常明显。比如，在中国的神秘主义传统中，阴和阳分

别代表女性和男性。尽管中国哲学和宗教大都将男性置于女性之

上，认为女性为阴、为被动，男性为阳、为主动，但中国神秘主义

的重点，尤其是道教的重点，仍在两者的和谐平衡。因此，有些东

方圣人认为，天上的彩虹代表男女的结合，是天人合一的桥梁。中

国人还常爱说太极，即阴阳合一。② 中国有些圣人特别指出，太极

是与女性有关的性力量，它（就像史前的女神崇拜）给所有生命

注入活力，给他们以启示。③

在东方传统中，圣婚最明显的遗迹（虽然莫名其妙地遭到忽

视）是 1990 年日本新天皇加冕时成为世界头条新闻的一种日本仪

式。新闻界报道说，日本的一种秘密庆典，据学者说是从史前时期

---

① 最近关于对意识产生作用的植物的研究，见麦克纳（Mckenna），1992。

② 《宗教百科全书》，第 14 卷，第 247 页。

③ 沃克（Walker），1988，第 349 页。

流传下来的，引起了激烈的争论。新闻里没有明确报道新天皇在加冕仪式上是与一位据报道被带入举行仪式的神庙的年轻女性进行了性交，还是像帝国王室部门所说，神庙里的床是"放置太阳女神的地方，天皇从未碰过它"。可以明确知道的是，举行这种古老仪式的内殿里放着一张有床垫和床单的床，以便新天皇能够"以一种象征性的性方式，与太阳女神的灵魂"进行交流。此外，直到1990年，在现代化的日本，与女神的圣婚仍被视为使新的男性统治者的权力合法化所必需的，像伊南娜的赞歌一样。因为根据神道的传统，正是这种结合"使天皇成为神灵"。而且，据日本学者说，这种庆典起源于古代的收获节，男女的性结合与大地连续的果实累累相联系（和欧洲旧石器和新石器时代一样）。①

　　许多印度密宗教义说道，是女性和男性成分的结合造成了有活力的自然，这看来也是远古神话和仪式的遗迹。特别令人感兴趣的是密宗印度教的教义，其中写道，女性的性能力，远不是被动的，相反它甚至被当作宇宙活力成分而受到崇敬。需要特别指明的是，密宗瑜伽据说是作为一种基层群众运动出现在 11 世纪中期的印度，如乔治·福伊尔斯坦（Georg Feuerstein）在《瑜伽：心醉神迷的技术》（*Yoga: The Technology of Ecstasy*）一书中所写，"来自印度社会金字塔低层的种姓"——就是被印欧征服者认定更早期崇拜女神的那部分印度人。

　　倘若在这样一个历史大背景下审视密宗瑜伽，就会发现密宗出自这些种姓，绝非偶然。首先，密宗与吠陀教义中雅利安人的说教截然对立。后者认为，人类生存的终极目的是超越此世（这种说法最适于防止被压迫人民起来改变他们的处境）。最重要的是，如

---

　　①　韦斯曼（Weisman），1990，详细报道了日本神道教由新天皇主持的庆典细节。

福伊尔斯坦在其著作中所说，密宗瑜伽"引进了一连串的手段（神话和仪式），这些手段此前是被排斥在主流印度教的精神宝库之外的，最著名的便是女神崇拜和性"①。

因此，密宗瑜伽很可能是远古风俗和信仰的复兴（虽然已涂上了浓重的统治关系色彩）。福伊尔斯坦写道："密宗的最大信条，同时也是大乘佛教的基础，即'轮回便是涅槃'。也就是说，条件的世界或表象世界与超验世界同样重要。"② 因此，"密宗的大师们重新拾起了所有那些被主流抛弃和排斥的精神过程的东西——性、身体以及普遍的物理世界。"他们达到此种目的的手段，福伊尔斯坦借用荣格的话说，是"重建女性意向、女性品质"，这就是印度教中被称为沙克提（shakti）的力量，"在图像中则以女神的形象出现，如迦梨、突迦、湿婆蒂、悉多和罗陀，以及数以百计的其他神灵……有时则仅仅是提毗（'发光者'）女神"。③

换言之，密宗的神秘主义教义和行为在神话和仪式上，都重新将性、人的肉体，乃至古代女神摆到中心地位。他们用男女极大欢喜地接受对方，象征超验的精神喜悦与内心或肉体欢愉的统一，女神沙克提和男神湿婆的神圣性结合，就是一个例证。④

但是，尽管密宗鼓吹"失去沙克提，湿婆就失去了生命"（也就是说，失去了给予生命的创造力量），密宗瑜伽的修炼却是以男性为中心。在密宗的经文（作者至今几乎是清一色的男性）中，

---

① 福伊尔斯坦（Feuerstein），1989，第 253 页。

② 福伊尔斯坦（Feuerstein），1989，第 253 页。

③ 福伊尔斯坦（Feuerstein），1989，第 252、255 页。

④ 根据神学家伊丽莎白·D. 格雷（Elizabeth Dodson Gray）的解释，圣诞节花环是美国目前在圣诞节期间作为一种标志挂在门上的圆形物件，在印度叫作"yoni"，意味着妇女的圆形阴道，引申为生命之源［格雷（Gray），1988，第 50 页］。

女性的性能量是从男性的角度进行描绘的，妇女只是男人通过性得到精神启蒙的工具——因此，女性的性能量是次要的，处于边缘的。

密宗与印度教其他派别不同，它颂扬妇女的性欲，而不是对它进行丑化。但是，它同时也仍然将男人的精神体验置于"低贱的"女人以及"低贱的"肉体或物理世界之上。文本上的教诲大部分是对男性而言的，教他们在任何情况下都不能射精，而要把精液留在自己体内。对妇女来说，这倒是一种天然的避孕法。不过密宗典籍在解释这种做法的目的时，不仅是以男性为中心，而且说男性修炼者看似沉溺于感官快乐，用福伊尔斯坦的话说，"但实际上是在培养超验的喜悦"①。

但是无论如何，在密宗瑜伽中，男女的性结合总算还是一种神圣的仪式：使意识高度敏锐的途径，由此获得与神合一或相通的感觉。在这里，和我们前面考察过的史前传统一样，启迪男女的心灵、思想和灵魂的是女性或女神的力量（昆达里尼－沙克提之力）。②

对于如此明显的矛盾，倘若把它看作古代伙伴关系传统被强加上了统治关系的因素，就能解释得通了。一方面，古人认为男女的性结合是地球的生命活力之所在，倘若打破男女之间的根本平衡，也就会打破我们个人、社会和精神生活中所有方面的平衡，密宗著作保存了这一观点的感官表达和精神表达之间的连接。另一方面，

① 福伊尔斯坦（Feuerstein），1989，第275页。
② 福伊尔斯坦（1989）称休眠中的昆达里尼－沙克提能量为"睡着的公主"（第266页）和"睡着的女神昆达里尼"（第267页）。他还把"昆达里尼"（kundalini）这个词译为"卷曲的她"，因为"kundalini"有时被描述为绕阳具三圈半而睡着的毒蛇（第265页）。

这些著作本身就不平衡。它们说肉体或色情（古代圣婚的核心部分）低于超脱和出世，并且暗示即使妇女或瑜伽女修行者（好比古代的女神）是男人获得精神喜悦的神圣源泉，她们依然比男人低贱。

从女神的圣婚到上帝的男新娘

为了适应统治关系系统的要求，东西方许多神秘主义著作都宣扬妇女比男人低贱。比如，苏菲派密宗的许多信奉者都使用性爱图像，认为女性就是精神喜悦，但是他们仍然没有走出伊斯兰教的大框架，认为妇女是低贱的，常说妇女的性欲对男人来说是危险的。

犹太－基督教的神秘主义著作里同样有这种突出的自相矛盾之处。这里其实和穆斯林传统一样，男性至上的观念比那些多神崇拜的统治关系宗教更为极端。因为在这些一神教里，妇女没有一点神力，所有的神力都是以男人的形式出现的。

但是，尽管神话被篡改得如此厉害，我们在前面已经看到，《圣经》中仍能看到许多女神及其圣婚的痕迹，这与迦南地区的考古发现相吻合，这些考古发现说明在《旧约》①成为唯一得到官方承认的宗教著作的时代，女神崇拜（以及神圣性交）在这一地区仍然十分流行。那些希伯来先知必须时时告诫民众，阻止他们恢复对天后的崇拜，痛斥"巴比伦婊子"和罪孽深重的"犹太人的女儿"——这从一个侧面证实了那时圣婚仍是一种流行仪式。而且，

---

① 许多学者如今使用《希伯来圣经》来代替《旧约全书》，因为后者给原本完全属于希伯来人的《圣经》强加了一个基督教的名字。在此，我选择沿用旧的用法，是由于《希伯来圣经》仍然没有广泛使用，并且许多读者会不知道它到底指什么。

基督教对圣母马利亚的尊崇，可以直接追溯到古代的女神崇拜。天主教中一些著名的圣人也是如此，教会歪曲了古代异教的神灵，而基督教的许多圣人，却正是来源于这些异教神灵。

著名的爱尔兰圣布里吉特（Brigit）就是一个记载详细的例子。她大受欢迎的原因，是因为她曾是威力无比的爱尔兰女神布里吉特。希腊女神得墨忒耳的遭遇更为离奇——也更突出地说明这个歪曲过程如何将统治关系因素强加于古代伙伴关系传统之上。

先是拜占庭皇帝狄奥多西一世在389年发布一道谕旨，除了基督教圣父和圣子以外，禁止崇拜任何神灵。但是，希腊人继续向女神得墨忒耳（广受崇拜的农业和五谷之神）祷告，他们称之为圣得墨特拉（Demetra），即农业的保护神。然而过了一段时间，圣得墨特拉遭受了一次可怕的篡改。此时，她不再是圣得墨特拉，而变成了圣得墨特里厄斯（Demetrius）。[1] 为了迎合新的社会（以及相应的宗教）秩序的要求，这位重要的女神先是从神位上被降至一位万能的男性上帝手下的一个圣人。但这还不够，因而她又一次被变了形——这回从女性变成了男性。

把有威力的女性变为有威力的男性，这是重造神话时最常见的手段，从希伯来神秘主义著作中也可以清楚地看到这一点。比如艾恩（Ain），在犹太教神秘哲学中，它代表"有创造性的空间"，而以色列的雷加迪指出，在埃及它是女神努特（Nuit），是"绝对空间的女王以及裸露的蓝色夜空"，"从她的乳头"喷射出"群星的乳汁（宇宙尘埃）"。[2] 可是，在犹太教神秘哲学中，艾恩是一位男性。

---

[1] 凯勒（Keller），1988，第30页。

[2] 雷加迪（Regardie），1970，第42页。

这种性别转换——以及男性由此对原本归女神所有的权力的霸占——显然对强化男性权力非常有效。是啊，《圣经》说男人对女人的控制权是天父、上帝或主赋予的，而男人就是照着他的样子造的，还有什么比这更能使男性统治顺理成章呢？犹太－基督教和伊斯兰教将诸神统统表现为男性，还有什么观念比这更能将妇女排斥在圣职（也就是排斥在道德位置以及常与道德位置是一码事的法律权威）之外呢？

但是，将神完全男性化还产生了另一个结果。这就是一种奇怪的、全新的圣婚（或者按越来越多的人的说法，叫神秘婚）——倘若我们受宗教当局的熏染不那么深，就可以一眼看出，这有多么荒诞。因为我们所看到的不仅是圣婚中的女性伙伴成为次要的或边缘的，而且我们还看到她——就像女神一样——完全被排除了。

犹太教、基督教和伊斯兰教的神秘主义著作和东方神秘主义传说一样，里面还有一些色情语言和女性形象（虽然其中掺杂着各种艰深难解的符号、数学公式和无法破解的玄学密码，在这方面，西方的甚于东方的）。基督教、犹太教和伊斯兰教神秘主义著作和东方的同类著作一样，也将肉体摆在一个低下的位置——基督教神秘主义甚至认为肉体天生地就卑贱。尽管抽象的女性［比如，希伯来卡巴拉神秘哲学中的樨基那（Shekinah）和基督教的圣母马利亚］有时仍能得到颂扬，妇女尤其是妇女的性欲，则经常被认为对男人有害。但还远不止这些，在这些作品里，我们看到男性中心又向前迈进了一大步。因为这时我们所看到的已不再是男女之间的圣婚，而是男人和他的上帝之间的"神秘婚姻"。

因此，在卡巴拉和其他希伯来神秘主义著作中（甚至在《旧约》的某些段落中），没有男女在性上的结合，圣婚发生在一位男神与他的崇拜者之间。此外，这种结合现在已经很不平等了（事实上的婚姻也是这样）。因为现在它象征着一位全能的男神（上帝）和一位新娘或处女的关系（上帝的"选民"常被这样称呼，不仅在卡巴拉著作中，甚至在《旧约》中，比如《以赛亚》37：22，《耶利米》31：4 和 21，以及《阿摩怀司书》5：2）。[1] 我们在前面已经看到，许多宗教专家把色情味道很浓的《雅歌》也作了这样的解释——尽管里面的主人公很明显是一男一女。

同样，用圣婚的形象使统治所有基督徒的教会"王子"以及天主教著作中教会的绝对统治合法化变成了耶稣的新娘。即使在宗教改革之后，马丁·路德在他的著作中使用圣婚的语言，也是用来固定宗教机构和清一色男性的等级。路德在他最重要的著作《基督徒的自由》（*The Freedom of a Christian Man*，1520）中写道，信仰"使灵魂与基督结合，犹如新娘与新郎结合"[2]。后来，在一次布道（1537）中，他又说："在上帝赋予我们用来描绘基督王国的所有美丽比喻中，有一个亲切的形象，那就是将基督教徒对基督的信仰，比作婚姻，神圣的联姻，上帝为他的儿子选择了一座教堂，让他在这里得到自己的新娘。"[3]

神祇选择教会作为婚姻伴侣，这种观念当然是我们在苏美尔的伊南娜赞歌中就已经见识过的统治关系行为的官僚主义版本：利用古代圣婚作为使男人在神的名义下统治合法化的手段。只是现在整个教会的等级制度都变得合法化了，而且我们看到在这个结合中，新娘和新郎都成了男性。

---

[1] 于是，我们在《旧约》的《何西阿书》中读到雅和威所说的话："我必聘你永远归我为妻，以公义、公平、慈爱、怜悯聘你归我；又以信实聘你归我，你就必认识耶和华。"（《何西阿书》2：19，20）
[2] 韦尔（Wehr），1990，第 73 页。
[3] 马丁·路德的布道，1537 年 10 月 14 日，引自韦尔（Wehr），1990，第 73 页。

像路德和其他宗教领袖这样野心勃勃的男人通常使用神秘婚姻的隐喻来象征他们的神与他的羔羊的结合。说得更确切些，应该是他们的羔羊。因为倘若谁不像绵羊那样绝对服从这些人，就会遭遇灭顶之灾。

相比之下，在基督教大部分神秘主义著作中，圣婚的作用似乎不大一样。它通常是某个信徒与神的结合。但是，由于流传下来的大多数神秘主义著作都是由男人撰写的，这种圣婚还是一位男臣民与一位男统治者的结合——男信徒（好比男人控制的宗教机构）扮演次要角色即当新娘，全能的男性上帝扮演统治角色即当新郎。

说来说去，我们在这里所看到的成了同性恋的结合，而基督教大多数神秘主义教义都主张反对同性恋，认为这是一种不自然的邪恶行为，这就使这种圣婚更加奇怪了。描绘这种神秘婚姻的语言一般地说充满色情，但是其目的并非抬高遭到鄙视的低下的性或肉体。正相反，伯纳德·德·克莱尔沃（Bernard de Clairvaux，有时他被称为"真正的基督教新娘神秘仪式之父"）在 11 世纪时就写道："这种结合仅限于精神，因为上帝只是精神，不是肉体。"[1] 总而言之，在许多基督教神秘主义著作中，我们所看到的是仅仅发生在男人头脑里的男人与男人的结合。

神的要求：承受并陶醉于痛苦

德·克莱尔沃写作的时代，正是法国南部和欧洲其他地方的行吟诗人及其他"异端分子"在重新树立女神崇拜的时代，宗教史学家称之为圣母论（Mariology）。在接下来的两百年里，人们继续

---

[1] 韦尔（Wehr），1990，第 71 页。

在原先崇拜女神的地方修建欧洲的大教堂（而且特意采用了拱顶的形式，使人联想起古代岩洞中象征子宫的圣地，每座教堂都是献给圣母或天后的，这是辉煌的沙特尔大教堂中公开使用的称呼）。黑圣母或圣母马利亚（或许因为象征肥沃的黑土地，或许源于埃及伟大母亲女神伊希斯，所以做成了黑色）的形象，仍吸引着整个基督教世界的人前来朝圣；[①] 有时候，神像就设在祭献抹大拉的马利亚（据传说，她怀着圣婴，即她和耶稣的儿子，从巴勒斯坦逃到法国南部）的神庙内。

然而，就在女神崇拜的传统持续不衰的同时——肯定正是因为这个原因——教会也在毫不留情地迫害那些仍旧保留男（公牛神）女（伟大女神）性结合的圣婚的"异端"教派。直到 18 世纪，妇女还被指控为"与魔鬼"——也就是被妖魔化的长有角和蹄的神——"交媾"的女巫，并且被杀害。

尽管如此，古代象征男女色情和精神力量相结合的圣婚，毕竟无法被完全抹去。整个中世纪，甚至更晚，人们（包括修道院里的道士和嬷嬷）始终保持着这种古代传统，虽然形式上有各种奇怪的改变。

因为在中世纪的基督教里，圣婚又经历了一次巨变。到这时——它已不是在歌颂生命和爱情——而是变得更加夸赞痛苦和死亡了。

神秘婚姻与死亡和痛苦的病态结合，是中世纪神秘主义女信徒作品中经常出现的主题。这些女人和现在的修女一般，在神秘婚姻

---

① 伯恩鲍姆（Birnbaum，1993）论述了对黑色玛多娜的崇拜（世界各地都发现了黑色玛多娜塑像）与反对压迫有联系，这些行为不仅在妇女中间流行，也有男性加入。更早的一篇文章［佩里（Perry），1990］则强调了黑色玛多娜在欧洲民间文学传统中的重要性。

中发誓，称为基督的新娘。但是，这桩圣婚给她们带来的不是性陶醉的快乐，而是她们所谓痛苦的陶醉。

因此，克利斯蒂娜·埃布纳（Christina Ebner，纽伦堡附近的一座修道院的修女，写有短文《满载荣耀》，描写其生活和幻想）写道，她那位天上的新郎来到她身边，"就像为爱而死的人"[1]。而据萨拉·梅特兰（Sara Maitland）的著作，另一位叫玛格丽特·玛丽的修女"决心将自己彻底献给圣心，于是用刀子将'耶稣'刻在自己的胸膛。她觉得这还不够，又用蜡烛的火苗将这些字母烙进肌肤"[2]。

梅特兰在《性与上帝》中生动地描述了有些妇女为了神圣的爱施加在自己身上的痛苦。"妇女们鞭笞自己，饿自己，伤害自己，亲吻麻风病人的伤口，用玻璃、酸类物质和自己的手毁坏自己的容貌，"她写道，"她们将自己的手脚捆绑起来，在身上刻字，她们扎自己，揍自己，刺自己，折磨自己"。她们甚至说，在她们与神的圣婚中，耶稣强奸了她们。而且众口一词地说，能使她们更接近神圣的新郎的办法就是受苦——作为对这种痛苦的回报，神圣的新郎把她们最渴望的爱给予她们。[3]

梅特兰说，那些虐待自己、以神秘爱情的名义作践自己的人，绝不限于女性。男人也开始不仅将这种神秘婚姻等同于绝对服从（在《旧约》中已经这样了），而且等同于"令人销魂"的受苦——这也是出于对上帝的爱。

对女人来说，与上帝的那种他虐和自虐关系，比如无数以戕害自己作为爱的礼物献给"她们的主"的女圣人的描述，当然反映了教会要求妇女在世俗和精神的婚姻中服从男主人（不论是一家

---

① 韦尔（Wehr），1990，第72页。
② 梅特兰（Maitland），1987，第127页。
③ 梅特兰（Maitland），1987，第127页。

之长，还是一教之长）。这种关系也代表着统治与被统治的关系，这已经不仅是对妇女的要求，也是对男性的要求。因为在基督教中世纪，男人也同样被要求服从教会的男"贵族"和"王子"，这些人经常打着上帝之爱的旗号欺压他们的"臣民"。

这很能说明为什么教会感兴趣的总是痛苦而不是快乐——在下编详细探讨西方宗教和生活中的性时，我们会再回到这个话题上。这也能说明为什么像梅特兰在其著作中提到的那样，"在圣徒传记中总能遇到一些男女，似乎在围绕着暴力和死亡组织他们的整个生活，这是他们表明自己的虔诚的方式"①。因为教会没有帮助他们克服这种可怜的作践自己和折磨自己的自虐，而是在鼓励这种行为。

为了使此世的事情尽量显得微不足道，并让大家都把痛苦作为精神成长和死后接受神的奖赏的入场券来接受（甚至拥抱痛苦），教会不仅分散人们的思想和力量，使他们不去寻求压迫较轻的社会形式，而且还积极地加强统治关系制度的控制，而他们所做的第一步就是将男性统治制度化。因此，妇女将爱和喜悦等同于服从和受苦，认为殉道就是自己最高的目标，一方面是因为她们已经被调教得视无耻的服从和接受痛苦为女性最大的成就。另一方面，也是教会因为普遍赞扬神圣的痛苦，并将男人等同于灵魂，女人等同于肉体。②

梅特兰写道："二元论一旦在基督教中取得地位，妇女就愈加和自然及肉体连在一起了，而男人则愉快地将自己归入思想和精神

---

① 梅特兰（Maitland），1987，第130页。

② 男人等于灵性、女人等于肉体，是许多统治关系宗教信仰的特征。但是在民间话语中，理想的女人却恰恰相反，比如维多利亚女王时代，女人要用其"更精神的"秉性"教化"男人。我们将在本书第11章探讨这些矛盾，以及这些矛盾最终如何强化了男性的控制。

一方。"因此，"倘若基督教要打击和控制肉欲，妇女就成了教会显而易见的、'自然的'整顿对象——此外，她们也欠惩罚，因为肉欲越多，罪孽越大"①。

但是，这里有很重要的一点要再次加以强调，同人们的一般想法相反，这种二元论不是西方的特产，也不是从基督教起源的。其源头可以追溯到更古老的非基督教东方信仰，比如波斯的琐罗亚斯德（Zoroaster），以及古老的西方哲学之中，比如希腊和罗马的斯多葛派，他们也都称男性和精神要高于女性和自然。说到性，虽然希腊有许多自由人和妻妾、奴隶大搞异性恋，而且常常与男孩子保持同性恋关系，但是希腊的医书作者伊壁鸠鲁认为，早在基督教产生之前，性就有害于健康。以弗所的索拉纳和基督教的一些领袖一样，竟然对结婚后仍保持童贞的人赞不绝口。②

但是，身体和灵魂、男人和女人的分裂，直到中世纪才在基督教内达到登峰造极的地步。也是从这时起，我们才看到关于性的一种扭曲的、怪诞的观点，就像奥古斯丁的教义所说，人类永远遭到诅咒，而且毫不含糊地受到痛苦地死去的惩罚，全是因为我们这一物种得以延续的性行为。对性的这种观点，还伴随着一种对灵魂的实在荒诞的观点。因为中世纪的教会不仅大声地为那些以最痛苦、

153

----

① 梅特兰（Maitland），1987，第120页。梅特兰写道，在妇女中持续地鼓动一个施虐受虐狂与一个"完全看不见却无所不在且纯属男性的神"的关系，教会也就给了每一个打妻子者、每一个强奸者、每一个色情作品作者和每一个希望获得虐待妇女的"权利"的男人一个潜意识的理由［梅特兰（Maitland），1987，第128页］。她还解释道，这仍然是现时代教会赞美的一种关系，比如1950年对"鲜花马利亚"（Mariana de Flores）的封圣，据《企鹅圣徒词典》记载，"鲜花马利亚"是17世纪的一位女子，常通过"病态的痴迷"悔罪。梅特兰指出，这位女子彻头彻尾地接受了男性至上的教义，认为接受甚至追求痛苦才是真正的"妇德"（梅特兰，1987，第127、128、135页）。

② 福克斯（Fox），1986，第350、361页。

最邪恶的方式自虐，以超过他们的主的男女鼓掌叫好，而且还常常
将他们树立为楷模。①

死亡的浪漫与人类对爱的需求

尽管当代人说到笛卡尔的理性主义和机械论科学之前的时代，
每每用"信仰的时代"来描述人神关系，② 其实我们很难把握中世
纪基督教世界的历史现实。文化历史学家 G. R. 泰勒曾用"停尸
房和疯人院的混合体"来描述这一时代。③ 从某些意义上讲，这是
恰当的描述。

因为倘若面对现实，我们会看到这是一个长期充斥着暴力的世
界：这个世界里充斥着"高贵的骑士们"没完没了的战争，以及
得到教会祝福的"圣十字军战争"，男人们不仅在不忠的城市和犹
太贫民窟奸杀掠夺，就连一些基督徒聚居区也未能幸免——比如
1209 年教皇英诺森三世发起臭名昭著的阿尔比教派十字军，要消
灭清洁派教徒，这是基督教的一个教派，妇女常充任领袖的职务，
而且男女信徒都信奉非暴力、慈善和贞节。④ 在这个世界里，"信

---

① 虽然中世纪的教会对受难和死亡的强调很强烈，但是也有肯定生活的力量，尽
　　管不那么明显。参看福克斯（Fox）1983。
② 确实，机械科学的范式，尤其把人体作为机械的观点，不是本书讨论的问题。
　　但是，把我们的所有问题统统归咎于牛顿科学原理和笛卡尔的唯理论，是全然
　　不顾几千年的统治关系的历史——更不用说，身心割裂远远早于牛顿和笛卡
　　尔，而且并非现代西方科学思想所独有。在下编再讨论这一点。也可参见本书
　　图表"统治关系模型与伙伴关系模型"（附录Ⅰ）。
③ 泰勒（Taylor），1954，第 126 页。
④ 阿比尔教派十字军不仅把清洁教派教徒斩尽杀绝，而且导致数千次成批成批的
　　妇女、男人和儿童被集体屠杀，导致整个法国地区的毁坏和高度发达的中世纪
　　普罗旺斯文化的破坏。中世纪普罗旺斯文化曾经产生过行吟诗人及其"典雅之
　　爱"（courtly love）的传统。见布利福尔特（Briffault），1965。

仰上帝的人"宣称，人类的一半是肉欲的、罪恶的，而生命正是从这一半人的身体里生长出来的，"女巫"被指控为用"巫术"（就是说用民间偏方，比如草药，而不是那些教会新培训出来的有执照的医生开出的放血或其他什么"英雄"疗法）治病，因此要在柴火堆上被活活烧死。在这个世界里，那些敢于怀疑专制教条或专制权威的"异端分子"和"叛徒"被四处搜捕，偷一块面包就算犯下死罪；人民群众生活在贫困和肮脏之中，统治阶级却有大量的金银财宝；"灵魂高尚"的男人喋喋不休地说要耐心地接受这一切，抬出美好的来世作为许诺。① 而且，他们还信誓旦旦地说，这个来世只赏给那些无条件地服从上帝命令的基督徒，不忠的人和有罪的人没份——这就不幸地囊括了所有寻找快乐的男女，因为到了像加尔文那样的原教旨主义改革者的时代，就连跳舞（教会早就禁止宗教仪式上的舞蹈，而在"异教"时代，舞蹈正是宗教仪式的中心部分）也很快在日常生活中受到禁止。

154

简言之，这是一个噩梦般的世界，痛苦不仅四处泛滥，而且还受到赞美，人们常被唆使与男人作对，与女人作对，甚至与自己作对——与自己的肉体作对，肉体必须（和女人一道）受到统治和控制。因为到这时，肉体和女人都变成了低下的，让人厌恶，同这个人间"泪谷"中所有不属于高尚的"精神"王国的东西

---

① 在希伯来的传统中基本上没有发现关于来生的说法，但是我们看到这种说法有着早期印欧文化的根源。于是，在属于印欧民族的古希腊人和其后的罗马人中，有些哲学家写到了人在来世的奖惩。罗宾·L. 福克斯在其著作《异教徒与基督徒》中写道，"柏拉图和毕达哥拉斯给他们的追随者遗留下一个关于下一辈子奖惩的清晰图像"，后来的柏拉图主义者如普卢塔克（Plutarch）则提醒人们小心死后灵魂的命运［福克斯（Fox），1986，第95页］。他还指出，"很难判断这些利害关系牵涉到的公众在多大范围内有这些考虑"［福克斯（Fox），1986，第96页］。但是，这些异教徒哲人当然不会像基督教徒那样，宣扬来生比"尘世泪谷"中的今生更重要。

一样。

于是，在我们看到的这个世界里，从爱人——不管是天上的神，还是地上的骑士或淑女——那里接受痛和苦，这就是终极的性兴奋。这时，除了上帝那些苦不堪言的新娘、新郎之外，我们还看到在一个又一个故事里，爱情和性总是与痛苦和死亡纠缠不清。这些就是我们在西方的传统里读到的那些伟大爱情——那些作为原型人物的爱情故事，比如特里斯坦和伊索尔达，还有爱洛绮丝和阿伯拉尔，对他们来说，从"爱之杯"中啜饮，得到的准是背叛、暴力或死亡。

阿伯拉尔和爱洛绮丝犯下了爱恋肉体的罪恶，因此注定要忍受地狱里的火和硫黄（阿伯拉尔被阉割也出于同样原因），同样，特里斯坦和伊索尔达的性结合使他们必死无疑——这是对古代圣婚的又一种讽刺性的扭曲，特里斯坦和伊索尔达的传说是从圣婚发展而来的。因为在13世纪斯特拉斯堡的戈特弗里德的版本中，爱的甘露（或者故事中说的使人堕入爱河的符号）是日耳曼女神明娜的愿望，而明娜的祭坛则是被视为神圣的一张床。①

这时候，诗人最钟情的题目是"精神"痛苦高于"肉体"享乐，因而中世纪一个又一个爱情故事，就不再歌颂生活和爱情的欢乐了。丹尼斯·德·鲁奇蒙特（Denis de Rougemont）在其著作中指出，此时的大部分爱情故事所歌颂的是等待、克己和最终的死亡。②

但是，在这个统治关系世界里，尽管痛苦是高尚，快乐是罪孽，妇女属于魔鬼，被誉为圣人的人（有女有男）拼命地扼杀他们

---

① 德·鲁奇蒙特（de Rougemont），1956，第131~132页。
② 德·鲁奇蒙特（de Rougemont），1956，第131~132页。

的肉体，以寻求赎救，男女之间也仍然有爱情，有歌声，有笑，他们仍在做爱，即使周围是如此野蛮，如此死气沉沉，他们仍在相互给予和接受一点点快乐。

在这个世界里，女性和男性仍在神圣的仪式上使用蜡烛、鲜花、熏香和音乐。在这个世界里，女人和男人通过各种神秘主义的追求，苦苦找寻在古代通过圣婚的种种组合获得然而今日业已消逝的与宇宙中爱——或者更确切些说，性爱——的力量的联结。

炼金术士在实验室里探寻神秘的结合。他们记下了一种"化学联姻"，不仅能点铁成金，[①] 更能让阴和阳、精神和自然重新结合。[②] 犹太教神秘主义者认为男女本是一身，甚至认为榭基那（以女性形象表现的神的智慧）是具有创造性的本原。[③] 基督教神秘主义者如雅各布·波墨（Jacob Böhme）用爱的语言和性象征手法记下了灵魂的陶醉，认为在亚当和夏娃被逐出乐园之时，男女之间和人神之间就出现了裂痕。[④]

炼金术士直觉地感到圣婚不仅是一种玄想，犹太教神秘主义者在他们用密语写成的手卷中保留了女性繁衍力量的记忆，波墨也直觉地意识到在男女和灵肉被分裂扭曲之前，还有一个遥远的时代，他感觉到了我们现在所考察的史前从伙伴关系或吉兰尼向统治关系

①　通过"女性"水银（或月亮）和"男性"硫黄（太阳）的熔合。

②　韦尔（Wehr），1990，第91~95页。

③　韦尔（Wehr），1990，第56页。

④　韦尔（Wehr），1990。韦尔写道，宗教改革运动后一个世纪，这位著名的神秘主义者说，在与神的神秘结合中，他的灵魂"穿透地狱的大门"，此时，他"感到被爱所拥抱，如同新娘被挚爱她的新郎拥入怀中"［韦尔（Wehr），1990，第77页］。波墨甚至写道需要"请来维纳斯和战神"。查尔斯·缪斯认为，他的意思是，只有通过男女的重新结合才会有人类的再生与和睦［缪斯（Muses），1951，第150页］。

或雄性称霸的世界的转型。[①] 这种认识太惊人了，因为波墨所感觉到的，不仅是神秘主义的，而且现在已经得到考古学的证实，是一种真实的真理。

当然，史前更倾向于伙伴关系的社会并不完美。但是在那些社会里，完美而最亲密的联系——女人和孩子通过生育、女人和男人通过性而产生的肉体联系——是神圣的而不是渎神的。在那些社会里，尽管人类文明尚处于萌芽时期，男性和女性就已经感觉到了文明中最伟大的神秘主义和宗教传统的核心智慧：只有通过两性关系，通过爱（不论是对神的爱还是对其他人的爱），我们才能发挥出最大的力量。

神秘主义者——以及一代又一代的男性和女性——寻求这种失去的智慧，其实是在寻求重新与我们的伙伴关系的根源建立联系。这是探寻一种与统治关系模式完全相反的联系方式。在统治关系模式中，现实与神话中的核心主题是两极分化与矛盾，是冲突与分裂、胜与败、统治与服从、肢解与消解和征服与控制——总之，是强制、恐惧与暴力分离。而神秘主义著作中经常表现出来的这种探寻的本质，是探寻治疗向统治关系世界的转型所带来的惨痛裂痕的方法：男女之间基本的性联系，以及由此产生的精神联系。

但是，这种裂痕不是神秘的会道门，不是炼金术士的魔术，更不是任何神圣的受难或自戒能够弥补的。从某些方面说，这些行为

---

① 波墨甚至主张，人性回归到远古时代雌雄同体的状态，是这个星球基督教救世主的使命［缪斯（Muses），1951，第 50 页］。但是，波墨也认为，他写的人们渴望的男女同体合一的强烈愿望没有基督的受苦和死亡是不可能实现的［韦尔（Wehr），1990，第 72 页］。波墨幸福地憧憬道："当十字架上的耶稣基督再次拯救了人类最初男女合一的形象，并用圣爱中的天血加以渲染，基督把睡着的亚当从男人女人形象恢复为原先的天使形象"。波墨认为这种形象治愈了亚当和夏娃被逐出天为堂的裂痕［见缪斯（Muses），1951，第 81 页］。

只会使裂痕变得更大。因为它们或者避开了最根本的症结，所以也就毫无效果；或者积极强化精神生活中的统治关系模式，往好的方面说，性爱或色情之爱（以及女人）也只是等而下之的事情，连统治整个宇宙的力量（而不仅是统治世界的男人）都乐于让人类受苦、顺从、作践自己，暴力统治的等级就是通过这种观念而得以确立的。

当然，表达人们对两性关系和爱情之向往的神秘之旅，并非没有在有记载的历史上给许多男女带来一丁点儿的安慰。但是，问题是这不仅关乎精神，甚至不仅关乎性，而且关系到整个社会。

我们已经看到，在社会和意识形态组织转向统治关系模式以来，女人和男人以及灵魂和自然其实已经被割裂开来了——在这个过程中，我们也与自己的追求生命和快乐的创造性色情力量隔绝了。这样的裂痕，只有当我们再次转向更为吉兰尼式的或伙伴关系的生活方式、思维方式和爱的方式，才能得到弥补。

这就是本书下编的主题，也是为了将我们的来路和去路看得更清楚。

157

下 编

我们在哪里，我们向何处去？

第九章　从古代到现代：时代背景

我们面临这么多难题，这么多个人和社会悲剧，这些并不奇怪；我们建立的关系经常事与愿违、功能失调，经常给我们自己和他人造成诸多痛苦，这些也不奇怪。奇怪的是，我们长期生活在如此多的扭曲、讹传、消极的环境和完全的信口开河的重负之下，为何我们竟然还能正常生活？

在如此重负之下我们仍能挣扎着相爱，这实在是对人类的能力和耐力的礼赞，因为追求快乐而不是痛苦，追求关心而不是征服，更为重要的是，追求联系——相互联系以及全体社会成员之间的联系——是对我们自身以及这个世界的创造和关爱。人类的这种能力和耐力也使我们有了现实的希望，我们能够在人类历史上这个关键时刻，创造一个更加平衡而且不太疯狂的社会制度——在这个社会制度中，暴力、统治，以及性和精神的功能失常，不再被认为"就该是这样"。事实上，现代历史上发生了许多挣脱统治关系束缚——挣脱数千年淫威，摆脱惨无人道的压迫和连绵不断的流血——的斗争，这使我们的希望更有依据了。[1]

---

[1]　如《圣杯与剑》所述，这种斗争并非新鲜。例如，第八章记载了早期基督教伙伴关系的特点：妇女在这场运动中居于重要的领导地位，这一事实被当时的罗马和犹太教的权威人士视为对他们的统治的威胁；而且，耶稣教导人们爱人、悲悯、非暴力，这些迎头挑战了统治关系社会的基本前提。关于妇女在早期基督教的领导角色有一本新书，见托杰生（Torjesen），1993。

在此后的章节里，我们将要谈论这种斗争。我们将看到，眨眼之间——数百年在我们的历史上不过是弹指一挥间——我们对所有事情包括从性生活到精神生活的看法都发生了巨变。随着这些巨变，家庭、政府和其他社会组织的结构相应地发生了同样剧烈的变化。因为最近三百年来，尽管遇到巨大阻力，而且不时地发生复辟，对统治关系已经确立的暴力和压迫的反抗，依然取得了越来越大的胜利。现在，当我们迈出 20 世纪，跨入 21 世纪，进入一个新的千年之际，这种争取未来的严峻斗争，就成为头等重要的大事了。

在上编我们已经看到，我们既可以建立伙伴关系模式，也可以建立统治关系模式，就连离我们最近的近亲，即普通黑猩猩和侏儒黑猩猩，也在社会组织上有着显著的差别。我们已经看到，我们文明的主流最初是朝着伙伴关系发展的，这对于性生活和精神生活的社会结构都有着深刻的影响。但是接下来，我们就看到在史前某一个颠簸动荡时期，发生了一次巨大的文化转型。

从现在开始，我们要看一看我们时代中的强大运动，要把颠倒的历史翻过来——也要看看它所遇到的强大阻力。我们将继续考察社会如何以不同的方式利用人类动机的两大杠杆：痛苦和快乐。我们将考察一些跨文化材料和同性恋关系，但是重点仍然放在西方主流社会中的异性恋关系上。[①] 我们仍将继续以传统上的性和性别的固定形式在环环相扣的政治、经济、宗教和军事体制的统治中发挥的中心作用作为考察重点，这些体制使一些国家凌驾于另一些国家之上，一些种族凌驾于另一些种族之上。但是，在下编的游历中，我们的前进路径与上编在许多方面有所不同。

---

① 现在有许多优秀书籍充分论述同性恋问题。学者们也在探讨非西方文化，以及西方文化中的亚文化群如何建构性的问题，其中一些将在后面的章节中引述。

目前，我们已经飞快地掠过了一段很长的时间。这就像顺流而下，一开始朝着一个方向，可是在一个急转弯之后，又朝向另一个方向。再往下，我们的任务是开一段河床，使我们能转向伙伴关系而不是统治关系。但是，在这个过程中，我们还要穿过惊涛骇浪，巨石险滩，还会受到流向不同的强大水流和旋涡的干扰。

我们在考察这些潮流的同时，还要仔细研究我们所拥有的一切最亲密的关系：不仅是性关系，还有儿童和监护人之间的关系。因为我们正是从这些具有身体接触的基础关系中，得到日后建立伙伴关系或统治关系的砖石。我们将以新的眼光来考察当代社会的发展，不仅考察性欲与灵性的发展，还要考察政治、经济、技术、教育、交通以及生活中其他重要方面的发展。通过考察痛苦和痛苦的威胁如何在最基本的肉体层面附着于统治关系模式的社会和意识形态组织之上，我们将进一步扩展我们的**文化转型理论**。

162

但是，在此之前，我想先为下面的章节做一些铺垫。我想说说本书的书名，它如何在我不断变化的意识里成型，又如何表达欢爱和神圣在伙伴关系社会和统治关系社会里得到不同的定义。我想简单地谈谈我们如今了解的有关爱情的生物学和化学知识，以及意识的性质。我们要把眼下的事情，放到一个更加广阔的进化环境之中。因为我们越来越清楚地看到，今天的这种喧嚣，都是因为我们的文化已经走进一条死胡同：只有彻底改变我们建立人类关系包括我们最亲密的个人关系的方式，才能走出这条死胡同。

我还想谈谈在个人和社会变化的讨论中一直被忽略的问题：人的肉体。因为社会和人的转化，说到底是围绕着直接与人的肉体有关的事情而进行的；围绕着我们如何看待我们的肉体，包括我们自己的肉体和他人的肉体而进行的；围绕着谁有权裁定这些看法而进行的；围绕着别人如何接触我们的肉体，我们又如何接触别人的肉体而进行的；最后，它还涉及意识的彻底改变，涉及两种不同的力量——对肉体制造痛苦和带来快乐的力量——是如何在社会中建构起来，其中哪一种力量得到了重视和回报，而哪一种力量受到了轻视。

肉 体 政 治

在撰写本书的过程中，我本人的意识所发生的最大变化，就是我逐步明确地认识到，我们对人的肉体的看法极大地影响着我们对世界的看法，而我们对世界的看法又直接关系到我们如何在与这两者的关系中看待我们自身。我早就知道，有一些重要的女权主义著作直接或间接地谈论了这一问题，从凯特·米利特（Kate Millett）的《性政治》（*Sexual Politics*）、阿德里安娜·里奇（Adrienne Rich）的《论妇女的诞生》（*Of Woman Born*），到最近出版的著作，像凯特·海沃德（Cater Heyward）的《触摸我们的力量》（*Touching Our Strength*）以及葆拉·库伊（Paula Cooey）、沙伦·法默（Sharon Farmer）和玛丽·埃伦·罗斯（Mary Ellen Ross）合著的《经由身体表达的爱》（*Embodied Love*）。① 但是，现在我从一个新的角度，比以往更清晰地认识到，如果不能理解和改变我们对男人和女人肉体的看法，我们就不可能理解某时某地所形成的关于性、权力和爱的观念，更不可能改变它们。我也比从前更为深刻地认识到，我们对肉体的看法和做法，以及由谁来决定我们对肉体的看法和做法，都与政治紧密相关。

其实，在当代摆脱强大的统治和暴力模式的斗争中，这些就是

163

---

① 米利特（Millett），1970；里奇（Rich），1976；海沃德（Heyward）、库伊（Cooey）、法默（Farmer）和罗斯（Ross），1987。

最主要的政治问题。我们如何看待肉体与肉体的关系，最重要的是，我们如何在自己的肉体里体验这些关系，不仅隐喻着政治的最基本的意义，而且关涉对权力的定义和实施。这就是我们的肉体在传统定义下的公共环境和私人环境下如何与全部社会关系相联系的方式，我们先是不知不觉地了解这种联系方式，继而开始不断地运用这种联系方式。

如果在早期的长幼关系，继而在性关系中，我们已经被培养得适应了统治和服从，这些关系就会不知不觉地影响我们所有的关系。反之，如果在早期的长幼关系，继而在性关系中，我们学会并且不断地练习相互尊重和关心，我们就会与建立在强制和恐惧之上的统治等级的社会制度格格不入。

这就是在观念中将女人的肉体从性和精神力量的象征变为男人的控制对象，是史前时期朝向统治关系社会组织的转变中所不可或缺的原因。[1] 在观念上将女性的肉体变成由体外某个人控制的对象，产生了几个重要的结果。它首先为男人找到了统治和剥削女人肉体的理由——不论是将女人的肉体变为繁殖或娱乐工具，还是利用它为男人服务或为男人的家庭干活，都是如此。它还使女人自己逐渐从统治关系制度所形成的男人视角来看待自己的肉体。因为不论各种文化对女人的肉体有什么偏爱——喜欢胖或瘦，喜欢抻脖子、缠小脚，还是喜欢摧残生殖器——这些偏好都不是女人自己的愿望和需要，而是符合占统治地位的男人对女人的欣赏口味。更有甚者，在这种新的社会秩序里，女人自己也逐渐学会了让自己和自己女儿的肉体服从于男人的要求和口味。我们至今在与这种传统做斗争，164

---

① 有许多女性主义著作探讨这一问题，林达·尼德（Lynda Nead）的《裸体女人》（*The Female Nude*）是其中之一，该书考察了"男性的注视"如何造就迄今多数西方艺术中对女性身体的描绘。

它表现在厌食症、贪食症以及其他饮食失调症状等方面，这些都是女人为了迎合外界潮流，不惜忍受一切痛苦，强制改变体形的结果。

但是，这种靠外界影响决定体形，将肉体当作工具的观点，不仅影响着妇女，也深刻地影响着男人。现在，所有女人的肉体和部分男人的肉体，都是通过一部分人的眼睛来审视的，这一部分人伤害力最强，因此也就能对他人的肉体实行控制。

我们已经看到，这是西方古代奴隶社会流行的观点，所有女人和大部分男人（奴隶）的肉体，是由一小撮人占有的，这一小撮人对此握有绝对的生杀予夺的权力。而且，在这些高度好战的社会里，大部分人只是一小部分精英进行权力争夺的工具，谁在争夺中能给他人的肉体造成最大的伤害，谁就是赢家——这就是我们今天仍在与之斗争的另一种统治关系传统。这就是为什么如今男性的理想标准是肌肉发达、披盔戴甲、强壮剽悍的武士形象，[①] 他们献出自己的肉体，而得到的报酬就是被俘妇女的肉体——这一点我们从《荷马史诗》和《圣经》中都能读到。

女人的肉体纯粹是男人的财产，这种观点深刻地影响着男女性生活的社会结构，因为如果一个人的肉体存在的理由就是服务于另一个人的肉体——给它以关怀、快乐和后代，这就不仅为所有的上下等级提供了一个基本模式，而且树立了一种观念，说明男女的肉体在他们最亲密的性关系中应该是一种什么关系。这种观念认为女人和性"天生地"就要受男人的控制。我们至今仍在与这种观念做斗争。

在这种观念下，就需要一些制度来维持男尊女卑的等级。一是我们已经粗略地讲过的，对性和女人的糟践；二是对统治和暴力的

① 尼德（Nead），1992，第 17 页。

色情化——这是现代泛滥的淫秽作品的中心，男人捆绑、鞭笞、刀割女人的肉体，或以其他方式造成女人肉体的痛苦。随后我们将更深入地探讨这个问题。

关于这些作品的争论，主要集中于它们是直接引发对妇女的暴力犯罪，还是仅仅使那些因为了解这些行为会导致痛苦而永远记住这些犯罪的人麻木，同时制造容忍这些行为的氛围。但是当代朝向伙伴关系的运动日益高涨，来自统治关系制度的抵制也日益强烈。从这种矛盾的角度来看，这些作品的产生，可以看作在最基本层面上通过对天然的肉体制造威胁或痛苦得以维持的制度对伙伴关系浪潮的反应。

这些作品描绘了人的肉体，以及两个肉体如何"好玩地"纠缠在一起，而其中一个肉体要忍受肉体的甚或心理的痛苦，它们生动地表现了一种社会组织，其中最高的力量是由剑的力量来象征的：导致痛苦和毁灭的力量。更有甚者，它们使我们不知不觉地认为人的关系就是一些人实行统治，而另一些人被统治。

但是，男人和女人在社会化过程中并不是只能接受，甚至欢迎压迫性的统治。我们将会看到，社会调节的方式有很多，它们都会使我们——借用前耶稣会教士 D. H. 约翰逊（Don Hanlon Johnson）的话说——"从感官上，而不仅是从态度上，服从"我们的"上级"。① 比如，通过痛苦的权威育儿方法植根于我们的肉体的习惯模式，对于这个问题，我们将在下一章中讨论。严格的宗教（约翰逊认为这与性自虐和性虐待有关）也是使肉体适应统治和服从的有效方法。② 有些统治关系宗教里还有以永恒的肉体痛苦施行恐

---

① 约翰逊（Johnson），1994，第 59 页。
② 约翰逊（Johnson），1994，尤其是第 3 章。

吓。约翰逊指出，"天主教专制的深远根源"即在于"一个人的肉体可能受到永恒的火烧"，他说，"由于害怕遭受这样的痛苦，民主就永远无法实现"。① 依靠个人（据说是被"原罪"玷污了）的选择和知识，远不如依靠更高的（据说是神授的）权威可靠。

痛苦、快乐与神圣

下面，我要重复我说过的一点，然后再继续我们的考察：基督教和大部分其他世界性宗教在统治关系说教与神话的下面，其实有一个重要的伙伴关系的核心。正因为有了这个核心，这些信仰才吸引了许多女人和男人。但是——我们稍后将深入探讨这一点——这些宗教里的统治关系因素，已经并将继续成为一种强有力的手段，使女人和男人接受甚至崇拜不公正的权威。而且，约翰逊指出，当他们这么做的时候，我们的肉体、痛苦与快乐等会直接影响到一些最基本的事情。

的确，古代更为伙伴关系的社会对神圣的看法与我们对神圣的许多看法区别最大的一点，就同肉体、痛苦、快乐这些最基本的事情相关。因为，我们要是停下来看看统治关系传统中的神圣形象，就会发现它们的中心不是给予快乐，而是制造痛苦——在奥林匹斯诸神的战争中，在印度教男女诸神的血腥决斗中，或是通过基督被钉死在十字架上，或是通过基督教圣徒们的殉道。

对痛苦而不是快乐的神化具有突出的政治意义，因为这些形象来自那些统治和摧毁的力量代表最高权力的社会。它的另一个意义就是，在这些社会中，人们受到的教育就是快乐等于自私、麻木，

---

① 约翰逊（Johnson），1994，第58页。

甚至将快乐等同于统治或被统治，我们稍后将深入探讨这一点。说到性时，快乐就等于自虐和虐待，等于伤害或被伤害。

正是这些使我想到了这个标题——《神圣的欢爱》。这个标题也许一开始会令人吃惊，甚至会令人想到亵渎神灵。正因为如此，我才决定采用这个题目。或者，更确切些说，这就是当我关于快乐和痛苦的认识在写作过程中发生了深刻改变时，"神圣的欢爱"这个词便在我脑海中反复出现的原因。这是关于欢爱和神圣的一种观念，它与我们受到的教育完全不同。在统治关系和伙伴关系社会中，肉体和权力的社会结构是不一样的——后者最重要的权力象征是带来生命和光明的圣杯，而不是危害生命和毁灭性的剑。同样，在这两种社会里，欢爱和神圣的社会结构也不一样。

所以，我说的"神圣的欢爱"，绝不是中世纪基督教的善男信女们被鼓励通过折磨自己、摧残自己的肉体而得到的那种"神赋的"欢爱；也不是弗洛伊德所说的男人在性交过程中通过侮辱和贬低女人而得到的那种"欢爱"，按照弗洛伊德的说法，"当性对象遭到贬低时，感官感觉便可以重新发挥作用，于是产生可观的性能力和高度的快感"；[①] 也不是人们学会的那种落井下石般的"欢爱"，以嘲笑跌倒的人，脸上挨了一巴掌的人，或是以其他方式受到伤害的人；也不是那种打了胜仗的"欢爱"，比如基督徒（或穆斯林）在圣十字军东征时期庆祝对不忠的人的屠杀。在今天，海湾战争结束后，美国举国欢庆战争胜利——却只字不提成千上万的伊拉克男人、女人和儿童或死或伤。神圣的概念无论如何还与那些数以千计的表达残酷和牺牲——人的肉体被刺穿，被钉在十字架上，被烧成灰烬，用签子插入，或以其他可怕的方式遭受折磨——

167

---

① 弗洛伊德（Freud），1962，第62页。

的宗教作品没有关系，这样的作品至今在博物馆和教堂里比比
皆是。

　　但是，我也得说，我们受到的教育使我们对欢爱和神圣产生了
一种畸形的看法，这种观点并不是由于我要写这本书才有的。它是
一种缓慢的觉醒，就像神秘主义者所说的，是将遮盖灵魂或神性的
帷幕一层层揭开的过程。在我的心路历程中——一种令我时而痛
苦、时而欢快的探寻，它没有带我走进与世隔绝的深山老林，倒是
让我有了一种重新看待日常生活的新眼光——我得到的是意外的收
获。

　　我开始认识到，我生命中那些最重要、最难忘的心灵触动——
我对生命的神秘感到一种难以名状的敬畏和好奇的时刻——并不是
来自我所接受的教育。将神圣与某个万能的、做出永恒裁判的实体
相连，这种教育不能阻止我心灵的颤动。我也开始明白，心灵的成
长与世俗的欢爱，比如性高潮和（孩子或者爱人）充满爱意的触
摸，并非风马牛不相及的事情。我逐渐知道，这些经历正是我自己
心灵成长的核心。我还开始看到，我迫切需要解开我所受的教育中
关于欢爱和神圣的一团乱麻，它不是停留在理论上的，而是要在实
践中体验。

　　但是，直到我开始写这本书，我才逐步理出了一些头绪。最重
要的是，我开始将我的点滴发现放在一起，形成了另一种神圣：与
伙伴关系而不是统治关系关于圣洁的观念相符合的神圣。这种神圣
是此生的，它不属于虚幻的、彼世的王国——它来自对生命的敬
重，而不是对死后或生前的崇拜。这种神圣不会将我们与我们所谓
的神截然分开。更重要的是，这种神圣不会鄙视肉体，因此它并不
轻视肉体，而是视之为最基本或最完整意义上的圣洁所不可缺少的
组成部分。

168

因此，我说的伙伴关系而不是统治关系的灵性，包含了这个词的全部意义。世上的事情，我们自己和他人肉体上的事情，与我们所谓更高的自我并不是分离的。也正是因为如此，像卡罗尔·克赖斯特（Carol Christ）、马修·福克斯（Matthew Fox）、伊丽莎白·多德森·格雷（Elizabeth Dodson Gray）和卡特·海沃德这些神学家关于内在精神的著作，才如此重要。[①] 因此我认为，灵性既是无所不在的，也是超验的，二者在灵性的核心融合为一个整体，如今在从统治关系向伙伴关系世界转化的斗争中，这种整体逐渐地显现出来。

这种伙伴关系的灵性既表达了人类在肉体上相连——比如，希望在肉体上与相爱的人合为一体——的愿望，也表达了我们与神合而为一的渴求。巨大的苦难并不是它指引我们通向更高意识的道路，甚至不是神圣的救世主的根本属性。它教导我们的是如何通过人类在爱和被爱的独特体验中感受巨大欢乐，达到更高的意识，从而与我们称为神圣的事物合而为一。但是，这并不是抽象的爱。这种灵性来自联系而不是分离，因此，在这种灵性中，爱并非存在于另一个世界之中，它就是这个世界的产物。

人类对亲密接触的渴求

我认为，我们所看到的西方宗教有一个最大的可悲之处，这就是它将人类的体验割裂开来，尤其是将虚幻的或"精神的"爱置于实在的或"肉体的"爱之上。我们知道，关于人类体验的这种

---

① 克赖斯特（Christ），1987；福克斯（Fox），1983、1988；格雷（Gray），1988、1994；海沃德（Heyward），1984。还有本书第 13 ~ 14 章。

分裂的观点，并非西方宗教所独有。当然，这种观点也不是宗教所独有的。比如，一般人认为（这是古希腊哲学家和中世纪基督教学者留给我们的遗产的一部分），性感觉是"低贱的"，而爱则是心灵的事情，我们所说的更高的意识只是一种思想而不是肉体的状态。

其实，现代科学研究表明，性欲不是产生于我们的生殖器官，而是产生于我们的大脑。在老鼠身上做的实验也表明，用电流刺激大脑的某一个区域，可在对生殖器官没有任何刺激的情况下，直接导致勃起甚或射精。① 不仅是科学研究，就连日常生活的经验和观察也能证明这一点。我们知道，性画面，甚至性想象都能撩起人的性欲。一个男人或一个女人在性上被某人所吸引，不管有多少个体差异，主要还是因为人们大脑中的某个部位发生了作用。我们如何解释人的性冲动或情感骚动，以及我们接下来做出或不做出某种行为，主要取决于我们学会的思考方式和感觉方式，而不是什么天生的或机械的肉体冲动或"本能"。

爱的情感同样来自我们的大脑。事实上，人类所有的感情和感觉——关于性的、精神的或爱的——都是经由心理学家所谓认知或思维而产生，并在大脑里形成的。但是，由于我们的大脑是肉体的一部分，我们是在肉体里体验所有的感情和感觉，不管从前人们认为它们是高尚的还是低下的。

这么看来，那种精神状态或恍惚状态，其实是我们的肉体状态所引起的。经历过意识的"高级"状态的人，比如瑜伽大师，常常要进行剧烈的肉体锻炼，他们能以平常人坚持不了几分钟的姿势，坐上几小时。越来越多的关于意识的超常状态（Altered States

---

① 奥尔兹（Olds），1956。

of Consciousness，缩写为 ASCs）的科学文献中，也记录了这种精神状态的肉体因素。实验表明，在冥想或恍惚状态下，脑电图可以记录下可检测到的脑电波变化。

最有趣且与我们的探讨关系最紧密的是，性高潮也越来越多地被认为是意识的超常状态——它确实也是。[1] 朱利安·戴维森（Julian Davidson）在《心理生物学》（*The Psychobiology of Consciousness*）一书中指出，虽然存在极大的个体差异（其他经历 ASCs 的个体也有巨大差异），"所有的性高潮都具有巅峰状态的 ASCs 的共同特征"，包括"时空、认同等感觉"的变化，以及"强烈的情感和肌肉运动迸发等巨大改变"。他还指出，"性高潮被广泛用来诱发神秘状态"[2]。

所以就像我们在上编中所看到的那样，神秘主义者总是用描述性的语言来描述他们的体验。也无怪乎在性激情和精神感悟的语言中，最常见也是最主要的一个词就是爱。

在描写性欲与灵性的文字中都出现了爱的主题，这并非巧合。它反映了一种潜在的联系，史前文明似乎曾经感知过它，现代科学开始重新发现它。因为我们所受的教育告诉我们，人类的性生活（朝着相通或合一的努力）、爱的情感（仍是朝着相通或合一的努力）和精神上与我们的神相结合或合一的努力，是互相对立、毫

170

---

[1]　戴维森在他称为性经验心理生物学的研究中指出，性经验"符合最典型的、对日常经验的偏离"［戴维森（Davidson），1980，第 292 页］。

[2]　戴维森（Davidson），1980，第 292、295 页。另一位研究者查尔斯·塔特（Charles Tart）把意识的超常状态描述为是由两股力量所促成的。第一股力量趋于产生破坏原有的意识状态，例如药物或诸如极度疲劳或兴奋那样的激烈体验。另一股力量包括放松的过程，如睡眠、默想和催眠。高潮状态似乎包含了上述两种情况。它既有激烈的身体刺激，也有深度放松。前者趋向于"破坏正常的意识状态"，后者是一种神秘的精神入迷的"释放"。

不相干的事情，但实际上，它们都源于人类根深蒂固的需要：我们人类对于亲密接触的强烈渴求。

在我们这个物种中，这种渴求强烈而持久，我认为这是一种生理需求。并不是说只有人才会努力追求亲密接触。这种奋斗其实是进化过程中经常出现的现象。其根源可以上溯至几十亿年以前，上溯到单细胞经过共生结合形成多细胞机体。生物学家林恩·马古利斯（Lynn Margulis）准确地称这种多细胞机体为我们这个星球上生命形式建立的第一种伙伴关系。① 虫鸟鱼兽群聚而居，这种对亲密接触的需求就在我们所谓群聚的本能中表现出来，许多同类紧密团结，这样便更安全，更有利于生存。在各种生命形式中，从瓢虫到小猫，从猴子到人类，我们都能看到通过触摸使肉体发生亲密接触的需要。这种触摸所产生的肉体联系，与物种通过性的交配而完成的繁殖是不可分的。对于哺乳动物，后代的存活尤其需要触摸，如果没有成年兽的保护和照料，幼兽就会死去。

尽管对亲密接触的渴求并非人类特有，但是在人类中，这种渴求得到了最大发展。这是由人类的特征所决定的。其中最突出的是，人类的婴儿依赖别人照料的时间特别长，人类中的女性能够不分季节地性交，并且能反复达到性高潮，人类的思维能力远远强过动物，这在我们称之为意识的现象中具有非常重要的作用。

从这样一个更广阔的角度看，人类高度发达的思维能力显然与流行的看法相反，即它与高度发达的男女间和长幼间联系的能力（以及需求）并非属于不同的进化层次，其实，它们是相互关联的进化发展：在我们这个物种出现之初就连在一起的发展。尤其是，这两种进化发展共同使我们这个物种具有了人类特有

---

① 马古利斯（Margulis），1987，第 109 页。

的——而且是相互联系的——两个特征。一种是我们称之为高级意识的现象，一种是复杂的感情和行为，在灵性和性欲领域中，我们都称之为爱。

171

爱情、语言和意识的进化

很明显，我们也可能建立没有爱的、残酷的、暴力的性关系和非性关系。但是，人类具有高度的潜力，能建立有意识和关爱的联系，我们称这种联系为爱。这种进化为我们提供了一个基础，使我们能够以更平衡、更美满的方式，建立相互之间以及与我们这个星球之间的关系——这种方式能够接受我们相互之间以及我们与自然之间的内在联系。

我们这个物种出现后最重要的进化就是人脑的进化。正是因为我们的大脑（以及我们的发音器官），我们才成为唯一能用我们称之为语言的复杂符号进行交流的物种。[1] 但是，生物学家亨伯托·马图拉纳和弗朗西斯科·瓦雷拉指出，我们之所以成为他们所谓"合作以及通过语言协调行为的生物"，最主要的原因是人类的性交是面对面的，而且不受季节的限制（加之性交的产物需要长时期在身体上依靠他人）。[2]

其他学者，比如阿德里安娜·齐尔曼和南希·坦纳，也将人类最初的社会关系和语言的起源归结于母婴交流的需要，我们这个物种的成熟期实在太长了。他们指出，如果母亲能与婴儿进行语言交流，指导、关照和维持他们的成长，婴儿成活的机会就更大。他们

---

[1]　其他动物也有交流系统，从许多动物的警告声到许多鸟类和灵长类的发情叫声。但是鲸可能是个例外，其他动物的交流系统都不如人类的复杂。

[2]　马图拉纳（Maturana）和瓦雷拉（Varela），1987，第222页。

说，这又会导致进一步的生理变化（比如较大的脑容量，较小的下颌骨，以及喉腔内较大的空间），这些变化也标志着从猿向人的转化，标志着语言的产生。①

但是，马图拉纳和瓦雷拉特别地将语言看作一种工具，认为它使人在性生活中能够分享感情与合作。他们指出，由于人类的女性全年都能进行性活动，这有助于使语言成为亲密关系中的交流手段。这能促使男女之间建立更持久、更合作的接触，因而就更需要，也有更多的机会进行交流。他们强调，在许多鸟类、鱼类以及许多哺乳类动物和灵长类动物中，雄性也参与照料幼儿，但是人类的男女之间全年都能有性关系，这促使男人更积极地照料他人——对于一个幼年依赖期特别长的物种来说，这是一个重要的进步。②

因此，与我们在一些社会生物学文献中读到的观点相反，马图拉纳和瓦雷拉强调，人类的性与动物的性不一样。他们还指出，人与其他动物在另一个重要方面的根本差别是，我们具有高度发达的区分自我和他人（同时也意识到内在联系）的能力，也就是说，人有高度发达的意识能力。他们认为，这种进化与人类的性的出现也是分不开的。

172

① 坦纳（Tanner），1981。这个结论也得到了越南语言学家黄倩通（Huynh Sanh Thong）的支持。他论证说："从少量的表示'母亲'的单音词出现以后，便很快发展出新的单词，最终产生了当今世界的语言之林。"他明确地指出："按照这个推理，开始的这个词就是'ma'（妈）。"（黄倩通，1990，33）
② 马图拉纳（Maturana）和瓦雷拉（Varela），1987，第219～223页。他们写道："食物的分享和男性参与照料幼儿"是最早发展出语言的古代人群的重要因素，并且发现常年都能进行性交的物种更有可能在成人间分享食物［马图拉纳（Maturana）和瓦雷拉（Varela），第222页］。这已经从倭儒黑猩猩那里预示出来，我们在第2章已经对此有所了解。需要补充的一点是，男性参与照料幼儿可以出现于不同的家庭和社会背景，包括抚育幼儿不仅是父母的而且是公共的责任的社会。

他们说，在"人与人的反复交流中，需要用语言区别他人，比如起名字"，正是在这种"亲密关系中，出现了语言中区别于他人的自我"。① 其他几种生命形式，比如我们的灵长类表兄大猩猩和黑猩猩，也具有一点表达自己的能力，然而，用概念进行思考和描述的能力，显然在我们这个物种中得到了最高的发展。②

因此，我们在人类身上看到了意识的最高发展，这也就不足为怪了。如果我们在人身上看到马图拉纳所谓的"爱的生物学"的最高发展，③ 这也不足为怪，因为我们有更发达的交流能力，我们一年四季都能有性联系，我们的童年更需要有亲密的联系。

爱的生物学与化学

马图拉纳说，爱总是充满着诗意——诗歌是最能表达爱意的。尽管"爱的生物学"乍看上去不怎么顺眼，但是，人类对爱的需求显然是一种生物学事实：没有爱，没有一定程度的关爱为联系或纽带，我们人类就无法生存。

在婴儿阶段，如果没人照料，没人喂我们饭吃、给我们衣穿，我们就活不下来。如果没有肉体的触摸，我们也活不下来——在毫无关爱的触摸的孤儿院里，婴儿有时会在身体完全正常的情况下死

---

① 马图拉纳（Maturana），1990，第14页。

② 马图拉纳（Maturana）和瓦雷拉（Varela），1987，第234页。"语言，"他们写道，"是我们称为思想的经验中不可或缺的。"［马图拉纳（Maturana）和瓦雷拉（Varela），第231页］他们还指出，意识连同头脑都"属于性结合的范畴"——在这个范畴中，正如他们再三强调的那样，人类的性行为扮演了萌生进化的角色［马图拉纳（Maturana）和瓦雷拉（Varela），1987，第234页］。

③ 马图拉纳（Maturana）和瓦雷拉（Varela），1987，第246页。

去，对这些不幸婴儿的研究证明了上述观点。① 人类学家阿什利·蒙塔古是这方面研究的先驱，他在《触摸》②（*Touching*）一书中指出，我们最强烈的肉体和情感的感觉，都是从关爱的触摸中产生的。我们不仅从触摸中得到快乐，而且在痛苦时得到安慰，在绝望时得到希望，更从触摸中得到那种不可或缺的感觉，即我们不是孤零零地生活在这个世界上，而是与同类中的其他人联系在一起。

因此，马图拉纳说，我们人类确确实实"靠爱活着，任何时候剥夺了爱，我们就会生病"③。这就是为什么马图拉纳认为爱的生物学不仅是人类社会的基础，而且是深深地扎根于进化的历史之中的动力。它最初始的形式，就是马图拉纳所描绘的许多昆虫鸟兽和其他动物"在自己的领地容忍其他生物"。而它的最高形式，则是我们这个物种强烈的、有意识的感情，不论是世俗文献还是宗教文献，都认为这是最重要的——如果从心灵的角度说，是最高贵的——人类经验。

如今，科学家们正在研究这种感情为什么会如此强烈。他们的发现提供了一个引人注目的新视角，让我们考察另一个特别的，却常常被忽视的进化发展：快乐的进化。

新的研究表明，在进化过程中，大自然开始搞一些化学奖励的实验，当我们被爱或爱别人时，体内就产生巨大的快乐。内啡肽（内生吗啡的简称）一类的化学物质最初主要用于麻醉，减

---

① 蒙塔古（Montagu），1986。
② 蒙塔古（Montagu），1986。
③ 马图拉纳（Maturana），1990，第 xv 页。其他物种也表现出我们称之为"爱的感觉"。更复杂的、更长寿的、更聪明的物种中，如海豚、大象、鲸和人类的同伴灵长类，表现得尤为明显。

少伤痛或在逃避追捕时提供额外的能量。① 但是，在进化的某个点上，这些化学物质有了不同以往的新功能。现在，它们不仅能够帮助机体在搏斗和逃生时减少痛苦，还能诱发快乐，增进照料他人——甚至关爱的触摸——所需要的纽带，这是比较复杂的物种的生存需要。②

心理分析学家迈克尔·利博维茨（Michael Liebowitz）在《爱的化学》中写道，我们常说"堕入情网"，我们这个物种从化学物质中所得到的奖赏，也许正是对这种说法的诠释。因为在这种状态中的巨大快乐，以及在性爱中的巨大快乐，似乎与某些化学物质的增多有关，这种化学物质可能是苯（基）乙胺，一种类似于苯异丙胺的物质。这种化学奖励很可能就是使父母和其他成年人（以及儿童）在照料婴儿时感到快乐的因素，也是相爱的人感到满足——也就是快乐——的原因。在这里，化学物质，或许是内啡肽，再次发挥了作用。③

尽管这些研究才刚刚开始，结论还不能确定，然而它们或许能解释神秘主义者所感受的那种喜悦，他们一直认为这是出于对神的爱戴所造成的。这些研究或许还能帮助我们了解创造、发现、审美

174

---

① 痛苦和快乐很可能也是有用的喂食信号。有毒食物引起痛苦和不快的感觉，而快乐的感觉说明食物可吃。

② 感谢迪安·德·桑德罗（Dean di Sandro），他那篇富于挑战的论文《内啡肽：依恋的替代品：当爱成为日常的内生性鸦片》（"Endorphin, a Substitute for Attachment: When Love Is an Everyday Endogenous Opiate"，未发表），以及随后的谈话和书信，启发了我的思路。

③ 利博维茨（Liebowitz），1983；沃尔什（Walsh），1991，第 99 页；费希尔（Fisher），1992。对于科学家正在探讨如何利用这类化学药品去治疗长期忧郁的病人，参见萨贝利（Sabelli）和加瓦德（Javaid）（未注明日期）。这些化学物质水平偏低的人会患上长期抑郁症，使人想到慢性忧郁与早期缺乏爱，甚至在儿童时期受虐待甚至被施暴力有关，可见这些化学物质不正常可能至少部分是由童年经历引起的。这再次说明爱对人类的健康发展非常重要。

的沉思默想以及在帮助他人时所感受到的巨大快乐。

最重要的是，我们所了解到的这些关于爱和快乐的进化的知识，使我们需要对进化论做出新的评价。因为这些研究结果认为，爱的进化与性和意识的进化一样，是我们这个星球上非常复杂而高级的生命形式出现的转折点。这些研究表明，当我们说到适应时，不能再把爱的能力一带而过了——事实上，我们这个物种在进化中最具适应性的发展，就是人类伟大的爱的能力，而不是早先的理论家所说的暴力和攻击能力。

此外，这条新的探索路线还表明，人类的爱和性的进化，只是更大的进化的组成部分。这种更大的进化，就是从推崇痛苦的惩罚朝着推崇快乐——尤其是爱的快乐——的奖赏发展，这是适应行为的主要动因。

进化的推动与转化的挑战

从更大处着眼，当代从统治关系社会向伙伴关系社会转化的运动波澜壮阔，这似乎正是受了进化的推动力激发的缘故。这不仅是因为在我们这个受到氢弹和臭氧层空洞威胁的高科技时代，维系人类生命的要求和维系统治关系社会组织形式的要求发生了面对面的直接冲突；而且因为在任何一个时代，促进而不是阻碍爱与欢乐的伙伴关系模式，看起来总是更符合朝向正常的或可衡量的更高阶段的进化。①

这种进化运动吸引了许多学者，包括达尔文本人在内。尽管在

---

① 我先前曾经说过，此处我没有像生物学家那样把"进化"作为动词，而是把它作为一个形容词，含有价值判断。这是哲学家和普通人的用法。

今天的新达尔文主义者们那里，进化过程中由低级向"高级"的运动已成了异端邪说，罗伯特·J. 理查德（研究达尔文的最高权威）在他的著作中就曾这样说。但是，达尔文还提出了所谓道德感的四个进化阶段，他认为这是"人与动物相区别的最重要的特点"①。在第一阶段中，动物产生了社会本能，这些本能使关系密切的个体结合在一起；第二阶段产生了更高的智力；第三阶段有了语言习得；而在第四阶段，达尔文认为，某些习惯最终能够塑造个体的行为。②

生物学家朱利安·赫胥黎（Julian Huxley）在《行为的进化》（*Evolution in Action*）中也提到"新的可能性"以及"经验的新品质的出现"。③ 后来，心理学家亚伯拉罕·马斯洛（Abraham Maslow）提出了不同等级的需求，从防卫需求或不足需求（这是所有动物所共有的）到更高级的需求，他称之为"自我实现"的动机。他认为，这是"人性"的可能性。④ 社会心理学家戴维·洛耶以达尔文关于道德感的起源和发展的观点，以现代大脑研究为基础，建构了一种新理论，认为我们这个物种的潜力是向着他所谓道德敏感性在逐渐进化。⑤

我得说，这些学者的观点与赫伯特·斯宾塞（Herbert Spencer）和其他社会达尔文主义者的观点大相径庭，后者将我们控制物理和社会环境的能力视为进化的顶峰，并以此来美化 19 世纪那些残酷的工业家的"成功进化"。他们也不同于那些先验理论家，比如泰

---

① 理查德（Richards），1987，第 207 页。
② 理查德（Richards），1987，第 208 页。洛耶（Loye）1994 年提出了与达尔文略有不同的道德发展模式。
③ 赫胥黎（Huxley），1953。
④ 马斯洛（Maslow），1968。
⑤ 洛耶（Loye），1990。也可见洛耶（Loye），1994，及其未出版的著作 b。

哈德·德·查尔丁（Teilhard de Chardin），① 这些先验理论家们认为，在进化背后是神预先设定的计划。比如天体物理学家埃里克·蔡森就曾说过，"不要说宇宙的进化在技术上受智慧的或有头脑的宇宙神的指引"，在他看来，"智慧这种现象从前是、现在是，将来也还是按照宇宙的进化而发展的"。② 但是，这些学者并未忽视这样一个事实，即纵观地球上的生命发展史，确实可以看到从早期到晚期的变化。我们这个物种对他人的敏感，我们的创造力，我们的审美感受性，以及我们的爱，就是最突出的例子（这也正是文化转型理论的研究领域）。

然而，我们在上编已经看到，在一个以统治关系而不是伙伴关系为主的社会里，倘若将这样的系统——这种系统是以强力和对痛苦的恐惧为基础的等级制度——维持下去，就势必要扭曲和扼杀这些潜力。因此，统治关系模式并不仅仅是在简单的生存意义上不适合我们这个高科技时代。无论一个社会的科技发达与否，维持统治关系系统的要求与我们这个物种充分发展的要求也是相抵触的。

倘若人类性的进化和儿童的长期依赖果真造成了人类独有的对联系的强烈渴望，并由此产生了人类从爱和被爱中得到的巨大快乐，那么，一个以伙伴关系而不是统治关系为主的社会组织，就更符合我们的生物进化。倘若这果真是西方文明进化的最初方向——从神的形象中可以看出，那里几乎没有夺取生命的形象，给予和养育生命被视为神圣——那么，我们也应该能够迎接当代个人、文化和社会的根本转型中的挑战。

但是，这并不等于说我们就一定能成功。根深蒂固的文化模式

---

① T. 德·查尔丁（Chardin），1959。
② 蔡森（Chaisson），1987，第 227 页。

和制度阻碍着转变的发生。此外，现代进化论的一条基本信念，就是我们这个星球上的历史并非预先注定的；一个物种的外形并非只有一种可能；一个物种是存活还是消亡，也没有定数；同样，人类文化进化的方向，也不是必然的。

今天，我们身边那些牢固树立的信念和制度已经受到挑战，旧的统治关系系统正在使我们分裂，使我们走向混乱。但这并不是说一定会出现新的伙伴关系文化。文化转型理论认为，在社会分裂或系统极度不平衡的时期，社会和意识形态就有可能发生转折性的变化。但是，也有可能出现另一种结果。统治关系系统有可能重新组合，它们貌似采取新的制度和意识形态形式，其实不过是篡改了一部分伙伴关系因素，却仍然保持旧有的基本构型，统治和征服能得到社会和经济上的好处，痛苦被理想化，甚至被神圣化。因此，和所有系统分支一样，不同社会组织的出现，需要的不仅是不平衡，还需要足够的转折性变化的核，以便形成非线性动力学所谓新的"吸引子"，能在系统尚处于变化时，在一个新的基本构型中对之进行重构。①

在今天的世界上，越来越多的人意识到我们亟须改变我们的制度和价值观，这是一个充满希望的迹象。但是，要想成功地利用这个充满危机和机遇的时期，完成从统治关系模式向伙伴关系模式的转变，使之成为最重要的文化吸引子，我们还需要继续努力。我们不仅要研究一个社会如何建构它的经济、政治、宗教和教育制度，而且要研究它如何建构自己的基础，如性、性别和精神，甚至它如何利用苦乐来维系自身。

177

---

① 关于文化转型理论中吸引子的讨论，见《圣杯与剑》，尤其是第 10 章。关于从数学角度对非线性力学和吸引子的讨论，见亚伯拉罕（Abraham）和肖（Shaw），1984。

在这里我要说，根本的改变必然带来许多现有信念和制度的解体，因此，当代为完成从统治关系社会和意识形态组织向伙伴关系社会和意识形态组织转变的斗争，也必然会带来痛苦——我在后面还会继续探讨这个问题。我还要说，即使我们真的抛弃了一个严重地依赖痛苦才能维持得下去的系统，我们也仍然会有痛苦。

痛苦与快乐都是进化和生命的一部分。有时痛苦也是非常有用的，它不仅是我们必须听从的警告，而且是个人和精神成长的必经之路。但是，在统治关系系统中，我们甚至无法为了这样的目的而充分利用痛苦，因为长期痛苦的一种结果，就是使感觉和感情变得迟钝麻木。

这就是为什么今天这么多人说我们不能再否认我们的痛苦，说我们应该感受我们的痛苦。的确，接下来可能会有痛苦，可更多的将是开心，甚至好玩。

当然，从根本上改变我们自己和我们的世界，甚至改变我们对肉体、性、权力、欢乐和神圣的看法，这种挑战非常严峻。但是，倘若说进化中有什么是一成不变的，那就是变化。变化其实就是我们所说的进化，不论是生物的还是文化的进化，都是如此。本书以下的部分只是这个创造性历险中的崭新篇章：女人和男人如何在我们这个星球的历史上，第一次自觉地努力创造我们的生活方式和爱的方式。它们是精彩而有趣的故事。

178

第十章　走出对统治关系的无意识：
意识革命与性革命

20 世纪后半叶，人们开始谈论意识的革命：谈论我们世界观的巨大改变。有些人认为，1945 年第一颗原子弹爆炸是导火索，它使人们对核灭绝有所警觉。另一些人则说，所有这一切的起因，乃是第一张从外层空间拍摄的地球照片，我们的星球如此美丽，又受到如此之大的威胁。还有一些人说，是技术、社会和经济令人目不暇接的变化，将我们推向一个"后工业"世界。

这一时期人们对性的看法和行为也发生了重大变化——媒体对此大唱赞歌，称之为性革命。还有家庭结构的根本变化，妇女运动的复兴，全世界的妇女都在反抗僵化的性别角色和两性关系及由此产生的五千年男性统治的堡垒。

这些都是重要的变化。但是，它们只是一场更宏大的戏剧性变革的一部分，只能在更广大的现代历史，甚至意识的历史语境中才能理解。因为，我们将会看到，我们逐渐从数千年来有记载的或统治关系的历史对我们身心的麻醉中觉醒过来——就像从漫漫长夜的噩梦里醒来一般。而这些变化，只是我们觉醒的最初阶段而已。

其实，意识的这些变化——人们对自身，对他们的关系和世界的看法的变化——早在文艺复兴时期乃至中世纪末期就已经在西方开始了。但是，直到工业革命后期，这些变化的速度才得以加快。

工业革命带来了技术和经济的巨大变化，这些变化迫使人们不仅改变了工作习惯，而且改变了思维方式和生活习惯。如此根本的变化，又需要新的社会结构，以及对许多长期树立的"真理"的重新评价。在这个过程中，在很大程度上由于今天备受诽谤的启蒙，那时认为不可避免的许多事情——比如奴隶制，国王的神赋统治权，妇女的性危害男人的道德和精神健康的观点——开始受到重新审视，并且被推翻。①

总之，三百年前标志着现代社会开端的重要技术、经济和社会变化，也为迅速兴起的伙伴关系复兴运动拉开了序幕，这一次比以往任何一次都汹涌澎湃，势不可当。因为倘若站在文化转型理论的视角重新审视西方现代历史，我们就会看到在复杂的潮流和逆流下面，隐藏着日益强大的伙伴关系和同样顽固的统治关系之间的尖锐斗争。② 我们也会看到，这不仅是政治关系和经济关系的斗争，也是而且一直是性、性别和家庭关系的斗争——其共同的线索，就是对建立在等级之上的制度提出挑战，而这些等级归根到底又是依靠强制以及对痛苦的恐惧得以维系的。

倘若这一点还不明显，那是因为我们所学习的现代史，仍然是只注重男人在所谓公共领域中的关系。但是，倘若我们不再将亲密关系视为纯粹偶然的关系，并从这个角度来重新审视现代史，就会出现一个更宽广、更现实的画面。我们便会看到，我们能够从根本上改变男女之间的关系以及父母（和其他成人）与孩子之间的关系，这种越来越强烈的意识，正是现代人认为经济关系和政治关系可以发生根本变化的意识的组成部分。我们也会看到，这些亲密关

---

① 见《圣杯与剑》第 10～11 章。

② 《圣杯与剑》叙述了这种观点以及与之相应的观点。

系的变化不仅是基础，而且在许多方面比经济和政治关系的变化更
为重要。

因为，即使我们有可能建立一个更公正、更平等的政治和经济
制度，倘若我们无视私人关系——其实这些关系并非"私人
的"——我们还是不能得到我们梦寐以求的东西：实现以相互尊
重、相互关心和相互信任为基础的真正的爱与平等的亲密关系。 180

现代史和亲密关系史

在数千年的历史中，人类对联系的需求——对爱和信任而不是
强制和恐惧痛苦的纽带的需要——遭到了扭曲和压制。一种严格的
等级制度要维持下去，只能将男女关系变为"两性战争"，其中妇
女被视为低于男人，并且对男人有害，因而只能通过亲子关系中的
虐待和暴力，让男人和女人都接受统治，并对之习以为常。

但是，对联结的渴望并未因此而消除。有时，它会冲破一切
阻力，奇迹般地得到实现。在更多的时候，它表现在无声的或不
那么无声的绝望中，在许多浪漫诗歌和歌曲中挥之不去，甚至在
强烈的痛苦中也是如此。有时，它又倔强地甚至激烈地出现在我
们的所谓精神探求中，存在于东西方追求与神结合的神秘主
义中。

但是，直到现代，人类寻求联结的渴望才统一起来。当新技术
动摇了根深蒂固的习俗、信仰和制度时，就逐渐出现了广泛的社
会、政治和经济运动，这些运动在近几个世纪对暴力和统治作为人
类唯一关系的观点，提出了强烈挑战。

18世纪，最重要的民主政治哲学家约翰·洛克（John Locke）
曾经提出，要以建立在责任和信任之上的自由选举的代议制政府，

取代数千年来以强制和恐惧统治的专制君主。① 也就是在那个世纪，最重要的资本主义哲学家亚当·斯密，提出了自由市场这只"看不见的手"，以解除自上而下的经济控制。接下来的一个世纪，科学社会主义的创始人卡尔·马克思和弗里德里希·恩格斯在其著作中描述了一个时代，在这个时代，国家将消亡，一切权力归人民。这个世纪，弗里德里克·道格拉斯（Frederick Douglass）、索杰纳·特鲁斯（Sojourner Truth）及其他反种族主义斗争的领袖，对"优等"种族就应该统治、剥削甚至奴役"劣等"种族的观点提出了挑战。也是在19世纪，伊丽莎白·卡迪·斯坦顿（Elizabeth Cady Stanton）、赫德维格·多姆（Hedwig Dohm）、马蒂达·乔斯林·盖奇（Matilda Joslyn Gage）、埃米琳·潘克赫斯特（Emmeline Pankhurst）和其他一些重要的现代妇女运动哲学家，就描绘了一个社会，那里人类男女两性不必再被迫接受统治和被统治的等级。②

19世纪的废奴运动与和平主义运动，20世纪的反殖民运动、民权运动、和平运动和妇女运动，其目标都是建立没有痛苦的统治和剥削制度。18世纪、19世纪和20世纪还有一些目标相同但规模较小的运动，追求平等仁爱的婚姻，抛弃——通常要顶着世俗和宗

① 虽然这种思想一般来说是起源于西方哲学家如洛克，但在美国土著部落社会（如易洛魁族人）中早就表现出来。论述这方面的早期著作，见科利尔（Collier），1947。虽然科利尔对土著社会过分地理想化，但他的著作很重要。与这一主题相关的一篇论文，重点写18世纪美国肖尼族领袖奎因·柯彻尔（Queen Coitcheleh），见沙夫（Schaaf），1990。沙夫指出，美国一些土著种族社会在某种程度上更民主，这些社会的妇女也有较高的社会地位。

② 我们学校里的课程给一些人以显著地位，比如约翰·洛克、亚当·斯密，即使在美国的反共政治气候中，也还有卡尔·马克思和弗里德里希·恩格斯。但是，如果我们想如此深入地论述 F. 道格拉斯、特鲁斯和其他非洲裔美国反种族主义斗争的领袖，我们就必须进入黑人研究这个学术贫民窟。同样，为了弄清为妇女的人权而领导斗争的女权主义思想家和理论家的主要贡献，就必须进入妇女研究这个学术贫民窟。

教的巨大阻力——长期以来对儿童的痛苦惩罚。换言之，这些运动虽然从未出现在我们的历史教科书里，但是，当人们开始意识到强制和恐惧支持下的政治、经济和种族等级的残暴和不公时，也逐渐意识到强制和恐惧支持下的亲子关系和男女关系的残暴和不公，虽然后一种意识来得更慢一些。①

我们已经看到，有史以来，男性家长就对女人和孩子有着绝对的权力，有时甚至是生杀予夺的权力，这已经被看作理所当然的事情。男人对违抗丈夫命令或被怀疑行为不检点的女人的惩罚，只是被看作一种理所当然的权利。对儿童的体罚——经常采用极端残酷的形式——不仅被认为有必要，而且按某些宗教著作的说法，这还是上帝的旨意。②

这并不是说，经过根本重构之后，在上编里我们所看到的西方家庭就毫无关心和亲情可言了，即使在最严格的统治关系家庭里也不会是这样。我们在上编已经看到，即使在古代残酷的男性统治社会里，也有真心相爱的男女。那里也肯定有以养育孩子为乐的慈爱父母。其实，倘若在婴儿期没有得到一定的关心和照料，我们这个物种根本就无法存活，因此关心和照料是必不可少的。

但是，在这些家庭里，关心和照料无疑是以服从权威为前提条件的，因此也就自觉不自觉地染上了对某种痛苦具有恐惧的色彩。无疑，也诚如弗朗西斯和约瑟夫·吉斯（Joseph Gies）在《中世纪的婚姻与家庭》（*Marriage and the Family in the Middle Ages*）中所

---

① 这是从中世纪末期开始的［吉斯和吉斯（Gies & Gies），1987］。

② 例如，见《旧约·箴言篇》23：13～14。在那里，我们可以读到"不可不管教孩童，因为你用仗打他，他不会死。你用仗打他，就可以救他的性命免下阴间"。于是毫不奇怪，直至现代，有些地方甚至在今天，体罚仍然是教会学校的例行公事。

说，"夫妇具有同等权威，孩子享有一定程度的民主和平等的家庭生活地位，这是现代发明"。说得更确切一些，是再发明，因为这句话只能针对有记载的或统治关系的历史而言，而且没有考虑同时182 代某些部落社会中的建立伙伴关系的家庭。①

而且，直到近代（许多地方甚至至今），暴力仍是所谓"传统"育儿方法的中心——通常还声称这是为了良好的教育。② 对这种形势的严重性和普遍性，人们众说不一。但是，我们都知道，孩子倘若不服从，就对其肉体施以严厉的惩罚，有时甚至是为了让孩子改正大人认为不对的行为，也会这样做，这在家庭和学校里都很普遍。

缠裹婴儿的残酷习俗原本是游牧和放牧民族穿越不毛之地时不得已的"举措"，可是在德国居然到 1864 年时还很流行。亨利·梅休（Henry Mayhew）在《从今日萨克森尼毛布看德国的生活和习俗》（*German Life and Manners as Seen in Saxony at the Present Day*，1864）中写道，直到 19 世纪，仍有一些地区将婴儿"用天才知道多少匹布缠裹起来，从脚紧紧缠到脖子"，弄得跟木乃伊似的，一天只松一次绑，至多两次。③ 而这种缠裹（以及肉体在屎尿里却动弹不得的煎熬）还不是通过伤害使孩子就范于严格限制的唯一方式。劳埃德·迪莫斯（Lloyd deMause）悲痛地记载了"其他常用的限制手段"——比如，那个"可怕的折磨机器"（一位妇女这样称呼它），她小时候"背部牢牢捆在一根钢条上，脖子上戴

---

① 吉斯和吉斯（Gies & Gies），1987。比如，正如斯图亚特·施莱格尔（Stuart Schlegel，1970）所写的那样，蒂鲁里人（Tiruray）的家庭结构基本上是平等主义的。

② 由瑞士心理分析学家艾丽斯·米勒（Alice Miller）撰写的关于这一主题的一本名著《为了你好：育儿方法中隐藏的残忍与暴力的根源》（1983）。

③ 引自迪莫斯（deMause），1987，第 426 页。

着一个钢项圈"。①

根据詹姆斯·托马斯·弗莱克斯纳的说法，就连马莎·华盛顿（Martha Washington）也觉得弗蒙特山的女孩子应该戴钢项圈，使头抬起来，可见这样的残酷并非只有少数特别恶毒的人才施行。②拉斐尔·谢克（Raffael Scheck）研究了德国 1740～1840 年（那时已经有人怀疑这些做法的正确性了）出生的 70 个人的自传，进一步证实了这一点。他发现他们异口同声地说在学校和家里，严酷的体罚是家常便饭（有些人甚至提到他们的兄弟姐妹被家长或教师施暴致死）。③

也就是说，大量资料表明，这种暴力不是偶然的个人病症，而是一种社会病症——确切地说，是维护统治关系制度所需要的病症。人们从幼年时起就有对肉体痛苦的恐惧，以此使他们服从权威。教育孩子听话和顺从是家长的职责，这种观点已根深蒂固。卡伦·泰勒（Karen Taylor）在研究 19 世纪的波士顿和墨尔本的育儿方法时发现，有些人那时虽然已经对日常体罚孩子在教育中的正确性产生了怀疑，然而就连他们也仍然支持杀一儆百式的惩罚——"让孩子们知道，父母的意志是至高无上的"。甚至有人提出了比殴打稍好的"变通措施"，让父母将孩子捆在椅子上，或用热茶烫孩子的手指，使他们养成"听话的习惯"。④

183

---

① 引自迪莫斯（deMause），1987，第 427 页。虽然迪莫斯仍然赞成 19 世纪的从猿到原始人再到"文明人"的线性进化论，并认为一切人类社会在抚育下一代时迄今都具有在身体上（和性上）虐待孩子的行为特征——对此我不敢苟同，虽然他常常以我很不赞同的方式来解释历史的和史前的资料，但他却是批评抚育孩子中的残忍和虐待制度化的先锋。

② 迪莫斯（deMause），1987，第 427 页。

③ 谢克（Scheck），1987。

④ 泰勒（Taylor），1987，第 443～444 页。

很多资料都记载了暴力或虐待式育儿方法的流行。因此，一些历史学家——比如菲利普·埃里斯（Philippe Ariès）、劳埃德·迪莫斯和爱德华·肖特（Edward Shorter）——描绘了这方面的黑暗，[①] 让人觉得父母似乎对孩子的痛苦完全无动于衷。他们列举的研究表明，贵族家庭和"一般人家"的孩子，都经常被父母推给奶娘；贵族孩子通常由雇来的男女家庭教师带大；而穷人的孩子则在很小的时候就被送去做学徒或做仆人；从中世纪到 19 世纪，欧洲的孩子经常被抛在路边、集市上，或扔到孤儿院，这些孩子只有一小部分能够活下来。[②] 但是，另一些人，比如弗朗西斯和约瑟夫·吉斯，则看得更全面一些，他们指出这些学者认为只有现代之前的父母才对孩子毫无柔情，这是信口开河。但是他们也注意到虐待式的、不注重感情的育儿方法普遍存在，并且指出在有记载的历史上，大多数男人和女人生活在艰苦的环境里，加之婴儿死亡率极高，因而人们的柔情被磨得粗糙了，甚至对自己孩子的柔情也所剩无几。[③]

大多数学者进一步发现，在有史以来很长一段时间里，对儿童的性虐待相当普遍，虽然这令我们很难接受。但是，有迹象表明，这种情况曾一度被视为正常。倘若认真想一想，我们在犹太－基督

---

① 埃里斯（Ariès），1962；迪莫斯（deMause），1972；肖特（Shorter），1975。埃里斯指出，直至 17 世纪还不知道孩童时期这个概念——或至少不同于后来的含义。他指出，甚至中世纪末还认为孩子与成年人没有什么不同，只是个头较小而已。他出示了中世纪时期的艺术（以及在此之前早得多的一流艺术），那时的孩子甚至婴儿往往有着成年人的面孔——例如，大多数中世纪肖像中的婴儿时期的耶稣和小天使的面孔都是如此。

② 约翰·博斯韦尔（John Boswell）的《陌生人的仁慈》报道了一些这类资料，包括 15 世纪意大利的拉·斯卡拉（La Scala）的记录，显示出孤儿院中只有 13% 的孩子长到 6 岁，83% 的孩子送到家庭以外，交给奶妈照料 ［博斯韦尔（Boswell），1988，第 421 页］。

③ 吉斯和吉斯（Gies & Gies），1987。

教和古希腊（甚至今天的一些社会）的记载中看到把女童卖掉，或是小小年纪就把她们嫁出去，这不是性虐待又是什么？父母将他们年幼的女儿卖给人家做妾，或是卖到妓院，这种做法（在一些社会里至今仍然存在）不是性虐待又是什么？还有，古希腊为社会所接受的男妓，成年男人与男孩子的同性恋，这不是性虐待又是什么？

而且，我们不要以为对儿童的性虐待只有古代统治关系社会里才有，有许多证据表明，对儿童的性虐待直到19世纪时仍然很普遍。卡伦·泰勒就在研究19世纪的医学著作时发现，医生发现父母患有性病的男孩子和女孩子，经常可以在其生殖器、肛门和嘴部发现存在同样的病症——这清楚地说明，这些孩子受到过性虐待。①

184

家庭、人权与对统治关系的无意识

泰勒、弗莱克斯纳、肖特、埃里斯、迪莫斯、谢克和吉斯代表着新一代历史学家，他们所关注的是家庭和性的发展史。这些学者通过法庭记录、婚姻和出生证明、日记、信件，以及其他公共记录和私人记录（通常是"普通人"扔在阁楼或其他不起眼的地方的材料，而不是国王、贵族或其他"大人物"的材料），第一次开始重新构造一部亲密关系史——我希望这部历史有朝一日能够完全纳入我们关于过去的教育之中。

我这么说有几条理由。首先，这种信息本身就很重要，因为和教科书比起来，它更准确地，也更丰富地向我们描绘了过去的生

---

① 泰勒（Taylor），1985。

活。但是，主要的原因在于，要了解一个压迫性的、不人道的制度如何维持下去——最重要的是，我们如何改造它，就少不了这一部分。

史前从伙伴关系向统治关系的转变使家庭结构发生了翻天覆地的变化。我们倘若要把这种转变再扭转回来，就得明白家庭和亲密关系的社会构成是所有社会关系建立的一个主要因素。因为这种因素虽然还不是全部因素，但我们看待和对待最亲密关系的方式，是我们所有关系的社会构成的关键。

其实，心理学家已经有了大量记录，表明我们对自己以及我们与他人的关系的看法，主要的并不是靠所谓政治和经济这些公共领域而形成的。政治和经济当然会影响其形成，而且私人领域和公共领域是不断交流的，它们都是在社会中建构的，要符合某一特定社会制度的需要。但是，我们最终在与他人和世界的关系中如何看待自己，这多半是在我们的家庭和其他亲密关系这些所谓私人领域中形成的。我们正是在这里最先获得了以后成为习惯的思维、感觉和联系方式。正是通过我们的亲密关系——带有直接的肉体接触或触摸的关系，这些习惯不仅在我们的头脑里，而且在我们的肉体里，在我们的神经和肌肉模式里，深深地扎下根来。也正是通过这些关系，这些习惯日复一日地得到强化。①

简单说，我们正是在这种亲密关系中，尤其是在我们必须完全依赖成人才能活下来的童年时期，最早学习究竟是尊重他人的权利，还是接受对人权的侵犯，逐步达到在思想上认为"本来就是如此"。尽管自古以来就有叛逆，就有自觉反抗各种残酷和不公的人，但是，大多数从小就在侵犯人权成为正常环境里受到熏陶和长

---

① 艾斯勒（Eisler），1993c，1993d。

大的人，不大可能创造出一个经年累月都不会侵犯人权的社会。其主要原因是否定的心理机制——由于恐惧将人类的基本需求、感知和体验抑制为无意识，这种心理机制使统治者和被统治者都能够接受，甚至推崇虐待性的和暴力的关系。

心理历史学家乔·伯格霍尔德（Joe Berghold）指出，一个受虐待的孩子，其心理非常接近于催眠状态下的无意识。[1] 处于催眠迷梦中的人在思维、感觉和行为上严重地受他人暗示的影响——确切地说，这些暗示就是命令，因此他们抑制了自己的感知、感觉，甚至意志。但是，在长期受虐待的孩子身上，一旦他人对现实的看法取代自己的看法已经成为一种习惯，那么就连自己所受的虐待、自己的痛苦和自己的愤怒，久而久之也就渐渐地变得不真实了，它们被压到大脑最深处的潜意识之中，或者认为事情本来就是这样。这正迎合了维护统治关系制度的要求。

因此，伯格霍尔德认为，只有人民开始从"社会无意识"中觉醒，真正的进步才可能发生，而这种"社会无意识"主要是今天我们所看到的虐待儿童这种传统的恶果。[2] 其他学者也使用了"社会无意识"这个概念，比如威利斯·哈曼（Willis Harman）。他在《全球换脑》（Global Mind Change）中指出，文化适应在许多方面与催眠是一个道理，他所说的归顺的文化无意识长期以来影响着人们去接受不公正的制度、压迫性的统治和扭曲的形象以及角色模式，使之合理化，用他的话说，是使之"合法化"。[3] 但是，伯格霍尔德在其心理历史分析中，将这个概念从理论中拿出来，用来分析日常生活中的活动。

[1]　伯格霍尔德（Berghold），1991。
[2]　伯格霍尔德（Berghold），1991，第238页。
[3]　哈曼（Harman），1988。

伯格霍尔德与哈曼一样，认为我们一旦真正意识到我们在文化上被同化到了何种程度，我们就能学会超越我们的教化。他进一步186 指出，一部服从统治、宰割和剥削的历史从心理学历史学的角度看，就是抵抗性弱从个人扩展到更大的政治领域。他举例说，在经常施行严厉惩罚的家庭中长大的人更易于催眠。他指出，在童年时被迫压抑自己的欲望，被迫接受权威强加的现实的人，长大以后特别容易接受统治、宰割和剥削。

当然也有大量证据说明，在等级森严和经常有痛苦惩罚的家庭里长大的人，学会了压抑对父母的愤怒。也有大量证据说明，这种愤怒常常被导向历来无势的人群（比如少数人群、儿童和妇女）。而且，根据心理学家埃尔斯·弗伦克尔－布伦斯维克（Else Frenkel-Brunswick）在这一领域的权威性著作《专制人格》（*The Authoritarian Personality*）中的记载，这些人年幼时遭受虐待，使自己的意志屈从于可怕的专制父母，长大后也格外容易使自己的意志和思想屈从于专制的领导。[①] 换言之，他们既学会了将压抑着的愤怒向他们眼中的弱者宣泄，同时也学会了向专制或"强人"的统治屈服。而且，他们稍有反抗（甚至只是在遭受不公时"顶几句嘴"）就会受到严厉的惩罚。这使他们逐渐学会否认童年遭遇有什么不对——因而也以同样的方法对待他们自己的孩子。

这种否定的心理机制能够解释为什么——如瑞士心理分析家艾丽斯·米勒（Alice Miller）在《为了你好：育儿方法中隐藏的残忍与暴力的根源》（*For Your Own Good：Hidden Cruelty in Child-Rearing and the Roots of Violence*）[②] 中所记载的那样——一代又一代

---

① 阿多诺（Adorno）、弗伦克尔－布伦斯维克（Frenkel-Brunswick）等，1964。
② 米勒（Miller），1983。

父母和孩子在不自觉地重演着他们自己的不幸遭遇；能够解释为什么这么多人毫不犹豫地服从"上级"的命令，不论这些命令多么的野蛮；也能解释为什么从古至今专制统治者却总能享有这么多人的忠诚，甚至获得他们的爱戴——这也正是他们在家庭中必须做到的。

我在这里要再次强调，这些家庭不是凭空长出来的。正相反，专制的家庭——包括使用暴力确立权威——对人是一种训练，能使他们适应于专制的社会制度。为了维护统治等级，在这种社会制度中，虐待和暴力已经被植入整个社会结构之中。也就是说，我们现在讨论的是交互心理动力，它从来就不仅与家庭，而且与为使我们将统治关系的"现实"视为必然而进行的终身社会化过程中的每一个社会制度都有关系。

另外——这一点也非常重要——这种社会化不仅影响人的思维和情感，而且影响人的心理和肉体。其实，童年的影响在肉体这个层面最有效，也最持久。因为这时专制的控制伤害最大，维护统治关系制度所需要的身心病态模式，也正是从这时开始扎根的。

人类学家 C. 弗雷德·布莱克（C. Fred Blake）提供了一个非常典型的例子。他对中国革命前的数百年间妇女裹脚的做法进行了分析，认为它教导妇女在最基本的自我意识中，依照别人的意志，不仅要接受对自己思想的扭曲，还要接受对自己的肉体实行最痛苦的伤害。① 从五岁左右到十三四岁，不仅是统治阶层，而且全国上下大部分小女孩都要裹脚，因而要遭受阻碍她们的身体自然发育和成长的折磨，她们的脚严重地致残。从性别的政治学角度看，裹脚具有重要的象征意义，它使男女都认为，女性的基本特征就是服从男性

---

① 布莱克（Blake），1994。

的欲望，由此形成中国的社会话语（以及思维过程）。但是，在细胞和神经通道这个最基本的层面上，它的作用远远超过这些。裹脚行为从小就约束着中国妇女的思想和肉体以及她们视为认同或自我的核心，使之符合权势的需要，不管这将给她们带来多大的痛苦。

此外——这一点也至关重要——在这个过程中，在表达女孩在社会制度中的地位这种象征层面上，和按照社会制度的要求而造就肉体这种层面上，主要媒介都是女孩子的母亲。也就是说，这个媒介也曾将自己的身体（以及她的自我意识），按照外界的要求来铸造。于是，布莱克指出，母亲们不仅造就了对"女性＝牺牲自己的欲望"这样一个等式的服从，而且时时告诫女儿，要想找个好丈夫，就得牺牲她们跑跑跳跳，甚至正常行走的自然能力，就得忍受巨大的痛苦，包括"数月甚至数年的剧痛，以及浸了血水，粘了肉痂，变得硬邦邦的裹脚布"。①

最重要的是，女孩子从母亲那里学会了布莱克所说的"'关心'与'痛苦'的合并"②——这样一来，有朝一日，他们就能以爱的名义，如此对待她们自己的女儿。她们使自己的女儿们知道，能带来爱与快乐的东西，同时也是强制性地给她们带来巨大痛苦的东西。除此之外，在缠足以及去掉那块令人痛苦的裹脚布所招致的惩罚中，女孩子们学会了压抑，不仅压抑她们自己的需求和欲望，而且压抑了对母亲和男人的愤怒，她们听说只有这样，才有男人愿意娶她们。

总之，中国妇女缠足是使她们接受一种角色的方式，在这个角色中，他们要终身遵从男人和男人的欲望，以及所有那些有权有势

188

---

① 布莱克（Blake），1994，第682页。
② 布莱克（Blake），1994，第682页。

的人的欲望。在这个意义上，裹脚不折不扣地制造了我们称为对统治关系无意识的东西，这是对伯格霍尔德的概念的扩充，即视统治关系的思维方式和生活方式为唯一正确的、真实的和普遍的现实。它还成为妇女宣泄自己的愤怒和痛苦的载体，但不是向迫使她们满足其残酷愿望的人，而是向其他妇女——尤其是她们自己的女儿宣泄。这是一个十分惊人的例子，它说明否认是如何维系人们自己的服从的。而且，它使得这种麻木身心的关心与伤害的混合，以及一种人对爱的需求与对痛苦的顺从相联系的制度，一代一代地复制下去。

前推力与后拉力

我们已经看到，这种关心和伤害的混合，已经在不同程度上成为统治关系条件下育儿方法的特点，而且是使人们适应最终建立在害怕痛苦之上的等级制度的有效方法。有时，比如在革命前的中国，我们会看到更多对小女孩的公开暴力。有时，比如在今天的西方，对小男孩的暴力或许更多一些。有时，关心和伤害的混合主要在心理领域。但即使那样，它也仍然会殃及肉体，因为在肌肉和神经模式的发育过程中，我们的肉体会对心理虐待做出反应。正是这些为统治关系社会中性的社会构成提供基础的模式，进一步强化了一种观点，即人与人的关系必然以建立在强制或对痛苦的恐惧之上的统治等级为基础。

因此，我们倘若要向另一种社会组织转移，在其中人类对爱的联系的需求，不再与强制以及制造或接受痛苦纠缠不清，因而被扭曲、被滥用，那么就要制止对这些身心病态动力因素的复制。我们要杜绝对那种文化造就的思维定式（用马克思的话说，是虚假的

189

意识）的复制，它一方面使虐待和暴力显得不可避免，另一方面又通过诸如羞耻和否认这样的心理力量，使人对虐待和暴力视而不见。总之，我们在上编考察的那些伤害的制度化，已经造成了一种社会无意识，这不仅是一种比喻，也是一种非常真实的感受。我们要将自己从这种无意识中唤醒。好在过去三百年中，这种事就时断时续地发生着，政治和经济的变化至少在一些地方已经使专制政府为更民主的政府所替代，与此同时，男女关系和亲子关系也在发生变化。

　　稍后，我会更详尽地探讨性别关系的变化以及随之而来的性关系的变化已经并且继续在不断变化的意识和文化中发挥的主要作用。但是，现在我还要说说这三百年来，尤其是西方家庭的重大变化——别忘了，这些变化不能脱离更大的社会环境，包括政治、经济的变化以及性别关系和性的社会构成的变化而孤立存在。

　　这些家庭方面的变化在西方也是从中世纪末就开始了。但是，家庭历史学家卡尔·德格勒（Carl Degler）认为，"现代"家庭是在 18 世纪末才出现的。那时，不论在习惯上还是法律上，男人在家里仍然高于女人。但是在那时的家庭里，夫妻间和亲子间相亲相爱的联系，已经越来越被看得高于权力的联系了。

　　因此，男人统治女人不仅在家庭里，而且在社会上，受到越来越多的人的怀疑——这便带来了性别角色和性别关系的变化，这种变化又深刻地影响着亲子关系。比如，德格勒就指出，当妇女得到更多的尊重时，母亲的角色以及体现出更多温柔和爱护的理想的教子方法就能得到更多的重视。① 同样，由于年轻妇女不再受到父母

---

　　① 比如德格勒写道，无疑"体罚的下降是与妇女在家庭中的重要性上升和更加专心于抚养孩子及操持家务相一致"，因为"传统认为女性更温柔，因而只有她们能温柔地对待儿童"［德格勒（Degler），1980，第 89 页］。

的严格管束，能够更多地接触青年男子，婚姻基础就越来越转向浪漫的爱情，而不是父母之命。虐待性的和暴力的育儿方法也日益受到挑战。就连对性的双重标准，以及认为妇女的性必须受到男人的严格控制的观念，也遭到公开的非难——对这个话题，我们稍后也要作更深入的探讨。

我们至今仍能在身边看到，将亲密关系由统治关系向伙伴关系转移的努力，并不完全成功。事实上，直到19世纪末统治关系还发起了一次大规模的反攻。尽管如此，西方社会和西方家庭的民主化都取得了重要成果。虽然它历来遭受到强烈的抵抗，它所取得的成果在阶段性的倒退中也有损失，然而到20世纪下半叶，当民权、反殖民化、妇女解放和反战运动愈演愈烈时，对与私人领域和公共领域里以统治为基础的关系的斗争，再一次加快了速度。

引发这些斗争的显然还有许多其他因素——主要是西方工业和城市经济基础逐渐取代了农业和乡村经济基础，同时识字率和价格便宜的阅读材料增加，产生了经济和社会的巨变。此外，随着以制造业为主的经济开始向经济学家所说的服务经济和信息经济过渡，技术、社会和经济等方面变化的步伐进一步加快，为意识的更大变化——现在通过电子通信技术可以更快地传播——打开了大门。

但是，这些巨变中最重要的因素，是人们从对统治关系的无意识中不断觉醒——社会科学的出现，尤其是现代心理学成为一门新科学和新疗法，进一步促进了这种觉醒。因为这种变化带来的是对我们今天习以为常的事情的认识：我们倘若要理解并成功地改变我们的思维方式、感觉方式和行为方式，就需要理解人们童年的痛苦经历，尤其是要在家庭的心理动力之中去理解。

当然，个人、家庭和社会的变化，不能只靠对童年经历的了解。但是我们已经看到，我们对童年被埋没的这一面的不断认识，已经成为现代意识革命中非常重要的一部分了。越来越多的人越来越清楚地认识了他们童年的经历，在对待他们自己的孩子时，就会抛开那些虐待性和暴力性的"指令"。于是他们对个人和公共领域的统治和野蛮就会有更多的认识（或者说更少的否认）。最重要的是，人们从浑浑噩噩接受长期以来建立人际关系的痛苦方法中觉醒过来，便会意识到由统治的等级所导致的长期痛苦是可以改变的。

近年来，意识革命进入了第二阶段。由于妇女权利和儿童权利基层组织的努力（我在后面还要谈到这一话题），也由于大众传媒和法律对横行肆虐的针对妇女和儿童的性暴力的关注，人们的思想、行为和制度都发生了更为迅速的变革。家庭疗法和自助运动的流行说明"以控制为基础的无用家庭"（也就是统治关系家庭）已经全面崩溃，这也加速了上述变革的发生。男人和女人越来越反对固定的性别角色和关系，虽然这种反抗遭到强烈的抵制，但它们仍然使上述变革不断地加速发展。

但是，技术和经济变革动摇了现有的家庭制度、信念和行为，对所有形式的暴力和虐待——不论是社会的还是性方面的——的挑战不断增加，同时，技术和经济的急剧变革也带来了巨大压力。技术变革不仅导致了巨大的经济和社会错位，而且由于统治关系精英们竭力维护甚至强化他们的统治，贫富差距在全球扩大，这导致了更大的不安定和贫困。那些曾经目睹自己的父辈将烦恼和愤怒向那些无力自卫者发泄的人，这时尤其容易在个人和公共领域施行更大的暴力，寻找替罪羊。

这样一来，一方面是越来越多的人反对专制、种族主义、性别歧视、反犹太主义和其他政治、经济中固有的暴力和虐待；而另一方面，在发展中国家和发达国家，古老的仇恨和恐惧又在死灰复燃——比如，对美国少数民族和穷人（尤其是贫穷妇女）的迁怒，使（南斯拉夫中西部一地区的）波斯尼亚人、克罗地亚人和塞族人成为世界关注焦点的族内族外暴力，以及东西方宗教原教旨主义危及生灵的恐怖主义。同样，大众媒体终于将打老婆、打孩子和儿童性虐待这些令人发指的事情公之于众，可是同时我们也看到未成年母亲将自己的疑惑和压抑，不自觉地而又暴力地发泄到她们的孩子身上，弃儿和得不到良好照料的儿童加入歹徒之"家"，把自己的痛苦向同伙和社会发泄。

　　因此，一方面，当我们今天进入当代意识革命的步伐空前迅速的时期，大众已经不再认为暴力和虐待的关系是"理所当然"的事情。他们越来越注重反对亲密关系中的暴力和虐待——约翰·布拉德肖（John Bradshaw）和安妮·威尔逊·谢弗（Anne Wilson Schaef）① 的畅销书和奥普拉·温弗里（Oprah Winfrey）的脱口秀都能证明这一点，人们在那里公开谈论原来他们自己羞于承认的事情。但是另一方面，技术、社会和经济的变革越迅猛，统治关系精英们就越是想方设法维护甚至扩张他们的权力，于是冲突、剥夺、不安定和压力也就越大。因此向那些历来无力的人群的发泄，也就变本加厉了，在个人领域和公共领域里都是这样——尤其是那些受文化的熏陶，眼里只有统治与被统治关系的人更是这样。

　　总之，伙伴关系的发展加速了，统治关系的抵制也会增强。包含暴力和虐待的制度要竭力夺回自己的权力，其最徒劳的表现之一，就是加剧亲密关系中的暴力——最近突然出现许多男人杀害自

192

---

　　① 布拉德肖（Bradshaw），1988。

己的妻子和孩子，最后又自杀的事件，其起因只是妇女不愿意再维持受虐待的关系。①

　　对不断增长的伙伴关系的强烈抵制，也表现为轰轰烈烈的回归"传统家庭价值"运动——这只不过是对专制、男性统治的家长制家庭所给予的一种新叫法而已。这种家庭的目的就是使男孩和女孩学会服从家长的命令，不论这些命令多么的不公平，多么的缺少爱意。这个运动的主要发起人是原教旨主义者和其他宗教团体，他们仍然相信他们的领袖的鬼话，认为男尊女卑是天意。别人这样告诉他们，他们又这样告诉我们，声称回归男性为主的家庭里"传统的"性别角色和关系，是治疗所有社会弊病的方

193　法。可是研究表明，与孩子的成长（包括他或她的犯罪可能性）关系更密切的，不是父母双全，而是其他因素，如经济压力、父母受教育的水平、同伴的压力，以及儿童成长的大环境。此外，与人们的成见正相反，职业母亲对孩子的生活的关心，并**不**比不工作的母亲少。②

　　其实，要恢复以统治关系为基础的宗教权力运动，不过是冰山的一角。我们会看到，上千年的社会和意识形态组织制度要求

---

①　几乎每周都有这样的新闻，都是关于男人由于妻子的离开而向他们"爱的人"，包括他们的孩子开枪、刺杀和放火，以发泄他们的愤怒。例如，美联社1993年7月12日报道，加利福尼亚一个男子在疏远了他的妻子家中劫持了孩子做人质，长达9个小时后，开枪杀死了他的儿子和女儿，然后开枪自杀。强奸和其他亲密关系中的暴力的犯罪居高不下，也反映出这类事实的大幅度上升。这类犯罪在以前往往是不提起公诉的。这些事实也反映了人口的增长对进步的反弹肯定是一个因素。

②　比如，可参见米尔斯（Mills），1994。这篇文章题为《调研消除了关于家庭的神话：父母的行为比父母的数量更重要》。文中引用了心理学家尼古拉斯·齐尔（Nicholas Zill）和人口统计学家克里斯蒂娜·W. 诺德（Christine W. Nord）利用奇尔德特伦兹公司（Childtrends）公布的新的国家调查数据及州和地方的统计数字而得到的研究成果。该公司是一个非营利性的超党派的研究组织。

对性和妇女施行严格的控制，以维护自己的统治。它对变革的抵制有时并不明显，但同样具有欺骗性——有时，它们就像让人意识不到的催眠术一样，在心理上和性上对我们所有的人施加影响。

个人、社会与性的变革

这一切必须从性与我们所有的制度和价值之间千丝万缕的联系，以及本书下编的主题讲起：与统治式的性关系做斗争以及这种斗争如何融入了当代意识革命的第二阶段。因为建立在父母通过强制和恐吓而控制儿童身体的基础上的亲子关系，使人们适应了统治关系的社会，建立在女人受控于男人的基础上的性的社会构成，同样使人们认为一个或一群人受控于其他人是理所当然的事情。这种影响又会通过更多的苦乐——随之便是关爱和伤害——不分的因素，再度作用于最基本的肉体层面。这正是统治关系而非伙伴关系的性的精髓。

其实，育儿方式和性行为方式并非毫无联系。我们将看到，有些人由于经历了家庭、同侪群体以及其他童年经历的社会化，认为建立在强制和恐惧之上的等级是自然而然的，因而这些人也经常将统治和服从用于性行为。但是——这很重要，而且是文化转型理论中的关键因素——这并不是说成年人就不可能改变态度、行为和关系。

现代精神病学的整个前提就是，人一旦意识到自己的态度、行为和关系是不健康的，就会在生命的任何时刻有意识地、努力地改变它们。许多人都谈到这一点，但是很少有人注意到，当我们改变个人的态度、行为和关系时，我们是如何获得了自觉改变社会的力

194 量——而社会变革又进一步支持了个人的改变。而且，尽管弗洛伊德和其他心理分析学家很早就注意到性在人类行为和人格结构中的重要性，然而只有威廉·赖克（Wilhelm Reich）、赫伯特·马库塞（Herbert Marcuse）和其他少数几位学者研究了性与社会结构的内在联系。① 但是，即使他们也有所疏忽，他们所忽略的东西，只出现在女权主义的分析中：性的社会构成与性别角色和性别关系的社会构成是不可分割的，它们都影响着所有的社会制度，也受社会制度的影响。② 然而，这些早期学者虽然认识到对性的扭曲和压抑是专制社会的基础，他们的认识毕竟没有达到今天的水平。我们现在已经知道，性态度和性行为的改变在个人和社会的治疗中扮演着关键角色，因为我们的性经历与我们童年的早期经历一样，从最根本的肉体层面影响着我们。

这些都是我们在随后的章节中要详加探讨的问题，同时我们还将考察一次真正的性革命究竟能为我们的将来带来什么个人和社会的希望。但是，在此之前，我要澄清关于 20 世纪 60 年代和 70 年代所谓现代性革命的几个错误概念。

首先，西方历史并非像我们听说的那样，而是在某几个时期，性态度和性行为在某些圈子里，相对而言，非常自由。

其次，西方对传统性道德的现代背叛，从重要的几个方面说，远在 20 世纪六七十年代之前就开始了。

比如，早在 19 世纪 70 年代，就有妇女，如田纳西·卡尔佛林（Tennessee Calfflin）和弗吉尼亚·伍德哈尔（Virginia Woodhull），向男女的双重性标准发起诘难，以此同广泛的社会指责相对抗。

---

① 比如，参见马库塞（Marcuse），1955；赖克（Reich），1970a，1970b，1971。
② 比如，参见麦肯（McCall），1982；米利特（Millett），1970。

在 20 世纪头十年，更有亚里山德拉·科伦泰（Alexandra Kolontai）和埃玛·科尔德曼（Emma Coldman）那样的女性，将新的性关系写入新社会秩序的基础。同一时代，玛格丽特·桑格（Margaret Sanger）不屈服于政府的骚扰和监禁，从而使美国接受了避孕。20 世纪 20 年代，后来被称为性解放的潮流在艺术界和知识界尤为兴盛。即使在性（和社会）相对保守的 20 世纪 50 年代，也有艾尔弗雷德·金赛（Alfred Kinsey）进行了开拓性的性学研究。

再次，在 20 世纪 60 年代和 70 年代发生的事情，远非仅仅是放松对性的束缚。其中确有这样的因素，比如在公共场合谈论性突然得到接受，许多男人和"好"女人开始公开"未婚"同居，西方突然出现了一种性的反文化，使得中产阶级家庭的孩子，甚至年纪较大的人，过起了以前被称作"放荡不羁"的生活。但是，也是在 20 世纪 60 年代和 70 年代，威廉·马斯特斯（William Masters）和弗吉尼亚·约翰逊（Virginia Johnson）开天辟地的研究表明，女人和男人一样想要而且能够得到性享受；对性的双重标准好像马上就要成为过去；男欢女爱逐渐"走出了密室"；避孕，包括避孕药，不仅合法了，而且在市场上大量出售；堕胎也不再是犯罪。也是在这 20 年里，女权主义对统治式的性关系所做的批判——尤其是对将女性肉体非人化、物化为男人"性工具"的批判——播下了新的性意识的种子，这是像苏姗·布朗米勒（Susan Brownmiller）、苏姗·格里芬（Susan Griffin）、贝尔·胡克斯（Bell Hooks）、劳拉·莱德勒（Laura Lederer）、罗宾·摩根（Robin Morgan）、阿德里安娜·里奇（Adrienne Rich）和格洛里亚·斯坦纳姆（Gloria Steinem）这样的女人，以及像哈里·布罗德（Harry Brod）、唐·萨博（Don Sabo）和约翰·斯托尔坦伯格（John

195

Stoltenberg）这样的男人努力的结果。①

　　由于性受到普通人和学者的高度关注，我们就能看出一些趋势。一是许多女人和男人逐渐地开始摒弃性（尤其是寻欢作乐的性）不是健康有益而是肮脏罪恶的观点；二是越来越多的女人在性上获得了独立：自由选择如何性交以及与谁性交，是否要孩子等；三是越来越多的女人在努力地找回性快乐的权利，最终抛弃了（宗教和世俗都支持的）性活跃的女人就是"坏女人"或"荡妇"的观念；四是异性性行为不是唯一"正常"的性行为的观点，越来越普及，一些男女曾经是而且现在仍然是同性恋；五是性行为逐渐脱去了神秘的外衣——这导致了许多至今仍有人深信不疑的神话的崩塌，比如认为自慰是有害行为，女人比男人更为好色，女人喜欢强奸，只有男人才想要而且能真正享受性（统治关系神话向来是这样的自相矛盾）。

　　随着20世纪70年代逝去，进入80年代和90年代，又有一些重要变革发生。女人的童贞不再被普遍地看作为男人准备的结婚大奖，于是女人和男人越来越认识到，他们可以成为朋友和情人——即使不再是情人，也还可以是朋友。同时，越来越多的女人开始对男性"摘野花"或毫无感情的一夜风流的传统模式，产生了怀疑。渐渐地，越来越多的男人也开始对此发生了怀疑。虽然性教育每前进一步都会遇到巨大的阻力，但是性教育终于开始进入学校的课程

196

---

① 那个时期有些里程碑式的著作，其中，格洛里亚·斯坦纳姆（Gloria Steinem）1963年揭露了花花公子兔女郎们枯燥和受剥削的生活。该文后来收入她的《残暴的行为和每天的反抗》一书中；劳拉·莱德勒（Laura Lederer 编辑的论文集）《取消黑暗夜》（1980）收入了特雷西·加德纳、凯瑟琳·巴里、黛安娜·拉塞尔、路易斯·泰希、阿德里安娜·里奇和罗宾·摩根等人的文章；还有苏珊·格里芬（Susan Griffin）的《强奸：意识的政治》（1986）；以及苏珊·布朗米勒（Susan Brownmiller）的《违背人们的意愿：男人、女人与强奸》（1975）。这些作者的许多著作已经在参考书目中列出。

之中。关于避孕的教育也开始普及，这一部分是由于未成年人怀孕的人数增加及人们对艾滋病的恐惧，但是这也遭到强烈的反对。教女人和男人在性和感情上得到更大满足的书刊和文章日益增加。人们开始探索性与灵性的联系，企图将两者重新结合起来，这在所谓"新纪元"（New Age）的圈子里尤其普遍。

　　但是，也有方向完全相反的趋势。一种是淫秽材料大量出现，将性描述为机械的、毫无感情的活动，其中毫无关爱，甚至不把对方当人看。另一种趋势，便是对性的这种描述，也扩散到电视中和广大的电影市场上，只不过不是那么赤裸裸而已。还有一种趋势，即性现在越来越与统治和暴力联系在一起，说女性或扮演女性角色的男性对他们的遭遇乐在其中。这不是现代性"解放"的产物（经常有人这样归罪），而是包含于古代宗教和世俗的统治关系传统之中的东西。此外，现实生活中的性暴力也有所增加。当然，有关强奸的数字的激增也反映出强奸报案率的提高，因为人们开始将强奸当作暴力犯罪，而不是受害者着装或行为不检点而撩拨起别人的性冲动。

　　也有时候，如米歇尔·福柯所说，性反叛取代了改变权力不平衡的真正努力。例如，时下得到许可的（福柯认为简直是泛滥的）关于性的社会话语，大多是由医学、精神病学，以及新近出现的性学"专家"控制的，他们的说教——倘若我们仔细观察——将统治与被统治的关系说成完全正常的关系。① 而且，这种泛滥的关于性的话语还常常变成淫秽的语言，表现出孩子气的反叛，于是这种话语充其量不过是青春期以前的男孩子的"脏话"，只会进一步使性变得下贱。不仅如此，这个新开放的性论坛常常还出现一些词汇和形象，不仅糟践女人和性，而且将最粗鲁的性暴力当成好的、男子

---

① 福柯（Foucault），1980。还可见吉登斯（Giddens），1992，第2章。

气概的乐趣加以赞美。拥有成千上万年轻听众的摇滚歌词，就是这
样。同样，与繁殖无关的性是正常和健康的这种观点，常常被用作
一种借口，打着性解放的旗号，强迫他人性交，不管对方是否愿意。

197

为性、意识和我们的未来而斗争

所有这一切将我们带到了一个关键的转折点，使我们能够斩断
缠绕我们的性混乱和动荡的一切观念。到目前为止，被笼统地归入
"性革命"之中的，其实有一部分是统治关系在性方面的**反革命**。

对此我要反复强调。那些有权有势的人很容易在性（或其他什
么东西）解放的掩护下，更有效地统治那些失去社会力量的人。从
性以外的关系中，我们可以看到这一点，"自由企业"常常是烟幕
弹，掩盖着对经济上的无力群体，如少数人群和妇女的统治与剥削。
在性关系中当然也能看到这一点，"性解放"常常导致更残酷的性掠
夺，因为男人常常仅仅因为带女人出去吃了一顿饭或看了一次戏，就
强迫女人为他提供性服务。有时（比如，在我们耳熟能详的许多"约
会强奸"中），女人被迫与男人性交。也就是说，在这里我们所看到
的，是我们在上编中就涉及的问题：统治关系的篡改机制——盗用和
歪曲伙伴关系社会潮流，以维护或重建统治与被统治的关系。

不仅在现代性革命，甚至在现代意识革命的第一阶段中，篡改的
问题就已时常出现。比如，启蒙运动中许多重要的思想突破，经篡改
成为一种使压迫和破坏更有效的学说——稍后我们会再次谈及这个问
题。现代重要的经济和社会理论，如亚当·斯密和卡尔·马克思的理
论，经篡改成为统治关系政治和经济复辟的帮凶。就连对统治关系信
念、神话和陈规的最重要的解构，也被篡改成了对所有标准和价值的
虚无的攻击——这反而把大门向那些企图重新将统治关系标准和价值

强加给我们的人开得更大了。在 18 世纪的启蒙运动中，出现了与专制的过去的彻底决裂，而这些标准和价值属于这种决裂尚未形成的时代。

今天，最能看清这种复辟趋势的，是原教旨主义右派，以及那些似乎被宗教领袖施了催眠术的人。宗教领袖们对他们软硬兼施，一会儿用最可怕的神的惩罚吓唬他们，一会儿又哄骗他们说，上帝只选中了他们来救赎，条件是他们必须绝对听话，而其他人都会在哈米吉多顿（Armageddon）带来世界末日时遭到毁灭。[1] 但是，他们对"传统的"统治与被统治家庭和性关系的任何改变的强烈抵制，只是统治关系复辟和将决定我们未来的伙伴关系复兴的斗争的一部分。

倘若原教旨主义右派夺取了权力，我们肯定会看到极为严格的社会控制和性的控制。因为他们要强加给我们的，是披着宗教外衣的法西斯，最强壮的强人将是怒气冲天的天父，既不喜欢自由也不喜欢平等，他们倚仗最痛苦的暴力恐吓（并假以行为）来维护他的权力——那些以他的名义施行统治的人也一样。[2] 他们重新加之于我们的，是对女人和女人的性严格的暴力控制——倘若有"必要"的话，因为这种控制既是其他形式的统治和控制的象征，也

198

---

[1] 例如，这些传教士断言，当哈米吉多顿来临时（他们说很快就要到了），唯有"选中"的原教旨主义基督徒才能获救。他们描绘出一幅幅世界末日的画面，如高速公路车祸和其他灾难，允诺那些看见"真理"的人，只有他们的身体才能从汽车里升天。

[2] 社会心理学家米尔顿·洛凯希（Milton Rokeach）在他对意识形态和价值观的跨文化经典著作中指出，法西斯主义是一种公开贬低因而压制自由和平等的现代意识形态［洛凯希（Rokeach），1973，特别是第 172 - 173 页］。换言之，尽管压制自由和平等在"纯"统治关系意识形态（如西方在启蒙时期之前普遍实行的君主制）中顺理成章，在当代意识形态中却唯有法西斯主义仍然这样主张。法西斯主义在 20 世纪已臭名昭著，但为了"更高"目标而牺牲自由和平等，仍是世界上某些宗教中集权教派根深蒂固的观念［参见洛耶（Loye）尚未出版的著作《江河与星辰》。亦可参见《圣杯与剑》，其中谈到现代法西斯主义政权是向"纯"统治关系社会的倒退，是利用现代科技实行更有效的统治和毁灭］。

是一种辖制。但是我们将会看到，我们这个时代对于根本问题的斗争，比如我们如何看待性、性别和我们的肉体，更加微妙和普遍，已经超越了左派和右派、宗教和世俗这些传统阵营。尽管有倒退，可也有强大的、不断积累的向前运动——虽说有暂时的逆流。

这个运动的成败至今未有定论。我们已有越来越多的人挣脱了数千年对统治关系的无意识，因而我们知道，原来我们视为现实的，其实许多是社会造成的，因此也能被解构和重构。因此决定我们倒退还是前进的因素，就在于我们能否不仅将解构继续下去，而且逐渐把重心移至重构——尤其是重构我们关于性别、性和肉体的最根本信念，这是日常生活——安东尼·吉登斯（Anthony Giddens）的这个词用得非常恰当——的民主化的中心。① 因为只有到那时，我们才有一个坚实的基础，能够保持个人和公共领域内的持续变革。

解构将采取何种具体形式，现在计划还为时过早。但是，倘若我们能完成从统治关系向伙伴关系的社会和意识形态组织的文化转型，我们将迎来真正的性革命——性不再与统治和服从相连，而是充分表达人类渴望联系和性快乐的能力。那时的性将使我们更多地表达和体验作为意识的超常状态的性激情，也会使我们认识到，性快乐也能与内在的、超验的灵性相融合。它将使更大的性自由与更多的同情、尊重、责任和关爱相结合。

我这里所说的性关系中的同情、关爱、责任和尊重，并不等于那种从一而终的性关系。白头偕老的婚姻中的性关系或许包含有这样的品质，但它经常缺乏尊重、同情、责任和关爱。我们今天所说的一夫一妻制序列（指连续数次认真的婚姻关系，而不是一辈子

---

① 安东尼·吉登斯指出，近年一些自助的书籍，一方面反映了这个运动，另一方面又对这个运动做出了贡献，以期达到更民主的社会。

只有一次），以及适当的性冲动和性实验，与关爱、同情及相互负责和尊重的性关系，并不矛盾。

认识到性可以是精神的，也不是说等我们转入了伙伴关系社会，一切性关系都必定包含这一面。但是，在一个充满伙伴关系而不是统治关系氛围的社会里，所有的性关系——从最逢场作戏的到最热烈真诚的——都将不再是冷漠、机械甚或强制性的。人的肉体，男人的和女人的，在这样一个社会里也不再成为仅供人利用的工具，更不会遭受他人的虐待。

我们是否真的能够建设这么一个社会？在这个社会里我们对充满关爱的联系的渴望，对在与另一个人肉体和灵魂的结合中展现更高的自我的渴望——一句话，对爱的渴望，能够得到社会的支持而不是遭到扭曲和压制。我相信，我们能够建设一个这样的社会。但是我也相信，我们要建设一个不将性与暴力和统治联系，而是与真正的感情——与我们体内和周围给予生命和快乐的力量——相联结的社会，就需要彻底挣脱长期不自觉地将我们捆绑在痛苦的、不健康的神话和现实之中的绳索。我们需要了解我在此所说的肉体的政治，以及它与传统意义上的政治的关系。我们需要进一步了解统治和暴力如何以及为何会进入色情，甚至再伪装成灵性，因而受到崇敬。最重要的是，我们需要开始重建性和灵性，以及我们生活中的各个方面，因为，我们在上编中已经看到，在伙伴关系社会和统治关系社会中，建立性的关系的方式是大相径庭的。

总之，下面的章节所要探讨的是，我们需要从现代意识革命和现代性革命的第一阶段向第二阶段过渡，倘若我们想创造有利于而不是阻碍我们这个物种的巨大潜力——包括我们高度发达的爱和快乐的潜力，它使我们在这个星球上绚丽多彩的生命中，显得与众不同——就需要进行这种过渡。

第十一章　束缚还是纽带：性、灵性与压迫

意识的变化是一件颇为奇怪的事。突然间，我们看到了以前一直存在的东西，因而我们感到奇怪：为什么在这么长时间内，我们竟然对之熟视无睹？

我自己活了大半辈子也没有意识到性压迫与政治压迫有关联，更没有意识到我们的性与灵性被扭曲以后的那种僵化的性别角色，会使我们习惯于被统治。我自小在古巴长大，那是一个天主教国家，在那时，我从未想到过女人和性竟然被看作罪恶，也没有想到过在学校里读到的 18 世纪和 19 世纪关于生命、自由和财产权利的作品，其内容只关于男人，实际上，只是白种男人。

现在我和许多人一样，充分地，也是痛苦地意识到了这些事情。我看到阿比盖尔·亚当斯（Abigail Adams，当时美国未来的总统夫人）建议美国的宪法制定者们不要忘记"女士们"，而她丈夫只把它当作笑话，一笑了之。[1] 托马斯·杰斐逊（Thomas Jefferson）是新"人权"理想的最伟大的代言人，他自己却是一位蓄奴者，还有个奴隶情妇。[2] 就连约翰·洛克——他批判父权家庭，认为那是专制

---

① 见罗西（Rossi），《"牢记两位女士"：阿比盖尔·亚当斯与约翰·亚当斯》（*Remember the Ladies' Abigail Adams vs. John Adams*），1973，第 7～15 页。

② 公平地说，杰斐逊在一些信件里说过要把奴隶制的惨状写进《独立宣言》中。见贝克尔（Becker），1972。

君主的"天然"基础，说在家里父母与孩子有"同等"权力——
也认为在法律上和习惯上妇女服从丈夫是有"自然基础"的。[①]　法
国哲学家让－雅克·卢梭（Jean-Jaques Rousseau）以提倡人的自由
而闻名，可他也提倡反对女人，说女童"从小就要严加管教"。因
为他认为"温顺"是女人"一生的需要，因为她们总要服从男人，
或男人的判断，永远不应置身于这些判断之上"。[②]

　　卢梭认为，女人将要而且也应该永远臣服于男人。政治史
学家琳达·科尔伯（Linda Kerber）在《共和国的女人》（*Women
of the Republic*）一书中写道，这已不仅是一个哲学观点。科尔伯
认为，卢梭的"虐待－自虐倾向的性品位使他有充分的个人理
由"选择这样的立场。[③]

　　当然，这并不是说所有在自由和平等问题上对男女如此区别对
待的人，都是性虐待与自虐狂。但是，对自由和平等的这种双重标
准，显然有助于维护男性统治。它甚至把我们蒙蔽得像个傻子。因
为我们怎么能一方面奢谈人人平等、公正的自由民主社会，另一方
面又说一半人对另一半人的统治就正确呢？

　　性别的这种双重标准还使得我们很难看到另一件重要事情的根
本：统治的色情化[④]是现代为创造一个自由平等的社会而进行的
斗争中的主要障碍。因为和我们受的教育截然相反，自由平等不

---

①　奥金（Okin），1979，第 200 页。
②　奥金（Okin），1979，第 163~164 页。
③　科尔伯（Kerber），1980，第 25 页。
④　"erotization"这个词是从"erotism"（色情性）这个词派生出来的，是与
　　"erotism"可任意选择的姊妹词。因为我已使用过"erotism"这个词，所以希
　　望用"eroticization"这个词。但这个词是个笨拙的词，不仅说起来咬嘴，而且
　　使人的思维也不顺畅。比较起来，"erotization"比较直接和有力，而且意义明
　　确，这就是我选用它的理由。

是只关乎政治组织，它还关系到作为一个整体的个人和社会生活的结构。科尔伯说得更加具体，"性方式是政治方式的附属品"①。

我经过研究后，还想补充一句：性方式也是宗教或精神方式的附属品。这从另一个角度说明当代对新政治、新经济的探寻，离不开对新的性和灵性的探寻。这也是为什么我们在这一章的开头要讲一些让某些人吃惊的事情：宗教当局是如何打着灵性的名义，利用性维持其统治等级。

性、宗教与统治

我首先要将我讲过的话再重复一遍：在犹太－基督教传统里，有许多伙伴关系的教导告诉我们说，我们这里所探讨的对人类的性的扭曲，不是由于我们的宗教传统而发生的，而是由于统治关系传统才发生的。但是，我们在上编里看到，在西方历史上，制度化的宗教——异教也好，希伯来教或基督教也罢——在缓解等级制度所造成的痛苦的同时，也为维护统治关系的等级推波助澜。而且，在上编里我们还看到，中世纪基督教教会在很大程度上给女人和男人带来性犯罪、恐惧和痛苦。

众所周知，中世纪的许多教士并不禁欲，甚至拥有妓院，② 基督教教会却花费大量的时间和精力制定规则，惩罚男女的性行为，

①　科尔伯（Kerber），1980，第20页，这种见识，即通常所谓的政治与通常所谓的与个人"紧密相关，是女权主义文学作品的一个主题"。

②　据说，罗马主教尤利马（Julius）二世在罗马建造了这样一所宅院［卢因森（Lewinsohn），1958，第135页］。

甚至连性幻想都不放过。① 但是，若想要摆脱数千年来性压迫、个人压迫和政治压迫传统的束缚，我们还得更多地了解这是如何形成的，以及它为什么会形成。

根据一些基督教权威，比如根据圣西利斯（Siricius，384 年任教皇）的说法，教会是遵照耶稣的教诲而敌视性——尤其是妇女的性。但是，宗教史学家尤塔·兰克－海涅曼（Uta Ranke-Heinemann）指出，这种说法纯属无稽之谈。耶稣反对的是男人以通奸的罪名将妇女用乱石砸死的社会（耶稣本人就曾制止过这种行为），视一夫多妻为上帝赐予男人的特权的社会，女人几乎不可能离婚而男人却可以随意抛弃他不再喜欢的妻子——只需说三遍"我和你离婚"（在一些有伊斯兰激进思想的社会里至今如此）的社会。因此，耶稣虽然没有明说，但他诅咒的其实是我们今天所说的对妇女的压迫——而不是像后来的教会所说的那样，他所诅咒的是妇女的性，甚至性本身。②

可是，圣西利斯教皇说，倘若耶稣"不得不面对毫无节制的

---

① 我用"中世纪基督教会"这个词语来描述宗教界与罗马皇帝结盟以控制业已成为官方的或国家的西欧宗教。"中世纪"一词大体上指公元四五世纪到 15 世纪这个时期。因为天主教和新教到 16 世纪才出现分裂，所以"基督教会"一词比"天主教会"一词更为合适。事实上，一些宗教改革领导人正是把反对性行为作为他们的天主教教义的副本，在某些方面更是如此。这并不是说所有的基督教领导人都持这个立场。许多基督徒至今仍拒绝这一点和早期天主教及新教教义中某些方面的强制性。

② 兰克－海涅曼（Ranke-Heinemann），1990，尤其第 4～5 页上关于圣西利斯（Siricius）的论述。即使《新约》中教父的经文提到耶稣是个独身主义者，但是，非正统的《诺斯替福音》暗示他对马利亚的爱恋，按某些说法，马利亚不仅是他的忠实信徒，而且还是他的妻子。虽然耶稣不直接鼓吹反对一夫多妻制，但如兰克－海涅曼所说明的那样，他拒绝对通奸行为采取双重标准，即拒绝所谓"妻子属于丈夫而丈夫却不属于妻子"，也就是说，他含蓄地对此加以反对［兰克－海涅曼（Ranke-Heinemann），1990，第 34～35 页］。

她（马利亚），看见她使自己的子宫，那个主的肉体在其中形成的地方，那个永恒的王的大厅，被男人的精子玷污"，他就不会选择从马利亚的子宫里诞生了，[1] 这种说法当然也是毫无根据的。圣西利斯甚至因为一个叫乔维安（Jovian）的人怀疑教会所谓"在生育中保持童贞"——马利亚不仅是处女（对这一点，乔维安深信不疑），而且在生育过程中，她的处女膜也完好无损（对这一点，乔维安很有道理地表示怀疑）——的教条，就革除了他的教籍。[2]

对性的敌视并不是基督教发明的。尽管我们都听说基督徒把禁欲主义——对性的严格控制和鄙视——带给了异教徒，许多异教徒其实早就像教会一样对性和妇女持否定态度了。比如，公元2世纪时的罗马皇帝马库斯·奥勒留（Marcus Aurelius，他曾疯狂地迫害基督徒）在他著名的回忆录中这样描写性："伴随一阵痉挛而发生的内部消耗和排泄黏液"——其中，充满了鄙视和对人的肉体的厌恶，口径与后来的基督徒讲到异教徒的不道德和放荡时毫无二致。[3]

马库斯·奥勒留的观点其实也深受异教的斯多葛派哲学的影

---

① 兰克－海涅曼（Ranke-Heinemann），1990，第5页。圣西利斯并非唯一厌恶性的人。詹姆斯·A.布伦戴奇（James. A. Brundage）引用了一个约327年的基督徒作家阿诺比斯（Arnobius）的文字。阿诺比斯写道，甚至想象耶稣"可能是污秽的性结合而生出的和想象耶稣是淫乱触摸和无感觉射精的产物之光，都是一种亵渎"。他还指出，圣哲罗姆（St. Jerome）断言："一切性关系，即使在婚姻生活中，都在本质上是邪恶和污秽的"，他还强调，"性的恐怖并非教父中少数行为古怪之人的特殊失常，而干脆就是教父的遗训中的主流"。（布伦戴奇，1990，第196页。）另一部强有力地说明这一点的著作是卡伦·乔·托杰逊（Karen Jo Torjeson）的《妇女当神父时》（1993）。

② 兰克－海涅曼（Ranke-Heinemann），1990，第6页。

③ 福克斯（Fox），1986，第361页。甚至伊壁鸠鲁都对性享乐和其他类型的欢乐进行了区分，在他的一篇著作中他宣称："性交从未给一个男人带来好处。如果没有伤害他的话，他就该谢天谢地了。"［布伦戴奇（Brundage），1990，第214页］

响，这种哲学也是轻视妇女、人的肉体和性快乐的学派。这种哲学对早期基督教的一些教派也有影响——比如，推行禁欲的诺斯替教派（Gnostics），他们宣扬抛弃世上的一切，并说除非克服、抛弃和毁灭一切肉体或世俗的东西，否则就永远不可能获得赎救，这与近代的基督教《圣经》中所说的世界末日善恶的决战战场哈米吉多顿的鼓吹者（Armageddonists）很相似。

　　但是，兰克－海涅曼指出，正是基督教会的各级组织在宣称"最大的罪恶就是性"，认为妇女对男人永远是危险的，它们推行了一个又一个最不可思议的压制和野蛮手段，颁布了一个又一个"保护"男人免遭妇女之性危害的法令。正是教会废除了神职人员的婚姻，将他们的妻子赶出家门，在经济上不给她们提供任何生路。正是教会的男性等级制度编制并竭力地强制推行各种宗教会议，宣布教职人员以任何方式与女人联系都是危险的（17 世纪的南特会议和美因兹会议就有这样的决定，甚至禁止神职人员与自己的母亲和姐妹住在同一所房子里，公元 846 年的巴黎会议甚至禁止妇女进入神职人员的住所）。① 也是教会为了最终"保护"男人不

---

①　兰克－海涅曼（Ranke-Heinemann），1990，第 90、122 页，以及第 123 页。L. 威廉·康特里曼（L. William Countryman）在《污秽、贪婪和性》（Dirt, Greed, and Sex, 1988）一书中指出，基督教关于妇女危险的不贞洁行为和需要保护男人免受伤害的观念可以从《旧约》某些段落中找到根据。例如，禁止和月经来潮的女人性交（《利未记》18：19；20：18）和要求妇女产后"净身"，生女儿以后的净身时间是生儿子后的两倍（《利未记》12）。康特里曼指出，虽然禁止性交，但显然"教本上说的似乎危险在女方"［康特里曼（Countryman），1988，第 29 页］。康特里曼认为，有关这些身体上的净化，为大多数早期基督教作家所拒绝［康特里曼（Countryman），1988，第 138 页］。虽然如此，他写道，"耶稣更倾向于不贞洁的那一群，而不是那个时代的宗教权威，或如耶稣所预言，征税者和妓女更容易进入上帝的天国，相比之下，在接下来的基督教世纪中的大多数时间里，那些虔诚者将不会一直是教会内部深孚众望的人物"［康特里曼（Countryman），1988，第 143 页］。

受妇女的"危害"，发起了所谓基督教猎巫运动，许多城镇因此几乎没有一个女人，成千上万（有些资料估计为上百万）的妇女因为这种罪名而被杀害，将无价之宝的草药和异教的祭祀与郎中或治病术士代代相传的其他医药知识，从西医里一扫而光。

回首往事，我觉得奇怪的是，甚至简直不可理喻的是，教会逮捕、折磨并杀害了那么多妇女，居然直到最近人们才认识到这是针对妇女的一场全面的宗教战争。同样奇怪的是，基督教史学家们至今也没有认识到，教会大谈必须不惜一切代价将女人和性置于男人之下，为的就是维护男性统治——更进一步，为的是让妇女和男人习惯于各种形式的压迫和统治。①

教会不遗余力地诽谤性和妇女，显然是阻止男女间产生性关系的一种手段。倘若男人必须受到保护，以免被妇女的性"玷污"，那性爱就是危险的。男性对女性的控制的任何放松，也是危险的。

但是，教会一贯将性与永恒的惩罚和痛苦而不是快乐联系在一起，还不仅是使男人从女人那里异化出来，以此为维护男性统治找到借口；它还要使男人从自己的肉体、自己的情感，最重要的是，从自己和其他人一样对爱的联系的需要中异化出来。这样一来，它不仅能扭曲男人和女人的性，还能使男人和女人扭曲自己作为人对联系的最基本的需求（对性和爱的需求），使之接受统治、强迫和压迫。

因为倘若一个人为了自己好，接受了教会对自己的性的强行控制——对自己如何触摸他人以及如何接受他人的触摸，甚至自己如何看待自己的及他人的肉体的控制，那他肯定能够，也愿意接受其他所有的强行控制，因为这是为了自己好。倘若性或肉体的快乐是

①　关于"猎巫"的新著作，见巴斯托（Barstow），1994。

罪恶的，那么为他人制造肉体上的痛苦大概就不算什么罪恶了，当然也是为他们好（教会就是这样做的嘛）。倘若生命本身在上帝眼里就是罪恶的，那么以上帝的名义夺走他人的生命，大概就不算什么罪恶了（这也是教会的所作所为）。

因此，教会一边继续高喊着耶稣关于和平与爱的教诲，一边建立宗教裁判所和十字军这样的野蛮机构。它一边不停地说我们通过耶稣全都成为"兄弟"，一边纵容丈夫们奴役妇女，纵容男人奴役男人，民族奴役民族。① 那些红衣主教们一边说人要放弃性的一切快乐，从而获得解放，摆脱肉体这一"暴君"，一边却实施着最复杂、最残酷、最荒谬的统治，蛮不讲理地控制他们的"世俗羊群"中那些男男女女的最亲密的性行为，甚至性念头。而对人的肉体的这种控制，正是支撑统治关系社会组织的主要力量。

沉湎于性与扭曲灵性

但是，教会还以一种更为阴险的方式自命为对性的控制者，以便维护恐惧和暴力支持下的等级系统。具有讽刺意味的是，它竟然——而且仍将——与教会至今猛烈抨击的淫乱，有异曲同工之妙。　205

教会规定，性只能严格地限制于繁殖，而不能为了快乐，否则，即使是婚姻中的性也是罪恶。从表面上看，这是对性的厌恶和鄙视——当然也有这种成分在其中。但是，倘若我们深究一下就会发现，这里**没有**人在鄙视和厌恶时的表现：避开一切与之相关的事物。我们会发现教会正好相反，它密切注意性的一切方面，包括想

---

① 例如，可见兰克－海涅曼（Ranke-Heinemann），1990，第 96~97 页。

得到的和想不到的。总之，在精神的掩盖下，我们看到的是对性的迷恋。

从一个方面说，这并不奇怪。因为教会强调终身禁欲，这无疑会造成男人长期的性压抑，并会导致对性的固执的偏爱。但是，最关键的是这些男人沉迷于性的方式。

因为教会各等级不仅以灵性为借口，要求神职人员和教民都接受对性的严格控制；也不仅是以男人比女人更注重灵性为借口，要求男人一定要控制女人，尤其是女人的性，相反，它总是把性与最可怕的天罚连在一起，有效地将统治和暴力带入色情，当然还是以灵性为借口。

翻翻教会关于性的难以计数的宣言、指令和法律，我们所看到的，与下一章我们要讲的进入淫乱色情的统治和暴力如出一辙。因为教会关于性快乐是罪恶的警告，一点也不抽象。在下一章里我们也将看到，它们以文字和图画的形式，在对地狱里肉体的折磨和难以忍受的酷刑的最生动的描述中，得到了表达。尽管教会表面上是在禁止性快乐，而不是像淫秽作品那样宣扬它，但它同样将性与暴力和统治连在一起。

教会说，婚姻中的性交也是罪恶，除非纯粹为了繁殖。这还不够，它还觉得有必要规定，这样的性交只能以男上女下的方式进行——又一次有效地将性与统治联系起来。于是，多明我教会的罗兰·德·克雷莫纳（Roland de Cremona）命令胖人减肥，这样才能保持至今仍被称为教士体位的姿势。有一本教会法典索性说，妻子若接受不"正常"的姿势，罪同谋杀。[1]

他们不让在忏悔（他们说人必须忏悔）中承认犯了享受性快

---

① 兰克－海涅曼（Ranke-Heinemann），1990，第163页。

乐罪的人领圣餐，这也是教导教民将统治和惩罚与性相连的一种有效方法①，而且能让神职人员窥探人们的性生活，并进行各种各样的性幻想。教皇、主教和牧师们经年累月地制定对各种性"罪恶"的赎罪规则和惩罚，也是为了达到这一目的。② 在这些情况下，这些人就能够合法地沉迷于性，却自称肉体和精神都很纯洁。同时，他们又能对人的生活中最亲密的肉体细节指指点点，妄加评论。

因此，从公元8世纪时起，就有指令要求忏悔牧师询问关于控制生育的事情，尤其是对妇女。他们的上级还明确指示他们对口交、教士体位以外的姿势、堕胎、人兽性交以及所有能想得到的与性有关的事情，罚以苦行，以便赎罪。③ 例如，有一部宗教法令就规定，神职人员在接待男忏悔者时，要从以下几个方面提问并指导：

> 你是否像狗一样从后面与你妻子或另一个女人交媾？倘若是这样，罚你十天只能吃面包、喝白水。倘若你在妻子经期和她同床，罚十天吃面包、喝白水。倘若你妻子生了孩子还没有干净就去了教堂，她接受惩罚的时间与她应该回避教堂的时间相等。倘若在此期间你与她同床，罚二十天吃面包、喝白水。④

各级教会在对付女人时则更加严厉。正因为这样，凯塞里厄斯

---

① 兰克-海涅曼（Ranke-Heinemann），1990，第145页。
② 由希腊修道士西奥多（Theodore）于690~710年编成的《盎格鲁-撒克逊人赎罪规则书》就是一个例子，他作为坎特伯雷（Canterbury）大主教，组织了英国教会［兰克-海涅曼（Ranke-Heinemann），1990，第149页］。
③ 兰克-海涅曼（Ranke-Heinemann），1990，第149~150页。
④ 兰克-海涅曼（Ranke-Heinemann），1990，第150页。

（Caesairius）主教才会下令："女人禁止服用使之不能受孕的药物"——她每服用一次，就是"杀了一次人"。[1]

既然教会的信条主要是围绕着男性对女性的控制而制定的，那么中世纪教会禁止妇女避孕（尽管耶稣也没有说过什么可以为此找到借口的话），也就没什么奇怪了。这种禁令与教会早些时候对遗存的女祭司和女郎中的精神迫害，其实是一码事，因为在女巫被烧死之前，草药和其他避孕知识，显然是靠这些妇女代代相传的。

倘若考虑到在远古宗教中，妇女的性能力是与她给予生命的能力，也是与其月经和生育相联系的话，那么教会禁止男人与处于经期内或刚刚生育过的妇女过性生活，这也不奇怪。倘若考虑到教会神圣化的是痛苦（而不是像古代宗教那样把快乐神圣化），那我们读到 13 世纪的巴黎主教奥弗吉的威廉（William of Auverge）的大作，说"有些年轻人尽管妻子很漂亮，却始终不为所动"，这真是个"令人高兴的消息"，因为快乐阻碍灵魂的成长，那也就不会大惊小怪了。[2]

同一时期的另一位大主教斯蒂芬·兰顿（Stephen Langton）却说，女人必须满足她丈夫的性欲，就是失去生命也在所不惜，免得他到别处寻花问柳——"妻子就是死，也不能让丈夫犯罪"[3]，这实在令人惊奇。兰克－海涅曼试图解释教会在强烈反对性快乐的同时，如何会同意丈夫所要求的性。他指出，这正符合天主教的观点，性是弊病，而婚姻中的性则是"治疗"。[4] 新教创始人马

---

① 兰克－海涅曼（Ranke-Heinemann），1990，第 146～147 页。
② 兰克－海涅曼（Ranke-Heinemann），1990，第 155 页。
③ 兰克－海涅曼（Ranke-Heinemann），1990，第 154 页。
④ 兰克－海涅曼（Ranke-Heinemann），1990，第 154 页。

丁·路德也持有同样观点，他也认为婚姻是"治疗"。[1]

但是，正如兰克－海涅曼所说，"已婚男人就像病入膏肓的人，走向永恒的毁灭，除非他们的看护兼妻子能为他们奉献自己，甚至不惜生命，以完成他们共同的责任，提供治疗无节制的医药"，这种观点实际上就是"对妇女的性奴役"。[2] 它再次说明教会不遗余力地控制性，其实与所谓更高的意识或感觉意义上的灵性，本来没有什么关系，与耶稣的"己所不欲，勿施于人"的教诲，更是相去万里。

事实上，教士打着从罪恶中拯救男人的旗号，命令妇女仅仅因为丈夫想要性就不惜牺牲自己的生命，这实在是太荒谬了。这种命令当然也与教会认为性除了繁殖的目的，本身就是罪恶的立场极不一致。

但是，我们这里所探讨的问题与灵性无关，也与逻辑无关。这里所说的，其实是统治关系对男人和女人的双重标准——不仅在性上，而且在灵性、道德，甚至在生死上的双重标准。

数千年来，人们总认为在上帝眼里，男人在精神上要高于女人，这就是这种双重标准的依据。在基督教的教条中，男人在精神上高于女人，但是在实际生活中，女人要做到在精神上高于男人——更高贵、更能奉献、更能自我牺牲，这就是这种双重标准的体现。以这种双重标准来衡量，不论女人多么善良、多有爱心，她在精神上永远不可能与男人平等，除非她为了别人（尤其是她丈夫和孩子）的利益，彻底牺牲自己的利益（甚至生命）。即使这样，她也不过是个例外，女人在精神和道德上总是不如男人。

208

---

① 安德森（Anderson）和津瑟（Zinsser），1988，第 256 页。

② 兰克－海涅曼（Ranke-Heinemann），1990，第 154～155 页。

同样，教会认为男人的性冲动（以及过失）是自然的（因此容易得到原谅，甚至不予追究），而女人有朝一日对自己的性冲动妥协，就要终身被贴上婊子的标签。尽管教会宣布女人从本质上就是肉欲的——因此从理论上说对女人在性上所犯的过失应该更多地而不是更少地给予原谅，但是，事实恰恰相反。

有组织的宗教也正是依靠这种双重标准，通过失乐园这类故事，将男人的弊病悉数栽赃到女人头上——尽管事实非常清楚，在有记载的历史上，连年战乱和专制的强人统治这些野蛮行径，是男人而非女人制造的。当然也是这种双重标准为男人统治女人——倘若男人如此统治男人，马上会有人说这是奴役——找到了借口，即为了避免亚当和夏娃在伊甸园的故事重演。

对女人的性奴役

尤其明显并且令人震惊的是，教会对性的各个方面都喋喋不休，唯独在触及对妇女的性奴役时，却三缄其口——大多数宗教机构至今仍然如此。它既不禁止，也不评论性的这些最显眼的形式。

欧洲曾有这样的风俗：一些男人为了保护自己的"名誉"，强迫妻子穿金属或木头的"贞节带"。[①] 但是，这些妇女的痛苦——那些装置使她们无法很好地清洁自己的身体，因此引起痛苦的感染，她们对长期的烦躁和无法得到满足的性欲无能为力，她们遭受着侮辱和践踏，她们的丈夫（以及有些历史学家，他们对这些事情总是一笔带过，就像讲一点黄色笑话似的）对此不闻不问，教会对此同样置之不理。

---

① 卢因森（Lewinsohn），1958，第 133～134 页。卢因森对这种暴行做了评论。

当然，对妇女的性奴役并不是基督教时代才发明出来的。其实，在古希腊和古罗马这些"发达的"欧洲文明里男人对女人生产和生殖（包括性）服务的剥削，在教会废除一夫多妻制时，或许还多少得到了改善。原来只有女人不能离婚，而教会在中世纪早期规定女人和男人都不许离婚，这对那些允许男人倘若不想要自己的妻子了就一脚踢开的野蛮部落，也还算一种挑战。①

但是，对日耳曼人杀死与人通奸的妻子的做法，教会从来没有认真对待过。② 前面已经说过，对殴打妻子和男人统治女人，它也从不反对，而是想方设法进行维护。③ 英国关于婚姻的习惯法大部分是从教会的法令发展而来的，其中就说，倘若妻子没有把丈夫伺候满意，丈夫可以打妻子，就像奴隶主对奴隶不满意就可以打他们一样。

这些习惯法（英国在美洲的殖民地制定家庭法时就是以此为参照的）还规定，丈夫不仅能够控制妻子的肉体，还能完全控制她们的财产。甚至连妻子以自己的名义继承的，或通过自己的劳动挣得的财产，在法律上也属于她们的丈夫（和奴隶制一样）。④ 根据英国习惯法，妻子就和奴隶一样，根本不是人，她们不能到法庭

---

① 这种惯例一直延续至有史时代，在教会与亨利八世的著名争吵中反映出来。亨利八世废止了教会关于离婚的禁令，后来又没有与他的妻子们离婚，而是通过屠杀摆脱了几位。

② 吉斯和吉斯（Gies & Gies），1987。

③ 尽管许多关于性和家庭关系的法令很残忍，但教会也减轻了——虽然不能根除——统治关系社会家庭关系的一些残忍行为。比如教会禁止杀婴。在整个中世纪早期的欧洲杀婴现象仍然很普遍，尤其对女婴的选择性杀婴更是如此。日耳曼人有一种风俗，女婴出生后通常被抱到父亲面前。如果父亲没有接受她并给她起一个名字，就立刻杀死她［吉斯和吉斯（Gies & Gies），1987，第34～35页］。

④ 艾斯勒（Eisler），1987c。

起诉，也不能被人起诉。结果，倘若妻子受到第三方的伤害，在性或其他方面受损失的是她丈夫，得到补偿的也是她丈夫，就像奴隶的肉体受到伤害时，他的主人得到补偿一样。[1]

妇女是男人的财产这种观点，至今仍在世界上存在，因此我们很难解决妇女的法律地位问题。在不久以前，妇女在某些方面仍然不比得到部分解放的奴隶强。我们被关于男女的双重标准蒙住了双眼，看不到这种不愉快的现实——尽管这种现实有种种表现。

一个最熟悉的例子，就是父亲把女儿嫁出去，把她带到神坛前，让丈夫把她领走。人们知道得较少的例子，是美国殖民者从非洲买进黑人后，想找一些参照，制定一些法律，规定黑人的奴隶地位。他们所找到的，就是英国习惯法中有关已婚妇女的一些法律规定。[2] 还有一个例子是，美国南方对男黑奴严加管制所用的理由，就是他们在性上"危险、充满野性"——正如西方历史上男人统治女人的理由，是要驯服女人的"危险"的性一样。

历史上充满了反叛主人的奴隶和弑君的臣民受到最严厉惩罚的记载，同样，倘若一个女人杀了自己的丈夫，根据英国习惯法，她与弑君的臣民一样，以叛国罪论处。这样，惩罚就不仅是死刑，而且是当众被慢慢地折磨致死。[3] 也就是说，用极端残酷的示众的惩罚使那些有心反叛的人不敢轻举妄动。

但是，不仅是那些企图通过反叛男性统治的妇女受到残酷的惩罚（这种传统，我们在上编里已经看到，可以追溯到最早的西方法律上）；妇女在婚姻上的服从和性上的被奴役，还通过经济上的限制得到保证，而且，对许多妇女来说，婚姻是她们得到体面工作

① 布莱克斯通（Blackstone），1765；艾斯勒（Eisler），1977。
② 布莱克斯通（Blackstone），1765；艾斯勒（Eisler），1977。
③ 布莱克斯通（Blackstone），1765；艾斯勒（Eisler），1977。

的唯一途径。中世纪有妇女贸易会。农村妇女到男人家里当用人（常常要同意主人的性要求才有一条活路）。还有妓女，这个行当中的"堕落"女人将色相卖给许多而不是一个男人，才能谋生。有个别女性冲破重重阻碍，终于进入职业和艺术阶层。但是对贵族阶层和后来中产阶级的大多数妇女来说，可能得到的，也常是唯一的谋生手段就是结婚，并且不论在婚姻中其处境多么悲惨，甚至难以忍受，也不能提出离婚。

结婚——不管她对丈夫是爱还是恨，不管他温柔还是残酷，充满魅力还是令人恶心，给她快乐还是给她痛苦——就意味着法律要求她和他产生性关系，这是婚姻契约的一部分（契约还要求她生儿育女，丈夫想要多少就得生多少）。既然婚内强奸直到20世纪晚期才被视为暴力犯罪，结婚具体说来就是在法律上要求妻子满足丈夫的性要求，哪怕是违背她们的意愿，遭到强迫。

但是，有些男女还是努力达成相对平等的关系，许多夫妻无论如何还是相亲相爱，这正说明人类对关爱的联结的渴望具有巨大的威力——也说明妇女有能力顶着不可想象的阻力，伸张她们的人格，把握自己的生活。但是，这并不能改变事实，那些未能超越统治关系中妇女必须温顺的模式的人，以及那些运气不好，没有嫁个好丈夫的人，只好依法受丈夫的摆布，就像奴隶受主人的摆布（"主人"也是传统上对男性家长的称呼，直到现代才不这么叫，这可不是偶然）。总之，事实并没有改变，在有记载的历史上，婚姻长期以来就是合法地、冠冕堂皇地对女性进行性奴役的一种方式。

因此，我们又一次回到性别上的双重标准，以及奴隶制的双重标准。今天的人一提到奴隶制，大都会有一种恐惧的感觉。但是，倘若说到对妇女的性奴役，至今会有许多人轻描淡写。它激发的不是对残暴和不公的义愤，而是虐待－自虐的淫乱的胡思乱想，至少是让人想起超级市场出售的女性爱情小说，其中颐指气使的男人缠住女人，折腾出一些爱情场面，刚开始女主人公不同意，后来两人一起骑着马走向夕阳。

在这些小说中，女主人公无力拒绝浪漫的男主人公，也无法抵御自己被抑制的性感受。在鲁道夫·瓦伦蒂诺（Rudolf Valentino）的著名影片《酋长》里，一个阿拉伯王子诱拐了女主人公，并且强迫她接受自己。这些故事大同小异，往往有"幸福的结局"。

但是，现实生活完全是另一回事。数百年来，直到今天，妇女被阿拉伯酋长诱拐并被囚禁在后宫。凯瑟琳·巴里（Kathleen Barry）在其力作《妇女性奴役》（Female Sexual Slavery）中写道，有人亲眼在非洲和亚洲某些地方看到现代奴隶市场，被麻醉的妇女，有时身上仍穿着她们被拐骗时的衣服，被卖给出价最高的人。① 在这类买卖中常有一些儿童；在1991年召开的有关奴隶制的大会上，就有人描述了1990年在卡拉奇贫民区举行的一次公开拍卖会，被拍卖的是从曼谷来的几位八至十岁的女孩，有关这次拍卖有很多记录。②

这些妇女和儿童的苦难悲剧性地戳穿了性奴役是福气的说法。对今天成千上万在印度、尼泊尔、泰国和其他国家被卖来卖去，被送到亚洲红灯区，接替那些染上艾滋病的前任的小女孩来说，等待她们的常常是死亡。

这些女孩有些是被自己的亲生父母卖掉的，卖到妓院里，或强

---

① 凯瑟琳·巴里（Kathleen Barry）的《妇女性奴役》（1979）全面探讨了女奴的性问题，尤其是第4章《性奴隶的买卖》。

② 《妇女观察》，第5卷（1992年1月），第5页。

迫嫁给什么人。个别例子会受到公众的普遍关注，比如 1993 年
《60 分钟》电视节目中报道的那个小女孩，她被用一张假结婚证书
卖给了一个沙特阿拉伯老头，这桩买卖在飞机上被一位勇敢的空中
小姐阻止了，但是整体局势没有任何改变。这个孩子先是被送到少
年拘留所，这遭到一些妇女团体的抗议，但是她没有获准与救她的
女人在一起（她向印度法庭提出了请求），而是被当局交给了把她
卖掉的父母——而买她的人没有被关进监狱，甚至没有被罚款，就
这么逍遥法外。

　　在印度，买卖婚姻已属非法，而且发生这样的事情实在可怕，
孩子的父母没有受到任何惩罚。不幸的是，官方对性奴役的不闻不
问，已不是少数情况，而是普遍现象。许多报道描述女孩和妇女受
到野蛮的恐吓，防止她们从妓院（包括军队的妓院和移民工人营
地）逃跑，有些人是被自己的亲生父母卖到这里的，还有报道描
述她们逃跑后无依无靠，而地方当局直接或间接地从卖淫业中
渔利。

　　国际刑警组织和了解买卖妇女儿童的其他国际组织，对此也袖
手旁观。仅亚洲每年就有上百万或者更多的妇女儿童"在交易市
场上像商品一样被卖来卖去"，[1] 没有任何政府干涉（甚至常常得
到政府的默许），尽管联合国已经数次召开会议禁止奴隶制，尽管
性奴役已经被明确宣布为违背国际法。[2]

---

①　1991 年 12 月 8 日《旧金山观察报》。引自《妇女观察》，第 5 卷（1992 年 1
　　月），第 5 页。

②　有人借口女性中有些人"同意"性奴役，因为她们已经是妓女，为保护女孩和
　　妇女的不成功辩护，似乎她们的身份就等同于她们同意被关起来，每天为数十
　　个男人提供性服务，引诱她们卖淫的皮条客常常同意嫖客毒打和折磨她们。

212

性压迫与政治压迫

不情愿的劳役当然就是奴役，不管是在性还是在别的方面，都是如此。但是，色情统治使我们习惯于接受男人对女人的性奴役，认为这不仅正常，而且很好玩。它也掩盖了这样的事实：在历史上的所有文化中，对妇女的性奴役都是与对女人和男人的政治、经济压迫连在一起的。

比如，在一些伊斯兰神权政治国家，伊斯兰教教法（Sharia，穆斯林的"神法"）中最具压迫性的条款仍然有效，妇女至今被男人牢牢地束缚着，法律赋予他们严格限制女人行动自由的权利。在海湾战争中，这一点非常明显地表现出来，几位勇敢的沙特阿拉伯妇女违抗了对她们的禁令，因为她们连开车也不允许——但是，她们后来为此付出了巨大代价。① 无独有偶，男性统治最严厉的地方也就是君主甚或强硬的神权等级以铁腕统治女人和男人的地方。

同样，在专制政府靠恐惧和强制统治人民的非洲、亚洲和近东某些地区，不约而同地有野蛮的割礼，其目的是确保妇女不会在性上"走邪路"。同样，通过"名誉杀人"实施对妇女的性奴役（在拉丁美洲、亚洲和中东都有），也都是压迫性的政权理直气壮地使用肉体的暴力剥夺女人和男人的政治自由的地方。

这也绝非偶然。那些由于自己的妻子、女儿、姐妹甚至母亲在性上过于自由，所以为了自己的名誉而杀死她们的男人们知道，自

---

① 见 1991 年 11 月/12 月号《女士》杂志上一篇名为《沙特阿拉伯：妇女是现代化的舵手》的报道。也可参见麦克（Mawckey），1990，该文献叙述了这个社会中严格的男性统治以及如何不仅在其性选择方面，而且在她们生活的一切方面对妇女的限制。

由最多也只是一部分人的自由，那些"低贱的""弱小的"或"危险的"人（在他们眼里，女人正是如此），则不配享受自由。海湾战争充分说明了对妇女的鄙视如何变为对"女里女气的"敌人的鄙视，伊拉克被打败后，科威特人把唇膏涂在伊拉克出版的萨达姆·侯赛因像上，以此表达对他的蔑视。[1]

在历史上，各种文化中对妇女自由避孕和堕胎的禁止——这是又一种方式的性奴役——也总是与政治上实行压迫的政权同时出现。这也不是偶然的。因为男人对剥夺他们"所爱的人"——他们的妻子、女儿、姐妹或母亲——的自由选择已经习以为常，甚至认为可以强迫她们怀孕。她们一旦怀了孕，还可以强迫她们生一个她们不想要的孩子。这些男人非常容易接受对其他自由的限制，比如言论和集会自由。因此，希特勒和斯大林掌权以后，都重新将堕胎规定为犯罪，这不仅是扩大人口（好有更多的人当炮灰）的需要，也是为了给统治关系系统添加动力。[2] 在美国，我们至今能看到这种动力，有些人想回到各级宗教组织实行专制统治的（回到"圣战"的）"美好的旧时光"，他们发起了一场不择手段的进攻，企图再次剥夺妇女堕胎的权利和对生育的自由选择。

总之，不论是世俗的还是宗教的，基督教还是伊斯兰教，古代还是现代，东方还是西方，对妇女的性压迫最重的时代和地方，通常在政治压迫上也是最严酷的。但是，至今没人注意压迫妇女或解放妇女与政治压迫或政治自由之间的系统联系。

其原因部分地在于，人们认为唯有政治压迫——或用政治学家爱用的词，"人的压迫"——值得认真研究，而在性别双重标准下

---

① 海湾战争期间美国有线新闻网络（CNN）的世界报道。

② 斯大林于1936年禁止合法堕胎，直到1955年开始清洗斯大林主义以后，堕胎在苏联又重新合法化［罗伯谭姆（Robetham），1974，第160、163页］。

妇女的遭遇，尤其是妇女在性事上的遭遇，只是微不足道的小事情。其另一部分原因在于，我们在此讨论的社会和意识形态结构同对人的肉体的看法——特别是对男人和女人的肉体之间的关系的看法——之间的联系，尚无人问津。由于严格的学科划分和专业化，除了女权主义学者外，即使有人严肃地研究性别和性关系，他们通常也只局限于心理意义，而不涉及政治意义。

在这种支离破碎的研究中，德国心理分析家威廉·赖克（Wilhelm Reich）是个突出的例外。他运用所谓性经济社会学来解释希特勒在德国的兴起，以及为什么俄国"以国家资本主义取代了私人资本主义，但是一点也没有改变人民大众典型的无助和专制的性格结构"①。赖克曾是纳粹德国的难民，一位对苏维埃式共产主义彻底失望的共产主义者，1933 年，他出版了他的杰作《法西斯主义的从众心理》（*The Mass Psychology of Fascism*）一书。他在书中指出，历史上维持压迫制度的最有效的手段之一，是通过专制的家庭，这是"其（压迫制度的）结构和意识形态的工厂"，尤其是"性压抑"。他还说，法西斯"不是现代才有，而是有着深远的历史性的心理根源"。②

我在 20 世纪 70 年代初期第一次发现赖克的《法西斯主义的从众心理》时（这本书在美国是禁书，但我从一家地下出版社搞到一本），心里激动不已。但是，接着我又感到一种悲哀。这不仅是因为这么重要的一部著作居然遭到禁止，还因为赖克尽管对男人和女人的性如何遭到扭曲，以维护统治等级发表了重要的观点——尽

---

① 赖克（Reich），1970a，第 23 页。赖克预见到了现代考古学现在所证明的东西，他曾经写道，专制主义"反映了持续数千年的父权专制文明"，这种文明是在"相对较晚的文化时期"出现的［赖克（Reich），1970a，第 24 页］。

② 赖克（Reich），1970a。

管他承认性压迫与政治压迫有着内在的联系——他最终还是回到了我们所熟知的男性中心的学术。于是，他没有看到他自己观点中最核心的部分：在他潜心研究的性压迫和政治压迫的中心，是男人对女人的性和政治的统治。①

赖克没有看到，在统治关系社会里，男人的性的社会构成也使他们无法充分享受性快乐，这已不仅仅是一个性解放的问题。其实，男人的性解放与压迫的、专制的、充满暴力的社会**并不**矛盾，男人已经习惯于在性中将阳刚之气等同于统治。

例如，在纳粹德国，尽管表面上有许多清教徒的说教，纳粹分子却并不禁欲。相反，就在纳粹倒台之前，希特勒为了鼓舞士气，曾许诺获得勋章的战斗英雄将获准合法地娶几个女人为妻，作为对他们英雄的男子汉气概的奖赏。②

同样，野蛮的日本武士道文化从不限制男人的性自由。日本武士和古代雅典人一样，堂而皇之地建立异性和同性性关系。但是（与希腊的贵族战士一样），只有不平等的男人——年长的武士为"男角"，男孩子扮演本该属于女人的角色——之间的性关系，才算正常。不足为奇，武士道社会与古代雅典人一样，男人间的性关系更为普遍，因为那些人非常看不起女人。③

即使在原教旨主义的伊朗，尽管有严格的"道德"限制，男人和女人甚至会因为性事上的"不道德"而被处死，然而，在宗教认可的范围内，男人仍有相当大的性自由。毛拉掌权后，正式确立了所谓临时婚姻，就是这样的例子。实际上，这是宗教机构搞的

①　见米利特 1970 年针对这一问题撰写的一部女权主义杰作。
②　孔茨（Koonz），1977，第 469 页。
③　井原西鹤（Ihara Saikaku）的《男色大鉴》（1990）突出强调了这一点。

买卖妇女活动，以取代他们关闭伊朗妓院时杀掉的妓女。① 因此，在神权政治统治的统治关系社会里，男人的性也不总是受到压抑。再说，在许多统治关系社会里，男人对女人的性自由不是受到法律和风俗的禁止，而是得到它们的帮助。

总而言之，政治压迫的关键因素，与男人的性自由是否受到压抑（就像中世纪的基督教教会那样）无关，与是否考虑了男人不可剥夺的权利（像今天许多人那样）也无关。政治上压迫人的社会的关键因素是：第一，对妇女的性自由的压迫；第二，通过将统治和暴力带入色情而对男人和女人的性的扭曲。这两个因素有着不可分割的内在联系，不仅相互联系，而且与思维和感觉习惯相联系，这些习惯阻碍着社会、经济和意识形态的根本变化。

性虐待、反叛与服从

因此，在涉及性关系中的统治时，如今那些积极投身建设一个更民主的社会——一个对有权和无权的人不再采用双重标准的社会——的男女，有时竟然与他们最反动的对手站到了一起，这就更可笑了。那些自封为自由主义者的人大都反对以被统治者默认或公开接受统治作为支持政治和经济统治的借口。他们说，被压迫的群体在这个社会里已经习惯于接受他们受到的压迫，在权力失衡的状态下，这种接受从来就不是自愿的。但是，也正是这些人仍然在为男人对女人的性统治寻找借口，说这是女人自找的——也就是说，

---

① 特别是在大城镇，妇女被迫与获得授权建立临时婚姻的监护人生活在同一屋檐下，受监护人的控制。通常这些家庭是在政府的主动撮合下建立的，如果女方是年轻的战争遗孀或孤儿时更是如此（《生活在伊斯兰教法下的妇女》第62·2期）。

是她们自己要接受的。其实，他们有时会认为反对对女人进行性统治和性剥削的淫乱形象的女权主义者缺乏女性气质，而且他们反对性，看不到这些女权主义者反对的不是性快乐，而是利用性塑造、反复灌输统治和服从的不自觉的模式。

更有甚者，近年来一些男女竟然说性虐待——残酷地束缚人的性——也是政治自由。例如，1991年5月17日在加利福尼亚圣克鲁兹艺术中心剧院举行的一次题为"折磨马戏团"（打着先锋艺术和政治的旗号捆人、抽人、残害肢体）的活动中，一位组织者（一个女人）说，这种表演是"我们在20世纪90年代迫切需要的一种政治形式"①。这个女人认为自己站在现代性革命和政治自由的最前线，并且深深为此感到自豪。但是，她在组织公开捆人、抽人、刺伤肉体和施展其他形式的暴力的表演中，不知不觉地被性的统治关系的反革命利用了。如今色情业花费数十亿美元大量推向市场的，正是这种反革命的宣传。

客观地讲，将性解放等同于从捆绑、折磨、侮辱、践踏他人中获得性兴奋，这简直是头脑不正常。头脑不正常就是不能感知现实。但是，倘若全社会都认为性等于暴力，错把痛苦当快乐，从伤害他人或被他人伤害中感受"爱意"，这也就不难理解了。这种社会化是在不知不觉中完成的，因此就更加有力。因为倘若我们不能自觉地认识它，也就不能自觉地改变它。

这一切，我们可以用一个词来概括，那就是**束缚**。因为束缚不仅隐喻着性虐待，隐喻着对女人或在性关系中扮演传统女性角色的男人的捆绑，而且千百年来这个词也被用以描述奴隶制，描述压迫，描述除剥夺生命以外的最高形式：剥夺自由。

217

---

① 温迪·彻普凯斯（Wendy Chapkis），引自西曼顿（Simonton），1991，第5页。

　　锁链、鞭子以及与性虐待有关的其他刑具，当然也不是什么新鲜事物。而且它们无论如何与自由没有任何干系。它们总是而且现在仍然是压迫的工具。我们已经看到，它们已经具有悠久的历史，可以追溯到那些人折磨人是家常便饭的年代。

　　今天，在"文明"世界里几乎人人都反对公开的折磨（甚至包括关起门来对政治犯进行折磨），但是，有些人还在振振有词地为个人（现在甚至公开了，比如那个什么折磨马戏团）的性虐待辩护，只要和性沾点边就行。也就是说，只要涉及男女关系，或传统的男女之间统治与被统治关系形式的同性恋关系，就不算折磨，不必进行反对了——而且还要把它作为自由加以维护。①

　　在一个至今只接受教士体位的异性性关系社会里，在性方面的"越轨"都被看作个人的，甚至政治上的反叛，这也可以理解。既然性虐待的尝试将千百年来标志性关系特征的权力失衡从暗处带到了明处，那么至少对一部分人来说，性虐待（有时被称为 S/M）就成为将无意识的东西带入意识的一个阶段。社会学家 G. G. 斯科特（Gini Graham Scott）在研究 S/M 亚文化（她一针见血地称之为统治与服从的性的亚文化）时指出，倘若性试验中也包含着角色变换，它就能使习惯于男女定式的那些人的思路更开阔一些，使

---

① 甚至在其他方面为保护人权做出了重大贡献的美国民权同盟（ACLU），也未能反对借《第一修正案》为仇恨和折磨女性的淫秽图像开脱。安妮·希曼顿（Ann Simonton）指出，反淫秽活动人士的对手从淫秽企业得到大笔资金，"支持言论自由女性主义者"（Feminists for Free Expression）组织的财务主管竟然为《阁楼》杂志工作，其委员玛莎·帕莉（Marsha Pally）竟然是《阁楼》的影评人，从《阁楼》和《花花公子》拿钱（希曼顿，1994，第 1 页）。希曼顿还揭露说，全国反审查联盟（the National Coalition Against Censorship）也接受《花花公子》和《阁楼》的资助，难怪联盟总干事写专栏文章"煽动对德沃金和麦金农的工作和生活进行攻击"，这两位对美国淫秽色情业的反对最为激烈［希曼顿（Simonton），1994，第 1 页］。

他们意识到至少在这件事上，他们并不因为自己的性别而自动地成为永远的统治者（或服从者）。

不过——这才是关键之所在——如斯科特所说，就算有一部分男人觉得只要一想到被女人统治，被女人拼命地折磨就性欲旺盛，就算也有一部分女人觉得这样的性角色倒置非常刺激，然而，这样的性关系（以及男女关系）仍然是统治和服从的关系，是不平等的关系。①

这一切使我想到了三个基本要点。第一，由于暴力和统治的色情化在上千年的统治关系历史上已经成为性的社会构成的中心，我们大部分人——并不限于那些主动参与性虐待亚文化的男女——在不同程度上被性虐待的幻想激发起性欲。也就是说，我们所有人都受潜意识的影响。第二，我们人类需要变化，因此也就需要探索和试验——包括对巨大快乐的外部极限的探索。于是就引出了第三点：既然痛苦和快乐都是非常强烈的感觉，有时候，两者的界限并不十分清楚。我们都知道乐极生悲的道理，有时候人在狂喜时会流下欢乐的眼泪。

但是，这与痛苦**就是**快乐的谬论是两码事，也不是说性欲需要靠对自己或他人施加痛苦来激发。更不是用政治或个人的自由来装扮色情化的暴力统治，掩盖进一步使我们在生活的其他领域习惯于统治和服从的目的。

有一种论调倒是挺有意思，说是性虐待表达的是受虐者对施虐者的一种信任，认为施虐者不会真正地伤害她或他。这或许不错，但问题是以这种方式表达信任，这本身就等于说无权者应该信任有

① 斯科特（Scott），1983。斯科特写道，有些女人发现，这种性角色倒置通过"情色刺激和象征性惩罚与悔过的结合"，发泄她们郁积的对"男性压迫女性"的愤怒。

权者，因而任由他们束缚。

不仅如此，将性欲等同于施加或忍受痛苦，也强化了我们在前面看到的心理病症，即在育儿过程中，将关心和伤害混为一谈。它将人类对肉体联结的需要与强制性的接触连在一起，使我们在最基本的神经和肌肉层面，将肉体愉快的感觉与统治和服从结合在一起。

从束缚到纽带

人类学家蒙塔古在其著作《接触》中指出，就连人类联系的这种最基本的行为，也在传统的育儿方法中受到扭曲，变成了一种使我们学会将痛苦和快乐连在一起的行为。臀部接受的一种惩罚性接触，叫作打屁股，通过这种接触，儿童有效地学会了将通过施加痛苦而获得控制权与性唤起联系起来。比如，卢梭在他的回忆录里就写道，他每次被他的家庭教师打屁股时，感到又疼又兴奋，这成为他长大后对性自虐有偏好的主要原因。①

但是，卢梭没有看到的是，他认为性就是实施统治和服从的这种观点，不仅影响了他的行为，也影响了他的思想，以至于他一边说自由是人不可剥夺的权利，一边却认为压迫对我们这个物种的一半是件自然而然的事情。从他的思想中大量存在的矛盾和否认来看，他对此也不明白。他曾独断地决定把他和他的情妇泰蕾丝（Therese）所生的五个孩子全部送进孤儿院，尽管他的一些朋友主动提出抚养他们。关于这件事，他有一段虚伪得可笑的描述，我在

① 卢梭（Rousseau），1945，第13~16页。

注释里引用了这段话。① 倘若不结束个人关系中对统治和服从的确立，基于民主理想的政治制度就没有坚固的基础。在他生活的时代里，宗教对与肉体有关的一切贬斥得还非常强烈，所以他的有些观点是情有可原的。最关键的是，卢梭没有涉及自由和压迫的矛盾最

---

① 在卢梭的自传中，有关这些行为最令人触目惊心的段落之———甚至最无情的事实是：被送进孤儿院中的儿童在此期间大量地死去。卢梭满怀深情地、义愤地和令人感伤地以他自己的语言写到了"真、善、美"，然而他没有从把孩子带进这个世界再遗弃他们中看到任何假、恶、丑。卢梭所说的在公众和私下表现出来的双重行为标准的残忍，也许在下述段落中最不和谐地反映出来。在决定他和泰蕾丝的第三个孩子，像前两个孩子一样被遗弃以前，他经过深思熟虑，写下了这样一段话：

当对人类的天职进行哲学思考的时候，出现了一个事件，使得我认真反省自己。泰蕾丝怀上了第三个孩子。我满怀真诚，心中十分得意，期望用自己的行为掩饰我的信条，我开始按照自然法则、正义和理智思索我的孩子们的归宿以及我与他们的母亲的关系……

如果我的结论是错误的，没有任何东西比冷静更值得注意，因为我遗弃了他们。如果我不是出身低微而听不到造物主的温和声音，心中从未萌生过正义感或人类仁慈之心，这种铁石心肠就会容易理解。但这可能吗？我的热心肠、生活的敏感性、人生的积累等与生俱来的这一切强烈地驱使着我，使我经历着撕心裂肺的痛苦。我竭力想把它们排遣掉，我对孩子们的天生善意，我热情的伟大的爱，其真、其善、其美；每一种不幸的恐怖，我全然无力去恨或毁坏，甚至没有能力去想；在一切视觉中我感到美好的和鲜活的情感是善良、宽容和可亲可爱，这可能吗？我扪心自问，所有这一切能与堕落是一样的心情吗？不！我切身感到这一切，并高声断言——这是不可能的。在简·杰克斯生命中的那一瞬间，要是他是一个没有知觉、没有怜悯的人，或是一个不近人情的父亲……如果我已经离开他们以及德·艾庇妮太太或德·拉克森伯格太太，这两位太太，出于友好、慷慨或其他动机，表示她们自己乐意看管他们，要使他们更快乐些，要使他们被教育成起码是正直的人。我不知道。但是，我知道她们会教育他们恨，或许还会教育他们背叛他们的父母；这要比永远不知道父母胜过百倍。

于是，我的第三个孩子被送到"育婴医院"，像其他两个孩子一样。下面两个也做了同样的处置，因为我总共有五个孩子。我做这样的安排似乎如此绝妙，如此合理，如此正统，如果我不是自夸的话，这完全是出于对其母亲的考虑。［卢梭（Rousseau），1945，第366～388页。］

终显现出来的方面，即我们所寄住的位置，我们的肉体内部。①

施加和维持压迫性控制的终极方式是控制人的肉体，以及利用人对痛苦和死亡的恐惧。因而，反抗压迫的工具最终也是人的肉体——所以性虐待根本不是什么政治性反叛。相反，它是对反叛的歪曲和误导。这种方式能够保证我们在我们具体的肉体上和无意识的头脑里，继续弗洛伊德、黑格尔、萨特和其他一些重要人物认为是人类不可避免的那种关系模式，他们误把统治关系心理当成全人类的心理：人的变化不外是从奴隶变为主人，或从主人变为奴隶。② 总之，它通过统治和服从的性仪式，将表面上看似不正常（因此被视为反叛）的行为，变为实际上再正常不过的行为。

当然，色情化的统治和服从并不是统治关系系统得以维系的唯一方法。还有其他许多方法，比如个人的、社会的、经济的、政治的、宗教的，以及家庭的方法等。但是，色情化的统治和服从不可忽视，因为它使我们不自觉地接受、参与，甚至主动地制造统治和服从。

在这里，我还要再补充一点，我们不仅在异性恋中，而且在同性恋中也可看到性虐待，因为同性恋也常常被扭曲成统治与被统治的关系。事实上，法国剧作家琼·吉尼特（Jean Genet）早在半个世纪以前就曾指出，同性恋关系可以是传统的异性恋关系的放

---

① 这个基本问题很奇怪地被大多数政治作品所忽视。一个明显的例外，是斯卡里（Scarry），1985。

② 黑格尔关于主人与奴隶的寓言是直言不讳的，而在弗洛伊德的大多数作品中，这种假定则更含蓄（除了在他关于社会起源的寓言中，那是最明显不过的）。让-保罗·萨特（他的长期情妇 S. 德·波伏娃写了一篇歌功颂德的文章，称她的萨特为伟大的哲学家）在他自己的生命中，显然非常清醒地意识到这种安排的悲惨，尽管在他的剧作《禁闭》（在很大程度上被认为是其自传）中，他也提出这基本上是不可避免的。

大——在女同性恋中，扮演男性的人统治扮演女性的人，在男同性恋中，同样是"男子汉"的角色轻蔑地统治着受到歧视的"王后"即女性。

但是，我还要说，今天的男女同性恋脱离这样的性角色定式，已经成为一种强大的、自觉的运动。这种运动既出现在同性恋中，也出现在异性恋中，它反映了人们的意识的变化。我要以此作为这一章的结束。

仅仅责怪自己或他人习惯于在色情中施行统治和服从，显然无济于事。我们对此已经习以为常，几乎上了瘾——对个人和社会具有毁灭性的行为，会在肉体上得到奖赏（性激动，这或许会引发另一种毒瘾，即内啡肽的分泌）。而且数百年——甚至上千年——来形成的习惯，也不是一朝一夕就能改变的。因此，即使我们认识到已是死路一条的性的社会构成如何影响了我们所有的人，我们也不可能靠意志的魔力，一下子把它赶跑。

然而，从当代对毒瘾的研究看，不要否认这是关键的第一步。这样我们才能展望另一种更健康、更美好的生活。虽然我们在内外都会遇到阻力，但所幸全世界的人现在都开始行动了。

全世界的男人和女人都在对他们关于所有事情的最基本的看法提出疑问，从权力和性到爱和灵魂。这说明我们总有一天能够抛弃使我们习惯于将痛苦与快乐混为一谈，将束缚与纽带混为一谈的那种思维方式、感觉方式和行为方式。但是，在继续这个话题之前，我们在下一章先要更进一步研究一下与统治关系下的色情，即暴力的色情相关的社会心理动力。

221

第十二章　做爱还是作战：暴力的色情化

我们已经知道，在西方史前历史上，对性的看法发生了一次根本性的变化。性曾经是与神圣、宗教仪式、女神相关的行为，后来变成了男尊女卑的表现。接着，宗教当局说，肉体就像女人一样，属于低级层次。于是，控制女人（中世纪一些基督教神学家认为女人是最低贱的，他们甚至说女人或许根本就没有灵魂）以及所有与肉体有关的东西，使之服从，就成了男人的职责。这一切使男人开始了与自己的肉体的战争。这一切也使男人开始了与女人的战争——于是就有了"两性战争"这么一种说法。

但是，即使在最严格的统治关系社会里，也并非个个男人都积极地在这场战争中充当斗士。有时，男人反而加入女人的阵营，反对战争，也反对两性的战争。比如，20 世纪 60 年代美国的反越战情绪高涨，妇女解放运动萌生，人们就打出了这样一条标语：要做爱不要作战。但是，标语毕竟是标语，它不够深刻——它没有指出，在统治者的头脑里，做爱**就是**作战。

这一点非常生动地表现在我们的语言里，我们学会的表达仇恨或轻蔑的词语，有许多都带有性的意义：比如**母狗、杂种**和**肏**。男人们称之为"打架用语"，真是准确得很，因为接着就常常是要使人致伤或致死的行为。同样，对女人有一个非常粗鲁的侮辱性词汇，"屄"（对女性生殖器的俗称），用来表达对女人的仇恨和轻蔑，通常也伴随着肉体暴力行为。

222

　　性与暴力的联系在军队用语中格外明显：这是用来描述以致伤或致死为目的行为的语言。其实这种语言与性语言几乎就是一码事。士兵的目标就是征服敌人的领土，同样，男人的目标，就是在性上"征服"女人。在性上"战果辉煌"的男人被称为女士杀手。在军队里，男人的性器官被戏称为枪。（我曾经亲耳听见军人的妻子教她们的儿子把阴茎叫作枪，说是一种"礼貌"用语。）格斗分析家将新式武器称为"穿透助力器"——而性交就一直被说成男人"穿透"女人（只在极少的情况下，才提到男性的器官这时其实也被女性的生殖器所吞噬）。① 将军们和政治家们提到核武器时，总爱说它们"为你的威慑"提供了更大的"砰"（bang，意为"攻击力"或"打炮儿"，男人们常用 banging 即"打炮儿"一词指性交）。

　　但是，两性战争与军事战争不同，后者即使在统治关系社会里也只是时有发生，而前者与日常生活和思想完全融为一体。军事战争是公开宣战，公开对抗，而两性战争中的暴力，以前则一直为人忽视，好像它根本不存在一样。甚至最野蛮和最赤裸裸的性暴力形象，至今仍在流行，人们认为它们不过是肮脏或淫乱的东西——是人类的性的一个方面，它让有些人觉得带劲，而另一些人则觉得淫秽或肮脏。

　　但是，将野蛮和暴力色情化，不仅能够维护一半人对另一半人的统治——这是两性战争的目标，在一些名著里，如莎士比亚的《驯悍记》（*Taming of the Shrew*），已有很好的表述；也不仅是男人

---

　　① 关于怀孕形象（更确切地说，在我们的文化中缺乏这种形象）的分析，见威尔希尔（Wilshire），1988。关于控制和暴力的色情化，见摩根（Morgan），1989。

好战——这也是公然以征服和统治他人为目的的。它还是维持某种生活方式和死亡方式的有效手段。男人和女人在其中学会了接受暴力和强制性的接触，认为这不仅很正常，而且好玩得很。

我又要强调了，并不是所有的男人和女人都被成功地社会化为这个样子。其实，许多男人，以及许多女人，对暴力和残酷是非常害怕的。可是，系统地将统治和暴力带入色情，再加上我们刚才说到的儿童心理，就能解释全世界的男人——已经习惯于将各种自觉和不自觉的野蛮及暴力与性兴奋联系起来——为何殴打、折磨甚至残杀其他同类（不管是政治犯、宗教异端分子，还是妇女），而且好像从中还可以得到无穷的乐趣。

性、野蛮与人性

写这一章时——这是一件很痛苦的事——我意识到，我这一辈子的大部分时间也并没有看到针对妇女的暴力有多么顽固，性与统治和暴力的联系如何加剧却又掩盖了这种暴力。我甚至更明确地意识到，否认的心理机制在整个统治关系历史上使我们接受了野蛮的现实，尤其是当我们认为这一切都不可避免时。因为否认不仅使我们对野蛮和暴力充耳不闻、视而不见，将我们的感知和体验挤到大脑的潜意识中去；而且还使我们接受两种互相矛盾的现实——这两种现实都强化了统治关系的现状。

一方面，他们说除了少数几个例外，性与暴力统治的联系根本不存在。另一方面，他们又说这种联系不仅正常，而且不可避免——这就是人性，或确切些说，这就是男人天性中的一部分。

因此，只不过就在数年以前，英国著名作家科林·威尔逊（Colin Wilson）还说，"在性方面正常的人"都有可能做出情杀这样的事情，因为"性行为与谋杀有非常相似之处"，他认为"谋杀者和受害人的关系，与穿透女人的男人同女人的关系一样"。[①] 这也是罗伯特·斯托勒（Robert Stoller）的看法，他甚至在《性兴奋：色情生活的动力》（*Sexual Excitement The Dynamics of Erotic Life*）一书中指出，"倘若不算对肉体性敏感部位的直接刺激产生的明显效果，那么激发并加强性激动的是敌意——公开或隐秘地伤害另一个人的欲望"。换句话说，斯托勒认为"伤害和受苦"是性兴奋的中心，对"性工具"的糟践，将之作为恋物癖的对象（非人化和物化），甚至利用性进行"报复"，都是正常的。[②]

斯托勒所说的性工具是女人，或在同性恋关系中扮演女性角色的男人。而他那充满敌意的性描述中的主角，则是男人，尽管他认为女人愿意接受性虐待，"因为这是她战胜男人的方式，她最终控制了男人，因为她才是一切的根源，他们只不过是对之做出了反应而已"[③]。

我在这里要补充的是，发出这种奇谈怪论的不仅有男人，也有女人。比如弗洛伊德的学生海伦·多伊奇（Deutsch）。弗洛伊德认为，"正常的个人也可能有性自虐的倾向"（在弗洛伊德以男性为中心的世界中，个人就是"男人"），因为"大多数男人的性都表现为攻击和服从倾向的混合"。[④] 多伊奇补充道，这是非常正确的，因为女性性虐待也是非常"正常的"。

倘若一个女人承认统治与被统治的性关系是再自然不过的事，

224

---

① 科林·威尔逊（Colin Wilson），引自布朗·米勒（Brown Miller），1975，第326 ~ 327 页。

② 斯托勒（Robert Stoller），1979，第6页，第23、26页。

③ 斯托勒（Robert Stoller），1979，第151页。

④ 弗洛伊德（Freud），1963，第92页。

当然要比那些怀疑这种关系的人能够得到学术界和媒体的更多关注。[①] 而且，总有一种新权威对我们说，暴力和残酷是"人的天性"，在性上是如此，在其他方面也是如此。

但是，实际情况是，残暴和野蛮在我们已经讨论过的史前社会里，并不像后来这么突出。我们在那个时代也没有发现将野蛮和暴力色情化的迹象。我们所看到的恰恰相反，那时色情是一种艺术，它所表现的是对妇女的性力量的崇拜和敬畏。

再说，倘若男性的暴力是一种遗传，我们就不应该看到这种暴力有如此多的文化表现形式。它不仅因时代而异，而且因社会而异。也不应该像现在这样可以发现严格的统治与被统治的性别定式与高度的社会暴力之间存在某种联系。[②]

不仅如此，倘若男性暴力果真如我们常常听说的那样，不过是男性荷尔蒙的作用，那么，男人就应该都残酷而且喜欢暴力，至少大部分是这样，而女人永远或者很少会这样——事实显然不是这样。有些研究发现，荷尔蒙睾丸激素（男性体内比女性体内含量高得多）与暴力行为之间有一定联系，也有一些研究得出了相反的结论。但是，即使睾丸激素对男性暴力有一定影响，作为一个群体，男性更容易学会暴力行为，社会环境（包括男性是否受到系统的暴力行为的教育）也是一个至关重要的因素。因为睾丸激素

①　举一个例子，卡米尔·帕格里亚（Camille Paglia）轻蔑地谴责妇女以"哭哭啼啼"来抗议强奸。在她看来，男人的性侵犯甚至是具有创造性的发动机——在她看来，也是女人不像男人那样有创造性的原因。帕格里亚甚至说她的性生活是"一种灾难，一种绝对的灾难"，因为她不想"顺从"（1991 年 7 月 7 日《旧金山观察报》，图页在第 11 页），似乎没有意识到这样一来她自己也难逃缺少创造力的标签。

②　例如，见麦考纳黑和麦考纳黑（McConahay & McConahey），1977 以及科尔特林（Coltrane），1988。

的水平是随着社会环境的变化而起伏不定的，当进攻性行为得到社会的"回报"时，睾丸激素水平就会上升。①

最近的研究表明，对肉体或情感唤醒——以及由此产生的行为——的定义，都是由社会环境所决定的。比如，在一次试验中，对男性受试者说给他们注射了维生素，而实际注射的是肾上腺素，它会导致显著的荷尔蒙唤醒。然后，这些男人被分成几个小组，在不同的房间里等待"维生素"生效。房间里有试验工作人员，根据指令做出不同的举动。对一组受试人员，工作人员制造出试验者称为"愤怒的情形"，向受试者提出一些冒犯性的或侮辱性的问题，并做出冒犯的举动。对另一组受试者，工作人员则制造"快乐的情形"，他们和气友好，行为轻松愉快，并邀请受试者共享乐趣。研究者发现，这两种大相径庭的社会环境对参加试验的人的反应有深刻的影响——一组受试者表现出气愤的情绪和敌意的行为，另一组受试者则表现出欢乐的情绪和轻快的行为。②

显然，残酷和自虐行为并非完全是荷尔蒙唤醒的结果。我们不应该对社会环境——包括人们在社会化过程中学会如何看待发生在他们肉体内的事情，以及如何对此做出反应——不予考虑。

但是，最明显的一点或许是，倘若男人果真由于荷尔蒙或遗传因素而天生地喜欢暴力，那么就不需要时时对男孩子和男人实施暴力教育了。换言之，倘若男人作为一个群体真的比女人更容易学会暴力（面对人类行为如此巨大的差距，以及学习在其中发挥

225

---

① 例如，参见巴雷尔（Bleier），1984；福斯托－斯特林（Fausto-Sterting），1984。

② 沙克特（Schachter）和辛格（Singer），1962。亦见阿伦和阿伦（Aron & Aron），1989，第35~38页。该实验的设计实际上比较复杂。实验被分成几个小组。一组人员被告知等待肾上腺素发挥效力，并未显示出异样的情绪，只是在看着同伴的各种可笑的姿态。但是受到刺激且未得到解释或得到错误解释的人，他们所显示的情绪，则符合"愤怒的情形"或"快乐的情形"。

的作用，完全有理由这么说），就更不应该通过所有可能的社会
手段——包括性兴奋与暴力和残酷的系统联系，系统地强化这种
倾向了。

暴力的男性脚本

暴力色情化并非男人有史以来并且仍在受到的唯一将享乐与
暴力相联系的教育。享乐性活动，如游戏和玩具，与暴力的系统
联系，从童年时期早就开始了。父母在那时就给男孩子玩玩具
剑、玩具枪，现在又有了导弹发射器和以杀人获胜为目标的电子
游戏。这种联系一直延续到青春期和成年期——通过歌颂战士或
英雄的征服者的书籍、歌曲、电影、漫画和电视节目，进行这种
教育。妇女在这种教育中积极合作——男孩子哭了，母亲会说他
"娘娘腔"（也就是文弱的女孩），而女孩子则看不起敏感温顺的
男孩，称他们为"熊包"或"软蛋"，她们个个都说喜欢粗壮的
"强汉"——有时甚至是那些以抽打女人作为表达"爱"的方式的
男人。[1]

因此，暴力的色情化只是男性社会化的一部分，这种社会化在
不同程度上是以心理学家西尔凡·汤姆金斯（Silvan Tomkins）所
谓强壮男人为脚本的，也就是现在所说的超级阳刚社会化。[2] 汤姆
金斯以其"脚本理论"（该理论认为，人格是在内在脚本和文化脚

---

[1] 有关女孩这方面的评论，见明顿（Minton），1992。

[2] "Macho"是西班牙语，意为"男子"。但在英语中通常常意味着带有统治和暴力
的男子气概，因为在一些说西班牙语地区的"Machoismo"（男子气概）等于学
者们当今的用语"hypermasculinity"（通过暴力统治行为证实阳刚气概，对象可
是自己的感情，或者他人，或者动物）。但也有男性拉丁人种族偏见的因素。

本的共同作用下形成的）闻名于心理学界。他指出，这种脚本被传授给男人，使他们为文化规定的角色做好准备。① 在他的分析中，他首先提出了我们以前考察过的一些东西：生活在资源极度匮乏的环境中的北方游牧民族，似乎最早发明了汤姆金斯所说的由战士和"视勇猛与死亡高于生命与团结的男性凶神"统治的社会。② 他指出，这些社会所形成的男性脚本延续到我们今天完全不同的环境里——它们代代相传，"自己证实自己，自己满足自己"③。

1988 年，汤姆金斯与心理学家唐纳德·莫舍（Donald Mosher）合写了一篇题为《描述强壮男人》的文章，发表在《性研究学报》上。这篇文章分析了强壮男人脚本如何成为意识形态的一部分，这种意识形态重男轻女，重男性感情，轻女性感情。莫舍和汤姆金斯指出，这些脚本使男性认为只有一部分感情称得上"阳刚"，这就是厌恶、气愤和轻蔑——也就是说，那些居于统治地位的人的感情。它们还使男人看不起"低等的女性"感情，比如烦恼、怜悯和同情，正如固定的女性社会化使女人觉得那些"男性"感情高不可及，她们也被教导说，这些感情更高级（和男人一样）。

把我们这一物种如此这般地一分为二，弄出一个"高等"的男性自己人群体，和一个"低等"的女性外人群体，还真不是一件容易的事。随后，又把人类的感情分为"男性的"和"女性

---

① 汤姆金斯强调这些文化脚本（及其所包含的角色或场景）的有效性，因为其中充满着情绪或感动——这就是文化脚本与性相联系在男性社会和女性社会中都特别有效的原因。

② 汤姆金斯（Tomkins），1984，第23页。汤姆金斯强调，男性脚本起源于"接受奴隶制而又带刀剑生活的社会"［汤姆金斯（Tomkins），1984，第24页］。

③ 汤姆金斯（Tomkins），1984，第25页。他与唐纳德·莫舍写道："游牧武士代代传承的文化是阳刚气的男子。"［莫舍（Mosher）和汤姆金斯（Tomkins），1988，第64页］

的"，也很不简单。因此一切必须从儿童抓起，贯穿整个人生。正如汤姆金斯和莫舍所说，这也就是为什么在使男孩、女孩适应统治与被统治等级最成功的家庭里，对男孩和女孩进行的男性统治的"男性气质"和"女性气质"的社会化最明显：在这样的家庭里，父母在孩子伤心哭泣时不是安慰他们（培养同情），而是不予理睬，甚至因为哭泣而惩罚孩子（培养冷漠或缺少同情心）。

也正是在这样的家庭里，我们最清楚地看到男孩子如何接受系统的教育，认为男人倘若表达"软弱"的情感（甚至有这种情感），就是奇耻大辱，这样的情感只能是"低等的"女孩或女人（或者同样低等的"娘娘腔"或"女里女气的"男人）的。① 因为227 强壮男人脚本里清楚地规定，男孩子们受到惩罚不完全是因为他们表达了这样的感情，还因为这样做使他们变得"女里女气"，没有"男子气概"。

此外，男孩子们很快就发现，表现出"男性"感情是会得到奖赏的——女孩子和女人不能愤怒，但对男孩子来说，愤怒——用莫舍和汤姆金斯的话说——"是保证他们达到预定目标的工具"（也就是说，是有回报的），从此不难看到，再次借用汤姆金斯和莫舍的说法，在男孩子身上，痛苦伤心造成的排遣不掉的强烈神经刺激，就转化为愤恨这种"男子汉"情绪。于是，男孩子经过一段时间就自觉不自觉地懂得，男人的文化脚本是："'别哭，坚强些，哭鼻子的人没出息'，以及'别哭，发狂吧，让他们去

---

① 汤姆金斯和莫舍在这个意义上使用"Macho"这个词偏离了拉丁语的习惯。大多数西班牙语国家的文化都把男人看得比女人高级，男性统治大体上是不言而喻的，但拉丁民族对真正的男性气质的定义中，又允许男人有一定的"软弱"情绪，不过只是在一定情况下才允许，比如和孩子们在一起时，在向女子求爱时，或不被她们所接受时，社会习俗允许他哭出声来。

哭吧'。"①

　　为了进一步保证男孩子能够成为真正的"男人"，还教会他们鄙视恐惧和羞辱这些"女人的"情绪——他们永远不能承认他们害怕，永远不能认错。但是，在这个过程中，莫舍和汤姆金斯强调，人们教男孩子厌恶，倘若他们有了"女人的"情绪，就要厌恶自己。最重要的是，人们教男孩子怀疑"放松的享乐"，莫舍和汤姆金斯说，这也是与女人及"女里女气的男人"连在一起的，因为"真正的男人"必须控制自己身上被人看不起的"女性的"一面，并且要竭尽全力地去控制他人。②

　　于是，成功地社会化了的强壮男人最后剩下的唯一"享乐"，就是击败对手——不管这个对手是另一个男人还是女人。莫舍和汤姆金斯指出，在强壮男人"资源匮乏、危机四伏的世界里"，对他来说唯一的"强烈刺激"就是"胜利的欢乐或失败的痛苦"。③ 他与女人建立"享乐的"关系时，寻求的也正是这种"强烈刺激"。

　　因此，男孩子在成年仪式上必须首先表明他不怕别的男人，而且能够在性上主宰女人。在这个过程中，他学会了强壮男人脚本中的另一个重要内容：性不是双方的快乐，更不是关心，而是暴力统治。所以兄弟会（以及匪帮）常常要求男孩子在成年仪式上不仅

---

①　莫舍（Mosher）和汤姆金斯（Tomkins），1988，第67页。

②　正如芭芭拉·坎纳（Barbara Kanner）指出的那样，男孩子这种思想意识可以通过社会化获得，即父母们把儿子送到高级的英国公立学校而"中止他们的懦弱的一面，并且不受女人娇生惯养的影响，以此来改正其'娘娘腔'"。写到此处，坎纳还提出"在制度上采取苦其心志、劳其筋骨的手段，使孩子们忍受饥饿、寒冷、鞭打、互殴等，通过这些主要的机制，把孩子转变为勇敢的、自信的、有自我控制力的和理想的富有男子气概的君子"。坎纳还解释说，如何培养孩子成为"符合绝对服从与达到自律"和"通过崇尚运动和爱国精神的考验来评价其成就"，是与军事训练密切相关的。

③　莫舍（Mosher）和汤姆金斯（Tomkins），1988，第67页。

展示其凶猛和承受痛苦的耐力，而且要当着同伴的面展示他们对女人的性"力量"——直到最近才被定为暴力犯罪，而不仅是"男孩子的恶作剧"的兄弟会群奸，就是这样的例子。①

男人（和男孩）正是在这些男性团体——从军队和都市匪帮到运动队和兄弟会——中接受教育，学会了向外人（女人，或者"低等的"甚或"危险的"男人）施展他们的力量。② 我们会看到，也正是在这些男性团体中，"得分"（也就是在性上征服女人）成为证明男人的男性气质所不可少的因素。

因此，我们再次借用莫舍和汤姆金斯的话，对女人的"四F理论"——"找、骗、奸、甩"（"Find them, fool them, fuck them, and forget them"）——不仅"囊括了强壮男人的性哲学"，而且，参与群奸和其他性征服、性骚扰或在男性朋友面前调戏妇女，或当着他们的面讲述这些事情，"使男性团体紧密团结，形成一种超级的阳刚的同志关系"，最终导致"社会的强弱分层掺入了性的差别，强就是男性气质，弱就是女性气质"。③ 尽管强壮男人或男孩必须服从上级，在群体内可能接受服从的角色，但是对于"低等的"群体中的男人或女人，他们是绝不会这样做的。

---

① 这种视强奸为"恶作剧"的观点最近制造了国际新闻，在肯尼亚一所学校的女校长演讲中说，该校的男生杀害了19名抗拒强奸的女生。她那令人惊诧的评论首先在肯尼亚媒体，而后在《纽约时报》（New York Times）刊出（1991年8月4日）："男孩子们从未想过任何伤害女孩的事，只是想强奸。"［霍斯肯（Hosken），1991，第37页］

② 于是，在非洲马萨伊人中，让孩子们离开部落到战场上去"玩"，直到他们长大成人，能在生活中做事。甚至直到现在，不仅在遍及全世界的军事训练营中，而且在全部男性群体中和男子足球队中，都传播着同样有闯劲的阳刚男子气。

③ 莫舍（Mosher）和汤姆金斯（Tomkins），1988，第72~73页。

战争与两性战争

　　既然这种男性脚本是从古代武士社会流传下来的，也就难怪在以训练杀人为目的的地方——军队，我们能够最清楚地看到男性暴力的色情化如何激发了战争和两性战争。在整个统治关系历史上，军队（不久前仍被视为贵族的唯一高贵的职业）训练男人，使他们不仅要杀那些"危险"和"劣等"部落的人，而且要杀自己的同胞，倘若当权者认为这些人威胁到他们的统治的话。因此，过去和现在都必须教这些男人不要屈服于那些"软弱"的情绪，比如同情、怜悯和关心。除了使用对"真正的"男人最恶毒的侮辱（倘若他们这么做了，他们简直就像娘儿们）以外，还有什么更好的方式能教男人压制这些情绪呢？[①] 此外，除了系统地把残酷和暴力与性和女人连在一起，还有什么更好的办法训练男人，让他们真正喜欢那些可怕的事情呢？

　　当然，过去也好，现在也好，并不是说这一切都是军事或政治战略家们坐在那里有意策划出来的。可事实就是，根据社会科学家威廉·阿尔坎（William Arken）和林恩·多布罗夫斯基（Lynne Dobrofsky）在研究美国军事训练时的观察，直到现在，"男性气质与暴力以及男性气质与性的关系，在正规和非正规的军事社会化模式中，仍占主导地位"[②]。

---

① 例如，在 20 世纪 50 年代，在基本训练营或新兵训练营招募的男人总觉得不能吃苦耐劳或没有男子气，只够得上 "pussies"（小妞）。那些不能够统治妇女但可以接受任何形式的女性领导的男人叫作 "pussywhipptd"（女娃子鞭）。这一嘲笑词至今仍然用来羞辱缺乏 "男人气质" 或缺乏统治妇女气魄的男人。

② 阿尔坎（Arken）和多布罗夫斯基（Dobrofsky），1978，第 161 页。

229 　　他们发现，在步兵营的训练中，"军规用阴茎与力量的联系，对新兵进行羞辱和警示，新兵必须一手持枪，一手握裆"，大声说：

> 长官：
> 这是我的长枪
> 这是我的短枪
> 这杆用来作战
> 这杆用来寻欢！①

　　空军飞行员把以女性名称命名的战斗机，比如"贝蒂·布伯"上的控制杆叫作"快乐棍"（俗语中对阴茎的称呼），同样，海军的专用语中也把性与暴力相联系。这两者的关系实在太紧密了，就连那些在人的胯部这样的高度爆炸的炸弹，也经常取女性的名字，比如"弹跳的贝蒂"，利用了男性对阉割的普遍恐惧——也使男人对女人的暴力统治合理化了。

　　阿尔坎和多布罗夫斯基说，在基础训练中，男人系统地接受鼓励，将性征服视为男子气概——用他们的话说，视女人为"男性性服务的工具"。男人当然要用同一套词语来谈论性暴力和军事暴力——又刺激又好玩。殴打妻子和对妇女的其他形式的暴力，当然也就从古至今是军队家庭里的主要问题。②

　　我并不是说军队里的所有男人都虐待妻子，也不是说所有经过军事训练的男人都成功地成为两性战争，甚至一般的战争中积极的

---

① 阿尔坎（Arken）和多布罗夫斯基（Dobrofsky），1978，第160页。

② 例如，见施米特（Schmitt），1994。

斗士。但是，军队的脚本将"真正的男性气质"与暴力和征服（包括性征服）联系起来，无疑是通过战争和两性战争维护统治关系的等级。有一些男人也确实将这种脚本内化了，他们学会了蔑视所有与他们被教导视为软弱或女性的东西，而且压抑自己身上的这一方面——也就是爱与同情，甚至对自己的同情，并且将性等同于野蛮的征服，甚至杀人。

倘若我们读一些最新出版物的节选，这一点就变得非常明显了，作者都是来自第二次世界大战中的两个交战国：德国和美国。他们揭开旧伤疤，给我们看那种可怕的男性社会化，它将暴力和残酷系统地与性和女人联系起来。

这些材料让人不忍卒读，因为它们暴露了作者的兽性。这些人的确是恶魔，他们丧失了人性，无法将其他人看作有生命、有感觉能力的存在，无视他们的痛苦。那些德国人就是杀人魔鬼，克劳斯·斯韦莱特（Klaus Theweleit）在《男性幻想》（*Male Fantasies*）一书里对他们的作品做了仔细分析。他们是纳粹志愿军的精英，1923～1933年成为希特勒臭名昭著的盖世太保的核心——这支精良的部队不仅在短命的魏玛共和国时期在德国搞恐怖主义，而且在第二次世界大战中的恐怖活动中扮演了主要角色，包括希特勒对上百万犹太人、波兰人、俄国人或被视为异己的人的杀害。①

这些人写到女人的肉体（更确切些说，是女人的性部位，他们就是这样描述妇女的）时，毫不掩饰他们的厌恶和鄙视。斯韦

---

① 例如芭芭拉·埃伦雷奇（Barbara Ehrenreich）在她为斯韦莱特的书所写的引言中写道，这些人就像鲁道夫·霍斯（Ludolf Hoss）一样，在纳粹占领之前，"与波兰的共产主义者和民族主义者、苏联红军、波罗的海地区拉脱维亚和爱沙尼亚民族主义者以及德国全国工人阶级战斗"。霍斯后来成为奥斯维辛死亡营的军官［斯韦莱特（Theweleit），1987，第9页］。

莱特写道，对他们来说，女人的性感是"兽性的""危险的"，会"夺去他们的性能力"，对他们的男性气质是一种威胁，而且常常危害到他们的生命。在许多故事里，他们正是因此杀死女人。其实，有关志愿军的故事提到性交，大都也要提到死亡（或者更准确地说，是女人的死亡）。即使在极少数例外中，比如，贝弗科隆中尉与红色玛丽的故事，闪现了一丝人与人的关系，最后的结局却仍是这样。"可怜的贝弗科隆若要施行他的仁慈计划，就必须谨慎从事。"可是，他的"仁慈计划"也不过是辜负爱人对他的信任，从而欺骗她说他会救她，好让她不用整夜担惊受怕而已——清晨，她信任地、双眼充满希望地看着他，他却命令手下朝她开枪。①

从有关志愿军的这些文字里，我们一次又一次看到性关系在他们的头脑里与战争中的搏斗完全一样。在这些故事里，女人和男人的唯一关系，**也的确是**建立在男人的残酷和暴行之上的，建立在男人对女人的棒打、鞭笞、烧灼、践踏、枪击之上，以及撕裂女人的肢体，尤其是女人的性器官、臀部和胸部——或者，如斯韦莱特所说，建立在将女人的躯体弄成"一堆血肉模糊"的行为之上。② 正是这一过程——"心满意足地看着女人变成血肉模糊的一堆"——斯韦莱特说，"似乎带来了"这些男人寻求的"真正满足"。

"好像有两种男性冲动以同等的力量在撕扯着女人，"斯韦莱特写道，"一种力量想要推开她们，把她们推得远远的（防卫）；另一种力量想要穿透她们，把她们拉得近近的。这两种冲动似乎同时在杀戮中获得了满足，这时男人推开了女人（夺去她的生命），同时又接近了女人（用子弹、刺刀、棍棒等物穿透她）"。最后他

231

① 斯韦莱特（Theweleit），1987，第 186~187 页。
② 斯韦莱特（Theweleit），1987，第 194~195 页。

总结道：

> 只有在这种状态下，她的美才能得到容忍并且似乎受到欣赏。她的性的"红玫瑰"只有在她死去、被肢解、被打开的肉体的伤口上才能绽放。美丽的女人使这些男人激动的因素是内在的，在她的皮肤以下。这些杀戮看起来就像补救措施，它们改变女人的假象，把她们"真正的本质"暴露出来给人看。①

那么，这种"真正的本质"是什么呢？当然，就是"血肉模糊的一堆"。因为在这些统治者的幻想里，在现实中也常常一样，妇女的肉体和妇女的性不是让人联想起生命和快乐，而是毁灭后的"血肉模糊"，是残酷和统治的"满足"，最终是肉体的腐朽，是死亡。

另一群很不一样的人也写了同样的主题：美国空军第 77 战术飞行中队年轻的飞行员们，在半个世纪以后出版了一本小册子，题为《赌徒歌曲集》。用他们自己的话说，这本书"集中了我们 75 年的传统，我们的思想，我们的歌，以及我们的游戏"②。这本 75 年军事传统歌曲集中有一首叫作《我肏了一个死妓女》。开头的一段是这样的：

> 我在路旁肏了一个死妓女，
> 我马上知道她是一个死妓女。

---

① 斯韦莱特（Theweleit），1987，第 196 页。

② 《赌徒歌曲集》的前言，美国空军（USAF）第 77 战术飞行中队，牛津郡上黑福德，参编者有：乔治·"恐怖"·卡尔曼上尉、托马斯·"调子"·西奥博德上尉、迈克·"雄袋鼠"·克劳尔斯上尉、汤姆·"呼噜"·卡米克尔上尉和约翰·"小孩"·加列特中士（引号中的名称为飞行中队飞行员的诨号），引自史密斯（Smith），1989，第 122～123 页。

她的肚子没有皮，

她头发掉成了秃驴……①

另一首歌被作者称为《这些蠢事，让我想起你》，歌词中有这样的话：

出租车上那一枪放得实在差，

屁上净是大大小小梅毒留下的疤，

这些蠢事让我想起你。②

在这些歌里，女人的肉体也是让男人既兴奋又厌恶。但是，最重要的是，在这里和在纳粹的幻想中一样，女人不过是一堆肉——比这更坏，是一堆让人厌恶的肉，腐烂变质，没有生命，像第一支歌里所唱的那样。总之，正如琼·史密斯（Joan Smith）在其杰作《厌女症》中所指出的，这些歌把妇女，尤其是妇女的性，当做死亡与痛苦，而不是当做生命和快乐的象征。③ 而且，倘若看一下另一首歌《天上的奋尸者》（讲述强奸一个"斜眼婊子"的故事），就

---

① 《赌徒歌曲集》的前言，美国空军（USAF）第 77 战术飞行中队，牛津郡上黑福德，参编者有：乔治·"恐怖"·卡尔曼上尉、托马斯·"调子"·西奥博德上尉、迈克·"雄袋鼠"·克劳尔斯上尉、汤姆·"呼噜"·卡米克尔上尉和约翰·"小孩"·加列特中士（引号中的名称为飞行中队飞行员的诨号），引自史密斯（Smith），1989，第 122～123 页。

② 《赌徒歌曲集》的前言，美国空军（USAF）第 77 战术飞行中队，牛津郡上黑福德，参编者有：乔治·"恐怖"·卡尔曼上尉、托马斯·"调子"·西奥博德上尉、迈克·"雄袋鼠"·克劳尔斯上尉、汤姆·"呼噜"·卡米克尔上尉和约翰·"小孩"·加列特中士（引号中的名称为飞行中队飞行员的诨号），引自史密斯（Smith），1989，第 122～123 页。

③ 史密斯（Smith），1989，第 122～123 页。

会发现这些歌总是把性与暴力，具体说，与男人对"敌人"（女人）　232
的暴力统治联系起来，对他们来说，只有死人的阴部是甜蜜的。

男性幻想与非人的现实

面对这样的恐怖，人们会说这些幻想是心理变态，是大脑面对战争的恐怖进行自我保护的产物。但是，这些幻想并非野蛮的法西斯分子所独有，也不是美国的战斗机飞行员所独有。在淫秽书籍、电影和录像中，我们也能看到同样的幻想：妇女被捆绑，被加上锁链，被刺伤，受到性折磨，等等。这些书籍、电影和录像如今在全美国，在全世界，大批大批地卖给男孩和男人。倘若想看这些东西，甚至都不用到淫秽品商店或成人影院（这些地方和军队一样，只对男人开放）去，许多报摊上的淫秽杂志里就有。

人们会认为这不过是一些淫秽品，是肮脏的大脑的产物。可是在事实上，我们的整个文化都充斥着对妇女的色情残酷和野蛮，对此我们已经见惯不怪了。

我们可以在电影里看到它，在美国各地的剧院里看到它，并可从中看到世界，看到男人对女人的强奸、鞭笞、捆绑、折磨和杀害。这些东西被成批地推向市场，供人娱乐。这些电影不是在色情场所里，而是在大街上的剧院里放映，阿尔弗莱德·希区柯克的褒贬不一的妇女谋杀片《精神病患者》（这是"砍杀者"影片的鼻祖），萨姆·佩金帕（Sam Peckinpah）对妇女遭到殴打、鞭笞和强奸不厌其烦的描述，票房价值极高的《链锯屠杀》和《亨利：一个连环杀手的肖像》（教你在性谋杀后如何逃脱，让人毛骨悚然），没完没了地把男性暴力与性连在一起。经典影片也不例外，比如鲁道夫·瓦伦提诺的《酋长》。那些具有"强壮男人"形象的电影明星，像汉弗莱·博加特、马龙·白兰度、克林特·伊斯特伍德、杰克·尼克尔森和阿诺德·施瓦辛格（都是扮演又打又杀，或以其他方式强暴妇女的角色而成名的），都是比较婉转但同样有效地进一步传达了这一信息，即性和暴力同在。

　　将性与暴力和统治连在一起的音乐录像，更是电视台最普遍的生财之道。儿童和成人每天坐在家里的电视屏幕前，就能看到成千上万的谋杀、殴打和其他野蛮行径。在这些行径中，男性气质就等于暴力和统治。还有其他读者数以千计的小说，比如布雷特·埃斯顿·埃利斯的《美国精神病患者》（1990）。数以百万计的年轻人，其中许多人还只是孩子，听的录音带也毫不逊色，比如，"生龙活虎队"之类的歌唱组合录制的录音带。

　　甚至在广告里，男性暴力和统治也经常作为性魅力加以宣扬，只不过有时婉转，有时直露而已。1989 年的雷夫伦（Revlon）广告传达的是这样的信息，弗兰克·西纳特拉（Frank Sinatra）抓着一个女人脖子上的珍珠项链，把她拉向自己，两人都僵滞地微笑着。唱片和唱片广告传达的是这样的信息，无数唱片的封面把性自虐装扮得光彩照人，还有唱片的广告，比如 1976 年好莱坞日落大道广告牌上，画的就是一个女人被捆绑着，浑身青一块紫一块，双腿劈开，下面是一行字："我被滚石乐队搞得浑身青紫，太棒了！"有时甚至时装广告也传达着这样的信息，比如，在某一期《时尚》杂志中，对女人的性虐待被包装得无比优雅，作为性感甚至时髦的形象，在市场上出售。①

　　人们也许会认为，这只不过是近些年来的变态，是"过度的性解放"的副作用。但是事实上，它们是古老的主题最新、最暴露的展现。倘若仔细想想，我们就会发现男人的性与暴力统治之间

_____

① 例如，见《狠狠揍女人》，《时代》周刊 1977 年 2 月 7 日，第 58～60 页。

的等式，是许多最受尊敬的作家最喜爱的话题。

　　列夫·托尔斯泰被他的一些传记作者认为是最伟大的现代作家，甚至是现代圣人。他给我们留下了《克鲁采奏鸣曲》，这本略加掩饰的自传体作品象征性地通过一个男人为了摆脱他对女人和性的极度厌恶而杀妻的故事，讲述了他与妻子索菲（Sophie）之间的性虐待关系。传奇人物 D. H. 劳伦斯则企图让我们相信，他在《逃跑的女人》中虚构的女主人公在明白自己就要被半裸的野人杀死时，竟然产生了性欲。著名诗人罗宾逊·杰弗斯在《杂色牡马》（*Roan Stallion*）中幻想一个女人想要和一匹大马交配，全然不顾大马有可能会把她撕碎。还有亨利·米勒（他曾狂妄地贬低妇女）和诺尔曼·梅勒（他在《美国梦》里的主人公从残忍的杀妻中找到了荣耀和自尊）这样"重要的"当代作家，他们所传达的中心意思，也是能激发男人性欲（因此对女人一定也一样）的**不是**给予快乐，而是制造痛苦——具体地说，就是对妇女的践踏、折磨、侮辱、统治甚至杀害。① 梅勒书中的某些段落与自由军成员以及死亡本质的歌曲，比如《掏出来的下水》的歌词惊人地相似，听上去令人作呕。

　　直到今天还有些人说，妇女的肉体遭强暴的这些形象，以及性、残酷和暴力的这种联系，已没有什么实效，它们只不过是一些幻想而已，并不是现实。倘若真是这样的话，军队里为什么特意用性暴力来教人杀人？倘若性与暴力的联系果真对性和社会行为毫无影响，那些聪明的媒体人怎么会把他们要卖的所有东西——从汽车到可口可乐——都和性搭上钩，以便左右人们的购买行为？

234

――――――――――

①　在将这些作品赞为文学杰作的文章中，文学评论家对此只字不提，只看到优美的文风，却看不到这些作品传达的可怕的规矩。许多女权主义著作都提到这个问题。如德沃金（Dworkin），1987；米利特（Millett），1970；摩根（Morgan），1989；史密斯（Smith），1989。

　　倘若战争宣传能够有效地将"敌"国的人都非人化，使得一些人伤害、杀戮和践踏另一些人成为可能——这是不争的事实，那么，把妇女丑化为供男人使用和虐待的部位的形象，怎么就不会达到同样的效果?! 那些把妇女非人化的故事和形象，怎么就不会像其他战争宣传一样，使人们对妇女的苦难视而不见?!

　　这些问题的答案就在于，这种宣传太有效了，许多男人和女人至今没有看到这种其实很明显的联系。倘若这种宣传不是这么成功，那我们早就会看到在第一章里就提到的事实："两性的战争"其实就是指针对女人的、其暴力程度不可想象的战争——一场伤亡远远高于公开的武装冲突的战争。

　　全世界针对妇女的暴力规模大得惊人，几乎无法想象。直到最近这种暴力才有官方记录，也才得到更广泛的了解和报道，这一事实同样令人瞩目。[①]

　　据美国参议院司法委员会记录，仅 1989 年一年在美国遭到强奸的妇女，人数比整个第二次世界大战期间受伤的海军陆战队队员还要多。[②] 1990 年，美国的外科综述报告说，美国妇女致伤的唯一主要原因是家庭暴力——比车祸高出许多。最后，我们再从性别角度看看暴力犯罪。美国联邦调查局宣布，3/4（75%）的美国妇女一生中有可能要遭受到至少一次暴力犯罪。[③]

　　在地球上的其他地方，针对妇女的暴力或许更多。在许多地方，男人打老婆依然得到社会的认可。在一些国家，甚至蓄意杀害有性

235

---

① 这在很大程度上是由近二三十年来女权主义者的不懈努力促成的，特别是通过头一个"联合国妇女权益十年（1975～1985）"促成的。

② 美国参议院司法委员会，参议院第 15 号议案资料《禁止对妇女施暴法案》，由参议员约瑟夫·彼登（Joseph Biden）于 1990 年 8 月 29 日提出。

③ 美国参议院司法委员会，参议院第 15 号议案资料《禁止对妇女施暴法案》，由参议员约瑟夫·彼登（Joseph Biden）于 1990 年 8 月 29 日提出。

独立嫌疑的女孩和女人并不算犯罪，而是男人的"脸面"问题。[①]
根据 1991 年联合国的报告，由于人为的营养不良、焚妻和其他形式
的暴力，印度有 25% 的女孩活不到 15 岁。[②] 新闻界近年对我们已经
看到的古老的性别暴力——人为地杀死女婴——也开始有所报道。

可悲的事实是，倘若针对女孩和女人的暴力真的被认为有新闻
价值，那每天的头条都会是这个——而且自有历史记载以来就会是
这样。[③] 因此，新闻界人士、社会科学家以及全世界的男女终于开
始认识到两性战争的本质和恐怖——以及这种战争暴力如何帮助维
持一半人对另一半人的统治，这确实是现代意识革命的一大进步。

但是，我们所看到的一篇篇揭露世界各地法庭和其他权力机关
对施行这种暴力的罪犯不予惩罚的文章，我们对非洲、亚洲和拉丁
美洲一些地方以传统的名义公开宣扬这种暴力的了解，至今主要还
是来自女权主义报刊。[④] 我们在前面已经看到，在西方的传统中，
法律和法庭也不能保护妇女免受这种暴力危害。这能解释为什么直
到最近妇女普遍地不举报这种暴力的原因。这也在很大程度上能解
释为什么这种变化正在逐渐发生，我们却仍能看到暴力犯罪的数字
大幅度上升。因为，我在第一章已经说过，倘若一个人打了一个陌

---

① 艾斯勒（Eisler），1987b。

② 桑（sen），1990a，《较小的孩子：印度女孩》，由印度政府为 1980 年的"南亚
女孩年"所准备的一份报告。引自克罗西特（Crossette），1990。

③ 就像历史学家芭芭拉·坎纳所写的那样，"社会观察家、记者、慈善家和治安法
庭的长期记录证明，相当比例的贫困阶层和工人阶级的妻子遭受到野蛮折磨"，
参见弗朗西斯·鲍尔·科比（Frances Power Cobbe）的文章《英格兰妻子的痛
苦》，该文有助于 1878 年通过《婚姻诉讼法》[坎纳（Kanner），1990，第 31 页]。

④ 例如，只是在几年前，肯尼亚立法者公开地以传统的名义为殴打妻子的人辩护。拉
丁美洲的男子杀害妻子通常是因为微不足道的"违抗"（比如不听吩咐而去上学或
不为他们泡茶），而他们至今常常被当地法院宽恕，不受任何处罚。法庭认为，男性
全面控制妇女是传统特权。这是电视台在《60 分钟》节目中所公开报道的。

生人，他就会被关进监狱，但是，倘若他打了一个和他有性关系的女人，那么警察通常不予理睬，说这是"家庭矛盾"，最多也就是把那个男人带出门，拐个弯，让他"冷静冷静"。

因此，也就难怪至今还有一幕又一幕的悲剧发生，美国妇女向警察报告说有男人威胁要打她们或杀她们，得到的回答却是她们无法得到保护，直到那个男人真的"做了什么"，到那时，当然就为时晚矣。法律和法庭至今仍在保护男人不受警察和法律的制裁，却不能保护妇女免遭男人的暴力。警察为避免暴力实行的保护，也有一个双重标准，这实在令人震惊。

236

一个非常可怕的例子，是几年前发生在加利福尼亚的事情。一个男人在残暴地强奸了受害者后，割断了她的手臂，把她撂在荒野的路上等死（她却奇迹般地活了下来）。后来，那个犯罪的男人因为"表现良好"被释放，却受到邻居们（他们当然不愿看到这个恶魔在自己家周围）的威胁，于是他反倒得到警察每天 24 小时的保护，花的全是纳税人的钱。①

---

① 见 1987 年 5 月 26 日《纽约时报》，第 1 版，第 21 页；1987 年 5 月 31 日《纽约时报》，第 1 版，第 18 页；1987 年 11 月 1 日《纽约时报》，第 1 版，第 65 页。在上述的一些报道中，劳伦斯·辛格尔顿（Lawrence Singleton）犯下极其可怕的罪行，在监狱服刑只有 8 年就被假释，之后却配备了防弹衣和一个警卫，安排在一间拖车里，全天有警察保护，加利福尼亚州政府为此每天要花费 300 美元。而被他用斧头砍断双臂，造成终生残疾的女孩却得不到任何赔偿；而且，政府没有钱去保护妇女，尽管她们通常恳求警察保护她们，以免遭男人的杀害。有一个叫作"学院阳台强奸犯"的男人，在坦白了大约进行了 100 次强奸以后又在 1982 年犯科 23 次，受害人大部分是大学生年龄的加利福尼亚州北部许多城镇的女子。他在服刑时只服了他的 25 年刑期的一半以后就被假释。在他三年假释期间，他可居住在一套两卧室一浴室的平房内，营地只有极松的安全措施，他以阅读和看电视过日子，这是保护营的发言人说的。此人也需 24 小时受到监视（《在监视下无拘无束的强奸犯》，美联社，1994 年 3 月 25 日；《在莫多克县强奸囚犯的情形》，美联社，1994 年 3 月 26 日）。

暴力的双重标准、巴甫洛夫的狗
与男性中心社会里的男人

对于野蛮的暴力行为（尤其是强奸和性谋杀）与当代暴力形象在媒体、音乐和文学中的公然泛滥之间到底有没有联系，人们正争得不可开交。[①] 暴力行为和人类的其他行为一样，不可能用单一的原因来解释。最近对丹麦 4269 人所做的研究表明，从总体上看，童年得不到应有的照料和难产对男人暴力倾向的形成有很大影响，尽管这些因素被分别观察时并没有显著的相关性。[②] 因此，问题不在于暴力形象与暴力行为是否有直接联系，这种联系在一些"照猫画虎"的性谋杀和强奸中已经有了。问题在于，这些暴力形象是否造成了一种文化气氛，使人们，尤其是那些由于心理或生理原因已经有暴力倾向的人，将这种倾向付诸实施的可能性更大。另一个问题是，这种文化气氛如何影响人们对暴力，尤其是针对妇女的暴力的一般看法。

临床试验表明，在那些观看暴力淫秽制品的男人中，认为"强奸是对妇女的伤害"的人所占的比例比较低，而说"倘若能够逃脱，自己也要强奸"的人所占的比例比较高。[③] 事实上，根据丹

---

① 一种观点，见巴特（Bart）和奥布赖恩（O'Brien），1985；布朗米勒（Brownmiller），1975；莱德勒（Lederer），1980；麦克金农（Mackinnon），1982，1983；以及拉塞尔（Russel），1988，1993。另一种观点，见美国公民自由联合会的出版物，例如其中关于 1984 年"美国书商协会诉赫德纳特"案的记录。

② 雷恩（Raine）、布伦南（Brennan）和马德尼克（Madnick），1994。

③ 例如，见唐纳斯坦（Donnerstein），1980；费什巴赫（Feschbach）和马拉默斯（Malamuth），1978。

尼尔·林茨、爱德华·唐纳斯坦、史蒂文·彭洛德的研究，看过五次将性与暴力扯在一起的 X 级电影的男人，通常"对这种电影的反感就少得多了，对这些电影中的暴力的感受要下降许多，而且认为他们自己对妇女的践踏程度也小得多"①。因此，暴力淫秽制品即使没有直接引起对妇女的暴力，但是看过这些制品的人对妇女的苦难就麻木了，于是他们就更容易容忍对妇女的暴力，认为这些苦难并不是真正的痛苦，而是性兴奋。

这又有助于形成一种社会氛围，那些不只是停留于幻想，而是确实对妇女施暴的男人，也就更加轻而易举地被放过了。正如在专制统治下，只需相对少数的人对人民实行残暴的恐吓，就能使人民俯首帖耳，维护男性的统治地位也只需要一部分男人残暴地对待妇女。因为在两种情况下，都只要间或用暴力恐吓服从的群体，就能有效地压制改变现状的企图。

不仅如此，而且使男女都把对妇女的性暴力看作性激动和性兴奋，因此，不仅可以接受，而且还求之不得呢，使得他们认为，对妇女的残酷和暴力，与对男人施暴和残酷，不是一码事。换一种说法，这使得许多人认为，对妇女的暴力仅仅是"妇女问题"，与当代反对针对包括男性在内的群体施暴大不相同。

但是，暴力的色情化不仅仅能够维持男性统治。它还使人们认为，对妇女的肉体施行的暴力微不足道，甚或非常性感，这有力地强化了男性对各种暴力的社会化——这就是为什么暴力的色情转化为军事训练中不可或缺的一部分。因为倘若能够成功地教会男人把暴力甚至杀人与性激动等同起来，那么他们在伤人和杀人时，感觉

①　林茨（Linz）、唐纳斯坦（Donnerstein）和彭洛德（Penrod），1984，第 130 页，该文有这方面的一些调查。

到的也是性兴奋，不管伤害或杀害的是女人还是其他男人。

我在为本书作研究的时候，已经明白这是如何通过一种机制而发生作用的，对于这种机制，心理学家已经研究了很久，企图搞清人是如何获得情感，甚至产生心理反应的。这种机制通常被称为条件反射，是科学家伊万·巴甫洛夫首先通过试验记录下来的。巴甫洛夫在他著名的试验中，每次给狗喂食时都摇铃。过一段时间，他光摇铃但不给食，结果发现那些狗已经习惯于将食物与铃声联系在一起，每次摇铃它们都分泌唾液——即使周围并没有食物。也就是说，巴甫洛夫通过他的条件或第二刺激，获得了与第一或非条件刺激相同的情感，甚至心理反应。①

同样道理，男人由女人的肉体（第一刺激）而产生的性兴奋，在统治关系文化里常被与统治、残酷和暴力（第二刺激）联系在一起。经过一段时间以后，即使没有性感的女人或其他性形象来引发性兴奋，残酷、统治和暴力本身也可以导致相同的情感和心理反应了。林茨、唐纳斯坦和彭洛德写道，接下来就是一个"张冠李戴的过程"，当事人误认为他们的兴奋是性所致。②

也不是所有接受这种条件反射的人都会有这种反应。但是，反复将性快乐与暴力和残酷联系在一起，会使人特别难以克服这种倾向，对于已经有暴力倾向的男人来说，就更是如此。这就是伦纳德·伯科维茨（Leonard Berkowitz）的"刺激－反应联系模式"的意思，③ 与阿尔伯特·班杜拉（Albert Bandura）对示范的研究也相符。示范是一个双向的、相互强化的过程，使人将性与暴力联系的

①　巴甫洛夫实验的简要说明。见米勒（Miller），1962，第 181～182 页。
②　林茨（Linz）、唐纳斯坦（Donnerstein）和彭洛德（Penrod），1984，第 144 页。
③　伯科维茨（Berkowitz），1974，第 165～176 页。

条件反射，本身就是一个使他们倾向于暴力的因素。①

对男人和男孩——他们是将对妇女的残忍和暴力与性相连的现代色情业瞄准的市场——的这种条件反射作用，在同时教人视残酷和暴力为不人道和不道德的社会里尤为重要。因为这种社会不同于更荒蛮或"纯粹"的统治关系社会，需要有选择地只强化能够维持社会最基本的统治等级的残酷和暴力：男人对女人，"优等"群体对"劣等"群体（这些群体，比如，纳粹德国的犹太人和被科威特打败的伊拉克人，常进一步被贴上"阳气不足"的标签）的暴力。

因此，在我们这个伙伴关系蓬勃复兴的时代，我们就更应该抓住要害，消灭将性与暴力相联系的形象，不仅在淫秽制品中，而且在包括音乐、广告甚至动画片和连环画在内的大众传媒中，消灭这些形象。因为这些形象不仅提醒妇女说，倘若她们不回到"传统的"角色就会有何种下场，而且不断地为性激动与暴力和统治间的联系提供广泛的社会环境。我们已经看到，人如何解释生理上的唤起（伴随生理上的兴奋而大量出现的化学物质）在很大程度上取决于社会环境。

然而，我要再一次强调，性与暴力的这种联系并不是新鲜事。我在前面已经说过，在我们整个"文明"史上，它在不同程度上参与了男性和女性的性塑造，使我们一代又一代地把性唤起的快感与施加和忍受痛苦连在一起。有人说，性自虐是近代从萨德（Marquis de Sade，英文中的"sadism"这个词即源于其姓氏，这个词也是从这儿才开始出现的②）才开始的，没有古代历史知识的人

---

① 班杜拉（Bandura）和曼拉夫（Menlove），1968。
② 苏埃托尼乌斯（Suetonius），1896。

居然能够接受这种说法，真是让人吃惊。

在萨德之前两千年左右，苏埃托尼乌斯（Suetonius）在对罗马皇帝生活的描述中，就讲到卡利古拉（Caligula）这类人对性残酷和暴力似乎永无满足。[①] 从关于罗马的资料中我们也能看到，在性虐待中经受折磨最后被杀死的妇女，常被带到罗马的大公共娱乐场，当众剥光衣服。倘若看看那时基督教的文字，我们就会发现，不只是罗马人"喜欢"这些折磨，盼望看到这些妇女被剥得赤身裸体。那些记录和阅读这些妇女受到折磨的人，也有同样的愿望。玛格丽特·迈尔斯（Margaret Miles）在《性欲的认知：基督教西方的女性裸体及其宗教意义》（*Carnal Knowing*：*Female Nakedness and Religious Meaning in the Christian West*）中说："女性的肉体和女性的赤裸常常出现在马戏之类的小节目和流行小说中，这说明观众和读者需要这样的细节，但他们似乎很少注意男性受难者的裸体。"[②]

不仅如此，我们在基督教的宗教艺术中，也能看到许多与现代淫秽制品完全相同的性虐待形象：赤裸的女人受到折磨，被肢解、被杀害，尽管原教旨主义的基督徒指责淫秽作品是现代人远离宗教的一种表现，那也无济于事。在详细描绘女圣徒受难的基督教绘画中，我们能看到赤身裸体的女人和衣冠齐整、挥鞭持刀的男人，与现代淫秽作品中的一模一样。芬兰国家博物馆藏有绘画大师弗兰克（Master Franke）作于15世纪的一幅作品，上面是赤裸的圣徒芭芭拉被绑在一根柱子上（与现代淫秽作品中的妇女形象极为相似）。她右边站着一位持鞭男人，左边另一个男人正一手握着她的乳房，一手持刀欲割。在另一幅画里，圣徒艾格尼丝（Agnes）也遭受着

---

① 迈尔斯（Miles），1989，第56~57页。

② 迈尔斯（Miles），1989，第156页。

同样的命运。迈尔斯描述道，"她的乳房已被割下，她在画中常常手托盛有自己硕大、结实的乳房的盘子"①。

迈尔斯接着说，为了对肉体的罪孽做出道德的警示，基督教艺术经常表现"罪人"按照一定程序遭受折磨，以示惩罚的画面。"那些受到诅咒的人，"她写道，"常在与他们的罪恶相关的部位受到折磨；比如，'耽于肉欲的女人，她们的乳房和肚子被癞蛤蟆和令人恶心的蛇吸吮'"。② 这里与现代淫秽作品一样，妇女总是以被绳索或铁链束缚的形象出现，对性折磨大加渲染。比如在《地狱》这部作于 1396 年而至今仍保存在意大利圣吉米尼阿诺（Gimigniano）的作品中，一个戴面具的魔鬼正把一根锋利的竿子，捅进一个被捆缚的女人的阴道。③ 在中世纪描绘被指控为女巫的妇女受审的蚀画和雕刻里，我们可以看到与现代淫秽作品非常接近的形象，妇女被捆绑，被戴上枷锁，或全裸，或穿着很少的一点衣物，受到男人的折磨。

只不过我们所看到的并非男人的幻想，而是男人制造的现实。因为这些艺术品大部分是受教会委托而制作的，是男人为那些在现实生活中虐待妇女的男人创造的艺术品。

恐惧的正常化与变革的挑战

有些人可能会说，残酷和暴力的色情化已随处可见，因而也就成为正常的事情了。然而，人类行为有极大的伸缩性，从生理角度

---

① 迈尔斯（Miles），1989，第 157 页。
② 在这些绘画中，如伦勃朗后来的《苏姗娜和长老》和莫奈著名的野餐场景，男人们穿着衣服，只有女人裸体。
③ 纳斯任（Nasreen），1993。

来说，几乎没有什么行为是不自然的。这与心理学家和社会学家从常规角度定义的正常大不一样。我们所说的这些行为，是在特定的时间和地点被认为是正常的——尽管是要不得的。比如，五千年来战火不断，这一事实被大多数人视为正常，尽管大多数人并不认为这是件好事。同样，在美国历史上，奴隶制曾被视为正常。在中国历史上，男人看到女孩子被父母逼着把脚弄得变形，使之无法自然长大，看着这样的小脚使她们无法自然地行走，就觉得性欲上升，这被视为正常。

换言之，何谓正常，这是随着人类社会的不同而不断改变的，而且在很大程度上是可以学来的。说得更明白些，它是可以改变的，就像现在，全世界的男女都开始反对暴力和色情，并且随之反对永远得不到感情上满足的生活方式和"爱"的方式——甚至有效地将残酷和暴力的恐惧恶魔化，认为它可憎而不是可爱，就是很好的证明。

当然，我敢说，即使有朝一日，我们从视性暴力和残酷为正常的条件反射中解脱出来，也总还会有人由于暴力和残酷而激发性欲，也还会有人做出这种行为。而且，不管那时的社会规范是什么，在一定程度上对恐惧的幻想，无疑也会依然存在。

我们人类天性好奇，不熟悉的东西对我们总有吸引力，即使它奇形怪状，恐怖万分。而且，恐惧本身就是肉体和情绪上的一种唤醒状态，到一定程度就会导致兴奋。当然，怪异和可怕也是对自然世界的某些现实的反应，一些物种生吞另一些物种，自然灾害，比如地震、风暴和传染病，有可能而且常常实际地带来可怕的后果。

但是，看到这种恐惧，甚至为之吸引，是一回事。特意使之制度化，甚至性化，把它作为一种条件作用的手段，使人们认为它是正常的，这就是另一回事了。

241

正因为这样，在西方古代一些严格的男性统治和专制社会里，当众折磨被认为是正常的，对罪犯、叛徒、异端分子或当局想要折磨的任何人（比如，罗马人将耶稣钉死在十字架上），进行最可怕的虐杀，也是正常的。对犯有通奸罪，有时仅仅是离婚后想要再嫁的女人以乱石砸死（有时需要数小时），在曼谷和宗教法庭势力极大的伊斯兰世界等严格的男性统治和专制地区，至今依然存在。据说，在科威特（1991 年海湾战争以后，那些帮助过伊拉克人的人还被枭首，首级被插在竿子上示众），至今偷窃的人还要被砍断手。不过，在数百年前，基督教国王和神职人员还下令对被指控为女巫的人当众开膛破肚，活活烧死——这就和古罗马的角斗一样，成为众人取乐的一道景观。

面对如此严重的恐怖，人们自然对苦难已无动于衷，没有感觉——不管是对别人的苦难，还是对自己的苦难，均是如此。倘若恐惧居然被得以性化，那么人们就不仅对他人的痛苦没有感觉，而且把神经的唤醒与性唤醒连上了——这样就进而维护了需要痛苦或对痛苦的恐惧才能维系的制度。

但是，这种制度并不是我们这个物种唯一的可能性。尽管有史以来（历史上充满了不同程度的统治关系社会组织）麻木不仁和痛苦就被视为正常，女人和男人仍然努力建立了关心和快乐的联系。即使被仇恨、残忍和暴力全然包围着，我们仍然一次次给予和接受了爱，不仅在性的激情中，而且在最简单的人类动作中，在某只手的触摸中，在一个吻中，在友好的微笑中，找到了欢乐。其实，我们人类对快乐有很强烈的需要，即使在最恐怖的时代，我们也能从最普通的自然事件中寻找到快乐：一次日落、一朵花开、一个月夜。

直到现在，我们才明白了我们在何处，以及我们是如何到达这里的。我们逐渐视之为正常的恐怖，直到现在才真的有可能结束。因为我们这个时代的与众不同之处，我们在以后的章节里将会看到，就是女人和男人有史以来第一次自觉地、坚定地携起手来，共同挑战残暴，不是自上而下，而是自下而上，从最基础的地方开始，即我们如何定义性和爱，甚至作为一个女人或男人意味着什么。

243

第十三章　性、性别和转型：从征服到关爱

有人说，女人接受性是因为她们需要爱，男人说爱女人是因为他们需要性。但是，这种说法和所有性别定式一样，太过于笼统了。

女人对男人有性欲，就如同男人对女人有性欲一样。传统观点认为，"好"女人不可以仅仅为了欢娱而需要性，但是女人也能而且也确实仅仅出于情欲而能从性中得到快乐。[①] 而且，男人和女人一样，也渴望得到爱。其实，尽管人们认为，浪漫的爱情是西方的产物，而且只在数百年前才诞生，但是，威廉·扬科维耶科（William Jankoviak）和爱德华·费希尔（Edward Fisher）于 1991 年通过对 166 种文化进行研究，发现在其中 147 种文化中都有明显的浪漫爱情。[②] 调查表明，男人和女人都认为关爱、信任、尊重和诚实是良好关系的核心。[③]

[①] 虽然今天的年轻女性用曾经只属于男性的"生动的"性语言谈论男人的身体时，不知在多大程度上是在做女性一直想做的事，也不知在多大程度上是在模仿体现男性权力和男性特权的行为，不过，女人仅以欢愉为目的的性完全可以和男性的一样让人兴奋和享受。

[②] 威廉·扬科维耶科和爱德华·费希尔的研究，引自利弗莫尔（Livermore），1993，第 33 页。扬科维耶科和费希尔甚至推测，在少数几种文化中，未能找到这样的证据，主要是因为人类学家没有开展这一主题的研究。

[③] 贝雷莉·费尔（Bererly Fehr），引自利弗莫尔（Livermore），1993，第 34 页。

但是，在统治关系社会里，男人必须证明他们的男子汉气概，他们不能对女人太动情，以免失控，因为他们睡过的女人越多越好。从男英雄的典范比如奥德修斯和唐璜身上就能看出——这迎头驳斥了冷漠、缺乏爱心的性是现代产物的观点——真正的男人靠性"加分"的脚本，根本不是什么新鲜事。新鲜的是，不仅妇女，而且为数众多的男人，都开始琢磨固定的性别脚本，拒绝接受那些限制和扭曲性关系以及我们的所有关系的因素。

的确，还有些男人在炫耀他们的性征服，比如美国篮球明星威尔特·张伯伦，他自豪地宣布他曾经睡过 25000 个女人，甚至还有像萨利·拉尼施那样的"精神"导师，他夸耀说，世界上没有哪个男人睡过的女人比他多。的确，还有许多女人倾心于和这样的男人睡觉。但是，女人和男人都开始认识到，让男人视亲密为女人气，靠性"获胜"得分，同时，让女人认为她们的一生就只能围着与男人的亲密关系打转转，这种想法实在是对女人和男人都没有好处。

越来越多的男人开始认识到，让男人时刻把握住自己，这不仅会使他们丧失感情，而且会使他们丧失性功能。因为，性学专家告诉我们，完全达到高潮的性体验，正是以不控制——放任——的能力为基础的，精神上的顶峰体验也是这样。

人们甚至越来越意识到，对男性的传统的社会化教他们鄙视"软弱"的情感，这不仅未能使他们成为真正的男人，反而使他们越发不像男人了。它使男人不论对快乐还是痛苦都感觉迟钝，使他们压抑自己身上同情和关怀的感情，而这些正是人之所以为人的关键所在。而且，由于这种社会化制造出来的男人认为使用暴力才算男人，不管是在亲密关系里，还是在国际关系里，因此，在这个技术和文化高度发达的时代里，它已经威胁到了人类的生存。

性别、意识形态与社会

男女是人类的两半。因此，可以毫不夸张地说，当代对固定的性别角色的质疑，就是对人的意义的质疑——如果它成功了，就会使我们生活的方方面面发生根本的变化，从性与灵性到经济和政治。

要完全理解这一点，还需要回到我以前提到过的文化转型理论和其他新科学理论，这些理论会带领我们走出至今仍在流行的线性因果思路。这就是为什么我要在本章开头简略地介绍一下对复杂生命系统的新认识——社会系统就是这样的复杂系统，它们是如何产生的，如何维持自身，如何变化，这对我们理解上述观点具有重要启发。

我已经提到过诺贝尔奖得主伊利亚·普里高津等人提出的非线性动力学和混沌理论。[①] 这些新理论出自物理学、化学、生物学和系统科学，属于一个更大的框架，有时被称为新科学的范式。245 这个新科学范式与传统的亚里士多德的科学范式不同，它不再认为"是"就是"必然"或"应该"，于是生命系统，不论是生物的还是社会的，都不再被看成静止的或固定的。它的最大贡献就在于，它表明在大系统失衡期间——我们就正处于这样的时期——看似微小的变化积聚起来，就会成为一个完全不同的系统

---

① 普里高津（Prigogine）和斯通格斯（Stongers），1984。这也是其他许多科学家的研究路径，例如拉尔夫·亚伯拉罕（Ralph Abraham），弗里特佐夫·卡普拉（Fritjof Capra），维尔莫斯·克萨尼（Rilmos Csanyi），戴维·洛耶，以及亨伯托·马图拉纳（Humberto Maturana）。例如，见亚伯拉罕（Abraham）和肖（Shaw），1984；卡普拉（Capra），1982；克萨尼（Csanyi），1989；洛耶（Loye），1995；马图拉纳（Maturana）和瓦拉（Varela），1980。

的核心。①

根据这些理论，我在过去 20 年里提出的文化转型理论视社会系统为自我组织、自我稳定的系统，能够在某个分叉点发生根本的转变。但是，如社会心理学家戴维·洛耶所说，当我们从非人的对象转向人时，必须考虑一系列因素，包括人的意识，以及由此而产生的人在社会的持续和变化中所起的作用。② 因此，文化转型理论的起点是马克思关于人创造历史，但无法选择历史的观点，③ 其目标是要建立一种观念图式，使我们更好地理解如何能够改造环境，使之有利于人类的发展和自我实现。

我在本书引言中说过，文化转型理论的基本观点是，我们的文化进化受两种基本的社会组织形式即统治关系模式和伙伴关系模式相互作用的影响，史前统治关系取代了伙伴关系，成为主要的社会"吸引子"，而现在我们则正努力向相反的方向转变：从统治关系转向伙伴关系。④ 在这个理论的建立过程中，我考虑到了环境、生物、社会、经济、技术和心理诸因素，特别是注重它们的相互作用，以及它们如何影响社会化进程，又如何受社会化进程的影响。我尤其注意了性别的社会化，因为它深刻地影响着人对生活各方面的意识，从我们如何看待我们的肉体，到我们在多大程度上感觉到自己能对个人和社会做出选择。

将文化转型理论中的互动方法应用于对社会系统的研究，能够解决许多困扰人的争论。比如，关于某一种信仰或意识形态到底是某一特定社会经济结构的原因还是结果的争论，这就像"先有鸡

---

① 见《圣杯与剑》的前言和第 10 章。又见洛耶和艾斯勒 1987。

② 洛耶（Loye），1995。

③ 马克思（Marx）和恩格斯（Engels），1960，第 115 页。

④ 艾斯勒（Eisler），1987a，1987b，1991，1993a，1993b。

还是先有蛋"的争论一样，不会有任何结论。这种方法能使我们看到意识形态和社会结构之间是不断地相互影响的，正如物理学家新近发现物质和能量之间存在着不断的对流一样。它还有助于解释为什么从以农业为主的经济向工业经济的转变，以及目前西方从以产业为主的经济向以信息和服务为主的经济转变，总是伴随着意识的巨大变化——包括对固定的性别角色和性关系的质疑。它使我们能够更清楚地看到，意识的这些变化也带来了经济、政治、家庭和宗教的更大变化——换言之，带来了物质条件、社会制度和个人行为（包括性行为）的变化。

然而——这也是我要反复强调的一点——这是否能带来根本的变革，仍是一个悬而未决的问题。生物机体是靠器官维持的，同样，形成社会系统的器官的各种制度，目的也是保证它们所属的更大整体的生存。因此，形成统治关系社会躯体（从男性统治的家庭到军队）的制度，也像生物躯体内的器官一样，作为一个更大的、相互联系的整体的一部分，共同协作。正如我们的肉体细胞不断地再生或复制一样，在社会系统中，也有再生或复制的基本进化过程。

只不过在社会系统中，这种复制或拷贝的过程不仅是对结构（制度和组织，比如政府、学校和教堂）的复制，还有对大量思想、符号和形象的复制。它尤其依赖于性别的社会化，将这些思想、符号和形象灌输到每个人的脑子里，维护这些结构，需要他们的积极参与或发挥作用。对此，维尔莫斯·克萨尼在其著作中说得非常清楚。①

这就是为什么统治关系制度要通过文字和形象，反复宣传战争

---

① 克萨尼（Csanyi），1989。

和两性战争都是不可避免的，男人在两种战争中都必须争当赢家。这也是为什么现在亟须恢复伙伴关系的思想和形象，尤其是要取代统治关系的性别定式，如果我们想要建设一个没有长久暴力的社会制度的话。当然，如果没有结构或制度上的变革，单靠伙伴关系的思想和形象，是无法产生这种转换的。但是，在这个过程中，扩展和传播这些思想和形象是最基本的步骤，这不仅是因为它能使我们更好地看到我们可以过更美满、更持久的生活，而且作为对统治关系思想和形象的强大的后拉力来说，这是一种必需的反抗，因为宗教和科学权威、政客、教育者以及如今的大众传媒，都在不断炮制这样的思想和形象。

下面，我要解释这一点——也要让大家直接看到性和性别的社会建构如何与社会和意识形态组织的其他所有方面交织在一起。将征服和统治色情化的这些故事在战争前夕或战争期间会格外地流行，这从表面上看似乎是无稽之谈。但是，社会心理学家戴维·温特（David Winter）对这些讲述男人反复通过对女人的性征服而证明自己是男子汉的故事数量的增减做了广泛的调查，发现事实正是如此。① 如果从我刚才提出的角度来看，这种事实就相当能说明问题。因为，我们已经看到，男性性征服的社会化在男性军事征服的社会化中，起着重要的作用。

但是，温特称之为唐璜式的故事②层出不穷，四处泛滥，并不是因为政治和军事领导人与作家、剧作家和作曲家串通一气，而是由于为统治关系意识提供材料的思想和形象、维护这种社会的制

247

---

① 　详见温特（Winter），1973 和《圣杯与剑》第 10 章。

② 　温特根据民间传说和著名文学作品的主人公，将这类故事称为唐璜故事。唐璜沉溺于勾引（或者如《唐·乔万尼》中，强奸）妇女。在有些作品中，他受到惩罚，但大体上，唐璜的故事是赞美他的男子汉的英雄气概。

度，以及要求男女适应这种制度的性别角色或脚本，在进行着广泛的交流。

统治关系体制中的当权者当然会自觉不自觉地极力把持这种权力。但是，维护社会制度的动力要远比这复杂得多。它们还需要制度结构范围内的人的作用，于是也就需要不断地进行某些超越时空的社会行为的再生产，我想安东尼·吉登斯所说的就是这个意思。① 因此，它们与对女人和男人的各种角色——以及由此产生的各种习惯和常规——的社会化交织在一起，这种社会化必须不断重复，当它摇摆不定时，就要进行加固，不管外在的形式如何变化，社会制度总要保持它们基本的或最主要的特征。

部分地由于这些原因，现代妇女和男子的运动——常常被学术界和大众传媒小看或当作笑话——便具有了深刻的社会意义和政治意义。它们不是我们这个时代唯一向建立在强力和对痛苦的恐惧支持下的统治等级之上的制度基础提出挑战的运动。我们已经看到，这已成为现代所有进步的政治运动的目标。但是，其他运动没有明确地指出把政治和个人连在一起的那种看不见的性别线索，更没有明确地针对性与灵性这种"边缘"问题。因此，教男人在自己的身份或阳刚与统治和征服，以及贬低妇女固定的女性特征比如同情和关爱之间画等号，这样的社会化仍被普遍认为无关紧要。大多数历史学家和政治学家也都对此不闻不问——即使最近三百年来挑战固定的性别脚本已经成为西方历史的一个重要主题。

---

① 吉登斯（Giddens），1984，第 21 页。吉登斯结构理论的重点是相互作用过程。

重新审视性和性别

在许多人眼里，改变性别和性脚本的企图不仅不自然，而且前所未有。然而，自有历史以来，就一直有人在做这样的努力。[①] 在西方现代史上（即自启蒙运动以后的三百年来），这样的努力尤为顽强。

比如说，社会学家迈克尔·金梅尔（Michael Kimmel）从性别角度研究英国和美国近代史，在此基础上记录了 17 世纪末至 18 世纪初，英国"男人和女人都企图重新调整性别关系的结构，重新定义阳刚和阴柔，从而掀起一场笔战"[②]。和前后的历史一样，那个时代也正是技术、经济和社会迅速发展的时代，许多传统的角色——以及由此产生的习惯和常规——受到挑战。于是，男性统治被削弱了。但是，这也是整个统治阶级精英重新聚集的时代。

比如，拥有土地的贵族知道工业化的威胁，于是通过历史学家所说的圈地运动来维持他们的统治，剥夺了曾经是他们的佃户的农民所有的生活资料，迫使他们成群地涌入城市，而这适得其反地加速了都市化、工业化的进程，以及对上层社会的反抗。同样，男人竭力保持他们的统治（有时，比如在我们这个时代，还有女人的积极协助），金梅尔说，"女人则一点点削去传统的边角"[③]。

有些女人，比如剧作家阿夫拉·贝恩（Aphra Behn），公开反对把婚姻当作性奴役的形式。还有些人想要把婚姻变为"相爱"的纽带，即男人"不是像暴君一般统治他的妻子，不是把她当作

---

① 这一点在《圣杯与剑》中有探讨。
② 金梅尔（Kimmel），1987，第 127 页。
③ 金梅尔（Kimmel），1987，第 126 ~ 127 页。

终生奴隶"的关系，就像 1706 年的一本小册子《丈夫的职责》
（针对塞缪尔·约翰逊早先所写的《妻子的职责》而作）中所说的
那样。对于婚前和婚外性关系，人们也有激烈的争论（从 20 世纪
60 年代持续至今）。妇女常指责男人始乱终弃。男人——也有一些
女人——则为婚前性关系写下洋洋洒洒的辩护词。然而，金梅尔
说，妇女只要"谈到性，只要主动寻求性满足"，立刻就会受到
"传统道德"的约束，或者被人说成"淫欲无边"。①

　　也正是在这一阶段，同性恋更为流行（或者只是更公开了），
许多男人也开始打扮得花里胡哨。但是，当男人们对传统固定的男
性气质发起挑战时，他们却被（有时是被女人）指责为"小气、
虚荣和女人气"，说他们"像法国人似的"——就这样，金梅尔
说，"女性化和叛国连上了，而男性气质则是爱国"②。

　　最终流行的是传统的性别定式——以及传统的双重性标准，尽
管稍微有些修饰。其实，就在不到一百年前的维多利亚时代的英
国，还有一条死板的界限，将妇女分为"好女人"（就是没有性生
活的女人，性对她们来说是必须忍受的责任，而没有任何快乐）
和"坏女人"或"堕落的女人"（男人对她们可以为所欲为）。

　　近代关于性别角色和性关系的斗争，还远远没有结束。尤其在
美国，妇女在 19 世纪就对"女性气质意味着社会服从和性的服
从"这样的观念发起了猛攻。这些妇女运动的先锋跻身"男人世
界"，也就是政治和经济的公共领域，使妇女的生活大大地人性化

---

① 金梅尔（Kimmel），1987，第 128～133 页。如 1691 年一本名为《修复处女膜》
的小册子所言，一些男人（像现在有一些男人一样）为了反对任何意义上女性
真正的性独立，就说人人都知道女人都盼着被强奸［金梅尔（Kimmel），1987，
第 133 页］。

② 金梅尔（Kimmel），1987，第 135～136 页。

了。当这些女人进一步迈进她们历来被排斥的领域时，她们使儿童和男人的生活大大地人性化了——这生动地说明，性别角色的社会构成如何影响着社会和意识形态的方方面面。

她们呼吁废除压迫性的家庭法，为妇女争取接受高等教育的权利。但是，她们也努力为残疾人和公共教育争取更多的人道。她们开发了全新的服务行业，比如社会工作和看护，深刻地影响了医疗保健。那时（现在也一样），醉酒常用来为对妇女施暴开脱，于是一些妇女运动者发起了禁酒运动——文化史学家西奥多·罗斯扎克（Theodore Roszak）认为，这不是什么假正经，而是完全出于自卫。① 她们在废奴运动中与男人积极地配合。她们在现代劳工运动，尤其是通过法律禁止使用童工，禁止不卫生、不安全的血汗工厂软禁女工——这是普遍现象，在三角马甲厂火灾中，146 名女工丧生的惨剧就是由此而造成的——的运动中，也积极地与男人合作。② 她们还揭露性交易中对妇女和儿童的剥削。75 年来，她们不畏嘲笑甚至威胁，坚持不应该剥夺一半人口最基本的政治权利：选举权。

许多男人，也有一些女人，说这是不自然的、非女性的要求。但是，也有坚决支持这种要求的人，包括一些男人，如著名的自由主义哲学家约翰·斯图尔特·密尔和黑人废奴运动领袖弗里德里

250

---

① 罗斯扎克（Roszak），1969，第 96 页。

② 卡伯（Kerber）和马修斯（Mathews），1982，第 222 ~ 225 页。女工被锁在里面不能出去，上厕所也只能在特定时间，这才酿成惨剧。不幸的是，这样的情况至今仍然在世界上一些地区时有发生——例如，在墨西哥、菲律宾和其他地区的"血汗"工厂，廉价妇女劳工遭受剥削。有时还导致一些悲剧发生，像"凯达工业公司"在曼谷郊外工厂的火灾。据国际新闻社报道，许多妇女在这场火灾中失去了生命（见《女士》杂志，1993 年 7 月/8 月，第 15 页）。报道说有200 多人，几乎都是女工，被压死在上了锁的门后和倒塌的楼梯井下，作为该厂出口的大门总是上着锁。

克·道格拉斯，后者参加了美国宪法第十三修正案的斗争，赋予被解放的男性黑奴以及黑人和白人妇女以选举权。①

在第十三修正案通过50年以后，美国妇女推动了美国宪法第二十一修正案的制定，"普选权"终于成为现实。但是，重新调整性别角色和性关系的运动，又一次出现倒退。出现倒退的部分原因是学校和大学的教科书和课程以及宗教和传媒——作为复制和传播知识和真理的工具——仍然主要由男人所控制。当然，仍有个别妇女努力地使自己的生活有更多的选择，但是，有组织的群众性妇女运动已是明日黄花——妇女们曾经是这样，今天也还是这样，有人对妇女这样说。

实际上，妇女运动只是处于休眠期。它一旦蓬勃兴起，成为20世纪60年代的妇女解放运动，就会带来一股史无前例的力量。地球上从来没有如此多的妇女一齐要求在私人领域和公共领域重新调整性别脚本。从来没有如此多的男人被卷入这场调整，有时心甘情愿甚至急切渴望，有时却是无可奈何甚至徒劳抵抗。最重要的是，对性和性别的重新调整，从没有达到如此的深度和广度，甚至在19世纪妇女运动的高潮时期也未曾有过。

在家庭关系上，当代对性别脚本的重新调整成为改变家庭的核心，以控制和统治关系为基础的家庭，即围绕男性统治和虐待儿童而建立的家庭，向以相互信任和尊重为基础的伙伴关系家庭转移。在商业上，组织发展专家发现，更"女性化"或培养型的领导风格，更能激发工作人员更大的生产力和创造力，而性骚扰则会损伤

---

① 很不幸，在争取选举权的斗争中，两个一直被剥夺了权利的群体——黑人男性和白人女性——却互相对立，重演了统治关系政治的常态。一些主张妇女参政的领袖曾充满愤恨地写道，把选票给予未受良好教育的黑人是不公正的，而应该转给受良好教育的妇女。他们那老一套的种族歧视导致互相怨恨，因而导致长期不和。见戴维斯（Davis），1983。

生产力和道德。同时，妇女开始打破阻碍她们进入最高管理阶层的"玻璃天花板"。在政治上，妇女也向领导地位非男人莫属的定式提出了挑战，在许多国家——从美国、印度、日本（在国家立法中她们仍然只占 1/20 的席位）到斯堪的那维亚国家（那里大约 1/3 的国家立法者是妇女），从政妇女的人数之多，前所未有。[①] 甚至在宗教上，性别角色和性关系也得到了重新调整。妇女不甘于被排斥在精神领袖之外，在主流教派中获得了任命。有些教派甚至改变了犹太-基督教只有圣父、天主或王为神的传统，重新确立了圣母的神位。在非主流教派中，妇女和男人已经开始寻找新的女神，以之作为更自然、更快乐的信仰。甚至禁止男女充分享受人类独有的性快乐这样的观点，以及妇女性欲不如（有时又说超过）男人的观点，也受到了挑战。

同样重要的是，今天有更多的男人也开始怀疑他们固定的男性气质脚本。这种怀疑也比以往任何时代都来得深刻。对于个人来说，这种怀疑使男人有可能得到更大的自由，以探索和表达他们的完整人性。对男性和女性来说，这使他们有可能建立更美满的亲密关系。对整个社会来说——在一个以男人眼里的正常为整个制度（从工作场所到家庭）的标准的世界里，我们所有的制度也是根据这个标准建立的[②]——这孕育着人类各种关系的根本变革，从国际关系到我们最亲密的性关系。

---

① 例如，见《人类发展报告》，纽约，牛津大学出版社，1991，第 179 页。

② 布罗德（Brod），1987，第 40 页。布罗德写道，"以偏概全地用男性经验代替人类的普遍经验，不仅歪曲了我们对真实的人性的了解，而且阻碍了将男性经验作为一种特殊体验而不是人类体验的普遍范例的研究"［布罗德（Brod），1987 年，第 40 页］。布罗德指出，事实上我们所接受的关于人类状态的教育大部分是"男人的研究"——也就是，男人写男人的事情，我们很需要有一门学科"提出新问题，并说明现有框架不足以解答老问题"［布罗德（Brod），1987，第 41 页］。

单一男性气质到多样男性气质

今天，许多妇女不再接受一成不变的女性气质的观念，同样，自 20 世纪 70 年代以来，男人也开始怀疑单一的"正常的"男性气质。这种怀疑在很大程度上源于许多男人越来越明确地认识到，固定地规定为男性和女性的感觉和行为，其实在男人和女人身上都有。但是，它也在很大程度上源于一些男人愈益看清了他们建构社会制度的代价，他们为这些常使他们恐惧和痛苦的角色而生，甚至为之而死，同时，他们又听说对男人来说最大的耻辱，就是像女人似的把恐惧和痛苦说出来。或者，借用社会学家罗布·凯格尔（Rob Koegel）的说法，它在很大程度上是为了"治疗男性的创伤"——这些创伤，他指出，是由符合统治关系而不是伙伴关系的社会以及意识形态的男性气质造成的。[①]

因此，马修·卡拉汉（Mathew Callahan）在《性、死亡和愤怒的年轻男子》（*Sex, Death, and the Angry Young Man*）[②] 一书中写道，男人开始明白，即使他登上了某种统治关系金字塔的顶层，也得时时提防（也就是害怕）其他人想把他从控制地位上赶下来。他们甚至常常要担心自己的性命——历史上记载着许多这类战事，男人受伤、残废、被杀死，有时甚至求生不能，求死不得（比如，在拿破仑时期，仅一场战役就有五万死伤的士兵被抛弃在韦格勒姆鲜血染红的战场上）。[③] 还有男孩子们之间展开的拳战以及通常是致命的打群架的暴力和痛苦——今天的美国城市贫民窟里常有人驾

----

① 凯格尔（Koegel），1994。
② 卡拉汉（Callahan），1993。
③ 卡斯特罗特（Castelot），1971，第 377 页。

车开枪杀人，那里的年轻黑人男子死亡的最大原因是被另一个年轻人杀害。不仅如此，在某些圈子里，"真正的"男性气质被称为"深沉的男性气质"，蒂姆·贝内克（Tim Beneke）写道，达到这种境界的最理想途径，就是"攻击性的入会仪式，男孩子在年长者面前忍受肉体的痛苦和伤害"，"一个人必须像个男人似的对待挫折，才能证明"他已经为步入成年男人的行列做好了准备——也就是说，对于自己的感情不能吐露一字，也不能以其他方式表白。①

当然，造成男性暴力的原因有多种，比如贫穷、毒品，以及（尤其是在美国）缺乏枪支管制的必要法律。但事实上是，在美国以及世界上的大多数地方，大多数穷人或最穷的人是妇女，② 她们也能搞到枪和毒品。统计数据表明，美国90%的暴力犯罪是由男性犯的，其对象也经常是男子，③ 那我们就只得回到对男子进行的统治和暴力的社会化中去寻找答案——这种社会化现在被娱乐业放大了数千倍，暴力不仅被表现为男子汉和英雄气概，而且被表现得乐趣无穷。

值得庆幸的是，尽管存在所有这些社会化的压力，仍有许多男子并不符合这种粗暴的、毫无感情的"强人"男性气质，或者不完全符合。④ 但是，即使是对这一部分男子，这种社会化的代价仍然很高。首先，如果他们过于明显地达不到标准，就要遭受巨大的侮辱。而且，不管他们是完全达标还是部分达标，既然这种男性社会化是统治关系的两性战争中的一部分，既然必须有人统治、有人被统治，他们就必须为这场战争付出感情上的代价——出自

---

① 贝内克（Beneke），1993。
② 见《圣杯与剑》第12章。
③ 斯蒂芬森（Stephenson），1991。也见迈迪齐安（Miedzian），1991。
④ 例如，参见金梅尔（Kimmel）和莫斯米勒（Mosmiller），1992。

男人之手的歌曲和爱情文学描述快乐的少，描述痛苦的多，这就
253　是证明。

　　但是，事情再一次违背了人们的愿望，对男人进行的固定的征
服和统治的社会化，本身就制造了男人的痛苦。根据"强人"脚
本，强力只能掌握在男人手里。于是，如果妇女显示出任何一点力
量（当然也包括拒绝男人或以其他方式伤害男人的力量），这不仅
本身就是一种痛苦，而且还是一种男人丧失男子气概的痛苦。最要
命的是，由于男人不应该感到挫折，这些感觉本身（当一个人受
到伤害时，这些都是很自然的感觉）就成为更大的痛苦的根源，
因为他没有达到已经内化了的文化标准。

　　这也就难怪，有些男人今天开始不折不扣地，像亨利·布罗德
（Harry Brod）在《铸造男性气质》一书中所说的那样，"构造并重
构男性气质"①。心理学家约瑟夫·普莱克在一篇讨论布罗德的书
的论文中就指出，我们长期接受的观点认为，心理成熟就是男女都
分别获得自己的"性角色认同"——学习传统的性别角色是人达
到成熟和全面发展的唯一途径，心理学系的学生至今都在接受这种
教育。② 在最近一期《男性气质》（*The Making of Masculinities*）杂
志（男性研究协会会刊）中，肯·克拉特鲍（Ken Clatterbaugh）
指出当前原教旨主义、新保守主义、生物社会学和一些新人格神话
作品掀起了"基本"性别角色的复兴，这其实是把社会建构的东
西说成本能的或生物的。③ 另一位学者，迈克尔·梅斯纳（Michael
Messner）则呼吁重新定义男人的成功：对男性的成功的定义，应
该包括更平等地参与养育孩子，这不仅能使男人的生活更美满，而

---

①　布罗德（Brod），1987，第 1 页。

②　布罗德（Brod），1987。

③　克拉特鲍（Clatterbaugh），1993，第 6 页。

且对社会有更为深远的人道主义效果。① 同样，社会学家斯科特·科尔特兰西（Scott Coltrance）说，他对夫妻的研究表明，男性积极参与养育孩子使他们与孩子和妻子的关系得到了改善和丰富。此外，他通过对 90 个非工业社会所做的跨文化研究，指出父亲参与养育孩子较多的社会，"具有平等的信仰和性别角色基本相似的特点"，而且生活中各方面的暴力都相对较少。②

　　但是，如今挑战固定的统治关系男性气质的，不仅是新兴的男性研究。科尔特兰西在其著述中指出，在现实生活中，男子也开始拒绝这些定式了。年轻男性尤其反感将父亲定义为高高在上的制定规矩的角色，相反，父亲应当参与富有爱心的照料，做一些通常仍然被划归"慈母"角色的事情。③ 例如，约翰·列农（John Lennon）在遇刺前不久曾公开宣布："我希望大家知道，没错，我看孩子，做面包，我是个家庭妇男，我为此感到骄傲。"④

　　现在，越来越多的男子提出了约翰·列农曾经问过的问题："我们是否应该摧毁强人道德了？……这几千年来，它把我们带到了什么地方？"⑤ 比如，詹姆斯·迪特斯（James Dittes）在《男性的困境》（*The Male Predicament*）中写道，妇女和男子都因固定的性别角

254

---

① 布罗德（Brod），1987，第 209 页。
② 科尔特兰西（Coltrance），1988，第 1073 页。
③ 本杰明·斯波克（Benjamin Spock）在几十年间写了多种关于养育问题的书籍，书中很少提到父亲。可这位家喻户晓的人物也终于改变了立场。在他 1976 年出版的一本名著《婴孩和儿童的照料》中，他写道，一个父亲需要更平等地参与孩子的照料，因为这样做"对孩子、妻子和他自己都是最好不过的事情"〔引自格宗（Gerzon），1982，第 196 页〕。
④ 引自格宗（Gerzon），1982，第 207 页。
⑤ 布罗德（Brod），1987，第 121 页。

色和关系受到伤害。① 迈克尔·麦吉尔（Michael McGill）在《男性亲密关系》（*Male Intimacy*）中谈到男性建立亲密关系的困难（人们发现男子间的亲密关系远不如女子多），探讨了"男人为什么缺少爱心，以及他们为什么需要有爱心"等问题，书中得出的结论是，男人并没有"因为离群而变得更强大、更有控制力"，他们害怕亲密关系会破坏他们在人际关系中的强力，这反而使他们因此而受到限制——男人需要了解的是，男性气质和亲密关系并不矛盾。②

男人经常涉及的另一个话题，是传统固定的男性气质影响了他们享受性快乐的能力。克莱顿·巴博（Clayton Barbeau）在《解救男性》（*Delivering the Male*）一书中得出的结论是，"男性秘密"是健康的性生活的主要障碍。"健康的性关系，"他写道，"是无偿的奉献，而不是强迫，它建立在通过与爱人的结合而给予和得到快乐的愿望之上"。他接着谈到个人的体会："如果我——由于男性秘密的误导——不敢做出温柔的样子，那我在爱情关系中就不能表达温柔。如果我不愿意在共同的亲密中完全放任自己，我在做爱时也就不能完全表达我自己。"③

不过，我们已经看到，这种共同的亲密正是定式的"加分"性脚本中禁止男人做的事情。因为在这里，如同在唐璜的故事和卡萨诺瓦（Casonova）的《回忆录》④（有时被奉为小经典）里一样，

---

① 迪特斯写道："揭露出来的伤害行为有许多是男人导致的"，他们"受的教育和引导非常强势，这种行为已经变得自然而然、不假思索了"［迪特斯（Dittes），1985，第113页］。

② 麦吉尔（McGill），1985，第17章，第255页。

③ 巴博（Barbeau），1982，第121页。

④ 莫内（Monet），1948。卡萨诺瓦所记录的是路易十五和路易十六统治时期的法国，但他的回忆录直至19世纪早期才公之于世。

对妇女的控制和强力，而不是给予和接受快乐——更不是与爱人的结合——才是主要的动机。

性、赢家和输家

其实，卡萨诺瓦的自传性作品（其中还讲述了他骗取彩票和小偷小摸的事，以及对当时的大人物的观察）写得并不十分成功。他对女人的"胜利"被一再重复，未免显得枯燥。但是，其中的确有对性功能失调的最早记录，现在的心理学家称之为性强迫症。

性强迫症可以有多种表现形式，而且患者不限于男性。但是，大部分女子和一部分男子的主要动机是取悦于人（也就是通过使人快乐而获得接受和爱）。这是一种"女性"需求。对于那些已经习惯于将男性气质等同于征服的男子（比如唐璜和卡萨诺瓦）来说，问题不是爱，甚至不是性，而是对女性"敌手"实行统治或"表现"的频率。

我们在前面已经看到，患有这种强迫症的男子，其目的不是给予快乐，而是给予痛苦——性虐待杀手沿着这种逻辑将之发展到野蛮的极致。但是，对大多数患有这种强迫症的人来说，侮辱被征服的女子（在同性恋中，则是占据女人位置的男子），这种"快乐"就足够了。因此，卡萨诺瓦在讲述他如何强迫女子"顺服"时，说得非常清楚，使他激动的不是性，而是制服女子的抵抗，把自己的意愿强加于她们。于是，一旦他已经在心理或肉体上征服了一个女人，一旦这种胜利已经记入了他的回忆录，他就开始为他的性征服计划寻找下一个目标。

当然，这种"性征服"心理也不仅限于男子。女子有时也受其影响，不过她们计算胜利时，不是看她们睡过了多少男人，而是

255

看她们使多少男人伤心。但是，女子这样做历来是要受到责难的，而男子这样做，却是受到崇拜——在统治关系的真男人脚本里，甚至规定男人就得这样。

这种脚本造成的一种后果，就是许多男人视性爱为极端的占有。当然，这也不仅限于男人。但是在男人身上，它常常以最暴力的形式表现出来，大家熟知的故事——以及生活中的真事——中，常有男子在怀疑女子的肉体不是他一人独占时，就揍她，甚至杀死她，以表达自己对她的"爱"。

另一种后果，就是男子体验与女子感情（而不仅是肉体）上的亲密关系的能力大大减弱了。还有一种后果，是男性性功能的损害。汤姆金斯和莫舍指出，超级男人的脚本将"放松的享受"等同于"下等的"女性角色，这使性只是一种受到限制的性体验，感情体验就更少了。威廉·赖克也观察到，男子射精与完全的性高潮体验并不是一码事。[1]

在这里，我要强调的是，这不是绝对的，而是相对于男子在何种程度上内化了对固定的男性和女性角色的定义。心理学家埃尔斯·弗伦克尔－布伦斯维克（Else Frenkel-Brunswick）就发现，按照男尊女卑的角色来定义人的关系的男子，通常认为性不过是一种"消除紧张的健康方式"。这很重要，因为她在这方面的经典著作《专制人格》（*The Authoritarian Personality*）[2] 中指出，这样的男子在F（即法西斯）心理测试中的得分也很高：他们对犹太人、黑人和其他"下等的"甚或"危险的"群外人持有强烈的偏见和不容忍。

---

[1] 例如，卡伦·赖特（Karen Wright）写道："下瘫病人腰部以下部位丧失感觉后还往往能勃起和射精，但没有性高潮，而青春期前的男孩子能达到兴奋高潮，甚至多次达到高潮，但没有射精。"［赖特（Wright），1992，第56页］

[2] 阿多诺（Adorno）、弗伦克尔－布伦斯维克（Brunswick）等，1964。

1971 年对德国右翼和左翼的政治极端分子（包括极左恐怖主义团体巴德尔－迈因霍夫帮派）的研究也有类似发现，这些人普遍患有性功能失调的病症，包括不能达到高潮。[①] 而这些人也非常典型地以控制、暴力和压抑同情心来定义男性认同。这些人中许多有自虐或他虐的幻想，在折磨或伤害他人，或被他人惩罚的想象中，得到快感。他们经常说在任何性行为中都会产生不快的感觉。但是——既然对这些男子来说，刺激性欲的不是给予和接受快乐，而是对另一个人的权力感，也就没什么奇怪的了——巴德尔－迈因霍夫帮派成员常说在进行政治讨论和示威时，感到有性刺激。

因此，性的超级男人脚本不仅使许多人缺少对他人的关心，而且最终使他们缺少快乐——他们唯一的"快乐"，汤姆金斯和莫舍敏锐地看到，就是以恐惧和强制将自己的意愿强加于他人。

当然，并不是所有的男子都买这种脚本的账。但是，它严重地影响了许多男子感受和体验性的方式，唐·萨博（Don Sabo）在其力作《性健将的神话》中非常清楚地说明了这一点，这篇文章几年前发表在男性学刊《变化的男子》上。

萨博曾有 15 年从事有组织运动的经历，他在文章开头描述了自己小时候的内心冲突，既是接受"男性统治的"社会化，又是顺从自己对"女性亲密关系"的需要。"在内心里，"他写道，"大多数男孩子都和我一样，需要爱和被爱"。但是，"外界传达给我们的信息却是'控制感情'，要冷静"。接着，他讲到他上了大学，进入了"运动员"亚文化，每个星期天的早餐，话题总是"头晚

---

① 1971 年由罗纳德·格鲁萨德－马蒂西克（Ronald Grosarth-Maticek）在海德堡大学（当时为激进活动中心）对 336 名学生的研究，最初由德国《性新闻》杂志报道，后在马德里的《变化 16》杂志（Cambio 16，1978 年 10 月 22 日）《有革命无高潮》一文和《阿特拉斯世界新闻评论》（1979 年 2 月，第 12 页）报道。

的性狂欢"，包括"关于'群交'的说笑"。过了一段时间，他和他的伙伴们就把约会当成了一种"运动"，性从根本上讲只是一场比赛，"赢家"和"输家"为了统治权而较量，女人就是"对手"。①

257   萨博指出，这种"男子是猎手，女子是猎物"的性脚本，当然使男子无法建立友爱的关系。它最终成为性功能的障碍，因为，还是借用萨博的说法，他使男青年"将精力和感知集中于一种表演的道德"，这使他们在性上成为"成功的机器"。这些"性健将"愈是专注于"男性的"表现频率，忽视"女性感情"，就愈是被驱使着去"得分"，要勃起并保持下去。但是，他们愈是一心想着"勃起的能力和表现"，就愈无法享受性——也无法避免他们最害怕的"不像男人的"性功能丧失。②

正如萨博所解释的那样，不仅"运动员"而且其他许多男人都内化了这种"没有亲昵的色情"脚本——这些男人包括兄弟会、摩托车队、军队和城市黑帮中的男人。③ 事实上，汤姆金斯和莫舍称之为"冷淡的性场面"的东西在这类组织中通常是开始进入成年时的一部分。④ 当然这类非个人的记分类型的性，在今天通过色情文学的软核和硬核，以及通过大量的企业广告，已经大批地推向

---

① 萨博（Sabo），1989，第 38 页。
② 萨博（Sabo），1989，第 39 页。
③ 萨博（Sabo），1989，第 39 页。
④ "可被称作阳刚气的具体性冷淡行为各不相同。"他们这样写道，可能是"你得了性病才是真正的男子汉"或"你的得分是别人的十倍才是真正的男子汉"，或"除非你获得你所需要的，否则你就不是真正的男子汉"［莫舍（Mosher）和汤姆金斯（Tomkins），1988，第 72 页］。但是，性行为不仅是对男人自己，而且是对他的伙伴们，正如两位作者提到的那样，"苏尔·戈登的笑话中说到他和性伴侣在成年仪式上性交时并不觉得好，这个男孩第二天向朋友讲述时才达到高潮。"［莫舍（Mosher）和汤姆金斯（Tomkins），1988，第 72 页］

市场。

但是，即使这样，越来越多的人像萨博一样——这些人只是在最近以前才被带进统治式性关系之中——逐渐意识到，即使他们在这种对抗性的性关系中是"赢家"，他们也是输家。同样重要的是，越来越多的人还意识到，用萨博的话说，"只有到两性平等更多地成为某种社会现实时，才能获得某种更为人性化的性关系模型"①。

男性运动面面观

显然，并不是所有重新审视男性气质和性关系的男子，都持相同的观点。苏姗·法卢迪（Susan Faludi）在《后坐力》（*Backlash*）中写道，关于"男性气质问题"的著作和文章成千上万，其中也很有一些对妇女极端仇视的超级男性的作品。② 至于统治关系和伙伴关系混杂的思想，就更多了。

就像妇女运动有许多派别一样，在媒体"男性运动"的笼统称呼下，也有许多不同的——甚至完全对立的——派别。③ 有些男子努力争取性别平等，减少男性暴力，改变自己的思想和行为，以建立美满互爱的关系，他们当然是在伙伴关系一方。另一方，显然就是那些公开反对与妇女平等的男子，他们或是否认存在不平等，或是说女子应该，也愿意受男子的统治。还有一些团体就不那么简单了，比如罗伯特·布莱（Robert Bly）的"野人"试验和其他一些人，他们仍旧鼓励男子认同统治关系的原始形象，比如武士和国

258

---

① 萨博（Sabo），1989，第39页。
② 法卢迪（Faludi），1991。
③ 这些不同方面的分析，见卡拉特鲍（Clatterbaugh），1989。

王，同时却又谈论男女之间平等的伙伴关系，以及更广泛的公正和平等的社会。

有些男子团体受到很大的压力，他们在蒸汽浴室中集会，在树林里擂鼓，讲着武士和国王的故事，他们的初衷，当然还是寻找不那么狭窄的男性气质。尤其是那些白领阶层和职业人士（他们有钱支付这些试验的费用），他们在寻找一种新的男性脚本，男子在其中不受僵硬的规则的束缚，在本质上可与其他男子建立纽带，男子在其中可以（用这些团体的领导人的话说）"打纽结"。

但是，尽管这些团体都标榜自己提出了新的男性脚本，有些脚本与古老的强人脚本并没有多大区别——只不过是披了一件新时代的外衣而已。和老式的强人男性伙伴团体一样，男性认同仍是以否定的词汇来定义的，比如不要像女人。如果追随者"太软"或"女里女气的"，那就"不像男人"了，[1] 布莱斥责他们，生怕他们受女人的"控制"。他说，要竭尽全力从女人身边独立出来。为此，男子必须远离自己的母亲，免得被（用布莱的话说）"过多的女性能量"污染。[2]

最具讽刺意味的是，布莱原本是宣扬男子应该保持其"女性气质"的，他于20世纪70年代曾在一次伟大女神的会议上说，这是世界和平的根本。可见，当代统治关系和伙伴关系模式之间的斗争，当然不仅在不同团体间展开，在同一组织内部（甚至在同一个个体内心）也有这样的争夺。

---

[1] 引自法卢迪（Faludi），1991，第 308~312 页。

[2] 布莱（Bly），1991，第 38~42 页。《男性气质》第 3 期和第 4 期专门论述主张女权主义的男人对男性运动的反应，并登载了对布莱和所谓神话诗"男性运动"其他成员的许多尖锐批评。也有妇女对布莱的重要批评。一篇最有趣、最滑稽的是《铁汉子约翰》，简·卡普蒂（Jane Caputi）和戈迪尼·O. 麦肯齐（Gordene O. Mackenzie）撰文，载于《妇女对男性运动的反应》（1992）。

　　但是，我仍然禁不住想，如果我们所学的历史中关于性别关系是另一套说法，或许像布莱这样的男子行为和思想就会很不一样。比如，我们大家都会知道曾有一次超级男性的复活发生在19世纪，男人们针对女权主义写下一个失去"男儿本色"的民族的"恐惧"；而对男儿本色的定义，根据 T. 罗斯扎克的看法，则"使同情和温柔黯然失色"，"暴力和苦难成为高贵品质"；①终于营造了一个"强人"文化气候，为第一次世界大战的血雨腥风铺平了道路。总之，我们就会知道，我们会受到警告，新时代对"真正的"男儿本色的谈论，并非空谈；不管如何包装，唆使男子再度朝着国王和武士这些统治关系的旧形象发展是危险的——不仅对妇女如此，因为对她们来说，这预示着回到公开的、不知廉耻的男性统治的"过去的好时光"，而且对男子和男女儿童也是危险的。②

　　此外，如果我们从性别的角度学一点心理学，那么我们就会知道，在统治关系社会里，维持这种毁灭性的男性气质的一种方法，就是通过人们长期以来所接受的、完全是主观臆断的观点（普莱克批判地引用了这种观点），男子要正常发育，就必须学会不要像

---

①　罗斯扎克（Roszak），1969，第 92 ~ 93 页。

②　许多研究表明，男性至高无上的文化运动预示着暴力和镇压。所以，罗斯扎克写道，统治关系的回潮最终导致第一次世界大战，"该时期的政治风格充满了强制性的阳刚气质"。正如暴力，尤其是性暴力，往往是全部男性狂欢的结果，罗斯扎克写道，那些年"是一场漫长的醉酒狂欢，各种职业、各种意识形态的男孩子互相激将，变得越来越粗暴、莽撞、天不怕地不怕，直至最后从自夸转向自毁。这些未来的超人把整个西方社会投入到世界大战的血浴之中"［罗斯扎克（Roszak），1969，第 92 页］。戴维·麦克莱伦的研究关注不同时期流行文化对"关联"（较"女性"的平和、同情的价值观）的贬抑和对"力量"的重新理想化，戴维·温特的研究关注唐璜式"女子杀手"型小说迅速增长的时期［麦克莱伦（McLaren），1980；温特（Winter），1973］。

他的母亲——男性气质的标志就是与所有的"女性"品质分道扬镳，完全拒绝它们。[1] 因为这样我们就会知道，如另一位心理学家埃文斯所说，禁止男子像他母亲并像母亲那样感受，就是教他不要有"柔软"或"女性"的情感，于是，就不会像任何女子那样去感受[2]——用罗斯扎克的话说，即使那个"女子急迫地需要自由"，即使那个"女子被每一个男子的心态所囚禁"。[3]我们也会进而知道，正是在那些女子受男子控制最严的社会和家庭里，母亲对儿子——能让她们最有效地发泄她们积攒的怨气和委屈的男性——的控制也最严。[4]

总之，我们就会知道，男子团体正在强化一种社会和家庭，男子（和女子）在其中受到伤害，而他们（其中显然包括母亲和儿子）也正自觉不自觉地以这些方式互相伤害，他们至今仍接受老式的强人脚本。我们就会知道，弗洛伊德所说的俄狄浦斯（Oedipus）情结之类的神话——其中的形象，是愤怒的儿子从同样愤怒的父亲手里抢走，并在此过程中"占有"尽可能多的女人，以及荣格派（Jungian）仍旧推崇的"英雄"男性暴力原型，反映的**并不是人**的心态，而是统治关系的心态：正是今日威胁着这个星球上所有生命的心态。

我们马上就能看到其中的区别，一方面是怂恿男子自怨自艾，埋怨女子造成了他们的各种问题，另一方面是帮助男子了解女子和男子——包括他们自己——的感受。最后，我们会认识到其实已经

---

① 普莱克与布罗德。也见哈根的《妇女对男性运动的反应》（1992）。

② 诺尔·埃文斯，私人信息交流及其未出版的著作。

③ 罗斯扎克（Roszak），1969，第101页。

④ 温特（Winter），1973，与埃文斯的私人交流；与一位精神病学家的私人信息交流，该精神病学家曾在沙特阿拉伯与一些妇女一起生活和工作过。

很明显的事实：男子和女子一样，也需要与女子**以及**男子，包括母亲**和**父亲，建立密切的爱的纽带。

在这个基础上，我要说布莱和其他新时代作者认为男子（我要补充一点，以及女子）需要有新的成年仪式，这话一点也不错。其实，我希望这种认识最终能产生真正新型的男子成年仪式——但是，这些仪式要不同于《铁汉子约翰》中的仪式，不同于强人脚本中"无情的性"场面，不同于所有熏陶男子、轻蔑妇女和"女性气质"的方式。①

我还要说，认识到男子需要新的角色模式，这是非常重要的。有些男子害怕变得过于"女性化"，其中暗示的关键问题，就是男子需要找到一些新角色模式，以便从中获得肯定。因为并不是要男子扮演历来被看作女性气质的服从角色，而是要女子和男子都学会理直气壮地、肯定地表达自己的需要和欲望，既不扭捏，也不粗暴。

最后我要说，荣格派和新时代男子团体认识到"新男性气质"必须具有精神的一面，这很重要。但是，我希望这将最终把支离破碎的男性运动引向历代圣贤提出的核心的精神问题：关于男子在其行为价值中需要同情和非暴力的问题，关于如何看待最根本的平等和公正的问题。

妇女、男人与伙伴关系

我认为，当代男性运动中最激动人心的一面，就是许多男子其

---

① 其他关于男性气质和女性气质的文章，见艾斯勒（Eisler）和洛耶（Loye），1990，尤其关于统治关系和伙伴关系社会中男女英雄的部分。

实正在探求这些最核心的精神问题和社会问题。我有幸与这样一位男子生活在一起，他就是我的伙伴和丈夫，社会心理学家戴维·洛耶。我亲眼看着他的研究和写作越来越集中在性别问题上，先是《伙伴关系的方式》①（这是我们合写的著作），接着是他正在写作的关于社会结构、性别和他称之为道德敏感之间的关系的书。我对这部新作尤其喜欢，稍后还将讲到这部著作，因为它不仅首次提供了一个关于道德的统一、科学的视点，而且在生物和文化进化中追溯道德的发展。

　　另一位充满热情地从性别角度描写这些精神和道德的核心问题的男性，是约翰·斯托尔顿伯格（John Stoltenberg），他的《拒绝做男人》（*Refusing to Be a Man*）直截了当地拒绝统治关系的男性气质，这是前所未有的——这样一个题目的书能够出版，本身就是前所未有的。这本文集收入了 13 篇文章，斯托尔顿伯格在前言中写道，它们表达了作者对历史上的性别和性关系深刻的不公平的愤怒，尤其是对男性至上的色情化，"或许会惹恼一些人"。他说，这"让人觉得不平等就是性"。②

　　在一篇题为《淫秽品与男性至上》的文章中，斯托尔顿伯格写道："一旦把不平等搞成性，一旦人们学会并将它内化为性激动和性满足的先决条件"，性解放就成为男子猎取并征服更多女子的通行证。他接着说，"淫秽品是男性至上的合法化，正如种族隔离是白人至上的合法化一样"。他甚至勇敢地批判了一些同性恋男子的淫秽品，这是一部分政治自由主义者痛斥的行为。可是，斯托尔

---

①　艾斯勒（Eisler）和洛耶（Loye），1990。还可参见卡拉汉（Callahan），1993，其中包含着与洛耶和艾斯勒的谈话内容。

②　斯托尔顿伯格（Stoltenberg），1990，第 129 页。还可参见斯托尔顿伯格（Stoltenberg），1993。

顿伯格指出，这不仅是同性恋男子或色情形象的问题；"同性恋男子制作的色情片中宣扬的价值观"，通常也是"男性至上主义者持有的价值观：攫取、利用、异化和统治——从根本上讲，就是捞取权力"。①

但不幸的是，像斯托尔顿伯格这样的男子，有勇气与其他男子和妇女携手治疗维持统治关系社会的那种扭曲的男性性关系，媒体对他们的著作却置之不理，反而大力宣传那些视妇女尤其是女性气质为对男性气质的威胁的男性团体——同时，将注意力集中于女性运动中那些主张分裂的（他们挑拨地称之为"仇恨男人的"）派别，于是再次将女权主义者说成是男子的敌人。可悲的是，他们在这样做时，却给寻求新关系——在男人和男人之间以及男人和女人之间——的男人指了错误方向，使他们无法建立期望和需要的新型阳刚气质。

目前，出现了一些男性团体，比如反强奸男子团体、反家庭暴力男子团体和不打人男子团体（Stop Battering）。也有一些组织，比如全国反性别歧视男子组织，还有一些主题会议，比如为多文化男子社区搭桥的会议，② 还有一些出版物，比如《变化中的男子》和《男性气质》。这些组织、会议和出版物认识到女子和男子其实有着共同的人类目标，它们非常重要，前所未有，是伙伴关系道路上的路标。他们配合着全美的各类妇女组织［比如全国妇女组织（NOW）］、全国妇女政治核心会议（NWPC）、老年妇女联合会（OWL）、国际会议（比如 WEDO，即妇女环境和发展组织，1994年的会议主题即为"妇女与权力"）、全国性会议（比如"武装妇

----

① 斯托尔顿伯格（Stoltenberg），1990，第 110、129～130 页。
② 这是第十八次国际男性会议，1991 年召开，主办单位是反男性至上主义男人国际组织。

女：在 21 世纪实现人权"），①以及出版物（比如《女士》《妇女的力量》和《妇女国际网络新闻》），成为一股生力军，逐步地巩固着女性运动和男性运动，使之上升为一个伙伴关系运动：进步运动中不可缺少的一部分是，将性和性别关系放在政治活动的中心，而不是边缘。

我说"逐步"，是因为先要分离妇女团体和男性团体，对长期以来习惯于顺从男子、取悦男子的女子来说尤其如此。我稍后将详述这一话题，尽管伙伴关系运动按理来说是将妇女运动和男性运动融入环境、人权和其他进步运动之中，但这并不是说，在不久的将来妇女运动和男性运动就没有必要了。恰恰相反，这两种运动在长时期内都将是必需的，因为文化的扭曲以及将压迫性的制度串在一起的线索中，最强大的就是定式的统治关系的性和性别。

况且，认识到传统的男性气质中有推崇如今威胁到人类生存行为的一面，并不等于定式地教给男子的男性气质需要全盘推翻。有些定式地标志为女性气质的品质，比如同情和关爱，男子也可以（如果允许的话，确实）拥有——这些品质于人无害，而且有益。同样，有些定式地标志为男性气质的优秀的人类品质，对女子和男子都适用。这些也是女子和男子都能够（如果允许的话，确实）拥有的——比如，表达自己的愿望，而不是觉得自己必须控制或操纵，那些被社会剥夺了权力的人就以为他们必须这样才行。

总而言之，并不是说男子学到的男性气质全然没用，女子学到的女性气质全都更好。更不是说女子高于男子。解构和重构性别定式和性关系，也不等于走向一个"中性的"社会，女子和男子毫

---

① 我帮助组织的这次大会是 1993 年在爱达荷州的科达伦市举办的，大会使用了艾斯勒在 1987c、1993c 和 1993d 中提出的人权模型，但这是经过整合的新模型。

262

无区别。正相反，妇女运动、男性运动和伙伴关系运动的目标，是创造一个更有趣、更令人激动的社会，一个使多元化——不论是从性别、种族、宗教还是民族的角度看——能够真正得到珍惜的社会。

这些运动的目的当然不是要建立毫无激情的性生活。相反，它们要建立的是更强烈、更火热的性生活。它们也并不想走向一个永远没有斗争或矛盾的社会。它们要建设一个世界，使男子和女子的生活脚本中都有许多不同类型的行为——包括今天迫切需要的创造性地解决矛盾的技巧，在人的需要和欲望通常仍需通过暴力来解决时，不论在人际关系还是在国际关系中发生不可避免的冲突时，都能有效地使用这些技巧来解决问题。它们要建立一个更安全、更美满、更有趣的世界，在数千年统治关系的两性战争后，使全世界的妇女和男子在今天走到一起——不是作为敌手，而是作为一项有共同利益的事业合作伙伴。

在下面的章节里，我们要研究这一史无前例的运动中的主要因素，以及它的前进道路上所存在的一些障碍。但是在下一章里，我们首先要从男性定式转到性和性别的女性定式来看看——而且要看看成千上万的妇女今天不再做睡美人，而是从长久的统治关系迷梦中清醒过来。

263

264

第十四章　甩掉白马王子的小鞋：
性、女性气质和权力

　　我的童年是在古巴度过的，后来又到了美国。我常常觉得自己不是这个世界的人。我想这是因为我是个儿童难民，纳粹侵占奥地利，我便被迫离开了我出生的国家。这当然是个重要因素。但是，现在我知道，我还有另一个原因——我们今天看到有些女孩子十几岁就失去了自尊，有些也是这种原因造成的。[①] 因为我在学校里学到的所有东西，几乎没有一点儿是和我一样生为女子的人写出来或想出来的，我从小就在意识深处知道，在这样一个世界里，我的确是个格格不入的"外人"。

　　许多年以后，我才意识到，男性权威——从一个男神开始——如何规定了我的一切：从我的体型如何愉悦他们的眼睛，到我可以做什么，甚至可以想象什么。他们从来不告诉我，女性数千年来是强大的世俗和精神的象征，一切爱情、快乐和生命的原型，是女神在人世的代表，一切生命皆来自女神，一切死亡皆归于女神。我也无从得知，我所了解的那点有限的女性气质，是一次社会和意识形

---

① 马里兰州安纳波利斯市的关于美国教育机构欺凌女孩的出版物和录像，可在美国大学妇女教育基金联合会获取。造成这种情况的主要因素之一是教师们对男孩比对女孩重视得多，他们常常鼓励男孩子出众，而鼓励女孩子安静听话。也见沙德卡和沙德卡（Sadker & Sadker），1994；奥伦斯坦（Orenstein），1994。

态根本转变的结果。

从来没人对我说，在古希腊，曾经强大的女性神灵，比如赫拉，这位现在仍被称为众神之母的女神，在这次转变中变成了更强大而且经常使用暴力的宙斯的属下。也没人对我说，希伯来圣典中索性不写任何女神——连生命的缔造也完全交给一位男神来完成。在我所受到的教育中，没有一个字提及数千年来人们如何崇拜女神或女创世者，更没人说她的性能力是她被奉为神明的一个原因。

我倒是看到了西方最大的宗教形象，现在我明白，他们是将古代女神的性能力和哺育能力交给了两位显然处于从属地位的人间女子。一位是"未被玷污的"圣母马利亚，基督教的男人需要一位母亲来生上帝的圣子，因此把她抬出来，她生下了圣婴，但这不是男神和女神性结合的产物，而是一位凡世女子以无性的方式接受了一位万能的男性造物主的种子。① 另一位体现女神的性能力的，也是一位人间女子而不是女性神灵：夏娃，她和大利拉（Delilah）一样，诱惑了男人，也毁了男人。②

在西方历史上，这些就是最主要的女性原型。即使在今天，当我们说到"性女神"时，意思也和古代体现着神秘的性和生育力的女神很不一样了。因为她们尽管仍然具有性力量，但是那些电影明星，诸如玛利莲·梦露（Marilyn Monroe）、丽塔·海沃丝（Rita Hayworth）和布里吉特·巴达特（Brigitte Bardot），不过是男人的性工具罢了。而且，与这种女人的性结合对男人来说不是圣婚，而

---

① 一位主教 1992 年出版了一本书，论述基督教关于圣母马利亚的故事怎样成为某种"继续压迫妇女的微妙的和无意识的源泉"。这本书名为《生为女人》，作者是约翰·谢尔比·斯庞格（John Shelby Spong）。

② 甚至朱迪丝（Judith），一位圣经中的英雄形象，用她的性力量对抗一个男人荷罗孚尼（Holofernes），最后斩杀了他。

是男性至高无上的力（在银屏上下）的象征——是杜木兹和伊南娜的婚姻的遥远的回响。

正如那些将男儿本色等同于征服和统治的原型对健康的男性气质有害无益一样，这些原型对健康的女性气质也没什么好处。但是，它们**的确**适应了那种在男女关系方面的固有权力不平衡的社会。女性的原型将女性分裂，她要么是理想的母亲和妻子，要么是遭到鄙视的诱惑者和婊子，这就有效而直观地告诉女人和男人，像马利亚这样的好女人（无性的人），被动地接受男性至高无上的权力，而像大利拉和夏娃这样的坏女人（性感女人）才会左右男人，结果她们却招致大祸。不仅如此，我们的大多数女性形象否认女性是独立的存在，对女性进行评判的唯一依据就是，她们是促进还是阻碍男人定下的目标。最重要的是，这些女性形象剥夺了女性的合法权利，不论是世俗的还是宗教的，概莫能外。

如今，全世界的妇女都开始认识到，这种性别歧视的形象和种族歧视的形象一样，目的就是维持建立在统治关系之上而不是伙伴关系之上的关系。这些形象，在我们的幼年就被灌输到我们大脑的无意识层之中，像金字塔一样，不断地以不同的形式复制着，抵制任何根本的改变。更重要的是，妇女又一次把目光转向史前女神的强大形象，比如，小说家艾丽斯·沃尔克就让杰迈玛姨妈从奶妈的象征变成了现代的布莱克·莫唐纳（Black Modonna）。[①]

总之，今天的女性正在努力地把力量赋予宗教、民间故事和神话故事中那些使人丧失力量的形象，倘若这一点不能奏效，至少可以还她们以自己的本来面目。在这一过程中，她们极大地改变了长期以来所宣扬的关于肉体、性和灵性的观点。

① 沃克（Walker），1994，第 22～25 页。

女孩、王子和肉体

和一些宗教神话一样，许多神话故事中也包含着远古时代的印记。其实，在我们最熟悉的一些神话故事里，其主角都是女性，这和那些宗教神话和文学（其中的主角通常是男性，除非是爱情故事和其他专为"女性市场"撰写的东西）大不一样。不仅如此，这些女性人物，比如《灰姑娘》里的仙女、《白雪公主》和《睡美人》中的坏女巫，还会施魔法——只有凭借超自然的力量才能做到。但是，尽管有这些史前传统的遗风，我们给孩子们讲神话故事时，传达给他们的却不是女性的力量，而是女性的无力。

有时，我们甚至能看到这些故事随着时间的推移而发生变化。比如，民俗人类学家艾伦·邓德斯（Alan Dundes）告诉我们，我们所听到的故事《小红帽》，也就是在三百年前才由法国作家查尔斯·佩罗（Charles Perrault）改写成道德寓言，提醒女孩子不要听信陌生人的话，免得被狼吃掉（狼的形象也许是一种性的象征，因为到 20 世纪 50 年代，搞性袭击的男人还被称为"色狼"）。[①] 据邓德斯说，这个故事的主人公本来是一个聪明的女孩，她战胜了恶棍。[②] 但是，到 1812 年雅各布（Jacob）和威廉·格林（Wilhelm Grimm）重新改写的故事中，也就是在我们今天所看到的版本中，一只阴险的狼先吃掉了女孩同样无能为力的祖母，接着又把她囫囵吞下（连同红帽子和其他所有东西）。后来她出来了，但不是因为

---

① 艾伦·邓德斯，引自威尔斯坦（Wilstein），1989，A5；查尔斯·佩罗的译本《骑士小红帽》（1697）。

② 现在仍有一些仙女故事流传于世，如《白雪公主和七个小矮人》，其女性主角显示出一定程度的勇气。

她自己做了什么，而是因为一个勇敢的猎人砍开了狼的肚子。

主动的男性营救被动的女性，这也是《灰姑娘》和《睡美人》的主题。只是在这两个故事里，男女主人公的关系是性关系，因为女主人公最终嫁给了男主人公。但是，这里的婚姻与古代的圣婚不是一码事。在圣婚中，女性具有神力，男女的性结合是一切的中心。

而在这些故事中，首先，男女主人公之间没有接触，他们只是跳跳舞或者接接吻而已。其次，故事强调的是女孩子的肉体魅力，而对女性的性能力与精神或世俗力量的联系则丝毫没有涉及。它们说的又主要是男性掌握所有的力量——或者因为他具有某种神奇的潜力（王子用他的吻唤醒了睡美人），或者因为他是世俗统治者称霸一方（比如《灰姑娘》的故事）。如此一来，女孩子就只能等着白马王子来找她，希望他觉得自己可爱，选中自己。

因此，灰姑娘别管多苦，也别无他计，甚至别无他想，只能等着王子来娶她、救她。在这些经典神话故事里，还有一个信息，更加使人失去力量，那就是倘若女孩子想要在苦难的生活中获得拯救，她的肉体必须符合一定的规格。倘若她达不到这些规格，就得有意残害自己的肉体——像灰姑娘同父异母的姐姐们那样，削足适履，却是白费工夫。

我也想说，这只不过是神话故事，是一些与现实生活无关的奇思怪想。但是，在革命前的中国有裹脚致残的风俗，因为男人们发觉这样对他们有性刺激，非洲和中东许多文化中现在还流行着割阴，因为男人不娶没割阴的女子，这说明妇女数千年来一直做着神话故事中所说的事情，并且人们还常常劝说，甚至逼迫自己的女儿自残，以适应男性的性欲望和期待。其实，西方许多妇女至今仍在做着这样的事情，有人把脚挤进"时髦的"尖头高跟鞋里，导致脚趾和脚背受伤，有人患上可能饿死自己的厌食症，患上威胁生命的暴食与吐泻交替出现的食欲过盛或叫贪食症。[①]

在当今社会，食欲过盛和厌食症的流行一定还有其他原因。[②]但是，一个主要原因就是，在过去的几十年里，老式的统治关系神话故事所传达的信息被强化了上千倍。如今它不断地朝我们咆哮，通过上十亿美元的化妆品、食谱和时装工业告诉妇女，要想吸引一位白马王子，先得让自己的肉体符合这些工业制定的规格——身材要弱不禁风才符合理想，理想的脸蛋只有极少数女人才能有，至于她们要如何辛苦地节食，要买多少美容品，那就不在话下了。

要好看，喜欢某人的肉体，这些都是普遍的、健康的欲望。但是，通过钱能买到的那些最好的作家和艺术家、广告和这些故事用诱人的形象和词语组成迷魂阵，不断地向女孩和女人灌输，除非她们不断地重塑自己——除非她们以毕生的精力（和大把大把的钱）不断地"改进"她们的体型和脸蛋——否则，她们就别想让那些唯有他们的品位和愿望才重要的人——男人——接受，更别说被他们爱上了。这种自卑、逃跑主义以及女人只能靠取悦男人才能证明自己的价值观念横行于市，但广告并非其唯一途径。和其他出版物比如《纽约时报》这样的报纸或《绅士》（*Esquire*）这样的专给男人读的杂志不同，妇女杂志要面对的实际做法倘若换成其他杂志，

———————————

① 辛克莱（Sinclair），1993，从一个母亲的角度进行了深入分析。她采用一种所谓共同医治的方法帮助两个患进食障碍的女儿。也可参见奥巴赫（Orbach），1978。

② 女权主义心理学家把进食障碍放入社会语境，对于理解易饥症或厌食症非常重要。如女权主义者分析说，试图控制一个人的身材对妇女来说似乎比控制她们在社会中的生活更可行。她们在社会中的生活选择权仍然很有限。她们与男人的关系中，妇女还宁愿被动地指望男人来求婚或娶她们，而不愿主动做一些事情来改变她们的现状。

准要被说成干涉新闻自由了。因为广告商们要妇女杂志登一些关于化妆品或服装之类的产品的"有信息量的"文章——这是他们在杂志上登广告的条件。更有甚者,一位编辑曾经说过,他们要杂志"展示幸福的脸蛋"①。《女士》杂志出版商发现,他们一旦犯规,广告马上就被撤销,或者不再和他们签约了。② 因此,这些杂志对于妇女的真正需求和问题,比如家庭暴力、工作和种族歧视、贫困和生育选择,只能一带而过。

这也就难怪对这些问题——以及对一半人口所进行的被动的和自卑的洗脑给女孩子和妇女造成了巨大伤害——的深入讨论,只有在那些编辑自由不受这类严格限制的女权主义杂志上才看得到。也只有在这里,我们才看到有人认识到对妇女进行社会化,使其取悦于男人成为她们唯一的目标,以及对形体美——更确切些说,是男人规定的女性美的标准——的过度强调,其实妨碍了它们原来想要达到的目标:帮助女子找到并留住一个男人。

对妇女来说,最大的讽刺——而且对妇女和男子来说是最大的悲剧——就是充斥着妇女杂志的广告和文章所传达的文化信息,恰恰使男女关系变得更不美满。男人永远不可能达到对他们的期望,即为女人的生活带来一切意义、内容和目的。妇女也永远不可能达到(她们自己和男人)对她们的期望,即永远保持美貌、年轻、温顺、可人。因此,我们在一本又一本的心理学畅销书和自助书里,就看到妇女和男子都长期地感到失望、挫折和迷惘——因为妇女和男子最基本的情感和性欲望都没有得到充分的满足。

但是,继续劈头盖脸地向妇女们灌输她们还不够完美的信

---

① 与一位主流妇女杂志的编辑所进行的私人交流。

② 见斯泰纳姆(Steinem)的《性、谎言和广告》(1990),该书对妇女杂志如何被审查进行了详细的曝光。

息——要完美就要不断地重塑自己，以争得男性的赞许和爱慕——尽管疯狂，倘若从统治关系模式下的性别关系的角度来看，倒是可以理解。因为为了维持统治与被统治的关系，就必须让妇女（以及其他从属群体，比如，美国黑人和印第安人）学会自我贬值，而且必须让妇女认为，取悦男人是其最重要的事业——最要紧的是，让她们别无选择。

我们教女儿学什么?

这个问题直接引出了父母不断讲给孩子听的看似无害的神话故事所传达的另一个信息：关于性和女性肉体的非常下流的信息。因为这些故事不仅讲述被动、无助的女孩子如何要依靠男子的拯救才能活命（就像谚语中所说的，被绑在铁轨上的少妇），教给小女孩幻想有人来救她，而不去发展自己的能力和才智。它们还在小女孩的头脑里植入一种女性脚本，教她们将自己的肉体视为换取安全、幸福和——倘若她们找到的不是一般人而是王子——地位、财富的商品。更有甚者，它们暗示男人就是派这个用场的；聪明的女孩不要努力建立什么爱的关系，而要获取经济上甚或政治上最有势力的男性的欢心。因此，像《灰姑娘》这样"天真"的神话故事所传达的最终信息，竟是女子应该把自己的肉体卖给男人，最好是卖给那些有权有势的男人（像神话故事中的王子那样），不仅妓女是这样，而且全体妇女都是这样。

当然，倘若父母明白他们向孩子可塑性很强的头脑里灌输的竟是这么一些思想，他们中大部分人会大吃一惊。我以前就不知道这些故事教给我女儿的是一些什么东西。直到现在，我才突然发现一些非常明显但以前却从未注意到的东西。

比如，我最近才觉得灰姑娘面目可憎，因为她的所作所为等于
270　对无数小女孩说：好孩子对不公正要忍气吞声，不要反抗，悄悄地
哭泣，从早到晚地干活，接受日复一日的残酷剥削。这个故事我以
前读了许多遍，竟没有发现这也是对小女孩的一种训练，使她穿得
进王子的鞋，亦即符合百依百顺的贤妻标准。

灰姑娘的故事里还给女孩子和女人传达了另一个信息，我也花
了很长时间才读懂：女人不应该也不能相信其他女人，更不能指望
从她们那里得到保护。因为故事里唯一的成年女人不仅对灰姑娘很
不好，而且净给自己的女儿出馊主意，让她们削掉肉体的一部分，
去适应故事里寓意深长的小鞋。① 这个至今非常流行的故事的另一
方面，是我到现在才明白的。那就是，《灰姑娘》通过描写女人们
急赤白脸地取悦于王子和他的使臣，不仅告诉女孩子要"幸福地"
适应王子的鞋（也就是说，以**他**规定的方式，变成**他**想要的样
子），还告诉女人要为虎作伥，维持自己的无力。

或许应该有人写一本新版的《灰姑娘》：在这个故事里，灰姑
娘也和现在的许多女孩子和女人一样，争取自己的权利。但是，
《灰姑娘》当然不是唯一标榜女性的美德就是被动接受日复一日的
剥削、长期的苦难和令人发指的不公正的故事，也不是唯一给情感
上（以及肉体上）戕害妇女——以及出卖自己的肉体（也就是
性），以换取为某个男人提供性里性外的服务的特权——涂上浪漫
色彩的故事。②

还有山鲁佐德，一位东方奴隶（有些版本里说是公主），她在
故事"幸福的"结局里，总算靠着那一千零一个故事救了自己一

---

① 在最近一些译本中，这一部分被删除，但它仍然存在于一些"名著"故事中。
② 最可怕的例子之一是，在中国的寓言中，有位贤良的儿媳在饥荒时把自己身上
的肉剐下来给丈夫和公婆吃。

命——以后就被囚禁在一个男人的后宫里度过余生，而那个男人取乐的方式，就是每夜换一个女人睡觉，然后把她杀掉。[①] 还有一大堆中世纪的骑士故事，他们总是在危难中解救毫无办法的女士。倘若有人想听现代故事，更有成千上万的历险电影、卡通片和电视剧，其中女主人公（穿得总是尽可能地少）被从魔鬼的嘴里（或其他危险中）救下，并不是因为她有什么作为，而是因为她很性感——又是用她的肉体作为货币，付给解救了她的强壮男性。

可以与之抗衡的东西几乎没有，因为临危不惧、行动果敢的女主人公——比如，莎士比亚《威尼斯商人》（*Merchant of Venice*）中的鲍西亚（Portia），路易莎·梅·阿尔考特《小妇人》（*Little Women*）里的乔，以及丹尼尔·笛福的《罗克斯纳》（*Roxana*，女主人公不仅没有因为性独立而受到惩罚，反而因此得到好处）——简直是凤毛麟角。幸好更多的出版商和制片人正在推出一些故事，讲述的是那些有主意、有活力、有精神的女人，比如，威拉·卡瑟《我的安东尼娅》中的安东尼娅，迈尔斯·弗兰克林的《前程似锦》和《前程断送》中的希碧拉·麦尔维恩；更多的是自传中的真实女性，比如索杰纳·特鲁斯的《索杰纳·特鲁斯自传》、贝里尔·马卡姆的《夜幕西沉》、艾玛·戈德曼的《我的生活》以及朱迪·芝加哥的《穿过鲜花》。但是，这些故事同时也受到数量空前的统治关系故事和形象的抵制，这在近代史上已不是第一次，后者要使妇女"归位"，不仅把那些"过于独立"的女子描写得忧虑、孤独、毫无女人味儿，而且还通过图像，说明那些性活跃（甚或仅仅是"在性上具有挑逗性"）的女子，最后都不得好死。

271

---

① 像其他一些统治者的有效宣传一样，一些女性故事通过音乐得到普及，如歌剧《灰姑娘》，迪士尼的《睡美人》。这一类无助的女性故事已经在千百万儿童中广为流传。

家庭修女与性吸血鬼

我不止一次提到近代史,因为 19 世纪出现了第一次有组织的妇女运动的现代浪潮(尽管大多数历史、文学和艺术课程对此仍置之不理),所以西方开始了一场公开的反对妇女的意识形态战争——一场适时地常常将在性上毫无生气(有时确实如此)的女人描绘为唯一的好女人的战争。参战的男子多为作家、艺术家和知识分子。这些人,以及与他们同心同德的宗教和科学权威、政客、律师和哲学家,自视为进化新时代的先锋。文化历史学家布拉姆·迪克斯特拉(Bram Dijkstra)在他的著作《离经叛道的偶像》(*Idols of Perversity*)中写道:"科学已经向他们证明,男女的不平等犹如种族的不平等,是一条简单而不变的自然法则。"① 因此,"当妇女以进步和进化的名义,日益抵制男人们对她们指手画脚,教她们在文化中循规蹈矩,男人对其配偶进行教诲的文化运动,由于女人'天生离经叛道',不愿服从,就爆发为……一场文字和形象的战争"②。

为了告诉女人她们应该怎样做(同时为了赶上随着中产阶级的兴起和工商业社会取代农业社会而产生的对商业和工业的重

---

① 与西方文学中的大多数女性特点形成对照,罗克斯纳(Roxana)是——用迪克斯特拉的话说——一个"头脑清醒的聪明的和格外顽强的"女实业家,即使在已经是弱肉强食的 18 世纪商业世界中,她也完全有能力"生存和发展",但开始给男人证明他们的"男子气"提供了另一战场〔迪克斯特拉(Dijkstra),1986,第 6 页〕。但是,就连这个故事也得有"道德上"的圆满结局——虽然没有太大的影响,因为这个结局到最后一段才出现。在快要结束的段落中,突然祸从天降,女主人公在活跃了若干年以后,突然陷入悲惨境地。

② 迪克斯特拉(Dijkstra),1986,第 vii 页。

视），这些男人描绘的"有德行"的女人小心翼翼地守着她们的贞操，除了婚姻，没有任何别的东西能换取她们的贞操。迪克斯特拉对流行于 19 世纪的这类女主人公有一个非常精辟的称呼，"家庭天使"。因为这类女子即使婚后也保持着自己的"纯洁"——在那个时代的艺术里，这类女子几乎总是面色苍白，了无生气（也就是说，虚弱得无力抵抗任何人）。①

19 世纪的这种好女子是男人树立的一种空灵的形象，其基础是想象中的另一个世界的美德。根据那时的风尚，她们得把束腰带紧了又紧，自然会变得面色苍白，了无生气，只能符合（用迪克斯特拉的话说）"克制的典范"的理想女性。根据 19 世纪女子使男人变得文明的观点，这位面无血色的人儿还要在她丈夫经过一天资本积累的掠夺回到家里时，给他一个庇护所，和"温柔的"良知（尽管这听上去唐突之极，矛盾之极）。同时，她还把自己的肉体给他，为他生儿育女，全然不顾多次生育会损害她的健康。在适当的场合，她还得充当展示架，珠光宝气地帮他显示他在人世中的成就。

19 世纪文学和艺术中还有另一种女子形象，与理想的贤妻良母相对应，并且在后期愈见流行。这种女子形象所代表的不是无瑕的圣洁、高贵的温顺和"女性应有的"本色，而是体现着一切危险和非人的动物所具备的狂野和下贱。她充满了动物的欲望和形同返祖的残忍，不顾一切地将男子从崇高的精神世界拉下来，她是邪恶的诱惑者的原型，是夏娃和潘多拉的后代，是一切邪恶

---

① 维辛努斯（Vicinus），1973，它记录了 19 世纪的一些粗略的现实，与神话形成了鲜明的对照。

的肉体根源。①

　　像潘多拉著名的"盒子"（俚语中仍以之代表阴道）一样，女人的性这次又被说成男人一切弊病的根源。19 世纪发起了讨伐妇女的战争的诗人、小说家和艺术家，和几个世纪前写下《除恶利器》用来作为猎巫和烧巫指南的那些男人何其相似，他们也把注意力集中在女人的性上——具体地说，是女人的性力量，并把女人的性说成是男子面临的最大危险。在仿照古希腊和古罗马神话的形象中，妇女化为嗜血的西布莉（Cybele），在远古时代，人们必须向她进献公牛的阳具，才能满足她对精子的贪恋。妇女化为狄安娜（Diana），"具有无数乳房的偶像，代表着淫乱的、毫无结果的、低贱的生育力"②。她化为"巴比伦残忍的婊子"，把男人奉献给她残忍的女神，或将男人大卸八块。在 19 世纪末，她又化为性吸血鬼，不仅吸干了男人的精液，也吸干了他生命的血脉。

　　迪克斯特拉写道，"如今四处都是女吸血鬼"。她们不仅在男人诗意的想象中充当狰狞的魔鬼，也是吉卜林（Kipling）笔下的"掘金人"那样的凡人，既令人讨厌和愚蠢，又贪财和嗜血。女吸

---

① 法国小说家埃米尔·左拉（Emile Zola）写的《娜娜》，其女主人公是一位妓女，名叫娜娜，她是一个"淫荡的怪物"［迪克斯特拉（Dijkstra），1986，第 240 页］。诗人波德莱尔提到女人时称之为"恶之花"［迪克斯特拉（Dijkstra），第 245 页］。画家画裸体女人，认为其在精神上诱惑男人，因而把她们画成一些半人半兽的裸体画像，上半身为裸体，做着下流动作，下半身为长着山羊脚的怪物［迪克斯特拉（Dijkstra），第 255 页］。在一幅又一幅油画中，这些危险怪物配上毒蛇——如迪克斯特拉指出的那样，直接打击了 19 世纪的女权主义者，对她们来说，蛇头女怪美杜莎是一个象征，也是"妇女作为性掠夺对象看得见摸得着的一个梦魇"［迪克斯特拉（Dijkstra），第 238 页］。

② 迪克斯特拉（Dijkstra），1986，第 238 页，正如沃尔特·佩特在《伊壁鸠鲁主义者马里厄斯》（*Marius the Epicurean*，1885）中所写的那样。在这个译本中，狄安娜是一位"杀人之神——金牛星女神，她要求把在海难中死去的海员抛尸岸上，以为献祭"［迪克斯特拉（Dijkstra），第 239 页］。

血鬼用来代表妇女，成为现代统治关系世界上一切的可鄙、暴力和恐怖。[1] 有时，这种吸血鬼女人被明确地指认为"现代女性"，免得人家不清楚她**到底**是谁："仇恨男人"的女性运动者，她们（像维多利亚时代的流行小说《德拉古》中的人物露西）在性上是独立的。

男人便一定要这种女子为其反叛付出代价，他们对露西就是这么做的。而女人则必须一生忍受这种做法。因此，迪克斯特拉说，在一个又一个故事里，性独立女子（或"多夫的泼妇"）被男人改造成"19 世纪中期守妇道的尤物：没有生气的女人"[2]。其实，没有生气的女人和理想的女人就是一回事，埃德加·爱伦·坡（Edgar Allan Poe）的诗里就是这么说的。[3]

其实，家庭修女或是性吸血鬼与现实生活中的她们及她们的生活都毫不相干。历史学家芭芭拉·坎纳写道，"研究表明，维多利亚时代推崇的那种百分之百的闲散、百分之百的摆设、百分之百的无助和依赖、除了供人仰慕和生儿育女就一无所长的中产阶级妻子或女儿"，其实并不存在。妇女，尤其在职业阶层，有时与丈夫建立了非常亲密的个人伙伴关系，并在他们的事业和政治生涯中发挥着重要作用，有些妇女甚至选择了终身不嫁，以保持更多的独立。[4] 当然，大多数妇女——穷人——别无选择，只能家里家外地操持，干繁重的体力活儿。但是，有了这种好女子

---

[1] 迪克斯特拉（Dijkstra），第 351 页。

[2] 迪克斯特拉（Dijkstra），1986，第 346 页。

[3] 拜伦以及其他许多诗人也称颂没有生气的妇女。

[4] 坎纳（Kanner），1990，第 xxxiv – xxxv 页。关于女人有两个影响力极大的故事与这些神话不相一致，见凯特·肖邦的《觉醒》，该书于 1899 年最初发表，并于 1972 年再版发行。另见夏洛特·珀金斯的《黄墙纸》，1892 年最初发表，并收入《夏洛特·珀金斯·吉尔曼文集》（1980）。

的力量，就能使那些不能或不愿遵从这种理想的妇女，感到不自在，甚至不正常。

绘画，比如伊莱休·维德（Elihu Vedder）的《海边的斯芬克斯》（暗指食人，或更确切些说，"吃男人"）和其他关于女人的性的危险的形象，同样是有效的手段，使妇女感到自己的性欲是一种耻辱，使男人感到驯服妇女"野兽般的伎俩"是他们的责任。[①] 总之，这些和其他反对妇女的宣传——比如，19 世纪宗教权威说，妇女的服从是上帝的旨意；那时的科学权威则说，妇女的智力普遍低于男子，甚至说从生物的角度讲，父爱比母爱更重要——结合起来，就非常有效地使男人和女人都相信，男性的统治是智慧，是不可避免的。

自虐、为母之道与女权运动

在历史上，有许多妇女超越了对她们的这种自卑、被动和无力的社会化，找到了一种意志和方式，至少部分地表达了自己和自己的愿望，这确实是对妇女身心和灵魂的内在力量的证明。另一方面，妇女和其他社会无力群体一样，也学会了认同那些统治她们的人，这毫不奇怪。

美国南北战争期间，一部分家养奴隶为他们的主人而战，保护主人们奴役他们的权力。同样，许多妇女也仍然认为挑战男性统治是没有女人味儿。在中国，婆婆在媳妇进门时总要给她来个下马威，她当媳妇的时候也有这样的遭遇。妇女经常自己充当男性至上的卫道士。她们还常常帮着维护，至少是利用对其他妇女的经济剥

---

① 迪克斯特拉（Dijkstra），1986，第 328 页。

削，尤其是对异族、其他等级和其他阶级的妇女的剥削，就像美国的白人妇女对待以黑人和拉丁美洲人为主的仆人，印度高级种姓的妇女对待低级种姓的印度仆人，以及沙特阿拉伯妇女对待来自中东其他地区的仆人一样。[1]妇女有时也赞同，甚至积极参加反犹主义、法西斯主义和统治关系实施的其他形式的迫害。[2] 同时，我们在前面已经说过，妇女自己也常常维护统治关系的男性气质定式，诅咒那些被人视为过于有主见、过于主动，而不是（顺从女性气质的定式）逆来顺受的女子，说她们"没有女人味儿"。

比如，女子常接受这样的观点，即那些敏感的男人，或者不接受"真"男人必须具有攻击性甚至必须用暴力才能证明自己男性气质的男人，就是弱者。而女人说起其他女子不道德、没规矩时，比男人还挑剔。

尽管许多女子都根深蒂固地接受了女人不应该统治他人的观点，她们也常常根深蒂固地接受了统治他人的力量具有最高价值这种价值观念。因此，一旦社会角色允许，女子也会变得颐指气使。比如，那些生活在认为肉体和感情虐待是育儿良方的文化里的母亲，或者像代替小王子摄政的母后那样有机会扮演统治角色的女子，就是如此。

在历史上，女子并不总是被动的受害者，这一认识非常重要。它不仅能防止我们简单地把男女分为受害者和压迫者两个极端，从而使我们认为我们这里讲的是一个普遍的压迫制度，而且使我们认识到妇女和男子一样深受这种教育的影响。此外，它还能使我们认

---

① 对种族、性和阶级如何成为统治制度的连锁系统的研究，见格伦（Glenn），1992。

② 最近一些黑人女权主义著作探讨了不同种族妇女的分裂和联合，见柯林斯（Collins），1991，以及詹姆斯（James）和布西亚（Busia），1993。

识到，妇女**并不是**天生比男子被动、服从、好支配。

在历史上，妇女也和男人一样，常常主动参与对自己和他人的统治和压迫，认识到这一点，也就是认识到我们一旦看清了真实情况，就会有力量改变这种情况。的确，只有那时，我们才能有这种力量。正如 19 世纪女权主义哲学家 C. P. 吉尔曼所说，"只有知道我们在何处，才能向我们的目标迈进"①。

我们在这里无法深入讨论女权主义解构和对女性气质的重构。关于这方面，有许多好书，我也已经引用了一些。我们在这里无法多讲女权主义者在理论和实践上对迫在眉睫的需求的认识，或是讨论建立在性别歧视、阶级歧视、种族歧视和以其他形式制度化了的压迫之上的相互联系的统治制度。② 我们在这里也暂且不看女权运动对统治关系政治经济的挑战同性生活与精神生活的转变之间的关系，因为我在后面单有一章讨论这个问题。在这里，我要简单讲述一下当代一种意识的转变：身为女人意味着什么，它能有什么意义。

首先，人们越来越意识到，男性统治社会对男性的偏爱，已经使人类付出了不可估量的巨大代价。在这种社会里（尤其是在那些较严格的男性统治的地区），倘若生的是女孩而不是男孩，连父母都会觉得倒霉背运。③ 在中国、印度和孟加拉国那样的地方（那里的母亲有时在女婴出生后的一两天内就把滚烫的鸡汤灌进其喉

---

① 引自斯彭德（Spender），1983，第 16 页。

② 黑人女权主义者有关这一主题的一些著作，见班纳吉（Banerji）等，1991；戴维斯（Davis），1983；胡克斯（Hooks），1984。

③ 比如，诗人阿比达·卡纳姆在《遗忘的人质：伊斯兰妇女》（未出版）一书中写道，在巴基斯坦，一旦生个男孩就要庆祝，而生个女孩产妇则要唱挽歌。1993 年 1 月 24 日哥伦比亚广播公司（CBC）《60 分钟》节目放映了关于印度女婴贬值的纪录片，现在提供有车载超声波设备甄别胎儿性别，因而女婴被流产的现象急剧增加。因此，1991 年在印度的一个地区，在 931 个女性胚胎中就有 929 个被流产了。

咙，把她杀死作为献祭，以求得一个儿子，由此可见她们自己的地位，甚至生存，都得指望儿子才能得到保障），其代价常常是女孩子的生命。① 即使在不那么野蛮的地方，女孩子生下来，对她的欢迎辞也常是一句"但愿下回是个男孩"，人类为此付出的代价是巨大的。因为女孩子和妇女在这样的文化气氛中，如何能有坚实的基础培养自尊？她们怎能充分发挥自己的潜能？又怎么可能对男子的特权不生出嫉妒（比如，弗洛伊德著名的阳具妒忌说），并因此不自觉地怨恨他们？她们怎能不接受这些反面信息，最终相信倘若她们受苦，那一定是她们做错了什么。

从厌女信息的内化，我要说到今日我们所见到的意识的重要变化的第二个领域：认为妇女以苦为乐，甚至自找苦吃的观点。人一旦被贬值，肯定会产生各种心理问题。但是，这是妇女自虐的伪神话源远流长的影响，越来越多的妇女开始认识到这一点。有时，女子似乎的确自愿选择服从和受苦，但实际上这是为生存所迫。

比如，女子有时忍受对她们的虐待，是因为她们已经非常习惯于将苦难归咎于自己，并且以为倘若她们改一改，不惹恼虐待她们的人，一切都会好起来。② 在最极端的情况下——比如，集中营里的犯人，最近有一个研究对这些妇女与集中营犯人的心理作了比较——她们会保持残酷虐待的关系，因为她们不断被告知她们一无是处，加上有条理的暴力和虐待，她们心中残存的那一点点独立意志，最终也被摧毁了。但是，妇女保持肉体甚或精神上的虐待关系的主要原因，更多的不是心理上的，而是客观的。她们之所以保持这种关系，是因为她们害怕一旦离开，男人就会把要杀死她们的威

① 例如，见桑（Sen），1990a。
② 若男人在生活中不断受谩骂，他们本身的价值就大大降低，进一步导致恶性循环，见福沃德（Forward），1986；诺伍德（Norwood），1986。

胁兑现（他们的确常常这样做），甚或因为她们就是觉得没有什么更好的办法。因为许多女子和她们的孩子倘若想要逃避虐待性的关系，就只能靠救济勉强维生，或者露宿街头，我们身边这样的情况越来越多。

当然，男子也常常选择一些使自己痛苦的事情。比如，部落社会和工业社会的男性组织入会仪式上，男子必须心甘情愿地忍受痛苦，以证明其男儿本色。但是，男子忍受痛苦就是刚强，到了女子这里，就成了自虐。[①]

因此，就有了今日妇女对我们受到的关于女子地位和生活教育的另一种怀疑：为母之道。阿德里安娜·里奇（Adrienne Rich）在《生为女人》中写道，女子为人母的经历，与流行至今的为人母的社会构成，有着巨大的差异。

里奇认为，在我们的社会里，人们总爱将孩子的过错，甚至他们犯下的罪行，归咎于母亲，这有时与理想母亲的形象相反，有时却正是由理想母亲的形象造成的。一些心理学家，如菲利斯·切斯勒（Phyllis Chesler）和帕拉·卡普兰（Parla Caplan）指出，现代心理分析理论就是诬蔑母亲的理论。[②] 这并不是说母亲们，尤其是那些接受了社会化，要把统治关系的常规传授给孩子们的母亲，没有不自觉地（有时是自觉地）做出虐待的和暴力的行为，伤害她们的儿女。在严格的统治关系社会里，母亲常对自己的儿女喜怒无常，充满敌意，以此表达身为"下等"女人的自我仇恨。她们同时也不自觉地（有时是自觉地）在与她们唯一至少在一段时间内可以合法行使权力的男子——她们的儿子——的关系中，发泄对男

---

① 提出这一观点的是弗伦奇（French），1985，也见卡普兰（Caplan），1985。

② 例如，见里奇（Rich），1976；卡普兰（Caplan），1989；切斯勒（Chesler），1991。

人的怨毒和爱恨交加的感情。①

　　但是，主流心理分析理论并不研究这些问题。这些理论里只有一些心理分析结构，诸如弗洛伊德的俄狄浦斯情结和埃勒克特拉情结，自以为描述了亲子关系，其实说的是一个年轻男子定期取代老年男子成为统治者。妇女只能通过控制男子而间接行使权力。因此，弗洛伊德说每一位儿子都企图杀死父亲，以便夺取他的权力，并和他母亲发生性关系。他还说每一位女儿都想杀死母亲，以便取代她，和自己大权在握的父亲发生性关系——全然不顾那些找他看病的妇女诉说父亲的性虐待使她们深受其害。

　　从这里，我们又能走进另一个重要领域，其中也发生着重要的意识的变化。妇女开始意识到男性权威规定我们的现实，掩盖了她们的真实体验，同时她们也开始意识到今日妇女所表达的并不是什么新东西——戴尔·斯彭德（Dale Spender）写道，"妇女有着数百年悠久的抵制和抗议男人和他们的权力的光荣传统"②。斯彭德的《女权运动理论家：三百年来主要的妇女思想家》（*Feminist Theorists：Three Centuries of Key Women Thinkers*）和其他类似书籍，使我发生了转变。在关于阿夫拉·贝恩、玛格丽特·富勒、露西·斯通、马蒂尔达·乔斯林·盖奇、埃玛·戈德曼和赫德威格·多姆这些女人的生活和思想的记录中，我第一次找到了自己：我自己的

278

---

① 比如，一个按合同在沙特阿拉伯工作的精神病学家（是一名女性，意味着只和妇女一起工作）非常激动地告诉我，妇女在那样的社会中用各种下意识方法发泄对男人的怨恨。她所说的一些行为包括对男婴的性虐待行为（比如，老奶奶吸吮男婴的阴茎）和妇女们怂恿自己的儿子去做极其鲁莽的行为（在沙特阿拉伯的公路上发现许多凯迪拉克和其他外国名贵小汽车由于难以置信的高速驾驶而撞废后被弃置路上）（源于一位不愿透露姓名的精神病学家的私人通信）。

② 斯彭德（Spender），1983，第 2～3 页。关于这一主题有一本较早期的优秀书籍，见克拉迪特（Kraditer），1968。

感情、思想和灵感。在震惊和愤怒中，我开始明白，我的基本体验被严重地剥夺了。最重要的是，读了这些书，我开始明白，相信自己的观察、体验和感觉，而不是淹没在千百年来别人灌输的有关妇女的声音当中，这有多么重要。

到现在为止，每一代妇女都得从头开始，因为，斯彭德指出，"妇女抵抗的这种传统"没有被看走眼，它威胁到那些"有权隐藏和销毁证据的人"的统治——亦即现有的宗教、哲学、科学、政治和经济制度。① 因此，我们不该吃惊，正因为有这么多妇女今天已经起来反抗统治关系的女性气质定式，我们这个时代对厌女形象的复制才比 19 世纪来得更猖獗——从代表性不强的媒体妇女运动者形象，她们毫无魅力，仇恨男性（她们因为自己丑陋无比，穿不上白马王子的小鞋，就硬说那些更有女人味的女子是"妇女解放运动的激进分子""被阉割的母狗"），② 到《致命的吸引力》（其中妇女的性力量危害的不仅是男子，还有他全家）和《把海伦娜装在箱子里》（一个男子砍下一个女子的四肢，把她放在一个箱子里——根据这部电影里男性对女性的绝对权力的病态、恶心的浪漫渲染，他由此得到了她的爱）那样的电影。③ 不幸的是，那些自由主义组织和主流传媒对这样的宣传不仅不严厉抵制，反而常常忽

---

① 斯彭德（Spender），1983，第 2~3 页。

② 任何一个人看见自称为女权主义者的妇女照片时都会觉得，她们中大多数人还是很漂亮的。事实上，一些更坦率直言者（她们的照片偶尔登在报纸上）是极其漂亮的，诸如格洛丽亚·斯泰纳姆、帕特里夏·施罗德、凯特·米歇尔曼、艾丽斯·沃克、吉尔·艾肯伯里和简·芳达等，只举少数几个例子。但以上提到的"女性"特点是有偏见的，就像其他任何偏见一样，即使当她们与人们耳闻目睹、亲身经历的和切身感觉到的现象有矛盾时也是如此，这就像那个穿着新衣裳的裸体皇帝的故事一样。

③ 事实证明，不仅仅是男人，即使妇女也被有效地说服了：《把海伦娜装在箱子里》的制作人是女人，即珍妮弗·钱伯斯·林奇。

略妇女的需求、问题和灵感。

结果，妇女（和男子）今天又一次像 19 世纪那样，相信妇女运动是不好的、危险的。西方妇女每一点权利和自由——从选举权、参政权、避孕权和流产权，到接受高等教育、不经丈夫同意而外出工作和工作所得归自己所有的权利——都要归功于妇女运动者们的英勇奋斗，但是整整一代年轻妇女所接受的教育，又教她们远远地躲开那个"没女人味儿"的标签。①

但是，即使如此，当代对女性气质的解构和重构，也仍然发展到了前所未有的程度。在这个过程中，在最根本的事情上有了重要突破，即我们如何看待自己的肉体，规定这种观点的权力由谁掌握，亦即如何描述女性肉体和男性肉体的关系。

让妇女重新获得性力量

20 世纪 70 年代，随着妇女争取平等工作权利的斗争节节胜利——比如制定了法律，禁止在招聘广告中搞性别歧视，把高工资、高地位的工作机会统统留给"需要帮助的男士"——人们开始思考把妇女的肉体仅仅当作从男子那里换取一点特权的筹码的观点。也正是在这个时期（妇女为权利而不是别人想收回就收回的

---

① 许多书都涉及这段被隐匿的历史——比如，弗莱克斯纳（Flexner），1959；纽科默（Newcomer），1959；卡伯（Kerber）和马修斯（Mathews），1982；勒纳（Lerner），1979；米利特（Millett），1970；更具有国际性和具有更多文化观点的书，比如柯林斯（Collins），1990；詹姆斯（James）和布西亚（Busia），1993；摩根（Morgan），1984；以及《世界妇女现状》（1985）的文献，来自联合国的有用资料。还有一些重要的女权主义者的重要文选，比如《现代女权运动》（1992），由海尔布伦和米勒编辑；《女权主义报》（1973），由罗西编辑；《女权主义：历史著作要点》（1972）及《现代女权运动》（1974），均由施奈尔编辑。

特权而斗争的时期），人们开始思考在西方习以为常的另一种定式。美国历史上第一次有大批女孩子当上了运动员，这时她们开始怀疑并反对那种认为妇女唯一需要锻炼的肉体部位就是胸部——换言之，性感的女子肉体不能强壮——的观点。

在美国和西方其他国家提出妇女意识的群体中的女子开始看到，她们接受的关于自己的性教育，都来自错误的信息。比如，妇女开始交流性感觉和性体验时，发现女子性快感延续时间长的原因并不是她们性欲过于旺盛，而是由于她们具有多次性高潮的能力，这是这种能力的一种正常、健康的表现。妇女也开始更自然地接受两性性关系和同性性关系。对强奸和乱伦这类过去难于启齿的话题，她们也不再沉默了。

妇女运动者迫使法官和执法官员将强奸视为对妇女的暴力犯罪，而不是妇女自己招惹的麻烦，因此关于强奸的举报多起来了。当妇女运动专家开始认真研究乱伦时，便发现对儿童的性虐待——男孩、女孩都有，但女孩居多——多得吓人。戴安娜·拉塞尔在《隐蔽的伤害：女孩及妇女生活中的乱伦》（*The Secret Trauma: Incest in the Lives of Girls and Women*）一书中指出，她在旧金山采访的930位妇女中，38%的人记得曾经受到性虐待。

这个消息证实了妇女早先的诉说，这些诉说后来被弗洛伊德视为歇斯底里的幻想而受到忽视，至今在心理分析中还以此为理由，否认妇女经历的真实性。它也使人们看到性虐待如何成为维护男子对女子的性统治的机制。倘若想让女孩子和妇女认为在性上对男子性统治的绝对服从，是她们生存下去的一个条件，就得让原本应关心、保护她们的那个男人伤害她们的肉体，以及破坏她们的信任，还有什么办法比这更好呢？

甚至妇女的性幻想，尤其是所谓妇女的强奸幻想，现在也有人认真研究了。女性气质的定式就是软弱无力，与此相应，人们对妇女说，她们天生就有这类幻想，因为她们天生就想要受人统治。但是，莫利·哈斯克尔（Molly Haskall）1976 年在题为《强奸幻想：两千年的误解》一文中指出，当妇女开始交流她们自己的体验和观察（而不是接受别人告诉她们有什么或应该有什么感觉）时，就可以清楚地看到，这些幻想从某些方面来看，表达的是性力量，而不是软弱无力。妇女幻想的不是阴道撕裂或遭到强奸者殴打、残害或杀害的可怕痛苦。恰恰相反，她们幻想的通常是，用哈斯克尔的话说，能让男人"想得发疯"——也就是说，是她们自己的性力量。[1]

女子和男子一样，显然也常在幻想中受到性即暴力和统治的影响，我们在前面已经考察了这种影响。而且，在一个男子掌握一切权力的社会里，男女的性关系中总是或明或暗地含有强迫成分。但是，妇女现在意识到，倘若在性幻想中，女子对性根本没有抵抗力，如卡罗尔·卡斯尔（Carol Cassell）博士在《席卷：为什么妇女害怕自己的性》（*Swept Away*：*Why Women Fear Their Own Sexuality*）一书中所说，她们就会认为自己自然的性感觉是对的，而且会按照这些感觉行动。[2]

最为重要的是，她们开始看到，这些幻想不是与生俱来的。比如，南希·弗赖迪（Nancy Friday）在写《顶尖女性》（*Women on Top*）一书时，采访过上一辈许多独立性较强的女士，她们中许多人都曾有过幻想，其中男人充当自虐的角色——在一个统治和服从长期与性画等号的社会里，有如此的角色倒置不足为奇。但是，在

---

[1]　引自卡普兰（Caplan），1985，第 164 页。

[2]　卡斯尔（Cassell），1984。

妇女的幻想中，总的说来，性试验和性冒险越来越多，而不是单纯的角色倒置。①

早先，所有关于性的书籍（包括性手册）都是男子写的，现在则今非昔比了，女子也开始撰写大量直接讨论性的著作和文章了。比如，在这方面的著作中，有希尔·海蒂（Shere Hite）的《海蒂报告》，以及芭芭拉·埃伦莱希、伊丽莎白·赫斯和格洛迪亚·雅各布合作撰写的《重铸爱巢：性的女权化》。甚至宗教右派的妇女也开始在文章中公开谈论性，建议妇女积极主动地享受性快乐。当然，她们念念不忘这样做是为了使"一家之主"高兴。②

但是，在过去 30 年中，当妇女重新获得自己的性力量时，并不仅限于更公开地谈论性和撰写有关性的文章。当她们获得更多的个人、经济和政治力量时，就开始更公开地、更主动地参与性活动。在很大程度上，过去 30 年所发生的性革命，不是男子性行为的革命，而是女子性行为的革命。

主流媒体对此充其量也不过捎带着提一句。比如，1984 年《时代》（Time）周刊刊登了一篇关于性革命的文章，其中引用了历史学家维恩·布洛（Vern Bullough）的话，"20 世纪男子的性模式没有改变"。我以为这话太极端了。可那篇文章里说，"研究表明，自 20 世纪 30 年代以来，男性婚前性行为变化不大"，而"女子婚前性行为自 20 世纪 30 年代至 1971 年增加了一倍多，到 1976 年再次达到一个高峰"。③

---

① 弗赖迪（Friday），1991。比如梯-格雷斯·阿特金森写道，妇女声称，她们倾向于各种性幻想，不再是"男子性驾驭的被动接受或无助的受害人"。引自卡普兰（Caplan），1985，第 166 页。

② 比如埃伦莱希、赫斯和雅各布（1987）指出，即使有强烈的性虐待趋势，妇女的性快感在这些圈子里也变成了可谈的话题。这显示了妇女运动的影响。

③ 利奥（Leo），1984。

倘若我们想到在统治关系历史上，男子的性自由已经得到确认，即使在基督教最激烈地反对性（和妇女）的时代，大多数男子，包括一些教皇，在性上也没受多少约束。因此，当我们谈到 20 世纪 60 年代和 70 年代的性革命时，应该更具体一些，这很重要。

现代的性革命第一阶段最重要的意义，不仅在于它削弱了那种认为婚姻中除了以繁殖为目的的性以外，一切性都是恶的老教条。埃伦莱希、赫斯和雅各布反复指出，变化最大的——因而直接和间接地影响着男女性关系的——是妇女重新获得了自己的性力量，开始时还是试探性的，后来就毅然决然、果断行动了。① 其核心是，妇女要重新获得性快乐的权利——这是与妇女重新获得至少一定程度的经济和政治力量同时发生的。

或许对此最明显的表现，就是弗洛伊德的所谓阴道高潮神话的破灭。回首往事，居然有那么多人相信女子达到高潮与阴蒂毫无关系，看起来真奇怪。但是，阴道高潮神话的彻底破灭，是在威廉·马斯特斯（William Masters）和弗吉尼亚·约翰逊（Virginia Johnson）合作进行的研究在临床上证明阴蒂（而不是阴道壁，那里的神经末梢较少）是女子性激动的主要来源——以及其他人的调查，比如，希尔·海蒂得之于妇女自身的体验和观察的结论，证实了这种观点——之后。

有一种说法是，倘若女子在性交中达不到高潮，那她不是不正常，就是不成熟，这种教条与老式的男性中心的性观点倒是非常相符的。大部分性手册中还说，虽然阴蒂是女性性敏感的最主要部位，但其刺激充其量是一种引子，是"正事"的前戏，男子一般在这一阶段达到高潮，因此海蒂就给它取了这么个片面的名字。如

① 埃伦莱希（Ehrenreich）、赫斯（Hess）和雅各布（Jacobs），1987。

此看来，妇女当然只有在抛弃这种明显的错误观点以后，才能重新获得自己的性爱。这种错误观点，斯蒂芬·杰伊·古尔德（Stephen Jay Gould）在《弗洛伊德的失误》一文中尖锐地指出，"铸成了千千万万受过教育的，或'开明'女士的期望"，她们看了一批心理医生和报刊及结婚手册上的文章后，就自认为不正常了。①

摆脱这种错误观念，对妇女来说，就是一种巨大的幸福。对男子来说，这也是一种巨大的幸福，因为它延长了性快感，使之更自由，更强烈，更富于激情。

但是，只有在今天，即现代的性革命已开始进入第二阶段时，我们才能对古尔德称之为"阴道高潮假象"的另一个基本方面有科学的认识。那就是科学权威倘若不能充分地认识阴蒂的重要性，也就不能充分认识人类女性产生性快感的中心（阴蒂）与她们进行性交（或曰繁殖所不可缺少的行为）的阴道口，是相互独立的两个结构。因此，他们助长了一些宗教组织至今竭力宣扬的那种错误观念，以为纯粹为享乐的性是低贱的或兽性的——事实上，正是因为人类女性将纯粹为快乐的性与为生育的性区别开来，我们这个物种才得以**区别**于其他大多数动物。换言之，他们没有认识到，纯粹为生育的性，才应该是纯粹的动物本性。

不仅如此，那些为我们规定现实的人因此还忽视了一点，那就是以生育为目的的性是我们与其他以性交为繁殖手段的物种所共有的，但是人类的性有其独特的方面——包括女人不分季节地进行性活动的能力，以及女人和男人长时间地具有性激情、性爱和精神性或灵性的能力。而这又使学者们不易看到我们人类独特的性所具有

---

① 古尔德（Gould），1987。

的重要意义——包括千百年来在倾向于伙伴关系而不是统治关系的社会里发挥着关键作用的性与灵性的联结。

色情的再度圣化

在上编里我们已经看到，有一些神秘传统流传至今，它们认为我们人类常年长时间获得性快乐的能力，是通往精神启迪的道路。但是只有在今天，更多的女子和男子为使他们的亲密关系从统治关系向伙伴关系转变而奋斗，人们才再次普遍地重新发现了性与灵性的联结。

探讨这种联结的著作，有些出自男子之手——比如，乔治·福伊尔斯坦（Georg Feuerstein）著有《神圣的性》（*Sacred Sexuality*），彼得·雷德格罗夫（Peter Redgrove）著有《黑女神与看不见的现实》（*The Black Goddess and the Unseen Real*），威廉·欧文·汤普森（William Irwin Thompson）著有《失身的肉体被轻看的时代》（*The Time Falling Bodies Take the Light*），罗伯特·安东·威尔逊（Robert Anton Wilson）著有讽刺意味的《巧合》（*Coincidence*）。但是，这一类著作的作者大多数是女性，妇女关于性的写作正在成为一种新题材：这些写作将性与充满色情快乐的全身心的灵性联系在一起。

这些著作与现在一些妇女所写的更公开谈性的书籍比起来，在一些重要方面与传统离得更远了。因为它们谈论的，是重新恢复妇女在远古的性力量——以及史前女神的强大形象。

这些著作有许多出自神学家（有些人喜欢自称为神学研究者）之手，比如卡罗尔·克赖斯特、伊丽莎白·多德森·格雷和朱迪思·普拉斯科。另一些作者则是诗人，比如奥德雷·洛德和巴巴拉·莫尔；还有一些是艺术家，比如朱迪·芝加哥和莫妮卡·斯佐；以及一些艺术史学家，比如埃莉诺·戈登和格洛丽亚·奥伦斯坦。有些作者是同性恋者，也有些是异性恋者。更有些作者是诸如维基·诺布尔、斯塔霍克、露易莎·泰施和唐娜·威尔希尔那样的妇女，她们自发地恢复了古代治疗者、萨满（Shaman）、仪式主持人或女祭司的角色。[①] 她们大多数说女神是色情力量的源泉，但也有少数人，比如卡特·海沃德笔下仍把她写成男神。[②] 不过，不管使用什么称呼，她们的焦点是再度圣化女性和色情——她们笔下的色情被描写为力量的源泉，而不是排除了性。

284

这些女作者提到的力量，不是通过恐惧和强迫而统治和控制他人的力量，而是给予和养育生命的力量，给予和接受爱的力量。最重要的是，这种力量不是制造痛苦的力量，而是给予和接受快乐的力量，是以快乐为纽带弘扬生命中的一切的力量。

洛德（Lorde）在一部作品中说，色情是"我们内心的女性和精神层面上的资源"：

> 分享快乐，不论是肉体的、情感的、心理的抑或精神的，都会在分享者之间架起一座桥梁，成为他们理解对方无法分享之物的基础，也会减少他们之间所存在的差异的威胁……当我们生活在自己以外时，我的意思是，当我们依靠外界的指导，而不是自身内在的知识和需要而生活时，当我们远离自身色情

---

① 克赖斯特（Christ），1987；格雷（Gray），1988；普拉斯科（Plaskow）和克赖斯特（Christ），1989；洛德（Lorde），1984；斯佐（Sjöö）和莫尔（Mor），1987；芝加哥（Chicago），1979，1985；戈登（Gadon），1989；奥伦斯坦（Orenstein），1990；诺布尔（Noble），1990；斯塔霍克（Starhawk），1982；泰施（Teish），1985；威尔希尔（Wilshire），1994。

② 海沃德（Heyward），1989。

的引导而生活时，我们的生活就受到外界和异质的限制，我们服从某个结构的需要，而这个结构根本不是以人类需要为基础的，更不考虑个人的需要。但是，当我们开始自内而外地生活，紧贴着我们自身色情的力量，让这种力量引导和启迪我们对周围世界的行为时，我们就会开始真正地对自己负责。因为当我们开始认识我们最深的感觉时，才能够而且也必然不再满足于受苦和自我否定，不再满足于麻木，而现在麻木似乎是我们的社会里仅有的另一条路。我们反抗压迫的行动会与我们的自我合而为一，具有发自内心的动机和力量。①

诺布尔在一段话中讲到了古代妇女的性力量与萨满或治疗传统的联系：

> 内心的家园是圣庙，在那里我们把女神、深层的女性气质以及阴间女性的力量和表达的源泉相互联系起来。我们再一次深深地植根于那片土地，在那里力量和性是天衣无缝的整体。这就是古代女性形象明白无误地传达的整体观念。我们曾是蛇和鸟、地和天、肉和灵。我们可以请男性同去那片土地，而他确实来了。②

戈登也讲过类似的话，即要"重新恢复我们色情本性的神秘"。而海沃德在文章中称色情为"生命的力量""创造的力量"，甚至是"智慧的守护者"，并且提出"通过性体验而深入神圣——

---

① 洛德（Lorde），1984，第53、56、58页。
② 诺布尔（Noble），1990，第198页。

探索神圣的国土"。①

　　这些作者像史前女神崇拜社会里的艺术家一样，认为女性的肉体既是内在的又是超自然的，它象征着给予生命、爱和快乐的力量——倘若女人和男人要得到精神治疗，就必须重新树立这种象征。其实，对他们之中的许多人来说，精神和社会治疗的关键，正是重新恢复妇女的力量：这也是创造世界的关键，女性所具有的那些创造力的性力量的神秘和美在这个世界里将受到尊敬，而不是被视为罪孽而遭到贬抑，或是被视为供男性性消费的商品。

　　总之，这些女性作者不仅解构了性爱，而且建立了新的性爱。在这一过程中，她们并不是孤军奋战。我们在后面的章节里会看到这一点，我们将继续进行探索，看看现代的性革命与现代意识革命如何成为一个整体——它们如何在我们的时代同时进入一个新阶段，对我们最根本的观念和关系进行重新审视，重新组织。

---

① 戈登（Gadon），1989，第305页；海沃德（Heyward），1989，第3、101页。

第十五章　性、谎言与定式：改变自然观、肉体观和真理观

史蒂文·索德伯格（Steven Soderbergh）在他 1989 年的影片《性、谎言和录像带》中，讲述了两男两女的故事。他们每个人都代表着一种众所周知的性定式：一位冷冰冰的妻子，以及她的性欲旺盛的妹妹，一位唐璜式的荒淫丈夫，以及他的阳痿的朋友。但是，索德伯格处理这个故事的手法完全出人意料，不落俗套。

索德伯格没有把他的影片中的唐璜塑造得光芒四射，让他按照卡萨诺瓦（Casanova）以及后来好莱坞的传统，赢得他遇见的每一个女子的心和肉体，而是把他塑造成一个可笑的形象，最终把妻子、情人、工作都丢了，甚至失去了他的男性伙伴的尊重。他倒是对那位冷淡的妻子和丈夫的阳痿朋友（荒诞喜剧中的标准笑料）充满了同情和善意的幽默，他们共同寻求精神和性的康复。对那位情妇，索德伯格没有因为她性欲旺盛，和自己的姐夫睡觉而给她贴上淫妇的标签，而是让她逐渐显出善解人意的性格，与姐姐一起反抗同一个压迫性的家庭，只不过她采取的方式不是自我封闭，而是性反叛。而且，在这部影片里，公开地、绘声绘色地谈性的，不是男人，而是女子，她们甚至同意让人拍摄性录像——那位妻子的妹妹甚至还在自慰。

总之，这部影片将许多传统的性定式整个颠倒了。然而，尽管那些关于男人、女人、性和灵性的定式已经成为良好的性关系的障碍，它们却仍然阴魂不散——甚至今天在许多领域，从生物学、生理学、心理学到神学、法律和哲学，许多出人意料的、有时非常可笑的结果已经推翻了曾经被人深信不疑的那些观念，那也无济于事。

卵子、精子与性别神话

我们在生物教科书中读到关于人类生殖的内容时，大都会觉得我们读的是对自然现象的客观描述。但是，人类学家埃米莉·马丁（Emily Martin）在《卵子和精子：科学如何编造以男女角色定式为基础的故事》[1] 一文中说，我们在生物课上讲授的关于有性生殖的一些重要知识，不是对自然世界的描述，而是"把文化的观念和做法当作自然的一部分"。她说："对生殖生物学进行一般性和科学性的讲解时所画的卵子和精子的图形，其依据是我们对男性和女性的定义中那些核心的定式。"不仅如此，它还让人产生这样的印象："不仅女性的生物过程不如男性的生物过程，女子从根本上就不如男子。"[2]

例如，有一本畅销教材，名叫《细胞分子生物学》（*Molecular Biology of Cell*）。这本书告诉学生，卵子的发生（即女性产生卵子）非常"浪费"，因为女性胚胎中发现的 700 万个胚芽卵细胞中，只有 3 万个一直存留至青春期。为了强调这一点，作者还评论

---

[1] 马丁（Martin），1991。

[2] 马丁（Martin），1991，第 485～486 页。

道："为什么要产生这么多卵子，又让它们在卵巢中死掉，至今仍是一个谜。"[1] 但是，马丁指出，为什么教科书的作者不说男子产生精子是浪费，这才真是个谜呢。事实上，一个男子在平均 60 年的生育期内，每天要产生 1 亿个精子（也就是说，他一生要生产 2 万亿个精子），每生一个孩子，他都要浪费掉 1 万亿多个精子。[2] 可是，教科书中对男子一辈子死在体内的天文数字般的精子通常只字不提，谈到精子时所使用的语言，马丁精辟地指出，简直是美妙绝伦。比如，弗农·芒卡斯尔（Vernon Mountcastle）编写的经典教科书《医疗生理学》是这样写的："女子每个月只排出一个卵子，而精小管一天就生产上亿个精子"——他煞费苦心地说到女子用"排出"，说到男子便用"生产"，全然不顾这上亿个精子（有一位作者热情讴歌道，这些精子首尾相接放在一起，能排 1/3 英里）其实与妇女产生的卵子比起来，无疑是一种更大的浪费。[3]

　　对男性生物过程的描述总是用褒义词，而对女性生物过程的描述则多用贬义词。但是，这并不是问题的全部。卵子和精子的活动方式，简直就是统治关系文化中设定的女子和男子的行为方式的翻版。马丁写道：

　　　　卵子的活动非常女性化，而精子的活动非常男性化，令人惊叹不已。卵子大而被动。它并不移动或漫游，而是被动地"被携带""被卷入"甚至沿着输卵管"漂移"。精子与卵子完全相反，它个头儿小，"呈流线型"，非常活跃。它们将自己的基因"送入"卵子，"激活卵子的发育程序"，而且"敏

---

① 艾伯茨（Alberts），1983，第 795 页。

② 马丁（Martin），1991，第 488～489 页。

③ 马丁（Martin），1991，第 486～487 页。

捷"得令人赞叹。它们的尾巴"强壮"有力。它们能够借着射精的力量,"将精液带到阴道最深处"。①

其实,马丁指出,卵子和精子根本就不是这么回事。约翰·霍普金斯大学的研究者发现,精子向前的冲力极弱,这与认为精子是"强有力的穿透者"的观念,当然大相径庭。而且,精子似乎常常极力躲开卵子,而不是穿透卵子。②

但是,流行的文化观念实在太强大了,发现这些现象的研究者在一段时间内也仍然在论文和提要中把精子写成主动的一方,它攻击、穿透并进入卵子与之结合。只是这时精子的行为已经变得软弱无力。马丁写道:"直到1987年8月,发现这些现象三年多之后,这些研究者才对这一过程作了新的描述,赋予卵子更主动的角色。"但是,他们那时所做的,不过是树立另一种性别定式而已。

因为他们现在开始将卵子描述为攻击性的捕精者,"周身带着黏性分子,一碰上精子就能把它粘住,使它贴在透明带的表面"。他们在发表的文章中是这么说的:

---

① 马丁(Martin),1991,第489页。科学家甚至认为精子按照习惯也会进行男子汉的选择——例如,从《细胞》杂志上发表的一篇文章中我们可以得知,精子做出了"要实现自己的存在的决定",因而去穿透卵子[夏皮罗(Shapiro),1987,第293页]。相反,在另一篇由杰拉尔德和海伦·夏梯恩为《医学世界新闻》撰写的文章中,则把卵子比喻为"睡美人":"一个睡眠状态的新娘等待着新郎魔力般的亲吻以给她灌输灵魂而带来生命。"[夏梯恩和夏梯恩(Schatten & Schatten),1984,第51页。]

② 马丁(Martin),1991,第493页。有趣的是,与大多数生物学课本形成鲜明的对照,伍迪·艾伦的电影《性爱宝典》更为准确地描绘了这一程序,其中表现了一个顽强的精子,努力地躲避而不是主动地出击的情形。

最里面的包层，即透明带，是一层糖原蛋白壳，能在精子穿透它之前捕捉并捆住精子。……精子的尾端和透明带一碰上，就会被捉住。……由于（精子的）刺太小，没有足够的力量一次完成与卵子的亲和，因此精子尾端与透明带的第一次接触，只能是卵子抓住精子。①

289

换句话说，他们所使用的仍是同样的军事用语，只不过颠倒了一下角色，卵子现在成了"危险的"性吸血鬼，捕捉和俘获倒霉的男性种子②——实际上，新研究揭示精子和卵子之间是双向过程。可是，旧有的性别定式坚不可摧，就连杰拉尔德和海伦·夏梯恩（Schatten）这样的研究者，他们虽然承认"最新研究证明了一种近乎异端的观点，即精子和卵子是互动的伙伴"③，但他们在表达这种伙伴关系时，仍然使用了统治和服从的语言。因此，夏梯恩夫妇写道："精子与卵子首次接触，精子三角形的头部顶端投射出又细又长的丝状物，像叉子似的刺破卵子。"

但是，实际情况是"这种叉子不是一下子发射的，而是以极高的速度，一个一个分子地聚集，它们来自于一个叫'顶体'（acrosome）的贮存蛋白质的特殊区域"，而且"在其顶端接触卵子并和卵子粘连之前"，这个叉子"的长度能够超出精子头本身20倍"。④马丁写道："为什么不把这个过程叫作'搭桥'或'甩线'，非要说投射出叉子？"⑤ 是啊，为什么本来是两个表面粘连或连接，

---

① 巴尔茨（Baltz）、卡茨（Katz）和科恩（Cone），1988，第643、650页。
② 比如，一位研究者告诉马丁，精子总是设法逃脱，"就像布莱尔兔子那样，越是被柏油娃娃粘得厉害，越是逃得快"［马丁（Martin），1991，第493页］。
③ 夏梯恩和夏梯恩（Schatten & Schatten），1984，第51页。
④ 马丁（Martin），1991，第494页。
⑤ 马丁（Martin），1991，第494页。

却非要用穿刺和伤害他物的叉子来比喻？

　　同样，为什么教科书里显示一个巨大的卵子和一个小精子的电子显微图下面的说明，写着"精子的图像"？马丁不无讽刺地说，这就像显示一条狗的照片，然后说这是跳蚤的图片。[1]另一位名叫保罗·瓦萨曼的研究者，为《科学美国人》写了一篇文章，研究卵子与精子接触时卵子外层的特殊分子，说雌雄两种配子"辨认出对方"并形成"接触"，但是他描述这种双向的过程时，使用的语言仍然像是在说精子是主角——它刺穿卵子，使之具有生育力，制造出胚胎。为什么？[2]

　　答案当然只有一个，那就是生物学家和我们一样，受到流行的性定式的影响。但问题是，他们用以阐释其资料的形象、模型和比喻，又会对社会产生深刻的影响。科学文献对有性生殖最坏的影响，就是将统治与被统治的性关系使用到生物细胞上，使之看似不可改变。[3]

　　这就是马丁提出的批评非常重要的缘故。它们不仅帮助我们摧毁了对自然和现实的歪曲，而且向我们指出了其他各种可能性。马丁提出，生物学本身就能提供适用于卵子和精子的另一种模型：控制论模型，及其反馈环、对变化的适应性、整体之中各部分的协调、随时间的进化，以及对环境的不同反应。马丁和其他许多女权主义学者一样，以这种方式使我们对我们用来想象世界和自身的方式——进而对我们思考、感觉和行为的方式——由解构而重构。

290

---

①　马丁（Martin），1991，第491页。

②　瓦萨曼（Wassarman），1988，第78～84页。

③　比如马丁评论说："最起码，肖像保持了一些关于不幸中的弱女子及其强男人救助者最古老的定式。"［马丁（Martin），1991，第500页］

圣血还是倒霉?

对女子性过程的积极形象的否认，认为这一过程是令人不快的——而且是有害的，这一观点最主要的依据大约莫过于女子特有的月经。在医学教科书上，描写月经的用语一般是否定性的，比如子宫内壁的"碎块"，或将之说成"生育失败"的结果。[①] 而在老百姓的用语中，它至今仍然被称为"倒霉"——好像这种自然过程是女子因为没有生为男子而受到的什么超自然力规定的惩罚。

在一个女子受男性统治的社会制度里，这种认为妇女每月的出血是一种生理缺陷，甚至是一种诅咒的观点是非常合适的。因此，经血不仅是妇女的霉气，而且对男子也有危险，这种观点在严格的男性统治氏族社会里非常典型。女孩子的月经初潮——标志着她从此成为性成熟的女人——更是被看作家庭和氏族的不洁，甚至是玷污。玛丽·道格拉斯（Mary Douglas）曾经指出，这种观点使男子的优越感以及男女不平等的社会地位成为天经地义。[②] 最重要的是，这种观点使得对女子的严格控制，尤其是对女子的性实行严格控制，成为天经地义。

于是，女孩子经过月经初潮，常常就进入了受限制的、下等的地位。其形式通常是强制隔离。[③] 有时，这几乎就是囚禁，把女孩

---

① 马丁（Martin），第486页。

② 道格拉斯（Douglas），1975，第62页。

③ 补充一点，在许多文化中，男孩子的成熟仪式，与女孩子一样，包括隔离，这种隔离是转向成年人生活在精神上作准备的时间。在一些社会中，女孩的隔离仍可能有这一因素，但在严格的男性统治社会中这不仅是一种敬畏情绪，而且是与月经来潮有关的危险感和厌恶情绪。

子关在一个暗无天日的小房子里，在某些部落，这一过程要延续数月，甚至数年——换一个场合，人们立刻会觉得这种野蛮做法太残酷，不近人情，并加以反对，而不是仅仅把它当作一种奇特的民族习惯。

人类学家科林·M. 特恩布尔（Colin M. Turnbull）写道，在非洲一些村庄里，人们认为女孩子的月经初潮是"一场灾难，一个凶兆"。因此，被"玷污"的女孩要被关起来。"关押的时间在各部落中不尽相同，甚至各村都不一样，"特恩布尔继续写道，"有时仅仅一两个星期，有时要延续一个月甚至更长。有时则要一直等到这个女孩被嫁出去，能由她丈夫把她从耻辱间里领走"。①

特恩布尔也记录了刚果森林里更倾向于伙伴关系的班布提（BaMbuti）俾格米人（Pygmies）在女孩子月经初潮时的做法，与以上习惯形成鲜明的对比。特恩布尔说，这里"没有人歧视女性"。他写道："当年轻的俾格米女孩发育成熟，第一次开始有经血时，他们认为这是她得到的馈赠，她对此充满了感激和兴奋。"她不会被单独地关起来，而是和她所有的小朋友一起到一个特别的房子里去，在那里"一位德高望重的亲戚教她们如何做母亲"，"她们不仅学习成人的生活方式，也学习成年妇女的歌曲"②。

这里，对于俾格米人来说，月经不是教女孩（以及整个部落）自认低下的仪式；相反，俾格米人认为，女孩子的月经初潮意味着她得到了祝福。用他们的话来说，"得到了月亮的祝福"。

---

① 特恩布尔（Turnbull），1961，第 185~186 页。
② 特恩布尔（Turnbull），1961，第 154、187 页。

他们举行节日庆典，节日的名称就叫爱利玛（elima），"老年妇女沙哑的低音和年轻人尖细的高音日复一日，夜复一夜，在爱利玛的屋里回荡"①。特恩布尔还注意到，最重要的是，女孩子的第一次月亮（俾格米人以此称呼月经）"不仅是女人，而且是所有人欢乐和幸福的时刻"。经过第一次的庆祝，女孩子的月经就是其生活中自然的一部分，而不是像男性统治更严格的那些部落，成为不断地孤立或隔离妇女的借口，让她们（以及她们的部落）觉得她们低下、危险，因此，真的很倒霉。

月经不是倒霉，这种观点在其他一些更倾向于格兰尼式的或更倾向于伙伴关系的社会里，比如北美的普韦布洛人（Pueblos），也非常典型。人类学家鲁斯·本尼迪克特（Ruth Benedict）在《文化伴侣》中写道，普韦布洛人"对待月经的态度格外突出，因为他们周围的部落在每一个聚居地都有为月经中的妇女准备的小屋子。（在其他部落里）月经中的妇女必须自己做自己的饭，单用一套餐具，完全与大伙隔离。即使在家庭生活中，她的接触也是不洁的，如果她碰了猎人的工具，这些工具就会失灵。但是，普韦布洛人不仅没有月经棚，而且在这段时间也不对妇女作这样那样的约束。妇

① 特恩布尔（Turnbull），1961。"爱利玛"有时会显得粗野混乱，包括身体接触，甚至包括女孩与男孩之间具有强烈性暗示的搏斗。应该说，这也是我一贯所强调的，更倾向于伙伴关系而不是统治关系的社会并不意味着没有暴力。但是，在班布提俾格米或其他更倾向于伙伴关系的部落社会，种暴力与在男性严格控制女性的社会不同，它没有制度化，也没有得到肯定的评价。因此，与班布提族邻近的更男性中心化社会的部落形成鲜明对照的是，班布提族的女孩不仅在性观念上而且在身体上都敢作敢为。而且，在班布提族中，妇女没有背负劣等的污名——所有这一切都反映在女孩首次得到"月亮的保佑"的庆祝中。

女一生中在月经期与其他时间没有任何区别"[1]。

科学研究发现，光线的变化对月经周期有影响。如果夜间没有其他光线的干扰，排卵总是发生在满月时，这是对俾米格人将月亮与妇女的月经联系起来的一个有趣的注脚——其实，在两万多年前洛塞勒（Laussel）旧石器时期祭祀岩洞中，人们已经发现了这种联系。[2] 现在，到处都是人造光线，妇女的月经周期普遍延长，并且与月亮的节奏不一样了。但是，即使现在，住在一起的妇女——比如在集体宿舍、女生联谊会和监狱中——经常同时来例假。当然，妇女月经中的流血与其他形式的流血有根本区别，因为它不是受伤、生病或死亡引起的，而是妇女的性能力以及繁衍生命的能力。因此，妇女的经血曾被认为是奇迹，也就不足为怪了。

在妇女不受男子统治——因此现实中和神话里的妇女不一定都软弱无力——的社会里，妇女的"血的奇迹"有可能被视为神圣的赐予，而不是一种不洁的诅咒，这也没什么奇怪的。有学者提议，或许有这么一个时代，妇女的经血在特殊的仪式上作为"神奇"的肥料施在土地里。[3] 也有学者提议，过去萨满教女祭司的治疗和预言能力，或许在月经前和经期达到最强——这么看来，妇女在月经前和月经期的高度敏感在那时不是被视为烦躁，而是由妇女

---

① 本尼迪克特（Benedict），1959，第112页。另一个更倾向于伙伴关系的部落社会是蒂鲁里（Tiruray），这是人类学家斯图亚特·索雷格尔（Stuart Sohlegel）在菲律宾实地调查研究发现的［索雷格尔（Sohlegel），1970，及其未出版的著作］。索雷格尔指出，蒂鲁里人把月经称作"阿达特利本"（Adat Libun，即妇女的习惯），并指出"阿达特"或习惯对蒂鲁里人来说是一个褒义词（与美国加利福尼亚大学桑塔·克鲁兹学院人类学荣誉退休教授斯图亚特·索雷格尔的私人通信，1993年10月）。

② 关于这一点和与月经相关的其他主题的论述，见舒特尔（Schuttle）和雷德格雷夫（Redgrove），1990。

③ 见诺布尔（Noble），1990。或见本书第7章关于祭祀的讨论。

特殊的生理造成的意识异常状态。①

　　在工业社会里，经前和经期紊乱的报告越来越多，因为在这样一个时代，我们当然不能再忽视妇女荷尔蒙的周期（我们工作和休闲的安排都是以男性为中心的）。②同样重要的是，如果妇女要再次获得健康的自我价值感，我们就要告诉小女孩，妇女每月一次的流血是女性生理的一个方面，它曾经受到，将来也能够再次受到尊敬。

　　但是，对妇女的生理周期的态度的改变还有一面——它对妇女和男子都具有深刻的意义。这就是承认妇女自然周期的价值和整体性，需要改变对自然和人的肉体的态度——通过这样的转变，就能最终抛弃统治关系对男性至上的迷信，以及男性对妇女和自然的统治。

妇女、男子与自然

　　我们已经看到，在统治关系意识形态中，男尊女卑是由认为男子与灵性高于女子与自然的教条所确立的。但是，这些教条也要求男子视自己的肉体（显然，男子的肉体与女子的肉体一样，也是自然的一部分）为被统治的对象。在西方，基督教关于妇女、肉体或肉体低贱的教义，包括教会对性快乐的诅咒，使这些态度更为

293

① 诺布尔（Noble），1990；格雷（Gray），1988。
② 男性同样有生物学周期。最新研究表明，男性睾丸激素的产生兼具日周期和季节周期，其睾丸激素程度以春季低潮，秋季高潮；从日周期看，似乎是下午时进入低谷，上午时达到高峰——这一发现导致性学家琼·赖尼希（June Reinisch）妙语连珠："当人们说女人不可信时，这是因为她们是一个月来一回，而我的回答是，男人的周期是一天，所以，只好让他们每天晚上进行和平谈判了。"［引自戈尔曼（Gorman），1992，第51页］

激烈。然而，我们在前面也已看到，认为男子和灵性高于女子和自然的双重（或者更确切些说，统治关系）标准，在许多东方宗教、东方哲学甚至神秘传统中也是非常普遍的。

将自然视为应该控制的东西，这种观点现在受到环境学家和其他试图寻找更健康、更持久的生活方式的人的强烈反对，一些人将之归咎于牛顿科学或笛卡尔的理性主义，其实这没什么道理。① 牛顿科学和笛卡尔的理性主义当然代表着一种脱离自然的、男性中心的方法。但是，他们只是把前人的观点机械地升了级。自然（以及人的肉体）应该被人征服、受人控制，这种看似现代的观点，在西方可以轻易地追溯到巴比伦时代的《天之高兮》，其中，我们已经看到过，马杜克肢解了泰玛的肉体，由此创造了世界。男性能够而且应该控制自然也是作为犹太教、基督教和伊斯兰教之基础的《圣经》创世故事的核心，只不过这里在形式上暴力程度不强。我们从这里知道，自然万物被创造出来，只因为这是一位男神的命令——更有甚者，当上帝按照自己的模样造出人类时，他让人统治"地上各种活动的生物"②。

男人能够而且应该对自然界的"混乱的"力和女人（在巴比伦传说中，两者都由女神泰玛所代表）拥有绝对统治权的，正是这种观念最后导致了男性有名的"征服的天性"——这种征服今天在地球的臭氧层上捅出许多窟窿，毁灭了我们的森林，污染了我们的空气和水，日益威胁着成千上万的生物物种（包括我们自己）的健康，甚至生存。这种观点还导致医学上使人体常常依赖于不必

---

① 着重讨论这一因素的一本书，见伯曼（Berman），1984。

② 《圣经·创世记》1：28 中也有一些段落谈到了人类在这方面是管理者，现在正在被那些发现《圣经》在环保主义方面的权威性的人士加以利用。参见康特里曼（Countryman），1988。

要的甚或有害的化学药品或手术——在西方，这种医疗方法可以追溯到教会医生的"英雄疗法"。在中世纪末期，这些医生逐渐取代了传统的治疗者（在这些治疗者中，有许多人是妇女，她们被当作女巫烧死了）及其更自然的草药和其他治疗方法。这里的指导思想，又是无所不能的医生发号施令，是一种脱离自然的外部控制；总之，是对自然的统治，而不是与自然为伴。

并不是说现代科学和医学对人类健康没有做出巨大贡献——这些贡献是有目共睹的。但是，如果坚持现代科学和技术能够单独解决我们日益严重的生态问题，并将这些问题全部归咎于现代科学和技术，同样站不住脚。

把现代科技固定为要么是无赖，要么是救世主，这是掩盖问题的真相。问题不是我们**是否**应该发展科技，而是**如何**发展和应用科技。[①]

自然中既有创造性的力，也有毁灭性的力。人类文化的一个重大成就，就是发展科技，更好地对付、至少减少毁灭性的自然现象，比如周期性的洪水、地震和其他自然灾害造成的损失。医学也在治疗和预防毁灭性的病毒、细菌和遗传病方面取得了长足的进步。我们当然要继续发展这些技术。但是，我们也应该学会与自然合作，包括与作为自然的一部分的人类肉体的合作。

比如，我们不能仅仅用筑坝拦河的现代技术控制自然周期性的洪水，还应该看到，有时堤坝也会给经济和环境带来不利影响。比如，埃及著名的阿斯旺大坝——它严重地破坏了尼罗河的周期性洪水所裹挟的肥沃土壤的自然循环，导致化肥的大量使用。这

---

① 我曾经写过需要开发一个新系统，把不同种类的技术按其应用分门别类，这比只是罗列每一件东西，从开罐器到核弹，列入同一类要好［艾斯勒（Eisler），1988］。

不仅造成了严重的生态破坏，而且长此以往，将降低而不是提高作物产量。①还有一个例子是，我们不应该通过大量的化学疗法来治疗肉体的疾病，因为这经常会导致更多的健康问题，我们应该向今天被准确地称为人类身体的整体疗法前进——这种疗法注重身心交流以及人类自愈的巨大潜力。

这将我们引向另一个不大为人注意的事实：在很大程度上，由于妇女没有接受她们应"征服"自然的社会化，因此，在今日呼吁和宣传更完整、更伙伴式的自然过程的观点时，她们发挥着主要作用。许多妇女著书探讨这一问题。比如，雷切尔·卡森（Rachel Carson）写了《寂静的春天》（*Silent Spring*），这是现代生态运动的第一声号角。《我们的肉体，我们自己》（*Our Bodies, Ourselves*）是整体医学的里程碑式的著作，是妇女在重新树立我们肉体的形象并获得一度（自教会在猎巫中灭绝欧洲女治疗者开始）被男医生垄断的医疗权力的斗争中的有力武器。还有一些生态女权主义著作，比如卡罗尔·亚当斯（Carol Adam）的《生态女权主义与神圣》（*Ecofeminism and the Sacred*），洛兰·安德森（Lorraine Anderson）的《地球的姊妹》（*Sisters of the Earth*），艾琳·戴蒙德（Irene Diamond）和格洛丽亚·奥伦斯坦（Gloria Orenstein）的《重新编织世界》（*Reweaving the World*），苏姗·格里芬（Susan Griffin）的《妇女和自然》（*Woman and Nature*），卡罗琳·麦钱特（Carolyn Merchant）的《自然之死》（*The Death of Nature*）以及范丹·希瓦（Vandana Shiva）的《活着：妇女、生态和发展》（*Staying Alive: Women, Ecology and Development*）。这

① 没有注意长期效果而建造堤坝和其他措施所带来的问题正日益显现出来，比如1993年美国中西部的大洪水，还有同一年年末德国的大洪水，淹没了许多地区。例如，见卡尔菲尔德（Calfield），1984。

些书生动地表明，对妇女的贬抑（和征服）以及对自然的贬抑（和征服）如出一辙。[1]

伊丽莎白·多德森·格雷的《妇女体验的神圣意义》（*Sacred Dimensions of Women's Experience*），将关于妇女和自然的更伙伴式的观点，又向前推进了重要的一步。因为这本书不仅强调，如果我们要取得真正的进步就必须看清并改变性别定式，而且还探讨了何为神圣的问题。

重新定义神圣与淫秽

我们已经看到，如何定义神圣与如何定义现实是紧密相连的。因此，格雷写道："《创世记》2 中描写亚当给所有的动物'起名'，这绝非偶然。命名就是权力，即按照命名者的利益和目的塑造自然的权力。"[2]

显而易见，以统治方式命名现实对男女都没有好处，它导致了长期的暴力和不公正，并且对生态也不利。甚至将世界视为一个金字塔，由一个遥远的、属于另一个世界的神灵自上而下地实行统治，这种观点使得女人和男人无法体验每日的奇迹和意义，它所做的只是使我们远离生活中的神圣。

最明显的例子就是，我们不乏关于死亡的宗教仪式，却几乎没有什么意识赋予生育的行为以神圣的意义。《圣经》里反而说妇女生孩子是肮脏不洁的[3]——这与古代的观点恰恰相反，旧石器和新

---

① 亚当斯（Adams），1994；戴蒙德（Diamond）和奥伦斯坦（Orenstein），1990；希瓦（Shiva），1988；安德森（Anderson），1991。

② 格雷（Gray），1988，第 1 页。

③ 《利未记》12。

石器时代所塑造的一个又一个怀孕或生育的妇女形象，说明古代人认为生育是一件神圣的事情。因此，现在妇女和男子通过庆祝仪式自觉恢复生育的神圣，这是伙伴关系的一个重要特征。[①]

我们的生活非常需要这些仪式，它们与父母和女儿共同举行的月经初潮仪式一样，使生活中有了既有意义又有欢乐的大事。我们为什么只将精神意义赋予向死亡的过渡？为什么我们应该故意对向生命过渡的转变——这是个奇迹——视而不见？生育仪式，以及庆祝女孩和男孩生理年龄的仪式，当然能大大地丰富我们的生活，使这些不可避免的人类自然体验获得积极的而不是消极的意义，并赋予人类肉体以重要性和神圣性。

把女孩子的月经初潮当作一件好事而不是倒霉事，并以宗教庆典来庆祝这种体验，这当然会赋予它完全不同的意义。同样，庆祝生育的宗教仪式也反映了对妇女特有的这种体验的想法和感觉。目前流行的观点仍然是，生育是一种可怕的经历，只有妇产科医生（通常是男性）能让它变得好一点，前者与此大不相同。

生孩子当然有痛苦。但是，生育同时也是一个充满敬畏和神奇的时刻，在这个特殊时刻里，肉体的每一个细胞都突然感受到了生命的真正奇迹，产妇在这一奇迹中扮演着特殊的角色。从这种意义上说，这才是真正的超常意识，这个时刻的喜悦是难以名状的。我经历过这种时刻，我认为，以现在习以为常的大量镇静剂剥夺产妇对这种生育生命的体验的自觉记忆，是不恰当的。

我要声明，我并不是要使怀孕和生育过于理想化，尤其是在一

---

① 在一些主流教会有向这个方向发展的趋势。如英国主教公会《公共祈祷手册》（BCP）1979 年修订本，改变了以前的妇女产后在教堂做礼拜的仪式，这种仪式强调母亲在产下婴儿的过程中所承受的"痛苦考验"，代之以感恩祈祷仪式，以感谢孩子的降生或收养，强调出生的奇迹。

个对孕妇（尤其是穷孕妇）没什么真正保护，并且仍然认为怀孕的妇女有碍观瞻的社会里。我更不想暗示每一个女子都去生孩子。有些妇女，以及男子，对禁欲的选择可能对她们非常适合（对那些处于严格的男性统治时代的妇女来说，选择当修女的确是非常明智的）。同样，女子和男子选择不要孩子，也可能对他们非常适合——而且在我们这个人口爆炸的时代，非常理智。

我也不想暗示，那些选择了生孩子的妇女不该利用最好的科技进步减少生育的痛苦和危险。但是，正因为妇女现在已开始重新看待生育，重新树立生育的形象，因为助产士正在努力恢复她们古老的作用，因为妇女正在学习自然生产的技巧，比如深呼吸，我们也看到许多已被接受的医疗手段——从使用产钳接生和成千上万不必要的剖腹产，[①] 到一度禁止父亲进产房和不顾婴儿与父母联系的重要而在产后对母婴实行"卫生"隔离——其实是有害的。

今天的妇女正在转向更自然的生育技巧，她们对生育经历的描述越来越好——常说这是一种爱的劳作。悉尼·阿马拉·莫里斯（Sydney Amara Morris）就写道，在这种爱的劳作中，"我们所经历的最终将我们与所有感觉的存在、与宇宙的最基本的性质联系起来"[②]。毫不奇怪，许多进入产房的男子也认为这是一种真正难忘的经历，并且与他们的孩子有更强烈的联结感。毫不奇怪，当妇女不再羞于对自己和他人承认生育和哺乳这样的自然过程其实能够产

297

---

①　霍顿（Horton），1994。妇女为重新获得她们在古代所承担的助产士角色而进行的斗争是非常不易的。比如，保险公司仍然拒绝对稳婆提供医疗事故险。在 18 世纪早期，教会培训的助产士开始逐渐取代稳婆。见塔特洛克（Tatlock），1992。

②　引自格雷（Gray），1988，第 53 页。

生性快乐的感觉，妇女在经期其实最容易接受性，最容易具有性激动，这时妇女对自己的肉体——以及对身为女人——也有更积极愉快的感觉。

稍后，我还要回到这一话题，谈谈重新树立色情形象的问题。它是生活中自然、愉快甚至神圣的一部分，而不是罪孽和淫秽，因为这是我们所探讨的一切问题的核心。但是，现在我先要谈谈我们感知和定义与人类肉体相关的事物时发生的另一个重要变化：这种变化与神圣无关，却关系到我们如何划分淫秽和不淫秽的界限。

我们一直听人说，人的裸体，尤其是正在体验性快乐的人体是淫秽的。这种思维方式产生了一些法律，禁止出版和发行公开描述性的材料——奇怪的是，它甚至认为对生育中的妇女的描述，也属"少儿不宜"；对杀人的男人形象，它却认为完全可以接受，非常正常。于是，在性革命的第一阶段，人们越来越不拿这些法律当回事，淫秽书籍、杂志、录像带和电影随处可见，而性教育进入学校的速度却慢得多。

但是，关于什么是淫秽的争论还远远没有结束。这种争论中最引人注目的部分，就是传统的保守派和传统的自由派的争论，前者认为凡是对性作公开描述的材料都是淫秽的，都应该禁止；后者则不分内容、不顾后果地保护所有对性做公开描述的材料。其实，除此以外还有另一种观点，这种观点的焦点，就是重新命名赋予我们重新定义现实的权力。

这种观点的基础，是色情和性教育与淫秽的根本区别。这种新观点切中了关于淫秽的许多神话和定式的要害，它最好例子或许要算法学教授凯瑟琳·麦金农（Catherine MacKinnon）和作家安德烈亚·德沃金（Andrea Dworkin）于 20 世纪 70 年代末首先提出的反淫秽"公民权"立法。①这项立法不包括**色情**——也就是说，不包括歌颂性爱，分享感官快乐，和给人体以尊严和尊重人体的内容，而是仅以**淫秽**一词指谓那些公开描述性时将女性非人化，并宣扬统治和暴力的情况。因此，它实施法律手段的对象，仅限于那些制作和销售有别于性教育的淫秽材料的人，因为这些材料是制造和保持男女不平等的核心，而且常常危害妇女的安全。

这项立法对政治上保守的男性阵营和政治上自由的男性阵营都提出了挑战。在这一过程中，它将关于淫秽的争论从对淫秽进行强制性或惩罚性审查的道德（按照这种定义，凡是公开描述性的材料都是淫秽的），变为关心和责任的道德——这种道德一方面保护了控制淫秽材料的生产和销售的强大商业势力的言论和新闻自由，另一方面保护了妇女利用法律资源防止这些材料对她们个人和群体造成伤害的权利。

在兼顾两方的时候，必须非常小心，因为言论和新闻自由是自由和平等社会的核心。例如，反诽谤法就限制一个人诋毁他人的好名声或声誉的权利。同样，在热闹的剧院谎报火警，大叫"着火啦！"也是受到禁止的，因为这样做损害了人们避免在慌乱中被踩倒之危险的权利。

在各种权力中取得平衡，这的确是整个人权发展史的核心。人权的发展史从一开始就是当权者和无权人群的斗争，前者企图保持

---

① 这项立法首先被引入明尼阿波利斯市。但到此为止，这种类型的立法在美国仍被视为违反宪法。1992 年，加拿大最高法院在一个案子中使用麦金农与德沃金权利平衡法重新定义淫秽，提出人的生命权和免受性虐待暴力的权利，高于言论自由的权利［美联社，1992 年 3 月 5 日；或见兰兹伯格（Landsberg），1992］有人批评这一判决被用来歧视地反对同性恋色情。这可能是真的，但事实上，如西蒙顿在《媒体监督》中所写的那样，这种歧视性执法在这个判决前早已在加拿大存在。一本关于同性恋和言论自由的重要新书，见凯瑟琳·A. 麦金农的《只有言词》。或见麦金农（MacKinnon），1982。

其绝对的权力和特权，后者努力通过保护其权力的法律缩小前者的权力和特权。因此，我们在此谈论的，其实是这种斗争的延续。

但是，我们在这里又得对保护两种非常不同的权力作一个根本区分。一种是那些无权的人所享有的对暴力和不公正的反抗而不用害怕政府镇压的权利——这是美国宪法第一修正案的基础。另一种是制度上处于弱势的人群（比如妇女和黑人），当受到那些在制度上处于强势的人群（比如白人和男人）的暴力和不公正对待时保护自己的权利——这也正是法律的意图，即保护人们的生命、自由和财产。

这种区别并不总是泾渭分明的。我个人强烈地支持集体起诉以及对种种伤害的其他诉讼，但对事前限制还有些疑虑，因为担心审查制度。但是，我认为那些直接或间接煽动暴力和压迫行为的人，必须受到惩罚——这一原则最近已经通过"仇恨罪"的立法而纳入了美国的法律体系。根据这些法律，如果煽动对黑人或犹太人的仇恨因而引发暴力行为，就要受到法律的惩罚。我认为，当言论自由的权利与保护妇女儿童免遭性暴力发生冲突时，首先考虑的应该是妇女儿童，而且"淫秽"这类词，只能用于贬低、蹂躏和丑化他人的性形象。

重新定义正常、反常与变态

我认为，另一个领域同样早就需要重新命名了：这就是所谓性变态问题。比如，今天我们通过反复研究，知道自慰——我宁愿换一种说法，称之为自娱——是健康的。例如，海伦·辛格·卡普兰博士（Dr. Helen Singer Kaplan）就认为，"小男孩和小女孩一旦获得必要的运动协调，就会刺激自己的阴茎和阴蒂"[1]。有证据表明，

---

[1] 卡普兰（Kaplan），1974，第147页。

有自娱史的妇女与伙伴的性关系更和谐美满。[①] 科学甚至证明，绝经后的妇女如果进行自慰或有规律地性交，其阴道组织和尿道均比没有任何性事的妇女健康。[②]

但是，曾经有人——现在仍有一些人——认为自娱是不自然的、造孽的，甚至是危险的。比如，我们在 18 世纪的一本书《俄南尼亚》（书名出自《圣经》，《圣经》中讲道，俄南因"将自己的种子撒在地上"而被上帝杀死）中读到，这种"自我虐待"使人疯狂。[③] 在 19 世纪的《实用医学词典》中，詹姆斯·科普兰博士（Dr. James Copland）认为，不结婚的男子寿命缩短，死亡率高，其原因是自娱，他称之为"污染"。[④] 教士们疾呼这是不道德的，甚至告诉父母在夜晚要将孩子的手捆在床栏杆上，以免孩子们折寿，变成疯子，或者最轻也要永久性地伤害他们的生殖器。当然，这从另一方面使人们习惯于将性与控制和暴力联系起来。有时，这的确会对肉体造成永久性的伤害——但是，这种伤害不是"变态"造成的，而是对"变态"的治疗造成的，比如在英国某疯人院里有一位年轻人，他的手指全部被弄残了，其理由就是为了阻止他的这种"变态行为"。[⑤]

另一种所谓性变态是"花癫"。在 19 世纪，医生对花癫的治疗更具有性虐待的性质。在妇女运动高涨时期，它几乎成为一种医学癖好，连要求更多的性自由有时也被说成患了"花癫"。事实

300

---

① 布雷彻（Brecher），1979，第 184 页；卡普兰（Kaplan），1974，第 388～389 页。

② 莱尼希（Reinisch）与比斯利（Beasley），1990，第 77 页。

③ 《创世记》38：10，钦定本；黑尔（Hair），1962；麦克唐纳（MacDonald），1967。

④ 引自霍尔（Hall），1992，第 367 页。

⑤ 《美丽的梦想家》（1991 年出品，导演是约翰·肯特·哈里森），根据一位英国医生的真实故事改编，他为寻求结束精神病治疗机构中的这类野蛮行径而奋斗不止。

上，卡罗尔·格罗曼（Carol Groneman）指出，在 19 世纪人们认为妇女的性冲动远远不及男子，医生（都是男性，他们对妇女的性何为正常、何为不正常，根本没有切身体验）凡遇到他们认为逾越了这种说法的事情——从女子比丈夫更有激情，到通奸甚至调情，就诊断为花癫。① 为了保证女子都符合对妇女的性的这种观点（这种观点，托马斯·拉克尔（Thomas Laqueur）指出，其实体现了一种突然的转变，在此之前，男性认为女性的性欲非常旺盛），② 一些男医生提出了一种新疗法：手术。③

一种手术就是摘除没有病变的卵巢。④ 另一种更常见的手术是摘除阴蒂。有时候，女子的阴蒂在小时候就被切除，比如，至今在世界上的某些地方对女孩子还实行割礼。⑤ 格罗曼就记录了某一位叫作布洛克的医生，他在 1894 年为一位 9 岁女孩做阴道检查，据他自己说，这是"为了确定她的患病程度（她被诊断为自娱，有花癫倾向）"。他说："我一触到她的阴蒂，她的两条腿就立刻分开了，脸色变得苍白，呼吸短促，肉体由于激动而扭动。"⑥ 于是，他认为她的"病"完全是阴蒂造成的，就对她施行了阴蒂切除术。

由于阴蒂是妇女性激动的来源，所以今天我们认为那个女孩子

---

① 格罗曼（Groneman），1994，第 341 页。
② 拉克尔（Laqueur），1990。长期以来认为女性性欲高涨，然而在 18 世纪，认为女人性冲动小于男人的想法由医学确认后广泛传播。
③ 格罗曼（Groneman），1994，第 349 页。
④ 正如格罗曼所写，施行这些手术的人（妇科医生）"通常比神经科医生、精神病医生和其他医生更热衷于这种手术"［格罗曼（Groneman），第 350 页］。格罗曼还指出，阉割（男人阉割造成的后果与女人摘除卵巢的后果一样）和切除阴茎从不被认为是治疗"色鬼"（指男性所患的与"花癫"相当的医学术语）的适当疗法。
⑤ 格罗曼（Groneman），第 349 页。
⑥ 引自格罗曼（Groneman），1994，第 357 页。

的反应完全正常，真正变态的是那位医生。但是，直到今天，我们仍然能在医学文献中看到把性欲强烈的妇女说成花癫，说她们"太"喜欢性，因此才会"欲壑难填"①——尽管性研究者早就指出许多妇女能够产生多次性高潮，这的确应该引起我们的警惕。不仅如此，尽管我们现在都知道性激动与阴蒂有直接或间接的联系，但那种认为只有阴道高潮才是妇女真正的性高潮的神话，至今仍然存在。比如，在1990年《金赛研究院性学新报告》中，仍有许多妇女来信，害怕自己不正常，因为当性交是唯一的刺激时，她们（和一般妇女一样）没有达到高潮。②

301

　　同样，口交或其他"教士体位"以外的方式，至今仍被一些人视为变态（美国许多州的法律曾依据这种观点，规定这些做法为犯罪）。许多人仍然认为同性恋是变态——虽然同性恋已经得到社会的承认。

　　例如，耶稣会教士拉菲塔尔于18世纪早期在其著作中就提到土著美洲人和中美洲人中有"像女人一样穿戴和生活的印第安男人"——这些男人穿女人衣服，与其他男子结婚。生活在亚北极的卡斯卡人（Kaska），女子也可以和其他女子结婚，而且在社会上常常颇具影响。③ 我们都听说过莱斯博斯岛（Lesbos），"lesbian"（女同性恋）一词就源于这个岛名，还有著名的双性恋诗人萨福（Sappha，英文里常写成"Sappho"），她的情诗有的是写给男子的，也有写给女子的。

　　我认为，在对同性恋大量的最新研究中，最有趣的发现是，一

① 格罗曼（Groneman），1994，第359页。
② 莱尼希（Reinisch）与比斯利（Beasley），1990，第203页。
③ 康纳（Conner），1993，绪论。许多人认为西伯利亚的驯鹿放牧人是美洲土著人的祖先。这些驯鹿放牧人中的同性恋男人可以与其他男人"结婚"，并像异性恋夫妻那样在一起生活［沃尔塔·L. 威廉姆斯（Walter L. Williams），1986］。在波利尼西亚，同性恋者往往住在酋长家，并且有很高的地位。

些古代社会的祭司职位是由同性恋者担任的——比如，女神伊希思神庙的祭司，后来全部被信奉基督教的罗马皇帝康斯坦丁杀死了，这是他清除异教运动的一部分。[①] 这一发现说明，每个社会似乎都有同性恋的倾向，然而，如何表达这种倾向，则在很大程度上取决于社会结构。在某些社会中，同性恋通常与武士联系在一起——例如，古代雅典或埃及的马穆鲁克人（Mamelukes），他们的"儿子"是通过购买奴隶或在战争中俘获男孩而获得的。但是，同性恋还可能与一些完全不同的角色联系起来，包括美洲土著人部落社会之间存在的萨满和治疗者。

同样，在一些统治关系社会里，一部分女子之所以选择同性恋的生活方式，是因为她们在与男子的关系中遭受了痛苦，[②] 正如某些男子（如日本武士和古希腊武士）更愿意与其他男子行房事，是因为他们受文化的影响，鄙视妇女。[③] 当然，即使这样，其

---

① 康纳（Conner），1993。一些学者认为，男性同性恋神父随着向男性统治社会组织转换而出现，他们认为男人篡夺了传统上指定给女祭司的角色。另一些学者认为，这些男人，像女祭司一样，都服务于远古时代的女神——康纳举出一个有趣的例子来说明这种观点。实际上这两个论点都可能是对的：女祭司和男祭司最初可能都服务于女神，但随着社会制度向统治关系制度的转变，男祭司在宗教中开始取代女祭司，甚至在依然崇拜女神的宗教中也是如此。

② 如莱尼希和比斯利写道，与流行看法相反，"成为同性恋的人不是因为年轻时被性别相同而年龄较大者引诱而误入歧途。"［莱尼希（Reinisch）与比斯利（Beasley），1990，第 36 页］一些选择同性恋生活的妇女通常有过消极的、被贬低的和受过异性恋创伤的经历——例如，强奸和长辈的性虐待。

③ 伊莱恩·肖瓦特在《性的无政府状态》中指出，有人对男同性恋提出一种批评。如桑塔格就曾尖刻地说，他们"自发地聚在一起，如同一个族群一样，而他们有别于其他人的特征就是其永无止境的性欲，城市同性恋生活体制成为一种性服务系统，其递送速度、效率和数量都达到空前的程度"，其实男人性活动中最野蛮和最具剥削性的一切都是如此。不过自艾滋病流行以后，这种行为和男性价值观似乎发生了巨大的变化。最近一项研究显示，1984～1987 年，城市男同性恋中维持单一伴侣的比例提高了一倍［肖瓦特（Showalter），1990，第 186 页］。

中仍然不仅有消极因素，也有积极因素：肯定了女子与女子之间，以及男子与男子之间的爱情。但是，在一个伙伴关系社会里，对性做出如此的选择，可能主要出于积极的而不是消极的原因。

在以伙伴关系为主的社会里，同性恋当然不会被当作可怕的变态，只是一种不同的形式而已。那时只有仇恨、轻蔑，以及因为他人采取与社会规定的规范不同的性选择就对之进行疯狂迫害，才被视为变态。

然而——这一点至关重要，我们在下一章还要讨论——这并不是说在一个伙伴关系社会里，每一种性行为都会得到肯定。问题不是一个人选择了何种性关系，而是性关系是否侵害了他人的人权。因此，鸡奸不会受到鼓励，更不会受到表扬。性骚扰、性强迫或其他真正剥夺他人对性的自由选择的性行为都不会得到肯定。强奸和其他形式的与性有关的暴力在同性恋和异性恋关系中都是不能令人接受的。

换言之，反对关于何为性变态的传统观念，并不等于反对所有的标准。因此，在这一章我最后要探讨的问题是：立场。如今，有一种"后现代"观点认为，过去被视为真理的东西其实有很多不过是一种文化结构，唯一的真理就是没有真理。我们的立场有时就随着这种观点而改变。这样一来，我们就没有树立任何标准的基础了。

后现代主义、真实性与相对性

首先我要指出，后现代主义（有时亦称为后结构主义或后实证主义）的分析形式，常常包含着关于在不同时间地点中曾被当做知识和真理的社会结构的一些真知灼见。① 在后现代争论中，许多不同的、常常是冲突的文字，做出了非常重要的贡献。从学者的著作，比如，汉斯－乔治·加达默尔（Hans-Georg Gadamer）、哈贝马斯（Jürgen Habermas）、托马斯·库恩（Thomas Kuhn），到其他人的作品，比如，雅克·德里达（Jacques Derrida）、米歇尔·福柯、朱莉娅·克里斯蒂娃（Julia Kristeva）、托马斯·拉克尔、让·福朗索瓦·利奥塔（Jean Francois Lyotard）、理查德·罗蒂（Richard Rorty）和斯科特②。而且，这些作品通过各种新途径（从解构主义和社会结构主义到符号学与女权主义分析的新形式），许多已经推翻了科学的客观性的神话，说明语言是意义不可分割的一部分，并且促进了多元的、多文化的观点。实际上，这些分析继此前解构主义女权主义和马克思主义学术之后，用肯尼思·格根的话说，给了维持特权和权力等级的许多宗教和科学教条以"致命的打击"。③

我还要说，在一个曾被当作知识和真理的东西纷纷受到怀疑的时代，通常会有一种摧枯拉朽的趋势，这是可以理解的。我们周围

① 正如凯瑟琳·坎宁所写的那样，"后现代主义"这个词，就像"语言学转向"一样，成为一个具有全局性意义的关键词语，有时可以用来表示对已经确立的历史范式、叙事和编年史提出各种广泛的评论。后现代主义不仅包含后结构主义文学评论、语言理论和哲学，而且还包含文化的和符号人类学，以及新历史主义和性别历史［坎宁（Canning），1994，第369页］。它也是建立在马克思主义和女权主义分析的基础之上的，以分析主流历史、文学和社会科学如何服务于维护统治者的利益。关于后现代主义研究重要著作的讨论，见斯金纳（Skinner），1985；关于后现代主义的最新评论，见斯普列纳克（Spretnak），1991。

② 伽达默尔（Gadamer），1976；哈贝马斯（Habermas），1971；库恩（Kuhn），1970；德里达（Derrida），1981；福柯（Foucault），1979；克里斯蒂娃（Kristeva），1978；拉克尔（Laqueur），1990；利奥塔（Lewontin），1984；罗蒂（Rorty），1979；斯科特（Scott），1988。

③ 格根（Gergen），1991。

的神话和定式像纸房子一样地坍塌。同样，从对根本改变的强烈抵制的角度来看，在一个越来越多的人反对以性、种族和宗教的差别作为划分"优越"和"低劣"的基础的时代，崇尚多元的重要原则，有时就会被篡改成实际维护现状的文化相对主义，这也是可以理解的。

但是，将所有种族问题都一股脑儿归入坚持以被研究群体的价值观看待人类社会和人类历史的文化相对主义，不管这种民族习惯或历史时期多么野蛮，都会将人引入一种近乎梦游的讽刺性的分裂状态，在这种状态下，一个人会以民族多元化的捍卫者自居，为各种行为找到借口。况且，仅仅以脱离现实的讽刺（后现代话语的口号）替代脱离现实的客观性（现代科学的口号），这也算不上科学研究的新方法。实际上，这两者在许多方面是一样的。因为两者所缺少的都是感情，更确切些说，是同情——由于缺少同情，现代科学常被当作维持统治关系现状中固有的普遍的不平等和不平衡的工具。

其实，一些后现代主义者宣称真理、价值和意义已经死了，这一点儿也不新鲜。在一百年前的 20 世纪之交，达达主义者和虚无主义者就说过这类话，比这更早一些时候，古希腊和古罗马的怀疑主义哲学家也说过这类话。玩世不恭历来就是幻灭的理想主义者的避难所，是他们逃避世界上的痛苦现实的一种方式。在这个世界上，人类在现实中而不仅仅是在"叙事结构"里长期处于痛苦关系之中。

意义是"能指"（人造词汇和其他随时间和地点而变化的各种符号）① 的产物——这种观点确实能使我们认识到，我们如何解释

---

① 例如，见德里达（Derrida），1981。

现实其实深受我们的文化熏陶的影响。伽达默尔的观点也有同样的作用。他认为，我们通过所继承和使用的语言中固有的偏见和先入为主，将意义赋予世界。[①] 但是，如果因此就说一切都不过是解释的问题，那就掩盖了最基本的事实：如果我们用刀子割了什么人，他们会流血；如果我们关心什么人，他们会茁壮成长；当残酷的行为受到社会的颂扬，就会产生巨大的苦难——我们每个人都有责任，不仅要观察和解释，还要行动。

或者说，痛苦和快乐的体验——甚至其定义——在一定程度上是由文化构成的，了解这一点非常有益。但是，这并不能改变这样的现实：有些行为在肉体上和心理上会导致巨大痛苦，不管这些行为是受到社会的鼓励，还是已经成为制度，其后果都是真实的。

健康的人体和真实的人类体验是存在的，这一最基本的认识，成为历史学家凯瑟琳·坎宁所谓"女权主义和后结构主义理论之间的摩擦"的核心。[②] 两者的交锋，起于"后女权主义"的如下观点：既然解构主义批评范畴，**妇女**就不再作为一种分析范畴而存在。[③] 显然，**妇女**这一范畴和所有范畴——从国家和大学到房子、花和石头——一样，包含着许多差异和共性。但是，如果没有范畴，人脑就无法工作。对大脑的研究以及认知科学指出，我们之所以能在乱七八糟的感官输入中理出头绪，全凭我们的分类能力。许多女权主义者也指出，历史、文学和哲学著作中只字不提妇女的经历和贡献，甚至根本不提妇女，这种做法在学术界已受到挑战。这

---

① 伽达默尔（Gadamer），1976。

② 坎宁（Canning），1994，第 368 页。两部对后现代主义立场持极为不同的态度的论文集，见布塔（Butler）和斯科特（Scott），1992，以及尼科尔森（Nicholson），1990。

③ 例如，见赖利（Riley），1988。对女权主义理论的后现代主义解构提出的两种强烈的批评，见波尔多（Bordo），1990；哈索克（Hartsock），1990。

时，若再不让我们用**妇女**这一范畴来描述学术作品，这实在是绝顶落后的后女权主义观点。①

一些后现代主义者的言论同样落后。他们说，一切交流都具有"不可言说"的特点，因此，对于某一事件或体验的各种说法，都同样有效或同样无效。在他们这种旁门左道的言论里，对我们如何建构社会关系的认识，并不固定或预设把生活仅仅当作游戏的观念。在这样一场游戏中，借用让·鲍德里亚（Jean Baudrillard）的说法，各种"模仿"在世界上争奇斗艳，但是世界完全无所指，"甚至幻象都不可能存在，因为现实已经再也不可能存在了"②。理查德·卡尼（Richard Kearney）说："从鲍德里亚的思维到伪历史学家如福里逊或欧文声称从来没有过什么毒气室，其间只有一小步距离。"③

艺术史学家苏齐·加布里克（Suzi Gablik）指出，将事件或体验表现为一系列模仿或"超现实"，也是今天标榜为解构主义艺术的特点。④ 比如，安迪·沃霍尔（Andy Warhol）在其名作《玛利莲·梦露》的肖像中，将她的轮廓不断地复制，似乎她只是电视屏幕上的一系列亮点或轮廓，这的确有效地表达了作者的观点，即在今日消费性的大众中，文化不过是一种媒体建构。但是，由于它仅仅涉及这种表面形象，它便和电视广告及电视节目一样，制造了一种愚民的神话：将世界碎片化、同一化，而不是像伟大的艺术品那样，使我们看到表层下面蕴含的东西。因此，在沃霍尔的作品中，梦露生存——她童年所经历的性虐待，她为成为一个人而不是

---

① 哈索克（Hartsock），1990，第 163 页。
② 鲍德里亚（Baudrillard），1983，第 38 页。
③ 卡尼（Kearney），1995。
④ 加布里克（Gablik），1991。

男人性幻想的表达而做出的努力，她的早逝——的现实和意义又一次被她的大众文化形象所掩盖，比如她著名的裸体挂历，她裙裾飘起的照片，这是别人由于受文化的影响而产生的想象。而且这件艺术作品还像电视屏幕上类似的艺术模仿一样，将意义（或无意义）平等地赋予所有事物，使之成为形象的一连串复制，以此传达这样一个信息：既然所有事物都没有内在的意义，变化也就没有意义。

当我们不断地转换频道观看不同的电视节目时，生活的意义也随之从一种"价值中立"的体验换成另一种"价值中立"的体验——仔细想来，这种说法未免荒谬。① 暴力、残忍和对苦难（不论是别人的，还是我们自己的）的冷漠，显然**的确是**现实存在。这种现实深刻地影响着我们生存的各种方式。正因为人类社会中的一切现实都是经过语言及其他文化建构的符号，在统治关系社会里这些符号的目的常常是神化、颂扬、色情化甚至隐藏暴力、残忍和苦难，有人便理直气壮地认为现在对"经验的权威"提出质疑毫无意义，我们只需着眼于文本或话语就可以了。

这一切最具讽刺意味的是，这种"冷漠得可笑的"思维常被人视为激进，人们认为在我们这个"后现代信息时代"，每一条信息及其承载的每一种信念和行动，都无所谓好也无所谓坏。这种观点嘲笑了那些为更人道的社会而工作的人，恰似政治右翼给为积极的社会变革而工作的人贴上"行善者"和"流血的心"的标签，对他们冷嘲热讽。如果一切都是相对的，都只不过是某个人的解释，那我们为什么还要竭尽全力去改变一些东西呢？为什么还要竭力去反抗不公正和野蛮行为，更不必说为实现更加人道和公正的社会而奋斗了？为什么人们不是不管其他人如何"解释"而为所欲

---

① 蒙托里（Montuori）与康蒂（Conti），1992。

为呢？一言以蔽之，为什么世界上竟然还会有标准、良知以及意识呢？

实际上，任何社会没有标准就不能运转或发挥作用。因此，后现代思想家嘲弄地抛弃了任何为标准寻求基础的企图，讽之为"本质主义"甚至"原教旨主义"，转而对"不可呈现性"和"偏好"顶礼膜拜，他们实际上为大规模向统治关系倒退大开方便之门。因为那些古老的统治标准是人们所熟悉的（它们是以"传统的"这个术语来表现的），并且，这些标准十分有效和极有市场，不仅是通过媒体而且是通过我们大量的世俗的和宗教的教育而实现的，所以它们将会不可避免地填补由急剧的变革所造成的真空——除非伙伴关系的标准得以产生和扩展，取而代之。

历史使得这一切异常明显。比如，在反叛的 20 世纪 60 年代之后，在 70 年代和 80 年代，我们看到了传统价值观念的复苏，诸如宣扬英雄主义的战争、种族主义和性别歧视，以及原教旨主义宗教教条的复兴。同时，我们还看到了古老的"滴漏论"经济学的复兴，这种观点在 20 世纪 30 年代导致了经济大萧条，而政治家们再一次告诉大多数美国人和世界上的其他人要满足于他们主人餐桌上的残羹冷炙——就好像在美好的古代社会，那些底层民众理解并满足于他们的地位一样。

因此，亟待解决的问题不仅是要解构，而且还要重构。盲目地拒绝所有的现行规则，正像盲目地接受所有的现行规则一样，都没有多大意义（就像年轻一代的反叛一样），不论这些规则是关于性的规则还是关于其他人类关系的规则，都是如此。相反，有意义的是重新审视现存规则，并区分如下两类规则：一类是旨在促进相互的责任和关心照料关系的规则，另一类是旨在坚持基本的权力不平衡的规则。根据后一类规则，残酷、暴力和对痛苦的冷漠是正当的伦理道德规则。比如，关于两性关系的一些规则，诸如禁止乱伦和对儿童的性骚扰，显然就是一些适合于伙伴关系的标准，因为它们具有防止滥用权力的作用。但是还有一些其他规则，诸如对妇女和男人的性的双重标准、以性道德的名义把残酷和暴力视为正当的、对性别差异的容忍，以及男人必须为女人自身的好处而控制女人的性这种观念，这些规则显然只对统治关系的性和社会关系才是适当的。

总而言之，不妨说，与其把婴儿与洗澡水一起泼掉，不如说我们迫切需要发展一种内在一致的、适合伙伴关系而不是统治关系的世界伦理标准体系。这就是下一章我们将要探讨的内容，也就是我们不能根据我们通过教育所接受的道德与不道德的标准，而要根据公正的、关心人的和合乎伦理的标准，或者根据什么是不公正的、不关心人的和不符合伦理道德的标准，去看待我们的亲密关系（包括两性关系）。

第十六章 道德、伦理与快乐：
艾滋病时代的性与爱

有句老话说："爱和战争中没有公平或不公平。"可见，人们认为亲密关系与公平不搭界。这也充分说明，我们今天把性与伦理相提并论，已经是前所未有的创举了。

我们在《圣经》中就曾读到大卫王如何与拔示巴（Bathsheba）通奸，又如何把她丈夫乌利亚（Uriah）派到前线，而且一定要派到战斗最激烈的地方，好让他不能生还——结果，事实果真如此。大卫照样当他的国王，可是根据《圣经》的法律，女子有了婚外性关系，却要以乱石砸死。①

这些都是很极端的例子。但是，我们从前人继承的统治关系中的确包含不公正而且麻木的强制的道德。依据这种道德，法则对当权者和无权者是完全不同的。②

说到性，有时人们以自然为借口，为这种双重的道德标准辩

---

① 大卫受内森的责备，正如我们在《撒母耳记下》12：7～24中读到的，拿单给予大卫以严厉的训斥，并且预言，他的孩子生下来就会死。但后来我们又读到，拔示巴生下大卫的第二个孩子所罗门，"并且主爱他"。大卫不论做什么都不会被石头砸死。

② 在《河流与恒星：善良的伟大科学探险家鲜为人知的故事》中，戴维·洛耶对强制的道德和富有同情心的人道的道德加以区别，认为前者是从统治关系社会的机制出发的（洛耶，未完成的著作a）。

护——既然女人有了性就会有身孕，而男人则不会有身孕，那么在婚外性关系中惩罚女子而放过男子，也就情有可原。但是，如果真是为了防止婚外生育，那么对婚外导致女子怀孕的男子严惩不贷，同样能达到目的。而且，在道德的幌子下，统治关系社会中的妇女在要不要孩子这个问题上往往没有发言权——也就是说，生孩子是不可以由她们自己的意愿所决定的。所有这些都使我们回想起在上编中所看到的：为了严格控制妇女的性生活而制定的种种条条框框，并不是要捍卫道德，而是要确保男子拥有女子的性服务和性以外的服务，以及她们生育的所有孩子。

这就是我们所谓的传统性道德的真正基础。因此，我在这里特意使用了**性伦理**一词，以示区别。我并不认为，我们应该完全抛弃**道德**这个词。我们需要的是重新界定道德——正如我们需要重新界定其他一些基本概念（包括爱）一样。但是，**性道德**一词带有太多的统治关系烙印，要对之重新界定尚需很长时间。我们现在又迫切需要制定新的性准则，这不仅是为个别的女子和男子，而且是为社会政策的制定者所制定的——我们现在面临着一种由性活动传染的致命性疾病，这种疾病已经在大肆蔓延，因而这种需求就更紧迫了。

艾滋病与传统道德

有人说，右派宗教狂热者夸大了艾滋病的危害，为的是吓唬民众，使他们回归传统道德。然而，即使那些宗教狂热者想这么干，艾滋病的危害也并没有被夸大。如果说对艾滋病的危害有什么不实之词的话，倒是有时候对它过于轻描淡写了。

世界卫生组织（WHO）曾预测，1991 年全世界的艾滋病患者将达到 100 万例，此外还将有 2.49 亿其他性病患者，其中包括 2500 万淋病患者，350 万梅毒患者，2000 万生殖器疱疹患者，以及 1.2 亿滴虫病患者——世界卫生组织总干事中岛宏（Hiroshi Nakajima）博士说，这些疾病会大大增加感染艾滋病的概率（甚至能增加 2 倍）。[①] 但是，1992 年人们发现，世界卫生组织的这个预测仍然是太保守了。由哈佛公共卫生学院乔纳森·曼（Jonathan Mann）博士率领的一个研究小组发现，艾滋病病毒正在以"令人震惊的速度"扩散。

哈佛大学的研究没有采用政府提供的官方消息（乔纳森·曼说，政府往往隐瞒关于艾滋病和其他疾病的报告），而是对全世界数百个项目进行分析。研究表明，到 1992 年初为止，至少有 1290 万人已经感染了 HIV（传播艾滋病的病毒），其中 710 万为男性，470 万为女性（妇女是增长最快的感染人群，两年中从 25% 增至 40%），还有 110 万儿童（有些是因输血感染的，但大部分是在母亲怀孕期间感染了病毒）。感染者中 1/5 患上了艾滋病，约 250 万人已经死亡。根据预测，3 年后患艾滋病的人数将超过这种疾病出现以来历年受到感染的总人数。[②]

但是，即使暂且不提艾滋病的流行是否可以避免，反正靠回归传统道德来阻止艾滋病的性传播是不可能的——在 19 世纪梅毒肆虐世界时，传统道德对之就束手无策。正是由于传统道德的力量，全世界的政府和宗教领导人才袖手旁观，任由艾滋病蔓延——因为

309

---

① 《性传染病（STD）流行预测》，美联社，1991 年 1 月 4 日。还可参见雅各布森（Jacobson），1992。

② 奥尔特曼（Altman），1992。哈佛大学的发现是由乔纳森·曼博士（Jonathan Mann）、丹尼尔·塔朗托拉博士（Daniel Tarantola）和托马斯·W. 内特博士（Thomas W. Netter）合编的《1992 年全世界的艾滋病》一书中报道的。

要阻止艾滋病的传播不仅需要公开地谈论性，而且还得建议大家采取保护性的避孕方法。比如，哈佛大学艾滋病研究所通过对 38 个国家的调查发现，1/3 的领导人从来不谈艾滋病，另外 1/3 也只是在 1989 年之后才偶尔提及这个话题。这些领导人其实违背了最基本的伦理原则，他们使公众无法了解他们所面临的危险以及避免这些危险的方法。①

如今，人们已经普遍了解，不论男女，预防艾滋病通过性传播的最有效手段，就是使用乳胶避孕套，并且大量使用杀精剂。② 而宗教领导人，包括教皇，仍然对各国政府和国际机构施加压力，阻止公众接受性教育和使用避孕技术。最令人震惊的是，1993 年教皇约翰·保罗二世访问非洲时——那时尽人皆知，非洲大陆上已有数百万的男女成为 HIV 携带者，整村整村的人因染上艾滋病而死去——居然仍在宣讲，凡是他足迹所及之处，避孕就是犯罪。例如，他在乌干达（尽管该国 1/8 的人已经感染了 HIV，天主教和英国圣公会的主教仍然竭力反对政府和其他团体推广使用避孕套）就曾对成千上万的年轻人说："约束性欲，保持忠贞，这是结束艾滋病悲剧性的肆虐唯一安全有效的方法。"③

这种从宗教上制服艾滋病流行的唯一可行的方法，不知给人类带来了多大的灾难，对人的生命造成了多大危害。无数非洲——截至 1990 年，非洲大城市，如马拉维的布兰太尔和卢旺达的基加利，已有 20% ~ 30% 的孕妇受到感染，非洲艾滋病毒

---

① 奥尔特曼（Altman），1992。

② 1993 年，美国联邦毒品管理部批准在美国销售一种女用避孕套，使妇女在与不戴避孕套的男子发生性关系时得到保护。

③ 韦肯（Waken），1993。

传播的主要途径是异性传染女子（包括婚后从丈夫那里感染的）——生下感染了艾滋病的孩子。① 如果教皇和其他宗教领导人换一种做法，敦促政府官员对人民进行避孕教育，推广使用避孕套，这些只能痛苦地死去的婴儿（以及成年男女）有许多是能够得救的。

此外，如果世界上众多宗教领导人不再把艾滋病说成神对性道德败坏的惩罚，我们也不会在国际新闻社的报道中读到对艾滋病患者的虐待。1992 年 2 月，尼泊尔一家报纸报道了一位名叫吉塔·丹奴瓦（Geeta Danuwar）的年轻妇女的故事。她被自己的亲兄弟卖到孟买一家妓院，三年后逃回家乡，只想"静静地""不受打搅""不受侮辱"地死去，而村民们却"对她戳戳点点，说她罪有应得"。② 在旧金山这样的地方也有类似事情发生。那里艾滋病最初是在同性恋者之间传播，男同性恋者缓慢地、痛苦地死去时，往往还要受到侮辱。③ 非洲的报道更令人毛骨悚然，男子为了报复，竟然剜去感染了 HIV 的妓女的阴道，他们一点也不考虑这些女子像成千上万（据某些估计达到百万）受到感染的亚洲妓女一样，显然不是在真空中染上了病毒，她们中有许多人其实是由于和被感染的男子发生性关系而受到感染的。

310

① 1990 年 9 月 16 日《纽约时报》第 14 版有这样一篇报道：《艾滋病正在整个非洲可怕而迅速地蔓延》。

② 见芭芭拉·古德（Barbara Good，反对贩卖妇女联合会协调人）与亚洲妇女运动领导人会谈时出示的剪报，1992 年 2 月《妇女问题》上一篇题为《艾滋病是否意味着耻辱》的文章。这个故事还报道说，那个对这位年轻妇女的死亡应当负责任的男人"受到某些有势力的人的保护"，继续着"尊贵的生活"。

③ 与此同时，染上艾滋病的异性恋男人却普遍得到同情，如体育明星约翰逊，他基本承认他可能已经传染了许多妇女，因为他曾声称与 2000 多位妇女上过床，这是统治关系对有权者和无权者实行双重标准的又一种模式。

　　不用说，我并不是要把艾滋病归咎于搞异性恋的男子，为妓女和男同性恋者开脱。我是说，靠传统道德或找替罪羊都解决不了这个问题。

　　找替罪羊是统治关系制度维系自身的一种办法。它使人在宣泄恐惧和沮丧情绪时，去找那些无权无势的人，却不找那些掌握着权力、能够解决引起这些痛苦情绪问题的人。世俗和宗教当局以传统道德的名义对艾滋病袖手旁观，世人却不向当局发泄愤怒，而把罪过一股脑儿地推到妓女和同性恋者身上，专和他们过不去。而且，人们认识不到艾滋病肆虐正是统治关系社会经济结构和宗教态度的产物，反而继续浪费时间和精力，侮辱和迫害那些受苦最多的人。其实，这些人大部分对这种疾病一无所知，而且毫无自我保护能力，比如大部分受到感染的妓女。①

　　事实上，许多国家的性旅游产业是得到政府允许的。发展这一产业的地区和国家，以及负责这一行的官员，都因此而大发横财。泰国和印度那些地方导致艾滋病迅速传播的人，主要是有权的男性。世界各地的宗教领袖只知道诅咒卖淫的邪恶，却对性旅游业不闻不问，既不着力谴责对妓女（有些人还是孩子）的剥削，也不敦促政府和国际机构追究那些从中渔利最多者的责任。

　　非洲艾滋病迅速传播同样在很大程度上是由人口健康素质低下造成的，这种状况在很大程度上又是极度贫困和缺乏保健的结果。真正要对艾滋病在非洲大陆上愈演愈烈负责的，其实是那些当权者。因为这是一片悲惨的土地，来自北方的外国工业和南方的本地精英无耻地勾结，残酷地剥夺和统治着它。后者和前者一样，似乎

311

---

① 卖淫的性质决定了卖淫者（不论男女）在交易中无法控制是否使用，因此泰国和印度等地艾滋病迅速蔓延很难归咎于卖淫者。

对自己同胞的苦难无动于衷。但是，世界宗教领袖提起经济不公正时又只是泛泛而谈，避开导致这种不公正的政治和经济基础，也不认真地向国家和国际机构指出真正要对此负责的是从中渔利最多的人（就与他们在其他事情上一样）。[1]

正是这种无动于衷进一步助长了艾滋病的传播。因为导致 HIV 传播的原因虽然很多（比如，输入已经被污染的血液和使用已被污染的针头注射毒品），[2] 但是，完全可以说，其根源不仅是统治关系的政治、经济和道德，还有统治关系的性——有性却没有同情、责任和伦理。

我们先来看这样一个事实：只有当病毒通过体液——通常是通过软组织伤口——进入肉体时，艾滋病才会经由性传播；于是我们能看到艾滋病传染过程中一个非常震惊但很少有人提及的因素。尽管 HIV 的传染往往由男女生殖器官上的伤口（比如，性病软下疳、化脓性溃疡）引起，[3] 但是，这并不是造成艾滋病流行的唯一原因，不论在美国的男同性恋中，或在亚非一些地方的男女之间，都是如此。同性恋者之间传染艾滋病主要是由于随意的（有时连当事人都不知道）[4] 和粗暴的性行为，这时（与更温柔、更加互相体

---

[1]　改变社会的民间宗教运动如火如荼，天主教解放神学就是一个例子。但是，即使许多罗马教皇通谕都谈到了公正的社会和穷人的困境，并且天主教的主教们有时支持解放神学，尤其在拉丁美洲，但教会仍然倾向于赞美那些对穷人做慈善工作的人，并谴责那些改变基本社会制度和经济制度的人。此外，甚至天主教解放神学运动（只有少数例外）也忽视了这样的事实，即在世界范围内，妇女是穷人的大多数，而且是穷人中的最贫穷者。

[2]　输入受感染的血液只占其中很少的百分比。

[3]　《艾滋病正在蔓延……》，《纽约时报》1990 年 9 月 16 日第 14 版。

[4]　有时，性行为完全是隐蔽的。在某些地方发生过这样的事：两个参与者之间有一板壁，开一个洞，一个男子把肛门或嘴放在一边，另一个男子从另一边进入。

贴的异性性关系截然相反）软组织很可能被撕裂。艾滋病在亚洲
312 的性旅游业中迅速传播，主要原因也是粗暴的性行为——在这种性
行为中，往往没人关心软组织是否会被撕裂，例如，电影上亚洲妓
女表演用阴道拾取双刃剃须刀，以此"娱乐"顾客。① 医学研究者
也从艾滋病在非洲的传播中发现，导致生殖器损伤和溃疡的其他性
病迅速蔓延的原因，除了贫困和缺少保健之外，还有一个因素，这
就是《纽约时报》称之为"不为人知但却可能提高传染率的性行
为"。②

　　例如，据《纽约时报》报道，在非洲中部，包括赞比亚、扎
伊尔、津巴布韦和马拉维（都是艾滋病患者激增的地方），"有些
妇女实行'干燥性交法'"——这种做法的"目的是增加性交过程
中的摩擦"，或使阴道肿胀而变窄。③ S. K. 海勒博士发现，赞比亚
的妇女使用草药、化学药物、石块和布片减少阴道的润滑，导致阴
道肿胀（显然是为了缩小阴道，取悦男子）。由于阴道更易被擦
伤，所以也就更易被感染。④

　　除此之外，宗教和民族风俗中剜阴蒂、封锁阴部及其他伤害阴
道组织的做法（因为如果女子不受这样的摧残，就没有男子娶她
为妻），也使非洲许多地方的妇女在性行为中更易受伤。其他一些
传统做法也是如此，比如，把小女孩嫁给年纪较大的男子，也很容
易导致小女孩性器官的撕裂。

　　人们早就知道这些行为在肉体上和心理上给女孩和妇女造成伤
害的问题。但是，或许正像弗兰·霍斯肯（《妇女国际网络新闻》

---

① 例如，见罗兹（Rhodes），1991。也可见鲍尔斯（Powers），1992。
② 《艾滋病正在蔓延……》，《纽约时报》1990 年 9 月 16 日第 14 版。
③ 《艾滋病正在蔓延……》，《纽约时报》1990 年 9 月 16 日第 14 版。
④ 《艾滋病正在蔓延……》，《纽约时报》1990 年 9 月 16 日第 14 版。

编辑）所说的那样，如今艾滋病泛滥成灾，我们也应该换一种新眼光来看待这些做法。[①] 早在 1986 年，霍斯肯就在给《纽约时报》编辑的一封信中写道，非洲传统的性行为加速了艾滋病通过异性性交的传播，"包括穆斯林（以及其他一些文化）新婚之夜要见红，以证明新娘的纯洁，以及剜阴蒂、毁阴、童婚和普遍的性暴力及强奸"[②]。

粗暴的性行为显然不仅限于非洲或亚洲的异性性关系中——美国强奸案发生率极高就充分说明了这一点。我认为，我们应该讨论的不是性行为上的偏好，不是地理，更不是种族特征。我们要探讨的是性交过程中的统治关系特征。换句话说，问题不在于性本身，而在于统治关系的性。

但是，世界各大宗教的最高层领袖纷纷对粗暴性行为保持缄默——就连毁阴和强奸这样的极端行为他们也置若罔闻，任其自然。他们不是敦促世俗领导人向男性追究强奸的责任，反倒花费大量资源，阻止男女犯下避孕和人工流产的"罪孽"。于是，面对波斯尼亚妇女遭到群奸，教皇约翰·保罗二世不是支持人们最终将群奸定为战争罪，相反，保罗二世却为那些受到侵犯的妇女祈祷，希望她们不要做人工流产。

人口、避孕与人工流产

说来很可悲，那些以各种神圣的名义，自称为绝对的道德权威的男子（如果是教皇，那就还要加上绝对正确），却如此不了解人

---

① 　与弗兰·霍斯肯的私人通信，1992。
② 　霍斯肯（Hosken），1986。

民的实际生活——由于他们权势极大，这点儿小事自然不会让他们觉得良心不安。他们也不是有意跟人民过不去。世界上各大宗教都以减轻人民的苦难为己任。因此，富于情感的男女才向往宗教生活，尤其敬佩那些给人民提供食物、创办学校、孤儿院和医院的宗教团体。可惜，宗教一旦和政治高层领导勾结在一起，这些行动本身便掺入了野蛮和麻木不仁——比如，教会派出的传教团在美洲成为奴役甚至灭绝"异教的"印第安人的工具。许多事例证明，这些宗教所宣扬的"传统的性道德"不仅不能促进，反而会阻碍各国和全世界制定讲道德的政策。

最明显的例子，就是由于没有搞好计划生育，世界人口**每年**增长 9000 万。倘若继续以这样的速度增长，预计在 1985～2000 年这 15 年间，世界人口将增加 15 亿（100 年前世界总人口也就这么多），而到 21 世纪末，人口将达到 100 亿至 140 亿这样的天文数字——如今，世界上这 56 亿人口已经给地球造成了很大负担，而那时人口将是现在的**两倍多**。① 人口这种呈指数的增长已经造成森林和耕地的毁坏，使许多物种灭绝，并严重污染了地球的空气和水。人口过剩也是内战和征服性战争的主要起因。② 在工业发达地区，不算太快的人口增长在高消费的共同作用下，也会危及有限的世界资源。不仅如此，地球上人口过剩最严重的地区，每天都有成千上万的幼童（也有成年男女）眼睁睁地饿死。饥饿、贫困和疾病最严重的地方（比如，撒哈拉非洲地区）也是妇女最不易计划生育的地方。③

314

---

① 《1994 年世界人口数据》，引自《世界人口新闻服务 POPLINE》，1994 年 5～6 月，第 2 版。

② 例如，见艾斯勒（Eisler），1986。

③ 例如，见努利斯（Nullis），1992。

因此，以任何人道的、理性的标准来看，尽一切可能迅速降低出生率，才是当今世界世俗和宗教领袖们的最高道德——如果考虑到那些未实行避孕和人工流产的地区，妇女们被迫生下孩子又根本没法养活，因此，母婴死亡率高居世界之首，世界领袖们就更加责无旁贷。但是，这些位于世界宗教权力之巅的男人，不去努力推广安全有效的节育手段和性教育，反倒极力反对这些措施，真是令人不可思议。他们中最好的也充其量只是消极地任其自生自灭。比如，民意测验显示，美国87%的天主教徒认为夫妻应该自主选择是否避孕，83%的人认为教会应该同意使用避孕套，以防止艾滋病的传播，但是，雷蒙德·博兰主教在最近召开的全国天主教教主大会上硬说，教会反对避孕的立场有《福音书》为据①——其实《福音书》里压根就没提这档子事。②

有时，他们也老调重弹，比如美国穆斯林会议的法里德·奴－曼（Fareed Nu-man）就说，"这件事归真主管"，因为"如果人口真的多到了地球无法承受的地步，自然秩序就会通过饥荒和疾病之类加以调节"。③ 教皇近年的说法，则是失去控制的人口增长根本不会造成环境问题，说唯一需要注意的是调整"消费，改善财富分配"。其实，这两种办法都行得通——事实上，天主教会重要的官方声明也提到应该更公正地分配财富，而梵蒂冈却一直没有重新分配其巨额财富，曾参加过这类基层斗争的教士可以作证。但

---

① 《世界人口新闻服务POPLINE》，1992年11～12月，另一资料来源是华盛顿特区国际人口行动组织。
② 休姆（Hume），1991，第17页。
③ 引自贝克（Beck），1992～1993，第78页。

是，教皇的言论一直在积极支持许多天主教国家里反对这样做的人。①

315　　尽管人口专家指出降低人口增长（以及人工流产）的唯一途径是解放妇女，教育妇女，使之在做母亲之外还有其他选择，② 但是像教皇这样有权有势的宗教领袖从未支持过妇女平等。梵蒂冈反倒一如既往地说避孕与女权主义是一条藤上的两个恶瓜。③ 于是，天主教会与美国组织严密的新教原教旨主义团体沆瀣一气，不仅不遗余力地阻止计划生育，而且还不遗余力地阻挠提高妇女的地位——教皇于 1994 年就曾宣布，妇女担任神职的事连提也不要提。④

----

① 令人鼓舞的是，在 20 世纪天主教会逐渐转向按照耶稣最初的教导实行社会和经济公正。当然有许多天主教神父和修女，在世界各地为实现这些目标而忘我地工作着。但遗憾的是，他们的讲述表明他们常常得不到教会官员们的支持。前天主教牧师亚瑟·梅尔维尔，曾经参加过危地马拉人民为经济公平而斗争的运动，写下《目睹：从宗教到献身精神》（1992）。他通过自己敏锐的眼光进行观察，并对这个问题作了令人感动的解释。他逐渐摆脱了宗教和文化的程式，并公开挑战教会的等级制度。

② 旧的论点是，经济发展是降低人口数量的关键——尽管一些阿拉伯国家是在世界最富裕的国家之列，却有着很高的出生率，这是因为妇女的地位低而且缺乏独立性。与之形成对照的是，较穷的国家如印度尼西亚、泰国和墨西哥，已经开始执行增强儿童健康和计划生育工作的政策，以支持基础文化教育（尤其在妇女中）和全面提高妇女的地位。要贯彻这些措施，它们仍然有很长的路要走，但这些国家的人口增长率已经明显下降。例如，印度尼西亚的妇女有读写能力的已占 62%，而全国（世界第四人口大国）人口增长每年只有 1.8%［联合国人口活动基金会技术及评价部主管。引自赫兹加尔德（Hertsgaard），1993，第 72 页］。

③ 尤其是，在联合国为 1994 年在开罗召开的国际人口和发展会议作准备的计划会议上，罗马教皇提出不少于 147 项反对提案（包括以强硬的措辞反对授权给妇女），甚至反对"计划生育""生殖权利""生育卫生"和"使母亲安全"等词语（《世界人口新闻服务 POPLINE》，1994 年 5 ~ 6 月，第 3 页）。

④ 教皇约翰·保罗二世的这一"不会错"的宣布，是告诉教徒们对妇女要担任神职的事不公开进行辩论，而且他的观点必定"要所有教会的信徒绝对地服从"。三天后，梵蒂冈公布了新的通用教义问答手册的英文译本——原来的中性语言词汇改变了，例如用"男人"代替了"人类"［考威尔（Cowell），1994］。

反对女权主义和提倡生育的宗教力量还真产生了不小的作用。1985 年，美国政府停止向联合国人口基金会捐款。该组织为妇女儿童提供保健，并为发展中国家需要帮助的家庭提供人口信息和帮助。[①] 里根政府和布什政府有计划地剥夺美国妇女受到宪法保护的人工流产权，同时禁止美国出钱支持提供计划生育和保健服务的组织。[②]

推动这一切的人听信了教会当局的话，还以为自己在保护生命。但是，就像统治关系的宗教注重的不是现世的生命，而是遥远的来世的生命一样，反计划生育运动的领袖们看重的仅仅是出生以前和死亡以后的生命——他们把生前和死后的生命看得高于一切。例如，研究表明，美国顽固地反对人工流产的政客大部分也反对控制枪支，他们赞成对康斯托拉斯（Constras）的军事援助，还赞成削减保健、教育和福利基金（甚至连学校为贫困生提供的午餐也要砍掉）。可见，他们对离开娘胎的人的生命有多么漠视。[③] 他们无视现实：他们看不到对大多数妇女来说，人工流产是没有办法的办法，也看不到以法律禁止人工流产只能使它成为犯罪，却不能阻

---

① 《世界人口新闻服务 POPLINE》，1992 年 11～12 月，第 1 页。这种政策变化是在 1984 年墨西哥市人口会议上首先宣布的。在那里，（令人吃惊的是，考虑到人口过剩是墨西哥市的显著问题）里根政府宣布不存在人口问题。1992 年 2 月 24 日，《时代周刊》载文，揭露里根总统同意改变美国援外项目而顺从梵蒂冈的内幕。更详细的分析，可参见史蒂文·D. 蒙福特 1992 年的文章《教皇的权力：美国的安全人口指令被梵蒂冈"泛基督教主义"的工具所破坏》，载《人性的追求》，由传教士联合会出版。在克林顿当选总统以后，美国恢复支持国际计划生育援助［伯德特（Burdett），1993］。也可参见《克林顿以重笔推翻墨西哥市的政策》（《世界人口新闻服务 POPLINE》，1993 年 1～2 月），其中报道了克林顿总统当选后第三天就以谈判条件签署了一个备忘录，宣布墨西哥市的政策"过宽"和"未经授权"。

② 《世界人口新闻服务 POPLINE》，1992 年 11～12 月。

③ 普雷斯科特（Prescott），1986。

止它。①

即使认为胚胎和卵子精子一样，只是有可能成为一个有生命的人（我就这么认为），也不能说人工流产是一件小事。但是，女权主义神学家 R. R. 卢瑟（R. R. Ruether）指出，只有"改善环境，使妇女不再被迫怀孕"，才能真正减少人工流产。②

自 20 世纪 70 年代以来，斯堪的纳维亚国家取消了对人工流产的限制，那里的人工流产率却不断下降，因为那里不仅广泛推广了避孕和性教育，而且政府还制定了养育儿童和提高妇女地位的政策。③ 与之相反，不允许人工流产的国家，包括拉丁美洲的天主教国家，人工流产并没有被阻止，反而成为高生育死亡率的一个主要原因。例如，哥伦比亚 1/4 的孕妇通过非法人工流产终止怀孕，造成该国生育死亡率高达 60%。④

总之，减少人工流产，有效地控制人口过剩，最迫切的是要制定政策，使妇女有选择生育的自由，并摆脱维持男性控制所需要的传统束缚。然而，这样的政策恰恰违背了传统的性别"常规"，这种"常规"根本就是为男性能控制女性而设计的。

1992 年，在里约热内卢召开的世界首脑会议就突出地反映了这一点。世界首脑济济一堂，商讨如何阻止环境不可逆转的恶化以及世界上许多地区愈演愈烈的贫困化。因为梵蒂冈从中作梗，一项研究安全避孕方法的提议没有通过，所有关于计划生育的提议也没有得到重视。梵蒂冈之所以能够阻止人们把人口过剩当作破坏环境

---

① 因为未能提及人工流产背后的文化因素、社会因素和经济因素——包括贫穷，因为许多寻求人工流产的是未婚妇女，对单亲家庭缺乏足够的社会支持——所以他们未能提及常常导致妇女视人工流产为唯一现实选择的社会环境。

② 卢瑟（Ruether），1993，第 10 页。

③ 卢瑟（Ruether），1993，第 10 页。

④ 波特盖尔（Portugal）和克拉罗（Claro），1993，第 30 页。

的一个主要原因加以认真考虑，其原因是多方面的。其中包括南半球领导人担心人口问题会分散人们的注意力，掩盖北半球过度消费和经济不公正而导致的环境问题。不过，梵蒂冈反计划生育的行动能够得逞，是因为它成功地建起了一条统一战线：与梵蒂冈站在一起强烈反对真正改变妇女的"传统"角色的不仅有许多天主教国家，还有许多（伊斯兰）国家。① 也正是这样一条统一战线，使得梵蒂冈得以在 1994 年于开罗召开的联合国人口与发展大会上与其他势力联手打出"道德"的旗号，转移媒体对全世界由于缺乏保健和计划生育而遭受苦难的妇女儿童的关注②，而且忽视了国际性的人口交流所指出的这样一个事实：我们所遭遇的每一个社会、经济和生态问题，都与世界上人口呈天文数字的增长有直接关系。③

317

道德、统治与责任感

说到这里，我要插入一点：我之所以老是盯着天主教会不放，

① 梵蒂冈和沙特阿拉伯控制的"世界穆斯林联盟"的牵手至少可追溯到 1982 年，当时在意大利召开了一个会议，以推动"消费和公平分配财富"的论点，其中一条具有讽刺意味条款说，改善环境的首要问题是"消费和改善财富分配"，而不是人口过剩，但事实上是，梵蒂冈和石油酋长国一起控制着如此大量的世界财富，却并未进行重新分配。我要补充说明的是，穆斯林领导人的立场绝不是全部一致地鼓励提高人口出生率，有些人十分关注人口的迅速增长（贝克，1992～1993，第 78 页）。

② 虽然如此，这个联合最后以失败告终，大多数伊斯兰国家签署了《行动纲要》，包括措辞强硬的计划生育条款和性别平等，尽管梵蒂冈声明它是违反道德的。梵蒂冈和伊斯兰激进分子在"家庭价值"观点上仍有进一步联合的危险［卢瑟（Ruether），1994/1995］。女权主义游说者对会议最后政策的重要影响，见科雷亚（Correa）和彼切斯克（Petchesky），1994；以及考埃尔（Cowell），1994。

③ 1994 年 9 月纽约市人口信息国际组织的紧急信件。最近对 89 个国家进行的跨文化研究证明性别平等或不平等与生活水平高或低有关。这项研究还表明了以避孕措施的普及为标志的性别平等与总的生活水平高低有显著相关［艾勒斯（Eisler）、洛耶（Loye）和诺加德（Norgaard），1995］。

是因为它在西方历史上的势力非常强大，还因为我在拉丁美洲的天主教国家居住多年，对它比较了解。但是，这种对道德不负责任的行为绝不只是在天主教会中才存在。世界上那些身居高位却用道貌岸然的词汇（诸如道德或爱国主义）为鼓励生育的政策辩护的人，当然不止教皇保罗二世一人。①

今日，世界上有诸多证据表明，这些政策只会给地球带来灾难。但是，诸如此类的政策仍然盛行不衰，其原因是多方面的。具体到教皇，据说他担心若承认有一条教义不正确，就会降低宗教的威信——这也是为什么人人都知道教会反对伽利略的发现错了，而教会非要花好几百年才承认的缘故。② 地球面临人口危机，而政策却在不断地鼓励生育的另一个原因，是领袖人物（不论世俗的还是宗教的）控制的人口越多，其权力越大——如果那位领袖只需对人们的所思所为指手画脚却不用对其结果负责，那就更是如此了。世界上许多宗教领袖至今如此，他们拥有神权，充当着道德权威，而在民主社会里，这早已不能成为政治权威的基础了。

责任感问题——确切地说是缺乏责任感的问题——是我们所面临的一个核心问题。如果一个制度里只有自下而上的单方面责任，那么，在这个制度里如何能有公正的道德呢？而统治关系社会组织只需要这样的道德，"上级"从来不用对"下级"负责——这种"下级"可能是某个男子的妻子、孩子（旧时代还包括奴隶），也可能是某位男子世俗或精神王国里的"臣民"或"羔羊"。

戴维·洛耶在《道德转变》（*Moral Transformation*）和其他即将出版的著作中提出了一种关于道德转变的新理论。通过对比统治

---

① 有意义的是，提高人口出生率是贯穿于现代历史向统治关系倒退的一大特点——希特勒、斯大林和霍梅尼的统治都是如此。

② 休姆（Hume），1991。

关系的道德和伙伴关系的道德，他探究了其中最根本的不道德。[①]
他还指出这种统治关系的道德观——以及其中对当权者和无权者的
双重标准——在我们中间至今仍然存在，其主要功能就是反复地向
无权者灌输，服从统治，甚至帮着别人统治自己就是唯一的道德。　318

　　这种"道德"往往在政治关系中被当作借口，对那些反抗野
蛮和不公正的统治的行为实行暴力镇压。这一招非常灵验，尽管实
施这种暴力的士兵和警察，很多就是从要求更多政治责任感的群体
中招募的。它在经济关系中也有类似的用场，教会和国家正是以之
为借口，纵容有钱人及其走狗（往往出自经济上受剥削的群体）
压制为争取更多经济平等而进行的斗争，以及任何要求有钱人多负
责任而改变现存经济状况的企图。[②] 在性关系中，这种"传统道
德"使妇女被名正言顺地剥夺了自由和平等，甚至使针对妇女的
暴力也变得名正言顺。被统治群体中的成员再一次在"道德"的
幌子下成为实施对自己统治的工具——比如，"有德的"女子对那
些被视为过于性解放的女子侮辱谩骂，甚至进行惩罚，同时又替男
子的性剥削找借口，甚至景仰备至。

　　从 1993 年震惊美国的一起性丑闻中可以看到这种性"道德"
的影响有多大。事情发生在加利福尼亚州莱克伍德市一个保守的中
产阶级信教者的小圈子里。一群中学男生，大多数人爱打橄榄球，
在一起搞了一次比赛：每同一个女孩发生性关系就得一分。事后一
个男孩说，女孩在这里不过是一些数字。但是，据《人物》杂志
题为《身体统计者》的报道，当这些女孩子终于有人站出来控告
他们的时候，许多男孩的家长认为男孩子们不需要承担什么责任，

因为他们"不过是率性行事","真正的坏人是那些道德败坏的女孩"——贼倒喊起捉贼来了。有个男孩的父亲甚至当着记者的面夸自己的儿子"有种"。结果,那些男孩毫无悔改之意,像英雄般地回到学校,受到许多人的欢迎,而那些指控他们强奸和性骚扰的女孩反倒成了"荡妇",有位女士甚至说她们是"垃圾"。①

关于传统性道德的更大讽刺,是近年来所曝出的天主教会的性丑闻。越来越多的人控诉教士和嬷嬷,甚至教会的高级官员——如后来辞职的新墨西哥大主教——有性骚扰行为。② 研究社会学的安德鲁·格里利(Andrew Greeley)神父说(转引自《时代》周刊),仅在美国就有近 10 万儿童可能受到教士的性骚扰,而这数千名涉嫌性骚扰的男子在公众面前受到教会的庇护,既没有被开除教籍,也没有一人被送交世俗权力机构进行审判。③ 但是,纸总归包不住火,教会最终只得承认,这些教士通常只是被转到另一个教区——于是,又有父母放心地把孩子交给他们,还以为交到了安全的、有爱心的人手里。④

总之,教会尽管一再宣讲性道德,自己却与鸡奸者和骚扰儿童的人串通一气,它保护的是这些人而不是教民的孩子。更有甚者,1993 年一个叫作《60 分钟》的电视节目里播出梵蒂冈派来解决这些性丑闻的发言人,他所关心的似乎仍然是如何"补救"教会的

---

① 休伊特(Hewitt)等,1993。

② 参见《大主教辞职》,美联社,1993 年 4 月 7 日,报道宣称大主教在若干年间与几个妇女有性关系,其中有的是十几岁的少女。此后不久,大主教辞去职务。

③ 引自奥斯特林(Ostling),1993,第 44 页。

④ 这些丑闻在女权主义出版物上报道了多年。主流出版物最终还是开始登载这样的"棘手的"主题,男人和女人一样,开始自愿地说出他们受到他们所信赖的教士的性骚扰。

公共形象——保护教会的等级制度及其权威，而不是如何追究袭击者的责任，保证妇女儿童的安全。

我一再强调，我们所说的并非单单天主教体系或其他宗教制度的问题。在所有严格的男性统治和专制制度中——不管是家庭、政治、经济还是宗教，都有这些问题，而梵蒂冈和原教旨主义团体至今仍采取这样的制度，它们是全世界自上而下实行专制统治的最后堡垒。

换言之，与性一样，问题并不在于宗教，而是统治关系的宗教。不幸的是，世界上各大宗教都在不同程度上存在这个问题，因为它们的组织形式源于统治关系的社会——在这样的社会中，宗教领袖历来就是通过强制和恐惧实行统治，或者与暴君勾结（如教会与康斯坦丁大帝的联盟），否则就会像耶稣那样，被视为对既有秩序的威胁。[①] 既然如此，也就难怪尽管世界各大宗教的核心（比如，耶稣的教诲）是责任感、同情和爱，而实际上这些往往被忽视、被歪曲，甚至那些成天将这些挂在嘴边的人也不例外。男性所受的适应统治关系的社会化过程使他们认为关爱的道德中"柔弱"的教育是专门针对女性的，因此不"男人"，而那种强制道德的粗暴教育更适合世俗和宗教中严格的父权所规定的男性模式。这种情况使问题更为复杂。[②]

而一些宗教领袖如今正企图通过强制的道德而不是关爱的道德——或者说作为伙伴关系的核心，也是世界上大多数宗教之中心的爱、同情和责任感——来建立新的性道德。举个例子，尽管目前

320

①　这仍然是现在不少东方伙伴关系型宗教面临的一个问题。在某些地方，宗教成员遭到迫害和屠杀。例如，在伊朗，巴哈伊教信徒（非常重视妇女的教育，而且允许妇女担任领导）在霍梅尼的所谓伊斯兰革命中受到暴力迫害。
②　基维尔（Kivel），1992，第140页。

主流宗教对性道德的定义并没有什么根本改变，但是，1991 年长老派教会就人类的性召开了一次特别会议，会上提议教会对性要更宽容一些，承认婚前性关系、两性性关系和同性性关系——只要这种关系符合"公正和爱"的原则。这是向前迈进了一大步，把紧张、强制和惩罚的性道德甩在了后面，而接近了关爱、同情和责任感的性伦理。在同一份报告（题为《使性与灵性结合起来：性、精神与社会公正》）中，还提出了只有在"自我与他人建立起正常关系"的情况下，才可能有真正的性自由。①

在传统宗教体制内部出现这样的提议，这是进步的一个重要标志。另一个标志则是一些组织的成立，如"生育选择宗教联合会"（理事会包括重要的基督教和犹太教领袖）和"神职人员'选择'联合会"。最有意思的是 1973 年成立的"自由选择天主教会"，他们宣扬采取非强制性手段，来降低全世界的出生率，并对天主教的官方教规作了根本的修改——它指出，天主教教规在历史上就曾多次改动（最突出的例子就是对奴隶制和高利贷的看法）。② 但是，在整个天主教范围内修改如此基本的教规不仅是为了改变梵蒂冈禁止人工避孕的立场，而且是对梵蒂冈专制地位的一次挑战，也是对梵蒂冈长期压制发表不同意见的权力的反抗。③

---

① 布里格斯（Briggs），1991。一些教派，比如唯一神教派和教友派，已经把这些原则并入他们的宗教法则中。

② 天主教历史上关于避孕的教规，以及为再一次改动而正在作出的努力，参见休姆的《天主教教规中的避孕：世俗法规的演变》（1991），华盛顿特区天主教自由选择教会组织出版。

③ 有许多其他组织正在各自独立地争取变革，例如，新泽西州的德尔兰"天主教权利联盟"。也有很多出版物，如明尼阿波利斯市的《提高生计》，芝加哥市的《教会监察》，法国的《哥利亚》（Golias），巴西的《传闻》和加拿大天主教的《新时代》，以及一些主流出版物，比如《国家天主教报道》和英国的《碑报》（The Tablet）等。

性标准、性政策与性教育

这些团体对教会当局直截了当的批评特别有意义，因为仅仅数百年或更短的时间以前，有些人曾因为远不如这样严重的事情而被冠以异端罪名，被折磨致死。"自由选择天主教会"的刊物《良知》，于1987年7月/8月号刊登了一位妇女对教皇失职的大胆指责。文中写道，她要质问教皇"为何不到各国去阻止男人强奸妇女"，为何她在58年的天主教徒生涯中从未在布道时听到过此事，也不曾听到布道的人反对家庭暴力，或承认"女性的肉体，尤其是她们的性浸染着邪恶"这种说法是不道德的。①

自此以后，先是加拿大，接着是美国的主教纷纷就家庭暴力问题发表讲话。尽管这个问题至今仍不是教会关注的重点，但已经有一部分教士认真对待它了。此外，不仅在基督教徒，而且在犹太教徒、佛教徒、印度教徒和伊斯兰教徒中，越来越多的妇女和男子，不论他们是否受着宗教的统治，开始公开反对传统宗教关于性与妇女的教义了，认为它不讲同情心和责任感——尽管在某些地方，这是要冒生命危险的。

例如，曼谷的原教旨主义牧师悬赏杀死新派人物塔斯里马·纳斯任（Taslima Nasreen，小说家）——甚至扬言，如果政府不把她绞死（还有，如果不取缔在妇女中推广教育、保健和计划生育的组织），他就要发动内战，其起因只是纳斯任对"打着宗教的名义"压迫妇女进行了批判。② 巴基斯坦诗人阿比达·卡奴姆

321

---

① 琼·D.尤贝霍尔的来信，再版时标题为《让教皇来访问我的诊所》，载《良知》1993年春/夏季号。

② 纳斯任（Nasreen），1993；哈泽利克（Hazarika），1994；《数千示威者要求处死作者》，美联社，英国国际新闻社，1994年6月12日，《生活在伊斯兰教法下的妇女》转载。

(Abida Khanum) 因为质问伊斯兰教法的那些压迫性规定到底是不是"神的语言"而遭到逮捕和折磨，不得不背井离乡。她说，在性关系中，荣誉这个词到了伊斯兰教里有时竟成为最野蛮、最不道德的行为的伪装。[1] 伊拉克作家卡南·马基亚（Kanan Makiya，他以萨米尔·阿－卡利为笔名撰写了《恐惧之邦》）也批驳了传统伊斯兰教关于男子必须控制女子肉体的教义。他写道："只有当年轻一代的阿拉伯人对世界上无法忍受的残暴感到愤怒时，阿拉伯世界才会向好的方向转变。"[2] 阿尔及利亚有一群著名的知识分子成为原教旨主义者的刺杀对象，只因为他们写了一封公开信，通过《生活在伊斯兰教法下的妇女》这一刊物四处散发，控诉当局协助谋杀他们的同事，"企图建立一种以（伊朗的）集市经济为基础的社会秩序，并对妇女实行法西斯统治"[3]。

　　越来越多的文字对传统宗教的性道德进行批驳，甚至把对妇女的性压迫与普遍的压迫社会或法西斯社会直接联系起来。不仅如此，当今越来越多的文字提出了新的性标准，以取代老的性标准。这些文字大多出自女权主义作家，这不足为奇，只是在说到这种新的性伦理应该采取什么样的形式时，女权主义者们也莫衷一是。

　　有些作者，如人类学家盖尔·鲁宾，认为新的性伦理应该主要围绕性是否在双方自愿的情况下发生。但是，她又补充道，对可接受的或好的性和坏的性，传统的区分是看它是否是异性间的、婚内

---

[1]　阿比达·卡奴姆：《被遗忘的人质：伊斯兰妇女》，未出版的著作。

[2]　引自马基亚的《恐怖之邦》，再版的标题为《国家公职中的强奸》，载《共和》1993 年 5 月 10 日。马基亚写的内容具有重要意义："女人的身体被认为是盛载了所有荣誉的洗礼盆，同时又是公共骚乱的源泉。"（《共和》，第 630 页）如果用"统治"代替"荣誉"，则可以概括这种性道德所隐藏的基础，不管它是西方的还是东方的，南方的还是北方的。

[3]　《生活在伊斯兰教法下的妇女》杂志社，1993 年 7 月 15 日。

的、一夫一妻的、生儿育女的，只有这样的性是好的，其他一切都是坏的；而新的判断标准应该是看"性伙伴如何对待对方，是否相互体贴，是否有强迫的行为，以及他们给予对方多少快乐"[1]。

另一些人则认为，新的性道德应该遵循"女性"价值（少数人认为女性价值与妇女的生理构造有关，但是大多数人认为这些价值是文化赋予的）。例如，H. K. 特拉斯克（H. K. Trask）在《厄洛斯与权力：女权主义理论的前景》（*Eros and Power：The Promise of Feminist Theory*）一书中，主要探讨的就是她所谓女权主义厄洛斯，她认为，这是异性及同性性关系中的指导原则。特拉斯克与彻里·马拉加、奥德雷·洛德以及罗宾·摩根一样，没有把性与其他亲密关系——尤其是亲子关系——割裂开来。她说，性爱最初是从母婴纽带中学到的，尤其是从"肌肤相亲的肉体照料"中学到的。[2]

然而，如此强调性爱，却遭到其他一些理论家的批评，例如，卡罗尔·万斯和艾丽丝·艾柯尔斯就担心这样做会"神化"束缚妇女的性选择的浪漫主义。艾柯尔斯认为，这种观点与那种"反对妇女努力对性进行自我定义"的"传统价值观"只有一小步之遥了。[3]也有一些人从另一个角度激烈批评这种观点，例如，玛丽安娜·瓦尔弗德（Mariana Valverde）在《性、权力与快乐》（*Sex，Power and Pleasure*）一书中就指出，唯一的性伦理就是满足。她说，"性解放主义"在一个权力分配如此不均的社会里过于强调个人自治了。[4]

这些林林总总的文字虽说在许多方面意见不尽一致，但也提出一些根本性的问题，尤其是新的性标准需要什么样的社会变革

---

① 鲁宾（Rubin），1984，第283页。

② 特拉斯克（Trask），1983，第135页。

③ 艾柯尔斯（Echds），1984，第65页。

④ 瓦尔弗德（Valverde），1987。

来支持。① 这也正是家庭疗法专家、律师和医生提出的问题。他们明白，一种新的性道德不仅仅意味着改变个人关系，而且需要改变社会条件，不仅需要改变与两性关系相关的条件，而且需要改变与社会阶层、族属、年龄、性倾向以及种族相关的条件。

因此，当今许多关心新的性标准的作者也在积极工作，企图使国家和国际政策发生变化。稍后，我们还要谈到这个问题。现在，有许多人在努力改变禁止性教育的公共政策，这就是一个例子。例如，弗兰·霍斯肯通过她的"妇女国际网络"宣传她的《通用生育图册》②（这本图册目前已有西班牙语、法语和阿拉伯语译本）；一些组织也在努力，如美国性信息和教育委员会（SIECUS）③ 多年来一直努力在学校推广性教育。但是，右翼宗教团体也在竭力阻止这些努力，他们的理由仍是老一套：对青年进行性教育是不道德的。

其实仔细想想：不对青年进行性教育，那才是真正的不道德呢。因为对生活中其他重要方面，不会有人喜欢无知，而性显然也是生活中非常重要的一个方面。再说，人人都知道，一切压迫都是以无知为基础的；历史上各种各样的权力不均，又都是靠压迫来维持的。

然而，反对性教育的宗教势力非常之大，虽说年轻人并未因此而停止各种性实验，但是，即使在美国这样一个"现代"国家，

---

① 大多数女权主义作品以这种或那种方式涉及性，并因为统治关系社会的性别、性行为、阶级、种族和种族关系而形成统治关系社会的连锁系统，所以近些年来黑人女权主义者写下了这些方面的一些重要书籍，例如柯林斯（Collins）撰写的《黑人女权主义思想》（1991），戴维斯（Davis）撰写的《妇女、种族和阶级》，贝尔·胡克斯（Bell Hooks）撰写的《女权主义理论：从边缘到中心》（1984）。

② 霍斯肯（Hosken），1981。

③ 美国性信息和教育委员会（SIECUS）。

人们对性也是惊人地无知。例如，1986 年对美国青少年进行的卢·哈里斯调查表明，有些青少年认为，女孩子只有在性交时仰面朝天才会怀孕，或者只有达到高潮才会怀孕，或者她第一次性交不可能怀孕。[①] 1989 年金赛研究所对美国成人进行了一次大样本的性知识测试，该研究所所长琼·赖尼希说，美国人不及格。[②]

但是，仍有人反对性教育。可笑的是，最反对性教育的人，也是最痛恨普遍存在的青少年未婚先孕现象的人，尽管没有任何证据表明性教育会导致青少年发生性关系，倒是有不少迹象说明，性教育使他们推迟性关系，至少也能让他们在发生性关系时更加小心。

还有更为可笑的事。这些人以"家庭价值"为名，敦促学校开设《圣经》读物或其他形式的宗教教育课程，却没有看到世界宗教最主要的神话其实并不珍视家庭关系。我也是在写这本书的过程中逐渐意识到这一点的。

传统、家庭与价值观

在本节开头，我首先要重申，我们所探讨的不是一般的宗教，而是宗教传统中的统治关系因素。还有一点，即世界几大宗教中都有明显的伙伴关系因素。我熟悉的犹太教传统就很重视家庭关系，并宣扬爱和同情。各种宗教的信徒中都有许多人热爱自己的家庭，并用充满爱心和同情的方式表达他们的感情。然而，我们的宗教神话和教义也的确表现出对家庭和家庭关系惊人的仇视。

例如，佛陀为了得道竟然抛妻弃子，四处游荡，尽管据说后来

324

[①]　《美国青少年诉说：性、神话、电视、节育》，由路易斯·哈里斯等人 1986 年组织的美国父母联盟筹备会的一次引导性民意调查。

[②]　赖尼希（Reinisch）与比斯利（Beasley），1990，第 1 页。

他又回到他们身边，向他们宣讲自己心灵的新发现。基督教关于耶稣出生和长大的故事问题更多，因为耶稣的圣父与耶稣的母亲从没有过家庭关系。不仅如此，《新约》中还说耶稣自己离家出走。①这还不算，还让别人向他学习。

因此，《马太福音》中就提到耶稣说过的话："凡为我的名撇下房屋，或是兄弟、姐妹、父亲、母亲、妻子、儿女、田地的，将……承受永生。"② 在《路加福音》中他又说："无论什么人到我这里来，若不爱我胜过爱自己的父亲、母亲、妻子、儿女、兄弟、姐妹……就不能做我的门徒。"③ 按照这些经文的说法，耶稣从来没有与任何女子发生过性关系（不过属"异端邪说"的《诺斯替福音》可不这么说，许多传说认为耶稣的妻子名为抹大拉的玛利亚，还有些传说认为，耶稣在圣婚中生有一子）。④ 此外，在基督教正式文献中，婚姻常被当作两种邪恶中较轻的一种：略强于"罪恶的"婚外性关系，但不如保持独身好——在《新约》中，保罗的一句话常被引用："与其欲火攻心，倒不如结婚为妙。"⑤

在许多宗教故事中，我们看到对性亲密的这种不信任和贬低，常伴随着对妇女的病态的不信任和贬低，二者的病态程度不相上下。常见的说法是，与女子产生亲密关系对男人来说是危险的——参孙和大利拉的故事家喻户晓，讲的就是这个道理。《圣经》中最

---

① 例如，在《约翰福音》2：5 中，耶稣严厉地告诉他母亲："母亲，我与你何干呢？"在《马太福音》12：48 中，当他被告知他的母亲和兄弟正站在附近要对他说话，他大概只是简单地问了一句："谁是我的母亲？谁是我的兄弟？"（钦定本）

② 《马太福音》19：29。

③ 《路加福音》14：26。也可见《马太福音》10：34～37。

④ 探究这些传说的一本新书，见斯塔伯德（Starbird），1993。

⑤ 《新约·哥林多前书》7：9。

有名的故事当然也隐含着这样的意思：《创世记》中夏娃引诱亚当导致了人类的堕落。①

也有一些宗教故事并不诋毁性和妇女。在那些故事里，妇女品行端正，家庭纽带受到重视。可是，这些故事里所讲述的家庭模式，正是今天成千上万的女子和男子努力抛弃的模式：男性统治的专制家庭，妇女和男女儿童都要严格服从男性家长，他的话就是法律。

保罗有一条戒律，女子要少开口，当然正是这个意思。他说夫妻关系正如我主耶稣与教会的关系一样，也是这个意思。甚至一些没有贬低性爱的宗教神话也在传达着同样的意思，如伊斯兰教关于穆罕默德对其爱妻艾尔莎的性爱的著名故事。② 因为穆罕默德显然是后宫当仁不让的统治者，后宫不过是一个统治关系的家庭——只不过是个一夫多妻的统治关系家庭，和亚伯拉罕及其妻妾组成的家庭一样。就连关于湿婆和沙克蒂（Shakti）的性爱的著名印度神话也不例外，尽管故事里说湿婆的力量来自沙克蒂，但是湿婆仍然掌握着更高的权力——最强烈的表达就是在宗教形象中，湿婆常在沙克蒂上面，有时其个头儿有两个沙克蒂那么大。

325

---

① 《创世记》包含两个创造人类的故事。其中一个是，男人和女人是相等的。但是，夏娃是用亚当的肋骨创造出来的故事和责备夏娃堕落的故事被夸大了。

② 穆罕默德的第一个妻子赫蒂彻（Khadija），死后，穆罕默德决定娶一个6岁的女孩为妻，她是他朋友的女儿，叫阿伊莎（Ayesha），关于这个阿伊莎，正如理查德·卢因森所写的那样："当她进入一个不但足以当她的父亲，而且足以当她的祖父的那么老的男人的房子中时，她还带着玩具"，穆罕默德从此保持并发展了他的性激情，直到生命的尽头。尽管如此，相比于他和赫蒂彻的一夫一妻并且双方都保持忠贞的婚姻而言，这次婚姻使穆罕默德开创了妻妾成群的先河。正如卢因森所说："甚至比他的帝国发展还快。"［卢因森（Lewinsohn），1958，第102~103页］于是，穆罕默德的家庭生活实际上是性侵儿童的典型，而这一类男人在今日为法庭所起诉。当然也是一夫多妻的典型。

　　这些故事被当作神圣的或圣洁的标准教材，讲给全世界的儿童听，其中的家庭关系不仅是专制的，还常常充满暴力。印度教的许多故事就讲述兄弟之间的暴力，揭示了野蛮的家庭关系。最著名的印度教故事讲述伟大的神毗湿奴要遭亲生父亲的杀害，后来牺牲了一位女童，救了他的性命。这个故事也说明家庭关系不是相亲相爱的，反而可能非常危险，还说明妇女的生命毫无价值。无独有偶，联合国 1990 年的报告显示，印度 25% 的女孩在 15 岁之前就死去，而印度正是这种宗教最流行的地方。①

　　基督教神话里则有一位"全能、博爱"的天父，他为了替人类赎罪献出了自己唯一的儿子。这同样暗示着家庭关系，特别是父子关系，是非常可怕的。家庭暴力——打老婆——甚至是伊斯兰教经书中规定的。② 我们在前面也看到了野蛮的《圣经》故事，例如，大家都熟知的罗得的故事：父亲把自己的女儿交给一伙暴徒，让他们群奸；《旧约》中的其他故事，如《出埃及记》21：15 和《申命记》21：18~20，讲的则是儿童由于打了家长，或仅仅由于长期不服从，就被处死。

　　如果多看看这些——研究宗教的学者和作者竟然大多对此不以为意——那么世界主要宗教首领在反对家庭暴力和虐待时的不坚定就不足为奇了。这也难怪这些人向我们宣讲爱的时候，讲得如此
326　空洞。

①　《贱孩：印度女孩》，1980 年南亚女孩年时印度政府准备的报告，其中报道了
　　联合国儿童基金会所发现的这些事［克罗西特（Crossette），1990］。
②　例如，《古兰经》归之于穆罕默德的一段话："男人是维护妇女的，因为真主使
　　他们比她们更优越，又因为他们所费的财产。贤淑的女子是服从的，是借真主
　　的保佑而保守隐微的。你们怕她们执拗的妇女，你们可以劝诫她们，可以和她
　　们同床异被，可以打她们。"见皮克索尔（Pickthall）1953 年翻译的《古兰经》
　　第 83 页。

爱、肉体与快乐

的确，如果我们最基本的亲密关系——父母与子女、女人与男人之间的关系——都不外是自下而上的服从，地位低的必须服从，地位高的偶尔示爱，那么这些男人又怎么能想到人类除了专制以外还能有别的关系？如果人类的这些亲密关系在所谓精神面前相形见绌，他们又怎么能认识到我们人类最需要的、最渴望得到的不是抽象的爱，而是具体的爱——是诗人世世代代唱出的那种爱。再者，如果肉体不论如何都是低贱的，他们又怎么可能认识到我们的亲密关系——那种使肉体参与其中的关系——能够成为人性、成为至善至尊的最高表达呢？

最关键的是，如果这些男人自己就得摒弃一切亲密关系，即视之为真正高尚的男人所不齿的东西，我们又怎么能指望他们真正了解具体而不是抽象的爱之欢乐与哀伤呢？如果他们从来没有爱抚过，从来没有接受过爱抚，更没有过激情的拥抱，他们又怎么能真正懂得通过我们的肉体，通过与相爱的人的肌肤之亲表达爱意有多么重要？

这些男人在现实中当然也就不可能做到我们所迫切需要的东西：一种亲密（包括性）关系的伦理。因为亲密关系伦理的核心应该是对人的肉体（自己的与他人的）的珍重，以及对所有人的需求和欲望的同等珍重。这与宗教对亲密关系的看法正好相反，因为宗教是把亲密关系当作确立并服从于等级的手段。而且，它与我们受到的教育也相反，我们接受的教育让我们鄙视肉体（我们自己的以及他人的，尤其是女人的），甚至让我们觉得肉体的快乐是低贱而又危险的。

因此，这些男人便拿不出别的东西了，他们只有已经给予我们的那些：强制而不是关爱的道德。这样的道德，用瓦尔弗德的说法，把肉体或"低级"欲望看作一个"滑坡"：黑暗势力必须通过惩罚或惩罚的威胁对之严格加以控制，否则，它就会驱使人们"沿着螺旋形的通道……不可逆转地堕落，情欲变得愈来愈反常，愈来愈怪诞，最终达到万劫不复"。[①]

327　　　但并不是所有的教士都这么想。也不是说，当我们完成了向更加伙伴关系而不是统治关系的社会转型之后，就不再需要所谓自我约束了。但是，心理学家如今常把冲动称为自我调节。我在第十九章还会探讨这个问题。因为学会不去简单地追随一时的冲动，正是人类成熟过程中的一部分，是从儿童到成人的过程的一部分。在这个过程中，我们学会了延缓，必要时甚至放弃对欲望的满足。暂时的禁欲，甚至在追求自己的目标或良知的过程中选择痛苦，这些选择能带给我们巨大的满足。[②] 但是，珍惜自律和对良知而非一时冲动的服从，完全不同于宗教对肉体快乐的全盘否定，甚至诅咒，视之为危险和卑贱的货色。

说了一圈，我们又回到了起点。从另一个角度看看痛苦和快乐这些最根本的话题，这也是贯穿本书的内容；并且看看这些话题如何教我们把快乐与享乐主义、自恋、自我中心和自私这些词联系起来，甚至认为一个人的快乐必须建立在他人的痛苦之上。其实，只有全身心地投入，才能彻底感受快乐。也只有投入，才能产生同

---

① 瓦尔弗德（Valverde），1987，第 150~151 页。
② 即使一些毕生独身的人也可做出更可取的选择。例如，修女做出的选择是避免成为一个服从和"沉默"的妻子，并且由于西方历史上许多上层男人只有军事上或圣职上的选择，敏感的男人往往选择后者并（教会要求如此）立誓终生独身。

情，至少在一定程度上知道别人的感受。换言之，那些人之所以觉得折磨别人是件乐事，是因为人类同情他人的能力在他们身上被磨蚀了，有时甚至荡然无存。否则，不论是为了自己，还是为了他人，他们都会尽力帮人解脱痛苦，而不是给人带来痛苦。

在这里，我们还得回到前面说过的话：这并不是说如果发展（而不是消磨）这种能力成为基本的社会化的一部分，这个社会里的人就永远不会互相伤害；当然，也不是说人们做爱时再也不会激情荡漾，性再也不会粗暴；也不是说感觉在浓情中变得格外强烈之时，痛苦与快乐的界限不会变得模糊；也不是说，再不会有人感受或让别人感受失恋的痛苦。但是，不同的是，人们会发现刻意伤害他人，尤其是与他们自己有着亲密关系的人，是没什么快乐可言的。

当然，首先必须改变我们所有的制度，才能获得这些根本的改变。但是，同时我们也能开始培养并宣传性关系中新的伙伴关系伦理，不论是婚内还是婚外，同性性关系还是异性性关系，都得讲究公平。

这样一种伦理会使男孩女孩懂得，性本身并不肮脏，肮脏的是剥削、侮辱、伤害他人的性；性暴力不能显示男子汉气概，只能说明一个人心术不正。它能使男孩、女孩以神圣、尊重的眼光看待自己的肉体，并要求别人也这么看。它会使人明白，怀孕需要最严肃的思考和审慎的选择。如果不是双方都想要并有能力养活一个孩子，就一定要采取避孕措施。它还能帮助人们适应具体的而不是抽象的爱。

根据这种性伦理，性激情没有错，而是人类持久、强烈的感知能力，因为全身心地——通过音乐、艺术、诗歌、舞蹈或做爱——体验一种感觉是人类特有的能力。为了达到这一目标，性伦理不应该束缚或压制这种能力，而应该帮助我们顺从它，并与我们这个物种高度发达的另一种品质相结合，即我们感他人之所感的能力。

　　向新的伙伴关系的性道德迈进一步，用这种新的伙伴关系性伦理取代旧的统治关系道德，我们能做到这一点吗？我们如何才能保证这种新伦理不再蜕变成又一套抽象原则，变成光说不做的东西？怎样才能把这种新的充满同情的性伦理和其他亲密关系伦理纳入我们整个的社会制度中去？这些是下两章我们简要地说明性、经济和政治的关系时，所要涉及的几个最基本的问题。

第十七章　性、权力与选择：重新定义政治学与经济学

政治学是对权力的阐释：谁拥有权力，如何定义权力，又如何行使权力。在所有关系中都会涉及这些问题，不论是性关系还是性以外的关系，包括父母与子女之间、女人与男人之间的关系，不同的种族、宗教、经济和国家群体之间的关系，莫不如此，因此，人类的关系无一不隶属于政治学范畴。

无疑，这种界定与传统的政治学定义相去甚远。因为权力在统治关系社会里等同于对他人的控制，过去只掌握在统治者手中。因此，在有记载的历史上，政治斗争主要在居于统治地位的精英分子之间展开，而大多数男人只是追随野心勃勃的个人或企图夺取或维持其统治的利益集团，他们通常充当着暴力的工具。而女子在大部分时间里则被排除在权力之外。因此，直到近代，政治斗争主要在属于统治阶层的男性之间角逐，女子充其量扮演着幕后参谋的角色，或为男子出谋划策，或从中作梗。

然而，过去三个世纪以来，政治发生了巨变。16世纪，在马基雅维利（Machiavelli）撰写著名的《君主论》（*The Prince*）时，西方政治仍以贵族、国王、君主（包括所谓教会的君主）之间的争权夺利为主。到19世纪英国哲学家约翰·斯图尔特·密尔（John Stuart Mill）撰写广为人知的《论自由》（*On Liberty*），以及

不大为人所知的《论女子的服从》（*On Liberty*）时，政治斗争已裹挟着各行各业和各个阶层的大批男女。也就是说，政治已经由统治阶层中那些精英之间的争斗，转向人民大众通过公共话语、投票，有时也包括暴力，从根本上改变谁掌权、如何定义权力以及如何行使权力的问题。

由此产生的结果之一，就是我们今天所谓的政治基础扩大了：有投票权或通过企业方式参与政治话语的人增加了。另一个结果是政治的范围扩大了，例如大家逐渐认识到还有"性的政治学"这么一种东西，凯特·米利特（Kate Millett）就写了一本叫这个题目的书。① 由于人们越来越反对使用痛苦或痛苦的威胁，具体地说就是以暴力造成肉体的痛苦，作为权力的合法基础，于是就有了第三个结果：对权力的定义和行使本身就被看作一个关键的政治问题。

同时，经济也逐渐地受到重新审视和界定。但是，这个过程要缓慢得多。黑兹尔·亨德森（Hazel Henderson）在她撰写的开创性著作中指出，传统的经济模式仅仅局限于正规经济②的狭小空间，犹如传统的政治一样，所关注的各种关系主要是男人之间的关系。但是，经济学家逐渐看到了更广泛的经济关系，在男人和女人、女人和女人、男人和男人以及成人和儿童之间发生的经济关系，他们称之为非正规经济。

在这一过程中，人们开始关注妇女在所谓私人领域中的经济贡献，这是目前尚未得到普遍承认的方面。人们对妇女甚至对自然的生育和养育活动过程中所存在的问题，开始有所认识。而且，在迄今为止成为政治和经济理论核心的关系中，甚至在最亲密的性和家

---

① 米利特（Millett），1970。
② 亨德森（Henderson），1981 和 1991。

庭关系中，经济与政治的内在联系也逐渐得到认可。

这些问题，我计划另写一部书加以讨论。① 在此，我只想简单地谈一谈经济与政治如何影响性的社会建构，又如何反过来受性的社会建构的影响，以及这种相互关系如何影响文化的建构。我要特别指出，倘若我们要了解性态度和性行为的形成、保持和变化，就不能不了解生活中的这一基本因素——经济和性一样，都是我们生存最需要的基础。

331

基因、政治学与经济学

如今，不管是动物还是人，只要和性行为沾上边，人们便津津乐道于男女"性策略"的社会学理论，策略的目的当然是保证"繁衍成功"。但是，生物学家奈尔斯·埃尔德雷奇（Niles Eldredge）和科学哲学家马乔里·格雷恩（Marjorie Grene）在批判泛达尔文主义时就指出，即使对于人类以外的动物，基因需要自我复制之类的解释，无法充分说明以维持生存而非仅仅传递基因为目的的行为有多么重要。② 且不说社会生物学理论能否解释某些物种的性行为，我们人类与其他种类的生物是很不一样的——单说性行为，人类发生性行为的目的经常恰恰不是要繁衍后代。

对性行为还有一种基于基因理论的解释：性行为的动力是荷尔蒙。性行为中当然有荷尔蒙的因素，还有其他一些基因的因素，但并不完全是这些。人类选择与谁发生性行为，在何时、以什么方式发生，都严重地受个人经历、家庭背景，以及社会、经济和文化因

---

① 说到新书，我有点迟疑，因为，我之前说过，我早先宣布的工作计划已经有了变化。我希望这回能把计划中关于伙伴关系经济学的书写出来。

② 埃尔德雷奇（Eldredge）和格雷恩（Grene），1992。

素的影响。这些因素中最重要的是社会的政治、经济如何在男女之间分配资源和权力的问题。

这种分配起着关键作用。我们只消看看我们的近亲灵长类——普通黑猩猩和侏儒黑猩猩，就会发现它们的经济和政治有很大差别。在普通黑猩猩中，雄性纽带——用政治学术语来说，就是雄性之间的联盟——决定群体中的权利关系，进而是控制食物的经济。而在侏儒黑猩猩中，雌性纽带造成了截然相反的局面，雄性在进食场地不驱赶雌性，雌猩猩（尤其是年长的雌猩猩）在决定获取食物的过程中占有重要地位，在性关系中似乎也没有雄性对雌性的强迫。①

正是因为这一原因，人类学家埃米·帕里什（Amy Parish）在研究了几个动物园里的侏儒黑猩猩之后说，妇女应该从侏儒黑猩猩（雌性间建立了强大的同盟）与普通黑猩猩（雌性间很少往来）的反差中受到启发。这种反差说明，当代妇女网络和组织能够成为改变男性经济、政治和性控制中的分裂模式的关键因素。②

有一件事保证错不了。人们通常说，妇女的经济和政治力量，取决于她们的努力程度以及她们对整个经济发展的贡献，其实根本不是这么回事。③ 就说传统的马赛人（Masai）社会，马赛人好斗而且社会由男性统治，妇女承担着很大一部分经济生产，甚至还要负责盖房，可她们拥有的只是一些贴身用品。④ 关键在于社会的制

---

① 也许部分是因为雄性黑猩猩通过它们稍大的体型来平衡，虽然雌性黑猩猩群有时在进食场驱赶雄性，但在其他许多方面，包括在一对一的关系时，雌性并不支配雄性。

② 与埃米·帕里什（Amy Parish）的私人信息交流，1992～1993。有一篇文章高度强调她听说的妇女间"爱和支持的网络"是 20 世纪初政治激进主义的关键因素。见库克（Cook），1982。

③ 这种立场有时仍然是由马克思主义者向前推进的。

④ 格拉纳达市国际电视公司 1974 年拍摄的《马赛妇女》，制片人为梅利萨·卢埃林－戴维斯（Melissa Llewelyn-Davis）。

度结构和经济资源是否完全掌握在男子手中，这在很大程度上决定着妇女的性选择。[①]

倘若男子掌握着全部经济资源，他们就可以随心所欲地休妻。基督教产生以前的中东和欧洲是这样，一些传统的伊斯兰社会甚至今天仍然是这样。[②] 因此，伊斯兰世界的离婚率在引进妇女权利概念之前是非常高的。[③]

另外，在那些妇女在经济上对男子的依赖性较小的社会里，男女都可以轻松地离婚。比如那瓦霍人，他们仍处于母系社会时期，男子不能独霸经济，妇女在资源分配中也有决定权。

有些社会学家说，多重婚姻对男子来说是自然的，对女子却不然，因为男子"倾向于"多妻制，女子却不是这样。而大多数一夫多妻制的社会是男子而不是女子控制着经济资源。倘若男子的花心与女子的忠贞都不过是先天的性别差异，那些社会也就没必要以法律形式禁止妇女有一个以上的丈夫——更无须对发生了婚外性关系的女子实行"名誉处死"（有时采取乱石砸死的手段）。

当然，政治因素——权力问题——进入经济和性关系，绝不限于男女之间。我们已经看到，在欧洲历史上相当长的时间里，进行生产所需要的经济资源，包括人们的生产性劳动，一直掌握在男性精英——通常是贵族——手中。他们的祖上或为军阀，或为以勇武取胜的国王，依仗着他们手中的一柄利剑，聚敛了大量财富。他们为加强自己的统治而制定的法律，有时实际上赋予他们一种权力，

333

---

① 换言之，这种事情的症结不像一些马克思主义者所主张的那样，妇女对社会经济的贡献有多大，问题的症结在于，一个社会首先定位于伙伴式关系还是统治式关系，不论这个社会是技术落后还是技术先进。

② 对伊斯兰社会的家庭法律和习惯的分析，见麦尼斯（Mernissi），1987。

③ 费希尔（Fisher），1992，第108页。

从而使他们可以拥有和利用臣民的肉体，这也就包括了性和性以外的各种服务。

因此，在古代西方的奴隶社会，在废奴运动以前的美国南方，许多男子和女子（包括男孩和女孩）的肉体是可以合法地买卖的，就像我们今天买菜、买家具或其他什么没有生命的物件一样。既然奴隶是财产，他们就不能选择提供什么样的服务（包括性服务），他们也得不到什么法律保护。倘若企图逃跑，就会受到可怕的痛苦惩罚，或忍受饥饿的痛苦。封建社会里男女农奴的肉体劳动仍然可以为统治者精英所合法地占有。而且，有时农场主仍有历史学家所说的初夜权，即主人有权第一个占有农奴新娘的性。后来到了资本主义时期，许多地方的女子、男子和儿童被迫在不安全、不卫生的环境里工作很多个小时，得到的工资却非常少。他们仍然没有选择的余地，得不到法律的保护。倘若不拼命地干活，就有可能挨饿。共产主义革命之后，这种通过痛苦的威胁进行的控制仍在许多地方以不同的形式继续着。因为在那些按照统治关系模式建立起来的共产主义国家里，妇女和男子的劳动——以及其他国家资源——成为国家财产，而这个国家仍然是由一小部分精英居高临下地统治着，通过强力和对痛苦的恐惧，束缚着大多数男子和女子对生活的选择。

今天，占有他人的肉体、占有他人的服务、剥夺他人选择基本生活的权利，几乎在全世界都受到谴责，至少在原则上如此。但是，在某一个领域，这些情况却顽强地抵抗着任何改变，甚至连原则上的改变都做不到。只要涉及妇女的肉体、妇女的服务、妇女的权利，全世界大多数地方在意识形态上、法律上和经济上仍然固守着传统的观念：权力应该由男人来掌握；选择应该由男人来做；女子的肉体应该由男人来控制。

有些社会在这方面特别突出，那里的人把自家的女孩和女子卖给他人当老婆或当妓女。在某些社会里，男性在经济上和政治上的控制稍微宽松，妇女不把自己当作他人的财产，但她们的经济权利和选择也十分有限，妇女的肉体仍然基本上属于商品。

但是，这里有一个重要的区别。在统治关系稍微宽松的社会里，妇女不是被他人买卖，而是自己出卖自己的性和性以外的服务，或者换得长期的依靠，比如婚姻，或者换点小费，比如卖淫。

这当然并不是说，即使在这种社会里，所有妇女，或者大部分妇女，也是有意识地为了经济原因而出卖自己的性。即使在最严密的统治关系社会里，妇女进行性活动也有多种原因：因为她们爱上了某人，而性至少使她们暂时靠近了某人；或者就因为性是快乐的。但是，在男性的经济和政治权力远远大于女性的社会里，妇女就有可能利用她们拥有的唯一资产——她们的肉体——来换取经济上的生存和发展。女孩和女子在经济上的机会越少，她们这样做的可能性越大——不论性是否给她们带来快感，甚至不论性是否必定给她们带来巨大的痛苦。

卖淫经济学

在我写下这个标题时，成千上万的亚洲女孩和妇女——尤其是来自像泰国北部那种极端贫困地区的女孩和妇女——正在卖身为娼，尽管感染艾滋病病毒的性工作者比例越来越高。她们之所以这样做，是因为这样能逃脱极度的贫穷和饥饿，并且至少她们能有几年的时间挣她们做其他任何事情都挣不到的钱，或者因为她们倘若把挣到的大部分钱寄回家，就能缓解家里的困境——这些女孩和妇女大部分是这样做的。①

全球经济的很大一部分如今的确是靠卖淫维持着。这不仅是指那些在性旅游业中从业、在无数供男性喝酒赌博嫖妓的酒吧和性商店工作的女孩和妇女，也包括把自家女儿卖去当妓女的家庭，以及靠这些女子养活的人。当然也包括那些从中渔利的人：妓院的老鸨和在全世界经营色情业的男子，那些拉皮条的和那些大型色情业主。还包括警察和政府其他官员，他们受了贿赂而对卖淫睁一只眼闭一只眼，在卖淫合法的地方，则拿着工资管理该行业。

女权主义学者克里斯廷·奥弗拉尔（Christine Overall）可谓一语中的："卖淫是一个商业行当。"② 或者用从事过这一行的安伯·霍利鲍（Amber Hollibaugh）的话说："任何从事性交易的女子，其底线都是钱。不管最终干上这营生的女人怎么想，一开始总是为生计所迫——为了房租、孩子、毒品、怀孕、挣钱堕胎、离家出走、没有合法身份、名声不好、乱伦——开始总是迫于生存的压力。"③

既然色情工作也和其他工作一样，是一种生存手段，最近妓女也像其他行业的工人一样组织起来，努力改善自己的工作条件（尤其是健康和安全条件），提高本行业的地位，要求尊重妓女的人权。④ 一些妇女声称，卖淫本身并不比其他有酬劳动低贱，尽管它常常导致危险、疾病、虐待、不安全、无尊严、心理虐待，给妇女造成身心痛苦，但这些并不是不可能消除的，因为没有这些因

---

① 在泰国一些地区，至少在艾滋病传播以前，一个女人从事性工作几年以后再回到农村结婚，村里人并不把她当妓女看。而亚洲其他地区和世界上大多数地方则不是这样，卖淫背负着可怕的社会污点和指责。

② 奥弗拉尔（Overall），1992，第 709 页。

③ 霍利鲍（Hollibaugh），1988。

④ 例如，加拿大争取妓女权利组织（CORP）和放弃旧伦理组织（COYOTE）。又可见弗塔逊（Pheterson），1989。

素，性工作同样能够而且有时确实能够正常进行。① 再说，奥弗拉尔指出，危险和伤害"也不是只在性工作中才有，因为妇女在办公室、工厂甚至自己家里，都可能而且的确受到男性引起的疾病、伤害和心理虐待的滋扰"，倘若客户都能彬彬有礼，体贴入微，性工作比妇女常常不得不从事的其他任何工作都更有乐趣。②

妇女组织起来，保护人权，改善妓女的工作条件，当然很重要，而且可以取得一些效果。这样可以消除人们对妓女的一些偏见，并能降低从事性工作的妇女在健康和安全方面的危险。这些努力在短期对做娼妓的女子（和男子）的生活是非常重要的。但是从长远看，问题依然存在。奥弗拉尔指出，娼妓自古以来"有两个依存的理由：一是其价值，二是统治与服从的性别角色的文化建构"③。

奥弗拉尔还指出："倘若在一个文化里，妇女的性被当作商品出卖，妇女会认为性就是自己最大的资产，性工作就不是也不可能是单纯的私人交易，不可能是利益的平等交换，或等价交易。"④换言之，性不可能是"自由"贸易，更不可能是在今天的经济学家称之为层次相同的赛场里所进行的活动。

她进一步指出，妓女最终提供的是对"女性的"性服从的仪式化。因为男子与娼妓发生关系时，不论是"最廉价"的"野鸡"，还是最昂贵的应召女郎（或者扮演女性服从角色的男妓），问题的关键是，做选择的是那位男子，而女子（或扮演传统女性角色的男妓）只是供客户享用，而且常常是虐待的对象。一位妓

336

---

① 奥弗拉尔（Overall），1992，第 711 页。
② 奥弗拉尔（Overall），1992，第 711 页。
③ 奥费拉尔（Overall），1992，第 719 页。
④ 奥费拉尔（Overall），1992，第 721 页。

女说到男买主与女卖主的关系时，讲了如下一段话："他们买的其实是权力。你得取悦他们。他们可以对你发号施令，而你得让他们高兴，服从他们的命令。"①

总之，卖淫只能是不平等交易：交易的价格是买方说了算，要买什么样的女子（或小女孩、小男孩）也是买方说了算，卖方的肉体被如何利用，她们自己做不了主。因此，卖淫是没办法改良的——因此，倘若一个社会里妇女的肉体主要是出卖给男子的商品，像电视里从汽车到可口可乐的广告里所反映的那样，把妇女的肉体当作一种营销的诱饵，那个社会里就一定会有卖淫存在。

然而，卖淫背后的观念不过是一种经济上的交易。男性在交易中购买女性的肉体，这与"传统"婚姻背后的契约观念并没有多大区别。因为传统的婚姻契约（和男子与妓女的契约一样）也渗透着力量的不均等：契约规定权力较小的女方无条件地将自己的肉体出卖给权力较大的男方。因此，美国一些州至今不把婚姻内强奸视为犯罪，反而附和着僵化的男女性别角色，说这是丈夫对妻子性服务权力的一个"自然的"方面。

妇女、工作与价值

我想再强调一遍：当我谈到男女的性别角色定式时，我说的就是这个意思。我的意思并不是指男女在相互关系中应当如何自然地行动，也不是指他们实际上应如何行动。我指的是男女被迫接受的文化角色。

在现实生活中，那些最符合统治关系性别定式的男女，偶尔也

---

① 奥费拉尔（Overall），1992，第 722 页。

会有偏离其规定角色的时候。因此，尽管卖淫把男性的权力和女性的无权制度化了，男性找妓女有时也会仅仅是因为他们需要亲密接触，需要触摸，因为他们很孤独，无人相伴。妓女可能对这些男人很好，也可能利用这样的关系实行报复，搜刮和她们有关系的男子，甚至毁灭他们——用一句俗话说，"敲他一笔"。

因此，统治模式的性和经济学给妇女带来极坏的、痛苦的后果，也给男子造成很大痛苦。恩格斯早在一百多年前就指出，它使男性无法确定女性是爱他们，还是爱他们的钱——使男女都在头脑里把性和钱联系在一起就更不用说了。①

然而（尽管小说和电影在不断地迷惑人，把"嫁得好"的女子描写成浪漫得无以复加），妇女终究对那些为了钱而结婚的女子嗤之以鼻。因为在关于男女的统治关系神话的狂轰滥炸中，还包含这么一条：即使妇女在一个社会里只有极少的经济选择（至今大部分妇女仍是如此），她们也必须为爱情而结婚，为爱情而"献身"，丝毫不考虑经济的生存——所有的小说和电影里宣传的那些女子，都是宁愿饿肚子（连同孩子一起挨饿）也决不想钱这种俗物。可事实上——也是必然，生存对女子和对男子一样，是他们首先要考虑的问题。妇女显然只能指望通过扮演传统的毫无报酬的家庭角色，得到他人的帮助，当她们受风俗的制约，没有其他求生手段时，尤其是这样。除此之外，她们何以为生呢？

直到最近，中产阶级家庭仍然认为，妇女就不该出去"工作"（去做点事情，挣一份工资），免得让丈夫看起来好像养不起家，或由于妻子的独立而受到威胁。这样做只能使妇女在经济上更加依

① 恩格斯（Engles），1872。

赖出卖性或与性无关的服务给男子；这成为她们唯一体面的，而且利润最高的职业。由此也进一步散播了这样的思想：传统上妇女在家庭里的工作根本就不算工作，不管这些工作多么辛苦，也不管这些工作需要花费多少时间。因此，妇女的家务劳动没有真正的经济价值。

对传统上"女人的工作"的贬低——不折不扣的抹杀——非常有效，连妇女也跟着贬低自己的工作（"我只是家庭主妇"，我们经常听到妇女这么说）。[1] 妇女甚至常常认为女性的最高成就，就是大肆标榜自己没有工作，于是成为丈夫们经济成功的标志。除此之外，为了宣传丈夫们的成功，她们还得向人展示昂贵的服装、首饰和裘皮，招待客人，做其他事情，以促进丈夫的事业，抬高丈夫的身价。而这一切，人们一般都认为不是工作。

如今，在美国这样的工业化国家，双职工已经是普遍现象。但 338 是，大多数妇女在家庭以外工作获得的收入，通常还是远远少于男子。照顾孩子通常仍被认为是女子一个人的事情——而不是一种公共责任，由孩子的父亲和社群共同承担，孩子长大以后将进入这个社群，成为其具有生产力的成员或再生产的保证。

此外——这一点很关键——现在的经济学家在计算经济生产力时，仍然不把妇女的生育和养育包括在内，而这些工作对一个社会来说是不可或缺的。同样，全世界的妇女照料老人、打扫居室、照顾病人、做饭（许多地方的妇女还要种植一家人享用的食物）——以及其他无数需要每日耗费时间以维持生活的劳动，这些劳动同样重要，却进入不了经济学家的统计数据之中。[2] 据联合

---

[1] 关于妇女如何内化她们自身价值的名著，见米勒（Miller），1976。书里提供了积极的选择和优秀的社会心理学分析。

[2] 例如，见韦林（Waring），1988。

国 1975 年（联合国妇女十年大会的第一年）以来的资料统计，全球妇女的工作时间占世界工作时间的 2/3，而收入只有男性的 1/10，世界总财产中只有 1% 属于女性——只有统治关系经济学的计算方式才会这样不平衡、不公正、不正常。[①]

这只是统治关系经济学中的又一个方面——一种通过抹杀妇女的经济贡献，至少通过贬低其贡献，来不断强调的一种观念——男子多挣钱理所应当，因为他们干得更多，工作更累，带来了更多的效益。然而在事实上，什么工作挣钱多，什么工作挣钱少，完全是由那些发工资的人说了算。也就是说——这又是关键的一点——什么有价值，或什么生产力更强，是由那些掌握经济资源的人所决定的。

一个人的工作是否得到了适当报酬，甚至是否得到了报酬，并非像人们常说的那样，完全是一个经济问题，受供求法则的制约。社会主义经济学家在探讨"工人阶级"、女权主义经济学家在探讨"女人的工作"时指出，这是一个权力关系问题——因此，它既是经济问题，也是政治问题。

权力、生产力与现实

我们在前面已经谈到，史前社会更平等、更和平，母性受到崇拜，妇女的性能力被视为女性的力量，而不是无力；在那种社会里，性别的政治和经济与我们习以为常的相去甚远。资料显示，那时妇女在社区的精神生活和日常生活中都占有重要位置，包括决定如何利用及分配资源。而且，许多迹象证明，孩子的血缘是根据母

① 《世界妇女状态》1985 年报道。

系而不是父系来追溯的。① 因此，在这种社会里，所有的孩子都是"合法"的。最重要的是，既然所有的孩子都有合法的母亲，每一个又都是大地母亲的孩子，育儿就不仅是某一个人的责任，而是全社会的共同责任——在一些伙伴关系较强的部落社会里，至今仍有这样的遗风。

自从实行统治关系制度以后，妇女和儿童都变成了男子的财产，倘若一个孩子其父亲无法确定，就被打上了"非法"的烙印。在这个过程中，父亲的功能不是照料孩子（在那些较为和平、平等的部落社会中，父亲至今仍然需要照料孩子），而是高高在上的权威和惩罚（宙斯、耶和华，还有其他严厉的父神，都是其象征）。说起社会和经济的重要性，首先考虑的是父系而不是母系，妇女却必须终其一生照料男人和男人的孩子——像奴隶般地工作，得到的仅仅是衣食和住所而已。

妇女的生育和劳动是男人的财产，这种观念，以及随之而产生的另一种观念：妇女的贡献是不应该得到报酬的，最初无疑也是靠强力以及对强力的恐惧才得以确立。但是，我们在上编里已经看到，随着时间的推移，这种观念也制度化了。它体现于社会的经济和政治组织之中。

现在，家庭中男人完全控制了妇女的肉体以及孩子——包括他们的生产和生育劳动，因而出现了剥夺或废除妇女财产权的法律。同时，由于男子也控制着部落（后来是国家）中的所有土地，以及其他生产性经济资源，他们也就在所有的社会体制中占据了领导地位，从宗教（以及常与宗教密切相关的教育）到政府（政府使

---

① 麦考尔追踪在母系部落如非洲的卡古鲁（kaguru）向男性控制的转化，然而那里仍然存在早期的女性与男性的权力平衡［麦考尔（McCall），1982］。

他们掌握了制定法律和其他社会规则的权力）。逐渐地，在宗教、法律、经济、政治、教育和习俗的作用下，这种状况不仅成了必然，而且居然还成了理想——是由神或基因决定的，连妇女自己都这么看。

总之，只要有人能够强迫或诱导妇女白干活，或只索取最低限度的经济回报；只要有法律规定男人才是财政的掌管者，不论在家庭还是在国家，钱和其他经济资源就由男性而不是女性控制。只要宗教和经济权威认为只有男性有能力决定钱和其他经济资源应如何分配（小至一家一户，大至整个社会），妇女就没有合法的权力，改变不了她们的劳动——被人轻蔑地称为女人的工作——普遍贬值的状况。最关键的是，只要妇女在政治中很少有或者根本没有发言权，只要妇女被排斥在制定法律和政策（包括阻止她们从事工资较高的职业和制定行业的法律和政策）的法律、司法和行政机构之外，妇女就没有力量改变目前这种不平衡的制度。

不仅如此，只要妇女普遍被排斥在宗教和精神的高级职位之外，她们就没有道德力量，无法改变权力的这些不均衡。只要男性和女性都接受这种宗教观念，认为女子的职责、女子的标志就是不声不响地在家庭、宗教、政治和经济中服从男性的情况就必定如此，男性的这种权威据说是上帝亲自赐予的。

然而，这些宗教信条、法律和习俗的作用，还不限于维持妇女在性和经济上的服从；它们还维持了更大的不公不仁的制度——谁能剥削压迫、谁就是有能耐的制度，大多数人（男女都包括）受剥削压迫的制度。它们还维持了对这样一种现实的根本否认：生产性劳动中的一大部分是照料，没有照料，人类社会就会消亡，而我们没有认识到这一点。

统治关系的经济学和政治学，从根本上宣扬的就是这种造成了并且还在继续造成巨大痛苦的工作——研制、生产和"英勇地"使用武器，给人类的肉体制造痛苦，而不是在任何发展阶段都使我们的生活愉快和有成果的关心和照料。那些最可怕的全球危机，其核心大多是这样的经济学和政治学。试想，倘若照料和清洁这些社会不可缺少的工作全都推给妇女，而且从中只能得到极低的报酬，或根本得不到报酬，我们怎么可能指望得到足够的资金，清洁我们的环境，满足人的基本需求？一半人做了 2/3 的工作，得到的报酬却比仅做 1/3 工作的那一半人少得多，倘若我们无视这一事实，怎么能指望北方国家停止对南方国家的不断剥削，以及南方内部后殖民精英对其人民的劳动的剥削呢？倘若经济关系一直保持这样一种模式，我们怎么能指望人民站起来，要求平等的而不是不平等的经济关系？倘若男子理所当然地占有和剥削妇女的生育和养育劳动，他们为什么不能同样地统治和滥用自然的生育和养育能力呢？

对工作、福利和经济学的反思

今天，大部分痛苦的个人危机，其根本原因也是贬低妇女生育和养育的经济价值。例如在美国这样的富裕国家，最贫穷人口全部是 60 岁以上的妇女（白人妇女和有色人种妇女）。这些妇女大部分是传统的持家者，她们之所以陷入痛苦的贫困，主要原因便是她们和那些服过兵役的男子不同，没有人因为她们养育了孩子而发给她们医疗补贴或退休金。上百万年轻的美国男性在监狱里终其一生（每年每个犯人平均要花掉纳税人 3 万多美元），也是因为找不到足够的资金对儿童进行养育和教育（包括教育他们以非暴力的途径解决问题），或做其他事情使他们远离犯罪。

美国如今投入大量资金，用于酗酒和滥用药品的防治计划、监狱以及其他针对成人的补救或惩罚措施。但是，倘若在这些人小时候就给他们以足够的经济和社会帮助，给他们以足够的照顾和教育，使他们长大以后受伤害较小，心理较为健康，生产力较强，这样花的钱要少得多。我们身边成千上万的妇女和儿童生活在贫困之中，因为孩子的父亲不能或不愿养活他们，[1] 因为即使在美国这样的富裕国家，母亲养育孩子的工作也没有成为社会的责任，无法从社会资金中得到补贴——但是，美国政府很早以前就对种植作物（不仅包括维持生命所需的食物，也包括摧毁生命的烟草）发放补贴。

有些富裕国家，尤其是更偏向于伙伴关系的斯堪的纳维亚"福利国家"，就从社会资金中为照顾孩子这类"女人的活儿"至少提供了一部分帮助。[2] 照料人的工作在这里也有经济价值，表现为政府对所有做父母的人，尤其是单身母亲，提供补助，并且开展其他一些计划，这些计划的前提是，国民的健康、教育和福利不仅是个人的事情，也是社会的事情。[3]

颇有意思的是，由于这些政策，这些国家的人口具有很高的教

---

[1]　近年来，美国政府努力提高法庭判决儿童抚养费的执行率。尽管这样，这些努力同可能做到的相比较仍然不够认真，也不够有效。如 1989 年卫生和公共服务部监察长的研究表明，军事人员拖欠儿童抚养费总数超过 1.76 亿美元——由于军事人员有记录，负责执行儿童抚养费的机构可通过电子记录追踪他们的驻扎地，所以这件事实在是荒唐［狄克逊（Dixon），1993］。

[2]　布什总统 1991 年的"儿童及其家庭委员会"提出儿童照料津贴，但他忽视了这一点。这样的津贴应该改变福利母亲的地位，使得她们大大提高其尊严和自尊，从而打破人们的这种观念：所有妇女必须在以父亲为家长的家庭中受男人的控制。

[3]　例如，斯堪的纳维亚国家率先实行了家事假，成为德国和其他发达国家效仿的榜样。在美国，直到克林顿总统就职后，才有了《家事假法》并得到国会通过。尽管如此，也不像斯堪的纳维亚国家和德国，美国只是提供了不带薪的家事假。

育水平，所以丝毫没有人口爆炸的迹象。因为避孕和人工流产在这些国家很容易做到，这里很少看见庞大的家庭。同样有意思的是，扶助需要帮助者的计划常常受到批评，说这样会鼓励人们不生产不创造，其实首创了这些计划的斯堪的纳维亚国家，生产力和创造力一直非常高。

斯堪的纳维亚国家的福利计划与美国的福利计划有很多不同之处。但是，其最重要的区别或许在于斯堪的纳维亚国家的福利计划未被社会打上耻辱的烙印，而美国接受福利的母亲却被人看不起，她们的自尊和自信因此受到更大的打击，而做成任何事情都需要这两样。也就是说，美国的问题还不仅仅是国家补贴，美国其实有许多国家补贴（农民有补贴，军工也有补贴，人们从政府得到大笔资金，用于研究和开发活动）；也不仅仅是靠政府计划搞贪污的问题（20 世纪 80 年代暴露的企业和军事丑闻表明，贪污在有钱人中也相当普遍）。关键在于，美国的福利计划不过是统治关系家庭的官僚翻版，人们认为，妇女照料他人就应该白干（只能以此换口饭吃、换个住处，再给孩子换几件衣服）。此外，接受福利计划的妇女与统治关系家庭里的妇女一样，是受他人控制的对象，控制者认为妇女是低能的人，他们侵入妇女的性生活，一出差错就怪妇女，不给妇女以尊严、独立和实现自我价值的机会。

因此，倘若我们从统治关系或者伙伴关系（不论是资本主义还是社会主义）的角度看，就会毫不吃惊地发现，美国那些自上而下、缺乏参与性的福利计划和苏联自上而下、缺乏参与性的社会主义一样，只会抑制而不能提高人的责任感和能力。这也就不难理解为什么在 20 世纪 70 年代、80 年代和 90 年代早期，美国大踏步向统治关系模式倒退，凡是政府为照料、教育和其他社会服务的支出，都受到政治宣传的反对，而大笔资金用来研制杀伤力更强的武器——政府空前慷慨地补贴研制武器系统的企业，则无人指责。从这个角度看，我们也就不难理解，为什么当代伙伴关系运动的最前沿——斯堪的纳维亚国家——是男女平等、性解放、避孕、资助"女人的活儿"等方面最先进的地方，那里的生活水平普遍高于世界其他地方。①

说到这些，有人会说斯堪的纳维亚国家的社会和经济政策之所以更容易受关心、同情等价值观的引导，是因为这些国家比较富裕，人口基数较小而且比较单一。② 但是，其他人口较少而且比较单一的富裕国家——比如沙特阿拉伯，比斯堪的纳维亚国家富裕得多——却由非常不同的价值观引导着社会和经济政策。因此，一定还有别的原因。倘若把沙特阿拉伯和斯堪的纳维亚国家相比较，我们就能看到一个令人瞩目的区别，其中一个更偏向统治关系模式。说得更具体一些，在沙特阿拉伯，妇女的肉体，以及和她们的肉体有关的东西，仍然被视为男性的财产；而在斯堪的纳维亚国家，妇女在经济、性和生育等方面有更多的选择。

斯堪的纳维亚国家的社会显然也并没有实现男女的完全平等。但是，那里关于性与性别的政策——法律在性表达上允许更大的自由，并且规定父母可以享受带薪休假，以照顾孩子——是美国和其他国家政策进步的典范。他们倾向于伙伴关系的经济政策更是刚刚

---

① 《联合国发展报告》，从1990年开始，每年由牛津大学出版社出版。从生活质量的量化测量来看（范围从平均预期寿命到危险废物排放），斯堪的纳维亚国家长期位居榜首，证实了1991年报告指出的结论；对人的忽视的真正原因往往是没有政治意愿，而不是没有财政资源。一个新的量化研究报告表明，总的生活水平的高低与两性是否公平显著相关。见艾斯勒（Eisler）、洛耶（Loye）和诺加德（Norgaard），1955。

② 的确，在经济发生问题的年份里，可以减少这些项目以作为课税基础收缩的补偿，但根本的问题是资金配置的选择。

起步——只是从统治关系向伙伴关系过渡的一个小小的成功范例。

倘若我们搞一点社会和经济创新，使照顾他人这类"女人的活儿"具有财政价值，而不仅仅在口头上谈论家庭的价值，禁止世界上相当普遍的尖锐的阶级差别，那么，这会发生什么变化呢？这项工作需要所有家庭（包括没有孩子的家庭）的参与，那时还会有如此尖锐的阶级差别吗？还会有如此不平等的资源分配吗？

法国社会理论家皮埃尔·布尔迪厄（Pierre Bourdieu）把对他人服务的合法需求称为象征性资本。① 倘若照料他人具有了真正的价值，布尔迪厄提到的这种权力形式会发生什么变化呢？我们难道就看不到一种完全不同的经济和政治制度？一种更接近远离尘嚣的巴斯克人，欧洲唯一的非印欧语系遗民，数百年前建立起来的制度，妇女具有合法的权利要求自己的丈夫尽全力保护家庭财产，男子不能单方面支配（控制）经济资源。

倘若"女人的活儿"具有更高的价值，家庭内部食物、保健和教育资源的分配是否仍会存在经济学家阿玛蒂亚·森（Amartya Sen）所说的性别偏向呢？这些偏向在当今世界上使一些地方的女孩子过着悲惨的生活，甚至活不下去。② 倘若出现了这种新型经济制度，男孩子和男人是否会有更大的动力去完成现在已经开始萌芽的事业：修改父亲的含义，在其中加入从前只归母亲做的育儿活动？

倘若仁爱的行为不仅在口头上，而且在实际上获得了较高价值，我们的性生活和精神生活会发生什么变化？暴力还会成为性爱的一部分吗？宣扬痛苦还会成为神话和生活中的一大主题吗？我们会不会看到完全不同的神话和现实，其中宣扬的不是暴力而是爱？

① 布尔迪厄（Bourdieu），1989；布鲁贝克（Brubaker），1985。
② 森（Sen），1990，第66页。

　　这些问题中的一部分我在最后一章还要谈到。但是，在本章结尾，我要说，我们只有解决这些经济和政治问题，才能有效地消除日益使经济和生态无法持续的过度消费和过度的物质主义。倘若人类不得不生活在一个不断阻止他们满足人类基本需求——不仅是对爱的需求，还包括对创造性和精神表达的需求——的制度中，他们就会从其他方面寻求补偿，包括强制性地获得更多的物质利益。

　　我还要说，倘若我们继续单纯地从资本主义和共产主义的角度看待经济，我们就看不到这样一个事实：人类的异化和物化早就发生了，远远早于前资本主义和前共产主义的封建社会，远远早于君主社会，可以追溯到远古的奴隶社会。因此，我们讨论所有制等基本经济问题时，尤其是讨论一部分人剥削另一部分人，而不是双方互惠的所有制时，首先要解构性别角色和性关系。在这种角色和关系中，一个人的肉体成为另一个人的财产，一个人有权剥削另一个人的生产和生育能力。或许最重要的事情在于，我们首先要考察政治。到目前为止，什么工作（或权力关系）有经济报酬、什么没有，以及由此产生的什么是"生产性"工作，什么不是，仍是由政治（或权力关系）决定的。我们正在从工业经济向后工业的信息和服务经济过渡，农耕和制造业的工作正在迅速萎缩，因此这个问题不仅非常及时，而且迫在眉睫。①

①　几十年前，自由主义经济学家罗伯特·西奥博尔德（Robert Theobald）就提出，一个有保证的收入就如同一块经济地板（1967）。更近些年，保守经济学家米尔顿·弗里德曼（Milton Friedman）也提出，负所得税是就业萎缩时期维护社会稳定所必需的措施。以我提出的伙伴关系经济学新方法看，这样的措施应与奖励照料工作相联系，不仅在家庭层面，也在社会层面。这样做有许多理由，包括承认这类工作的价值。但同样重要的是，人们需要感到生活过得有意义，觉得他们从事的工作很重要——这就是官僚机构施舍性地抛出的自上而下的福利方案未能达到目的的原因之一，因为那些方案没有承认接受福利救济的人的价值。

345

这些问题和选择决定着我们的未来，倘若我们不能更清楚地了解、更有效地利用物质杠杆以达到社会变革，我们就不会有真正的文化变革。这些问题也把我们带入下一章。我们将讨论强大的当代运动，它以新的完整的伙伴关系政治为目标，不再人为地割断政治与人的联系。

第十八章　建立伙伴关系的政治：
　　　　　我们对未来的选择

三百年前，世界上几乎没有什么民主政府，而这在今天是不可想象的。或许再过三百年，那些深刻影响我们生活的事务，如性暴力、对儿童的性虐待、生育自由、消除性骚扰以及性选择的自由，倘若在政治中得不到重视，也会同样变得不可想象。三百年前，以代议制政府取代君主制的公开讨论曾受到过压制；今天又有人说，亲密关系——尤其是性关系——不宜成为公开讨论的话题，更不适合进行政治争论。

这种压制掩盖了一个事实：我们能够选择建立何种人际关系。也使我们无法采取集体行动，开阔我们对生活的选择——现代政治的基本目的正是使我们对生活有更多的选择。

例如，西方历史中的一条主线，是讲述现代人的斗争，即争取自由地选择是否信仰宗教，以及如何信仰，而不是被人强迫接受某种信仰。① 另一条主线是争取自由地选择代议制政府，而不是被迫接受世袭制或军事化的统治。还有一条主线，是争取自由地选择谋生手段，而不是被迫接受种姓、阶层和性别强加于人的东西。

347

---

① 强迫接受某种信仰体系可以采取不同形式。比如，在苏维埃式的共产主义中，由于传统宗教信仰被禁止，列宁便成为某种狂热的崇拜对象，共产主义也因此几近成为某种国家宗教（见《圣杯与剑》第11章）。

随之而来的，是争取性选择的自由（而不是由于恐惧、强力或没有其他经济来源而被迫与人发生性关系），选择异性还是同性性关系的自由（而不是只能有异性性关系），以及选择是否生育的自由（而不是被人强迫生育或强迫不生育）。过去几个世纪，全世界人民联合起来，反对统治关系制度中固有的力量失衡的斗争方兴未艾，这些都是最新的斗争篇章。

从历史上看，所有以达成权力平衡为目的的努力——不论发动者是贵族、商人、工人、殖民地人民，还是少数民族或少数宗教的成员——最终只有将个人行为变为群体行为，才能取得成功。换言之，要把昔日非政治——因此不在公共话语或争论范围之内——的东西政治化（即进行集体讨论和协商），才能取得权力重组的胜利。

因此，我们这个时代的不同，并不在于我们把以前在政治或有组织的群体行动之外的事情，变成了最有争议的政治问题，而在于许多政治问题有史以来第一次围绕着亲密关系——那些与我们的肉体最直接联系着的关系——而展开。这种变化标志着我们进入了向伙伴关系社会进步的现代运动的第二阶段，这是一个团结一致的阶段。

到目前为止，为了创造更平等和真正自由的社会而进行的有组织的政治行为，主要还是针对统治关系金字塔的最高层，即所谓公共领域。这一领域中的关系主要在男子之间建立，因为妇女和儿童历来是不让参与这种公共领域的。对于这个金字塔的基础，即女子、男子和孩子都有份的所谓私人领域里的日常关系，却很少有人注意。

我们已经看到，这些关系也发生了变化，否则社会就不可能有任何进步。但是，尽管这些变化是现代意识革命和性革命中的重要因素，它们仍然缺乏深度。而且，很大一部分人受其影响相对较小。因此，成型的伙伴关系社会、意识形态结构尚没有基础，与仍然强大的统治关系基础结构对比悬殊。统治关系的基础结构编织得天衣无缝，专制家庭加上统治与被统治的性和性别关系，统统由专制的宗教信条支撑着，为一整套统治关系制度提供了坚实的基础。

　　结果，伙伴关系即使取得了些许成功，也极易遭到扭曲。例如，民主选举的政府也严重受控于强大的经济利益集团，如军火商，他们四处散布言论，将一切社会弊病都归咎于政府。同样，煽动对体制上的弱势群体的仇视和暴力的言论，如今却披着性自由和言论自由的外衣，大行其道。不仅如此，在统治式家庭关系和性别定式最顽固的地方，伙伴关系根本无法获得丝毫成功。尤其是在经济遭受到巨大压力的时期，统治关系复辟，伙伴关系运动倒退，不平等、暴力以及男尊女卑的分裂模式卷土重来，打着各色旗号：法西斯主义、共产主义、民族主义、资本主义，最近又出现了宗教主义。[1]

　　我们现在常听说自由主义和其他进步的意识形态偃旗息鼓了，以上就是部分原因。[2] 诚然，倘若我们不能为从根本上发生改变的一种制度奠定基础，当代的伙伴关系运动还会继续被扭曲，并会发生倒退。然而，现在就对伙伴关系运动发讣告，还为时过早。马克·吐温当年听到一则关于他死亡的不实消息后，说了一句"太夸张了"。

　　其实，尽管统治关系拼死抵抗，我们仍然胜利在望，我们已经站在了政治新阶段的门口，将反抗强制、争取自由的斗争进行到了

---

① 见《圣杯与剑》第11章和第12章，在这两章里对这些复归的动力做了更详细的讨论。又见艾斯勒（Eisler）和洛耶（Loye），1983。

② 见洛耶（Loye），1977；艾斯勒（Eisler）和洛耶（Loye），1983。

最底层：对我们的肉体有最直接影响的选择。这样的政治刚刚崭露头角，还是星星之火。但其目标是彻底改变生活中各个领域里的权力观念，从小家一直到国家。它包含着一个希望：我们总有一天能阻止统治关系的复辟，并在这一过程中，创建起能支持而不是阻碍我们人类迫切需要却又极度缺乏的更合人意、更令人欣喜的亲密关系。①

亲密选择的政治崭露头角

新政治的焦点，是争取在对我们的肉体影响最直接的事情上获得自由选择的权利。其中宣传得最多的，是当代妇女争取生育自由的斗争。但在我们讲述这一斗争，以及亲密关系选择的新政治的其他方面之前，我想告诉大家，有人说计划生育的技术是现代才出现的，其实并非如此。

早在现代历史开始之前，就有了避孕套和子宫帽（现代的标志）。② 我们把子宫内避孕器（或称 IUD）看作超现代技术的标志，而这种技术古埃及人似乎就开始应用了。③ 有许多迹象表明，计划生育的雏形甚至在旧石器时代，在史前将月经与月亮相联系的时代，就已经出现了。

贝斯·安·康克林（Beth Ann Conklin）写道，医学研究表明，在没有人工照明的情况下，女子的生育周期与月光的明灭同步——

---

① 朝向伙伴关系政治的三百年现代运动，由戴维·洛耶在《河流与恒星》（写作中的著作）中从道德视角做了深入的思考，勾画了其发展的草图，并在《领导的热情》一书中作了动态的分析［洛耶（Loye），1977］。

② 麦克拉伦（McLaren），1990。

③ 象形文字表明，用一小块鹅卵石通过子宫颈送入子宫中，可以起到子宫内避孕器（IUD）的作用。

望日排卵，朔日行经。① 康克林认为，由于经期及其前后不大可能怀孕，我们的祖先密切注意月亮的运动，可能与妇女有关。他们根据月亮的运动节奏调整其性行为，达到减少或增加受孕机会的目的——或许这就是洛塞尔（Laussel）的维纳斯身上刻有新月的部分原因。②

另一种避孕措施肯定是古已有之，即性交时男子不在阴道内射精。利用草药控制生育的技术（在一些非西方文化里沿用至今）无疑也能追溯到古代，尽管我们已无从知晓这种方法是否有效。我已经说过，用于避孕或堕胎的草药由"女巫"或巫术崇拜者的"智妪"配制，她们曾是欧洲的行医者，直到被强行以教会培训的男医生替代为止。③

因此，避孕与堕胎根本不是什么新鲜事。真正的新生事物是女子和男子为争取生育自由而进行的有组织的政治斗争。这一斗争与当代妇女重新进入医学和科学领域——以及重新争取宗教、政治和经济决策权——的斗争并非毫无关联。因为是否发展并在市场上推广避孕和堕胎技术，以及这些技术在什么情况下、由什么人来应用，需要在所有这些方面做出决定。

我们已经看到，男子（作为个人以及作为宗教信条和世俗法律的制定者）对女子肉体的控制，是统治关系意识形态和社会的

---

① 康克林（Conklin），1980。
② 康克林（Conklin），1980。正如康克林所写的那样："每个大陆的传统信仰都把女性的生育周期与月亮相联系。"她指出，满月往往被视为最佳的怀孕时间（如印度低层种姓科尔人的春季狂欢节和东非基库尤人选择在满月那一天或之前结婚）［康克林（Conklin），1980，第30页］。相反，人种史学的数据（例如，根据特罗伯里安岛的数据）则表明，性活动主要在没有月亮的黑夜或新月之夜进行与婚前怀孕率低有关联［康克林（Conklin），1980，第40～48页］。
③ 福克纳（Faulkner），1985。

支柱。① 生育自由威胁了这种控制，这也正是妇女一定要争取这一

350　自由的原因。而且，根据世界卫生组织的报告，"倘若在生育方面不加以规范，妇女的权利就只是一纸空谈"，因为"女子倘若不能控制自己的生育，就无法接受教育，无法从事高收入职业……也就没有什么真正的选择"。②

其实，倘若没有计划生育，男子和儿童对生活的选择也受到很大的限制——我们在具有最高的生育率和贫困率最高的地区，看到的正是这样的悲剧。倘若没有计划生育技术，我们人类的未来就会受到严重的威胁，我们每天都看到更多的证据，说明目前的人口增长率已经给生态带来了灾难。

说到今天亲密关系选择的新政治的其他方面，科学家正在研究试管婴儿、人工授精等技术，甚至不久就可能在实验室合成生命，取代生育。在这样一个时代，一些更为重要的问题迫在眉睫。人们对私人生活的选择是由少数人（不论是科学家还是宗教、经济和政府体制的领导）控制，还是由自己决定这些直接影响肉体的最个人、最基本的功能和活动？

由谁对最私密的生活做出选择，还决定了近年来才成为重大政治问题的另一件事：性骚扰。性骚扰和男性制定的有关避孕和堕胎的政策一样，表达的是一种社会认可的观念，即女子的肉体应该受男性的控制。借用社会心理学者戴维·洛耶的说法，性骚扰是性的文化构成，女子的肉体成为一种象征性的财产：男子仅仅凭着自己是男子，就有权占有这种财产。③

---

① 值得注意的是，勇敢的天主教修女公开宣称教会对计划生育的禁令是不道德的。

② 纳利斯（Nallis），1992。

③ 与洛耶的交谈，1994 年 6 月。

在工作环境中，妇女有时付出了巨大努力，顶着压力和痛苦，好不容易找到了一种谋生的方式，不用再完全依赖婚姻或与男性的其他性关系，而性骚扰却再次向她们肯定了男性的这种"权力"。因此，性骚扰不管是否得逞，都迫使女子再次通过他人而不是自己的眼光来看自己的肉体，使她们千辛万苦争得的独立感，一下子烟消云散。从最实际、最直接的层面上看，性骚扰使女子处于充满敌意甚至危险的工作环境之中，将她们排斥于男性控制的高薪行业之外。这常常成为妇女职业升迁的绊脚石，女性倘若不屈从于男性，让他们在性上占便宜，男性就不给她们提升的机会，有些妇女甚至因此而被解雇。但是，性骚扰最根本的是对自由选择的权利的侵犯。因为性骚扰的目的是强迫妇女把自己的肉体提供给她们不愿与之发生性关系的男子。

从这个意义上，妇女抵制男性对她们肉体的占有权的斗争，与当年在英国殖民地争取自由，建立美利坚合众国的斗争，并没有什么区别。因为两者的最终目的都是不仅要争取在自己和他人眼里属于自己而不是其他什么人的权利，还要争取自主的权利。

当代关于男女同性恋权利的政治斗争，说到底也关乎自主这个基本问题。和不受性骚扰的权利相同，仅仅在一代人以前，选择异性恋还是同性恋的自由根本不可能成为一个政治问题。然而，1992年的"克拉伦斯·托马斯—阿妮塔·希尔"（Clarence Thomas-Anita Hill）听证会使美国主管国家、州和地方公务的妇女人数超过了此前任何时代，在同年的总统大选中，男女同性恋走出政治密室，公开建立了筹资网络，支持同情他们的候选人。①

争取选择同性性关系而不是或不限于异性性关系的斗争，和争

① 例如，见波克索尔（Boxall），1992。

取生育自由及消除性骚扰的斗争一样，其意义远不止于表面。因为在一个男性统治女性、一小部分男性精英统治绝大部分男女的社会里，这一斗争同样动摇了其基础。

同性恋恐惧症——害怕、仇视甚至迫害男女同性恋者——首先是企图维护固定的男女角色和关系。"娘娘腔"或"女里女气"的男同性恋者遭到嘲笑，这不过是又一种手段，用以维护统治关系社会认可的那种粗鲁、没有同情的"阳刚"定式。不仅如此，倘若一个成年男子在与另一个男子的关系中扮演妻子或情妇这类固定分配给女子的角色，便全面否定了男人在私密关系中天生是统治者的观念。①

女同性恋的关系与男同性恋不尽相同，却同样威胁了传统的性别角色结构。这种关系使妇女在所谓传统家庭——作为统治关系社会基础的男性统治、以繁殖为目的的家庭——之外，又有了一种新的选择。此外，女同性恋关系由于加强了女子之间的联系，便有可能产生社会和政治行为，引发根本的结构和意识形态变革。许多女同性恋团体现在的确在做这样的事情。②

统治关系社会必然带有同性恋恐惧症，还有另外一个原因。这些社会都把人分成自己人和外人，这种思维自然会对人做出高低贵贱之区分。因此，被剥夺了权力的外人把同性恋者当替罪羊，并对

---

① 这就是为什么在古代希腊和日本武士道型的尚武社会中，对男同性恋的理想化而不是谴责仅限于男人与男孩之间的关系——也就是力量不均衡的个体之间的关系。

② 关于当代女同性恋关系，见佩普劳（Peplau）、科克伦（Cochran）、鲁克（Rook）和彼得斯基（Pedesky）《钟情的女子：女同性恋关系中的自主性与附属性》（1978）。学者、文人、小说家和其他著作家关于这个主题的评论作品日益增多。例如，《标记》杂志1993年夏季号专门刊登了"女同性恋经验的理论思考"专刊，登载了许多学者的稿件（《标记》，1993年夏，第18卷，第4期）。

他们进行迫害，以发泄自己被压抑的恐惧和痛苦。这与性别歧视、种族主义和反犹太主义是同一个道理。

今天，美国对同性恋最激烈的反对者，是极右翼的原教旨主义联盟。他们有时甚至征引《圣经》里的词句，扬言要对这种"恶心事"处以死刑。可悲的是，这种声音和其他激发仇视社会底层人群的事情一样，并非毫无效果——最近新闻里就报道了一位男青年被一名水手殴打致死（其他人就在旁边看着），只是因为这位男青年公开宣称自己是同性恋。

最近的新闻还报道，伊朗为了"庆祝新年"，将三名男同性恋者公开斩首，对两名被指控为同性恋的女子则以乱石砸死。这种打砸的过程时间更长，刑罚更严酷，整个行刑过程通常要延续数小时。因为根据伊朗法律，行刑用的石头"须小到不会立刻砸死犯人"[①]。我们从中可以看到，倘若这种仇恨融入政府的政策，将会产生什么情况。而这个政府的首脑——专栏作家杰克·安德森（Jack Anderson）在一篇文章中写道——是 H. 拉夫桑贾尼，他被乔治·布什和罗纳德·里根称为"温和派"。[②] 不过，我不想在这

---

① 安德森（Anderson），1990。安德森指出："伊朗官员也承认，去年至少有 26 人被处以石头砸死。其中 14 人是被定罪为通奸或卖淫的妇女，另外 12 名妇女和 3 个男人是在一个足球场被看足球比赛的观众用石头砸死。"他还说，"伊朗的法律清楚地规定行刑用的石头必须小到不会立即砸死犯人，但须大到能够称之为石头"，（安德森，1990）。这种刑罚至今仍存在。例如，据 1994 年 2 月 1 日路透社报道，一名伊朗已婚妇女，名叫米娜·科尔维特（Mina Kolvat），在德黑兰伊文（Evin）监狱中因为通奸被石头砸死（《生活在伊斯兰教法下的妇女》，1994 年 4 月 6 日群发邮件）。其中还说，一个卓越的伊朗女性知识分子当众自焚，以死抗议伊朗伊斯兰共和国对妇女的待遇。这位女学者是大学心理分析学教授，因未遵守伊斯兰教妇女必须戴头巾的规定，被大学开除职务。该邮件还说："强化伊斯兰着装规定的运动愈演愈烈，有时会导致街头暴力冲突。"[安德森（Anderson），1990]

② 安德森（Anderson），1990。

里讨论激进、温和或保守这些传统政治标签的问题，更不想讨论共和党和民主党。

我们在这里所说的是基本人权问题。说得更具体一些，我们在这里讨论的，是统治关系政治中最顽固、最基本的问题：一个人或一群人能够利用制度所允许的威胁和暴力行为，合法地强迫其他人。妇女生育自由遭到日益强烈的抵制，也是同样的问题。

古老的暴力政治

过去数十年，我就人权问题做了很多演说，写了很多文章。最早的一篇是 1969 年通过《法庭之友》向美国最高法院递交的报告，敦促法院对美国宪法第十四修正案做出解释，将妇女纳入其平等保护条款之列。①，我在 1987～1993 年撰写的一系列文章中，提出政府和国际组织，如大赦国际，应该修改人权定义。据我所知，我第一个指出了一条真正完整地实现人权的道路，这条道路不再将大多数人的权利简单地分割为"妇女的权利"和"儿童的权利"，并承认暴力强迫正是家庭——我们最早学习与人相处的地方——中的政治。②

但是，直到我开始写这本书的时候，我才开始深入研究完整地实现人权的这一新途径与直接关乎人的肉体的问题之间的联系。我自问，倘若这些问题在宪法规定的法律和人权中得到表达，那将会是什么情景？我马上想到，对于直接关乎人的肉体的保护，如禁止

353

---

① 艾斯勒（1978）论及这份报告和里德（Reed）讼案。1971 年法庭终于认定在某些案件中性别歧视违反了《第十四条修正案》。艾斯勒于 1978 年讨论过这个问题。

② 艾斯勒（Eisler），1987c，1993c，1993d。

殴打儿童、对儿童施行性虐待、强奸、强制生育以及其他侵犯人身基本权利的行为，就应当不仅受到宪法的保障，而且成为人权理论的核心。我还意识到，倘若宪法和人权理论是在伙伴关系而不是统治关系的语境下形成，人们一开始就能得到这些保护，因为不能主宰自己的肉体——被征了兵的男子是这样，被征做母亲的女子也是这样——这正是统治关系社会而不是伙伴关系社会的基本特征。

我还意识到，在宪法和人权的理论框架内应该增加最基本的人权：没有暴力恐惧的生活的权利。只要暴力被认可，甚至成为制度——在国际关系中是通过战争，在私密关系中是通过殴打妻子和孩子——我们就无法真正建设一个不以制造痛苦为权力基础的社会。

这里所说的并不包括所有的暴力。例如，防卫的暴力，或者猛力拉扯孩子以免他被车撞倒，这样的暴力就不在我们的谈论之列。我们谈论的是那种制度化以维护统治等级的暴力。

我们看到，在统治关系社会中，这种暴力很早就出现了。它夹杂在对孩子的养育之中，孩子要服从权威，这是赢得父母之爱的条件。再往后就是性关系中的统治和暴力，这是这种社会中性的社会结构的特点。它还表现为专制暴君控制其"臣民"的暴力，西方在现代之前一直如此，西方以外的许多地方至今还是这样。

过去在西方——有些地方至今如此，常通过公开以最粗暴的方式对异己分子和社会底层的成员施加痛苦，仪式性地强化暴君对臣民的控制。不到三百年之前，在欧洲和美洲的一部分殖民地，还把那些被指认为女巫的妇女当众处死。公开展示施加痛苦的权力，具有多重社会功效。对那些企图质疑现状的人，这是一个警告。它还告诉人们，他们是多么无能多么软弱，并且告诉他们，什么人（例如"女巫"）能当他们的替罪羊。它还使人民对苦难麻木，甚至从中取乐，扼杀人们的同情心。

西方自 18 世纪启蒙运动之后，逐渐停止了粗暴示众的做法，同时伴随着较民主的政府出现了较民主的家庭。但是，伙伴关系的涌现与统治关系的抵制从来没有停止过斗争，在私人领域和公共领域都有猛烈的反弹——如 19 世纪和 20 世纪的女权主义，均导致了对妇女的暴力的上升，[①] 以及其他迁怒妇女的行为。从西方某些地区出现的新纳粹"光头党"恐怖主义，到世界其他地方的宗教、部落和民族屠杀，都属于这类行为。有些人企图在西方恢复粗暴示众的制度（如 1994 年加利福尼亚的立法提案中就有人提议，对在墙上和车上涂鸦的人要施以鞭笞），虽然他们没有得逞，但有一种方法通过现代科技达到了同样的目的，一直无法改变：电视和其他媒体经常展示对人身施加痛苦的能力。

以电子手段展示暴力，与西方早期流行的当众四马分尸、钉十字架和其他野蛮行为相比，当然是一大进步。但是，仍然有数量惊人的野蛮行为，通过电视新闻和家庭电视"娱乐"节目传达给我们。戴维·巴里写道，据估计，美国的"儿童到小学毕业时，平均从屏幕上会看到 8000 起谋杀行为，10 万多起暴力行为"——到他或她将近 20 岁时，这些数字将增加一倍。[②] 然而我们得到的信息是暴力节目的评级并非最高，也就是说，它们并非像节目主持人说的那样，仅仅是"人们想看的节目"。[③]

355

---

① 罗斯扎克（Roszak），1969。

② 巴里（Barry），1993，第 8 页。

③ 例如，1994 年 1 月 27 日在佛罗里达州迈阿密市举办的全国电视台项目主管年会上，宾夕法尼亚大学宣读的一份研究报告指出，在过去 5 个季度里，非暴力电视节目比暴力节目的平均尼尔森评级更高，非暴力节目的收视率也比更高。乔治·格伯纳（Gerbner）在 1994 年 1 月 27 日，"文化环境运动"新闻发布会上公布了这一研究成果。"文化环境运动"旨在联合同道，改变媒体现状。

美国是个犯罪率极高的国家（上一代年轻人无预谋暴力的增加尤为突出），因此，大多数公众言论在提到媒体中暴力泛滥的现象时，自然会着眼于媒体是否将暴力描写为一种解决生活冲突、问题和烦恼的常见而且刺激的方式，而导致暴力犯罪。当然有不少研究证明，在电视出现以后的数十年中，美国的暴力呈指数上升，这绝非偶然。例如，华盛顿大学传染病学专家布兰登·森特沃尔（Brandon Centerwall）开创性地研究了暴力传染病。他的研究显示，美国和加拿大有电视以后的一代人中，暴力犯罪上升了将近100%，而同期南非的暴力犯罪率实际上下降了，但 1975 年电视进入南非之后，那里的暴力犯罪率也上升了一倍多。[1] 数以百计的研究都证实了这个不言而喻的事实：电视节目不仅影响人们的购买行为（这明摆着是出钱做广告的人想要达到的目的），而且影响所有行为，包括儿童的好斗程度（儿童，尤其是男孩，看电视后好斗程度自然提高，因为电视上的暴力大多由男性施行），[2] 甚至对成人是与人为恶还是与人为善，都有一定影响（见戴维·洛耶于 20 世纪 70 年代在加州大学洛杉矶分校医学院指导的一项研究计划）。[3]

因此，应该使更多的人认识到，电视不仅使儿童（以及成人）学会了暴力，而且使他们学会了麻木不仁的生活方式。但是，乔治·格伯纳（George Gerbner，宾夕法尼亚大学安妮博格交流学院前院长，"文化环境运动"的创建者）指出，电视再现世界的方

---

① 森特沃尔（Genterwall），1992。还可参见《三个国家的报道：有了电视以后凶杀率上升》，《媒体与价值》1993 年夏，第 12～13 页。

② 坦尼斯·麦克贝思·威廉斯（Tannis Macbeth Willams），1986。特别值得注意的是，看电视长大的父母更倾向于使用暴力手段来教育孩子——这有助于解释我们从新闻中所获悉的关于家庭暴力上升的原因（艾隆和休斯曼，1984）。

③ 洛耶（Loye）、戈尼（Gorney）和斯蒂尔（Steele），1977。

式，是维护根深蒂固的权力失衡的手段，这一问题目前尚未引起广泛的讨论，而这却是一个亟待讨论的问题。①

格伯纳等人指出，电视上有"一种全方位的编程模式，所有的人都长期地、频繁地受其影响"。常看电视的人（尤其是看得多的人）会不可避免地受到在所有节目里重复出现的主题的影响。②例如，电视里男性角色远远多于女性角色（角色中 2/3 为男性，女性只占 1/3），潜移默化地然而非常鲜明地传达出这样的信息：男性比女性更重要。还有，电视暴力的受害者中女性、少数人群成员和社会其他弱势群体成员占绝大多数。这等于告诉观众，什么人可以加害，什么人不可以。这些群体的成员被限制于固定的角色和活动。格伯纳说，他们的"成功和能力在叙事中大大打了折扣"，这进一步影响了人们对她们的看法和期望。③

或许最重要的是，格伯纳、格罗斯、摩根和赛诺里黎（Signorielli）写道，孩子们一生出来就生活在这个充满象征的世界里。他们在学会识字，甚至在学会说话之前，就看着这个象征的世界，而我们的世界在这里面被描绘成一个"邪恶的地方"——这个地方需要以"好的暴力"对抗"坏的暴力"，否则"坏的暴力"就会把我们全部毁灭。格伯纳认为，这种信息反复向人们灌输着这样一种观念："法律和秩序"只能以粗暴的手段来维护。不仅如此，它还向人们反复灌输着一种简单化的"自己人和外人"的二分法思维方式。他说，这种思维方式进一步加强了保守的价值观和性

---

① 格伯纳（Gerbner），1994；格伯纳（Gerbner）、格罗斯（Gross）、摩根（Morgan）和赛诺里黎（Signorielli），1994。
② 格伯纳（Gerbner）、格罗斯（Gross）、摩根（Morgan）和赛诺里黎（Signorielli），1994，第 20、25 页。
③ 格伯纳（Gerbner），1994，第 139 页。

别定式。① 暴力色情作品使男性不能体会被强奸者真正的痛苦，我们所有的媒体暴力（像过去仪式化的当众处决一样）当然也使人对他人的痛苦冷眼旁观，毫不同情，更不会站出来阻止——甚至觉得让别人痛苦是件好玩的事情（儿童卡通片里每小时平均至少出现 25 次暴力事件）。②

尽管有人竭力扼杀人类同情他人的能力——他们在某些人身上获得了成功，然而在方兴未艾的意识革命中，反对将暴力作为获取和维护权力的正常、合法手段的呼声仍越来越高。尽管当代政治分析还很少注意到这一点，但现代政治最重要的进步之一，就是广大民众组织起来，不仅反对自己的暴力压迫者，而且反对以暴易暴，以暴力压迫其他人，甚至反对暴力本身，这是前所未有的。

反对暴力的新政治

对暴力的诅咒古已有之，以非暴力的方式抵抗暴力也是古已有之，耶稣就曾教诲我们送上另一边脸。但是，抗议将暴力制度化的集体行为，还是比较近的事。

---

① 格伯纳（Gerbner），1994；格伯纳（Gerbner）、格罗斯（Gross）、摩根（Morgan）和赛诺里黎（Signorielli），1994。例如，格伯纳、格罗斯、摩根和赛诺里黎指出，看电视时间较长的人群大多数具有比较强烈的性别歧视倾向，看电视时间排名第三和第四的人群更容易按传统的性别定式看待做饭和运动这类活动，以及温暖和独立等品质（格伯纳等，1994，第 31 页）。他们指出，看电视时间长的人较容易认为自己温和，尽管在评测其政治立场时，他们比较接近保守派。也就是说，这几位研究者称之为主流的电视节目容易将观众引向右翼，同时又提出一些不大可能达到的期望，如在减少税收的同时增加社会服务［格伯纳（Gerbner）、格罗斯（Gross）、摩根（Morgan）和赛诺里黎（Signorielli），1994，第 31～32 页］。

② 巴里（Barry），1993，第 10 页。

西方17世纪的贵格教派（Quakers，他们自称朋友）算是和平主义者，但直到19世纪才出现作为社会运动的和平主义。直到20世纪，上千人集会抗议以暴力手段解决国际冲突的事件，如多次反越战抗议，才变得多起来。

同样，历史上一直有人谴责对少数宗教、种族和民族的成员动用暴力，但直到20世纪，广大人民才开始组织起来，反对这种暴力——纽伦堡审判实行种族灭绝的纳粹战犯、美国阻止种族暴力的民权运动、1990年德国爆发的反对向外国人施暴的大规模示威，都是这样的事例。尽管世界上的许多政府仍在以暴力维持其权力，全世界人民却日益反对曾经被视为合法的政治暴力。

不仅如此，私密关系中的暴力首次成为重要的政治问题。反对向妇女、儿童施暴的人历来有之，但这种暴力直到不久以前，一直被视为私事或家事，不应由外人插手。直到现在，以揭露和阻止家庭恐怖——这个词用得非常恰当——为目的的大型组织，仍然没有把它当作其集体政治行为的重心。

然而，正是因为有了这样有组织的政治行为，今天美国医生关于虐待儿童的报告才能得到私人和政府资助的教育计划的大力支持。正是因为有了许多妇女组织的不懈努力，至少某些地方已经实施了反对打骂妻儿的法律，制止这种一向被视为"家庭暴力"而得不到重视的行为。也正是因为有了有组织的压力，更多的强奸罪在今天受到审判——尽管法官和陪审团仍然经常认为受害者应该"反抗"，但是换了另外任何一种情况，他们都不会要求受害者反抗刀枪或比自己高大的袭击者。

经过这些组织的努力，私人和政府机构开始出资为受到殴打的妇女提供庇护，这种情况在北美和欧洲较多。但是，到目前为止，这样的庇护所还远远不够。研究表明，街头无家可归的妇女很多人

是从暴力家庭里逃出来的。① 而且，这样的行为也在政治上遭到强 358
烈反对。最突出的例子是参议员保罗·拉克索尔特（Paul Laxalt）
在所谓"家庭保护法案"中提出大量削减用于庇护遭受殴打的妇
女的资金——可见参议员想要保护的是何种家庭。

尽管如此，全世界阻止对妇女施暴的有组织的政治行为依然取
得了重要成果。例如，世界卫生组织数十年前并不重视妇女因毁阴
暴力而支出的巨额医疗费用，而1992年该组织宣布要对曾经仅视
为"传统习俗"而受到忽视的行为，采取"更有力的行动"。由于
妇女组织的压力，印度也制定了更多的法律，禁止焚烧新娘的传统
习惯。男性对女性的暴力现在被看作一个社会问题，而不纯粹是个
人问题，因此这方面巨大的经济成本——仅美国每年就有30多亿
美元，② 逐渐受到人们的关注。于是，美国国会1994年顶着巨大
压力，③ 在刑事法中通过了一项里程碑式的法案：《反对向妇女施
暴法案》。④

在一些组织——如老年妇女会——的努力下，除针对妇女儿童
的家庭暴力外，针对老人和残疾人的家庭暴力也开始受到系统的关

① 例如，最近对伦敦市无家可归者进行的调查表明，40%无家可归的妇女都是从
　暴力家庭中逃出来的［亨利（Henry），1994，第11页］。
② 这是一些在1990年和1991年美国参议院听取关于针对妇女的暴力后所公布的
　统计资料。30亿美元包括治疗费和心理治疗费、旷工误工费、被扣除的工资、
　保险费和警务、法院、监狱的成本费，但不包括妇女个人可能的慢性伤害、忧
　虑、缺乏自信和绝望等造成人力资源荒废而导致的经济成本，以及这些妇女的
　子女的身体和心理成本。
③ 例如，1993年7月13日《蒙特里县先驱报》头版社论不无忧虑地写道，拥有
　财富的男人可能是该法案民事赔偿的"诱人的目标"。
④ 这项刑事法案的通过在很大程度上要归功于克林顿总统坚持反对武器制造商和
　"全国枪支协会"的拉票游说，该法案对那些性施暴惯犯提高了罚款额；并且
　首次规定了对因性别而起的暴力犯罪进行民事救济（《妇女行动主义者》，号
　外，1994年8月26日）。

注。例如，加利福尼亚从 1984 年起，要求社会服务和法律服务部门报告虐待老人的事件。全国性和国际性组织也开始注意雇主虐待家庭服务员的事件。海湾战争后，科威特家庭虐待（包括强奸）外国女佣的报道引起了国际媒体的关注。媒体对国际性交易中针对妇女儿童的暴力也有了更多的报道。这星星点点出现的，其实正是我和其他人多年所呼吁的：通过有组织的、协调的教育和政治行为，开展国际运动，反对所有形式的私密关系暴力。①

这场运动得到的政治、道德和经济援助还远远不够，尤其还没有从世界各国政府、宗教团体和国际组织如联合国的首脑那里得到足够的支持。但是，一直不曾受到重视的各种形式的私密关系暴力，今天开始通过有组织的政治行为受到挑战，这对全世界成千上万的儿童、妇女和男子来说，是个重要的、生死攸关的转折点。它宣布了一种新政治的出现：一种同情的政治，其基础不是统治关系世界观中典型的内群—外群的思维模式，而是体察他人，尤其是传统的弱势群体成员的能力，因此，它具有决定性的意义。

同情心、性别与政治的"女性化"

既然同情是我们人类特有的品质，那么即使是在最严格的统治关系社会里，也会有某些人深切地感受到他人的痛苦和社会的不公。有了社会不公，一部分人才能使其他人痛苦。但是，直到近些年，这样的感受才体现在政治行为中。政治行为之所以不同于个人的反叛以及早先的奴隶和农民暴动，就因为它是由对更好的社会的憧憬引导着。而体现的过程，也可分为几个阶段。

---

① 艾斯勒（Eisler），1993c 和 1993d。

在第一阶段，引发了进步的社会运动的同情心主要是男子对男子的同情（女权主义除外），并不是他们对妇女和儿童的痛苦毫不同情，而是主要从阶级和种族不平等的角度看他们的痛苦。① 例如，19 世纪上层社会的男子（如社会主义哲学家卡尔·马克思和弗里德里希·恩格斯）满怀同情地描写穷人或"劳动阶级"的困苦。以白人和男性为主的"知识分子"满怀同情地描写被压迫民族中男子的苦难，如冈纳·米尔达尔（Gunnar Myrdal）写的《美国人进退两难的选择》（*An American Dilemma*），戴维·洛耶写的《疗治国家》（*The Healing of a Nation*）。②

有组织的同情的政治进入第二阶段，主要的标志就是越来越关注此前处于隐形状态的人群，如妇女和儿童。这是一次根本性的突破。这一阶段注重了最典型的受排斥人群，说明它逐渐抛弃了男尊女卑和内群—外群的模式——这是种族主义和反犹太主义的基本模式，也是人们不知不觉地学到的不把"卑贱的"外人当人看的思维模式的基础。它也将当代的意识革命推向了一个新层次：我们探讨的关于性别的潜台词浮出了水面。

我们已经看到，以力量或权力主宰或控制他人，限制他人对生活做出选择，这种力量已经被固定地贴上了"阳刚"的标签。另一种力量则是照料他人，以爱抚养育他人，使他人发展并有效地拓宽其生活选择，这种力量则被固定地贴上了"阴柔"的标签。但是，这同样不是说这样的性别差异是与生俱来的。女子也可能有剥

360

① 马克思主义革命史特别明显地表明了这一点。根据马克思主义观点，对妇女的权利，若从根本上加以考虑，可看作"真正"斗争的外围。
② 米尔达尔（Myrdal），1962；洛耶（Loye），1971。洛耶现在正在重写和修订该书，该书连同米尔达尔的书曾获得安尼斯费尔德－沃尔夫（Anisfield-Wolfe）最佳学术图书奖。

夺他人的能力，而且显得乐在其中。男子也能在养育和给人力量的行为中获得巨大的快乐——例如现在许多照看孩子的男子。

但是，男子历来接受的社会化就是以凌驾于他人之上为乐（基辛格曾有如下名言：权力是最有效的春药）；而女子所接受的社会化，则是以另一种不同的力量为乐：帮助他人，尤其是自己的丈夫和子女，发挥其潜力。也就是说，固定地与阴柔相联系的能力，是关照他人的能力；而固定地与阳刚相联系的能力，则是控制他人的能力。尽管并非所有的男子和女子都遵从了这种社会化，然而有史以来，或者说在整个统治关系历史上，性别社会化的这种差异由社会组织加以强化，男子将力量等同于控制（对领导者的传统定义，就是能对人发号施令和使人服从的人）时，就能得到回报和鼓励；而女子企图运用这种能力的时候，通常受到阻止，甚至受到惩罚。

因此，同情的政治，或曰对他人敏感的政治，基本上是女性定式的政治——这也说明为什么在一个仍然倾向于贬低任何与女性相关的事情的世界上，这种政治的出现尚未在主流的进步政治话语中得到表现。倒是那些右翼原教旨主义理论家们开始注意到这些倾向，他们准确地把握了这种倾向，认为它对基于等级而不是联系的制度，是一种威胁。

查尔斯·赛克斯（Charles Sykes）写了一篇文章《敏感的意识形态》，发表于右翼原教旨主义刊物《首位》上，嘲讽政治中感情用事的"荒谬"。[①] 但是，文章的标题其实已经说得非常明白，真正激怒了他的，是在政治中出现了"软的"或专属女性的感情，如敏感。因为赛克斯在其文章中非常明确地说，他并不反对政治中

---

① 赛克斯（Sykes），1992。

出现那些专属男性的感情，如轻蔑、愤怒。他在文章中痛斥机会不平等而非能力不平等导致歧视的观点，字里行间充满了蔑视。他怒斥美籍非洲人、其他少数民族和妇女的"哀号"，认为他们全都是"无病呻吟"。他甚至隐晦地否认伤害性的、麻木的行为方式剥夺了人们的自我价值感，从而有效地剥夺了圈外人的平等机会。① 他和那些自认为上帝给了他们权利，让他们高人一等的人一样，否认他人的痛苦，不屑于承认所谓"私人事务与公共事务"之间存在任何联系。然而，最让他气不过的，还是在政治中提倡抚育的想法。他嘲讽这种政治为敏感政治，说这样一来，"大哥"就得改叫"大妈"了。②

　　赛克斯主张不遗余力地从政治中清除敏感。这种观点无疑来自他所接受的阳刚社会化，即要求男子抑制同情这类专属女性的感情。而且，这种观点还有意无意地来自他对统治关系信条的毫不犹豫的接受，即女子以及一切与女性相关的事物，绝不应该出现在政治中。倘若政治居然染上了专属女性的敏感和同情的气质，变得"毫无男性气质"，他便要大惊失色，这也没什么奇怪的。

　　可是，这样一种政治气质已经开始在全世界积聚力量，而且规模比以往任何时代都大。尽管这种政治目前仍止于口头——如前总统乔治·布什（George Bush）提出的口号是"较仁慈、较和蔼"

361

---

① 普林斯顿大学教授康奈尔·韦斯特（Cornel West）指出，这种思想已经歪曲了美国黑人的真实情况。他们被告知（有时由保守派的黑人自己告诉他们）："他们应该把自己看作行为的执行者而不是受害者。"他写道，守旧行为的观点中"最天真和最可恶的莫过于倾向否认黑人历史抹杀不了的影响——黑人的历史与伤害不可分离，虽然不能简化为伤害……漠视历史会助长美国黑人中的虚无主义，因为这种观点会为右翼利用，成为他们压制穷人为争取有尊严的住房、育儿、医疗和教育而斗争的借口"［韦斯特（West），1993，第14页］。

② 赛克斯（Sykes），1992，第1、3页。

的国家，而实际上他却"强硬地"、男性化地强调军备，并且与里根的政策一脉相承，大量削减健康、教育和福利经费，这已经开始对世界许多地区的政治领导的实质和风格产生影响。

克林顿（Linton）总统注重健康、教育和福利，以及非暴力冲突的解决方案。以传统的眼光看来，他当然比他的前任要女性化得多，也正是因为这一点，有些人才恶毒地攻击他。① 史蒂文·斯塔克（Steven Stark）从性别角度分析了政治风格："别的总统开口就教训我们（'除了恐惧本身，我们没什么好害怕的'，或者'别问你的国家能为你做什么'），而克林顿的交流方法是倾听（'我感到了你的痛苦'）。别的总统站在讲坛上，居高临下地向全国发话……而这位总统的特点，是母亲般的拥抱和'洗耳恭听'的姿态。"②

斯塔克还指出，这种新的领导风格——即对军事侵略的反感和对女强人，比如对他自己的伙伴希拉里·罗德姆·克林顿（Hillary Rodham Clinton）的相对接受——并非克林顿一人独有。他认为，"生育高峰时期出生的那一代人，许多人在领导风格和言谈方面，比前几代人更女性化"。当然，向传统意义上的女性或同情的政治风格转变的一个重要表现，是妇女开始登上高层政治职位。

但是，进入政界的女子也未必就带来这种新的领导风格。有些人，比如玛格丽特·撒切尔、英迪拉·甘地和贝纳齐·布托，试图以传统意义上的男性化或"强硬"的领导风格，向人们证明她们

---

① 针对克林顿总统的许多批评当年也曾针对林肯。林肯被嘲笑为设法妥协（被视为优柔寡断）和怯懦（因为他要避免内战流血），但他对别人（特别是黑人奴隶）的认同和理解是美国历史上最值得铭记的。

② 斯塔克（Stark），1993。斯塔克写道："克林顿总统的风格凸显了政治领袖女性化的交流方式。"而且，"若按传统的女人主内、男人主外的性别模式，克林顿总统就是 50 多年来把家务事作为他的当务之急的第一位总统"［斯塔克（Stark），1993］。

362

并不"软弱"或女性化。但是，社会学家杰西·伯纳德（Jessie Bernard）、心理学家卡罗尔·吉利根（Carol Gilligan）和心理分析学家琼·贝克·米勒（Jean Baker Miller）指出，由于社会化过程将女性塑造为重视关系高于一切，由于人们期望她们内化伯纳德所说的"爱心或责任的女性气质"，她们对人类的需求更为敏感。[①]德国议会主席里塔·苏斯穆特（Rita Süssmuth）教授前不久在接受德国一家报纸的采访时说，"对于人相聚而居所产生的种种问题，我们能够期望妇女们想出各种不同的解决方式"，因为"妇女解决问题的方式更实用，更倾向于行动，这样的方法更贴近现实生活"。[②]

只有妇女的地位提高了，男子展现传统意义上的女性行为风格时，才更加自在，不用因此担心降低了自己的身份。因此，生活中有女强人为伴的几位著名领导人，如哥斯达黎加前总统奥斯卡·阿里亚斯（Costa Rican，诺贝尔和平奖得主）和苏联总统米哈伊尔·戈尔巴乔夫（Mikhail Gorbachev），在领导风格上也显露出更多的同情。不仅如此，里塔·苏斯穆特还言简意赅地指出，现在我们需要的不是将"Mütterlichkeit"（母性的、呵护的气质）重新锁在家里，而是要把它纳入政治，从而纳入社会政策之中。

变革的迅速高涨

倘若单看传统意义上的政治——政府和政党、恐怖主义和武装革命，以及联合国一类的国家机构，苏斯穆特所说的那种前景似乎非常渺茫。统治关系制度今天在进行大规模的抵抗和复辟：西方右

---

① 伯纳德（Bernard），1981；吉利根（Gilligan），1982；米勒（Miller），1976。

② 引自《科隆日报》（*Kølner Staadt-Anzeiger*），1993 年 10 月 2～3 日，周末版，第 4 页。

翼甚至法西斯主义者频频当选国家要员，原教旨恐怖主义猖獗，卢旺达和前南斯拉夫发生"种族清洗"，经济权力严重集中在数家超级跨国公司手中，一部分前东欧板块国家的妇女失去了生育自由的权利。但是，倘若我们朝社会的基层看一看，就会看到除了媒体报道的日益异化和麻木之外，全世界越来越多的人参加了各种团体和组织，以创造有史以来最公正、最平等的社会。

在有选举制度的国家，有了这些团体和组织，才能振兴民主、支持进步政治候选人、教育人民积极参政议政，而不是将政治完全交给高度组织化的复辟集团——1994 年的美国大选就出现了这种情况，只有 1/3 有选举权的人参加了投票。① 从文化转型理论的角度看，这些基层组织——以及它们通过各种会议，从环境、经济平等、和平，到原住民、殖民地人民、妇女、儿童和各种通信及电子网络，如和平网（PEACE NET）、生态网（ECONET），而建立起来的全球性网络——对我们在此探讨的根本变化也至关重要。因为这些组织的目的已逐渐不限于改良现存的社会和文化模式，而开始关注最根本的个人与社会转化。

首先，许多这样的组织有意或无意地开始认识到私人领域与公共领域的内在联系，而将妇女儿童的权利以及性和精神的问题，包容在他们的活动之中。而且，许多组织对政治有了更为完整的看法，将争取更大的社会公正、经济平等，提高环境意识的活动，与帮助人们克服纠正生活中的权利失衡的活动，相互结合起来，因此为新生的、以统一的伙伴关系政治——这种政治要改变我们现有的家庭关系和性关系、我们的经济关系和工作关系、我们的国内关系和国际关系、我们与自然的关系，甚至我们与自己肉体的关系——

① 拉尔森（Larsen），1994。

为基础的国际伙伴关系运动提供了一个核心。

　　肯尼亚妇女的绿带运动和印度妇女的奇普科（Chipko）运动，就成功地组织了非暴力环保行动，如许多妇女拥抱树木，阻止砍伐森林。[①] 这些有组织的群众活动不仅将肯尼亚和印度的许多妇女带入了环境政治，也使她们为改善肯尼亚和印度全体妇女的生活而工作。还有一家将环保与人类基本关怀相结合的组织——拉达（Ladakh）生态发展组织。这是遥远的喜马拉雅地区影响最大的非政府组织之一，主旨是防止原住民生活方式遭受殖民剥削和生态恶化。但是，该组织的创建者海伦娜·诺伯格－霍奇（Helena Norberg-Hodge）说，"妇女的视角和价值观应该发出同等的声音"，这也是该组织的一个目标。[②]

　　还有一些基层组织主要针对导致战争和其他制度性暴力的经济、社会状况，如夏威夷的全球非暴力中心、丹麦的解决冲突中心和国际贵格教会美国友人服务委员会。这些组织全都关注经济不平等。经济不平等常使人的痛苦和沮丧恶性发展，演变为内战或其他形式的战争。但是，他们也逐渐认识到，有效地解决贫困问题，还需要政府充分地支持那些专属女性的活动，如喂养和照料儿童。倘若想要减少暴力，不管男女都需要学习以非暴力而不是暴力方式去解决矛盾。

　　另有一些基层组织，则致力于提高全世界人民对于男性暴力社会化的认识，尤其是使人们认识到，军事训练如何使男子变得野蛮，如阿根廷的梅奥广场母亲组织和萨尔瓦多母亲组织。这两个组

364

---

① 　关于环境行动主义，见华莱士（Wallace），1993。其中有一章论及肯尼亚"绿带"运动的创始人旺加里·马泰（Wangari Maathai）。又见拉普（Lappe）和杜波伊斯（DuBois），1994。

② 　引自《生存经济学》，《地球岛屿杂志》1992年春季号，第28页。

织的成员都是妇女，她们组织起来反对"毁了"她们的孩子的恐怖政权。这也是一些男子基层组织的重要目标，如奥克兰男子计划。保罗·基维尔（该组织的创建者之一）在《男子的工作》中写道，奥克兰男子计划是为了帮助男子克服某些思维和行为模式。在这些思维和行为模式中生活的男子不仅殴打妻子，而且视暴力为一切关系中的合法行为。[①] 而一些妇女反核团体，如英国的格林汉公地（Greenham Common）、意大利的卡米索（Comiso）、澳大利亚的派因·盖普（Pine Gap）、美国的"有效妇女峰会"（Women for Meaningful Summits）、日本山梨县"富士山"妇女组织，不仅关注国际和平条约，而且注重提高男女的意识，使他们认识他们所接受的关于阳刚与阴柔的教育。[②]

更有一些组织致力于从统治关系的性向伙伴关系的性的过渡。他们同样认识到，这需要男女彻底转变态度，需要国家和世界彻底改变政策。例如，总部设在宾夕法尼亚州立大学的"反对贩卖妇女同盟"就与全世界的妇女组织合作，使公众认识到妇女性交易背后的价值观和制度，并且争取联合国和其他国际组织向各国政府施加压力，促使政府更严格地执行禁止妇女性交易的法律。全世界的乱伦受害者、各种儿童性虐待受害者和强奸受害者，也开始组成各种团体，反对生殖器割损、童婚和其他使性为统治关系社会组织服务的旧习俗。这里只举一个例子。坦桑尼亚的发展与培训学院于1993年就曾提议阻止对妇女实行生殖器和性割损。[③]还有些组织促使政府制定推进而不是阻止生育自由的政策，这样的组织同样不限于美国，而是遍布全球。许多组织反对媒体将暴力色情化，反对他

①　基维尔（Kivel），1992。
②　彼得森（Peterson）和鲁尼恩（Runyan），1993，第141～142页。
③　彼得森（Peterson）和鲁尼恩（Runyan），1993，第44页。

们将妇女丑化或非人化。安·西蒙顿（前加利福尼亚小姐）在加利福尼亚创建的《媒体观察》就是一个例子。

　　许多儿童权利组织也正在努力改变人们的态度和政府的政策。在美国，这样的组织有哥伦比亚大学公共健康学院的全国贫困儿童中心，它使公众和政府看到一个可怕的事实：过去 20 年来，美国儿童的贫困率激增，到 1991 年为止，几乎每四个美国儿童中就有一人生活在贫困中。① 华盛顿特区的儿童保护基金会也极力唤起公众，使他们看到真正珍爱儿童的家庭政策的必要。乌拉圭蒙得维迪亚省的美洲儿童学院和国际儿童保护组织也在努力改变政治和经济政策，以改善全世界儿童（和社会）的状况。某些组织是专门针对儿童暴力与虐待儿童的，如美国健康家庭组织。该组织如今在 16 个州的 50 多处设有办事处，帮助负担过于沉重的年轻母亲和那些受到虐待的母亲，使她们不在孩子身上撒气。②

　　这些有组织的努力对统一的伙伴关系运动非常重要，为它提供了一个基础。因为我们总是从家庭关系中最早学会是将尊重人权还是将侵犯人权看作理所当然的事情。自第一个联合国妇女十年计划（1975～1985 年）以来，世界上已经出现了成千上万的团体，为增强妇女的力量而努力。

　　这些团体在许多方面走在了我们急需的伙伴关系政治的最前列，这样的政治不再将性和性别与政治、经济割裂开来。许多妇女组织——从印度个体经营妇女协会（SEWA）和洪都拉斯女农民联盟到加勒比地区妇女与发展联盟（WAND）和西非的非洲妇女研究与发展协会（AAWORD）——都注意到，世界上的贫困问题简直

366

———————

① 《500 万儿童：1993 年最新情报》，纽约市哥伦比亚大学国家贫困儿童中心。

② 美国健康家庭组织专题，美国国家公共电台于 1994 年 4 月 19 日在《一切都要考虑》的节目中播放，米歇尔·特鲁迪（Michelle Trudeau）报道。

快要成了"妇女问题"。① 欧洲议会妇女权利委员会开始研究妇女无偿劳动的经济和社会价值，尤其是退休金问题。② 香港的五个妇女团体开始了一项女性选民教育计划，并且正在建立一个妇女平台。③ 捷克斯洛伐克的布拉格新成立了一个东西方性别研究中心，他们的宣言气势豪迈。④ 玛丽姆·巴班吉达（Maryam Babangida）国家妇女发展中心是一家独立生存并能创造收入的研究中心，其任务是研究、训练和推动妇女的自我解放。《生活在伊斯兰教法下的妇女》杂志设立在美国的普天之下皆姊妹协会、全球事务与妇女领导中心、妇女国际网络（WIN）新闻组织、国际妇女权利法案监督组织，这些组织负责搜集和发布全世界有关妇女人权（以及侵犯人权）的信息。

这些组织，以及世界上的其他组织，以实现第一个联合国妇女十年计划提出的三个相互联系的目标为己任：平等、发展、和平。⑤这些团体，尤其是南方的团体，经常得到北方基金会的资助，包括一些专门为妇女团体设立的基金会，如女士基金会、谢勒－亚

---

① 彼得森（Peterson）和鲁尼恩（Runyan），1993，第 141～142 页。

② 彼得森（Peterson）和鲁尼恩（Runyan），1993，第 64 页。此书从性别视角探讨政治问题。

③ 《妇女观察 5》，1992 年 1 月，第 9 页。《妇女观察》由明尼苏达州立大学汉弗莱公共事务学院出版。

④ 《妇女观察 5》，1992 年 1 月，第 9 页。《妇女观察》由明尼苏达州立大学汉弗莱公共事务学院出版。

⑤ 第一个联合国妇女十年计划，也带来了许多联合国下属组织的建立，例如联合国妇女进步国际研究和培训学院（INSTRAW），联合国妇女发展基金（UNIFEM）和妇女进步部（DAW）等——这些组织虽然缺乏资金，而且将其工作推向主流的每一步都充满艰辛的斗争，但在很短的时间内就做出了重大的贡献。例如 INSTRAW 发行了一个季刊《INSTRAW 新闻》，报道重要的研究，散发的资料可供其他组织或个人使用，并促进了世界范围妇女发展的网络工作。见皮蒂拉（Pietila）和维克斯（Vickers），1994 年出版的一本优秀的关于联合国妇女十年计划的书。

当斯基金会，以及全球妇女基金会（这个基金会每年向全世界致力于帮助妇女的组织提供约 200 项资助）。

全世界也有许多团体致力于保护原住民的权利，如国际印第安部落委员会和红色民族妇女会（WARN）。还有成千上万的组织制定了新的经济发展道路，以人的发展——尤其是妇女长期受到忽视的需求、问题和期望——为中心。这些组织中既有较传统的政治智囊团，如华盛顿特区的政策中心，也有另类的经济网络，如另类经济首脑组织（TOES）和新时代妇女发展选择会（DAWN）。戈勒布卡（GOLUBKA）和莫斯科的生态城邦（Ecopolis）文化与健康中心等组织致力于在东欧国家中发展一种超越共产主义和资本主义的经济、社会观念，建设一种具有平等和有益于发展的家庭关系和其他个人关系的社会。这些组织同样在其活动中包容了所谓私人和公共领域。

商业和金融界也开始有了传统的女性价值观所引导的经济、社会新观念。世界商学院、社会风险网络、社会责任商业和负责商业学习者等组织，就是为了彻底改变经商方式而建立的。负责商业学习者组织在陈述其目标时说，他们要培育新一代商业领导，使之"既有财政成就，也为建设一个更人道、更公平、更可持续的社会添砖加瓦"。更有商业领导出资建立的基金会，帮助低层人民——如卡特莱希斯（Katalysis）与地球信托基金会的南北发展伙伴关系组织，它们在中美洲的乡村发放贷款，主要对象是女企业家。

不仅如此，近十年来，世界股票市场也出现了投资基金，如卡尔弗特社会投资基金、帕纳索斯基金和妇女相互平等基金。在这些基金的投资标准中，不仅包括经营方式对社会和环境的影响，而且包括公司对待雇员的态度，比如公司中女性雇员和少数民族雇员所占的比例。① 而且，这些基金统统不向制造和出售武器的公司投资，也就是说，不向那些制造或出售导致他人痛苦的产品的公司投资——美国手枪和其他武器生意蒸蒸日上，反映了该国暴力的蔓延。

国际伙伴关系网络也正在组建中。在美国以外，北京的中国社会科学院成立了一个伙伴关系小组，探寻亚洲伙伴关系的根源。德国正在创建伙伴关系教育中心。这些小组受到《圣杯与剑》和《伙伴关系的方式》（*The Partnership Way*）中阐述的伙伴关系观念的启发，和越来越多的基层组织一样，视私人与公共领域内两性关系的建构为社会和意识形态根本转变的核心。

灵性、公正与肉体政治

如今，作为国际伙伴关系运动潜在核心的诸多组织——包括我上面提到的新型商业组织，还有一个有趣的特点：它们包含了丰富的精神内涵。但是，这种精神内涵又不是旧式的漠然尘世，或济贫扶困的慈善行为。济贫扶困固然重要，但仅限于此还不够。这种新精神，是认识到我们每个人都有责任努力消除挪威社会学家约翰·加尔藤（Johan Galtung）所说的结构的暴力：不仅是制度化地使用实际暴力，还包括压迫、剥削和歧视性的结构，这种结构剥夺了人们维持生存、发展思想所需要的食物、住房、保健和教育，或者在

---

① 还有一些商业机构，如位于旧金山的《劳动资产》杂志（它与 AT &. T，MCI 和 Sprint 等通信公司竞争长途订户，并把收入的一部分给予为和平、人权、经济公平和清洁安全环境而工作的组织）和华盛顿特区的美国 Coop 公司（它发布社会和环境商业目录）。

人们组织起来改变现存价值观和体制时，以剥夺相威胁。①

　　简言之，这种精神真正实践了世界上大多数宗教以之为核心的伙伴关系教导：关于同情、非暴力和关怀的教导。这还是一种以帮助人民为己任的精神，使人民能够行动起来，反抗压迫、剥削和歧视，而不是被动地接受不公正，坐等不公正的人在将来某个时候受到惩罚，而耐心接受不公正待遇的人得到补偿。

　　这种助人的新精神不把这个世界看得低人一等，因此，它认为政治不应再忽视直接影响人的肉体的事务。麦克尔·罗斯曼（Michael Rossman）写道："压抑肉体的能量是专制社会制度得以运行的关键因素，释放和重新平衡我们肉体的活力，则是反抗专制社会所不可或缺的，也是重新建立更自由的秩序所不可或缺的。"②这也是凯帕西塔（Capacitar）的指导原则，这个组织的名称在西班牙语中是"帮助、鼓励或激发"的意思。它在许多层面发挥作用。它为拉丁美洲的妇女团体筹集资金和物资，培训她们在教养孩子、保健和其他方面的技能，使她们能够改变自己的生活，并且联合起来改变世界。但是，凯帕西塔帮助妇女组织起来互相帮助的主要方法，还包括以精神为目的的肉体训练，例如按摩、形象设计指导和打太极拳，这些方法都含有直接的、关爱的和愉快的肉体接触。

---

①　加尔藤（Galtung），1980。

②　罗斯曼（Rossman），1979，第93页。罗斯曼，20世纪60年代仍身陷老式群体政治，是"民主社会学生组织"（SDS）（该集团鼓吹以暴力手段实现更公平的社会）的一员。他写道，像其他许多"新左派老兵"一样，他最初通过身－心－灵的研究退出或超越政治，后来却感到身体练习"成了一种绝佳的思考形式"，最终使他意识到"我们的社会化通过身体反映出来，也可以通过身体而改变"［罗斯曼（Rossman），1979，第95页］。

在凯帕西塔的行动中，有一部分是帮助人们起来对抗不公正的，但是，它所走的道路显然与传统的政治对抗行为主义模式格格不人。不过，它却符合政治组织的伙伴关系新模式，认识了政治与肉体的联系，意识到——再次借用罗斯曼的话——不应再"随意分割社会疗法、个人心理疗法和肉体疗法"。①

希拉里·本顿在《伙伴关系：古典官僚主义管理模式之外的选择》一文中指出，凯帕西塔使人能够"选择痛苦之外的东西"。②"选择痛苦之外的东西"，这个词是对新伙伴关系政治的基本因素的总结。因为它对政治权利作了最基本的界定：不受被他人统治而导致的痛苦的权利。它也可以归结为文化转型理论和我所说的从痛苦向快乐的过渡——它使我们再次看到在从统治关系向伙伴关系的社会组织的过渡中，这是多么必要。③

统治关系政治和伙伴关系政治之间的最基本的区别，在于对权

---

① 罗斯曼（Rossman），1979，第101页。

② 本顿（Bendon），1994，第29页。

③ 如我在前面的章节和其他作品中［艾斯勒（Eisler），1987a，1987b，1991，1993a］已经论述过的那样，文化转型理论预示着在社会、经济、技术和文化的不均衡期间，可能会发生激烈的改革运动。也可以断定，在系统边缘部分所发生的分散的和少量的人群集结，若达到一定点，也会形成新的、重要的大规模"吸引子"，从而推动伙伴关系方向的制度基础结构和信仰系统进化。然而，文化转型理论也强调可能会产生另一种结果。正如在我们的历史上屡屡发生过的那样，由于统治者的反击和篡改，新的吸引子可能只会产生戴着伙伴关系面具的统治关系。也就是说，这并不会导致产生某种新的伙伴关系组织，其中相互给予和接受物质利益或精神愉快把各种关系牢牢地结合在一起，相反，其结果有可能只是形成统治关系体制的某种新版本。旧的世俗和宗教法西斯主义伪装成爱和"手足之情"，其基础却仍然是对统治和服从的美化，甚至色情化。抑或在宣称世界和平的背后，同样的力量要么直接地通过野蛮力量，要么间接地通过经济压力，继续运用权力造成种种痛苦，以便维持旧的统治体制。洛耶（未出版的著作a）以其统治关系与伙伴关系相混合的道德概念来探究这些推动力。

力的不同看法：一种将痛苦制度化，另一种则并非如此。① 当然，这并不是说一旦底层的助人新政治达到了其社会、经济和文化转型的目标，世界上就不再有任何痛苦存在。但是，我们对未来的选择，最终只有两种：以痛苦维系的社会制度和不以痛苦维系的社会制度。

这些选择今天反映为两种不同的政治，它超越了传统的左与右、自由与保守、资本主义与共产主义，甚至宗教与世俗的区分。一种是古老的暴力政治，依靠的是恐怖或恐怖主义武装革命的旧式统治。另一种是新的转型政治，不是自上而下，而是自下而上，依靠的是能够真正使我们不选择痛苦的非暴力和同情的手段。

但是，这种新的伙伴关系政治尽管正在世界各地积聚力量，然而它在报纸头条和电视主要报道中所占的地位，仍远远不及以导致痛苦的力量为基础的旧式政治。世界媒体作为新闻而报道的，大部分还是痛苦——人们在自然灾害中遭受的痛苦，以及人为地造成的痛苦。

因此，我们在报纸上读到或在电视上看到的领导人，仍是老式的"强者"类型。即使是社会公正或政治解放运动的领导人，凡是引起主流媒体注意的，也都主要是依靠暴力取得效果。而成千上万的组织，其领导人展现的是另一种力量，不仅是非暴力抵抗的力量，还有抵抗顽固的信仰和体制的力量。关于这些组织的新闻更有

370

----

① 这在严格的统治关系社会里——家庭和国家都是强大的男性统治及其高水平的制度化暴力（从对孩子和妻子实施鞭打，到"英雄的"或"圣洁的"战争）——是最明显的。在此，不受苦的唯一出路是让别人受苦，不受统治的唯一办法是成为统治者。或者倘若那样不可能，就要通过与引起痛苦的人们的认同而否认痛苦，把个人的挫折和愤怒转向社会的弱势群体——倘若某个人是这个群体中的一员，那就要把反对的目标指向自己，妇女和少数民族就是按照这种教导去做的。

意思，也更有新意，然而除了在一些小报和一些另类新闻通信上，它们总是被匆匆忙忙一带而过。①

这一切把我们带入下一章，也是本书的最后一章。我们在这一章要回到我们开头所说的话题：影响我们对自己和世界的看法的神话和形象。因为我们今天面对的最大挑战，就是创造和传播新的神话和形象，使我们大家看到，我们还有选择的余地，我们并没有被"自私的基因"或"原罪"打上永远遭受痛苦的烙印。最重要的是，说到底，我们的未来完全是由我们自己选择的。

371

---

① 有些非主流出版物倒是报道了这样的领导人，诸如《在这些时代》（非营利的半月刊新闻杂志）、《女士》《有权力的女人》《妇女国际网络新闻》《共同基础》，以及其他数不胜数的团体通信，这些团体包括从设立在美国的朋友会（基督教教友会）、美国大学妇女联盟、经济公平为己任的妇女组织、老龄妇女联合会、榆木学会、人口行动国际组织和人口学会，到设立在法国的"生活在穆斯林教法下的妇女"组织，设立在英国的好活路奖励基金会和设立在日内瓦的绿十字会等。

第十九章　新的夏娃与亚当：勇于质疑，敢于选择，有权去爱

　　我们都喜欢听故事。故事里有我们的欲望，也有我们的感觉和目标。故事教我们判断身边所有事物的是是非非——从我们自己的肉体到一切宗教的或世俗的、好的或坏的、可能的或不可能的事情。我们和故事里的人物比试，向他们学习，崇拜他们，或是鄙视他们。我们甚至在不知不觉中按着故事里的样子去塑造我们的生活。

　　然而，我们大多数人和我们的父辈一样，对此无知无觉。所以我们只是把我们听来的，或是从畅销书、杂志、电影或电视中看来的故事，又讲给我们的孩子。我父母给我讲的是这些故事，我给我的孩子讲的还是这些故事。因此，现在，他们和我以及我们大多数人一样，需要把那些扰乱了我们的想象力的故事重新审查一遍，好好整理一番：先要找到我们自己布下的线索，然后去发掘或创造故事和偶像，扩大我们的天地，而不是对它们加以限制。

　　因此，人们目前对新老神话故事都非常感兴趣。有时我们称之为"新时尚"，其实这不单纯是时尚问题。这是因为我们对神话故事有了新的认识，我们发现许多神话故事和我们这个飞速变化的世界格格不入，甚至会使我们对人类的未来产生误解。更因为我们的意识在逐步觉醒，我们越来越意识到，我们塑造个人生活和社会生活的方式不仅会深刻地影响我们自己的生活，而且会深刻地影响我

们周围的人们的生活。

这并不是说，我们只需要简单地改写那些神话故事。随手翻一翻史书，我们就会看到，正是由于那些为数不多的勇敢的女子和男子敢于描绘新的政治、经济和两性关系，敢于向那些由来已久的制度挑战，比如奴隶制，比如君权神授，比如"强奸逃不过，倒不如放开来享受一番"和"不打不成器"之类的说法，我们才能一点一点地改变现实中许多的痛苦和不人道。

我们已经看到，这便是当代意识革命的主要目的：逐步解构和重构神话故事，它们长期钳制着我们的思想、肉体和灵魂，使之顺应一个由惩罚、恐惧和痛苦驱动的制度。我们还看到，今日的意识革命已进入第二阶段，我们日益清醒地意识到，我们能够做出选择，我们能够改变世界。在当今这个受着核弹和生态灾害威胁的高科技时代，这样的改变是必不可少的。

我们不一定成功，不一定能摆脱那些至今束缚着我们，使我们生生死死都那么痛苦、不平、不得和谐的神话故事和结构。然而，这种努力本身就是一次不寻常的探险：这是一次既向内心又向外界的旅行，它带领我们进入意识的更深层次，同时也引导我们走上更宽广、更美好的生活之路。因为在塑造我们的生活时，我们愈趋于完整，就愈能更多感受到意识的变化。就像处女地上的探险者，我们愈是敢于闯新路，就愈能开辟更新的道路，愈能以前所未有的方式体验生活。

我写这些时，感到信心百倍，因为在过去30年里，我的意识和我的生活发生了巨变。痛苦当然会有——只要我们不再麻木不仁，不再浑浑噩噩地走过统治关系社会为我们铺设的生活之路，不再对我们从过去背负至今的痛苦无动于衷，不再无视身边其他人的苦难。有时，那种痛苦使人无法忍受，我甚至曾经怀疑这种奋斗的价值。然而，我可以毫不含糊地说，这一切都是值得的。因为它开启了我的头脑，我的心胸，还有我的灵魂——我们所有人的真正进化都是在灵魂中进行的。更因为它为我打开了爱的大门，并且使我能以更多的爱心接纳自己。在这条路上我并不孤独，因为寻找新的出路已是全世界的共同追求。

373

　　然而，只是不久以前，在这条路上独行的人们才开始逐渐建立起彼此之间的联系。他们在努力地证明，他们是一个正在形成的新社会的一部分。这样的追求当然不会体现在当今大讲特讲的神话故事中，这一类故事里充斥着暴力、丧失人格的性爱、异化、兽性和犬儒哲学，正是这些导致了今天的权力失衡。乔治·格伯纳和其他人早已指出过这一点。不过，只要我们坚持到底，只要我们勇于质疑，敢于选择，决心为我们和我们的后人找回爱与被爱这种人类特有的能力，我们的故事终有一天会成为新故事的基础：这种新故事里讲的是新的夏娃和亚当，他们冲破重重阻碍，为一种社会结构奠定了基础，这个社会结构能激发而不是扼杀人们从仁爱中获得快乐的能力。这种仁爱本身便是造物主赐予我们的一种快乐。

我们的创造性历险

　　自人类这一物种出现以来，我们这个星球上最重要的变化几乎都是人类所为。环顾我们四周，这一切便昭然若揭。我们不仅创造了我们居住于其中的城镇，创造了我们乘坐的火车和飞机，创造了供我们坐于其上的椅子，创造了在上面写字的桌子，创造了烧饭盛菜的锅碗碟盘，还创造了政府、宗教、学校、商业和法律，当然还有神话故事、象征和偶像。所有这些都是人类的创造物，它们还可以被再创造。在人类历史上，不同地方的人在不同时刻确实进行了再创造。

所以，我们今天才会听到人们大声疾呼，再造一切——我们的社团、政府、学校，甚至我们的爱情和性爱——以迎接时代的挑战。但是，我们若要再造基本价值观念和制度，就不能不再造我们的创造力。

目前，所谓创造力仍是统治关系社会意识形态结构的产物。首先，创造力被定义为高于"普通"人和"普通"生活的能力，只有那些高高在上的少数奇才才能获得，而他们创造出来的也只是一些摆在博物馆或别的什么特别场合供人观赏的稀罕物，或者是一些用来革新生产技术或破坏技术的玩意儿。没人区分那些能扩大人们的生活空间，提高生活质量的发明，以及那些限制人们的生活空间，甚至能更快地杀人害命的发明（比如纳粹发明的屠杀营）。也没人注意创造力的社会环境（戴维·洛耶称之为社会制度中哺育创造力的"女性"基质）或协作的创造力。

这样一种处处受阻而又处处阻碍他人的定义，在一个男性高于女性，少数男人高居于所有人之上的社会中是合理的。但是，在一个以伙伴关系为中心的社会中就行不通了。因此，人们对创造力有了新的理解，那些着力培养创造力的创造力研究者、艺术家和管理人员是如此，那些千千万万的"普通"女子和男子亦复如此。①

这种新观念认为，每个人都具有创造力，只是每个人的创造力各有不同（和人类的其他能力比，如举重和跑步一样），人们可以发展它，也可以扼杀它。此外，正如阿方索·蒙托里和伊莎贝拉·康蒂在其著作中所说，创造力可以体现在各行各业中，不仅仅限于

---

① 更详细的讨论，参见蒙托里（Montuori）和康蒂（Conti），1993；艾斯勒（Eisler）和蒙托里（Montuori），1995。

艺术家的工作室或火箭科学家的实验室。[1] 这样一来，什么是"创造力的产物"，什么不是，就有了新的划分标准——当代艺术中已体现了这样的新标准——"普通"的创造力，我们日常生活中的发明，才是最伟大的创造力，因为它能够赋予我们的生活以更多的意义，甚至使我们的生活更神圣。创造力一词也不再不分青红皂白地用于一切发明，人们不再用创造力来称呼那些以加强统治、帮助屠杀为目的的发明。创造力专指那些具有建设性而不是破坏性的发明。[2]

但是，这种新观念的真正重要性在于，它强调创造力的社会环境，强调帮助或妨碍我们发挥创造力的因素。不仅如此，它还强调我们今天所谓的社会创造力：对于社会制度、信仰制度和神话故事的创造。换言之，这种新观念认为，人类在地球上的探险从一开始就是社会发展的共同创造者。这种观点为我们的研究和实践开辟了一个新天地。

人类从诞生伊始便开始了探险的历程，然而人类学会计时（人类的又一项发明）才不过约 25000 年。在 25000 年以前，我们的旧石器时代的祖先创造了西方第一件伟大的艺术品，成双成对的雌雄动物和人物是那时最重要的主题。在 2500 年前，女神和她神界的情人终成眷属的神话故事，以及女性创造力的神圣偶像，渐渐地从西方文化意识中消失。

如今，我们的神话故事和偶像更多地宣扬着死亡、惩罚和痛苦，而不是性爱、生育和快乐。阳春三月，我们不再欢庆生命的复苏，我们也不再将阴门和阳具视为神圣的偶像。在现在的宗教神话故事中，昼明夜暗，暑往寒来，特别是大地上的植被衰而复荣，这

---

① 蒙托里（Montuori）和康蒂（Conti），1993。

② 艾斯勒（Eisler）和康蒂（Conti），1995；艾斯勒（Eisler），1988。

一切都不再与人类的生死循环相连。万物生长于其上的地球曾被描述成一位伟大的母亲，万物皆归于她的子宫，而后获得再生，就像植物的循环；然而，我们不再有这样的神话故事。

但是，近20年来，我细读了西方最古老的偶像和神话故事，不禁对这样一个事实惊诧不已：我们这个时代涌现的新思潮，其实大多植根于远古以伙伴关系为中心的文化之中。这样看来，"新的灵性"不再将男性捧上天，而是尊重女性及自然，这一切并非前所未有的创造。不仅如此，人们日益觉悟的性爱与情爱之间的联系，也是古已有之。

同样令人吃惊的是，我们的祖先视我们的大地母亲为活生生的、有着奇妙的内在联系的整体，同样的观点如今又在大众意识，乃至科学理论中重现，比如"盖亚假说"——盖亚是创造女神的希腊语名字。[①] 在一个更大的语境里，那些铺天盖地的标语，像"热爱你的地球母亲"，还有"尊敬我们的地球母亲"，如果同视地球为神圣母亲的远古信仰相联系，便会获得更深远、更实在的意义。甚至那些环保招贴画也与远古的艺术形象存在相似之处——克诺索斯壁画中美丽的海豚酷似我们常见的海豚图案。

总之，无论是在我们祖先的生态意识中，还是在他们更加以自然和肉体为中心的爱情中，西方史前社会似乎早已有过我们现在为之奋斗的以伙伴关系为中心的世界。然而，古时对于女性肉体的崇拜并非凭空而生，同样，今天新的更符合伙伴关系而不是统治关系社会结构的信仰、偶像和神话故事，也是在我们耳闻目睹的个人、文化、社会和经济的变化中产生的。

在过去三个世纪中，世界上至少一部分地区的人们在私人生活

---

① 拉夫洛克（Lovelock），1979。

和公共生活中的关系已经发生了根本的变化。然而，问题在于，在我们的主流文化中，神话故事和偶像仍然在很大程度上反映着统治关系而不是伙伴关系。这一部分是因为时间的关系，新思想和新发现总要经过一段时间才能被已有的知识和真理所接受。但是，更主要的原因在于，旧的统治关系模式的神话故事和偶像牢牢地钳制了我们的想象力，尤其是钳制了众多文化守门人——学术、宗教、经济和教育机构，特别是书籍、杂志、报纸的出版商以及电视和电台的新闻、娱乐节目以及电影制片人——的想象力。

　　结果，我们的主流文化中大多数偶像和神话故事仍以维系统治关系社会结构的因素为中心：肉体的痛苦或这种痛苦的威胁。不幸的是，在一个由男性统治的时代，一个视暴力为天命的时代，我们的宗教偶像也无一例外都是这样。

　　因此，我们的宗教偶像很少让人觉得平易可亲，这实在不足为奇——尽管我们一旦意识到这一点，便会大惊失色。在我们的神像中找不到性爱或性的快乐，因为只有以生育为目的的性关系才勉强得到神父们的宽恕。基督教的许多宗教形象所表达的不是快乐，而是痛苦和残忍，理想化的甚至是被神化的磨难（基督教里有无数殉难的先知，十字架上受难的耶稣宣扬的也是这种磨难）。在我们的宗教里，即使亲子关系和兄弟之情也不免染上暴力的色彩（例如该隐和亚伯的故事），或是机械地服从父母的至上权力（耶稣顺从地就死，亚伯拉罕心甘情愿地把自己的儿子献给上帝，这常常成为画家的题材）。不仅如此，我把从中世纪早期到当代的圣母与圣婴画像细细地看了又看，却发现从许多绘画中丝毫看不出母子之间的温情。

　　由此看来，我们的时代面临的最大挑战，就是为我们和我们的孩子创造更符合伙伴关系，而不是符合统治关系社会结构的神话故事和偶像。在这些神话故事和偶像中，唱主角的应该是给予和接受快乐与仁爱，而不是制造痛苦，也不是忍受痛苦——在我们这个时代里，统治和征服的老传统已经越来越功能失调，甚至即将自取灭亡。如果我们想在这样一个时代里将人类探险继续下去，变革是我们唯一的出路。

这是一项艰巨的任务，它会遇到来自外部以及我们自身的重重阻力。然而尽管如此，人们已经在世界各地行动起来了。在这些人中，有神学家，有教士，有嬷嬷，有拉比，更有众多的"普通"女子和男子。

重新构造神圣

维护不公和痛苦的宗教神话故事受到挑战，这并非我们这个时代的创举。早在 19 世纪，伊丽莎白·卡迪·斯坦顿就编写出《妇女圣经》，把那些说妇女堕落、妇女是附属品、妇女无足轻重的段落从《圣经》中挑出来，进行了尖锐的批评。[①] 然而，那时人们仅仅反对现有的神话故事，因为它们将我们束缚在统治关系生活方式里。他们呼吁"进行比世界上一切宗教书籍都更感人、更崇高的教育"[②]。也就是说，现代意识革命的第一阶段主要是批判现存的神话故事，或者说是解构现存的神话故事。只有到现在，当我们已进入意识革命的第二阶段时，革命的重心才逐步转向重构。

今天，有些人在古老的传统中工作，一砖一石地为伙伴关系的社会和两性关系奠定基础。他们说，我们犯不着扔掉所有的宗教神

---

① 斯坦顿（Standon），1885。
② 斯坦顿（Standon），第 9 页。

话故事和偶像。他们认为，我们的宗教中有许多不同因素，我们可
以保留并加强那些能使我们生活得更公正、更和平、更完美的因
素。不错，在我们的犹太—基督教神话故事和传说中，确实有很强
的伙伴关系因素。比如，有许多神话故事讲述耶稣的善良和仁爱，
还有的讲述他如何蔑视那个时代的传统，自由地和女性（包括近
来发现的一些女门徒）交往。① 不仅如此，有些神话故事和仪式在
其统治关系外表下还有早期伙伴关系传统的痕迹。

回顾我自己的犹太教传统，那首美丽的希伯来歌谣《迎新
娘》，就很可能反映了敬奉女神的祈祷仪式和神圣婚姻。还有我自
幼爱看我母亲做的那些仪式：每到星期五晚上，妇女们都要燃起安
息日蜡烛。现在，当我也像我母亲一样，在摇曳的烛光里做着那些
手势时，我发现如果把它们放慢，简直就是一种冥想仪式。

犹太传统里还有感谢大自然恩赐的节日，比如，每逢住棚节，
儿童们便在树枝、水果和蔬菜搭成的凉棚下载歌载舞。究其根源，
这个节日大约也是由居住在近东的农耕民族的女神崇拜仪式发展而
来的。

《旧约》中也有许多道德戒律体现了伙伴关系。有的戒律规定
人们应该照料孤儿。比如《利未记》19：18 中有这样的教喻："要
爱邻人如爱自己。"《诗篇》里的许多章节向我们展示的是一位仁
爱宽厚的神灵和一群顶礼膜拜的犹太民众，他们虔诚地为神赐的福
佑和欢乐，包括富饶美丽的自然，而感谢上帝。在《以赛亚书》
66：13 里，我们甚至听到上帝充满母爱的声音："母亲怎样安慰儿
子，我就照样安慰你们。"

---

① 一本新书对这一点作了透彻的分析，见托杰桑（Tonjesen），1993。关于这一主
题的其他著作有：菲奥伦扎（Fiorenza），1983；格雷（Gray），1994 和《圣杯
与剑》第 7 章。

　　在基督教传统里，耶稣也有许多像同情他人和免用暴力这样通常被视为女性特点的教喻。在此，我们同样能够找到远古节日的遗迹。比如，复活节（以伊奥斯特拉命名，她是古代北欧的春之女神，以蛋和野兔作为其多产的象征）[1] 便是在每年春天庆祝生命的复苏。伊丽莎白·多德森·格雷在其著作中写道，圣诞花环和作为代表新年的圣婴的神秘降生都有可能追溯到"旧教"，[2] 最初人们是在冬至时节庆祝圣婴的诞生，后经改造才成为现在的圣诞节。

　　许多神学家，比如罗斯玛丽·雷德福·卢瑟、海伦·科尼克、托马斯·贝里、丽塔·N. 布罗克、沃尔特·温克、朱迪斯·普拉斯考、马修·福克斯以及其他许多人，我无法在此一一列举，都试图强化犹太教和基督教传统之内的伙伴关系因素。福克斯有一种说法很感人，他试图强调"原佑"而不是"原罪"。[3] 可是，也有许多人到这个传统之外去寻求一个更公正、更和平的世界所需要的神话故事、偶像和仪式。有些人开始研究东方文化中的教喻，比如达赖喇嘛、瑜伽以及其他形式的冥想。贾斯廷·奥布赖恩写道："他们在其中发现了一种转换过程，它能有条不紊地唤醒、协调并实现人类向往和平生活和彻底的自我意识的潜能。"[4] 有些人从古今关于古代女神的神话故事中寻找灵性，有些人，像研究仪式的斯塔霍克和路易莎·泰施，甚至把威卡（对基督教之前某些巫术宗教的称呼）和非洲以及加勒比海地区以母亲为中心的远古仪式也挖掘出来进行现代化改造。

---

① 鲍曼（Bowman），1994，第 17 页。撒克逊（Saxon）女神伊奥斯特拉实际上可能是起源于巴比伦，是阿斯塔拉在北方的变种。

② 格雷（Gray），1988。

③ 福克斯（Fox），1981 和 1983。

④ 奥布赖恩（O'Brien），1981，第 370 页。

还有那些"普通的"女人和男人，他们再造了庆祝降生的仪式，并把女孩子的月经初潮当作人生的一件大事加以庆祝。他们正在恢复我们日常生活中的灵性，使我们的日常家务（从烧饭到洒扫，更重要的是照料他人和自己）变得更圆满、更有意义。

人们再造了婚姻的圣礼。他们写下自己的誓词，甚至用彼此的爱的誓约（而不是宗教的言辞）来宣告他们神圣的结合。最重要的是，他们重新赋予性爱以神圣——包括性爱中无限的温柔和无限的激情——这些曾被统治关系的宗教践踏，沦为神秘，现在它们回归了，被带回到我们的日常生活中来。

神学家卡特·海沃德曾这样写道：

> 当我们体验神圣的性爱之时，我们会意识到我们是神圣的，会想象我们创造着彼此和彼此共同的幸福。当我们在爱人、朋友和我们自己的脸上看到神圣之时，我们会坦然地接纳我们的肉体——性感，彼此相通，而且充满力量。我们彼此为对方带来前所未有的智慧和快乐。

> 当我们超越了小我之后，我们会明白上帝就在我们中间。她在我们中间诞生，在我们中间体现。她是大地，也是大地哺育的生命，是力量，也是被赐予力量的人，这创造的精灵，我们的共同生活和最大愿望的根源，如海风拂过洋面，唤醒海里的生灵，使它们翻腾，使它们改变。性爱也这样拂过我们，改变了我们相互之间的关系。经这神力的点触，我们终于获得了新生。①

我相信，还我们的肉体和我们的亲密关系以神圣，是建造新的

---

① 海沃德（Heyward），1989，第102页。

伙伴关系爱情的重要环节。这种新爱情既是内化也是超越：它将至上的欢乐而不是赎罪的痛苦理想化。我还相信，创造一个新的神话故事体系，使性爱神圣化，使我们改变自己和社会，这将给我们带来新的神话故事，包括适应更公正、更民主的新世界神圣家族的神话故事。这又一次有悖于我们从古老的统治关系社会继承下来的遗产。然而，变化还是一点一滴地发生了——各路专家、艺术家和小说家纷纷以灵性重写圣母，这便是一个例证。①

我们要抛弃那种以父子为中心的家庭模式，这显然使重申马利亚的灵性变得格外重要。当然，在神圣家族的宝殿里还应当加上圣母。只有这样，我们才能使所有家庭成员得到同样的重视，受到同样的尊重。

有些故事经过改造可以适应伙伴关系而不是统治关系的社会结构，有些神话故事却应该彻底抛弃。例如，在印度教里有一个故事，讲伟大的神毗湿奴如何被他父亲赐死，又如何由一个女婴替死而得以存活。犹太—基督教里的一个故事讲述洛特为了保护他的天使客人，把他的女儿送给一群强盗，供他们奸淫。还有神学家沃尔特·温克称之为救赎暴力的神话故事——上帝让他的儿子耶稣以死替人类赎罪的故事，基督教士兵列队厮杀的寓言，还有"英勇的"骑士、牛仔、警察杀人如麻的故事，以及最新的宇宙小子为保卫他们的国家、社团或星球用他们的"超人"能力大开杀戒的故事。②

我知道，有人会认为扔掉这些神话故事是不对的，甚至是渎

---

① 例如，见布拉德利（Bradley），1983。
② 温克（Wink），1992。我认为，如格雷所说，我们也需要重写天父发淫威的神话，他下令并亲自折磨和处死了自己的亲生儿子。这属于救赎的暴力传统［格雷（Gray），1994，第48页］。许多神学家和历史学家同意我的看法，如伊丽莎白·多德森、玛丽·戴利、乔安娜·卡尔森·布朗、卡罗尔·R.博恩、丽塔·N.布罗克和菲利普·格列文。

神，是不道德的。但是，伙伴关系社会里的神圣和道德与统治关系社会里的神圣和道德是不一样的——这就像这两种社会对于正常和不正常有不同的标准一样。我也知道有人会说，不管多么需要，宗教神话故事是不可能改变的。然而，改写宗教神话的先例在历史上比比皆是。肯定会有人说，我们的宗教和世俗神话中关于英雄暴力的故事不过是一种象征，象征着宇宙间善与恶、上帝与魔鬼、光明与黑暗，或者用琼·简斯的说法，"人与他的影子"之间的搏斗——这些神话故事只是反映了人类的现实。

　　然而，我们可以换一个角度看待邪恶的现实。犹太神秘学者巴尔·谢姆·托夫说，就全宇宙来看，最好把恶视为缺乏善，而不是反过来看。我要补充一点，就全人类来看，最好把恶视为缺乏那些使人之为人的品质：我们拥有的意识、选择，更重要的是，同情和爱的巨大能力。

　　爱是人性和灵性的精华，伟大的精神导师如耶稣和佛陀的一切教诲都是围绕着爱进行的。但是，尽管耶稣和佛陀言传身教，宣扬同情和爱（耶稣给病者以治疗，给哀者以慰藉，给饥者以面包，他将被指控为通奸的女人从乱石砸身中解救出来，他号召我们远离暴力，教我们以待己之道去待人），这种爱的教导却在统治关系社会里被歪曲和遗忘了，甚至经常被用来充当最野蛮行径的借口。

　　所以，我们这个时代最艰巨的任务，就是剔除过去几千年的统治关系历史挂在爱这个字眼上的所有残酷意义。这件事情已经开始了，这真让人激动不已。

重新学习爱的艺术

　　我们常说，我们爱父母，爱子女，爱同伴，爱朋友；我们说，我们爱莫扎特，爱玫瑰，爱落日，爱跳舞，爱唱歌，爱烹饪，爱园艺；我们还说，我们爱吃巧克力，或者爱看富有激情的书。我们用爱来涵盖一切使我们感觉良好的事物，尤其是那些使我们感到与同类息息相通的事物。

的确，在进化过程中，大自然通过脑啡肽和其他神经肽（科学家不久前才开始研究它们）等化学物质，使我们这个物种具有巨大的能力从性爱、仁爱和被爱中获得快乐。如果没有最起码的关心，人类便无法生存。科学家最近证明，我们不仅在儿时，而且在整个一生中都是如此。

于是，现在有越来越多的医学论文讨论爱的治愈能力。迪安·奥尼什医生在《防治心脏病》一书中引用了耶鲁大学医学院的一项研究。该项研究表明，"较多感受到爱和帮助的人，冠状动脉硬化的发病率较少"[1]。无独有偶，1988 年《科学》杂志刊登的一篇
382 评论文章援引了 62 项研究，"有力地证明"良好的社会关系（婚姻、朋友、家庭和社团关系）有助于手术后的恢复和慢性病以及传染病的治疗，而缺乏良好的社会关系是导致死亡的主要因素之一。[2]

也有科学依据证明，关心他人有益于我们的健康。密歇根大学研究调查中心于 1988 年对密歇根州特卡姆瑟的 2700 人进行的一项为期十年的跟踪调查表明，定期的志愿工作能够有效地延长寿命。在男子身上，效果尤为显著。男子在家里通常不太料理家务，然而研究表明，十年来不做任何志愿工作的男子，其死亡率比每周做一次志愿工作的男子高 2.5 倍。[3]

---

① 奥尼什（Ornish），1990，第 90 页。
② 豪斯（House）、兰迪斯（Landis）和昂伯森（Umberson），1988。
③ 埃德尔（Edell），1991，第 2 页。

其实，这一切我们都有亲身体验：善待他人时，我们会觉得很高兴。这也证实了神经生物学家亨伯托·马图拉纳的观察：我们人类"需要爱，如果得不到爱，我们的健康就会受到损害"。[①] 这甚至能够证明我们刚刚开始认识到的一个事实：要治愈我们自己，首先要治愈我们的社会。

我们从昏睡中醒来，逐渐认识到几千年来我们建立的社会结构和制度阻碍、歪曲和遗忘了人类对于爱的渴望。如今，我们从世界上的大屠杀中意识到这一点，这种心狠手辣的屠杀持续了近五千年。我们有史以来第一次从电影和电视屏幕上的野蛮和恐怖中意识到这一点。我们从挥之不去的统治关系经济制度和行为中意识到这一点。在这种制度下，人变得麻木不仁，互相伤害。这样的行为，如耶稣预言的那样，会使富人进天堂比骆驼穿过针眼儿还难。我们从那些残忍的、麻木的家庭关系中意识到这一点，这种家庭关系遏制了我们与生俱来的爱的能力。我们也从大众传媒，甚至我们最推崇的某些经典爱情里意识到这一点。

我们在电视屏幕上看到，像《娶了一家子》这样的情景喜剧，以"令人发笑的"打情骂俏和麻木不仁来描写婚姻爱情。在《那就是爱情》之类的娱乐剧中，主人公则毫不示弱地侮辱、糟践他们的"挚爱亲朋"。再看看我们的经典著作吧，《罗密欧与朱丽叶》讲述一个 14 岁的女孩和一个 15 岁的男孩的"爱情"故事，他们几乎素不相识，却为"爱"而死；《奥赛罗》的主人公为了"爱情"滥杀无辜——幸好没有把这些当成健康爱情的榜样。此外，还有无数专门写给女性看的肉麻的言情小说，一大堆无望的爱情故事（从《日瓦戈医生》到《廊桥遗梦》）以及《钢琴课》之类的

———————————

[①] 马图拉纳（Maturana），1990，第 15 页。

电影，其中的女主角爱上的男人，要么是冷酷粗野，有性欲狂倾向；要么是感情脆弱，简直像紧张症患者。

然而，尽管性爱被描写成面目可憎的样子，尽管那么多不健康的暴力行为纷纷打着爱情的幌子——也许正因为这样——今天，成千上万的女性和男性不再买旧文化传统的账了。不过，对于传统文化所定义的浪漫爱情的批评，并没有什么新东西，也没有人作改变两性关系和家庭关系的尝试。直到今天，我们已从当代意识革命和两性革命的第一阶段进入了第二阶段，焦点才从统治关系转移到伙伴关系的亲密关系行为模式上来。因为只有现在，人们才以历史上从未有过的尺度重新衡量并试图改变社会制度和我们个人的日常行为。

新闻媒介所报道的仍然是解构——比如，随着科技和社会的迅速变化，离婚率迅速升高。显然，个人和社会为此付出了巨大代价。但对许多人来说，旧制度形式的瓦解带来的不是危机，而是新的创造机会[1]——一个展望和创造更健康、更令人满意的个人和社会关系的机会。社会学家安东尼·吉登斯称之为性关系转型——这是一种前所未有的现象，众多的男女被我们这个时代席卷社会的运动激励着，自觉地抛弃旧的方式，重新学习爱的艺术。

有些人搞起了个人、家庭和小组疗法，以自助的方式进行转变，由从前的助人"适应"，到怀着更大的同情和仁爱，助人找到更健康的生活和爱之道路。另一些人搞起了形式多样的自助小组，推翻了女性必须忍辱负重，男性不能"儿女情长"这样的传统观念，并且帮助人们学会关爱每个人"内心的童真"。还有些人依靠数不胜数的书籍，这些书帮助人们学会自尊，进行自我治疗，以及

---

[1] 吉登斯（Giddens），1992。

改善人际关系。此外，还有数以千计的工作室，如今已形成一种新兴产业，旨在帮助人们获得正确的态度和技能，比如，积极的倾听，肯定的态度，当然，最重要的是同情，建立真正友爱的关系。

不仅如此，今日进步的教育者在现代教育史上首次提出进行爱的教育——有时称之为情感启蒙——帮助学生学习生存和交往的方式，使他们更适应伙伴关系社会，而不是统治关系社会。[1] 这种教育能使我在本书中提到的由痛苦向快乐的转化成为文化转型的关键因素，[2] 但是，现在它刚刚以极为缓慢的步伐迈入学校的课程。然而，丹尼尔·哥尔曼在他的《沟通：社会和情感教育通信》（耶鲁儿童研究中心出版）中写道："被称为'情感启蒙'的以情感和社会能力为中心的"课程正逐步地在私立和公立学校中开设。[3]

例如，在俄勒冈州波特兰市的杰弗逊中学，比尔·比奇洛和琳达·克里斯琴森数年以来通过他们称之为"内心独白"的教学方法，教育他们的学生在学习文学和历史时采用移情方法，即他们鼓励学生从"历史、文学或生活中"的不同人物或角色的角度来思考。[4] 他们设计了"纽瓦学习中心的 K. S. 麦科恩（Karen Stone McCown）发明的自我科学课程"，以"提高作为整个教育之一部分的儿童的社会和情感能力水平"。[5] 他们还设计了另一项计划来

---

① 人自古就教儿童生存和相处之道。事实上，许多传统学校教育学生的方式是要使他们社会化，让他们适应并立足于统治关系社会。

② 我尤其要感谢罗布·凯格尔（Rob Koegel）给予的难以估量的帮助，正是他教导我让教师们把伙伴关系教育引进学校。

③ 哥尔曼（Goleman），1994a，第 2 页。

④ 比奇洛（Bigelow）和克里斯琴森（Christiansen），1993，第 18 页。

⑤ 哥尔曼（Goleman），1994b，第 10 页。儿童发展计划的目标之一是使学校成为"有爱心的社区，孩子在其中感到有自身价值"，并且鼓励学校"发明新传统，改造现存的旧传统，在重新安排校园生活时着重考虑仁慈、正直与个人责任感"（《儿童发展规划》，《沟通 1》1994 年 6 月，第 8 页）。

"激励传统的学校教育通常所忽视的智力维度：对他人的敏感性、自我理解和直觉、想象和躯体智慧"，① 现在这项要求已经成为加利福尼亚州圣莫妮卡十字路口中学六年级至十年级和高级中学的必修课。

385　尽管遭到许多反对，性教育——旨在帮助儿童更好地了解他们自己的肉体和亲密关系，并识别和避免性骚扰行为——在学校中也越来越普遍。②尊重多样化教育，以同情和尊重③对待与我们不同的人的教育，以及道德教育，树立新的互相关心而不是互相压制的道德观教育，④ 也正在步入我们的课堂。在新开设的课程中，还有儿童护理所需的情感和实用技巧。结果，男生和女生同样喜爱这门课程。

例如，在 1979 年，萨莉·斯盖特古德提出育儿教育的议案，因为她被"下述事实所困扰，即养育子女有可能是大多数人将要从事的最困难的工作，是对于社会具有至关重要意义的任务之一，然而它却被我们的学校教育所忽视"⑤。如今在费城九所贫穷的犹太人聚集区公立学校中已开始讲授这方面的课程，从幼儿园到中学，所有教育机构都帮助孩子们不仅学习伙伴关系的技艺和乐趣，而且学习与之有关的种种责任。这些课程，正如迈里姆·米德齐安（Myriam Miedzian）所写的那样，还有助于减少少女怀孕以及

---

① 谢莉·凯斯勒（Shelley Kessler），该项目创始人之一，引自《神秘项目》，《沟通 1》1994 年 6 月，第 4 页。
② 例如，见西尔斯（Sears），1992；斯坦与肖斯特罗姆（Sjostron），1994。
③ 例如，见特诺里奥（Tenorio），1994 和《三思我们的课堂：为公平和正义而教》，由三思学校 1994 年出版的《三思学校》专刊上登载。
④ 见诺丁斯（Noddings），1994，以及洛耶写作中的著作。
⑤ 引自米德齐安（Miedzian），1991，第 118 页。

一代又一代在身体和情感上虐待儿童现象的反复出现。[1]

人们一贯认为，教养子女是为人父母者，尤其是母亲天生就会的，但米德齐安却发现这种看法不仅是错误的，而且非常危险。[2] 米德齐安指出："大多数父母具有爱子女和哺育子女的能力。"[3] 但是，这种能力可能正常发展，也可能发育不良或受到扭曲，这全看我们接受的是什么样的教育，以及我们幼时父母是如何教养我们的。不幸的是，在传统的儿童教育中，爱常常要以无条件地服从长辈为前提，而且是以胡萝卜加大棒的方式表达出来的。

这种教养儿童的方式，只会助长青少年时期和成年时期在性关系上的统治和暴力倾向，因此，向家长和儿童讲授为人父母之道，是有效地进行性爱和情爱社会教育的重要组成部分。因此，也是我们的现代性革命进入第二阶段的标志。这也是建设一个更和平、更公正的社会所需要的教育中必不可少的重要组成部分。

386

由此看来，以各种形式重新学习爱的艺术，是从怎样成为对子女更有爱心的父母开始的。这并不是在基础课程安排有剩余时随手加上的花边。如果我们真的想建设一个更民主、更少暴力、更加文明的社会，这便是一门必修的基础课。在经过许多世纪的统治关系社会化之后，任何人如果想要解放我们肉体的每一个细胞、神经和组织，彻底地体验和表达人类渴望互相沟通的强烈愿望，都需要学习这门课程。因为根据对爱的心理学研究，我们与我们的养育者之间的关系，将严重地影响我们今后的亲密关系。它甚至会影响我们

---

① 米德齐安（Miedzian），1991，第118~131页。
② 米德齐安（Miedzian），1991，第118页。
③ 米德齐安（Miedzian），1991，第119页。

与自身的沟通。① 新的教育方式将教会我们建立伙伴关系而非统治关系的亲密关系，这种新的教育方式现在已经开始有了立足之地，它会帮助我们接受并爱我们的肉体——丽塔·福里德曼在她的《肉体之爱》中说，这是我们对爱的新理解的另一个方面。②

挑战、创造性的机遇与真正的文化战争

我们要为我们自己和我们的子孙开辟新的道路，权力所带来的不再是破坏和征服——不论是真的战争还是性别的战争——而是带来创造力和关爱。在人类探险的这一特别阶段，运用我们这个物种独有的进化能力，我们能成功吗？

我们目前面临的任务是创造一种新文化，并把它带入主流文化，使之成为一种制度，使它融入我们的家庭、政治、经济、宗教和教育制度之中。这样一来，我们的下一代就不必再从头摸索。这个任务具有历史意义。我们不仅要推翻几千年的统治关系的神话故事和偶像，还要抵制像癌细胞一样挤入伙伴关系神话故事和偶像之中的新的统治关系神话故事和偶像。因此，我们需要有坚强的意志。我们还要有坚强的意志抵制旧制度，这些旧制度仍然在鼓励违背人道的行为。例如，我们已经知道，真正仁爱的行为不仅能使我们感到幸福，还能帮助我们战胜疾病，延长我们的寿命。然而，在现行的经济制度中，这样的行为换来的往往是最少的回报。我们甚至需要提一些闻所未闻的问题。比如，当我们从心底里感觉到我们的某些想法是一个病态的社会和意识形态制度的产物时，我们就应

----

① 这个领域的先锋著作之一为鲍尔比（Bowlby），1969。鲍尔比等人的理论在谢弗、哈桑和布拉德肖（Bradshaw），1988 中有概述。

② 弗里德曼（Freedman），1989。

该扪心自问，这到底是谁的想象力？简言之，我们要有坚强的意志选择异说，而不是随声附和——现代意识革命第一阶段的急先锋们也是势单力薄，但他们不畏权势，迈出了通向伙伴关系而不是统治关系的社会和意识形态制度的重要的第一步。

还有这样的书，比如罗伯特·帕斯克（Robert Pasick）的《从沉睡中苏醒：转变中男人的实用指南》，旨在帮助男人们心悦诚服地接受帕斯克所说的，把性当作"美妙绝伦地分享男欢女爱的快乐体验"；还有《改造强奸文化》，它不仅充分说明强奸原本是病态行为，而且还证明强奸是完全可以避免的——在很大程度上能够做到（并且已经开始在做）制止它的扩散。还有像我们在前面看到的，如《性、谎言和录像带》这样的电影，其中那个典型的唐璜变成了一个滑稽可笑的人物，而影片总的旨趣又是多么有力地削弱了我们在性方面编造的那些谎言和我们向来采用的定式。

我们在现代意识革命的第二阶段所具备的也正是这种异说的力量——科学实验表明，这种力量远远大于随声附和的力量。我们处在一个文化进化的关键转折点上，我们的时代是一个制度极不平衡的时代。在这样一个时代里，文化转型理论指出，变化有可能发生——甚至有可能在短期内发生。[1]

对我们最为有利的是一个物种正在觉醒，正在为生存而奋斗的意识，以及我们人类巨大的创造力：唯有这种能力能使一个物种实现其最高愿望，尤其是我们人类爱的愿望，以及创造新制度、新神话故事形式的愿望。

我们已经看到，神话故事的变化与现实的变化是携手并进的。人类思维方式和行为方式的变化导致了故事和偶像的变化。而故事

---

[1] 阿施（Asch），1952。

和偶像的变化反过来又影响人的行为方式和制度形式，新的行为方式和制度形式会产生意识的变化，随之而来的是新的神话故事和偶像——这又会刺激我们人类独有的创造力，激发我们在生活的方方面面进行变革。

忒修斯和其他古希腊的亚尔古英雄是史前人类的佼佼者，他们将世界推入一个暴力和强人统治的阶段。在这个世界里，就像忒修斯的故事里所讲的那样，男人最理想的性关系是与爱情无关的。同样，我们这个时代奋力将世界推向一个新阶段的佼佼者们也将被明天的人们所传颂，成为明天的故事的原型。而这些真事和故事，又会激励我们改变思维、生活和相爱的方式，这种改变又会产生更多、更新的神话故事和偶像。我们从古老的统治关系社会继承下来的许多神话故事已经被修改得面目全非了，我们也可以采取同样的手法对待统治关系的神话故事，为自己扫清道路。

比如说，我们有许多神话故事——从古老的特洛伊战争的传说，到当代的《星球大战》——都是在讲述战争。而其中一个永恒的主题，就是以更高超的技术制造痛苦，从亚瑟王的著名宝剑到科幻小说中摧毁肉体的死亡射线和摧毁大脑的神经毒气。假设我们也编造一些故事，在故事中，人们不是因受伤而无法作战，而是在某种神经肽的作用下感到非常幸福，所以根本不想打仗。我们的故事不像众多科幻小说那样，着力描绘未来的人瓜分星系的场面，而是想象在将来制造一种能产生同情和仁爱的"化学武器"，使人们能够利用他们的精力和资金广施博爱，包括对他们的"敌人"，于是他们的钱袋和我们的星球都得到了保护。

这种改变了的故事仍会适合人们钟爱的战争史诗的样式。可是，它们将极为新颖和有趣，逗人发笑，但同时又是有力的传播媒介，改变人们关于什么是可能的意识。它们甚至有可能激励某些雄心勃勃的化学公司探索这种可能，也有可能激励某些军事部门资助本来就准备把神经肽另作他用的科学家，而他们做出来的将完全不同于20世纪40年代著名的曼哈顿计划给我们带来的最初的原子弹。

我们也可以改造统治关系社会的经典著作，从《驯悍记》到《兰博》（*Rambo*），剔除其中的糟粕。比如，我们可以重写《灰姑娘》，这位灰姑娘不再逆来顺受，而是把她同父异母的姐姐争取过来一个，共同教育那位又自私又麻木的继母和那位迟钝而不称职的父亲（在原来的故事里，他根本没有出现，好像这事压根儿与他无关似的），教他们怎样做体面的父母——既不娇惯子女（像旧故事里的继母对她那两个倒霉女儿那样），也不剥削和虐待他们（像她们对灰姑娘那样）。当然，新故事里的三个女孩儿谁也不会去试穿那著名的水晶鞋，她们会让王子的信使给王子捎个信，告诉他说，他如此看重女子的肉体，竟然觉得她们的某一个部位一定要符合某种既定的规格，这样的男人永远不会得到任何女子的青睐。

另一个可以加以改造，创造出既有趣又有新意的故事的领域，是性神话故事。过时的心理分析理论和当代色情小说都在对我们说，男人要通过侮辱、折磨、谩骂、贬抑或以其他方式践踏女人，才能得到性快感。弗洛伊德的观点就是一个例证，他认为男人只对比他们弱的女人感兴趣。然而，最新的研究发现，在夫妻双方都有职业的家庭中，阳痿的发病率要少些，而在这样的家庭中，女性至少在一定程度上地位更平等些。[①] 不仅如此，据说，这样的夫妻有

389

①　这些发现是心理学家康斯坦斯·阿埃弗里－克拉克根据他们在马斯特斯和约翰逊研究所的研究成果。研究表明，妻子没有工作的婚姻中，丈夫阳痿和缺乏性欲的发病率要高出一倍。他们还发现，"职业女性比没有工作的女性达到性欲高潮的困难较小，因为她们较擅长让她们的伙伴知道她们需要什么"［引自鲁本斯坦（Rubenstein），1985，第155页］。

更频繁、更和谐的性生活。

　　还有许多材料能够揭露对统治和暴力的嗜好，以及其他对性的错误观念。比如，人们向来认为老年人不能积极地享受性生活，而研究发现，这完全是错误的。[①] 人们一向认为男人天生地就缺少仁爱，喜欢骂人。但是，现代性革命第二阶段的最大进步，就是女性具有了一向被认为属于男性的性自由，而同时男性却在性关系中要求更多的感情因素，而这一向被认为是女性特点。[②]《陈列》杂志1994 年发表的一次调查表明，在对各种行业 1000 人进行的调查中，71% 的男性说，如果没有情爱作为基础，性爱便成为一件很困难的事。[③]

390

　　而另一些领域则揭露不够，虽然尖锐但婉转的去神圣化大有益处。比如说，宗教界就是这样一个禁区，人们不敢对宗教领袖开玩笑，也不敢以任何方式批评他们（想想那么多可怕的，甚至是永远的惩罚，这也就不足为怪了）。

　　当然，那些打着上帝的旗号，竭力维护统治关系传统的人，可能会跳出来大喊大叫。然而我要提醒大家，仅仅在几个世纪以前，针对专制王权的政治讽刺也同样被视为异端邪说。在民主世界里，即使是宗教领袖也应该允许批评。[④] 再说，小小的不敬总是强于利用宗教权力煽动和激发暴力。目前，就有人利用宗教权力在西方发动了一场所谓"文化战争"，他们以一个打着宗教的幌子实施最大的野蛮和残暴的时代所产生的神话故事为遮掩，进行反民主的宣传。

---

① 克莱门茨（Clements），1994。
② 帕斯克（Pasick），1992。
③ 布赫瓦尔德（Buchwald），弗莱切（Fletcher）和罗思（Roth），1993。
④ 麦尼斯（Mernissi），1987。

　　一些社会评论家认为，原教旨主义——美国的基督教也好，世界其他地区的伊斯兰教或印度教也好——产生的最主要原因是有些人无法适应这个飞速变化的世界，所以他们产生了恐慌。这样的分析有道理，因为统治关系心理通过痛苦或对痛苦的恐惧而产生了种种僵化，具有这种人格结构的人很难适应变化。从这个更广泛的角度看，原教旨主义者为了重新控制一切，必然对女性施加更严厉的束缚——尤其会更严格地束缚妇女的性爱。①因为这种束缚是维系统治关系社会意识形态结构的关键所在。

　　事实上，如果我们站在这个角度来看今日世界上伊斯兰激进组织的暴力行为——从伊朗、阿尔及利亚和索马里，到巴基斯坦、孟加拉和库尔德斯坦，到所有那些妇女因为真真假假的"不道德"行为而惨遭迫害甚至被杀害的地方——我们立刻会联想到中世纪末期和现代社会初期欧洲对女巫的追捕与审讯。我们会在两个时代里同时发现动荡时期的恐惧和愤怒，而发泄这种恐惧和愤怒的方式，在这两个时代里，同样是对人类中历来被视为软弱的一半施暴，有时，小宗教、小种族以及其他任何敢于质疑统治关系神话故事的人，也会成为发泄对象。在这两个时代，社会的弊病都统统归罪于女性的"纵欲"。

　　因此，今天发生的一切，在很大程度上，是三百年前反对西方启蒙运动的重演。在某些地区，过去三百年中席卷西方的意识革命

391

---

①　《妇女展望》1994年6月报道，在1994年3月30日，两个年轻妇女，分别为19岁和20岁，因没戴面纱，在公共汽车站候车时被歹徒枪杀。1994年6月27日，《生活在伊斯兰教法下的妇女》中的《行动警报》报道，550多名妇女在库尔德斯坦被杀害，而政府对此则保持沉默，甚至通过针对妇女的各种法律默认这种暴行。其他宗教原教旨主义占上风的国家也有类似情况。

和性革命才刚刚开始，这些地区受到的阻力也就更大。在西方，暴力也在不断升级，那些死抱着统治关系神话不放的人已经敏锐地觉察到了革命的第二阶段，他们意识到这种革命威胁到被他们视为神定的制度的根基。

由于这种原因，西方当代"文化战争"的领头人和经济上的支援者，无疑都是一些危险人物。他们企图退回到"过去的好时光"，在那个时代，所有女人和大多数男人都很有自知之明，知道自己在一个男人凌驾于女人之上，男人凌驾于男人之上，国家凌驾于国家之上，人凌驾于自然之上的制度下自己所处的位置——他们一旦得逞，我们就将进入一个没有自由也没有平等的时代，因为那些人将要控制一切，并认为这是"天命"。①因此，我们要更积极、更率直地自卫，反对这种宗教法西斯主义，要警惕他们的静悄悄的战术，要调动法律、经济和媒介等各种手段来阻止它。但是，我们并非要用同样的谩骂和暴力来迎战那些带着一群教徒进行挑衅的人。我们的目标是那些追随者，他们来自恐惧和痛苦之乡，因此我们要以同情之心对待他们，要揭露原教旨主义极右领袖的文化阴谋和他们造成的巨大破坏，使人们不再相信他们，要让那些追随者们知道，他们完全可以通过创造性的而不是破坏性的方式对急速变化着的环境和社会条件做出反应。

我们这个时代的"文化战争"其实并非宗教价值观与"异教"

---

① 这些领导人处于多么危险的境地，从他们自己的言论中就异常明显地表现出来。例如，《营救行动》里的兰德尔·特里（Randall Terry）最近对其追随者们只得这样说："我要你被一阵不能容忍的波浪冲刷掉，我要你被一阵憎恨之浪淹没掉。的确，恨是一件好事。"（引自1994年7月18日的《纽约客》；《基督世纪》，1994年8月10～17日，第742页）

价值观的战争，而是企图把我们彻底毁灭的不协调、不人道的制度，与正在破土而出的新的伙伴关系制度之间的战争。这些都依赖于千千万万人民的英勇奋斗，他们已不再接受《创世记》里亚当 392 和夏娃的神话，不再相信我们人类注定要永远生活在恐惧和痛苦之中，永远没有爱。

重新定义勇气，再造我们的生活

提到勇气，我们不禁要谈谈意识中的另一个重大变化，这个变化同样没有在主流文化的故事和偶像中反映出来。主流文化倒更像一面反光镜，它反映着我们的统治关系的过去，却无法精确地反映眼下正在发生的事情。今天，越来越多的人意识到，在旧模式里，勇气产生于愤怒、恐惧和仇恨。我们更意识到，还有另外一种形式的勇气，那种勇气来源于仁爱——不论是对我们所爱的人，还是对萍水相逢的陌路人：那是路见不平，拔刀相助的勇气。讲给孩子们听的故事里总爱说，勇敢就是杀死毒龙和怪兽。然而，我们现在意识到，以非暴力的手段与不公正的权势抗争，比杀死所有毒龙和怪兽都需要更大的勇气。

在我很小的时候，我就受到过这样的启蒙，就曾经看到过以爱的勇气而不是恨的勇气抵抗淫威。我的第一课是在维也纳上的，那时我还是个小姑娘。那是在"水晶之夜"，纳粹第一次在德国和奥地利大批搜捕犹太人，他们砸碎了所有犹太教堂和犹太人家的玻璃窗。一个盖世太保带着五个人闯进我家，"没收"了我们的财产，抓走了我的父亲。这时我母亲勇敢地站了出来，谴责他们的可耻行径，痛斥他们的野蛮掠夺和他们对一个正直善良的人的暴行。然 393 后，奇迹发生了。不知是由于她言行中的威严（经统治关系塑造的人格对威严总是卑躬屈膝），还是由于他们的贪婪（因为那个小头目说，如果我母亲拿些钱到盖世太保总部去，他就替我们说情，放了我父亲），她救出了我父亲，也救了我和她自己。如果我父亲那晚和许许多多犹太人一样被送进集中营，我们也会和许许多多犹太母亲和孩子一样，在无望中等着他获释——直到我们自己也被抓起来杀掉。

我母亲的举动需要极大的勇气。她的生命受到威胁，而她除了爱一无所有，这需要勇气；一般的道德标准认为，"好女人"应该无条件地服从，"好女人"只能低声细语，不能发号施令，而我母亲把这一切都置之脑后，这也需要勇气。

我想，这种以爱而不是以恨来反抗淫威的勇气，是一种精神力量。有了这样的勇气，我们就有了怀疑貌似神圣、外强中干的道德标准的力量。两千多年前，一位名叫耶稣的年轻犹太人，正是凭着这种勇气，反抗他那个时代的宗教和世俗权威。今天，各行各业成千上万的女人和男人，也正是凭着这种勇气，以他们的生命和行动，与数千年顽固的统治关系传统进行着抗争。

这些人中有教师，他们不愿再向学生讲授"隐藏着"服从和从众观念的课程，他们要帮助学生们识别和抵制各种各样的压迫，帮助他们学习更有建设性、更和平的生活所需的知识，帮助他们参加社会活动，以此建造一个更公平的社会①。逐渐走入学校的非暴力解决冲突和冥想小组就是这类新型课程。教育领域内的另一项革新，是使教育更平等地对待不同性别和不同文化，这不仅仅是妇女

---

① 富兰（Fullan），1994，第 18 页。

研究和美国黑人研究，而且还包括从根本上改变学校的课程，①　以 394
及通过媒体的非正式教育。

　　如今，统治关系传统也受到其他行业的挑战。例如，心理学家
亚瑟和艾莲·阿伦夫妇，他们的著作把我们带入爱的新天地；社会
学家罗布·凯格尔，他正在编写一套伙伴关系教育丛书；哲学家闵
家胤，他是北京的中国伙伴关系研究小组的组织人；还有经济学家
迪华基·杰恩、尼尔马拉·班纳吉，以及其他数不胜数的人，他们
在为消除南北之间、白人与黑人之间，以及各民族男女之间的分配
不均而不懈地工作着。

　　今天，在有勇气挑战统治关系传统的人中，有许多是艺术家。
朱迪·芝加哥就是一个突出的榜样。她是当代最杰出的艺术家之
一，她的代表作《晚宴》和《生育计划》，讴歌了女性的性爱和她
们给予生命的能力。走在通往伙伴关系的道路上的先锋，还有不计
其数的社团组织者和社会与环境活动家，他们也认识到了新的偶像
和故事对个人和社会变化的重要性。②　此外，还有故事家、传记作
家、自传作家、音乐家和作家，有青年人，也有老年人。有的人在
创造新的神话故事，更有人在帮助人们创造他们自己的新神话故
事，还有的人以幽默为武器，打破统治关系的神话体系，鼓舞我们
画出我们自己的生活图卷。

---

① 例如，戴维·W. 约翰逊、罗杰·T. 约翰逊、布鲁斯·达德利和罗伯特·伯内
　　特在《教导学生要做同伴的调停人》一文中写道，学生们现在正在接受自我管
　　理、谈判、冲突调停和创造和睦等方面的技能训练，这是通过"解决冲突创新
　　项目"（RCCP）而进行的。该项目在纽约市正服务于 4000 名教师和 120000 名
　　学生，安克雷奇市、新奥尔良市、加利福尼亚州南部和新泽西州的学校也在不
　　同的推广阶段［约翰逊（Johnson）、约翰逊（Johnson）、达德利（Dudley）和
　　伯内特（Burnett），1992]。
② 克里斯琴森（Christiansen），1994。

　　在以精神力量挑战统治关系道德标准的人中不乏知名人士。[①] 但是，他们之中的大多数人默默无闻，[②] 并非动辄惊动新闻媒介的政治家、将军、摇滚明星、社交明星、体育明星和其他显赫人物，[③] 这些人非同寻常的个人和社会创造力并不引人注目。[④] 所以，我们还面临着另一个艰巨任务，那就是要让人们更加广泛地关注他们。[⑤]

　　这些不同种族、不同国籍、不同信仰的女子和男子，正在努力地创造新的神话故事，新的制度和新的信仰，他们也在创造新的生

---

①　如缅甸的昂山素季（Daw Aung San Suu），当她荣获诺贝尔和平奖后，引起国际新闻界的普遍关注；格洛丽亚·斯泰纳姆（Gloria Steinem）三十多年来以她的观点、幽默和勇气感动着我们；肯尼亚阿莫斯·瓦科（Amos Wako），她最近提出修正法律，提出丈夫与其妻子进行性生活之前若没有得到应允，就要受到起诉；爱尔兰共和国前总统玛丽·罗宾逊，她直率地倡导妇女的各项权利；美国前副总统戈尔是一位倡导提高环境意识的领袖，他的妻子蒂帕·戈尔（Tipper Gore）是一位在提高思想意识，坚持不要再贬低妇女及其性行为方面走在最前面的人；还有制片人芭芭拉·史翠珊（Barbra Streisand）和罗伯特·雷德福（Robert Redford），利用他们的聪明才智给我们带来娱乐和令人激动的故事。

②　阿伦和阿伦（Aron & Aron），1986。

③　施莱格尔（Schlegel），1970。

④　凯格尔（Koegel）正在根据伙伴关系和统治关系模式的概念框架，计划编写一系列论教育的丛书，包括多种文化教育。

⑤　例如，见杰恩（Jain）和班纳吉（Banerjee），1985；森（Sen），1990a 和 1990b。如今有数不清的专业人员向统治关系传统挑战，例如，弗勒·萨克医生（Dr. Fleur Sack）记录了以男性为标准的方法对医学研究造成的伤害，包括对艾滋病的研究［萨克（Sack）和斯特里特（Streeter），1992］，沃伦·班尼斯（Warren Bannis）和彼得·布洛克（Peter Block）写了赋权式的新领导风格［班尼斯（Bannis），1986 和布洛克（Block），1990］，阿尔凡尼·弗雷泽（Arvonne Fraser）、彼得·朱维拉（Peter Juviler）和夏洛特·邦奇（Charlotte Bunch）在人权领域提出了挑战。有些人试图在杜邦公司和大众汽车公司等大公司中注入伙伴关系型的价值，如丹尼尔、高德威特（大众公司的前董事长）和彼得·迈耶道姆（大众公司总裁）。还有新型企业家如"美体小铺"（Body Shop）创始人阿妮塔·罗迪克（Anita Roddick），她注重市场形象，意识到人权和环境问题。

活方式和交往方式，正是他们为我们时代的个人、文化、社会和经济转变提供了迫切需要的角色模式。[①] 他们的奋斗，他们的痛苦，他们所经历的磨难和取得的胜利，将成为新故事的素材。在那些新故事里，新的亚当和夏娃们，将会在我们的地球上孕育出一个新的伙伴关系文化。[②]

未来的性爱、情爱和快乐

本书已接近尾声，而我却自始至终为没有足够的篇幅来容纳这众多个人和团体而苦恼。他们为我们的未来创造着新的伙伴关系文化。能够通过我的工作看到这么多的进步和希望，我不禁感到无上荣幸。我也不禁回想起，在我的生命中曾有过那么一段时间，我对发生着的转变一无所知，也不知道这 30 年来我自己生活中的深刻变化。[③] 然而，当我亲身经历了这种变化，而且目睹了这么多人正在努力地改变着他们自己和我们的世界，我觉得对未来充满信心，我们能够为我们和我们的后辈开辟通往更美好未来的道路，尽管这绝非易事。[④]

如果在成功之时回顾我们现在的科学和宗教神话故事，我们会感到十分吃惊。我们会惊问，科学家告诉我们说，人类大脑的潜能

---

① 见芝加哥（Chicago），1979 和 1985。另一个例子是瑞典画家莫妮卡·斯朱（Monica Sjøø），她的一幅女神分娩画引起国际反响。关于斯朱的绘画作品，见斯朱（Sjøø）和莫尔（Mor），1987。简·埃弗谢德（Jane Evershed）的新书《不只是茶聚》（*More Then a Tea Party*）（1994）收录了她的画作和诗歌。加顿（Gadon，1989）和奥伦斯坦（Orenstein，1990）讨论了其他艺术家的作品。盖布利克（Gablik，1991）讨论了艺术的重构而不是解构——这个概念非常有用。

② 与乔治·辛格尔顿（George Singleton）的私人通信。他是洛杉矶希望园艺公司的董事。

③ 《权力妇女》（*Woman of Power*），温特（Winter），1994，第 33 页。

④ 艾斯勒和洛耶（Eisler and Loye），1990。

397　只有一小部分被开发出来，^① 我们的许多社会生物学故事却大讲特讲那些远不如我们的生命形式——让我们觉得我们人类比我们想象的还要无能，因为我们是进化过程中的迟到者，这是为什么？^② 最著名的讲述人类起源的故事，即《创世记》里亚当和夏娃的故事，对性爱、爱情和快乐没有一句赞美之辞，人类对于更高意识的追求成了诅咒而不是幸福，对我们人类拥抱或触摸到我们所爱的人时油然而生的那种战栗和美妙感受，它居然只字不提，我们会觉得这简直不可思议。^③

　　我告诉戴维，我要在这最后一章谈谈这个故事。他写了一首诗给我——18 年前我们第一次相逢，到现在为止，他给我写了很多诗。诗的题目是"新的亚当和夏娃"，这首诗以寥寥数行告诉我们，现在活生生地出现在我们眼前的，将来有一天也许会变成梦境，抑或变为噩梦。

> 真可怕，她说，我做了个梦。
> 你现在很安全，他拥抱着她细语呢喃。
> 不，这太可怕了，她说，我无法再入梦乡。
> 我看见那美丽的园子里有鸟儿飞翔，
> 树上果实累累，小溪清清流淌，泛着小水泡和

---

① 休斯敦（Houston），1987；斯维姆（Swimme），1985；郎特里（Rountree），1991；梅尔维尔（Melville），1992。马修·卡拉汉（Mathew Callahan）也是《性、死亡和愤怒的年轻人：与艾斯勒和洛耶的交谈》的作者。

② 比如，见卡普拉，1982；胡克斯，1993；哈伯德（Hubbard），1990；拉克尔（Laqueur），1990；麦钱特（Merchant），1992；斯泰纳姆（Steinem），1983；韦斯特，1993。

③ 例如，B. Y. 埃弗里（Byllye Y. Avery），国家黑人妇女健康计划的创始人；玛莎（Marsha），妇女和残疾人计划的董事；凯瑟琳·巴里（Kathleen Barry），反对非法交易妇女联合会创始人。

绿色的鱼儿在游荡，

我看见你在那花园中，那是多么美好的时光，

突然，那可怕的老人过来对我讲，

我不能有自己的思想。

接着蛇也把口张

——他哑然失笑。蛇也把口张！

不要笑，请不要笑！她浑身发抖好紧张。

这梦境比现实还真实，就像真的一样。

那蛇给了我一副大脑和思想，

老人这时冲进来，两眼放寒光；

他不断咒骂，样子很惊慌；

如狂风怒吼，将我们逐出天堂。

而你将一切归罪于我，她泪水涟涟好不哀伤。

我们挣扎在悲惨世界里，五千年光阴多漫长。

太阳爬上窗棂，阳光洒在

她的长发上：他轻抚在她颈背上

那金色的阳光，微微叹息，

她转身与他久久拥抱，然后起身。

快来看啊，她欢呼着推开前窗！

清晨的绚烂朝霞从窗外倾入，

那朝阳映红了天空，还有雄鸡在远处高唱，

那河边飘来的浅笑低语多么清脆，

那田野送来沁人肺腑的清凉芬芳。

多好的白天，他露出微笑。

还有晚上，她补充道。年复一年，他们

398

　　就这么想着，就这么想着度过了漫长的时光。

　　希望戴维的诗能成为一种预言，希望我们真的有一天能够忘记那些使我们曲解情爱、性爱以及我们的肉体和世界上一切事物的故事和真事。在久已被我们忘却的故事中，性爱是神圣的，女性的肉体受到崇拜。在将来的故事中，这也并非不可能。这种变化不会在一夜之间发生。而且即使在此之后，我们也不会完全忘记，我们要记住这一切，才能防止它们重演。①

　　但是，有一件事是可以肯定的。当我们胜利完成从统治关系向伙伴关系转化时，我们的神话故事和现实都会与现在大不相同了。我们能够在这个世界上更充分地利用我们的感觉和能力——包括那些我们未曾意识到的感觉和能力——去创造新的制度形式和神话故事，淋漓尽致地表达我们在爱中合为一体时的奇迹、神秘和欢乐，表达千百年来神秘的神圣真理。

　　世界上仍然会有神化磨难的故事，因为痛苦和死亡也是自然和生命的循环。但是，更多的故事将表达我们的敬佩、惊叹和狂喜，包括我们从性爱中得到的欢乐、敬佩、惊叹和狂喜。

　　我们的故事将描述欢天喜地的人类，而不是罪孽深重的人类。我们的偶像将赋予性爱以灵性，而不是一味追求暴力和统治。我们会有救赎的故事，但是，通过仁爱与快乐，而不是通过暴力与痛苦。

　　世界上仍然会有关于神圣的造物主的故事，甚至比以前还要多——圣母与她神界的情人结合，繁衍了所有的生命。我们的故事

----

　　①　我们正在把这些诗歌编辑成两本选集，待以后出版，它们是《爱一百天》和《爱一千天》。

会昭示隐含在吉尔伽美什史诗里的观点，我们的性爱是使我们之所 399
以为人的重要因素。我们甚至会有讲述女人和男人天各一方的时代
的故事，就像雅各布·波伊姆重写的《圣经》里亚当和夏娃的故
事。不过，在我们的故事里，伤口已经愈合。

在我们的故事里，不会出现要求奴性、受难和自卑的神灵。掌
管宇宙的力量将以人的形象出现，它既是慈母，也是严父。它将欢
乐赐予我们，而不会嫉妒我们的快乐。它是慈爱的长辈，从我们的
快乐中得到欣慰。这神圣的父母不会独占知识，而是鼓励我们去追
求。他们会为我们生命中的喜悦欢呼，而不是去剪除它。他们会教
导我们珍视每一天的生活——并且帮助我们身边的人这样做。

由于精神和物质不再分离，在我们的经济神话中，我们的物质
需求和精神需求——我们对于意义、公正以及从互相关心中得到巨
大乐趣的需求——都将得到考虑。儿童比现在要少一些，真正被视
为珍宝，所以关于家庭的神话故事里，除了讲生身父母之外，还要
讲许多充满爱心照料他们的人。这些故事在孩子们的婴儿时期就会
讲给他们听。

这个世界里会有各种各样的仪式，使我们的日常生活富有意
义。在这些仪式里有鲜花、烛光、音乐和美酒。这些仪式赞美我们
的精神和肉体的结合，因为这两者是不可分的。某些仪式是庆祝男
女之间的结合，这将是神奇和狂欢的盛典。然而，我们祖先的性仪
式一定是从人们的性经验中发展而来的，这种性经验是另一种形式
的意识，是与我们所谓的神圣相连的一种方式。我们的这些仪式也
应该来自于这种亲身的经历，而不仅仅是机械地套用瑜伽密宗仪
式，或者我们今天从书本上读来的方法，一个人的肉体只会成为另
一个人爱情的寓所。

在这些仪式里，最神圣的接触应该是那些给人以快乐的接触。

所以，某些仪式应该专为我们接触我们的孩子、我们的朋友和我们自己的肉体而设。这些仪式不应该用可怕的惩罚来吓唬我们，而应当让我们自由地流露出我们的同情和仁爱的自然能力，使我们在自己和他人身上看到神圣。

我们面前的道路漫漫无尽，但是我们终将进入一个世界，在那里，情爱可以化为性爱，性爱也可以化为情爱；在那里，性可以升华为神圣，而我们的肉体便成为圣殿；在那里，我们从每一天的生活中，而不是从片刻的精神幻觉中得知，通过爱，我们能把自己扩大到六合八方，当我们拥抱时，我们便融为一体，进入一个神秘的境界，共同体验恋人们常说的那种至柔的激情和至美的宁静。

通往这个世界的道路是全世界众多女子和男子的选择：那是一条情爱、性爱和社会的愈伤之路。也许我们这一代有许多人永远看不到那个世界，然而，这种希望支撑着我们在生活中创造我们人类未完成的故事，向着未知的王国进发。

附录 I　统治关系模型与伙伴关系模型：
七种互相消长又互相印证的基本差别

成　分	统治关系模型	伙伴关系模型
1. 两性关系	男性的社会地位高于女性，而且这些在传统上与"男性"相联系的特征和社会价值观被认为高于那些与"女性"①相联系的价值观。	女性和男性在主导意识形态中被认为是平等的，而且思维定式中的，"女性"价值观诸如养育和非暴力在实际操作中处于首要地位。
2. 暴　　力	严重的社会暴力与虐待已制度化，从打老婆、揍孩子、强奸和战争，到通过家庭、工作场所和广大社会中的"上级"所实施的心理虐待。	暴力与虐待不是该制度中的结构性的组成部分，因而不论男孩还是女孩都被培养成以非暴力方式解决冲突。因此，在这里社会暴力程度低。
3. 社会结构	社会结构以等级控制②和专制占主导，这种等级控制和专制大体上与男性统治的程度相当。	社会结构一般说来比较平等，其差别（不管是基于性别、种族、宗教、性倾向还是基于信仰体系）并非天然地与社会地位甚或经济地位的高低相联系。
4. 性特征	在择偶、性交和生殖方面，强迫性是一个主要因素，具有通过恐惧而获得统治式性欲甚或性快乐压抑的特征。性的主要功能是男性传宗接代与男性的性发泄。	对女性和男性双方来说，相互尊重与自由选择是择偶、性交与生殖方面的基本特征。性的主要功能是女性与男性通过相互给予和接受快乐以及种族繁衍而结合。

成　分	统治关系模型	伙伴关系模型
5. 灵　　性	男性与灵性被认为高于女性与自然，从而把男性统治和剥削合法化。支配宇宙的各种力量被想象为具有惩罚性的存在物，要么把它想象为一位冷酷的父亲，他的命令必须执行，并且建立在严厉惩罚所造成的痛苦之上。要么把它想象为一位邪恶的母亲或恶魔和怪物，她以任意地折磨人类为乐，因而必须对她进行安抚。	妇女的和自然的生育和维护生命的能力，在精神维度上都得到承认和高度评价，被认为与男子的能力相同。灵性与同情和平等相连，通过神话和无条件的爱的信念在想象中达到神圣。
6. 快乐与痛苦	施加痛苦或害怕痛苦是维持该制度所必需的。在两性关系和父母与子女关系中肌肤接触所获得的快乐与统治和服从相联系，因而也与痛苦相联系，不论在所谓肉体的性爱还是在服从"爱"神之中都是如此。施加痛苦甚或遭受苦难都被神圣化。	人的各种关系更主要的是依靠快乐为纽带而不是通过害怕痛苦而被整合起来的。关心照料他人的行为所带来的快乐在社会上得到称赞，快乐与对他人的同情相联系。关心照料他人、做爱和其他能够给人以快乐的活动都被认为是神圣的。
7. 力量与爱	最高的力量是统治的力量和摧毁的力量，自远古以来已经由剑的致命力量符号化。"爱"与"激情"不断地被统治者用来证明种种暴力与虐待行为的合理性，表现在当男人怀疑女人具有性独立倾向时可以杀死她们，或者表现在进行"圣战"时把它说成出自对神的热爱而发动的，神要求所有人都顺从它。	最高的力量是给予生命、养育生命和展示生命的意义的力量，自远古以来已经由圣杯符号化，作为其象征。爱被看作我们这颗行星上生命进化的最高表现，同时也被看作宇宙统一的力量。

①请注意"女性"和"男性"这两个术语，在这里，它们是作为统治关系社会所建构的关于性的陈规式对应词来使用的（其中，男性相当于统治和支配，而女性则相当于被动和服从），而不是作为任何内在固有的女性或男性特征来使用的。

②这里使用的"等级控制"这个术语指的是我们所说的"统治关系"的等级控制，或者说是社会组织的统治关系模式中固有的那种等级控制。这种等级控制应当同另外一种等级区分开，后者可以称为实在的等级。例如，生物学中生物机体是由分子、细胞和器官的实在等级构成，它们构成越来越高级和越来越复杂的功能层次。在社会系统中，实在的等级同权力的等级是重合的，社会剥夺我们自己的和其他人的权力造成最高的权势等级。

附录 Ⅱ　致谢

　　这部著作是献给我的伴侣和丈夫戴维·洛耶的。原因很简单，除了我对他的爱以外，主要是因为：如果没有他，我就不会写，也完不成《神圣的欢爱》这本书。因此，在这个"致谢"的开头，我首先要对戴维说一声谢谢！谢谢你对我充满爱意的支持，谢谢你在智慧上给我的激励，在编辑方面给我的建议，以及你对我无微不至的照料，谢谢你给我提供的知识、时间和帮助——以及最重要的，有你陪伴着我。

　　还有两个人的帮助也是完成本书所不可缺少的，这就是康斯坦斯·菲什曼（Constance Fishman）和汉纳·利布曼（Hannah Liebmann）。如果没有康尼（Connie）在计算机和其他组织技巧方面专心致志、异常精心、十分有效和充满睿智的工作，如果没有汉纳的多才多艺，从编辑到整理书稿以及与我携手度过我被书稿淹没的那些时光，以及鼓励我度过我们的友谊不断增长的长久岁月，想方设法解决撰写这样一本大部头著作通常会困扰人的那些难题，我绝不能保持这么长时间如此辛勤的劳作——写作过程也不会这么有趣，令人愉快。我尤其想对康尼在本书最后冲刺阶段所表现出来的那种英雄主义精神表达我极大的敬意，她曾裹着毯子抵挡刚回家时屋子里极度的寒冷，坐在计算机前处理我的文稿。

　　我还非常感激那些慷慨地花费时间阅读和评论这部著作的全部

或大部分手稿，并提出建议的人们。他们有（按姓氏字母顺序排列）：卡罗尔·安德森（Carole Anderson）、阿特·阿伦（Art Aron）、马修·卡拉汉（Mathew Callahan）、安妮特·埃利希（Annette Ehrlich）、纳塔莎·约瑟福维茨（Natasha Josefowitz）、弗朗西斯·理查森·凯勒（Frances Richardson Keller）、马拉·林恩·凯勒（Mara Lynn Keller）、罗布·凯格尔（Rob Koegel）、约翰·梅尔（John Maier）、蒙蒂（阿方索）·蒙图里［Monty（Alfonso）Montuori］、凯里·诺加德（Kari Norgaard）和斯图亚特·施莱格尔（Stuart Schlegal）。此外，我要特别感谢阿什利·蒙塔古（Ashley Montagu）在我撰写这部著作时给予我的灵感、启迪和鼓励。

　　我还要感谢那些阅读了我这部著作的部分手稿，提出极其重要的洞见并给我提供信息的人们。这些人有（按姓氏字母顺序排列）：罗宾·巴利格（Robin Balliger）、哈里·布罗德（Harry Brod）、斯科特·卡罗尔（Scott Carroll）、我的女儿安德烈娅·艾斯勒（Andrea Eisler）和洛伦·艾斯勒（Loren Eisler）、艾拉·菲什曼（Ira Fishman）、弗雷德·杰勒斯（Fred Jealous）、伊娃·柯尔斯（Eva Keuls）、埃米莉·马丁（Emily Martin）、阿瑟·梅尔维尔（Arthur Melville）、吉姆·德米欧（Jim DeMeo）、尤塔（Uta）和彼得·迈耶－多姆（Peter Meyer-Dohm）、埃米·帕里什（Amy Parish）、赫克托·萨贝利（Hector Sabelli）、博尼亚·舒尔（Bonia Shur）、琳达·西尔弗曼（Linda Silverman）、芭芭拉·斯马茨（Barbara Smuts）、马莎·尤泰恩（Marsha Utain）、沃尔特·温克（Walter Wink）、阿德里安娜·齐尔曼（Adrienne Zihlman），以及已故的马里亚·金布塔斯（Marija Gimbutas）。

　　我还要感谢我的经纪人——设在纽约的埃伦·莱文代理公司，

尤其要感谢埃伦·莱文（Ellen Levine）和戴安娜·芬奇（Diana Finch）以及我的出版商哈珀·圣弗兰西斯科公司（Harper SanFrancisco），特别是要感谢本书的责任编辑芭芭拉·莫尔顿（Barbara Moulton），还要感谢洛兰·安德森（Lorraine Anderson）、莉萨·巴赫（Lisa Bach）、朱迪·贝克（Judy Beck）、马沙·布利根（Martha Blegen）、安尼·夏米奇恩（Ani Chamichian）、南希·菲什（Nancy Fish）、特里·戈夫（Terri-Goff）、汤姆·格雷迪（Tom Grady）、谢利·梅多斯（Shelly Meadows）、玛丽·皮伦（Mary Peelen）、杰米·罗布尔斯（Jaime Robles）、罗宾·西曼（Robin Seaman）、希拉里·瓦塔尼安（Hilary Vartanian）、米歇尔·韦瑟比（Michele Wetherbee），以及所有那些以这样那样的方式为使本书问世做出贡献的人。

我想特别感谢蒙特雷半岛学院图书馆的伯纳丁·阿博特（Bernardine Abbott）、玛丽·安妮·蒂德（Mary Anne Teed）、朱莉娅·巴彻夫（Julia Batchev）、柯克·霍尔（Kirk Hall）和德博拉·鲁伊斯（Deborah Ruis）；多媒体（MPC）图书馆的朱迪·怀特（Judy White）；卡布里罗学院图书馆的托普西·斯莫利（Topsy Smalley）；位于卡梅尔的哈里森纪念馆图书馆的珍妮特·邦巴德（Janet Bombard）、拉尼·弗雷梅尔（Lani Fremier）、塔马拉·亨尼西（Tamara Hennessy）、阿琳·赫斯（Arlene Hess）和哈里纳·斯泽西阿克（Halina Szczesiak）；蒙特雷图书馆的维克托·鲍希（Victor Bausch）、乔·约翰逊（Joe Johnson）、帕梅拉·琼格伯格（Pamela Jungerberg）和贾尼斯·罗德曼（Janis Rodman）。

还有许多其他人以这样那样的方式支持我在这七年时间里对本书的研究、思考、再思考，以及不断地写作和修改，比如格温·威瑟斯（Gwen Withers）帮助我准备了本书的注释，约翰·梅森

（John Mason）在封面设计上提供了帮助。事实上，还有许多人需要在这里列出。

　　我要对那些组建了伙伴关系讨论小组、伙伴关系教育中心和国际伙伴关系网络的人们表示特别的感谢。我还要感谢来自全世界的男男女女，他们自《圣杯与剑》出版以来给我写信或直接来我这里演讲，从而使我能够分享他们的经验和他们有关个人的和文化转型方面的工作成就。他们与我的交流和沟通是对我的极大的帮助，从而有助于我在写作这部著作的许多年里，尽管工作紧张，然而却精力旺盛，坚持不懈。

理安·艾斯勒

1995 年 1 月

附录Ⅲ　注释和参考文献使用说明

　　在决定引用文献采用何种形式时，我的主要考虑是尽量做到清晰明白，读者容易接受和避免不必要的重复。

　　作为一般规则，本书对参考文献的引用是按照现代语言协会推荐的格式列出的，即把出处分别放在注释和参考文献中。在著作和期刊中，注释通常只包含作者的姓氏和出版日期，而在参考文献中则以字母顺序按照作者的姓氏列出完整的出处。换言之，注释中大多数参考文献不包括诸如作者的姓名、著作或论文名称以及出版社或期刊名称等信息，这些信息在参考文献中列出。

　　但是，有些参考资料只在注释中引用。这些主要是作者不能列出详细出处的参考资料。例如报纸或杂志上未注明作者姓名的小块文章，《人类发展报告1991》之类的报告，某些杂志的所有各期（比如《妇女国际网络新闻》《夏季1993》)，以及各种杂志的名录和其他各种出版物。也有一些是例外，比如《达特茅斯版圣经》（*Dartmouth Bible*)，则列在参考文献之中。

　　许多注释中都含有新的信息或引文，这或许会打断著作的流畅性或连贯性，然而对有兴趣的读者或许是有用的。有时除了作者和日期以外，我还加进了书名、期刊名称和论文题目，因为这会给读者提供有关的重要信息。

附录 IV 参考文献

Please see "Use of Notes and Bibliography," on page 407.

Abraham, Ralph. *Chaos, Gaia, Eros.* San Francisco: HarperSanFrancisco, 1994.
Abraham, Ralph, and Christopher Shaw. *Dynamics: The Geometry of Behavior.* Santa Cruz, CA: Aerial Press, 1984.
Abu-Lughod, Lila. *Veiled Sentiments.* Berkeley: University of California Press, 1986.
Adams, Carol, ed. *Ecofeminism and the Sacred.* New York: Continuum, 1994.
Adorno, T. W., Else Frenkel-Brunswick, Daniel Levinson, and R. Nevitt Stanford. *The Authoritarian Personality.* New York: Wiley, 1964.
Alberts, Bruce, et al. *Molecular Biology of the Cell.* New York: Garland, 1983.
Altman, Warren K. "Researchers Report Much Grimmer AIDS Outlook." *New York Times,* June 4, 1992, A1.
Anderson, Bonnie S., and Judith P. Zinsser. *A History of Their Own: Women in Europe.* Vol. 1. New York: Harper & Row, 1988.
Anderson, Jack. "Iran Homosexuals Fear for Lives." *Monterey Herald,* January 22, 1990.
Anderson, Lorraine, ed. *Sisters of the Earth.* New York: Vintage Books, 1991.
Ardrey, Robert. *African Genesis.* New York: Dell, 1961.
————. *The Territorial Imperative.* New York: Atheneum, 1966.
Ariès, Philippe. *Centuries of Childhood.* London: Cape, 1962.
Arken, William, and Lynne Dobrofsky. "Military Socialization and Masculinity." *Journal of Social Issues* 34 (Winter 1978), 151–168.
Aron, Arthur, and Elaine M. Aron. *Love and the Expansion of Self.* New York: Hemisphere, 1986.
————. *The Heart of Social Psychology.* Lexington, MA: Lexington Books, 1989.
Asch, Solomon E. *Social Psychology.* Englewood Cliffs, NJ: Prentice-Hall, 1952.
Atkinson, Clarissa. *The Oldest Vocation: Christian Motherhood in the Middle Ages.* Ithaca, NY: Cornell University Press, 1991.
Baltz, J. M., David F. Katz, and Richard A. Cone. "The Mechanics of the Sperm-Egg Interaction in the Zona Pellucida." *Biophysical Journal* 54 (October 1988).
Bandura, Albert, and Frances L. Menlove. "Factors Determining Vicarious Extinction of Avoidance Behavior Through Symbolic Modeling." *Journal of Personality and Social Psychology* 8 (1968), 99–108.

Banerji, Himani, Linda Carty, Kari Dehli, Susan Heald, and Kate McKenna. *Unsettling Relations: The University as a Site of Feminist Struggles*. Boston: South End Press, 1991.

Barbeau, Clayton. *Delivering the Male*. San Francisco: Harper & Row, 1982.

Barry, David S. "Growing Up Violent." *Media and Values*, Summer 1993, 8–11.

Barry, Kathleen. *Female Sexual Slavery*. New York: Avon Books, 1979.

Barstow, Anne Llewellyn. *Witchcraze: A New History of the European Witch Hunts*. London and San Francisco: Pandora, 1994.

Bart, Pauline B., and P. H. O'Brien. *Stopping Rape*. New York: Pergamon, 1985.

Baudrillard, Jean. *Simulations*. New York: Columbia University, Semiotext, 1983.

Beck, Roy. "Religions and the Environment: Commitment High Until U.S. Population Issues Raised." *The Social Contract* 3 (Winter 1992–93), 76–89.

Becker, Carl. *Declaration of Independence*. New York: Knopf, 1972.

Bendon, Hillary. "Partnership: An Alternative to the Classic Bureaucratic Management Model." Master's research project, Monterey Institute of International Studies, May 1994.

Benedict, Ruth. *Patterns of Culture*. New York: Mentor Books, 1959.

Beneke, Tim. "Deep Masculinity as Social Control: Foucault, Bly and Masculinity." *Masculinities* 1 (Summer 1993), 13–19.

Bennis, Warren. *Leaders*. New York: Harper & Row, 1986.

Berghold, Joe. "The Social Trance." *Journal of Psychohistory* 19 (Fall 1991), 221–247.

Berkowitz, Leonard. "Some Determinants of Impulsive Aggression." *Psychological Review* 81 (1974), 165–176.

Berman, Morris. *The Reenchantment of the World*. New York: Bantam Books, 1984.

Bernard, Jessie. *The Female World*. New York: Free Press, 1981.

Bigelow, Bill, and Linda Christiansen. "Promoting Social Imagination Through Interior Monologues." *Rethinking Schools* 8 (Winter 1993), 18.

Birnbaum, Lucia. *Black Madonnas*. Boston: Northeastern University Press, 1993.

Blackman, Julie. *Intimate Violence*. New York: Columbia University Press, 1989.

Blackstone. *Commentaries on the Laws of England*. Oxford: Clarendon Press, 1765.

Blake, C. Fred. "Foot-Binding in Neo-Confucian China and the Appropriation of Female Labor." *Signs* 19 (Spring 1994), 676–712.

Bleier, Ruth. *Science and Gender*. New York: Pergamon Press, 1984.

Block, Peter. *The Empowered Manager*. San Francisco: Jossey-Bass, 1990.

Bly, Robert. "The Need for Male Initiation." In *To Be a Man*, edited by Keith Thompson, 38–42. Los Angeles: Tarcher, 1991.

Bonfante-Warren, Larissa. "The Women of Etruria." In *Women in the Ancient World*, edited by John Peradotto and J. P. Sullivan. Albany, NY: State University of New York Press, 1984.

Bordo, Susan. "Feminism, Postmodernism, and Gender Skepticism." In *Feminism/Postmodernism*, edited by Linda J. Nicholson, 133–156. New York: Routledge, 1990.

Boswell, John. *The Kindness of Strangers*. New York: Pantheon, 1988.

Botti, Odile. "The Battle Against Excisions by Africans: A Survey of Actions in Three West African Countries." *Marie Claire* (November 1985).

Bourdieu, Pierre. "Social Space and Symbolic Power." *Sociological Theory* 7, 1989, 14–25.

Bowlby, John. *Attachment and Loss*. Vol. 1. New York: Basic Books, 1969.

Bowman, Meg, ed. *Goddesses, Witches, and the Paradigm Shift*. Vol. 2. San Jose, CA: Women and Religion Task Force, Unitarian Universalist Association, 1994.

Boxall, Bettina. "Gays Alter Dynamics of Politics." *Los Angeles Times*, September 15, 1992, A24.

Bradley, Marion Zimmer. *The Mists of Avalon*. New York: Knopf, 1983.

Bradshaw, John. *Bradshaw on the Family*. Pompano Beach, FL: Health Communications, 1988.

Brecher, Edward M. *The Sex Researchers*. Expanded ed. San Francisco: Pacific Press, 1979.

Briffault, Robert. *The Troubadours*. Bloomington, IN: Indiana University Press, 1965.

Briggs, David. "Report on Sexuality Stirs Up Presbyterians." *Associated Press*, June 1, 1991.

Brod, Harry. *The Making of Masculinities: The New Men's Studies*. Boston: Allen & Unwin, 1987.

Brown, Roger. *Social Psychology*. New York: Free Press, 1965.

Brownmiller, Susan. *Against Our Will*. New York: Simon & Schuster, 1975.

Brubaker, Rogers. "Rethinking Classical Theory: The Sociological Vision of Pierre Bourdieu." *Theory and Society* 14 (November 1985), 745–775.

Brundage, James A. "Better to Marry Than to Burn?" In *Views of Women's Lives in Western Tradition*, edited by Frances Richardson Keller, 195–216. Lewiston, NY: Edwin Mellen Press, 1990.

Buchwald, Emilie, Pamela R. Fletcher, and Martha Roth, eds. *Transforming a Rape Culture*. Minneapolis, MN: Milkweed Publications, 1993.

Burdett, Hal. "US Will Support Reproductive Choice, Including Abortion." *World Population News Service POPLINE*, May/June 1993, 1.

Burkert, Walter. *Structure and History in Greek Mythology and Ritual*. Berkeley: University of California Press, 1979.

Bury, J. B., S. A. Cook, and F. E. Adcock. "The Law of Ancient Babylonia." In *Man in Adaptation*, edited by Y. A. Cohen, 154–157. Chicago: Aldine, 1971.

Butler, Judith, and Joan W. Scott, eds. *Feminists Theorize the Political*. New York and London: Routledge, 1992.

Callahan, Mathew. *Sex, Death, and the Angry Young Man: Conversations with Riane Eisler and David Loye*. Ojai, CA: Times Change Press, 1993.

Campbell, Joseph. *The Mythic Image*. Princeton, NJ: Princeton University Press, 1974.

Canning, Kathleen. "Feminist History After the Linguistic Turn." *Signs* 19 (Winter 1994), 368–404.

Caplan, Paula J. *The Myth of Woman's Masochism*. New York: Dutton, 1985.

———. *Don't Blame Mother*. New York: Harper & Row, 1989.

Capra, Fritjof. *The Turning Point*. New York: Bantam Books, 1982.

Caputi, Jane, and Gordene O. MacKenzie. "Pumping Iron John." In *Women Respond to the Men's Movement*, edited by Kay Leigh Hagen. San Francisco: HarperSanFrancisco, 1992.

Cassell, Carol. *Swept Away*. New York: Simon and Schuster, 1984.

Castelot, André. *Napoleon*. New York: Harper & Row, 1971.

Caufield, Catherine. *In the Rainforest*. New York: Knopf, 1984.

Centerwall, Brandon, MD. "Television and Violence." *Journal of the American Medical Association* 267 (June 1992), 3059–3063.

Chaisson, Eric. *The Life Era*. New York: Atlantic Monthly Press, 1987.

Chesler, Phyllis. *Mothers on Trial*. San Diego: Harcourt Brace Jovanovich, 1991.

Chicago, Judy. *The Dinner Party*. New York: Anchor Press/Doubleday, 1979.

———. *The Birth Project*. New York: Doubleday, 1985.

Childe, V. Gordon. *The Dawn of European Civilization*. New York: Knopf, 1958.

Christ, Carol P., ed. *Laughter of Aphrodite*. San Francisco: Harper & Row, 1987.

Christiansen, Linda. "Unlearning the Myths That Bind Us." *Rethinking Schools* 8, Summer 1994 (Special Issue on Teaching for Equity and Justice), 8–12.

Ciatterbaugh, Kenneth. "Masculinist Perspectives." *Changing Men* 20 (Winter/Spring 1989), 4–6.

———. "The Mythopoetic Foundations of New-Age Patriarchy." *Masculinities* 1 (Summer 1993), 2–12.

Clements, Mark. "Sex in America Today." *Parade*, August 7, 1994, 4–6.

Collier, John. *Indians of the Americas*. New York: Mentor, 1947.

Collins, Patricia Hill. *Black Feminist Thought*. New York: Routledge, 1991.

Coltrane, Scott. "Father-Child Relationships and the Status of Women." *American Journal of Sociology* 93 (March 1988), 1060–1095.

———. "The Micropolitics of Gender in Nonindustrial Societies." *Gender and Society* 6 (March 1992), 86–107.

Conklin, Beth Ann. "Lunar Cycles and Reproductive Rhythms." Thesis for master's in anthropology, University of Iowa, May 1980.

Conner, Randy P. *Blossom of Bone*. San Francisco: HarperSanFrancisco, 1993.

Cooey, Paula M., Sharon A. Farmer, and Mary Ellen Ross, eds. *Embodied Love*. San Francisco: Harper & Row, 1987.

Cook, Blanche Wiesen. "Female Support Networks and Political Activism: Lillian Wald, Crystal Eastman, Emma Goldman." In *Women's America*, edited by Linda K. Kerber and Jane De Hart Mathews. New York: Oxford University Press, 1982.

Coontz, Stephanie, and Peter Henderson, eds. *Women's Work, Men's Property*. London: Verso, 1986.

Correa, Sonia, and Rosalind Petchesky. "Exposing the Numbers Game." *Ms.*, September/October 1994, 10–17.

Countryman, L. William. *Dirt, Greed, and Sex*. Philadelphia: Fortress Press, 1988.

Cowell, Alan. "Pope Affirms Women Can't Be Priests." *New York Times*, May 31, 1994.

Crossette, B. "Twenty-five Percent of Girls in India Die by Age Fifteen, UNICEF Says." *New York Times*, October 5, 1990.

Csanyi, Vilmos. *Evolutionary Systems and Society: A General Theory*. Durham, NC: Duke University Press, 1989.

Dalley, Stephanie. *Myths From Mesopotamia*. Oxford, England: UP, 1989.

Daly, Mary. *Beyond God the Father*. Boston: Beacon Press, 1973.

Dartmouth Bible. Boston: Houghton Mifflin, 1950.

Davidson, Julian N. "The Psychobiology of Sexual Experience." In *The Psychobiology of Consciousness*, edited by Julian N. Davidson and Richard J. Davidson. New York: Plenum Press, 1980.

Davis, Angela. *Women, Race, and Class*. New York: Vintage Books, 1983.

de Beauvoir, Simone. *The Second Sex*. New York: Modern Library, 1968. (Original work published in French in 1949.)

Degler, Carl N. *At Odds: Women and the Family in America From the Revolution to the Present*. New York: Oxford University Press, 1980.

deMause, Lloyd. "Schreber and the History of Childhood." *Journal of Psychohistory* 15 (Summer 1987), 423–430.

———, ed. *The History of Childhood*. New York: Psychohistory Press, 1974.

DeMeo, James. *On the Origin and Diffusion of Patrism*. Doctoral dissertation, Geography Department, University of Kansas, 1986.

———. "The Origins and Diffusion of Patrism in Saharasia, c. 4000 B.C.E." *World Futures* 30 (March–May 1991), 247–271.

de Rougemont, Denis. *Love in the Western World*. New York: Schocken Books, 1956.

Derrida, Jacques. *Dissemination*. Chicago: University of Chicago Press, 1981.

de Waal, Frans. *Peacemaking Among Primates*. Cambridge, MA: Oxford University Press, 1989.

Diamond, Irene, and Gloria Feman Orenstein, eds. *Reweaving the World: The Emergence of Ecofeminism*. San Francisco: Sierra Club Books, 1990.

Dijkstra, Bram. *Idols of Perversity*. Oxford, England: Oxford University Press, 1986.

Dittes, James E. *The Male Predicament*. San Francisco: Harper & Row, 1985.

Dixon, Jennifer. "Support Often Uncollected From Parents in Military." *Associated Press*, June 13, 1993.

Donnerstein, Edward. "Aggressive Erotica and Violence Against Women." *Journal of Personality and Social Psychology* 39 (1980), 269–277.

Douglas, Mary Tew. *Implicit Meanings*. Boston: Routledge & Kegan Paul, 1975.

Dover, K. J. "Classical Greek Attitudes to Sexual Behaviour." In *Women in the Ancient World*, edited by John Peradotto and J. P. Sullivan. Albany, NY: State University of New York Press, 1984.

Dworkin, Andrea. *Intercourse*. New York: Free Press, 1987.

Echols, Alice. "The Taming of the Id." In *Pleasure and Danger*, edited by Carole S. Vance. London: Routledge & Kegan Paul, 1984.

Edell, Dean, MD. "To Your Health." *Edell Health Letter*, April 1991, 2.

Ehrenreich, Barbara, Elizabeth Hess, and Gloria Jacobs. *Re-making Love: The Feminization of Sex*. Garden City, NY: Anchor Press/Doubleday, 1987.

Eisler, Riane. *Dissolution*. New York: McGraw-Hill, 1977.

———. *The Equal Rights Handbook*. New York: Avon Books, 1978.

———. "Population Pressure, Women's Roles, and Peace." In *World Encyclopedia of Peace*, 292–294. New York: Pergamon Press, 1986.

———. *The Chalice and the Blade: Our History, Our Future*. San Francisco: Harper & Row, 1987a.

———. "Woman, Man, and the Evolution of Social Structure." *World Futures: The Journal of General Evolution* 23 (April 1987b), 79–92.

———. "Human Rights: Toward an Integrated Theory for Action." *The Human Rights Quarterly* 9 (August 1987c), 287–308.

———. "Technology at the Turning Point." *Woman of Power*, Fall 1988, 6–12.

———. "Cultural Evolution: Social Shifts and Phase Changes." In *The New Evolutionary Paradigm*, edited by Ervin Laszlo, 179–200. New York: Gordon & Breach, 1991.

———. "Technology, Gender, and History: Toward a Nonlinear Model of Social Evolution." In *The Evolution of Cognitive Maps: New Paradigms for the Twenty-*

first Century, edited by Ervin Laszlo, Ignazio Masulli, Robert Artigiani, and Vilmos Csanyi, 181–203. New York: Gordon & Breach, 1993a.

———. "From Domination to Partnership: The Foundations for Global Peace." In *Communication and Culture in War and Peace,* edited by Colleen Roach, 145–174. Newbury Park, CA: Sage Publications, 1993b.

———. "The Challenge of Human Rights for All: What We Can Do." In *Creating the 21st Century: Rights, Responsibilities, and Remedies,* edited by Howard F. Didsbury, Jr., 99–117. Washington, DC: World Futures Society, 1993c.

———. "The Rights of Women, Children, and Men." In *Human Rights for the 21st Century,* edited by Bertram Gross and Peter Juviler. Armonk, NY: M.E. Sharpe, 1993d.

———. "From Domination to Partnership: The Hidden Subtext for Sustainable Change." *Journal of Organizational Change Management* 7 (1994): 35–49.

———. *Partnership Economics.* Work in progress.

Eisler, Riane, and Vilmos Csanyi. "Human Dimorphism and Social Structure." Unfinished manuscript.

Eisler, Riane, and David Loye. "The Failure of Liberalism: A Reassessment of Ideology From a New Feminine-Masculine Perspective." *Political Psychology* 4 (1983), 375–391.

———. *The Partnership Way.* San Francisco: HarperSanFrancisco, 1990.

Eisler, Riane, David Loye, and Kari Norgaard. *Gender Equity and the Quality of Life: A Global Survey and Analysis.* Pacific Grove, CA: Center for Partnership Studies, 1995.

Eisler, Riane, and Alfonso Montuori. "Creativity, Gender, and Society." In *Social Creativity,* Vol. 3, edited by Alfonso Montuori and Ronald Purser. Creskill, NJ: Hampton Press, 1995.

El Daree, Dr. Asma. *Sudan: National Study on the Epidemiology of Female Circumcision.* Khartoum: University of Khartoum, Department of Community Medicine, 1980.

Eldredge, Niles, and Marjorie Grene. *Interactions: The Biological Context of Social Systems.* New York: Columbia University Press, 1992.

Encyclopedia of Religion. New York: Macmillan, 1987.

Engels, Friedrich. *The Origin of the Family, Private Property, and the State.* New York: International Publishers, 1972. (Original work published in German in 1884.)

Eron, Leonard D., and L. Rowell Huesmann. *Advances in the Study of Aggression.* Orlando, FL: Academic Press, 1984.

Evershed, Jane. *More Than a Tea Party.* San Francisco: HarperSanFrancisco, 1994.

Falk, Marcia. *The Song of Songs.* San Francisco: HarperSanFrancisco, 1990.

Faludi, Susan. *Backlash: The Undeclared War Against American Women.* New York: Crown, 1991.

Faulkner, Wendy. "Medical Technology and the Right to Heal." In *Smothered by Invention: Technology in Women's Lives,* edited by Wendy Faulkner and Erik Arnold. London: Pluto Press, 1985.

Fausto-Sterling, Anne. *Myths of Gender.* New York: Pergamon Press, 1984.

Fedigan, Linda Marie. *Primate Paradigms.* Montreal: Eden Press, 1982.

Feschbach, Seymour, and Bernard Malamuth. "Sex and Aggression." *Psychology Today,* November 1978, 111, 116.

Feuerstein, Georg. *Yoga: The Technology of Ecstasy.* Los Angeles: Tarcher, 1989.

Fiorenza, Elizabeth Schüsler. *In Memory of Her.* New York: Crossroads, 1983.

Fisher, Helen E. *Anatomy of Love.* New York: Norton, 1992.

Flexner, Eleanor. *Century of Struggle.* Cambridge: Harvard University Press, 1959.

Forward, Susan. *Men Who Hate Women and the Women Who Love Them.* New York: Bantam Books, 1986.

Foucault, Michel. *Discipline and Punish.* New York: Vintage Books, 1979.

————. *The History of Sexuality, Vol. 1.* New York: Vintage Books, 1980.

Fox, Matthew, ed. *Western Spirituality: Historical Roots, Ecumenical Routes.* Santa Fe, NM: Bear & Company, 1981.

————. *Original Blessing.* Santa Fe, NM: Bear & Company, 1983.

Fox, Robin Lane. *Pagans and Christians.* San Francisco: Harper & Row, 1986.

Frank, Roslyn M., with Susan Ayers, Monique Laxalt, Shelly Lowenberg, and Nancy Vosburg. "Etxeko-Andrea: The Missing Link? Women in Basque Culture." *Views of Women's Lives in Western Tradition,* edited by Frances Richardson Keller, 133–157. Lewiston, NY: Edwin Mellen Press, 1990.

Frayser, Suzanne G. *Varieties of Sexual Experience.* New Haven, CT: HRAF Press, 1985.

Frazer, James G. *The Golden Bough.* New York: Macmillan, 1922, 1969.

Freedman, Rita. *Bodylove.* New York: Harper & Row, 1989.

French, Marilyn. *Beyond Power.* New York: Ballantine, 1985.

Freud, Sigmund. *Three Contributions to the Theory of Sex.* New York: Dutton, 1962.

————. *General Psychological Theory.* New York: Collier Books, 1963.

Friday, Nancy. *Women on Top.* New York: Simon & Schuster, 1991.

Fullan, Michael. "Masks of the Teacher." *Edges* 6 (Spring 1994), 14–18.

Gablik, Suzi. *The Reenchantment of Art.* New York: Thames & Hudson, 1991.

Gadamer, Hans-Georg. *Philosophical Hermeneutics.* Berkeley: University of California Press, 1976.

Gadon, Elinor. *The Once and Future Goddess.* San Francisco: Harper & Row, 1989.

Galtung, Johan. *The True Worlds.* New York: Free Press, 1980.

Gardner, John, and John Maier, trans. and eds. *Gilgamesh.* (Translated from the Sin-Leqi-Unninni version.) New York: Vintage, 1985.

Gerbner, George. "The Politics of Media Violence: Some Reflections." In *Mass Communication Research,* edited by Cees J. Hamelink and Olga Linne, 133–145. Norwood, NJ: Ablex, 1994.

Gerbner, George, Larry Gross, Michael Morgan, and Nancy Signorielli. "Growing Up With Television." In *Media Effects,* edited by Jennings Bryant and Dolf Zillmann, 17–41. Hillsdale, NJ: Erlbaum, 1994.

Gergen, Kenneth J. *The Saturated Self.* New York: Basic Books, 1991.

Gerzon, Mark. *A Choice of Heroes.* Boston: Houghton Mifflin, 1982.

Giddens, Anthony. *The Constitution of Society.* Berkeley: University of California Press, 1984.

————. *The Transformation of Intimacy.* Stanford, CA: Stanford University Press, 1992.

Gies, Frances, and Joseph Gies. *Marriage and the Family in the Middle Ages.* New York: Harper & Row, 1987.

Gilligan, Carol. *In a Different Voice.* Cambridge, MA: Harvard University Press, 1982.

Gimbutas, Marija. *The Goddesses and Gods of Old Europe*. Berkeley: University of California Press, 1982.

——. *The Language of the Goddess*. San Francisco: Harper & Row, 1989.

——. *The Civilization of the Goddess*. San Francisco: HarperSanFrancisco, 1991.

Glenn, Evelyn Nakano. "From Servitude to Service Work." *Signs* 18 (Autumn 1992), 1–43.

Goldizen, Anne Wilson. "Social Relationships in a Cooperatively Polyandrous Group of Tamarins." *Behavioral Ecology and Sociobiology* 24 (1989): 79–89.

Goleman, Daniel. "A Great Idea in Education." *Connections* 1 (June 1994a), 2.

——. "Emotions 101." *Connections* 1 (June 1994b), 10.

Goodison, Lucy. *Death, Women, and the Sun*. London: University of London, 1989.

Gordon, Margaret, and Stephanie Riger. *The Female Fear: The Social Cost of Rape*. New York: Free Press, 1989.

Gorman, Christine. "Sizing Up the Sexes." *Time*, January 20, 1992.

Gould, Stephen Jay. "Freudian Slip." *Natural History*, February 1987, 14–21.

Graves, Robert, trans. *The Golden Ass of Apuleius*. New York: Pocket Library, 1954.

Gray, Elizabeth Dodson, ed. *Sacred Dimensions of Women's Experience*. Wellesley, MA: Roundtable Press, 1988.

——. *Sunday School Manifesto*. Wellesley, MA: Roundtable Press, 1994.

Griffin, Susan. *Pornography and Silence*. New York: Harper & Row, 1981.

——. *Rape: The Politics of Consciousness*. San Francisco: Harper & Row, 1986.

Groneman, Carol. "Nymphomania." *Signs* 19 (Winter 1994), 337–367.

Habermas, Jürgen. *Knowledge and Human Interests*. Translated by Jeremy J. Shapiro. Boston: Beacon Press, 1971.

Hagen, Kay Leigh, ed. *Women Respond to the Men's Movement*. San Francisco: HarperSanFrancisco, 1992.

Hair, E. H. "Masturbatory Insanity." *Journal of Mental Science* 108 (1962), 1–25.

Hall, Lesley A. "Forbidden by God, Despised by Men." *Journal of the History of Sexuality* 2 (January 1992), 365–387.

Hallett, Judith P. "The Role of Women in Roman Elegy: Counter-Cultural Feminism." In *Women in the Ancient World*, edited by John Peradotto and J. P. Sullivan. Albany, NY: State University of New York Press, 1984.

Harman, Willis. *Global Mind Change*. Indianapolis, IN: Knowledge Systems, 1988.

Harris, William H., and Judith S. Levey, eds. *The New Columbia Encyclopedia*. New York: Columbia University Press, 1975.

Harrison, Jane Ellen. *Prolegomena to the Study of Greek Religion*. London: Merlin Press, 1962. (Original work published in 1903.)

Hartsock, Nancy. "Foucault on Power: A Theory for Women." In *Feminism/Postmodernism*, edited by Linda J. Nicholson, 157–175. New York: Routledge, 1990.

Hastings, Deborah. "Simpson Arrest Focuses Attention on U.S. Spousal Abuse Problem." *Associated Press*, June 22, 1994.

Hawkes, Jacquetta. *Dawn of the Gods*. New York: Random House, 1968.

Hazarika, Sanjoy. "Bangladesh Seeks Writer, Charging She Insults Islam." *New York Times*, June 8, 1994.

Heilbrun, Carolyn, and Nancy Miller, eds. *Modern Feminisms*. New York: Columbia University Press, 1992.

Henderson, Hazel. *The Politics of the Solar Age*. New York: Anchor Books, 1981.
———. *Paradigms in Progress*. Indianapolis, IN: Knowledge Systems, 1991.
Henry, Margaret. "Domestic Violence." *Toward Freedom*, March 1994.
Henshaw, Richard A. *Female and Male: The Cultic Personnel, the Bible, and the Rest of the Ancient Near East*. Alison Park, PA: Pickwick Press, 1994.
Hertsgaard, Mark. "Still Ticking . . . " *Mother Jones*, March/April 1993, 72.
Hewitt, Bill, Lyndon Stambler, Julie Klein, and Doris Bacon. "The Body Counters." *People*, April 12, 1993, 35–37.
Heyward, Carter. *Touching Our Strength*. San Francisco: Harper & Row, 1989.
Highwater, Jamake. *Myth and Sexuality*. New York: Penguin, 1990.
Hoffman, Lisa. "Rape Study Says 51% of Victims Under 18." *Scripps Howard News Service*, June 23, 1994.
Hohmann, Gottfried, and Barbara Fruth. "Field Observations on Meat Sharing Among Bonobos." Paper presented at the Max Planck Society and Zoology Institute of the University of Munich, Germany, 1993.
Hollibaugh, Amber. "On the Street Where We Live." *Women's Review of Books*, January 1988, 1.
Homer. *Iliad*. Translated by Robert Fitzgerald. New York: Anchor Books, 1975.
hooks, bell. *Feminist Theory*. Boston: South End Press, 1984.
———. *Sisters of the Yam: Black Women and Self-Discovery*. Boston: South End Press, 1993.
Horton, Richard. "Unnecessary Caesarian Sections in U.S.A." *Lancet*, May 28, 1994, 1351.
Hosken, Fran. Pictures by Marcia L. Williams. *The Universal Childbirth Picture Book*. Lexington, MA: Women's International Network News, 1981.
———. "Why AIDS Pattern Is Different in Africa." *New York Times*, December 15, 1986, Letters section.
———. "Rape and Murder at Kenyan Catholic Boarding School in Meru." *Women's International Network (WIN) News* 17 (Autumn 1991), 37.
———. *The Hosken Report: Genital and Sexual Mutilation of Females*. 4th ed. Lexington, MA: Women's International Network News, 1994.
House, J. S., K. R. Landis, and D. Umberson. "Social Relationships and Health." *Science* 29 (July 1988), 540–550.
Houston, Jean. *The Search for the Beloved*. Los Angeles: Tarcher, 1987.
Howells, William W. *Getting Here*. Washington, DC: Compass Press, 1993.
Hrdy, Sarah Blaffer. *The Woman That Never Evolved*. Cambridge, MA: Harvard University Press, 1981.
———. "The Primate Origins of Human Sexuality." In *The Evolution of Sex*, edited by Robert Bellig and George Stevens, 101–136. San Francisco: Harper & Row, 1988.
Hubbard, Ruth. *The Politics of Women's Biology*, New York: Rutgers University Press, 1990.
Hume, Maggie. *Contraception in Catholic Doctrine*. Washington, DC: Catholics for a Free Choice, 1991.
Huxley, Julian. *Evolution in Action*. New York: Harper & Row, 1953.
Huynh Sanh Thong. "Mother's Tongue and Slang." *Journal of Unconventional History* 2 (Fall 1990), 31–61.
Jacobson, Jodi. "The Other Epidemic." *World Watch*, May/June 1992, 10–17.

Jain, Devaki, and Nirmala Banerjee, eds. *Tyranny of the Household: Women in Poverty.* New Delhi: Shakti Books, a division of Vikas Publishing, 1985.

James, Edwin Oliver. *The Cult of the Mother Goddess.* London: Thames & Hudson, 1959.

James, Stanlie M., and Abena P. A. Busia, eds. *Theorizing Black Feminism.* London: Routledge, 1993.

Johnson, Buffie. *Lady of the Beasts.* San Francisco: Harper & Row, 1988.

Johnson, David W., Roger T. Johnson, Bruce Dudley, and Robert Burnett. "Teaching Students to Be Peer Mediators." *Educational Leadership,* September 1992, 10–13.

Johnson, Don Hanlon. *Body, Spirit and Democracy.* Berkeley, CA: North Atlantic Books, 1994.

Kanner, Barbara. *Women in English Social History 1800–1914.* New York: Garland Publishing, 1990.

Kano, Takayoshi. "Social Behavior of Wild Pygmy Chimpanzees (*Pan paniscus*) of Wamba." *Journal of Human Evolution* 9 (1980), 243–260.

———. "The Bonobos' Peaceable Kingdom." *Natural History,* November 1990, 62–70.

———. *The Last Ape.* Stanford, CA: Stanford University Press, 1992.

Kaplan, Helen. *The New Sex Therapy.* New York: New York Times Book Co., 1974.

Kearney, Richard. "The Narrative Imagination." In *Social Creativity, Vol. 1,* edited by Alfonso Montuori and Ronald Purser. Creskill, NJ: Hampton Press, 1995.

Keller, Mara Lynn. "The Eleusinian Mysteries of Demeter and Persephone." *Journal of Feminist Studies in Religion* 4 (Spring 1988), 27–54.

———. "Chthonian Crete of the Earth Mother Goddess." Paper presented at the First International Minoan Celebration of Partnership, Crete, Greece, October 8, 1992.

———. *The Greater Mysteries of Demeter and Persephone.* Work in progress.

Kerber, Linda. *Women of the Republic.* Chapel Hill, NC: University of North Carolina Press, 1980.

Kerber, Linda, and Jane DeHart Mathews, eds. *Women's America.* New York: Oxford University Press, 1982.

Keuls, Eva. *The Reign of the Phallus: Sexual Politics in Ancient Athens.* Berkeley: University of California Press, 1993.

———. "The Partnership-Dominator Models of Social Organization." Paper given at the Western Association of Women Historians Conference, June 10, 1989, Asilomar, Pacific Grove, CA.

Kevles, Bettyann. *Females of the Species.* Cambridge, MA: Harvard University Press, 1986.

Khanum, Abida. *Forgotten Hostages: The Women of Islam.* Work in progress.

Kimmel, Michael S. "The Contemporary 'Crisis' of Masculinity in Historical Perspective." In *The Making of Masculinities,* edited by Harry Brod. Boston: Allen & Unwin, 1987.

Kimmel, Michael S., and Thomas E. Mosmiller, eds. *Against the Tide: Pro-Feminist Men in the United States 1776–1990.* Boston: Beacon Press, 1992.

Kitcher, Philip. *Vaulting Ambition: Sociobiology and the Quest for Human Nature.* Cambridge, MA: MIT Press, 1985.

Kivel, Paul. *Men's Work*. New York: Ballantine Books, 1992.

Koegel, Rob. "Healing the Wounds of Masculinity: A Crucial Role for Educators." *Holistic Education Review* 7 (March 1994).

Koonz, Claudia. "Mothers in the Fatherland." In *Becoming Visible: Women in European History*, edited by Renate Bridenthal and Claudia Koonz, 445–473. Boston: Houghton Mifflin, 1977.

Kraditor, Aileen S., ed. *Up From the Pedestal: Selected Writings in the History of American Feminism*. Chicago: Quadrangle Books, 1968.

Kramer, Heinrich, and James (Jacob) Sprenger. *Malleus Maleficarum*. New York: Dover, 1971. (Original work published in 1486.)

Kramer, Samuel Noah. *The Sumerians*. Chicago: University of Chicago Press, 1963.

———. *The Sacred Marriage Rite*. Bloomington, IN: Indiana University Press, 1969.

———. *History Begins at Sumer*. 3rd rev. ed. Philadelphia: University of Pennsylvania Press, 1981.

Kramer, Samuel Noah, and John Maier. *Myths of Enki, The Crafty God*. New York: Oxford University Press, 1989.

Kristeva, Julia. *Semiotikè*. Madrid: Fundamentos, 1978.

Kuhn, Thomas. *The Structure of Scientific Revolutions*. 2nd rev. ed. Chicago: University of Chicago Press, 1970.

Kunstmann, Josef. *The Transformation of Eros*. London: Oliver & Boyd, 1964.

Kuroda, Suehisa. "Social Behavior of the Pygmy Chimpanzees." *Primates* 21 (April 1980), 181–197.

Lafferty, Elaine, and Tammy Brice. "Suddenly They Hear the Words." *Los Angeles Times*, July 6, 1992, B9.

Lambert, W. G. "Gilgamesh in Literature and Art." In *Monsters and Demons in the Ancient and Medieval Worlds*, edited by Ann E. Farkas, Prudence O. Harper, and Evelyn B. Harrison, 37–52. Mainz on Rhine: Von Zabern, 1987.

Landsberg, Michelle. "Antipornography Breakthrough in the Law." *Ms.*, May/June 1992, 14–15.

Lappe, Francis Moore, and Paul DuBois. *The Quickening of America*. San Francisco: Jossey-Bass, 1994.

Laqueur, Thomas. *Making Sex: Body and Gender From the Greeks to Freud*. Cambridge, MA: Harvard University Press, 1990.

Larsen, Leonard. "American Democracy's Shame." *Scripps Howard News Service*, November 16, 1994.

Laszlo, Ervin. *Evolution*. Boston: Shambhala, 1987.

———. *The Creative Cosmos*. Edinburgh: Floris Books, 1993.

Lederer, Laura, ed. *Take Back the Night*. New York: William Morrow, 1980.

Lefkowitz, Mary R., and Maureen B. Fant, eds. *Women's Life in Greece and Rome*. Baltimore, MD: Johns Hopkins University Press, 1982.

Leo, John. "Sex in the '80s: The Revolution Is Over." *Time*, April 9, 1984.

Lerner, Gerda. *The Majority Finds Its Past*. New York: Oxford University Press, 1979.

———. *The Creation of Patriarchy*. New York: Oxford University Press, 1986.

Leroi-Gourhan, André. *Préhistoire de l'Art Occidental*. Paris: Edition D'Art Lucien Mazenod, 1971.

Lewinsohn, Richard. *A History of Sexual Customs*. New York: Fawcett Publications, 1958.

Lewontin, R. C., Steven Rose, and Leon J. Kamin. *Not in Our Genes*. New York: Pantheon, 1984.

Liebowitz, Michael. *The Chemistry of Love.* New York: Berkeley Press, 1983.

Linz, Daniel, Edward Donnerstein, and Steven Penrod. "The Effects of Multiple Exposures to Filmed Violence Against Women." *Journal of Communication* 34 (Summer 1984), 130–147.

Livermore, Beth. "The Lessons of Love." *Psychology Today,* March/April 1993.

Lorde, Audre. "Uses of the Erotic: The Erotic as Power." In *Sister Outsider, Essays and Speeches by Audre Lorde.* Freedom, CA: Crossing Press, 1984.

Lovelace, Linda. *Ordeal.* New York: Berkley Publishers, 1987.

Lovelock, James. *Gaia: A New Look at Life on Earth.* London: Oxford University Press, 1979.

Lowenstein, Jerold M. "Nine Ways to Have Sex." *Pacific Discovery,* Fall 1992, 40–41.

Loye, David. *The Healing of a Nation.* New York: Norton, 1971.

———. *The Leadership Passion: A Psychology of Ideology.* San Francisco: Jossey-Bass, 1977.

———. "Moral Sensitivity and the Evolution of Higher Mind." *World Futures: The Journal of General Evolution* 30 (1990), 41–51.

———. "Cooperation and Moral Sensitivity." In *Cooperation: Beyond the Age of Competition,* edited by Allan Combs, 24–35. New York: Gordon & Breach, 1992.

———. "Charles Darwin, Paul MacLean, and the Lost Origins of 'The Moral Sense': Some Implications for General Evolution Theory." *World Futures: The Journal of General Evolution* 40 (1994), 187–196.

———. "The Psychology of Prediction in Chaotic States." In *The Proceedings of the Society of Chaos Theory in Psychology,* edited by Robin Robertson and Allan Combs. Hillsdale, NJ: Erlbaum, 1995.

———. *The River and the Star: The Lost Story of the Great Scientific Explorers of Goodness.* Work in progress a.

———. *Moral Transformation.* Work in progress b.

———. *Moral Sensitizing.* Work in progress c.

Loye, David, and Riane Eisler. "Chaos and Transformation: Implications of Non-equilibrium Theory for Social Science and Society." *Behavioral Science* 32 (1987), 53–65.

Loye, David, Roderick Gorney, and Gary Steele. "Effects of Television." *Journal of Communications* 27 (1977), 206–216.

Lyotard, Jean Francois. *The Postmodern Condition.* Minneapolis: University of Minnesota Press, 1984.

MacDonald, Robert H. "The Frightful Consequences of Onanism." *Journal of the History of Ideas* 28 (1967), 423–431.

Mackey, Sandra. *The Saudis.* New York: Signet, 1990.

MacKinnon, Catharine. "Feminism, Marxism, Method and the State." *Signs* 7 (Spring 1982), 515–544.

———. *Only Words.* Cambridge, MA: Harvard University Press, 1993.

Maitland, Sara. "Passionate Prayer: Masochistic Images in Women's Experience." In *Sex and God: Some Varieties of Women's Religious Experience,* edited by Linda Hurcombe, 125–140. New York: Routledge & Kegan Paul, 1987.

Makiya, Kanan. *Republic of Fear.* New York: Norton, 1993.

Mallory, J. P. *In Search of the Indo-Europeans: Language, Archaeology, and Myth.* London: Thames & Hudson, 1989.

Mann, Dr. Jonathan, Dr. Daniel Tarantola, and Thomas W. Netter, eds. *AIDS in the World 1992.* Cambridge, MA: Harvard University Press, 1992.

Marcuse, Herbert. *Eros and Civilization*. New York: Vintage Books, 1955.

Margulis, Lynn. "Early Life." In *Gaia*, edited by William Irwin Thompson, 98–109. Hudson, NY: Lindisfarne Press, 1987.

Marshack, Alexander. *The Roots of Civilization*. Mount Kisco, NY: Moyer Bell Ltd., 1991.

Martin, Emily. "The Egg and the Sperm: How Science Has Constructed a Romance Based on Stereotypical Male-Female Roles." *Signs* 16 (Spring 1991), 485–501.

Marx, Karl, and Friedrich Engels. *Werke*, Vol. 8. Berlin: Dietz Verlag, 1960. (Written in the nineteenth century.)

Maslow, Abraham. *Toward a Psychology of Being*. New York: Van Nostrand-Reinhold, 1968.

Maturana, Humberto. Preface to *El Caliz y La Espada* (Spanish edition of *The Chalice and the Blade*) by Riane Eisler. Santiago, Chile: Editorial Cuatro Vientos, 1990.

Maturana, Humberto, and Francisco Varela. *Autopoeisis and Cognition*. Boston: Reidel, 1980.

———. *The Tree of Knowledge*. Boston: Shambhala, 1987.

McCall, Daniel. "Mother Earth: The Great Goddess of West Africa." In *Mother Worship: Theme and Variations*, edited by James J. Preston. Chapel Hill, NC: University of North Carolina Press, 1982.

McClelland, David. *Power*. New York: Irvington, 1980.

McConahay, Shirley, and John McConahay. "Sexual Permissiveness, Sex Role Rigidity, and Violence Across Cultures." *Journal of Social Issues* 33 (1977), 134–143.

McGill, Michael E. *The McGill Report on Male Intimacy*. New York: Harper & Row, 1985.

McGrew, W. C. *Chimpanzee Material Culture*. Cambridge, England: Cambridge University Press, 1992.

McKenna, Terence. *Food of the Gods*. New York: Bantam Books, 1992.

McLaren, Angus. *A History of Contraception*. Oxford & Cambridge, England: Blackwell, 1990.

Mellaart, James. *Çatal Hüyük*. New York: McGraw–Hill, 1967.

———. *The Neolithic of the Near East*. New York: Scribner's, 1975.

Melville, Arthur. *With Eyes to See: A Journey From Religion to Spirituality*. Walpole, NH: Stillpoint Publishing, 1992.

Merchant, Carolyn. *Radical Ecology*. New York: Routledge, 1992.

Mernissi, Fatima. *Beyond the Veil*. Bloomington, IN: Indiana University Press, 1987.

Miedzian, Myriam. *Boys Will Be Boys*. New York: Anchor Books, 1991.

Miles, Margaret R. *Carnal Knowing*. Boston: Beacon Press, 1989.

Miller, Alice. *For Your Own Good*. New York: Farrar, Straus & Giroux, 1983.

Miller, George A. *Psychology*. New York: Harper & Row, 1962.

Miller, Jean Baker. *Toward a New Psychology of Women*. Boston: Beacon Press, 1976.

Millett, Kate. *Sexual Politics*. New York: Doubleday, 1970.

Mills, Kim I. "Survey Dispels Common Myths About Families." *Associated Press*, September 5, 1994.

Minton, Lynn. "Do Girls Prefer Boys Who Treat Them Badly?" *Parade*, February 2, 1992, 13.

Mollencott, Virginia Ramey. *Women, Men, and the Bible*. Nashville, TN: Abingdon, 1977.
———, ed. *Women of Faith in Dialogue*. New York: Crossroads, 1987.
Monet, Joseph, ed. *Casanova's Memoirs*, by Giovanni Casanova. Abridged ed. New York: Hillman Periodicals, 1948.
Montagu, Ashley. *The Direction of Human Development*. New York: Hawthorn Books, 1955, 1970.
———. *Sociobiology Examined*. New York: Oxford University Press, 1980.'
———. *Touching*. 3d ed. New York: Harper & Row, 1986.
Montuori, Alfonso, and Isabella Conti. *From Power to Partnership*. San Francisco: HarperSanFrancisco, 1993.
Montuori, Mario. *Socrates: An Approach*. Amsterdam, Holland: J. C. Gieben Publishers, 1988.
Moore, Robert, and Douglas Gillette. *King, Warrior, Magician, Lover*. HarperSanFrancisco, 1991.
Morbeck, Mary Ellen, Adrienne L. Zihlman, and Alison Galloway, eds. *Life History, Females, and Evolution*. Princeton, NJ: Princeton University Press, in press.
Morgan, Robin. *The Demon Lover: On the Sexuality of Terrorism*. New York: Norton, 1989.
———, ed. *Sisterhood Is Global*. New York: Anchor, 1984.
Mosher, Donald L., and Silvan S. Tomkins. "Scripting the Macho Man." *Journal of Sex Research* 25 (February 1988), 60–84.
Mumford, Steven D. "Papal Power: U.S. Security Population Directive Undermined by Vatican With 'Ecumenism' a Tool." *The Human Quest*, May/June 1992, 15–18.
Muses, Charles A. *Illumination on Jakob Böehme*. 2nd ed. New York: Kings Crown Press, Columbia University, 1951.
Myrdal, Gunnar. *An American Dilemma*. New York: Harper & Row, 1962.
Nasreen, Taslima. "Sentenced to Death." *New York Times*, November 30, 1993.
Nead, Lynda. *The Female Nude*. London: Routledge, 1992.
Newcomer, Mabel. *A Century of Higher Education for American Women*. New York: Harper, 1959.
Nicholson, Linda J., ed. *Feminism/Postmodernism*. New York: Routledge, 1990.
Noble, David F. *A World Without Women: The Christian Clerical Culture of Western Science*. New York: Knopf, 1992.
Noble, Vicki. *Shakti Woman*. San Francisco: HarperSanFrancisco, 1990.
Noddings, Nel. "Learning to Engage in Moral Dialogue." *Holistic Education Review* 7 (Summer 1994).
Norwood, Robin. *Women Who Love Too Much*. New York: Pocket Books, 1986.
Nullis, Clare. "WHO Says Women Helped by Contraception." *Associated Press*, June 25, 1992.
O'Brien, Justin. "Yoga and the Western Consciousness." In *Western Spirituality*, edited by Matthew Fox, 370. Santa Fe, NM: Bear & Company, 1981.
Okin, Susan Moller. *Women in Western Political Thought*. Princeton, NJ: Princeton University Press, 1979.
Olds, James. "Pleasure Centers in the Brain." In *Frontiers of Psychological Research: Readings From Scientific American*, edited by Stanley Coopersmith, 54–59. San Francisco: W. H. Freeman, 1956.

Orbach, Susie. *Fat Is a Feminist Issue*. New York: Berkeley Books, 1978.
Orenstein, Gloria. *The Reflowering of the Goddess*. New York: Pergamon Press, 1990.
Orenstein, Peggy. *Schoolgirls: Young Women, Self-Esteem, and the Confidence Gap*. New York: Doubleday, 1994.
Ornish, Dean, MD. *Reversing Heart Disease*. New York: Ballantine, 1990.
Osman, Hibaaq I. "Somalia: Will Reconstruction Threaten Women's Progress?" *Ms.*, March/April 1993, 12.
Ostling, Richard. "The Secrets of St. Lawrence." *Time*, June 7, 1993, 44.
Overall, Christine. "What's Wrong with Prostitution?" *Signs* 17 (Summer 1992), 705–724.
Pagels, Elaine. *Adam, Eve, and the Serpent*. New York: Random House, 1988.
Parish, Amy Randall. "Sex and Food Control in the 'Uncommon Chimpanzee.'" *Ethology and Sociobiology* 15 (1994), 157–179.
Pasick, Robert. *Awakening From the Deep Sleep*. San Francisco: HarperSanFrancisco, 1992.
Patai, Raphael. *The Hebrew Goddess*. New York: Avon, 1978.
Peplau, Letitia Anne, Susan Cochran, Karen Rook, and Christine Pedesky. "Loving Women." *Journal of Social Issues* 34, (1978), 7–27.
Peradotto, John, and J. P. Sullivan, eds. *Women in the Ancient World*. Albany, NY: State University of New York Press, 1984.
Perry, Mary Elizabeth. "Deviant Women and Cultural Transformation." Paper presented in the panel "Dominator and Partnership Models as Analytical Tools," 20th Anniversary Conference of the Western Association of Women Historians, Asilomar, Pacific Grove, CA, 1989.
———. "The Black Madonna of Montserrat." In *Views of Women's Lives in Western Tradition*, edited by Frances Richardson Keller, 110–128. Lewiston, NY: Edwin Mellen Press, 1990.
Peterson, V. Spike, and Anne Sisson Runyan. *Global Gender Issues*. Boulder, CO: Westview Press, 1993.
Pheterson, Gail, ed. *A Vindication of the Rights of Whores*. Seattle: Seal Press, 1989.
Pickthall, Mohammed Marmaduke. *The Meaning of the Glorious Koran*. New York: New American Library, 1953.
Pietilä, Hilkka, and Jeanne Vickers. *Making Women Matter: The Role of the United Nations*. London: Zed Books, 1994.
Plaskow, Judith. *Standing Again at Sinai: Judaism from a Feminine Perspective*. New York: Harper & Row, 1990.
Plaskow, Judith, and Carol P. Christ. *Weaving the Visions*. San Francisco: Harper & Row, 1989.
Platon, Nicolas. *Crete*. Geneva: Nagel Publishers, 1966.
Pomeroy, Sarah. *Goddesses, Whores, Wives and Slaves*. New York: Schocken Books, 1975.
Portugal, Ana Maria, and Amparo Claro. "Virgin and Martyr." *Conscience*, Spring/Summer 1993, 30.
Powers, John. "An Unreliable Memoir: The Film Maker and the Prostitute." *LA Weekly*, March 6–12, 1992, 18.
Prescott, James W. "The Abortion of *The Silent Scream*." *The Humanist*, September/October 1986, 10–17.
Prigogine, Ilya, and Isabel Stengers. *Order Out of Chaos*. New York: Bantam, 1984.
Raine, Adrian, Patricia Brennan, and Sarnoff A. Mednick. "Birth Complications Combined with Early Maternal Rejection at Age 1 Year Predispose to

Violent Crime at Age 18 Years." *Archives of General Psychiatry* 51 (December 1994), 984–988.

Ranke-Heinemann, Uta. *Eunuchs for the Kingdom of Heaven.* New York: Doubleday, 1990.

Reeves, Minou. *Female Warriors of Allah.* New York: Dutton, 1989.

Regardie, Israel. *Garden of Pomegranates.* St. Paul, MN: Llewellyn, 1970.

Reich, Wilhelm. *The Mass Psychology of Fascism.* Salinas, CA: Masters of Perception Press, 1970a.

——. *Function of the Orgasm.* New York: Farrar, Straus & Giroux, 1970b.

——. *The Sexual Revolution.* New York: Octagon Books, 1971.

Reinisch, June M., with Ruth Beasley. *The Kinsey Institute New Report on Sex.* New York: St. Martin's, 1990.

Renfrew, Colin. *Archaeology and Language.* Cambridge, England: Cambridge University Press, 1988.

Rhodes, Richard. "Death in the Candy Store." *Rolling Stone,* November 28, 1991, 64.

Rich, Adrienne. *Of Woman Born.* New York: Norton, 1976.

Richards, Robert J. *Darwin and the Emergence of Evolutionary Theories of Mind and Behavior.* Chicago: University of Chicago Press, 1987.

Riley, Denise. *Am I That Name? Feminism and the Category of "Women" in History.* Minneapolis: University of Minnesota Press, 1988.

Robinson, John Mansley. *An Introduction to Early Greek Philosophy.* Boston: Houghton Mifflin, 1968.

Robotham, Sheila. *Women, Resistance, and Revolution.* New York: Vintage, 1974.

Rockwell, Joan. *Fact in Fiction.* London: Routledge & Kegan Paul, 1974.

Rohrlich-Leavitt, Ruby. "Women in Transition." In *Becoming Visible,* edited by Renate Bridenthal and Claudia Koonz. Boston: Houghton Mifflin, 1977.

Rokeach, Milton. *The Nature of Human Values.* New York: Free Press, 1973.

Rorty, Richard. *Philosophy and the Mirror of Nature.* Princeton: Princeton University Press, 1979.

Rossi, Alice, ed. *The Feminist Papers.* New York: Bantam, 1973.

Rossman, Michael. "Notes on the Tao of the Body Politic." In *New Age Blues.* New York: Dutton, 1979.

Roszak, Theodore. "The Hard and the Soft." In *Masculine/Feminine,* edited by Betty Roszak and Theodore Roszak, 92–93. New York: Harper Colophon Books, 1969.

Rountree, Cathleen. *Coming Into Our Fullness: On Women Turning Forty.* Freedom, CA: Crossing Press, 1991.

Rousseau, Jean Jacques. *The Confessions of Jean-Jacques Rousseau, 1712–1778,* Book 1. New York: Modern Library, 1945.

Rowell, Thelma E. "Forest Living Baboons in Uganda." *Journal of Zoology* 149 (July 1966), 344–364.

Rubenstein, Carin. "Making Time for Love." *Working Woman,* October 1987, 155–169.

Rubin, Gayle. "Thinking Sex." In *Pleasure and Danger,* edited by Carole S. Vance. London: Routledge & Kegan Paul, 1984.

Ruether, Rosemary Radford. "Women, Sexuality, Ecology, and the Church." *Conscience,* Spring/Summer 1993, 6–11.

——. "The Alliance That Fizzled." *Conscience,* Winter 1994/95, 20–21.

Russell, Diana. *The Secret Trauma.* New York: Basic Books, 1986.

————. "Pornography and Rape." *Political Psychology* 9 (1988), 41–73.

————. *Against Pornography: The Evidence of Harm.* Berkeley, CA: Russell Publications, 1993.

Sabelli, Hector C., and Javaid I. Javaid. "Phenylethylamine Modulation of the Libido." Undated. Obtain by writing Hector C. Sabelli, Department of Psychiatry, Rush Medical Center, Chicago, IL.

Sabo, Don. "The Myth of the Sexual Athlete." *Changing Men* 20 (Winter/Spring, 1989), 38–39.

Sack, Fleur, MD, with Ann Streeter. *Romance to Die For.* Deerfield Beach, FL: Health Communications, 1992.

Sadker, Myra, and David Sadker. *Failing at Fairness.* New York: Scribner's, 1994.

Sahtouris, Elisabet. *Gaia.* New York: Pocket Books, 1989.

Saikaku, Ihara. *The Great Mirror of Male Love.* Stanford, CA: Stanford University Press, 1990.

Sandars, N. K., trans. and ed. *The Epic of Gilgamesh.* New York: Penguin Books, 1960.

Sanday, Peggy Reeves. *Female Power and Male Dominance.* Cambridge, England: Cambridge University Press, 1981.

————. *Fraternity Gang Rape.* New York: New York University Press, 1990.

Savage-Rumbaugh, E. Sue, and Beverly J. Wilkerson. "Socio-Sexual Behavior in *Pan paniscus* and *Pan troglodytes.*" *Journal of Human Evolution* 7 (1978), 327–344.

Scarry, Elaine. *The Body in Pain.* New York: Oxford University Press, 1985.

Schaaf, Gregory L. "Queen Coitcheleh and the Women of the Lost Shawnee Nation." In *Views of Women's Lives in Western Tradition,* edited by Frances Richardson Keller, 158–167. Lewiston, NY: 1990.

Schachter, Stanley, and Jerry Singer. "Cognitive, Social, and Physiological Determinants of Emotional State." *Psychological Review* 69 (1962), 379–399.

Schaef, Anne Wilson. *When Society Becomes an Addict.* San Francisco: Harper & Row, 1987.

Schatten, Gerald, and Helen Schatten. "The Energetic Egg." *Medical World News,* January 23, 1984, 51–53.

Scheck, Raffael. "Childhood in German Autobiographical Writings, 1740–1820." *Journal of Psychohistory* 15 (Summer 1987), 391–422.

Schell, Ellen Ruppel. "Flesh and Bone." *Discover,* December 1991, 37–42.

Schlegel, Stuart. *Tiruray Justice.* Berkeley: University of California Press, 1970.

————. *Don't Give Anyone a Bad Gall Bladder.* Work in progress.

Schmitt, Eric. "Military Struggling to Stem an Increase in Family Violence." *New York Times,* May 23, 1994, A1.

Schneir, Miriam, ed. *Feminism.* New York: Vintage Books, 1972.

————. *Feminism in Our Time.* New York: Vintage Books, 1994.

Schultz, Ken. "Abuse of Elderly Wears Many Faces." *The Monterey Herald,* May 24, 1992, 1.

Schuttle, Penelope, and Peter Redgrove. *The Wise Wound.* New York: Bantam, 1990.

Scott, Gini Graham. *Erotic Power.* New York: Citadel Press, 1983.

Scott, Joan W. *Gender and the Politics of History.* New York: Columbia University Press, 1988.

Sears, James. *Sexuality and the Curriculum.* New York: Teachers College Press, 1992.

Sen, Amartya. "More Than 100 Million Women Are Missing." *The New York Review,* December 20, 1990a, 61–66.

———. "Gender and Cooperative Conflicts." In *Persistent Inequalities: Women and World Development*, edited by Irene Tinker, 123–149. New York: Oxford University Press, 1990b.

Shapiro, Bennet M. "The Existential Decision of a Sperm." *Cell* 49 (May 1987), 293–294.

Shaver, Phillip, Cindy Hazan, and Donna Bradshaw. "Love as Attachment." In *The Psychology of Love*, edited by Robert J. Sternberg and Michael L. Barnes. New Haven, CT: Yale University Press, 1988.

Sheldrake, Rupert. *The Presence of the Past*. London: Collins, 1988.

Shiva, Vandana. *Staying Alive*. London: Zed Books, 1988.

Shorter, Edward. *The Making of the Modern Family*. New York: Basic Books, 1975.

Showalter, Elaine. *Sexual Anarchy*. New York: Viking, 1990.

Simonton, Ann J. "The Torture Circus Comes to Town." *Media Watch* 5 (Summer 1991), 5.

———. "Slandering Anti-Pornography Feminists." *Media Watch Action Agenda*, Spring 1994, 1.

Sinclair, Hope. *Cohealing*. Berkeley, CA: Regent Press, 1993.

Sjöö, Monica, and Barbara Mor. *The Great Cosmic Mother*. San Francisco: Harper & Row, 1987.

Skinner, Quentin, ed. *The Return of Grand Theory in the Human Sciences*. Cambridge, MA: Cambridge University Press, 1985.

Smith, Joan. *Misogynies*. New York: Fawcett Columbine, 1989.

Smuts, Barbara. *Sex and Friendship in Baboons*. New York: Aldine, 1985.

Smuts, Barbara, and Robert W. Smuts. "Male Aggression and Sexual Coercion of Females in Nonhuman Primates and Other Mammals." *Advances in the Study of Behavior* 22 (1993), 1–63.

Smuts, Barbara, and John Watanabe. "Social Relationships and Ritualized Greetings in Adult Male Baboons." *International Journal of Primatology* 11 (1990), 147–170.

Spender, Dale, ed. *Feminist Theorists*. New York: Pantheon, 1983.

Spong, John Shelby. *Born of a Woman*. San Francisco: HarperSanFrancisco, 1992.

Spretnak, Charlene. *States of Grace*. San Francisco: HarperSanFrancisco, 1991.

Stager, Lawrence E. and Samuel R. Wolff. "Child Sacrifice at Carthage—Religious Rite or Population Control?" *Biblical Archaeology Review*, January/February 1984, 31–51.

Stanton, Elizabeth Cady. *The Woman's Bible*. New York: European Publishing Company, 1885. Reprinted as *The Original Feminist Attack on the Bible*, by Elizabeth Cady Stanton with a modern introduction by Barbara Welter. New York: Arno Press, 1974.

Starbird, Margaret. *The Woman With the Alabaster Jar: Mary Magdalene and the Holy Grail*. Santa Fe, NM: Bear & Company, 1993.

Starhawk. *Dreaming the Dark*. Boston: Beacon Press, 1982.

———. *Truth or Dare*. San Francisco: Harper & Row, 1988.

Stark, Elizabeth. "The Unspeakable Family Secret." *Psychology Today*, May 1984, 40–46.

Stark, Steven. "Practicing Inclusion, Consensus: Clinton's Feminization of Politics." *Los Angeles Times*, March 14, 1993.

Stein, Man, and Lisa Sjostrom. *Flirting or Hurting? A Teacher's Guide on Sexual Harassment in Schools for 6th–12th Graders*. Washington, DC: National Education Association, 1994.

Steinem, Gloria. *Outrageous Acts and Everyday Rebellions*. New York: Holt, Rinehart & Winston, 1983.

———. "Sex, Lies, and Advertising." *Ms.* premier issue, July/August 1990, 18–28.

Stephenson, June. *Men Are Not Cost-Effective*. Napa, CA: Diemer, Smith, 1991.

Stoller, Robert. *Sexual Excitement*. New York: Pantheon, 1979.

Stoltenberg, John. *Refusing to Be a Man*. New York: Penguin Books, 1990.

———. *The End of Manhood*. New York: Penguin Books, 1993.

Suetonius, Tranquillus. *The Lives of the Twelve Caesars*. London: George Bell & Sons, 1896. (Originally written in classical Roman times.)

Swimme, Brian. *The Universe Is a Green Dragon*. Santa Fe, NM: Bear & Company, 1985.

Sykes, Charles. "The Ideology of Sensitivity." *Imprimis* 21 (July 1992), 1–6.

Tanner, Nancy N. *On Becoming Human*. Cambridge, England: Cambridge University Press, 1981.

Tatlock, Lynne. "Speculum Feminarum." *Signs* 17 (Summer 1992), 725–760.

Taylor, G. Rattray. *Sex in History*. New York: Ballantine Books, 1954.

Taylor, Karen. "Venereal Disease in Nineteenth-Century Children." *Journal of Psychohistory* 12 (1985), 431–464.

———. "Blessing the House." *Journal of Psychohistory* 15 (Summer 1987), 431–454.

Teilhard de Chardin, Pierre. *The Phenomenon of Man*. New York: Harper & Brothers, 1959.

Teish, Luisah. *Jambalaya*. San Francisco: Harper & Row, 1985.

Tenorio, Rita. "Race and Respect Among Young Children." *Rethinking Schools* 8 (Summer 1994).

Teubal, Savina J. *Sarah the Priestess*. Athens, OH: Swallow Press, 1984.

Theobald, Robert, ed. *The Guaranteed Income*. New York: Doubleday, 1967.

Theweleit, Klaus. *Male Fantasies*. Minneapolis, MN: University of Minnesota Press, 1987.

Tiger, Lionel, and Robin Fox. *The Imperial Animal*. New York: Dell, 1971.

Tobach, Ethel, and Betty Rosoff, eds. *Genes and Gender*. New York: Gordian Press, 1978.

Tomkins, Silvan S. "Script Theory." Working paper for meeting of the Society for Personology, Asilomar, Pacific Grove, CA, June 1984.

Torjesen, Karen Jo. *When Women Were Priests*. San Francisco: HarperSanFrancisco, 1993.

Trask, Haunani-Kay. *Eros and Power*. Philadelphia, PA: University of Pennsylvania Press, 1983.

Trivers, Robert. *Social Evolution*. Menlo Park, CA: Benjamin/Cummings, 1985.

Turnbull, Colin M. *The Forest People*. New York: Simon & Schuster, 1961.

Valverde, Mariana. *Sex, Power and Pleasure*. Philadelphia, PA: New Society Publishers, 1987.

Vaselle-Horner, Renata, and Annette Ehrlich. "Male Batterers." In *Intimate Violence*, edited by Emilio Viano, 139–151. Washington, DC: Hemisphere, 1992.

Vicinus, Martha. *Suffer and Be Still*. Bloomington, IN: Indiana University Press, 1973.

Waken, Daniel J. "Pope Urges Chastity to Halt AIDS," *Associated Press*, February 2, 1993.

Walker, Alice. *Possessing the Secret of Joy*. New York: Harcourt Brace Jovanovich, 1992.

————. "Giving the Party." *Ms.*, May/June 1994, 22–25.

Walker, Barbara. *The Woman's Dictionary of Symbols and Sacred Objects.* San Francisco: Harper & Row, 1988.

Wallace, Aubrey. *Eco-Heroes.* San Francisco: Mercury House, 1993.

Walsh, Anthony. *The Science of Love.* Buffalo, NY: Prometheus Books, 1991.

Waring, Marilyn. *If Women Counted.* San Francisco: Harper & Row, 1988.

Washburn, Sherbourne, and Chet S. Lancaster. "The Evolution of Hunting." In *Man the Hunter,* edited by Richard B. Lee and Irven DeVore, 293–303. Chicago: Aldine, 1968.

Wassarman, Paul M. "Fertilization in Mammals." *Scientific American,* December 1988, 78–84.

Wehr, Gerhard. *The Mystical Marriage.* Wellingborough, England: Aquarian Press, 1990.

Weisman, Steven R. "Akihito Performs His Solitary Rite." *New York Times,* November 23, 1990.

Welter, Barbara. "The Cult of True Womanhood." In *Dimity Convictions,* edited by Barbara Welter, 21–41. Athens, OH: Ohio University Press, 1976.

West, Cornel. *Race Matters.* Boston: Beacon Press, 1993.

White, Frances J. "Pygmy Chimpanzee Social Organization." *American Journal of Primatology* 26 (1992), 203–214.

Willetts, R. F. *The Civilization of Ancient Crete.* Berkeley: University of California Press, 1977.

Williams, Tannis Macbeth. *The Impact of Television.* Orlando, FL: Academic Press, 1986.

Williams, Walter L. *The Spirit and the Flesh.* Boston: Beacon Press, 1986.

Wilshire, Bruce. "Introduction. Book Review Symposium." *World Futures* 25 (1988), 283–286.

Wilshire, Donna. *Virgin, Mother, Crone.* Rochester, VT: Inner Traditions, 1994.

Wilson, E. O. *Sociobiology.* Cambridge, MA: Harvard University Press, 1975.

Wilstein, Steve. "Cal Anthropologist Stakes Claim *Little Red Riding Hood* Is a Fake." *Monterey Herald,* September 10, 1989, A5.

Wink, Walter. *Engaging the Powers.* Minneapolis, MN: Fortress Press, 1992.

Winter, David. *The Power Motive.* New York: Free Press, 1973.

Wolkstein, Diane, and Samuel Noah Kramer. *Inanna.* New York: Harper & Row, 1983.

Wrangham, Richard W. "The Evolution of Sexuality in Chimpanzees and Bonobos." *Human Nature* 4 (1993), 47–79.

Wright, Karen. "Evolution of the Big O." *Discovery,* June 1992.

Zihlman, Adrienne. "Common Ancestors and Uncommon Apes." In *Human Origins,* edited by John R. Durant, 81–105. Oxford, England: Clarendon Press, 1989.

Zihlman, Adrienne L., and Nancy N. Tanner. "Becoming Human: Putting Women in Evolution." Paper presented at the annual meeting of the American Anthropological Society, Mexico City, 1974.

附录 V　索引

（索引页码为原著页码，即本书边码）

90; and medieval Christianity, 154–57; Neolithic view of, 64–65; and sacred marriage, 151–54. *See also* Thanatos
de Beauvoir, Simone, 87–88
de Clairvaux, Christian, 151
Deconstruction: co-option of, 198; of femininity, 276, 278–80; of love, 384; of masculinity, 254
Defense for Children International, 366
Defoe, Daniel, 271
Degler, Carl, 190
deMause, Lloyd, 183, 184, 185
DeMeo, James, 92–94, 101–2
Demonization, of mythical figures, 130–31, 135–36
Denial: coming out of, 178, 191–92; in dominator societies, 187; of violence in child rearing, 186, 187, 189
de Rougemont, Denis, 155
Derrida, Jacques, 303
Deutsch, Helene, 224–25
Development Alternatives with Women for a New Era (DAWN), 368
de Waal, Frans, 35, 41, 42, 43, 44, 46
Diamond, Irene, 296
Dijkstra, Bram, 272–74
Dionysian Mysteries, 138–39
"Discovery of paternity" theory, 86
Dittes, James, 255
Dobrofsky, Lynn, 229–30
Dohm, Hedwig, 181, 279
Domination: assumption of, 181–82; in Athens, 110–12; in church's sexuality teachings, 204–5; economics of, 117–20, 333–35, 340–42; erotization of, 202, 206, 436n.6; theories on origins of, 85–88
Dominator configuration, 4–7, 20–22, 47, 68, 86, 88–93, 95, 100–02, 164–66, 222–23, 238–41, 247–48, 294, 340–42, 370–71; charts, 403–05
Dominator model, 4–6; in chimpanzee social organization, 46–48; courage to challenge, 393–97; cultures with, 20; of family, 189–94; versus partnership model, 403–5
Dominator morality, 116–20, 318–21. *See also* Sexual morality
Dominator societies: economic and political power in, 333–35; laws of, 114–17; origins of, 91–93; reconceptualization of female body in, 164–66; Rome as, 121–24; valued work in, 341–42. *See also* Athens
Dominator trance: awakening from, 191; and families, 186–89
Donnerstein, Edward, 237, 239

Double standard: of Christian Church, 208–9; for freedom and equality, 201–2; for morality, 308–9; for slavery, 212; for violence, 237–38
Douglas, Mary, 291
Douglass, Frederick, 181, 251
Dover, K. J., 108
Dundes, Alan, 267
Dworkin, Andrea, 299

Eastern religion: sacred marriage elements in, 145–46; sex and spirituality in, 8
East-West Gender Studies Center, 367
Eastwood, Clint, 233
Eating disorders, 268, 445n.8
Echols, Alice, 323
ECONET, 364
Economics, 331; of domination, 117–20, 333–35, 339–42; marriage as survival, 338; of partnership, 339–40, 343, 344–46; and productivity, 339, 341; of prostitution, 335–37; in Scandinavia, 343–44; and sex, 332–37; of work, 337–39, 342–45
Ecopolis Culture and Health Center, 368
Edell, Dean, 383
Education: for emotional literacy, 385; for love, 385–86; for parenting, 386
Ehrenreich, Barbara, 281, 282
Eldredge, Niles, 332
Eleusinian Mysteries, 137–38
Ellis, Bret Easton, 233
Emotional literacy, 385
Empathy, 96, 121, 227, 230, 245, 263, 312, 320, 321, 322, 328, 329
Empathy, politics of, 360–63
Engels, Friedrich, 87, 181, 338, 360
Environment: control of, 293–96; organizations working to protect, 364–65; pastoralism's effect on, 95–96
Eros: change in image of, 84; in myths, 140–42. *See also* Love
Erotic love, 15, 18, 28, 32, 69–71, 284–86, 399–401; as armed male deity, 84, 85, 99
Erotization: of domination, 202, 206, 436n.6; of violence, 206, 223, 233–35, 241–42
Etruscans, 112–13
Evans, Knoll, 260
Evans, Sir Arthur, 78
Eve, 266; Adam and, 23, 398–99
Evershed, Jane, 395
Evil, 134–36, 381–82
Evolution, 36–37; cultural, 85–91, 175–77; human, 37–40; of love, 172–73, 175; multilinear theory of, 40, 46–52, 100; of sexuality, 48–50; of sexuality to reduce violent conflict, 43–44

图书在版编目（CIP）数据

神圣的欢爱：性、神话与女性肉体的政治学／（美）
理安·艾斯勒（Riane Eisler）著；黄觉，黄棣光译
. －－北京：社会科学文献出版社，2019.7（2024.3 重印）
（思想会）
书名原文：Sacred Pleasure：Sex，Myth，and the
Politics of the Body
ISBN 978 - 7 - 5201 - 4595 - 4

Ⅰ．①神… Ⅱ．①理… ②黄… ③黄… Ⅲ．①社会学
－文化人类学 Ⅳ.①C912.4

中国版本图书馆 CIP 数据核字（2019）第 054884 号

·思想会·

神圣的欢爱：性、神话与女性肉体的政治学

著　　者／〔美〕理安·艾斯勒（Riane Eisler）
译　　者／黄　觉　黄棣光
审　　校／闵家胤

出 版 人／冀祥德
责任编辑／吕　剑
责任印制／王京美

出　　版／社会科学文献出版社·当代世界出版分社（010）59367004
　　　　　　地址：北京市北三环中路甲29号院华龙大厦　邮编：100029
　　　　　　网址：www. ssap. com. cn
发　　行／社会科学文献出版社（010）59367028
印　　装／北京盛通印刷股份有限公司

规　　格／开　本：880mm × 1230mm　1/32
　　　　　　印　张：19.25　插　页：0.25　字　数：475 千字
版　　次／2019 年 7 月第 1 版　2024 年 3 月第 4 次印刷
书　　号／ISBN 978 - 7 - 5201 - 4595 - 4
著作权合同
登 记 号／图字 01 - 2008 - 2428 号
定　　价／98.00 元

读者服务电话：4008918866